本书由中央高校基本科研业务费资助出版

民国时期
航政法规汇编

主　编　韩　庆　王大鹏
副主编　逄文昱　刘　洋　赵志垒
主　审　刘正江

中国民主法制出版社

图书在版编目(CIP)数据

民国时期航政法规汇编/韩庆,王大鹏主编. —北京:
中国民主法制出版社,2017.12
ISBN 978-7-5162-1719-1

Ⅰ.①民… Ⅱ.①韩… ②王… Ⅲ.①航运法案—
汇编—中国—民国 Ⅳ.①D922.296.9

中国版本图书馆 CIP 数据核字(2017)第 307627 号

图书出品人:刘海涛
出版统筹:乔先彪
责任编辑:陈 曦

书名/ 民国时期航政法规汇编
作者/ 韩 庆 王大鹏 主 编
　　　　逄文昱 刘 洋 赵志垒 副主编

出版·发行/ 中国民主法制出版社
地址/ 北京市丰台区玉林里 7 号(100069)
电话/(010)63292534 63057714(发行部) 63055259(总编室)
传真/(010)63056975 63055378
http://www.npcpub.com
E-mail:mzfz@npcpub.com
经销/ 新华书店
开本/ 16 开 710 毫米×1000 毫米
印张/ 59 **字数**/ 954 千字
版本/ 2018 年 6 月第 1 版 2018 年 6 月第 1 次印刷
印刷/ 北京世汉凌云印刷有限公司

书号/ ISBN 978-7-5162-1719-1
定价/ 168.00 元
出版声明/ 版权所有,侵权必究

编 纂 说 明

一、本书主要是收录民国时期中央各机关出台的关于航政管理的法规。地方政府出台的地方性的航政法规不在本书收录范围内。

二、由于当时关于序号的使用不规范,本书尽可能保持原貌,请读者加以区别。

三、当时文字格式多用竖版,很多法规中出现"如左"字样,本书照原文收录,但"如左"内容作为"如下"。

四、由于部分法规收录来源于地方文献,出现明显错误,缺漏多字、错别字,本书一并改正。

五、由于历史原因,民国时期伪满洲国和汪伪国民政府出台的相关法规作为附录录入。

目　录

第三编　南京国民政府

第一编

中华民国军政府、南京临时政府及南方政府法规

1

1912 年 1 月

交通部官职令草案

（一九一二年一月）

第一条　交通部职员，除各部官职院通则所定外，其额数如左。

秘书官　一人　录　事

书记官　六人　视察官　四人

参　事　四人　工　监　一人

司　事　四人　工　师

签　事　　　　工　手

主　事　　　　通　事

第二条　交通部置左列各司。

路政司　邮政司　电政司　航政司

第三条　路政司掌事务如下：

一　关于管理官办铁路事项。

二　关于监督民办铁路事项。

三　关于监督运输业事项。

四　关于管理国道事项。

第四条　邮政司掌事务如下：

一　关于管理邮政驿传事项。

二　关于监理民办信局事项。

第五条　电政司掌事务如下：

一　关于管理电报电话事项。

二　关于管理电气工业事项。

三　关于监理民办电气工业事项。

第六条　航政司掌事务如下：

一　关于管理航路灯塔浮桩用引水事项。

二　关于监督水上运输业及船舶并船员事项。

三　关于管理船政事项。

四　关于监理民办造船业事项。

第七条　本令自某年某月某某日施行。

2

1918 年 10 月 17 日

交通部组织条例

（军政府令　中华民国七年十月十七日公布）

第一条　交通部依军政府组织大纲及各部通则之规定主管路政邮政航政电政监督水陆运输电气事业

第二条　交通部置左列各司

路政司　邮传司　综核司

第三条　路政司之职掌如左

一　关于筹划铁路建设事项

二　关于管理国有铁路业务及附属营业事项

三　关于监督地方公共团体及民业铁路事项

四　关于监督陆上运输事项

第四条　邮传司之职掌如左

一　关于邮务事项

二　关于邮务汇兑及储金事项

三　关于电报电话及其他电气事项

四　关于监督地方公共团体及民业电气事项

五　关于航业及航路标识事项

六　关于造船船舶船员及水上运输事项

第五条　综核司之职掌如左

一　关于监督本部所辖路电邮综各官署会计及一切经费册报事项

二　关于汇核各路电邮航进出款目册报事项

三　关于汇核各路电邮航预算决算事项

四　关于经理本部及所辖路电邮航各官署之公产公物事项

五　关于经理本部内外公债事项

六　其他关于路电邮航所属一切款目出入事项

第六条　交通部置部长一人管理本部事务监督所属职员并所辖各官署

第七条　交通部置次长一人由政务会议简任之辅助部长管理事务

第八条　交通部置司长三人由政务会议简任之承本部长官之命分理各司事务

第九条　交通部置秘书二人由□□□□□政务会议任命之承本部长官之命掌管机要事务

第十条　交通部置司员九人由部长委任承本部长官之命令助理本部事务

第十一条　交通部缮写文件及其他事务得酌用雇员

第十二条　本条例自公布日施行

3

1923 年 12 月

广东全省船民自治联防通则

（中华民国十二年十二月公布　大元帅批准之日施行）

第一章　督办公署

第一条　广东全省船民自治联防由大元帅简派督办员督率全省船民办理自治联防事宜

第二条　督办设公署于省会直隶于大元帅指挥监督总分支各局

第三条　督办公署管辖一总局十七分局并各支局总局总协理由董事会选举呈由督办加委之分局局长由分局局董互选一人呈由总协理荐请督办加委之支局主任由分局局长荐请总协理加委之

第四条　督办公署组织章程另定之

第二章　总分支局

第五条　广东全省船民自治联防设总局于省会总局设总协理各一员承

督办之命指挥监督各分支局

第六条　广东全省船民自治联防设分局于各区每分局设局长一人主持局务各分局得斟酌情形酌设支局每支局设主任一人主持局务

第七条　总局分局由督办各派监察一人驻局监察但省河分局监察以总局监察兼充之

第八条　船民自治联防暂分全省为十七区其名目如左

（一）省河区　广州市沿岸区域属之

（二）佛山区　南海从化花县等县属之

（三）陈村区　顺德番禺等县属之

（四）江门区　新会鹤山开平台山高明赤溪等县属之

（五）香山区　香山全属沿海各埠属之

（六）三水区　广宁清远四会三水等县属之

（七）石龙区　龙门增城东莞宝安等县属之

（八）肇庆区　高要德庆封川云浮新兴罗定开建郁南等县属之

（九）阳江区　阳江阳春恩平等县属之

（十）高州区　茂名电白吴川信宜海康徐闻隧遂溪等县属之

（十一）韶州区　曲江连山南雄仁化连县乳源英德阳山始兴乐昌翁源佛冈等县属之

（十二）惠州区　惠阳博罗等县属之

（十三）河源区　龙川紫金连平和平新丰河源等县属之

（十四）汕头区　澄海揭阳饶平普宁丰顺兴宁平远梅县潮阳潮安惠来大浦南澳五华蕉岭等县属之

（十五）汕尾区　海丰陆丰等县属之

（十六）北海区　合浦廉江灵山防城钦县等县属之

（十七）海口区　琼山文昌儋县临高琼东陵水定安澄迈乐会万宁崖县昌江感恩等县属之

第九条　总分局组织章程另定之

第三章　董事会

第十条　船民自治联防董事会为代表船民辅助行政之代议机关

第十一条　船民自治联防董事会有左列各职权

（一）选举船民自治联防总局总协理呈请督办加委之

（二）议决船民自治联防公署或总局交议案件

（三）议决船民请愿案咨送总局转呈督办核夺施行

（四）审查船民自治联防总分局办事成绩

（五）审查总分局预决算案

第十二条　船民自治联防董事会以下列三种会员组织之

（一）由督办指派船民五人

（二）由全省十七区各选船民一人

（三）由渡船渔船客船三种公会各选船民二人

第十三条　董事任期二年得为无限制连任

第十四条　董事长由各董事互选之

第十五条　董事选举章程及董事会会议规则另定之

第十六条　本通则自奉大元帅批准之日施行

4

1923 年 12 月 15 日

广东全省船民自治联防督办公署暂行章程

（中华民国十二年十二月十五日军政府公布）

第一条　广东全省船民自治联防督办公署直隶于大元帅督率总分支各局办理广东全省内河外海船民自治联防事宜

第二条　督办公署设科如左

（一）第一科

（二）第二科

第三条　第一科职掌如左

（一）关于保管印信收发文件事项

（二）关于撰拟文件事项

（三）关于收入支出预算决算报告事项

（四）关于会计庶务事项

（五）关于稽核总分局批解船课册报事项

（六）关于船民户籍牌照事项

（七）关于船民教育卫生实业事项

（八）关于船民自治一切事项

（九）关于其他不属各科事项

第四条 第二科职掌如左

（一）关于船民保甲事项

（二）关于船民军火牌照事项

（三）关于船民公安事项

（四）关于船民争讼事项

（五）关于水面缉捕事项

（六）关于公署卫队及巡舰事项

（七）关于船民联防一切事项

第五条 督办公署置督办一人承大元帅之命管理本署事务监督所属职员并所辖总分支等局

第六条 督办公署公文函电以督办之名义行之

第七条 督办公署置坐办一人由督办荐请大元帅任命之辅助督办整理署务

第八条 督办公署置科长二人由督办荐请大元帅任命之承督办之命分掌各科事务

第九条 督办公署置监察员若干人由督办委任分派各总分局监察一切事务

第十条 督办公署置科员若干人由督办委任承长官之命助理各科事务

第十一条 督办公署置委员若干人由督办委任承长官之命办理指定事务

第十二条 督办公署因缮写文件及其他特别事务得酌用雇员

第十三条 督办公署办事细则另定之

第十四条 本章程自奉大元帅批准之日施行

5

1923 年 12 月 17 日

北江商运局暂行简章

（中华民国十二年十二月十七日军政府公布）

第一章 总 纲

第一条 本局系遵奉大元帅命令组织之隶属于大本营直接管辖

第二条　本局设在广州市区沿北江各县繁盛地方得由局长体察情形呈报大元帅核准酌设分局

第三条　本局设局长一员由大元帅简任分局长若干员由局长荐任

第四条　本局分配三科设科长三员由局长荐任按就各科事务之繁简每科委任科员至多不得过三员另设秘书二员稽核一员特务委员若干员其缮校文件得雇用书记录事

第二章　职　　权

第五条　来往广韶雄或湘赣边陲一切商运事宜无论大小北江水陆输运均由本局妥筹管理切实保护

第六条　原有北江各种运馆均应赴局注册俾便查考设法保护得以统计商运情况以便筹划发展但此项注不收费用如有代客输运货物以表式报局备查

第七条　大小北江各县出产品物盈虚状况运输情形由局派员或饬县随时详细调查劝导□□调剂货价如遇必要时得由本局运销以应需求

第八条　商民输运货物无论水陆如遇缺乏艒船或车辆时准其报局设法代为租用供给装载藉恤商艰

第九条　本局因商运地方状况得编配保护商运军队其名额别以命令定之但现时暂以驻防军队抽调应用由局呈报大元帅查核备案

第十条　沿江各县警团须受本局命令协助保护以利运行

第十一条　一切水陆商运货船货车本局均派军队随艒保护酌收相当保护费用发给旗帜护照以资识别其应派军队名额由局临时酌定之

第十二条　运载中途如遇匪耗沿路军队团警须协助保护截击捕获以期周密

第三章　收支预算

第十三条　本局征收相当保护费用另表规定呈报核准施行并造册呈解以资考核

第十四条　本局经常预算另表呈定其临时经费仍项目呈准正式开支

第四章　附　　则

第十五条　本简章自批准日施行

第十六条　本简章如有未尽事宜得随时呈请增订或□正之

6

1924 年 1 月 16 日

广东全省船民自治联防保澳团暂行章程

（中华民国十三年一月十六日大元帅指令第五八号）

第一条　凡船民自治联防区内之船因自治联防之关系编十船为一保十保为一澳十澳为一团概括言之曰保澳团

第二条　船系于保保系于澳澳系于团团系于区各以数字别之如某区第几团某团第几澳某澳第几保某保第几船

第三条　编保以十船为率不及十船者五船亦可编为一附保但附保只有副保董副保长附保应附入前编之保即以前保之保董保长为保董保长如一澳之内有两附保两附保亦可合为一保原有之两副保董两副保长应以抽签法改为一保董一副保董一保长一副保长

前项附保以五船为准不及五船者四船以下附编入邻保

第四条　编澳以十五保为率编团以十澳为率其余办法照第三条编保之法编之

第五条　保设保董一人副保董一人保长一人副保长一人由该保船民公举二年一任澳设澳董一人副澳董一人澳长一人副澳长一人由该澳保长副保长保董副保董公举二年一任团设团董一人副团董一人团长一人副团长一人由该团澳董副澳董澳长副澳长公举二年一任

前项保董保长副保董副保长澳董澳长副澳董副澳长团董团长副团董副团长均由该区分局长呈由总局报请督办加委

第六条　保董办理该保自治事宜副保董辅助之保长办理该保联防事宜副保长辅助之澳董副澳董澳长副澳长团董副团董团长副团长各分别办理本澳本团自治及联防事宜

第七条　凡船民年满十六岁以上四十岁以下者均为团丁以三分之二为后备团丁以三分之一为常备团丁专任联防事务

第八条　水上保澳团长副团长团丁执行联防事务时与缉捕巡舰水上巡

防队有互相协助之义务

第九条　船民督办对于全省水上保澳团长副长团丁有指挥监督调集遣归改组之权

第十条　船民总协理分支局长承督办之命对于所辖之保澳团长团丁有指挥监督调集遣归之权

第十一条　船民团长副团长承该区分局长支局长之命对于本团保澳各长各副长及团丁有指挥监督调集遣归之权

第十二条　船民澳长副澳长有指挥监督本澳保长副保长团丁之权

第十三条　船民保长副保长有指挥监督本保团丁之权

第十四条　各保澳团董副董及保澳团长副长均有保良攻匪之责如查悉船民有勾通盗贼窝藏匪类及其他法外行为者应即密报分局查明依法究办如船民有被人诬陷致无辜受累者该保澳团各董长及副董长亦应据情报局申理

第十五条　保澳团董副董办理船民自治事宜保澳团长副长办理船民联防事宜其着有成绩者得由监察员会同分局局长呈请督办酌予褒奖其有过失者酌予惩罚至团丁之联防有功过者亦酌予赏罚

第十六条　保澳团董副董保澳团长副长皆名誉职

第十七条　保澳团经费由船民自筹呈由总支分局转请督办公署核定

第十八条　保澳团办理文牍由督办公署刊发木质关记但非关于自治联防事务不得以私人名义占用

第十九条　本暂行章程自核准之日施行

7

1924 年 1 月 16 日

广东全省船民自治联防督办公署
调查船民户口暂行章程

（中华民国十三年一月十六日大元帅指令第五九号）

第一条　本章程于办理广东船民自治联防编查户口时适用之但来往各通商口岸之外国船舶不在此限

第二条　关于广东船民户口编查事务以各区分局支局局长为直接监督其上级监督机关依暂行船民自治联防会商定之

第三条　编查以该区现有户口为准但编查时该区船户有他往者须注明其所在地及事由

第四条　编查区域就分局支局所辖范围定之

第五条　编查时就其区内船户编号按户钉立船牌

第六条　编查职员由各分局支局派员充任之

第七条　清查事项如左

一　船之种类

二　船主姓名

三　年龄

四　籍贯

五　船户内家属之姓名年龄及男女之别

六　雇用人之姓名年龄籍贯

七　其他事项

第八条　清查时委员须按照前条所列事项按户询明填入编查底册

第九条　编查时遇有素行不正或形迹可疑情事另行记明编查底册

第十条　各分局支局委员清查户口原册存各该局备查由分局支局汇造本区户口清册二份详报总局由总局抽存一份以一份详报督办公署

第十一条　督办公署或总局接到各分局支局汇报户口清册后得随时派员复查或抽查如有舛漏应行更正

第十二条　督办公署俟各区将船民户口查竣后按户口给予船民自治联防户籍证

第十三条　造具户口清册时须将左列各款事项另计总数附记册后

一　户口

二　男女口数

三　年满八岁至十五岁之学童

四　年届二十岁至四十岁之壮丁

五　疍民及非疍民

六　素行不正或形迹可疑者

第十四条　自清查完竣之日起嗣后各户遇有迁徙及生死往来等事限五日以内责令户主向各该分局或支局开单报明由分局或支局转报总局总局按月报告督办公署支局分局总局督办公署接到前项报告时均须于报存册内逐一增改各户遇有迁徙及生死往来等事如户主逾期不报由各分局支局委员查明转报

第十五条　调查经费由各分局支局就自治联防经费内酌量支拨但不得

向户科派

第十六条　调查事务完竣后由分局支局长将开支各款造具清册详报督办公署核定支发

第十七条　编查时由督办公署出示晓谕□□需索造谣等事并由清查委员随时宣讲编查宗旨但初办时督办就地方情形认为必要时得派员分赴各区指导一切事宜

第十八条　凡有不受编查或有心诳报者处一元以上五元以下之罚金

若有妨害编查之举动者处五日以上一月以下之拘役或五元以上三十元以下之罚金前项处分由各局局长或支局长临决之但仍须详报督办公署

第十九条　编查职员如有不法情事经告发属实者各按照刑律处断

第二十条　分局长支局长不遵本规则办理者由督办查明分别记过撤任详报不实者亦同

第二十一条　左列各款事项须另行编号准照本规则办理但不列入牌中

一　渔寮

二　船民在沿江海搭盖之住屋

第二十二条　本章程规定之各项表册牌证程序另定之

第二十三条　本章程自呈请核准日施行

8

1924 年 1 月 18 日

广东全省船民自治联防督办公署
发给旗灯暂行章程

（中华民国十三年一月十八日）

第一条　本公署制定之船民自治联防旗灯系总呈大元帅核准施行凡船户均应赴本公署所辖之分局或支局备价领用以为自治联防之标识

第二条　船民领用自治联防旗灯具左列之功用

（一）旗之功用　（甲）为表示该船经编列船民户籍□□自治联防各船户将该旗悬挂船面凡昼间行驶时必须悬挂但停泊时得听自便（乙）为水面报警

而该船户如被盗劫掠或其他遇险情事应将该旗扯至桅杆极端以为报警呼援之符号

（二）灯之功用　凡船户夜间遇有盗警或发生其他意外变故即将该灯燃亮高悬桅杆顶上同时邻船亦一律悬挂此项警灯号召团众以期迅赴援救但非遇警时勿得悬挂以免混淆视线

第三条　船民自治联防旗式定位扁方形红地白字旗面书广东船民自治联防字样依式制成大号中号小号三项以便船民分别领用

第四条　船民领旗应遵照左列办法

（一）凡船身长度在五丈以外者应领大号旗该领旗费二元五毫

（二）凡船身长度五丈至二丈者应领中号旗该领旗费一元五毫

（三）凡船身长度未满二丈者应领小号旗该领旗费八毫

第五条　船民自治联防灯式系以白铁制成该灯罩仍用白色玻璃镶嵌中腰横贯红线一度灯分大小两种以便船户分别领用

第六条　船户领灯办法如左

（一）该船户领用大号或中号旗者应领大号灯该领灯费二元

（二）该船户领用小号旗者应领小号灯该领灯费五毫

第七条　船民如不遵章领用自治联防旗灯者应由各分支局实力催促如该船民确属顽抗得由局将其船只酌予扣留俟遵领后放行

第八条　本暂行章程自奉核准之日施行

9

1924 年 1 月 18 日

广东全省船民自治联防督办公署规定
船民输纳自治联防经费暂行章程

（中华民国十三年一月十六日）

第一条　本公署举办船民自治联防系为扶植船民使得与陆上人民享同等权利并维持水上治安起见各船民应担负相当义务缴纳自治联防经费

第二条　自治联防经费定为岁费每年缴纳一次由船民遵照本公署规定

之船民输纳日携联防经费表赴局缴纳经费表另定之

第三条　前项经费表之编制系依左列方法而定其费率

（一）分类　分别船之形式及名称编为若干类

（二）分等　就每类中分别船之长短编为若干等

第四条　依前条办法某类某等船只每年应缴自治联防经费若干载明表内各局于收费时悉依经费表执行毋得丝毫变更

　前项经费定率在五十元以下者每年一次过缴足如定额在五十元以上者准其分两次匀缴

第五条　船民输纳自治联防经费准用毫银缴交毋庸另补元水

第六条　各船民遵章缴费应赴该船所属区内之分局或支局先取缴费单填明某区某团所属之某澳某保船户及船牌号数船主姓名依某类某等定额遵缴经费若干将所缴毫银交该局核收局员掣回收费凭据以清手续

第七条　各分局支局对于船民输纳上项经费毋得勒索额外费用如发现此等不法行为准船民径赴本署呈控以凭究办

第八条　各船民如不将本章程规定应缴经费依限缴纳者得由各分支局依左列罚则分别处罚

（一）逾限十日者依原定费额加二罚缴

（二）逾限一月者依原定费额加五罚缴

（三）逾限二月者依原定费额加倍罚缴

各船民被处罚金后如仍延不缴纳得由分支局将其船只扣留俟缴清时放行

第九条　本暂行章程自核准之日施行

10

1926 年 11 月 13 日

国民政府交通部组织法

（中华民国十五年十一月十三日国民政府令）

第一条　国民政府交通部受国民政府之命令管理全国铁路邮政航政及其他关于水陆空交通之建设及行政事务

第二条　国民政府交通部设部长一人管理本部事务及监督所属职员

第三条　交通部长对于各地方最高级行政长官之执行本部主管事务有指挥监督之责

第四条　交通部长于主管事务对于各地方最高级行政长官之命令或处分认为违背法令或逾越权限者得呈请国民政府取消之

第五条　国民政府交通部设左列各处

秘书处

铁路处

邮电航政处

无线电管理处

第六条　秘书处掌理左列事务

一　关于撰核文书事项

二　关于收发文件事项

三　关于典守印信事项

四　关于保存档案事项

五　关于铨叙职员事项

六　关于本部会计出纳事项

七　关于编造本部预决算事项

八　关于购办本部需用物品及其他庶务事项

九　关于其他不属各处掌理之事项

第七条　铁路处掌理左列事项

一　关于管理国有铁路事项

二　关于监督民办铁路事项

三　关于统一铁路会计制度事项

四　关于整理铁路统计事项

五　关于澄清铁路积弊事项

六　关于铁路建设之设计事项

七　关于促进现有铁路之展筑完成事项

八　关于监督路上运输业事项

九　关于训练铁路职工及养成铁路专门技术人员事项

十　关于改善铁路职工待遇及办理路工保险事项

第八条　邮电航政处掌理左列事务

一　关于管理监督全国邮政事项

二　关于办理邮政汇兑及保管邮政储金事项

三　关于管理电报省际长途电话及其他有线电交通事项

四　关于监督各省民办电话事项

五　关于管理沿海及内河航政事项

六　关于经营国有航业事项

七　关于奖励民办航业事项

八　关于监督造船船舶及水上运输业事项

九　关于训练海员养成航海专门技术人员事项

十　关于改善海员待遇保障海员利益事项

第九条　无线电管理处掌理左列事务

一　关于管理全国无线电交通事项

二　关于管理无线电报台及无线电播音台事项

三　关于经营无线电材料制造厂及无线电器具专卖事项

四　关于监督取缔私有无线电台及无线电播音台事项

五　关于训练无线电技术人员事项

第十条　国民政府交通部设秘书长一人处长三人秉承部长之命分掌各处事务

第十一条　国民政府交通部设秘书二人承长官之命办理重要事务

第十二条　国民政府交通部设科长技正技士视差科员若干人承长官之命掌理各处分科及专门技术事务

第十三条　国民政府交通部各处分科组织章程及办事细则另以部令定之

第十四条　国民政府交通部因缮写文件及其他特别事务得酌用雇员

第十五条　本组织法自公布日施行

第二编

中华民国北京政府

1

1912 年 8 月 21 日

交通部官制

（中华民国元年八月二十一日公布）

第一条　交通总长管理铁路邮政电政航政监督所辖各官署及全国关于交通电气事业

第二条　交通部职员除各部官制通则所定外置职员如左

视察　荐任

技监　简任

技正　荐任

技士　委任

第三条　视察四人承长官之命掌视察事务

第四条　技监二人承总长之命管理专门技术事务指挥监督所属技术官

第五条　技正四人技士十人承长官之命掌技术事务

第六条　交通部总务厅除各部官制通则所定外掌事务如左

一　关于养成交通职员事项

二　关于交通博物馆事项

第七条　交通部置左列各司

路政司

邮政司

电政司

航政司

第八条　路政司掌事务如左

一　关于管理国有铁路事项

二　关于监督民有铁路事项

三　关于监督陆上运输业事项

第九条　邮政司掌事务如左

一　关于邮件事项

二　关于邮便汇兑及邮便储金事项

三　关于驿站台站事项

第十条　电政司掌事务如左

一　关于管理电报电话及其他交通电气业事项

二　关于监督民办电话及其他交通电气业事项

第十一条　航政司掌事务如左

一　关于管理航路及航业标识事项

二　关于监督造船船舶船员及水上运输业事项

三　其他航政事项

第十二条　交通部主事员额至多不得逾一百十人

第十三条　交通部参事金事主事员额以部令定之

第十四条　本官制自公布日施行

2

1912 年 9 月 19 日

交通部厅司分科暂行章程

（中华民国元年九月十二日交通部部令公布）

第一条　总务厅设五科如左

机要科

文书科

会计科

统计科

庶务科

第二条　总务厅机要科掌理事务如左

一　关于保存机要档案件事项

二　关于宣布部令事项

三　关于记录本部职员之进退事项

四　关于典守印信及部库事项

第三条　总务厅文书科掌理事务如左

一　关于收发公文函电事项

二　关于通译及翻译外国文牍事项

三　关于筹辑保存公文成案事项

四　关于特别教育事项

第四条　总务厅会计科掌理事务如左

一　关于划一簿记事项

二　关于调拨出纳款目事项

三　关于稽核会计保存账册事项

四　关于编制预算决算事项

五　关于本部特别公债事项

第五条　总务厅统计科掌理事务如左

一　关于拟订统计表式事项

二　关于汇造统计年报事项

三　关于纂辑本部及四政纪要事项

四　关于编纂各种单行报告事项

第六条　总务厅庶务科掌理事务如左

一　关于本部庶务款目出纳事项

二　关于保存官产官物事项

三　关于置备用品事项

四　关于刷印事项

五　关于管理图书馆及交通博物馆事项

六　其他不属于各科事项

第七条　路政司设六科如左

总务科

营业科

监理科

调查科

考工科

计核科

第八条　路政司总务科掌理事务如左

一　关于办理机要交涉及审查纂拟单行章程事项

二　关于本司及路员考绩事项

三　关于路员养成事项

四　关于处理文书案牍及不属于各科事项

第九条　路政司营业科掌理事务如左

一　关于日行运输附属营业及调度车辆事项

二　关于联络运输特别运输及招徕旅客货物事项

三　关于增减运赁改良车务及各种设备事项

四　关于营业上临时发生事项

第十条　路政司监理科掌理事务如左

一　关于审查规定国有民有铁路事项

二　关于监督民有铁路事项

三　关于监督其他陆上运输事项

第十一条　路政司调查科掌理事务如左

一　关于考查研究应行举办及改良事项

二　关于联络考查在本国之外国各路事项

三　关于编纂铁路统计报告刊行年报事项

第十二条　路政司考工科掌理事务如左

一　关于工程建筑及改良事项

二　关于各路养路及附设各厂务事项

三　关于监督检查各路购买材料事项

第十三条　路政司计核科掌理事务如左

一　关于综核监督各路进出款目事项

二　关于接洽调拨各款事项

三　关于筹划借款利息及还本事项

四　关于所辖各路预算决算事项

第十四条　邮政司设四科如左

总务科

经画科

通阜科

综覆科

第十五条　邮政司总务科掌理事务如左

一　关于机要契约档案统计编纂事项

二　关于所辖司员之考绩任免惩奖事项

三　关于筹入万国邮会及国际邮务事项

四　其他不属于各科事项

第十六条　邮政司经画科掌理事务如左

一　关于扩张邮界及考核整顿改良邮务事项

二　关于驿站台站筹划裁并办法事项

三　关于监察邮递方法事项

四　关于处理各邮局产业事项

第十七条　邮政司通阜科掌理事务如左

一　关于邮便储金事项

二　关于邮便汇兑事项

三　关于印制发行邮票事项

四　关于款项出入事项

第十八条　邮政司综覆科掌理事务如左

一　关于稽核账册报销事项

二　关于预算决算事项

三　关于处分营业上一切事项

第十九条　电政司设六科如左

总务科

营业科

稽核科

编制科

考工科

会计科

第二十条　电政司总务科掌理事务如左

一　关于电政机要交涉事项

二　关于所辖各局职员之任免考绩事项

三　关于核定电生等级及调派惩赏事项

四　关于电气事业事项

五　关于调查审查一切事项

六　关于电政教育及管辖学校一切事项

七　关于处理案牍及不属于各科事项

第二十一条　电政司监理科掌理事务如左

一　关于线路通阻及报务之传递收发事项

二　关于电政之扩充改良事项

三　关于电话营业上一切事项

第二十二条　电政司稽核科掌理事务如左

一　关于核算各局所收水陆线报费事项

二　关于核对各局收发电报之字数次数事项

三　关于结算过线摊分报费事项

四　关于核算外洋来华各报本线费事项

五　关于管辖驻沪洋报处一切事项

第二十三条　电政司编制科掌理事务如左

一　关于编纂电政法规章制事项

二　关于电政之预算决算事项

三　关于核定各局等次及经费事项

四　关于电政统计报告事项

第二十四条　电政司考工科掌理事务如左

一　关于核估工程用款及查勘测绘事项

二　关于设线修线办法之指授事项

三　关于核发电料及稽查其用途事项

四　关于管辖驻沪制造厂转运处一切事项

第二十五条　电政司会计科掌理事务如左

一　关于各局款项之解留划拨及筹还外债事项

二　关于汇结电政收支各款总账事项

三　关于勾核各局收支月报事项

四　关于汇造各项报册及刊行年报账略事项

五　关于管辖驻沪收支处一应事项

第二十六条　航政司设四科如左

总务科

航业科

航务科

港务科

第二十七条　航政司总务科掌理事务如左

一　关于机要文牍统计及编纂事项

二　关于所辖职员之考绩事项

三　关于预算决算及一切款目事项

四　关于船会事项

五　其他不属于各科事项

第二十八条　航政司航业科掌理事务如左

一　关于官商轮帆各种航业之兴办及推广事项

二　关于规划航线营辟埠头及船厂船坞事项

三　关于航行之补助及奖励事项

四　关于造船之补助及奖励事项

五　关于船籍事项

六　关于水上运输业事项

第二十九条　航政司航务科掌理事务如左

一　关于船员引水人之规定及试验事项

二　关于船舶碰撞事项

三　关于旗灯信号救命具事项

四　关于水上救难事项

五　关于航务审判事项

第三十条　航政司港务科掌理事务如左

一　关于港则事项

二　关于检查船舶事项

三　关于航路标识事项

四　关于潮流沙线之调查测量事项

五　关于行船河港之疏浚事项

附　则

一　本章程得因各厅司事实上更改之必要随时修正之

二　本部办事规则另行规定

三　本章程自公布日施行

3

1913 年 7 月 30 日

交通法规编纂条例

（中华民国二年七月三十日）

第一条　交通法规搜集关于交通之法令分类编纂凡公布之法律顾问命令以及章程规则合同契约成案等现有遵守之效力者一并纂入

第二条　交通法规分类如左

第一类　总务

第二类　路政

第三类　邮政

第四类　电政

第五类　航政

第六类　附录

第三条　前条所开各类更得分列节目以便检查

第四条　交通法规用单片装缀其有增删或修改随时改正编订

第五条　交通法规之编纂归本部参事办理各厅司及本部直辖各机关应查照第一条所开责成专员分别抄送汇编其有增删修改时亦如之

第六条　本条例自总长批准日施行

4

1914 年 5 月 24 日

轮船注册给照暂行章程

（中华民国元年六月二十日公布　三年五月二十四日修正）

第一条　凡营业之大小轮船无论官厅或公司或个人所有均须遵照本章程呈请交通部核准注册给照凡非营业之轮船除本章程第八条第九条外均适用之

第二条　凡轮船非经交通部核准注册给照不得向海关领取船牌

第三条　凡轮船行驶航线由交通部分别江海内港各项于执照内指定之各航商将部照赴海关呈验领取船牌后按照指定之航线行驶并遵照各海关理船厅现行章程办理

第四条　凡经注册给照之轮船由交通部行知航线内地方官署随时保护之

第五条　凡呈请注册给照时应呈报之事项如左

一　轮船所有者之姓名或其机关

二　轮船名称

三　轮船容量及总吨数

四　轮船长广及吃水尺寸

五　机器马力及行驶速率

六　航线图说

七　码头起讫及经过处

八　轮船购置或租赁及其价值

九　管船员之姓名履历

第六条　此项执照得直接呈部请领或呈由地方官及主管官署转呈请领

第七条　如在同一航线内其轮船名称不得与领照在先之轮船名称相同

第八条　凡轮船事业系公司经营者经交通部核定航线后须依关于公司之法令呈由农商

部批准并将左列各款呈报交通部立案方得呈请注册给照其属于官厅及个人者不在此例

一　公司名称及其种类

二　公司合同及一切章程

三　资本及创办人认股数目

四　设立之年月日

五　创办人及经理人之姓名籍贯住址

六　总公司及其分所之设立地方

七　营业之期限

八　所置轮船之数

九　每股额定银数若干已缴若干及分期缴纳方法与股票之式样

第九条　如遇推广营业变更章程时须呈报交通部核准

第十条　领有交通部执照之轮船须由海关验明后发给船牌始得行驶如未领执照或验有不符者应即停止发给

各海关验明后于照上注明某海关验讫及其年月日每三个月由海关监督汇总报部

第十一条　新置轮船急需行驶不及呈部请领执照时得呈请各关监督电部核准饬令先发暂行船牌以便行驶但须于三个月内按照本章程呈部领照如逾期未经呈部或所报事项经部驳斥不准者应由海关将所发暂行船牌吊销

第十二条　遇有左列情事须呈报交通部换给执照

一　推广行驶航线

二　增设码头

三　更换轮船名称

四　其他变更执照中所载各项

依本条换给执照者应缴照费照本章程第十六条之定额收取二分之一

第十三条 如有左列各项情事应即呈报交通部并将执照缴销

一 船只毁损不能航行时

二 自行停业或经官厅以职权令其停业时

三 船只转售或租与他人时

第十四条 如违背关于航政之各项规则各主管官署得呈请交通部将其所领执照吊销

第十五条 执照如有遗失或毁损时得声明理由呈请交通部补发但须缴纳补照费五元

第十六条 注册给照依左之规定缴纳册照费

一 总吨数未满十吨者　　　十元

二 十吨以上至二十吨　　　十五元

三 二十吨以上至五十吨　　二十元

四 五十吨以上至百吨　　　二十五元

五 百吨以上至五百吨　　　三十元

六 五百吨以上至千吨　　　三十五元

七 千吨以上至二千吨　　　四十元

八 二千吨以上每千吨加五元但过五百吨者以千吨计

第十七条 本章程施行前尚未领有执照者限于施行后三个月内一律补领逾期未领者即由海关将船牌吊销

第十八条 本章程施行前已领有执照者限六个月内一律缴换新照如于从前注册原案无变更之处不再征收照费

第十九条 本章程如有未尽事宜由交通部随时以部令修正公布之

第二十条 本章程施行后所有前订之各省大小轮船公司注册给照章程即行废止

第二十一条 本章程自公布日施行

5

1914 年 7 月 11 日

交通部官制①

（教令第九十七号　中华民国元年八月二十一日　二年十二月二十三日修正　三年七月十一日再修正）

第一条　交通部直隶于大总统管理路政邮政电政航政监督水陆运输及关于电气事业经画全国路邮航电各事项

第二条　交通部置总务厅及左列各司

路政司

路工司

邮传司

综核司

铁路会计司

邮传会计司

第三条　总务厅掌事务如左

一　撰辑保存收发档

二　编制统计报告

三　记录职员之进退

四　典守印信

五　管理本部庶务及其他不属于各司之事项

六　管理本部经费之预算决算及会计事项

第四条　路政司掌事务如左

一　关于筹划铁路建设事项

二　关于管理国有铁路业务及附属营业事项

---

①　此项法规是 1914 年 5 月 1 日《中华民国约法》公布后的修改法，但 1915 年随着《中华民国约法》被废除后也被废除。

三　关于监督地方公共团体及民业铁路事项

四　关于监督陆上运输业事项

第五条　路工司掌事务如左

一　关于管理国有铁路工务事项

二　关于监督地方公共团体及民业铁路工务事项

三　关于铁路材料费之购买制造分配保管事项

第六条　邮传司掌事务如左

一　关于邮务事项

二　关于邮务汇兑及储金事项

三　关于电报电话及其他电气业事项

四　关于监督地方公共团体及民业电气业事项

五　关于航业及航路标识事项

六　关于监督造船船舶船员及水上运输业事项

第七条　综核司掌事务如左

一　关于监督本部所辖路电邮航各官署会计及一切经费出入册报事项

二　关于汇核路电邮航之预算决算事项

三　关于经理本部及所辖路电邮航各官署之公产公物事项

四　关于经理本部内外国债事项

第八条　铁路会计司掌事务如左

一　关于稽核各路进出款目册报事项

二　关于稽核各路预算决算事项

三　关于管理各路公产公物事项

四　其他关于铁路所属一切款目出入事项

第九条　邮传会计司掌事务如左

一　关于电邮航各项进出款目册报事项

二　关于稽核电邮航各项预算决算事项

三　关于管理电邮航各项公产公物事项

四　其他关于电邮航所属一切款目出入事项

第十条　交通部置总长一人承大总统之命管理本部事务监督所属职员并所辖各官署

第十一条　交通总长对于各省巡按使及各地方最高级行政长官之执行本部主管事务有监察指示之责

第十二条　交通总长于主管事务对于各省巡按使及各地方最高级行政长官之命令或处分认为违背法令逾越权限者得呈请大总统核夺

第十三条　交通部置次长二人辅助总长整理部务

第十四条　交通部置参事四人承长官之命掌拟订关于本部主管之法律命令案事务

第十五条　交通部置秘书四人承长官之命掌管机要事务

第十六条　交通部置司长六人承长官之命分掌各司事务

第十七条　交通部置佥事三十二人承长官之命分掌总务厅及各司事务

第十八条　交通部置主事七十人承长官之命助理总务厅及各司事务

第十九条　交通部置技监二人承长官之命掌技术事务

第二十条　交通部置技正十二人技士二十二人承长官之命分掌技术事务

第二十一条　交通部因缮写文件及其他特别事务得酌用雇员

第二十二条　本官制自公布日施行

6

1915 年 4 月 27 日

公海渔船检查规则

（中华民国四年四月二十七日）

第一条　本规则适用于遵公海渔业奖励条例得受奖励金之公海渔船

第二条　公海渔船之船体轮机渔具防热装置及业务设备均须依本规则规定检查之

第三条　公海渔船之检查由农商部派员于一定期间内召集各渔船于该省指定之地点行之并得由部咨行该省巡按使饬令该管县知事就近遴选技士代施其检查

第四条　凡依公海渔业奖励条例禀请奖励者须依左列各款规定缮单附呈农商部以备检查

一　船舶种类名称及形状

二　船舶所有者姓名或商号及其住处

三　造船者之姓名

四　总吨数速力及最大吃水

五　船舶长宽深各尺数

六　甲板层数及种类

七　外板龙骨梁柱等之材料

八　进水之年月日

九　运鱼船其防热之装置

十　汽船之汽机汽罐汽筒推进机之种类数目及汽机之马力

十一　帆船其帆樯之数目

十二　船长姓名及船员数目

十三　操业之种类及区域

十四　业务设备之种类

十五　渔具之种类及数目

　　第五条　公海渔船之长宽深须合左列各款规定之比例但本规则施行前原有之公海渔船确有充分之复原力及强力时得由检查员视为合于本条规定之比例者

一　帆船

长不得过深之十倍

长不得过宽之四倍半

宽不得过深之二倍八

二　汽船

长不得过深之十一倍

长不得过宽之六倍

宽不得过深之二倍八

三　运鱼船

长不得过深之十三倍

长不得过宽之七倍

　　第六条　船舶之长宽深依左列方法丈量之

一　船舶之长

于上甲板梁上取水平线从船首材后面起单螺旋汽船至舵柱前面止双螺旋汽船或帆船至船尾材前面止其无舵柱船尾材者至船尾板止

二　船舶之宽

从船体最广处左肋骨外面起至右肋骨外面止

三　船舶之深

从船体中央龙骨上面起至上甲板梁上面止

　　第七条　公海渔船之左右舷侧不得设载货门

　　第八条　运鱼船须设活鱼舱并须有防热之装置

　　第九条　公海渔船之压舱物如系易于移动之物质须备具隔板或其他防

移之装置

第十条 凡设于甲板上之轮机室口舱口载煤口及其他各口之边材均须高出甲板六寸以上但不受直接波浪之处所或备有特殊防水之装置者得低减之

第十一条 甲板上之轮机室口舱口载煤口及其他各口均须备具坚牢之盖板及覆布

第十二条 公海渔船船员之多寡及业务设备之繁简须由检查员视其船舶种类及操业区域分别查核之

第十三条 检查合格之公海渔船须由检查员详报农商部发给证明书

第十四条 本规则自呈奉大总统核准公布之日施行

7

1915 年 6 月 30 日

起除沉船章程

（中华民国四年六月十八日交通部税务处会呈大总统批准并由外交部照会各国驻使查照）

第一条 凡船只沉溺或搁浅或因别故致船主暨水手等离开其船在河内或在港口或在出入港口之水道及海面船只来往之冲衢均应由附近之海关税务司查勘酌订该沉船是否与他船行驶或当时或将来有所妨碍

第二条 若税务司酌订该沉船实与他船行驶有碍则立即将该船并货物一并扣挐随通知该船业主若该业主出具切实保结注明情愿按税务司酌度情事所定限期自行用费将沉船起除并未起除之前用费安置警船之浮标等件等语方准按照办理自行打捞货物若该业主自通知之日起限三日不具切结即由海关将沉船起除所有船料暨货物等件俱由海关存留

第三条 该沉船若由海关用费起除则打捞之料货等件即由关拍卖将所得之价银补偿起除之经费及安设警船之标记等费用如有盈余即将所余之数付还业主倘有不敷即令业主出资补足其数若该业主不服即可据情上控

第四条 本章程自批准日施行

8

1916 年 1 月 1 日

民船夜间悬灯章程

　　一　各民船于行驶之时或在距航路相近处所下锚之时均应在最高桅顶上悬挂白色球式灯（即本国所制保险灯）如其船并无桅杆此项球灯即在距船面至低须有四尺高之木杆上悬挂如非行驶之时或非在距航路相近处所下锚之时不致有危险之虞者不在限制之列

　　二　大民船应悬球式灯之直径至少须有六寸（法定尺下同）该灯之灯芯至少须有六分之宽（十分为一寸下同）无桅之划艇等船应悬球式灯之直径至少三个须有三寸该灯之灯芯至少须有四分之宽

　　三　本章程规定民船应悬灯之时而不遵章程悬挂该船即系违犯本章无论何项地方官得视其船之大小分别罚金大船处以一元至五元之罚金无桅之船艇处以二角至一元之罚金

　　四　此项章程于中华民国五年一月一日施行

9

1916 年 9 月 24 日

交通部厅司分科章程

（中华民国元年九月十二日　二年九月十二日修正　三年十一月二十一日二次修正　五年九月二十四日三次修正）

第一条　总务厅设七科如左

机要科

文书科

综核科

出纳科

统计科

育才科

庶务科

第二条 总务厅机要科掌理事务如左

一　关于撰辑及保存机要档案卷事项

二　关于宣布部令事项

三　关于记录职员之进退事项

四　关于典守印信事项

第三条 总务厅文书科掌理事务如左

一　关于收发公文函电事项

二　关于通译及翻译外国文牍事项

三　关于纂辑保存公文成案事项

四　关于文件送登公报事项

第四条 总务厅综核科掌理事务如左

一　关于总预算决算计算书之审查编制事项

二　关于审核内外各项公债借款事项

三　关于稽核及复核各种账簿表册及证凭书类事项

四　关于调查各机关会计及检查收支事项

五　关于款项之调拨事项

六　关于改良会计及划一簿记事项

第五条 总务厅出纳科掌理事务如左

一　关于本部会计事项

二　关于本部及所管款项之收入支出及保管事项

三　关于银行往来事项

四　关于现金出纳簿之登记事项

第六条 总务厅统计科掌理事务如左

一　关于拟订统计表式事项

二　关于汇编统计年报事项

三　关于纂辑本部及四政纪要事项

四　关于编纂各种单行报告事项

第七条 总务厅育才科掌理事务如左

一　关于筹划交通职员之养成事项

37

二　关于审订各学校课程事项

三　关于考核各学校经费事项

四　关于毕业生之任用事项

五　关于派赴外国留学生事项

六　关于管理图书馆及交通博物馆事项

七　其他学务事项

第八条　总务厅庶务科掌理事务如左

一　关于本部庶务款目出纳事项

二　关于本部置备用品及保管官产官物事项

三　关于典礼事项

四　关于刷印事项

五　其他不属于各科事项

第九条　路政司设六科如左

总务科

营业科

监理科

调查科

考工科

计核科

第十条　路政司总务科掌理事务如左

一　关于路政机要及筹度应办各路事项

二　关于铁路员司考绩事项

三　关于拟核单行章程及合同契约事项

四　关于外国文报语言之撰录翻译事项

五　关于本司收发分配文书并典守司印事项

六　其他不属于各科事项

第十一条　路政司营业科掌理事务如左

一　关于客货运输联络运输及招徕客货事项

二　关于调拨车辆事项

三　关于行车事变路线通阻之报告广告事项

四　关于增减运赁改良车务及各种设备事项

五　关于铁路附属业务及税捐事项

六　关于营业上临时发生事项

第十二条　路政司监理科掌理事务如左

一　关于审定民业或专用铁路事项

二　关于民业或专用铁路之请愿立案事项

三　关于监察民业或专用铁路事项

四　关于地方公业铁路事项

五　关于监督其他运输业事项

第十三条　路政司调查科掌理事务如左

一　关于规划路线事项

二　关于考查研究应行举办及改良事项

三　关于联络考查在本国之外国各路事项

四　关于编纂路政统计年报及单行报告事项

五　关于特别调查事项

第十四条　路政司考工科掌理事务如左

一　关于工程之建设及修养事项

二　关于路线之审查及测勘事项

三　关于车辆机件及图样方式之统一改良事项

四　关于车辆机件之制造购买及修理分配事项

五　关于各路附设工厂之监察事项

第十五条　路政司计核科掌理事务如左

一　关于稽核各路进出款目及账册事项

二　关于各路预算决算事项

三　关于各路内外债款事项

四　关于调拨各款及登记账册事项

五　关于统一铁路会计事项

六　关于各路官产官物事项

第十六条　邮政司设四科如左

总务科

经画科

通阜科

稽核科

第十七条　邮政司总务科掌理事务如左

一　关于机要契约及编纂邮政统计年报并单行报告事项

二　关于邮务员司考绩事项

三　关于万国邮会及国际邮务事项

四　关于本司收发分配文书并典守司印事项

五　其他不属于各科事项

第十八条　邮政司经画科掌理事务如左

一　关于扩张邮界及考核整顿改良邮务事项

二　关于驿站台站筹划裁并事项

三　关于监察邮递方法事项

第十九条　邮政司通阜科掌理事务如左

一　关于邮便储金事项

二　关于邮便汇兑事项

三　关于印制发行邮票事项

四　关于邮局代理印花税票事项

第二十条　邮政司稽核科掌理事务如左

一　关于稽核账册报销事项

二　关于邮政预算决算事项

三　关于处分营业上一切事项

四　关于各局官产官物事项

第二十一条　电政司设六科如左

总务科

监理科

营业科

计核科

考工科

主计科

第二十二条　电政司总务科掌理事务如左

一　关于电政机要及筹划进行改良事项

二　关于电务员司考绩事项

三　关于核定各局等级增减员司及经费之支配准驳事项

四　关于拟核合同契约单行章程及外国文报语言之撰录翻译事项

五　关于各局总管领生之调派及功过赏罚事项

六　关于本司收发分配文书并典守司印事项

七　关于各局官产官物事项

八　其他不属于各科事项

第二十三条　电政司监理科掌理事务如左

一　关于监督电气事业及请愿立案事项

二　关于调查审议电政改良事项

三　关于编纂电政统计年报及各项单行报告事项

四　关于规定各项表册单据格式事项

五　关于查核各局征收支发各款事项

第二十四条 电政司营业科掌理事务如左

一　关于考核各局业务事项

二　关于调查审核官商电气业务设计事项

三　关于稽核电话无线电工程材料报告及经费事项

四　关于核定电话租费及无线电价目事项

第二十五条 电政司计核科掌理事务如左

一　关于汇核国内官商电报及路电互递电报事项

二　关于核对国际电报之过线摊分报务事项

三　关于核结无线电报事项

四　关于编造国内暨国际电报月报年报事项

五　关于查核官商电报及考核新闻电报账务电报事项

第二十六条 电政司考工科掌理事务如左

一　关于建设电报电话无线电工程及核估工款事项

二　关于查勘验收并核销工程事项

三　关于支配巡修线路测量通阻事项

四　关于稽查报务迟延并规定转报办法事项

五　关于各局之设置裁废及派遣工务人员事项

六　关于电料之订购考验及核发转运事项

第二十七条 电政司主计科掌理事务如左

一　关于电政预算决算事项

二　关于核计电政款项之出纳及各项册报事项

三　关于编造电政收支款项计算书事项

四　关于电政上一切物品会计事项

第二十八条 航政司设四科如左

总务科

管理科

航业科

工程科

第二十九条 航政司总务科掌理事务如左

一　关于机要文牍及筹办一切航政事项

二　关于航务员司考绩事项

三　关于航政预算决算事项

四　关于编纂航政统计年报及各项单行报告事项

五　关于本司收发支配文书及典守司印事项

六　其他不属于各科事项

第三十条 航政司管理科掌理事务如左

一 关于港则事项

二 关于船员及引水人试验事项

三 关于船籍事项

四 关于船舶危险及损失事项

五 关于旗灯信号预防危险事项

六 关于水上救护事项

第三十一条 航政司航业科掌理事务如左

一 关于官商各种船舶营业事项

二 关于规划航线事项

三 关于航行补助及奖励事项

四 关于造船补助及奖励事项

五 关于水上运输事项

第三十二条 航政司工程科掌理事务如左

一 关于造船及检查船舶事项

二 关于航路标识事项

三 关于潮流沙线之调查测量事项

四 关于行船沙港之疏浚事项

五 关于营辟埠岸及船厂船坞事项

第三十三条 厅司所办事务有关联者应会商办理

第三十四条 每科科长一人分掌一科事务科员若干人分理科中事务其员额视事务之繁简支配之科长有事故时以名次在前之科员代理之

第三十五条 科长以荐任官充之科员以荐任官委任官充之

第三十六条 本章程自公布日施行

10

1916 年 12 月 6 日

税务处核定华洋商轮配置护船军械给领牌照暨所配枪弹额数并甲船讬由乙船运交通军械各办法文

（中华民国五年十二月六日通咨）

为咨行事案查前据粤海关监督来呈以准江门关税务司函称往来香港江门之英商大利轮船驶抵本口载有代交往来澳门江门之英商华新轮船护船快枪十杆子弹一千五百颗此项军火并无护照随运进口经关暂行扣留应否准其移交应用应请速复等语监督当查改订枪弹进口新章第三款甲乙丁各条应照章扣留入官经函复江门关税司查照定章办理并照函英总领事查照旋奉署督军龙函开华新英轮所带枪支子弹经英总领事证明系为该轮自卫之用似与私运军火不同应暂行送由英领事转交华新轮船领回一面将本案缘由呈请税务处核办并妥定章程等因监督业已遵照办理在案唯究应如何办理应请核明指令祗遵等情本处当以此案往来澳门江门之英商华新轮船配置护船枪械由大利轮船驳交既系为自卫之用势难拒绝该监督未将详情呈请核示办法遽援渺不相涉之枪弹进口新章第三款甲乙丁三条予以扣留入官办理实有未合既经龙前署督军函由该监督送交英领事转交领回应即毋庸置疑至此后无论华洋商轮配置护船军械亟应明定办法俾资遵守爰由本处参照成案拟订办法并抄录原呈咨行陆军部查酌核覆去后兹准陆军部咨复称来咨所拟（凡华洋商轮须配置军械以为护船之用者华商应将情由禀由地方长官核准后行关给予牌照方许配置每船所配各色枪支至多不得逾十支之总数子弹不得逾二千颗之总数但遇必须逾额添置时亦可由地方长官酌夺情形准予通融办理洋商除禀由该管领事照会地方长官核办外余均与华商无异倘甲船军械须讬由乙船运交者该商并须于具禀时据实声明由地方长官另发一护照以为准予乙船带运该项军械进口之凭证并转行进口之海关知照其余一切事宜仍照向来办法办

理唯各关发给此等新配军械牌照须由该管监督每月汇报一次由本处转咨陆军部查核）以上办法甚属周密本部应表赞同应咨复查照等因前来查前项华洋商轮配置护船军械给领牌照暨所配枪弹额数并甲船讬由乙船运交军械各办法既经部处商准同意应即作为定章除分行外相应咨行贵督军省长查照希即转令所属遵办可也此咨各省督军省长

11

1917 年 8 月 4 日

交通部厅司分科章程

（中华民国元年九月十九日　二年九月十二日修正三年十一月二十一日二次修正　五年九月二十四日三次修正　六年八月四日四次修正　八月五日登政府公报）

第一条　总务厅设七科如左

机要科

文书科

综核科

出纳科

统计科

育才料

庶务科

第二条　总务厅机要科掌理事务如左

一　关于纂辑及保存机要档案卷事项

二　关于宣布部令事项

三　关于记录职员之进退事项

四　关于典守印信事项

第三条　总务厅文书科掌理事务如左

一　关于收发公文函电事项

二　关于通译及翻译外国文牍事项

三　关于纂辑保存公文成案事项

四　关于文件送登公报事项

第四条　总务厅综核科掌理事务如左

一　关于总预算决算计算书之审查编制事项

二　关于审核内外各项公债借款事项

三　关于稽核及复核各种账簿表册及证凭书类事项

四　关于调查各机关会计及检查收支事项

五　关于款项之调拨事项

六　关于改良会计及划一簿记事项

第五条　总务厅出纳科掌理事务如左

一　关于本部会计事项

二　关于本部及所管款项之收入支出及保管事项

三　关于银行往来事项

四　关于现金出纳簿之登记事项

第六条　总务厅统计科掌理事务如左

一　关于拟订统计表式事项

二　关于汇编统计年报事项

三　关于纂辑本部及四政纪要事项

四　关于编纂各种单行报告事项

第七条　总务厅育才科掌理事务如左

一　关于筹划交通职员之养成事项

二　关于审订各学校课程事项

三　关于考核各学校经费事项

四　关于毕业生之任用事项

五　关于派赴外国留学生事项

六　关于管理图书馆及交通博物馆事项

七　其他学务事项

第八条　总务厅庶务科掌理事务如左

一　关于本部庶务款目出纳事项

二　关于本部置备用品及保管官产官物事项

三　关于典礼事项

四　关于刷印事项

五　其他不属于各科事项

第九条　路政司设七科如左

总务科

营业科

监理科

调查科

考工科

计核科

交涉科

第十条 路政司总务科掌理事务如左

一 关于路政机要及筹度应办各路事项

二 关于铁路员司考绩事项

三 关于拟核单行章程及合同契约事项

四 关于外国文报语言之纂录翻译事项

五 关于本司收发分配文书并典守司印事务

六 其他不属于各科事项

第十一条 路政司营业科掌理事务如左

一 关于客货运输联络运输及招徕客货事项

二 关于调拨车辆事项

三 关于行车事变路线通阻之报告广告事项

四 关于增减运赁改良车务及各种设备事项

五 关于铁路附属业务及税捐事项

六 关于营业上临时发生事项

第十二条 路政司监理科掌理事务如左

一 关于审定民业或专用铁路事项

二 关于民业或专用铁路之请愿立案事项

三 关于监察民业或专用铁路事项

四 关于地方公业铁路事项

五 属于监督其他运输业事项

第十三条 路政司调查科掌理事务如左

一 关于规划路线事项

二 关于考查研究应行举办及改良事项

三 关于联络考查在本国之外国各路事项

四 关于编纂路政统计年报及单行报告事项

五 关于特别调查事项

第十四条 路政司考工科掌理事务如左

一 关于工程之建设及修养事项

二 关于路线之审查及测勘事项

三　关于车辆机件及图样方式之统一改良事项

四　关于车辆机件之制造购置及修理分配事项

五　关于各路附设工厂之监察事项

第十五条　路政司计核科掌理事务如左

一　关于稽核各路进出款目及账册事项

二　关于各路预算决算事项

三　关于各路内外债款事项

四　关于调拨各款及登记账册事项

五　关于统一铁路会计事项

六　关于各路官产官物事项

第十六条　路政司交涉科掌理事务如左

一　关于外人交涉事项

二　关于外国文文书报章之撰拟译述事项

三　关于外国语言之通译及记录事项

四　关于招待外宾及交际事项

第十七条　邮政司设四科如左

总务科

经画科

通阜科

稽核科

第十八条　邮政司总务科掌理事务如左

一　关于机要契约及编纂邮政统计年报并单行报告事项

二　关于邮务员司考绩事项

三　关于万国邮会及国际邮务事项

四　关于本司收发分配文书并典守司印事项

五　其他不属于各科事项

第十九条　邮政司经画科掌理事务如左

一　关于扩张邮界及考核整顿改良邮务事项

二　关于驿站台站筹划裁并事项

三　关于监察邮递方法事项

第二十条　邮政司通阜科掌理事务如左

一　关于邮便储金事项

二　关于邮便汇兑事项

三　关于印制发行邮票事项

四　关于邮局代理印花税票事项

第二十一条 邮政司稽核科掌理事务如左

一 关于稽核账册报销事项

二 关于邮政预算决算事项

三 关于处分营业上一切事项

四 关于各局官产官物事项

第二十二条 电政司设六科如左

总务科

监理科

营业科

计核科

考工科

主计科

第二十三条 电政司总务科掌理事务如左

一 关于电政机要及筹划进行改良事项

二 关于电务员司考绩事项

三 关于核定各局等级增减员司及经费之支配准驳事项

四 关于拟核合同契约单行章程及外国文报语言之纂录翻译事项

五 关于各局总管领生之调派及功过赏罚事项

六 关于本司收发分配文书并典守司印事项

七 关于各局官产官物事项

八 其他不属于各科事项

第二十四条 电政司监理科掌理事务如左

一 关于监督电气事业及请愿立案事项

二 关于调查审议电政改良事项

三 关于编纂电政统计年报及各项单行报告事项

四 关于规定各项表册单据格式事项

五 关于查核各局征收支发各款事项

第二十五条 电政司营业科掌理事务如左

一 关于考核各局业务事项

二 关于调查审核官商电气业务设计事项

三 关于稽核电话无线电工程材料报告及经费事项

四 关于核定电话租费及无线电价目事项

第二十六条 电政司计核科掌理事务如左

一 关于汇核国内官商电报及路电互递电报事项

二 关于核对国际电报之过线摊分报务事项

三　关于核结无线电报事项

四　关于编造国内暨国际电报月报年报事项

五　关于查核官商电报及考核新闻电报账务电报事项

第二十七条　电政司考工科掌理事务如左

一　关于建设电报电话无线电工程及核估工款事项

二　关于查勘验收并核销工程事项

三　关于支配巡修线路测量通阻事项

四　关于稽查报务迟延并规定转报办法事项

五　关于各局之设置裁废及派遣工务人员事项

六　关于电料之订购考验及核发转运事项

第二十八条　电政司主计科掌理事务如左

一　关于电政预算决算事项

二　关于核计电政款项之出纳及各项册报事项

三　关于编造电政收支款项计算书事项

四　关于电政上一切物品会计事项

第二十九条　航政司设四科如左

总务科

管理科

航业科

工程科

第三十条　航政司总务科掌理事务如左

一　关于机要文牍及筹办一切航政事项

二　关于航务员司考绩事项

三　关于航政预算决算事项

四　关于编纂航政统计年报及各项单行报告事项

五　关于本司收发支配文书及典守司印事项

六　其他不属于各科事项

第三十一条　航政司管理科掌理事务如左

一　关于港则事项

二　关于船员及引水人试验事项

三　关于船籍事项

四　关于船舶危险及损失事项

五　关于旗灯信号预防危险事项

六　关于水上救护事项

第三十二条　航政司航业科掌理事务如左

一　关于官商各种船舶营业事项

二　关于规划航线事项

三　关于航行补助及奖励事项

四　关于造船补助及奖励事项

五　关于水上运输事项

第三十三条　航政司工程科掌理事务如左

一　关于造船及检查船舶事项

二　关于航路标识事项

三　关于潮流沙线之调查测量事项

四　关于行船沙港之疏浚事项

五　关于营辟埠岸及船厂船坞事项

第三十四条　厅司所办事务有关联者应会商办理

第三十五条　每科科长一人分掌一科事务科员若干人分理科中事务其员额视事务之繁简支配之科长有事故时以名次在前之科员代理之

事务最繁之科得设副科长一人科长有事故时代理其职务应设副科长之科以部令定之

第三十六条　本章程自公布日施行

12

1917 年 10 月 6 日

军警用轮船暂行简章

（中华民国五年四月九日批准　六年十月六日修正第二条　十月十日登政府公报）

一　凡军警自备之轮船暨租用或借用之商轮统称为军警用轮船

二　凡商船由军警租用或借用者仍应按照定章注册领照倘该商轮因故未及领照时宜由该省军警长官知照税关电请交通部核准先发船牌该船船身暨机器亦须遵照海关章程由关派员依序检验此项船只并须照征船钞但遇事机紧急时应由该省军警长官预先商请税关提前检验纳钞放行如系临时载运

军警所借用之商船不在此限

三　凡军警自置轮船应报由陆军内务两部核准后转咨交通部查核备案其应报部事项如左

（一）轮船所有者之机关

（二）轮船名称

（三）轮船容量及总吨数

（四）轮船长广及吃水尺寸

（五）机器马力及行驶速率

（六）航线图说

（七）轮船购置之价值

（八）管船员之姓名履历

四　军警用轮船专备巡弋之用者遇经过税关时宜先由该省军警长官通知免验若事机紧迫不同时通知时事后仍由该省军警长官补行通知

五　凡军警水面巡弋所用轮船如与税关距离较近往来频繁之时可由该省军警长官知照税关发给免验牌照以免烦琐

六　凡军警所用之轮船须悬挂特定旗号（旗式附后）俾便识别

七　军警用轮船不得搭载乘客装运客货或包揽拖带他项船只但因输送军警队必须拖带船只时该省军警长官须通知税关始得免验若事机紧迫则照第四条办理

八　军警用轮船无论为租借抑为自置若非专备水面巡弋而为装运军警专用或普通物品之用时仍须照章报关验免后始得驶行

九　凡军警租用或借用商轮经税关查明确有私自载客运货偷漏关税时由税关照关章处理之

十　军警自备轮船犯有上条情事经税关查明通知时该省军警长官除饬令遵照关章认罚外尚须照军警专律处理之

十一　军警用轮船若无违章情事因税关留难致生贻误时税关应负完全责任

十二　本简章自核准日施行

13

1918 年

改订船员拿获私土私膏等物
送关验收赏款章程表

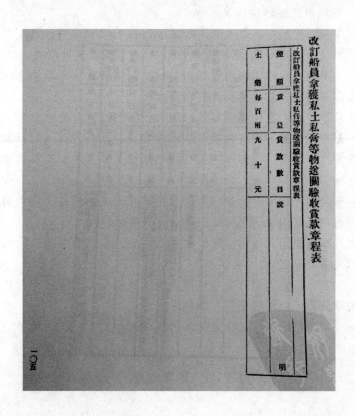

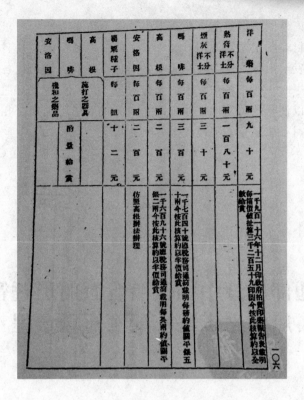

14

1918 年 1 月 12 日

税务处令各关监督并总税务司凡外国轮船
离岸时严查各华水手如无合同
护照即与扣留文

（中华民国七年一月十二日税务处令 三月二十七日登政府公报）

　　准外交部咨开准驻英施公使函称近来华工充当外国轮船水手为数日多
欧西水手屡起仇视若不预筹限制一旦发生冲突必至国体工利交受其累况水
手应募出洋船主不负送回责任及至流落异域资遣尤极困难等语查沿江海游

民甚多每不谙外国情形贸然应募充当水手及至流落异域即要求使领资遣年来已穷于应付非明定送回原招口岸责任无从加以限制除通饬各交涉员须查验合同方准发给出洋护照并备文通知各国领事外应咨请通饬各海关税司凡外国轮船离岸时须严查各华水手如无合同及中国官员所发护照即予扣留并通知交涉员以便与该国领事交涉以重工利而免后患等因前来相应令行各关监督总税务司查照迅令各关税务司遵照办此令

15

1919 年 3 月 11 日

交通部新订中国汽船舱面船员暨管急船员之资格及配额暂行章程

（中华民国八年三月十一日部令公布）

第一章　船员配额

第一节　舱面船员

第一条　经商外洋及远海岸之汽船应用具有相当证书之船主一名大副一名及执有头等舵工证书之二副一名

第二条　经商沿海岸之汽船其船员配额应如下列

（一）八百吨以上之汽船应用具有相当证书之船主一名及执有头等舵工证书之船员二名

（二）三百吨以上至八百吨之汽船应用执有头等舵工证书之舵工三名其第一舵工须曾在五百吨以上之汽船充任大副者或曾在沿海岸行驶二百吨以上之汽船充任第一舵工满二年以上者

（三）三百吨以下之汽船应用舵工三名其中二名须执有头等舵工证书其第一舵工须曾在沿海岸行驶二百吨以上之汽船充任大副满二年以上者

第三条　不航海之汽船凡行驶于有保护之沿海岸其起讫不超过一百五十英里者以及行驶港湾江湖者船员配额应如下列

（一）一千总吨以上之汽船应用具有相当证书之船主一名及执有头等舵工证书之船员二名

（二）四百吨以上及不满一千总吨之汽船应用执有头等舵工证书之舵工三名其第一舵工须曾在三百吨以上之汽船充任大副者或曾在二百吨以上之汽船充任舵工满二年以上者

（三）一百至四百总吨之汽船应用执有头等舵工证书之舵工二名其第一舵工须曾在二百吨以上之汽船充任大副或曾在七十五总吨以上之小汽船充任舵工至少有二年者

第四条　五十总吨以上之小汽船应用执有二等舵工证书之舵工二名

（附注）关于舱面船员之等级及数目如上列配额系就狭义的情形所可允许而定若行驶沿海岸之经商汽船能觅得有证书之船主时仍以雇用此项船主为要

（附注）上列章程内头等舵工可以执有证书之大副代替并可以执有证书之二副代替唯执

有此项证书之二副不得代替主管驾驶之头等舵工

第二节　汽机室船员

第五条　行驶外洋及远海岸之汽船应至少雇用执有相当证书之第一管机一名及至少执有头等机手证书之副管机二名

第六条　不航海之汽船凡行驶于有保护之沿海岸其起讫不超过二百五十英里及行驶港湾江湖者船员配额应如下列

（一）净马力一百五十匹以上之汽船应用执有二等管机证书之正管机一名及执有头等机手证书之副管机二名

（二）净马力一百至一百五十匹之汽船应用机手三名其第一第二机手须执有头等机手证书第三机手须执有二等机手证书

（三）净马力五十至一百匹之汽船应用机手三名其第一机手须执有头等机手证书其他机手须执有二等机手证书

（四）净马力十五至五十匹之汽船应用机手二名须各执有二等机手证书

（附注）关于汽机室船员之等级及数目如上列配额系就狭义的情形所可允许而定倘有净马力一百五十匹以上不航海之汽船能觅得执有证书之头等管机又净马力一百至一百四十匹不航海之汽船能觅得执有证书之头等或二等管机仍以雇用此项人员为要

（附注）上列章程内执有证书之二等管机可以代替头等机手

（附注）此项章程内所称（执有证书）一语系指按照本章程所发给之服务或合格证书或经外国法许考试官会给有之证书而言

第二章　服务证书及其应有之资格

第一节　舱面船员

第七条　凡海军现任官员曾管带战舰超过鱼雷艇或猎艇者如请求证书可给以船主服务证书

第八条　除上条所开海军现任官员外凡曾管带鱼雷艇或猎艇或曾在海上服务八年者如请求证书可给以大副服务证书

第九条　除上文所开者外凡海军现任或后备官员曾在海上服务满五年者如请求证书可给以二副服务证书

又凡执有吴淞商船学校发给之练习证书而曾在海上服务三年其中一年半曾充值更之职者如请求证书亦可给以二副服务证书

第十条　于本章程公布之时凡有曾管带一百五十总吨以上汽船满六个月者如请求证书可给以头等舵工服务证书

于本章程公布之时凡有曾在二百五十总吨以上汽船充任大副满六个月者如请求证书可以给以头等舵工服务证书

第十一条　于本章程公布之时凡有曾管带五十总吨以上之小汽船满六个月者如请求证书可给以二等舵工服务证书

于本章程公布之时凡有曾在一百总吨以上之汽船充任大副满六个月者如请求证书可以给以二等舵工服务证书

第十二条　凡舱面船员请求证书如无合格医生所给目光良好之证书呈验概不发给证书

第二节　汽机室船员

第十三条　凡海军管机人员曾在战舰除鱼雷猎艇或更小之船舶外充任正管机者如请求证书可给以第一管机服务证书

第十四条　凡海军管机人员曾充任海军管机之职满三年者如请求证书可给以第二管机服务证书

第十五条　于本章程公布之时凡有曾在净马力至少八十匹之汽船主管推进机者如请求证书者可以给以头等机手服务证书

第十六条　于本章程公布之时凡有曾在净马力至少五十匹之汽船主管推进机者如请求证书可以给以二等机手服务证书

第三章　合格证书及其应有之资格

（附注）本章程系专指舵工及机手而言关于发给船主与大副及第一管机第二管机合格证书之资格当随后规定之

第一节　舱面船员

第十七条　欲得头等舵工合格证书者须具有左列之资格

一　执有二等舵工合格证书

二　年龄至少满二十五岁

三　有目光良好之证书呈验

四　曾充第二舵工已满二年

五　能读写汉文

六　熟知航海避免碰撞章程中之简号

七　能标记及谙知水程表及水铊绳之使用

八　能知遭难船只之信号

九　能知气压表之用法

十　能运用角度于航海图上寻出船行之所在

十一　由已知之一处能求出船行之准确航路及于他处之距离如已知气差铁差能以罗经寻出航行之路

十二　能知船内水闸及压载水柜之构造及使用与作用

十三　具有装载货物之普通知识

第十八条　欲得二等舵工合格证书者须具有左列之资格

一　年龄至少满二十三岁

二　曾在海上服务至少满六年其中至少三年须在汽船任事

三　有目光良好之证书呈验

四　能知航海避免碰撞章程中之简号

第二节　汽机室船员

第十九条　欲得头等机手合格证书者须具有左列之资格

一　执有二等机手合格证书

二　年龄至少满二十四岁

三　在净马力五十匹以上之汽船充二等机手二年或在江轮充最高级机手三年

四　能读写汉文

五　能熟知及整理汽机全部

六　能谙各阀之管理及其用法

七　能知各补助机及其连接

八　能知锅炉之实施修治法腐蚀之果暨其预防法

九　能知咸水表寒暑表及气压表之用法

十　能知燃烧热气之学识

十一　能知如何修复汽机之紊乱部分

十二　能绘粗略工作图

第二十条　欲得二等机手合格证书者须具有左列之资格

一　年龄至少满二十一岁

二　曾在机器厂或造船厂执务二年或在净马力五十匹以上之船充火夫二年

三　能读写汉文

四　能有凝缩汽机之普通工作学识

五　能装配滑阀及有堪能修复损坏部之普通学识

六　能调整各工作部分

七　有处理锅炉之学识及能运用全部装配件

八　能知如何解除保安阀及校正双关水管表

第四章　缴　　费

第二十一条　各项船员请领证书时应缴费如下列

请领船主大副二副头等管机二等管机服务证书或合格证书每张均缴费大洋五元

请领头等舵工及头等机手服务证书或合格证书每张均缴费大洋五元（试验费在内）

请领二等舵工及二等机手服务证书或合格证书每张均缴费大洋三元

第五章　附　　则

第二十二条　此项章程除俟将来有变更时再行通告外应施行于五十总吨以上之各项中国汽船

16

1919 年 3 月 28 日

航律委员会章程

（中华民国八年三月二十八日交通部部令公布）

第一条　本会为编订商船航行及其他关系各法规而设名为航律委员会

第二条　本会附设于交通部内

第三条　本会设职员如左

会长一人承交通总长之命总理本会一切事务会员若干人承会长之委托从事起草及审订事务主任一人编译员若干人事务员若干人承会长之指挥分任职务

第四条　各项法规应行起草者由本会拟定总目呈交通总长核定后依次分别办理

其有交通总长认为必要者应提前先行起草

第五条　总目规定之各项法规由会长分配于各会员起草遇有必要时得由会长酌定脱稿日期

第六条　脱稿之件由本会印送各会员审订加以签注定期会议逐条表决

前项会议规则另定之

第七条　本会应将议决之法规加具理由或说明呈送交通部听候采择施行

其应送关系各厅司或各官署核议者由交通部定之

第八条　现在已经施行之法规应加修正者得照第四条第五条第六条第七条规定之程序办理

第九条　本会为参考之上便利得移付各厅司或呈请交通部行文关系各官署调取档

第十条　各项草案及参考文件应华洋文互译者由会长指定编译员翻译之

第十一条　本会为缮写及打字得酌用或调用雇员

第十二条　本章程自公布日施行

17

1919 年 4 月 22 日

航律委员会办事规则

（中华民国八年四月二十二日呈奉部长批准）

第一条　本会设左列二股份掌事务

一编订股　掌草拟法规事项

二审核股　掌审议法规事项

第二条 各股股员由会长分配之每股由股员中公推一人为股长主持本股事务

第三条 股长股员均分任编订或审核但遇有必要时会长得指定审核股会员办理编订股事宜编订股会员办理审核股事宜

第四条 编订成稿之件应送由审核股签注遇有疑义时行会同起草员商酌其由审核股起草者应征求编订股同意

第五条 各股得开讨论会其开会日期由股长酌定之

第六条 本会会议以会长为主席其开会日期由会长酌定之各会员除有特别事故外不得缺席

第七条 本会会议事务主任及编译员均得列席陈述意见但无表决权

第八条 本会会议华洋语言应互译之

第九条 本会会议须备具议事录记载会议及议决事件并注明开会之年月日到会人数姓名及其他必要事项

第十条 本规则自呈报交通总长批准之日施行如有应行修改之处会长得随时呈明办理

18

1920 年 1 月 21 日

官用轮船检查条例

（中华民国九年一月二十一日　教令第一号）

第一章　总　则

第一条 中华民国船舶配用机器航行者。无论用蒸汽电气炭气油类。凡属于官署管辖而不以营业为目的者。为官用轮船。

第二条 官用轮船不属于海军舰队者。除法律命令别有规定及有其他特别情事者外。均适用本条例之规定。

第三条 官用轮船由海军部按期检查。但因情事之必要时。得由主管官署咨商海军部。声明理由。再行定期检查。

海军部因执行前项事务。得设官用轮船检查处。

官用轮船检查期。由海军部拟定。呈请大总统核准。

第四条 官用轮船不得悬挂海军旗章旗旒。除供警务盐务税务之用及其他官署所属之轮船有一定之旗章者外。均应悬挂特别之旗章。

前项特别旗章。由海军部拟定,呈请大总统核准。

第五条 官用轮船船员及人役,除系海军军官出身奉有海军部特准得服用海军制服及原有定式服装得依定式服用者外。均应服用特定制服。其制服由海军部定之。

第六条 管辖官用轮船之主管官署。对于官用轮船。须有相当之支配及设备。

第二章　检　　查

第七条 官用轮船之船员。须经海军部考验合格。给予证书。考验规则。以海军部部令定之。

前项船员。曾任海军军官者。得免考验。

第八条 官用轮船。须经海军部就左列各项事项。详加勘验。认为适合航行者。给予适航证书。

一　船体锅炉汽机之状况。

二　救生救火及航海器具等类之设备。

三　载重水线之规定。

官用轮船勘验规则。以海军部部令定之。

第九条 适用本条例之官用轮船。如不依本条例之规定。致发生危难事故者。应由该主管官署负完全之责任。

第三章　官用轮船检查处之组织及职务

第十条 官用轮船检查处分。为总检查处及检查分处。其设置地点。由海军部拟定。呈请大总统核准。

第十一条 官用轮船总检查处及分处。置处长航务检查官轮机检查官各一人。及技士书记若干人。

第十二条 总检查处处长。由海军部呈请简任。分处处长。由海军部荐任。

第十三条 总检查处之航务轮机各检查官。由海军部荐任。分处之航务轮机各检查官。由海军部委任。其总分处之技士书记。均由海军部委任。

第十四条 官用轮船总检查处及分处。分别执行检查事务。其权限由海军部以部令定之。

第十五条 官用轮船总检查处。遇有左列事项。应函达各该主管官署饬知各该轮船。

一　沿海沿江新发现之暗礁及危险物。

二　沿海沿江新设之灯光及警号。

三　航路标识之变更或停废及其实施之期限。

附　　则

第十六条 官用轮船除依本条例受海军部检查外。凡关于轮船之一切法律命令。仍应遵守。

第十七条 本条例自公布日施行。

19

1920 年 12 月 21 日

航业奖励条例

（教令第三十四号　中华民国十一月二十一日公布）

第一条 凡在中华民国政府立案注册之航业公司。于本国与外国各港之间定期航行之船舶。得由交通部核夺情形指定航线。以五年为限。按照本约例。给予奖励金。

第二条 受奖励航行远洋之船舶。以总吨数四千吨以上。一小时有十一海里以上之速力。且船龄在十五年以内之钢制轮船为限。其非航行远洋之船舶。以总吨数二千吨以上。一小时有十海里以上之速力。且船龄在二十年以内之钢制轮船为限。但国际河流航行之船舶。以总吨数八百吨以上。一小时有八海里以上之速力。且船龄在二十年以内之钢制或木制轮船为限。

第三条 受奖励航行远洋之船舶。每总吨数一吨。航行一千海里。给予奖励金国币二角。其非航行远洋之船舶。每总吨数一吨。航行八百海里。给予奖励金国币一角。

第四条　受奖励航行远洋之船舶。其船龄超过十年时。逐年递减其奖励金百分之五。非航行远洋之船舶。其船龄超过十五年时亦同。

第五条　受奖励航行之船舶。如系本国造船厂所造者。得增给奖励金百分之五。

第六条　受奖励航行之船舶。其客货运价。须呈请交通部核准。交通部认为有必要时。得指定种类。酌减客货运价。

第七条　受奖励航行之船舶。代运本国邮政局邮件。及搭载交通部因邮政事务或视察航路所派之员司。不收运费。并须酌量配置商船学校毕业人员于船舶之内。关于无线电信之通信设备。亦须遵照交通部令办理。

第八条　受奖励之公司。非经交通部核准。不得以外国人为该公司本店及支店之事务员。或船舶之职员。

船舶职员。如在外国有死亡。或其他不得已之事项出缺时。得不依前项之规定。就地补用。但须从速呈请交通部核准。

第九条　受奖励之公司。须遵照交通部所定。呈报关于受奖励航行之船舶之收支计算书及营业报告书。

交通部认为必要时。得派遣员司。该公司本店支店代理店或船舶。监查其收支计算及营业状况。

受奖励之公司。须依照派遣员司之请示。陈述业务上一切事项。并须将账簿及其他一切交书。供其检查。

第十条　政府因公用必要时。得酌定相当赔偿金额。收用或使用受奖励航行之船舶。

前项规定。对于该船舶受奖励最终之日起。三年以内适用之。对于赔偿金额有不服者。得自收到通知之日起。三月以内向司法官署提起诉讼。但不停止船舶之收用或使用。

第十一条　受奖励航行之船舶。于受领奖励金之期间。及自受奖励金最终之日起。三年以内。不得租卖或抵押于外国人。但偿还该船所领之奖励金。或因天灾及其他不可抗力之事实。不堪航行。又或经交通部核准时。不在此限。

第十二条　拒绝第十条规定之船舶收用或使用。及违反第十一条之规定者。处以二百元以下之罚金。且须将该船所领之奖励金。全数偿还。

第十三条　受奖励者。除遵守本条例外。对于现在或将来所发布之法令。并须一律遵守。

第十四条　关于本条例施行日期及细则。以交通部令定之。

20

1920 年 12 月 22 日

修正交通部官制第五条条文

（中华民国九年十二月二十二日　大总统令教令第二十三号）

第五条　技正十四人，技士二十八人，承长官之命掌技术事务。

21

1927 年 4 月 9 日

船舶无线电信条例

（中华民国十六年四月九日　大总统令教令第五号）

第一条　凡于船舶上装设无线电信供航行时通信之用者称为船舶无线电信

第二条　下列各项船舶应设置无线电信

一　载重满五百吨以上航行海面者

二　载重满八百吨以上航行内江湖泊者

三　载重满四百吨以上有下列情形之一者

甲　驶离最近陆地达一百三十海里

乙　航线起讫达五百海里

第三条　船舶无线电信经交通部发给执照后方得使用

第四条　使用船舶无线电信之电务人员应为中华民国人民并须持有交

通部颁给之无线电电务员文凭

第五条　船舶无线电信之机器如须向外洋购运时非得交通部之批准及发给护照不得入口

第六条　船舶无线电信使用时不得妨害国有海陆电台及公众电台之通信与营业

第七条　船舶无线电信因故须停止使用其机器时其天线应立即拆卸并呈报交通部查封

第八条　违反第二条之规定者各海关得不准其行驶

第九条　违反第五条之规定者除处以五十元以上五百元以下之罚金外其机器没收之

第十条　违反第三条第六条第七条之规定者除处以二十元以下之罚金外并得停止其机器三日至三个月之使用

第十一条　外国籍船舶之无线电信经万国无线电线公约一缔约国政府发给执照者中国政府认其效力但该船航线全部分或大部分在中国水面者本条例适用之

第十二条　电信条例万国无线电公约通例及各项法律命令与船舶无线电信有关者均适用之

第十三条　本条例自公布日起三个月后施行

第三编

南京国民政府

1

国民政府清查整理招商局委员会条例

（中华民国十六年六月一日国民政府指令）

一　名称　本委员会定名为国民政府清查整理招商局委员会。

二　组织　本委员会以奉国民政府任命之清查整理招商局委员十一人组织之。

三　职员　本委员会设主任一人主持一切会务,由委员互选出之常务委员三人分任总务、秘书、审计。

四　职权　本委员会之职权如下:

（一）在清理期内监管招商局及其附属机关之产业并维持其事业;

（二）清查招商局及其附属机关之账目资产状态、历年盈亏原因;

（三）根据清查报告及国内外航业状况与股东之意见拟定整理并改组招商局计划呈由国民政府核准施行;

（四）执行并实现上项整理及改组招商局计划。

五　任期　本委员会之任务以清查并整理招商局为限,一俟所拟改组计划实现,本委员会应将所监管之该局资产及所维持之该局事业即日移交改组后之负责机关管理。

六　经费　本委员会之办公费由财政部核发。

七　附则　本条例由国民政府颁布施行。

2

1927 年 6 月 1 日

国民政府清查整理招商局委员会办事细则

（中华民国十六年六月一日国民政府指令）

第一条　本委员会以奉国民政府任命之清查整理招商局委员十一人组织之。

第二条　本委员会设主任一人，由委员互选出之，主持一切会务，对外为本委员会之代表并为会议时之主席。

第三条　本委员会设常务委员三人，由主任指定之，分别主持总务、秘书、审计事务。

第四条　本委员会开会无定期经主任或常务委员认为必要时或经委员三分之一以上之提议由秘书召集之，以全体委员过半数之出席为法定人数。

第五条　本委员会全体会议之职权如左：

一　在清理期内监管招商局及其附属机关之产业并维持其事业；

二　清查招商局及其附属机关之账目资产状态与历年盈亏原因；

三　根据清查报告及国内外航业状况与股东之意见拟定整理并改组招商局计划呈由国民政府核准施行；

四　执行并实现上项整理及改组招商局之计划。

第六条　常务委员之职权如左：

一　执行全体会议之决议案；

二　处理本委员会之经常事务。

第七条　常务委员为办理清查整理及改组招商局事务之便利起见，得设置左列三组聘任专家分任各该组事务：

一　总务组；

二　秘书组；

三　审计组。

第八条　本委员会办公费由常务委员编制预算，经全体会议通过，呈请国民政府核准,由财政部核发。

第九条　本细则经全体会议之通过并呈请国民政府备案施行。

3

1927 年 7 月 17 日

轮船注册给照章程

（中华民国十六年七月二十七日交通部部令第十七号公布）

第一条　凡营业之大小轮船,无论官厅,或公司,或个人所有,均须遵照本章程,呈请交通部核准注册给照。

凡营业之夹板船等,适用本章程之规定。

凡非营业之轮船夹板船等,除本章程第八条、第九条外,均适用之。

第二条　凡轮船及夹板船等,非经交通部注册给照,不得向海关领取船牌。

第三条　凡轮船及夹板船等,行驶航线由交通部分别江海内港各项,于执照内指定之,各航商将部照赴海关呈验领取船牌后,按照指定之航线行驶,并遵照各海关理船厅现行章程办理。

第四条　凡经注册执照之轮船及夹板船等,由交通部行知航线,内地方官署随时保护之。

第五条　凡呈请注册给照时,应呈报之事项如左:

（一）船舶所有者之姓名,或其机关及地址;

（二）船舶名称;

（三）船舶容量及总吨数;

（四）船舶长广及吃水尺寸;

（五）机器总类;

（六）机器马力及行驶速率;

（七）航线图说;

（八）码头起讫,及经过处;

（九）船舶购置,或租赁及其价值;

（十）造船年月;

（十一）造船厂名及地点;

（十二）管船员之姓名履历。

船舶呈报行驶航线，每船不得过三条，呈报经过地点，须依次顺列，不得凌乱，夹板减报机器种类，机器与马力，与造船厂名及地点。

第六条　此项执照得直接请领，或呈由地方官署，及主管官署转呈请领。

第七条　如在同一航线内，其轮船或夹板船等，名称不得与领照在先之同类船舶名称相同。

第八条　凡船舶事业，系公司经营者，除所有航线及船舶依照第三条及第五条呈请注册给照外，关于公司之组织须依法令呈由主管官署注册并应将左列各款呈报交通部备案。

（一）公司名册，及其种类；

（二）公司合同，及一切章程；

（三）资本，及创办人认股数目；

（四）设立之年月日；

（五）创办人，及经理人之姓名，籍贯，住址；

（六）总公司，及其分所之设立地方；

（七）营业之期限；

（八）所置船舶之数；

（九）每股额定银数若干，已缴若干，及分期缴方法与股票之式样。

第九条　如遇推广营业变更公司章程时，须呈报交通部核准。

第十条　领有交通部执照之船舶，须由海关验明后发给船牌，始得行驶，如未领执照，或验有不符者，应即停止发给。

各海关验明后，于照上注明某海关验讫，及其年月日，每三个月由海关监督汇总报部。

第十一条　新置船舶急需行驶不及呈部请领执照时，得呈请各关督电部核准，饬令先发暂行船牌，以便行驶，但须于三个月内按照本章程呈部领照，如逾期未经呈部，或所报事项经本部驳斥不准者，应由海关将所发暂行船票吊销，或禁止其行驶。

第十二条　遇有左列事情，须呈报交通部换给执照。

（一）变更航线；

（二）开闭码头；

（三）更换船航名称；

（四）其他变更执照中所载各项。

前项变更航线，如合计航线总数有逾三条以上者，应将停驶某条航线，呈明注销。

依本条换给执照者，应缴费照，照本章程第十六条之定额收取二分之一。

第十三条 如有左列各项事情,应即呈报交通部,并将执照缴销。

(一)船舶损坏不能航行时;

(二)自行停业,或经官厅以职权令其停业时;

(三)船舶转售赠与,或租与他人时。

第十四条 如违背关于航政之各项规则,各主管官署,得呈请交通部将其所领执照吊销。

第十五条 执照如有遗失或毁损时,得声明理由,呈请交通部补发,但须照本章程第十六条之定额,缴纳四分之一之给照费。

第十六条 注册给照依左之规定缴纳册照费。

(一)总吨数未满十吨者 二十元;

(二)十吨以上至五十吨 四十元;

(三)五十吨以上至一百吨 六十元;

(四)一百吨以上至五百吨 一百元;

(五)五百吨以上至一千吨 一百五十元;

(六)一千吨以上至二千吨 二百元;

(七)二千吨以上至四千吨 二百八十元;

(八)四千吨以上 每五百吨加二十五元,但未满五百吨者,仍以五百吨计。

第十七条 本章程施行后未经领有交通部执照者,均须照章程呈请注册给照,违者吊销船牌,并禁止其行驶。

第十八条 本章程如有未尽事宜,由交通部随时以部令修正公布之。

第十九条 本章程施行后,所有以前各种轮船公司注册给照章程废止。

第二十条 本章程自公布日施行。

4

1927 年 11 月 11 日

国民政府交通部组织法

(中华民国十七年五月二十五日国民政府公布)

第一条 交通部直隶于国民政府管理全国路政电政邮政航政及监督一切交通电气事业

第二条　交通部对于各地方最高级行政长官之执行本部主管事务有监督指示之责

第三条　交通部于主管事务对于各地方最高级行政长官之命令或处分认为违背法令或逾越权限者得呈请国民政府变更或撤销之

第四条　交通部设左列各处司

一　秘书处

二　路政司

三　电政司

四　邮政司

五　航政司

第五条　秘书处掌理部长委办事务

一　关于一切机要及会议记录事项

二　关于宣布部令事项

三　关于撰拟收发文件及编存档案事项

四　关于典守印信及记录职员进退事项

五　关于本部经费及预算决算事项

六　关于总预决算计算书之审查编制事项

七　关于稽核及复核各种收支账款事项

八　关于调查所辖各机关会计及检查收支事项

九　关于改良会计及划一簿记事项

十　关于编制统计及报告事项

十一　关于养成交通职员之管理事项

十二　关于本部庶务及其他不属于各司之事项

第六条　路政司执掌如左

一　关于管理及监督国有铁路事项

二　关于监督民办铁路事项

三　关于监督陆上运输事项

四　关于筹划兴筑铁路事项

五　关于廓清铁路积弊事项

六　关于改善铁路职工待遇事项

七　关于管理国道及监督省道民办公路事项

第七条　电政司执掌如左

一　关于监督考核全国电报电话无线电等事项

二　关于监督民办电话电车电灯电力及其他电气营业事项

三　关于改善电气职工待遇事项

第八条 邮政司执掌如左

一 关于监督考核全国邮政事项

二 关于监督邮政储金及汇兑事项

三 关于改善邮务职工待遇事项

第九条 航政司执掌如左

一 关于管理航路及航路标识事项

二 关于筹划全国航空事项

三 关于经营国有航业事项

四 关于监督民办航业及水上运输事项

五 关于船舶发照注册事项

六 关于计划筑港及疏浚河道事项

七 关于管理及监督造船船舶船员并其他一切航政事项

八 关于改善船员待遇事项

第十条 交通部置部长一人承国民政府之命总理本部事务监督所属职员并所辖各官署

第十一条 交通部置次长一人辅助部长整理部务

第十二条 交通部置参事二人承长官之命拟订关于本部主管之法律令命事项

第十三条 交通部置秘书长一人承长官之命掌理秘书处一切事物秘书四人至八人佐理处务

第十四条 交通部置司长四人承长官之命分掌总务处及各司事务

第十五条 交通部各处置科长科员若干人承长官之命办理各科事务

第十六条 交通部置技监一人技正四人至八人技士若干人分掌技术事务

第十七条 交通部因缮写文件及其他事务得酌用雇员

第十八条 交通部得设航政署电政总局邮政总局及各铁路局分别处理全国航电邮路事务

第十九条 交通部因事务上之必要时得设立委员会委员由部长聘任或委任之

第二十条 交通部因调查路政状况及其他临时发生事务有必要时得酌用视察员

第二十一条 交通部办事细则另以部令定之

第二十二条 本组织法自公布之日施行

5

1927 年 11 月

国民政府交通部监督招商局章程

（中华民国十六年十一月国民政府公布）

第一条　交通部依据本部组织法第一条及第九条第四项之规定为实行监督民办航业并保护便利起见设立监督招商局办公处直隶于国民政府交通部

第二条　本处置职员如左

一　监督一人由国民政府特派充任

二　总办一人由交通部派任

三　参议四人或六人由交通部聘任或委任之

四　秘书长一人由监督派任

五　秘书及办事员各若干人均由监督委任

第三条　监督招商局之范围如左

一　关于监查及清算现在资本之实况并债权债务之数额事项

二　关于裁决资本之增加或减少事项

三　关于酌定分局及附属机关之设立或存废事项

四　关于核定总分局及附属机关之组织条例或章程事项

五　关于审核总分局及附属机关之账目与出纳状况事项

六　关于受理及核定股东或董事会之请愿整顿局务扩充营业事项

七　关于股权之清理及登记事项

八　关于其他呈请事项

第四条　左列事项因与股东利害关系较大由监督召集重要职员与董事会联席会议决定执行之

一　关于处理借款事项

二　关于计划整顿局务之实行事项

三　关于停航复航及政府租船事项

四　关于召集股东大会并提出议案事项

五　关于分派股息及职员雇员酬金之支配事项

六　关于总局各科及附属机关之存废事项

七　关于对外重要契约之订立或废除事项

八　关于总预决算之确定事项

九　关于修改章程事项

十　关于其他一切重要事项

第五条　本处得随时监查该总分局营业进行及财产状况并一切账目

第六条　本处办事细则另定之

第七条　本章程自公布之日施行

6

1927 年 12 月

战时军事租船条例

（中华民国十六年十二月国民政府军事委员会公布）

第一条　在作战期间为体恤商情兼顾军事运输起见特制定军事租船条例凡与此有关系者均须遵守之

第二条　凡军事运输需用大小轮船时由本会令饬兵站总监部向各轮船公司承租通盘筹划以决定自用或转给各军运用

第三条　在已经远征之军队需船甚急仓促不及由兵站总监部拨用时得由该军就地向轮船公司商租但须不违背此条例并将租船合同呈报本会备案

第四条　租金以该轮之吨位容量速率等为标准由承租者与各公司双方议定但最大之轮一月租金不得逾四千元

第五条　议定前项租金时须订立合同同时将租用该轮期限确定非万不得已不得变更租期窨满由承租者将租金结算清楚原船交还公司

第六条　前项合同草案未经双方签字之先应由兵站总监部呈报本会指定相当人员审查之

第七条　在特别时机不及用前条手续时得一面订立合同一面呈报本会备案

第八条　租金得按日摊算由兵站总监部发给之但在特别时机由各军直接租船之租金先由各军垫付再列入报销项内呈报核销

第九条　凡租用轮船应先付如该轮一月租金三分之一

第十条　无论大小轮船公司其船因租期届满交还之后而租金尚未结算清楚者得呈报本会查明核发

第十一条　船上应用之煤概由兵站总监部转发但各船用煤若干由兵站总监部连同煤价于每月终列表详细呈报备核

第十二条　由公司交船时船上若存有余煤应双方估量吨数按照市价由承租者算给公司还船时亦照此办法由公司算给承租者

第十三条　公司交船之时日即为起租之期上午交者当日起租下午交者次日起租交还时亦同

第十四条　船上一切员工由兵站总监部所派管理员指挥监督之

第十五条　船上所载军队等应由该军队负责人员严加约束不得稍有碍及行船之事

第十六条　船在租借期内如发生军事上危险本会负相当责任但船之机件发生障碍时应由商人自行修理

第十七条　船上必须之船员领江工役人等仍由各该公司负责雇用倘有不守规则者即由租机关通知各该公司调换该公司不得借故推诿

第十八条　船上所有职工人等之薪资伙食概由该公司付给但承租者所用职工人等薪资伙食不在此例

第十九条　在各公司大小轮船数目吨位等项尚未确实调查以前仍系商租将来经确实调查统计后即应实行摊租以昭公允而免偏枯摊租时应将关于摊租之条文明令追加之

第二十条　自此条例公布后各军不得私自扣船以恤商艰而免分歧

第二十一条　本条例如有未尽事宜得随时修改之

第二十二条　本条例自公布之日施行

7

1927 年 12 月 28 日

交通部航业公会章程

（中华民国十六年十二月二十八日交通部公布同日施行）

第一条　航业公会以发展航业增进同业利益为宗旨

第二条　航业公会于航业繁盛地方设立之但同一地方不得更设性质相同之公会

第三条　发起航业公会须有本章程第四条第一项会员资格者十人以上缮拟会章及发起人名册呈由地方最高长官咨送交通部核准设立

第四条　中华民国国民具有左列资格之一皆得为航业公会会员

一　经管航业者

二　在各航业公司或官商船只曾任或现任重要职务者

三　经营船舶转运事业及曾任或现任此项事业之重要职务者

四　经营造船事业及曾任或现任此项事业之重要职务者

第五条　航业公会图记由交通部刊发于呈请核准设立时随缴刊费四元

第六条　航业公会之职员如左

一　执行委员自三人至九人

二　监察委员自三人至五人

第七条　航业公会执行委员监察委员均由会员大会投票公举该会应将被选各员履历呈送交通部备案

第八条　航业公会执行委员监察委员之任期以会章定之

第九条　船业公会会员具有选举权及被选举权其选举方法以会章定之

第一〇条　船业公会之会务如左

一　关于维持航业上公共营业并研究改良发达事项

二　关于条陈航业之利弊及一切进行事项

三　关于办理航业上公益事项

四　关于调查航业事项

五　关于编制航业表册事项

六　关于研究造船转运事业之改良发达事项

七　关于航业上争议经双方请求调查之事项

八　关于交通部委托事项

九　关于条陈收回外航事项

一〇　关于条陈改良港务及疏浚河道事项

一一　关于调查水上保险之利弊及条陈改良事项

一二　关于条陈旅客安宁及防盗事项

一三　关于条陈开辟航线事项

第一一条　航业公会由执行委员召集常会临时会共同议决会务其议事细则以会章定之

第一二条　航业公会经费以会员入会金及常年会金充之其数目以会章定之

第一三条　航业公会会员名册于每年常会前一个月呈送交通部备案

第一四条　航业公会会务情形及收支数目应于每六个月报告会员并呈报交通部备核遇有特别或紧急事件得随时呈部

第一五条　特别捐助会费或航业上公益费巨款暨在会着有成绩人员得由航业公会呈请交通部核准奖励之

第一六条　航业公会修改会章须呈报交通部核准

第一七条　航业公会有违背本章程及妨害公益或受人把持利用时交通部依左列各项方法处分之

一　取消议决之事项

二　解免职员之职务

三　令行该会改组

四　停止该会或解散之

第一八条　航业公会经会员公决自行解散须申明理由呈报交通部备案

第一九条　航业公会解散后清理账目及其他手续以会章定之

第二〇条　在本章程未颁布以前已设立之航业公会及其他性质相同之公会应依本章程另行改组

第二一条　本章程未尽事宜由交通部修正之

第二二条　本章程自公布之日施行

8

1928 年 2 月 16 日

交通部码头船注册给照章程

（中华民国十七年二月十六日国民政府批第一〇〇号）

第一条　本章程所称码头船系指停泊水面用,以其靠其他行驶船舶,俾上下搭客及装卸货物者而言。

第二条　码头船无论为官厅,或公司,或个人所有,均须遵照本章程呈请交通部注册给照。

第三条　码头船呈请注册给照时,应呈报之事项如左。

（一）码头船所有者之姓名,或其机关

（二）码头船种类,及其名称,或其自编号数

（三）码头船之船身材料

（四）码头船之容量,或其长广高尺寸（由船底至舱面之高低）

（五）码头船停泊地点

（六）码头船停泊情形

（七）码头船建造年月日（如系旧船改建造应填改造年月日）

（八）码头船建造居所（如系旧船改造应填改造处所）

第四条　此项执照得直接呈交通部请领,或呈由地方,或主管官署转呈请领。

第五条　如在同一处所,其码头船名称,不得与领照在先之码头船名称相同,但其自编号数不在此例。

第六条　凡码头船之属于公司者,应将其公司性质,经营种类,呈报交通部备案。

第七条　除本章程第十二条所规定外,如遇有左列情事,应呈请交通部换给执照。

（一）更换名称,或自编号数

（二）更换停泊地点

（三）其他变更执照中所载各项

依本条换给执照者,应缴册照费,照本章程第十一条之定额减收二分之一。

第八条　如有左列各项情事,应即呈报交通部并将执照缴销。

（一）码头船坏不能使用时

（二）码头船所有者,自行停业,或经官厅以职权令其停业时

（三）码头船转售与他人时

第九条　执照如有遗失或损坏时,得声明理由,呈请交通部补发,但须依照本章程第十一条之定额,缴纳四分之一之补照费。

第十条　码头船执照分为甲乙二种。

（一）甲种执照

（二）乙种执照　浮码头

第十一条　码头船注册给照依左列之规定,缴纳册照费。

第一项呈请发给甲种执照者。

（一）容量满一百吨或一百吨以下者　二十元

（二）容量满一百吨以上至五百吨者　五十元

（三）容量在五百吨以上至一千吨者　一百元

（四）容量在一千吨以上至二千吨者　一百五十元

（五）容量在二千吨以上者,每五百吨加十五元,不满五百吨者,以五百吨计算

第二项呈请发给乙种执照者。

（一）长满一百尺或一百尺以下者　十元

（二）长在一百尺以上至一百五十尺者　二十元

（三）长在一百五十尺者以上至二百尺者　三十元

（四）长在二百尺以上至三百尺者　四十元

（五）长在三百尺以上者,每五十尺加十元,不满五十尺者,以五十尺计算

第十二条　除本章程第七条所规定外,如遇将浮码头改造为趸船,或趸船改造为浮码头时,应另案呈请交通部发给执照,照章缴纳册照费,并将原有执照呈部注销。

第十三条　码头船注册给照后,须将注册号数书于各该码头船之显明处,以证识别。

第十四条　凡经注册给照之码头船,其专供搭客行走之附属品,概免重行注册给照。

第十五条　码头船之停泊,不得违背关于港务之各项规则。

第十六条 本章程施行后,所有码头船须于三个月内一律呈请注册给照,逾期未请者除责令照章请领外,并科以五百元以下之罚金。

第十七条 本章程如有未尽事宜,交通部随时以部令修正公布之。

第十八条 本章程自公布之日施行。

9

1928 年 3 月

国民政府交通部商船职员证书章程

(中华民国十七年三月交通部公布)

第一条 本章程所称之商船职员系指在商船服务之驾驶及轮机两种船员而言

第二条 商船驾驶及轮机职员分左列各级

(一)驾驶员 甲 船 长 乙 大 副 丙 二 副 丁 三 副

(二)轮机员 甲 轮机长 乙 大管轮 丙 二管轮 丁 三管轮

第三条 商船各级职员须呈请国民政府交通部考验合格给予证书始得服务

第四条 商轮职员证书分左列二种

(一)甲种证书 发给航行远洋商船职员者

(二)乙种证书 发给航行沿海及江湖商船职员者

前项证书凡船员职务及谙习某条航线或某种机器须分别标明以资区别

第五条 凡在国内外大学或专门学校学习商船学得有驾驶或轮机机械等科毕业证书并在商船上实习或曾充职务者得应商船职员考试

商船职员考试章程另定之

第六条 在商船职员考试未举行以前凡得有前条之毕业证书已在商船上充当职员取具本公司或本管船长证明书依照本章程第十条至第十二条之规定呈请交通部审核合于下列资格之一者得暂行发给本章程第四条所列相当船员证书

(一)在商船上继续服务已满八年并曾充船长满一年以上者得给予船长

证书

（二）在商船上继续服务已满六年并曾充大副满一年以上者得给予大副证书

（三）在商船上继续服务已满四年并曾充二副满一年以上者得给予二副证书

（四）在商船上继续服务已满二年并曾充三副满一年以上者得给予三副证书

（五）在商船上继续服务已满八年并曾充轮机长满一年以上者得给予轮机长证书

（六）在商船上继续服务已满六年并曾充大管轮满一年以上者得给予大管轮证书

（七）在商船上继续服务已满四年并曾充二管轮满一年以上者得给予二管轮证书

（八）在商船上继续服务已满二年并曾充三管轮满一年以上者得给予三管轮证书

有前条毕业证书而未充商船职员者得在商船上实习俟满前项年限后再请发给船员证书

第七条　在本章程未公布以前已在商船上充当职员而无本章程第五条之毕业证书者经本公司或本管船长具书证明其服务成绩呈部审核时得比照本章程第六条所定之服务年限及其职务暂行发给相当之船员证书但船长不在此例前项审核有必要时得由部派员面试

第八条　在本章程未公布以前已领有船员证书者应依照本章程第十条至第十二条之规定呈请国民政府交通部审核合格者换给新证书

前条第二项之规定本条亦适用之

第九条　凡充当船长轮机长者年龄须满二十八岁以上其余船员须满二十岁以上

第十条　凡请领商船职员证书者须备最近二寸半身相片两张亲赴国民政府交通部指定之医生处检查体格证明下列各项并由医生于相片上签字为证

一　身体健全者

二　目光良好无色盲病者

三　耳听聪明者

四　无神经病者

五　不吸鸦片者

第十一条　凡请领商船职员证明者须开具详细履历声明谙习某条航线或某种机器并呈验学校毕业证书在商船服务证明书（以商船船长或公司负

责人员所出证明书为限）检查体格证明书及医生签字之相片两张

第十二条　凡请领商船职员证书者须缴左列之证书费并随缴印花税费二元

甲　船长轮机长　各四十元

乙　大副大管轮　各三十元

丙　二副二管轮　各二十元

丁　三副三管轮　各十元

第十三条　凡为商船职员出具证明书者须亲笔署名盖章方为有效如证明事件由虚伪捏冒情事经查明属实后得提交法庭以伪证论罪

第十四条　自本章程公布之日起六个月内凡服务于中国商船之驾驶轮机两种职员均须向国民政府交通部请领船员证书

第十五条　凡行驶内河不满五十总吨商船之职员得不适用本章程之规定

第十六条　中国海军军官愿在商船服务者须由海军最高长官将履历及各种证明文件咨送交通部审核合格者给予相当船员证书其办法仍依本章程之规定

第十七条　商船职员领得证书后应各顺次装挂于该商船显明之处

第十八条　商船职员证书如有涂改假冒者经人指告查明属实后应即取消其证书并科以比照证书费十倍之罚金

第十九条　商船职员证书如有遗失时应即登报声明作废并须取具本公司或本管船长之证明书将遗失实情呈报国民政府交通部审核补给并须交纳本章第十二条所定证书费二分之一

证书毁损请补给者亦同

第二十条　商船职员证书有效期间为五年期满后请换新证书时仍依本章程之规定办理但证书费缴定额二分之一

第二十一条　商船职员犯下列各项之一者交通部得取消或收回其证书但收回之期间最长不得过三年

（一）商船职员经法庭证实或别种证明因不应为而为或因为而不为致破坏船舶及损失生命财产者即取消其证书

（二）商船职员经法庭证实或别种证明因酒醉狂暴或其他失当行为或才力不能胜任致发生撞碰及搁浅等情事者按其情节重轻取消或收回其证书

（三）商船职员自行夹带或赇从他人私带违禁物品或有其书犯罪行为者即收回其证书

（四）商船职员经法庭叛军受刑事处分剥夺公权尚未复权者即收回其证书前项收回证书交通部得按其情形宣告收回之期间于期满后得由本人呈请发还证书

第廿二条　前条船员证书取消或收回后交通部得酌量情形改给低一级或低二级之船员证书

第廿三条　本章程如有未尽事宜得由交通部随时修正之

第廿四条　本章程自公布之日施行

10

1928 年 4 月

国民政府交通部扬子江水道整理委员会章程

（中华民国十七年四月国民政府交通部公布）

第一条　国民政府交通部为整理扬子江水道消弭水患发展航业起见依据本部组织法第十九条之规定设立扬子江水道整理委员会直隶于国民政府交通部

第二条　本会设委员长一人由交通部部长或次长兼任综理会务

第三条　本会设委员十人由交通部部长就左列各项人员派任协议本会事务

一　内政外交财政农矿工商五部均由部长推荐简任职员各一人

二　建设委员会由主席推荐简任职员一人

三　本部航政司司长一人

四　富有河海水利工程经验或具专门学识者三人

第四条　本会之职务如左

一　关于测绘水道事项

二　关于疏浚江流事项

三　关于修养航路事项

四　关于防御水灾事项

五　协助并指导扬子江流域各部分治水工程事项

六　其他关于整理各事项

第五条　本会于整理水道有必要时得酌量情形施行下列各项事务

一　禁止沙洲之围垦

二　清除港口之障碍

三　使用或征收沿江之土地

关于前项事务本会得会同地方官署办理之

第六条　本会设技术委员会及总务工务二处分理事务

第七条　技术委员会置主任委员一人委员四人至八人技术员若干人办理一切技术事务

遇有技术上之必要得延聘国内外富有河海工程学识经验者充任顾问

第八条　总务处置处长一人课长二人至四人事务员若干人办理文书会计及不属于技术委员会与工务处之事务

第九条　工务处置处长一人课长二人技术员及事务员若干人办理一切工程事务

第十条　本会为实地调查或施行工事得设测量队及工程队由工务处处长指挥监督之

关于前项事务工务处得会同技术委员会办理

第十一条　本会因缮写文件得酌用雇员

第十二条　本会会议规则各会处分课办事细则及测量队工程队组织章程另定之

第十三条　本章程自公布之日施行如有未尽事宜得由交通部随时修正之

第十四条　本章程呈请国民政府备案后所有从前公布之章程均作无效

11

1928 年 5 月 25 日

修正国民政府交通部组织法

（中华民国十七年五月二十五日国民政府公布）

第一条　交通部直隶于国民政府管理全国路政电政邮政航政及监督一切交通电气事业

第二条　交通部对于各地方最高级行政长官之执行本部主管事务有监

督指示之责

第三条　交通部于主管事务对于各地方最高级行政长官之命令或处分认为违背法令或逾越权限者得呈请国民政府变更或撤销之

第四条　交通部设左列各处司

一　秘书处

二　总务处

三　路政司

四　电政司

五　邮政司

六　航政司

第五条　秘书处掌理部长委办事务

第六条　总务处执掌如左

一　关于宣布部令事项

二　关于撰拟收发文件及编存档案事项

三　关于典守印信及记录职员进退事项

四　关于本部经费及预算决算事项

五　关于总预决算计算书之审查编制事项

六　关于稽核及复核各种收支账款事项

七　关于调查所辖各机关会计及检查收支事项

八　关于改良会计及划一簿记事项

九　关于编制统计及报告事项

十　关于养成交通职员之管理事项

十一　关于本部庶务及其他不属于各司之事项

第七条　路政司执掌如左

一　关于管理及监督国有铁路事项

二　关于监督民办铁路事项

三　关于监督陆上运输事项

四　关于筹划兴筑铁路事项

五　关于廓清铁路积弊事项

六　关于改善铁路职工待遇事项

七　关于管理国道及监督省道民办公路事项

第八条　电政司执掌如左

一　关于监督考核全国电报电话无线电等事项

二　关于监督民办电话电车电灯电力及其他电气营业事项

三　关于改善电气职工待遇事项

第九条　邮政司执掌如左

一　关于监督考核全国邮政事项

二　关于监督邮政储金及汇兑事项

三　关于改善邮务职工待遇事项

第十条　航政司执掌如左

一　关于管理航路及航路标识事项

二　关于筹划全国航空事项

三　关于经营国有航业事项

四　关于监督民办航业及水上运输事项

五　关于船舶发照注册事项

六　关于计划筑港及疏浚河道事项

七　关于管理及监督造船船舶船员并其他一切航政事项

八　关于改善船员待遇事项

第十一条　交通部置部长一人承国民政府之命总理本部事务监督所属职员并所辖各官署

第十二条　交通部置次长一人辅助部长整理部务

第十三条　交通部置参事二人至四人承长官之命拟订关于本部主管之法律令命事项

第十四条　交通部置秘书长一人承长官之命掌理秘书处一切事物秘书四人至八人佐理处务

第十五条　交通部置处长一人司长四人承长官之命分掌总务处及各司事务

第十六条　交通部除秘书处外各处司分科办事各科置科长一人科员若干人承长官之命办理各科事务科长科员额数以部令定之

第十七条　交通部置技监一人技正四人至八人技士若干人分掌技术事务

第十八条　交通部因缮写文件及其他事务得酌用雇员

第十九条　交通部得设航政署电政总局邮政总局及各铁路局分别处理全国航电邮路事务

第二十条　交通部因事务上之必要时得设立委员会委员由部长聘任或委任之

第二十一条　交通部因调查路政状况及其他临时发生事务有必要时得酌用视察员

第二十二条　交通部办事细则另以部令定之

第二十三条　本组织法自公布之日施行

12

1928 年 7 月 11 日

国民政府交通部扬子江水道整理委员会
测量队薪费等级暂行章程

（中华民国十七年七月十一日交通部核准）

第一条　本章程规定薪水及差费各分为十八级如附表第一表及第二表
第二条　本章程除有合同规定者外对于测量队及绘图室全部员均适
用之
第三条　除派赴野外工作者外概不给差费
第四条　派赴野外工作员司如调归内用时应停给差费
第五条　凡由内调赴野外工作员司其薪费得重行叙定之
第六条　凡因请假应行扣薪及扣给差费办法概照测量队组织章程办理
第七条　本章程自呈部核准公布施行

国民政府交通部扬子江水道整理委员会测量队薪费等级暂行章程第一表

等级	薪水	差费	备　　　考
1	400	100	凡非在野外工作员司概不给差费
2	360	90	
3	320	80	
4	280	70	
5	240	60	
6	200	50	
7	180	40	
8	160	40	
9	140	40	
10	120	40	
11	110	35	

续表

等级	薪水	差费	备考
12	100	35	
13	90	35	
14	80	30	
15	70	30	
16	60	30	
17	50	20	
18	40	20	

国民政府交通部扬子江水道整理委员会测量队薪费等级暂行章程第二表

职　称	薪水差费	备　考
总队长	自第一级至第二级	凡非在野外工作员司概不给差费
正工程司（队长同）	自第二级至第六级	
副工程司	自第七级至第十级	
帮工程司	自第十一级至第十三级	
练习工程司	自第十三级至第十八级	
事务主任	自第三级至第六级	
事务员	自第八级至第十八级	
文牍员	自第七级至第十二级	
图算员	自第九级至第十六级	

13

1928 年 11 月

中华民国船舶无线电台条例

（中华民国十七年十一月中央建设委员会公布）

第一条　凡商轮所装设之无线电台收发讯机专供航行通信者统称船舶无线电台（以下简称无线电台）

第二条　凡航行中华民国沿岸各口岸及内河之中外商轮在五百吨以上者须一律安设无线电台并须遵守本条例

第三条　凡置有船舶电台者应由所属公司开具下列各项呈请建设委员会无线电管理处注册经派员查验合格给予执照并指定呼号方得使用

一　船舶名称　吨数　停泊口岸及航线

二　船长姓名　所属公司名称及国籍

三　机件方式　输入力　频率(波)　天线式样及高度　日夜发射距离

四　劳务人员姓名及履历

五　电台服务之性质及工作时间(如设有测向器者亦应注明)

第四条　凡船舶电台呈请注册经建设委员会无线电管理处认为毋庸查验时得径给执照

第五条　领取船舶电台执照时应缴执照费三十元

第六条　凡新设船舶电台之电波应为等幅式

第七条　凡沿海航行轮船其电台装置应备常用与备用二种常用机之日间发射距离至少应有一百海里备用机之日间发射距离至少应有六十海里并须能连用四小时以上常用机与备用机之电源须截然分开但备用机之装设经建设委员会无线电管理处认为可以暂缓者得免之

第八条　凡旧式船舶电台经建设委员会无线电管理处认其电波骚扰其他电台业务者得停止其业务并照国际无线电报公约及业务规则令其改良

第九条　凡船舶电台变换机件之装置或改良电波之方式应于工竣后呈报建设委员会无线电管理处由处换给新照不另取费

第一〇条　凡船舶电台机器于指定通用电波外并须能收发六百及八百米突之断续等幅波

第一一条　凡船舶电台之报务员须持有建设委员会无线电管理处发给之执照方得行使职务

第一二条　船舶电台之报务员其中至少一人为优级报务员

第一三条　船舶电台在该船停泊口岸时不得使用无线电通讯但遇他船危急呼救时不在此限

第一四条　凡船舶电台调换主要报务员时应呈报建设委员会无线电管理处备案

第一五条　凡船舶电台使用时不得妨碍其他电台之业务

第一六条　凡船舶电台得依国际无线电报业务规则规定准向搭客征收无线电报费其属于海岸电台或其他船舶电台或有线电之费用应备具账目按月交由主管机关核收倘有短欠浮收情事船主应负其责任

第一七条　船舶电台之来往报底至少应保存至一年

第一八条　凡遇建设委员会无线电管理处派遣工程师查验船舶电台机件时该台主管人员应听其查验不得托故拒绝

第一九条　遇必要时建设委员会无线电管理处秉承国民政府之命令得接管船舶电台或停止其装设与使用

第二〇条　凡违反第二条规定者由建设委员会无线电管理处通知海关制止其航行

第二一条　凡违反第三条规定者建设委员会无线电管理处得没收其全台机器

第二二条　凡违反第十三条或第十九条规定者送交法庭依法惩办

第二三条　本条例如有未尽事宜建设委员会得临时修改公布之

第二四条　本条例自建设委员会公布之日施行

14

1928 年 11 月 7 日

国民政府交通部组织法

（中华民国十七年十一月七日国民政府修正公布）

第一条　交通部管理并筹办全国电政邮政航政及监督民办航业

第二条　交通部对于各地方最高级行政长官之执行本部主管事务有监督指示之责

第三条　交通部就主管事务对于各地方最高级行政长官之命令或处分认为违背法令或逾越权限者得请由行政院长提经国务会议议决后停止或撤销之

第四条　交通部设左列各处司

一　总务司

二　电政司

三　邮政司

四　航政司

第五条　交通部得置邮政总局航政总局于必要时并得置各委员会其组

织另定之

第六条　交通部经国务会议及立法院之议决得增置裁并各司及其他机关

第七条　总务司掌左列事项

一　关于收发分配撰辑保存文件事项

二　关于部令之公布事项

三　关于典守印信事项

四　关于本部及所属各机关职员之任免考成惩戒事项

五　关于编制统计报告及刊行出版物事项

六　关于本部之经费预算决算及会计事项

七　关于所属各机关之预算决算计算书之审查编制事项

八　关于稽核及复核本部及所属各机关之收支账款事项

九　关于改良会计及划一簿记事项

一〇　关于电邮航行政及技术人员之训练及教育事项

一一　关于本部庶务及其他不属于各司事项

第八条　电政司掌左列事项

一　关于管理全国电报电话等事项

二　关于发展及改良电报电话等事项

三　关于监督民办电话电车及与本部有关之电气营业事项

四　关于改善电务职工待遇事项

第九条　邮政司掌左列事项

一　关于监督员考核全国邮政事项

二　关于监督邮政储金及汇兑事项

三　关于管理经营国营邮政航空事项

四　关于监督员民营航空承运邮件事项

五　关于改善邮务职工待遇事项

第一〇条　航政司掌左列事项

一　关于管理航路及航行标识并其他一切航政事项

二　关于筹办管理国营航空及监督民办航空并空中运输事项

三　关于筹办管理国营航业事项

四　关于船舶飞机发照注册事项

五　关于计划筑港及疏浚航路事项

六　关于管理及监督船员船舶造船事项

七　关于改善船员待遇事项

第一一条　交通部部长综理本部事务监督所属职员及各机关

第一二条　交通部政务次长常任次长辅助部长处理部务

第一三条　交通部设秘书四人至八人分掌部务会议及长官交办事务

第一四条　交通部设参事二人至四人撰拟审核关于本部之法律命令

第一五条　交通部设司长四人分掌各司事项

第一六条　交通部设科长科员若干人承长官之命令办理各科事项

第一七条　交通部部长为特任职次长参事司长及秘书二人为简任职秘书科长为荐任职科员为委任职

第一八条　交通部设技监一人为简任职技正若干人其中二人为简任职余荐任职技士若干人为荐任职技佐若干人为委任职承长官之命令办理技术事项

第一九条　交通部因事务上之必要时得聘用顾问及专门人员

第二〇条　交通部处务规程以部令定之

第二一条　本法自公布日施行

15

1929 年 2 月 7 日

修正轮船注册给照章程

（中华民国十八年二月七日交通部令第三十九号公布）

第一条　凡营业之大小轮船无论官厅或公司或个人所有均须遵照本章程呈请交通部核准注册给照凡营业之夹板船等适用本章程之规定

凡非营业之轮船夹板船等除本章程第八条第九条外均适用之

第二条　凡轮船及夹板船等非经交通部注册给照不得向海关领取船牌

第三条　凡轮船及夹板船等行驶航线由交通部分别江海内港各项于执照内指定之各航商将部照赴海关呈验领取船牌后按照指定之航线行驶并遵照各海关理船厅现行章程办理

第四条　凡经注册给照之轮船及夹板船等由交通部行知航线内地方官署随时保护之

第五条　凡呈请注册给照时应呈报之事项如左

一　船舶所有者之姓名或者其机关及地址

二　船舶名称

三　船舶容量及总吨数

四　船舶长广及吃水尺寸

五　机器种类

六　机器马力及行驶速力

七　航线图说

八　码头起讫及经过处

九　船舶购置或租赁及其价值

十　造船年月

十一　造船厂名及地点

十二　管船员之姓名及履历

船舶呈报行驶航线每船不得过三条呈报经过地点须依次顺列不得凌乱夹板船减报机器种类机器马力与造船厂名及地点

第六条　此项执照得直接请领或呈由地方官署及主管官署转呈请领

第七条　如在同一航线内其轮船或夹板船等名称不得与领照在先之同类船舶名称相同

第八条　凡船舶事业系公司经营者除所有航线及船舶依照第三条及第五条呈请注册给照外关于公司之组织须依法令呈由主管官署注册并应将左列各款呈报交通部备案

一　公司名称及其种类

二　公司合同及一切章程

三　资本及创办人认股数目

四　设立之年月日

五　创办人及经理人之姓名籍贯住址

六　总公司及其分所之设立地方

七　营业之期限

八　所置船舶之数

九　每股额定银数若干已缴若干及分期缴纳方法与股票之式样

第九条　如遇推广营业变更公司章程时须呈报交通部核准

第十条　领有交通部执照之船舶须由海关验明后发给船牌始得行驶如未领执照或验有不符者即停止发给各海关验明后于照上注明某海关验讫及其年月日每三个月由海关监督汇总报部

第十一条　新置船舶急须行驶不及呈部请领照时得呈请各关督电部核准饬令先发暂行船牌以便行驶但须于三个月内按照本章程呈部领照如逾期

未经呈部或所报事项经本部驳斥不准者应由海关将所发暂行船牌吊销或禁止其行驶

第十二条　遇有左列情事须呈报交通部换给执照

一　变更航线

二　开辟码头

三　更换船舶名称

四　其他变更执照中所载各项前项变更航线如合集航线总数有逾三条以上者应将停驶某条航线呈明注销依本条换给执照者应缴照费照本章程第十六条之定额收取二分之一

第十三条　如有左列各项情事应即呈报交通部并将执照缴销

一　船舶损毁不能航行时

二　自行停业或经官厅以职权令其停业时

三　船舶转售赠与或租与他人时

第十四条　如违背关于航政之各项规则各主范官署得呈请交通部将其所领执照吊销

第十五条　执照如有遗失或毁损时得声明理由呈请交通部补发但须照本章程第十六条之定额缴纳四分之一补助费

第十六条　注册给照依左列之规定缴纳册照费

一　总吨数未满十吨者　　　　　二十元

二　十吨以上至五十吨　　　　　四十元

三　五十吨以上至一百吨　　　　六十元

四　一百吨以上至五百吨　　　　一百元

五　五百吨以上至一千吨　　　　一百五十元

六　一千吨以上至二千吨　　　　二百元

七　二千吨以上至四千吨　　　　二百八十元

八　四千吨以上　　　　　　　　每五百吨加二十五元但未满五百吨者仍
　　　　　　　　　　　　　　　以五百吨计

第十七条　本章程施行后未经领有交通部执照者均须照章呈请注册给照违者吊销船牌并禁止其行驶

第十八条　本章程如有未尽事宜由交通部随时以部令修正公布之

第十九条　本章程施行后所有以前各种轮船公司注册给照章程即行废止

第二十条　本章程自公布日施行

16

1929 年 4 月 30 日

建设委员会北方大港筹备处组织大纲

（中华民国十八年四月三十日建设委员会公布）

第一条　本处依据建设委员会组织法第七条之规定组织之

第二条　本处直属于建设委员会水利处专司测绘并研究有关北方大港建设之一切资料以备将来工程计划之根据

第三条　本处设主任一人综理全处一切事务由建设委员会委派

第四条　本处设工程师技术员及事务员若干人分管技术及总务事务由主任委派呈报建设委员会水利处备案

第五条　本处依事实之需要得雇用测夫及记载员

第六条　本处之办事细则另订之

第七条　本大纲有未尽事宜之处得随时呈请建设委员会修正之

第八条　本大纲自公布之日施行

17

1929 年 7 月 17 日

船员检定章程

（中华民国十八年七月十七日交通部公布）

第一条　凡在轮船充驾驶员或轮机员者均须依本章程检定合格领有证书始得服务但在不满五十总吨之轮船服务者其办法另定之前项所称轮船谓

专用或兼用轮机运转之船舶

第二条 船员检定由本部派员前往各港埠分别举行

第三条 船员检定分原级检定与升级检定二种

第四条 原级检定依左列各款资格分级办理

一 在舱面继续服务及充当驾驶员共满八年并曾充或现充船长者得受船长原级检定

二 在舱面继续服务及充当驾驶员共满六年并曾充或现充大副者得受大副原级检定

三 在舱面继续服务及充当驾驶员共满四年并曾充或现充二副者得受二副原级检定

四 在舱面继续服务已满二年并曾充或现充三副者得受三副原级检定

五 在轮机室继续服务及充当轮机员共满八年并曾充或现充轮机长者得受轮机长原级检定

六 在轮机室继续服务及充当轮机员共满六年并曾充或现充大管轮者得受大管轮原级检定

七 在轮机室继续服务及充当轮机员共满四年并曾充或现充二管轮者得受二管轮原级检定

八 在轮机室继续服务已满二年并曾充或现充三管轮者得受大管轮原级检定

第五条 升级检定依左列各款资格分级办理但除（一）（五）两款外以已经船员原级检定者为限

一 曾经学习驾驶并在舱面练习满二年以上执有证明书者得受三副升级检定

二 曾充三副二年以上并执有证明书者得受二副升级检定

三 曾充二副二年以上并执有证明书者得受大副升级检定

四 曾充大副三年以上并执有证明书者得受船长升级检定

五 曾经学习轮机并在轮机室练习满二年以上并执有证明书者得受三管轮升级检定

六 曾充三管轮二年以上并执有证明书者得受二管轮升级检定

七 曾充二管轮二年以上并执有证明书者得受大管轮升级检定

八 曾充大管轮三年以上并执有证明书者得受轮机长升级检定

第六条 依前二条检定合格者由本部分别给予或换给船员证书

第七条 受船长轮机长检定者年龄须满二十七岁以上其余船员须满二十岁以上

第八条 船员检定之程序及其科目另以细则定之

第九条 有左列情形之一者不得受检定

一　现处徒刑或褫夺公权尚未复权者

二　受撤销船员证书之处分者

三　受撤销船员证书之处分尚未满期者

第十条 受检定者须先经本部指定之医生检查体格证明左列各款

一　身体健全者

二　目力良好无色盲病者

三　耳听聪敏者

四　无神经病者

第十一条 受检定者须开具详细履历声明谙习某种航路或某种机器及服务船只之船名总吨数或机器马力并呈验各项证书及最近半身二寸相片两张其服务或练习之证明书以本管船长船东或船东代理人所签具者为限

第十二条 为船员出具证明书者须亲笔署名盖章方为有效如证明事件有虚伪捏冒情事得送法院论罪

第十三条 曾充中国海军军官者得附具履历及各种证明文件呈请检定依前项受检定者其资格应比照第四条之规定办理

第十四条 检定合格者除现充船员照常任事外其余无职务者得由本部登报公布或通知航业公会转知各公司以备聘用

第十五条 检定未合格者得由本部审核其学术经验酌给低一级或低二级之证书

第十六条 在本章程施行以前领有商船职员证书之船员在原证书有效期间内仍得照常服务但期间未满以前自愿依本章程之规定受检定者听

第十七条 领有本章程证书或商船职员证书之船员如遇发现其原呈报之资格有疑义时由本部重行检定之

第十八条 本章程施行日期以部令定之

18

1929 年 7 月 17 日

船员证书章程

（中华民国十八年七月十七日交通部公布）

第一条　本章程所称船员谓在轮船服务之驾驶员及轮机员

第二条　驾驶员及轮机员各分左列等级

一　驾驶员

　　船　长　大　副　二　副　三　副

二　轮机员

　　轮机长　大管轮　二管轮　三管轮

第三条　船员证书于船员检定合格后由本部给予或换给之

第四条　船员证书分左列二项

一　驾驶员证书

二　轮机员证书

各级驾驶员证书皆分左列三种

一　甲种证书　发给检定合格堪充远洋轮船之驾驶员者

二　乙种证书　发给检定合格堪充近海轮船之驾驶员者

三　丙种证书　发给检定合格堪充江湖轮船之驾驶员者

领有甲种证书者得充乙种或丙种同级之职务领有乙种证书者得充丙种同级或甲种低一级之职务领有丙种证书者得充甲种低二级或乙种低一级之职务

各级轮机员证书皆分左列三种

一　发给检定合格堪充汽机及油机轮机员者其证书纸用红色

二　发给检定合格堪充汽机轮机员者其证书纸用白色

三　发给检定合格堪充油机轮机员者其证书纸用青色

第五条　船员证书自发给之日起以满五年为有效期间

第六条　凡请领船员证书者须缴证书费五元及印花费二元

第七条　船员如有伪造变造或冒用他人证书情事除撤销其证书外并送

法院论罪

第八条　船员证书如有遗失或毁灭时应即登报声明作废并须取具本管船长船东或船东代理人之证明书将遗失实情呈报本部审核补给并须缴纳本章程第五条所定证书费及印花费证书如有损坏时得将原证书缴销呈请换给新证书其纳费依前项之规定

第九条　船员犯左列各项之一者本部得缴销或收回其证书

一　船员因职务上应为而不为或不应为而为以致破坏船舶或损失生命财产者缴销其证书

二　船员私自夹带或贿纵他人私带违禁物品者撤销其证书

三　船员因酒醉狂暴或其他失当行为致发生碰撞或搁浅等情事者得按其情节轻重撤销或收回其证书

四　船员现处徒刑或褫夺公权尚未复权者撤销或收回其证书

前项收回证书由本部按其情形酌定收回之期间期满后得由本人呈请发还

第十条　前条船员证书撤销或收回后本部得酌量情形改给低一级或低二级之船员证书

第十一条　本部商船职员证书章程自本章程施行之日废止之

第十二条　本章程施行日期以部令定之

19

1929 年 9 月 12 日

交通部各司分科职掌规则

（中华民国十八年九月十二日交通部部令第三一二号公布）

第一条　本规则依据本部处务规程第十四条之规定制定之

第二条　总务司设六科电政司设六科邮政司设二科航政司设三科

第三条　总务司第一科职掌如左

一　关于宣布命令法规事项

二　关于典守及盖用印信事项

三　关于举行纪念周暨各项典礼开会之记录事项

四　关于办理各职员任免事项

五　关于记录各职员进退事项

六　关于登记各职员请假事项

七　关于交通教育事项

八　关于印刷所之管理事项

九　关于不属于其他各科事项

第四条　总务司第二科职掌如左

一　关于文件之收发事项

二　关于文件之分配事项

三　关于译电事项

第五条　总务司第三科职掌如左

一　关于预算决算计算书之编制事项

二　关于本部经费之收支事项

三　关于本部会计账目之登记事项

四　关于调拨各机关款项事项

五　关于现金之出纳及保管事项

六　关于保管有价证券及票据事项

第六条　总务司第四科职掌如左

一　关于举行纪念周暨各项典礼开会之设备布置事项

二　关于保管及购置公用物品事项

三　关于保管本部房产契据事项

四　关于警卫及卫生事项

五　关于本部房屋之管理及修缮事项

六　关于本部其他庶务事项

第七条　总务司第五科职掌如左

一　关于总预算决算计算书之审核编制事项

二　关于稽核及复核各种收支账款事项

三　关于调查所属各机关会计及检查收支事项

四　关于改良会计划一簿记事项

第八条　总务司第六科职掌如左

一　关于编制统计调查表格事项

二　关于搜集本部及所属各机关统计报告事项

三　关于整理及审核统计材料事项

四　关于绘制统计图表事项

五　关于编制统计年报季报月报及单行本事项

六　关于征集各项有关统计材料事项

第九条　电政司第一科职掌如左

一　关于所属电政机关高级人员之任免遣调及考绩奖惩事项

二　关于所属电政机关员司差役之雇用及考核事项

三　关于电局之设置裁撤及其等级名称之核定事项

四　关于核发所属电政机关之关防钤记事项

五　关于核定所属电政机关之组织及经费事项

六　关于电政资产之备置事项

七　关于处理电政交涉及审核国际电报合同规则事项

八　关于审核保管电政合同契据事项

九　关于编订电政法规事项

十　关于本司文件之收发分配及译电管卷归档事项

十一　关于不属于其他各科事项

第十条　电政司第二科职掌如左

一　关于电报工程之设计改良及扩充事项

二　关于电报工程作法之编订事项

三　关于电报机科之设计及制造事项

四　关于电报机线之装设及修养事项

五　关于电报工务人员及工匠之调派考核奖惩抚恤事项

六　关于电报线路区域之划分事项

七　关于电报机科之审核检验配发转运及程式之规定事项

八　关于稽核电报材料册报事项

九　关于电报线路之审定测勘及检验事项

十　关于电报工程用款之核销事项

十一　关于电报工务统计年报及图表之编制事项

十二　关于审核无线电工程事项

第十一条　电政司第三课职掌如左

一　关于电报业务之改良扩充事项

二　关于报务人员之训育调派考核奖惩抚恤事项

三　关于各局报务人员名额之规定及增减事项

四　关于报务之调度稽核及转报办法之规定事项

五　关于规定电报价目事项

六　关于审核国际报务事项

七　关于稽核电报挂号及业务册报事项

八　关于报务统计年报及图表之编制事项

九　关于核发新闻电报及公益电报之凭单执照事项

十　关于编订报务规章事项

十一　关于审核无线电业务事项

十二　关于核发船舶无线电执照事项

第十二条　电政司第四科职掌如左

一　关于电话工程之设计改良及扩充事项

二　关于电话工程作法之编订事项

三　关于电话机科之设计及制造事项

四　关于电话机线之装设及修养事项

五　关于电话技术员话务员及技工之训育调派考核奖惩抚恤事项

六　关于电话工务区域之划分事项

七　关于电话机科之审核检验配发转运及其程式之规定事项

八　关于稽核电话材料册报事项

九　关于电话线路之审定测勘及检验事项

十　关于电话工程用款之核销事项

十一　关于电话技术员及职工名额之规定及增减事项

十二　关于核定电话价目营业章程及接线合同事项

十三　关于长途电话业务之调度及稽核事项

十四　关于电话统计年报及图表之编制事项

十五　关于监督民办电话电车及与本部有关之电气营业并其立案给照事项

第十三条　电政司第五科职掌如左

一　关于编制电政预算决算事项

二　关于审核所属电政机关收支册报事项

三　关于编造电政收支计算书事项

四　关于划拨所属电政机关经费事项

五　关于稽核所属电政机关现金出纳事项

六　关于审核整理电政债务事项

七　关于筹拨料款事项

八　关于监督所属电政机关之收支事项

九　关于所属电政机关会计监理之任免考核奖惩抚恤事项

十　关于各局会计人员之训育调派考核奖惩抚恤事项

十一　关于催收各项报话费事项

十二　关于电政人员缴纳保证金之管理事项

十三　关于编订电政机关会计规章事项

十四　关于修订各局账册表单格式事项

十五 关于电政收支统计年报及图表之编制事项

第十四条 电政司第六科职掌如左

一 关于汇核各局台国内来去电报表册事项

二 关于汇核大东大北及太平洋水线公司经转国际电报表册暨与公司等结算报费事项

三 关于汇核青佐及烟大水线南满铁路经转电报表册暨与日本电局结算报费事项

四 关于汇核铁路电线经转及邮局转襁电报表册暨与路局邮局结算报费事项

五 关于核算国际摊分暨过线电报报费事项

六 关于核算日本电局应付沪崎电报过线主权费事项

七 关于汇核沈阳电台经转国际无线电报表册暨结算报费事项

八 关于汇核中英中法中俄中蒙接线经转电报表册暨结算报费事项

九 关于编造国内国际铁路邮转各种电报报费核结表事项

十 关于查补各局短收国内国际各种电报报费事项

十一 关于汇核各局收报人付费电报清单暨电报挂号清单事项

十二 关于编制国内国际电报统计图表暨年报事项

十三 关于修订各局国内国际电报稽核表册格式事项

十四 关于催造各局未到国内国际电报稽核表册清单事项

第十五条 邮政司第一科职掌如左

一 关于收发分配本司文件及保管案卷事项

二 关于邮政高级人员之任免迁调及考绩奖惩事项

三 关于核定邮局之设置裁撤及颁发关防钤记事项

四 关于考核及扩充改良邮务事项

五 关于邮件运输事项

六 关于审拟邮政法规事项

七 关于审定国际联邮契约事项

八 关于邮件审查事项

九 关于请愿及陈诉事项

十 关于邮务职员工人待遇事项

十一 关于不属于其他各科事项

第十六条 邮政司第二科掌职如左

一 关于邮政预算决算事项

二 关于稽核邮政账册报销事项

三 关于审定邮政图表单册格式事项

四　关于邮政统计及报告事项

五　关于邮政财务之调剂事项

六　关于邮政储金事项

七　关于邮政汇兑事项

八　关于邮运航空事项

九　关于印制发行邮票事项

十　关于邮政资产之备置事项

第十七条　航政司第一科职掌如左

一　关于航政所属人员考绩事项

二　关于航政预算决算统计报告事项

三　关于收发分配本司文件及保营卷宗公款事项

四　关于船舶船员凭照之发给事项

五　关于监察各项航务公会事项

六　关于航务员工待遇事项

七　关于不属于其他各科事项

第十八条　航政司第二科职掌如左

一　关于拟定船舶之检查取缔及水上运输法规事项

二　关于国有航业之筹办及管理事项

三　关于监督商办航业及民有船舶事项

四　关于水上运输及保险事项

五　关于推广航线事项

六　关于航业及造船之补助奖励事项

七　关于船舶船员注册给照之审核检定事项

八　关于检查船舶事项

九　关于监督造船事项

十　关于船舶其他事项

第十九条　航政司第三科职掌如左

一　关于拟定海上保安及其他航政法规事项

二　关于船上保安设备及船舶电信事项

三　关于航路标识之设置及管理事项

四　关于船厂船坞码头之计划管理及取缔事项

五　关于港道之测绘调查事项

六　关于疏浚港道及河海工程事项

七　关于计划筑港事项

八　关于海事裁判事项

九　关于海难损失及水上救护事项
十　关于船员引水之养成事项
十一　关于其他海事行政事项
第十二条　本规则自公布日施行

20

1929 年 11 月 16 日

交通部征收船校附捐章程

（中华民国十八年十一月十六日交通部部令公布）

一　交通部吴淞商船学校在船钞上征收附捐以充经费名曰船校附捐
二　船校附捐照船舶应缴船钞之数附加十分之三
三　航商于缴纳船钞时同时向代收关税之银行缴纳船校附捐
四　代收关税之银行收到船校附捐后于月终连同收据存根汇解交通部核收
五　交通部收到船校附捐专款存储拨充吴淞商船学校经费不移作别用
六　吴淞商船学校经费按照预算按月呈请交通部在所收船校附捐项下拨发如船校附捐不敷拨充商船学校经费时由交通部筹拨之
七　本章程自十八年十一月十六日施行

21

1929 年 11 月 27 日

扬子江引港传习所章程

（中华民国十八年十一月二十七日海军部公布）

第一条　海事部为筹备施行扬子江引港制特设立扬子江引港传习所专业任教授航术及指导淞汉水道航船引港职务

第二条　扬子江引港传习所附设于海军部海道测量局

第三条　引港传习所学员以中华民国人民现充扬子江引港业务员经考验体质合格者登记之

第四条　引港学员经登录后由海道测量局就淞汉水道分段教授之

第五条　引港传习所应授课程列左

一　国际海路章程

二　水道测量

三　海图读识

四　旗语国际旗式

五　船舶之运转及起下锚位

六　引港应知之船务

七　船舶救难之任务

八　本地所用旗号及港口章程

九　扬子江之航行须知

一〇　扬子江之水流潮汐

一一　扬子江之时令气候

第六条　前条各项课程毕业后派驻海军测量船实习扬子江江底形势

第七条　引港分班教授之人数及修业期限另定之

第八条　本章程如有未尽事宜得随时修正之

第九条　本章程自部令公布日施行

22

1929 年 11 月 29 日

交通部船校附捐保管委员会章程

（中华民国十八年十一月二十九日交通部部令公布）

一　交通部为保管船校附捐设保管委员会

二　保管委员会以左列各委员组织之

甲　商船学校校长为当然委员

乙　行业工会推举委员三人由交通部函聘之

丙　交通部委员三人由部指派之

三　保管委员除当然委员外其任期为三年

四　保管委员会设于吴淞商船学校内

五　每月船校附捐收数于银行报部后应即抄送保管委员会备查

六　船校附捐欵项由保管委员会指定银行存储之

七　拨发商船学校经费须通知保管委员会

八　关于保管事项如遇有重要事务须会议时得由委员三人以上通知开会前项会议得以全体委员过半数之出席及出席委员过半数之同意决定之

九　保管委员会为收发及缮写文件得酌用事务员

十　保管委员会委员均为名誉职不给薪金

十一　本章程自公布之日施行之

23

1929 年 12 月 16 日

东北交通委员会暂行组织条例

（中华民国十八年十二月十六日国民政府公布）

第一条　国民政府为行政利便起见设立东北交通委员会由铁道部交通部委托监督辽宁吉林黑龙江省路电航行政事宜

委员会遵照中央各项法规并秉承各主管部命令监督前项事宜同时受东北最高行政机关之监督

第二条　本会为委员制设委员五人至七人共同处理会内一切事务

第三条　本会委员由中央各主管部及东北最高行政机关推荐呈由行政院呈请国民政府任用之并指定一人为委员长

第四条　本会置左列各处

总务处　路政处　电航处

第五条　总务处设下列各科其职掌如左

第一科　关于典守关防撰辑章制保管案卷图书庶务收发缮校印刷公文函电记录本会人员进退及其他不属各科各事项

第二科　关于本会经费预算决算款项之收支保管现金出纳登记各事项

第三科　关于编制统计编订各种表式编辑本会年报行政纪要及各种单行报告各事项

第六条　路政处设下列各科其职掌如左

第一科　关于本处文书人事庶务及各路报款审核各事项

第二科　关于各路客货运输军运及调度车辆各事项

第三科　关于考核各路工务机务及材料各事项

第七条　电航处设下列各科其职掌如左

第一科　关于本处文书人事及审核各事项

第二科　关于电航各项营业及发展各事项

第三科　关于考核电航各项工程事项

第八条　本会置处长三人每科置科长一人科员四人至六人处长得由委员兼领

第九条　本会设秘书二人至四人办理本会机要事项

第一〇条　本会因考核工程技术之必要得置技正四人技士八人

第一一条　本会因事务之需要得酌用办事员及雇员各若干人

第一二条　本会各处为简任职科长秘书技正为荐任职

前项简荐各员由本会遴请主管部呈由行政院转陈国民政府分别任命之

第一三条　中央主管部及东北最高行政机关对于本会处分事务本会对于区域内之各铁路局长电政局长无线电电话航务各机关有所指挥均以令行之本会对于主管部及东北最高行政机关之公文均用呈

第一四条　本会依照主管部之通行法令规章督饬区域内路电航各机关一致遵行

第一五条　本会对于寻常事务应依据本条例职掌范围处理之关系重要之兴革事项应由全体委员会议决定方案请由主管部及东北最高行政机关核准施行其关系外交事项由中央直接处理

第一六条　本会经费应先编造预算呈由主管部转呈行政院核准后由主管部令饬所属各机关拨充之每月终并将计算书呈报主管部备核

第一七条　本会会议规则由会规定呈由主管部核准公布之

第一八条　本会办事细则由会自行规定之

第一九条　本条例如有未尽事宜得由本会呈由主管部陈请修正之

第二〇条　本条例自公布日施行

24

1929 年 12 月 20 日

交通部航政局组织通则

（中华民国十八年十二月二十日交通部部令第四三二号公布）

第一条　交通部为处理航政事宜依照本部组织法第五条之规定于各港埠设置航政局

第二条　航政局设置处所及其管辖区域以部令行之

第三条　航政局依区域之大小及航业之状况分为一二三三等级以部令定之

第四条　航政局设左列各科

（一）第一科

（二）第二科

（三）第三科

前项各科依事务之繁简得以部令增减之

第五条　航政局第一科之职掌如左

一、关于机要及考绩事项

二、关于收发文件及保管案卷事项

三、关于宣布局令事项

四、关于典守印信事项

五、关于本局经费之预算及出纳事项

六、关于编制统计报告事项

七、关于本局庶务事项

八、其他不属于各科事项

第六条　航政局第二科之职掌如左

一、关于轮船民船之检验丈量事项

二、关于轮船民船之登记及发给牌照事项

三、关于船员引水之考核监督事项

四、关于造船事项

第七条　航政局第三科之职掌如左

一、关于航路标志之监督或管理事项

二、关于港务码头趸船堆栈之监督或管理事项

三、关于港内险难之救护事项

四、关于航路之疏浚测量事项

第八条 航政局得于必要处所设置分局或附属机关设置处所及管辖区域以部令定之

第九条 航政局各设局长一人技术员若干人各科设科长一人一等局得设秘书一人均由部令派充之

第十条 航政局各设科员若干人由局长选择呈部派充之

第十一条 航政局因事物之必要得酌用稽查及雇员

第十二条 各航政局章程及无办事细则以部令定之

第十三条 本通则各有未尽事宜以部令修正之

第十四条 本通则自公布日施行

25

1929 年 12 月 20 日

商船旗图案

（中华民国十八年十二月二十日国民政府公布）

26

1929 年 12 月 30 日

海 商 法

（中华民国十八年十二月三十日国民政府公布　二十年一月一日施行）

第一章　通　　则

第一条　本法称船舶者谓在海上航行及在与海相通能供海船行驶之水上航行之船舶

第二条　左列船舶除船舶碰撞外不适用于本法之规定

一、总吨数不及二十吨或容量不及二百担之船舶

二、专用于公务之船舶

三、以橹棹为主要运转方法之船舶

第三条　左列船舶为中国船舶

一、中国官署所有者

二、中国人民所有者

三、依照中国法律所设立在中国有本店之左列各公司所有者

甲、无限公司其股东全体为中国人者

乙、两合公司或股份两合公司其无限责任股东全体为中国人者

丙、股份有限公司其董事三分之二以上为中国人并资本三分之二以上为中国人所有者

第四条　凡船舶在船上应备有左列文书

一、国籍证书

二、通行证书

三、海员名册

四、旅客名册

五、属具目录

六、航海记录簿

第五条 船舶非经登记领有国籍证书不得航行但法令别有规定者不在此限

第六条 船舶之扣押假扣押自船长执有发航许可书之时起以迄于航海完成止不得为之但为使航海可能所生之债务不在此限

第七条 海商本法无规定者适用民法之规定

第二章 船 舶

第一节 船舶所有权

第八条 船舶除本法有特别规定外适用民法关于动产之规定

第九条 除给养品外及于设备上及营业上必要之一切成分及属具皆视为船舶之一部

第十条 船舶全部或一部之让与非作成书面并依左列之规定不生效力

一、在中国应呈经让与地或船舶所在地主管官署盖印证明

二、在外国应呈经中国领事官署盖印证明

第十一条 船舶所有权之移转非经登记不得对抗第三人

第十二条 船舶建造中承揽人破产而破产管财人不为完成建造者船舶定造人得将船舶及业经交付或预定之材料照估价扣除已付定金给偿收取之并得自行出资在原处完成建造但使用船厂应给予报偿

第十三条 共有船舶之处分及其他与共有人共同利益有关之事项应按各共有人应有部分之价值以其过半数决之

第十四条 船舶共有人出卖其应有部分时其他共有人得以同一价格尽先承买

因船舶共有权一部分之出卖致该船舶丧失中国籍时应得共有人全体之同意

第十五条 船舶共有人以其应有部分供抵押时应得其他共有人多数之同意

第十六条 船舶共有人对于利用所生之债务就其应有部分负比例分担之责

共有人对于发生债务之管理行为曾经拒绝同意者关于此项债务得委弃其应有部分于他共有人而免其责任

第十七条 船舶共有人为船舶长而被辞退时得退出共有关系并请求返还其应有部分之资金

前项费金数额依当事人之协议定之协议不成时由法裁判之

第一项所规定退出共有关系之权自被辞退之日起算经一个月不行使而

消灭

第十八条 共有关系不因共有人一人之死亡破产或禁治产而终止

第十九条 船舶共有人应选任船舶经理人经理其营业如经理人为共有人以外之人时应经共有人全体之同意

第二十条 船舶经理人关于船舶之舣装及利用在诉讼上或诉讼外代表共有人

第二十一条 船舶经理人非经共有人之书面许可不得出卖或抵押其船舶

船舶共有人对于船舶经理人权限所加之限制不得对抗善意第三人

第二十二条 船舶经理人于每次航海完成后应将其经过情形报告于共有人

第二十三条 船舶所有人对左列事项所负责任以本次航海之船舶价值运费及其他附属费为限

一、船长船员引水人或其他一切服务于船舶之人员因执行业务所加损害于第三人之赔偿

二、交付船长运送之货物或船上其他一切财产物品所受损害之赔偿

三、本于载货证券所生之债务

四、在履行契约中所犯航海过失之赔偿

五、船舶所加于海港仓库及航路之工作物之损害所应修理之义务

六、关于除去沉船漂流物之义务及其从属之义务

七、救助及捞救之报酬

八、在共同海损中属于船舶所有人应分担之部分

九、船长在船籍港外以其职权因保存船舶或继续航海之实在需要所为行为或契约所生之债务而其需要非由发航时准备不足船具缺漏或设备疏忽而生者

前项运费包括旅客票价在内

第一项所称附属费指船舶因受损害应得之赔偿

第二十四条 前条责任限制之规定于左列情形不适用之

一、本于船舶所有人之行为或过失所生之债务

二、前条第九款所定债务经船舶所有人之允许者

三、本于船员及其他服务船舶之人员之雇佣契约所生之债务

第二十五条 船舶所有人欲依第二十三条之规定限制其责任者对于本次航行之船舶价值应证明之

船舶价值之估计以左列时期之船舶状态为准

一、因碰撞或其他事变所生共同海损之债权及事变后以迄于第一到达

港时所生之一切债权其估价依船舶于到达第一港时之状态

二、关于船舶在停泊港内发生事变所生之债权其估价依船舶在停泊港内事变发生后之状态

三、关于积货之债权或本于载货证券而生之债权除前二款情形外其估价依船舶于到达目的港时或航海中断地之状态

如积货应送达于数个不同之海港而损害系因同一原因而生者其估价依船舶于到达该数港中之第一港时之状态

四、关于第二十三条所规定之其他债权其估价依船舶航海完成时之状态

第二十六条 船舶所有人或船舶共有人为船长时仅得对于其航海过失及船舶服务人员之过失依第二十三条之规定主张限制其责任

第二节 优先权及抵押权

第二十七条 左列各款债权有优先受偿之权

一、诉讼费及为债权人之共同利益而保全船舶或标卖并分配卖价所支出之费用吨税灯塔税港税及其他同类之捐税引水费拖船费自船舶开入最后港后之看守费保存费及检查费

二、船长船员及其他服务船舶人员本于雇契约所生之债权其期间未满一年者

三、为捞救及救助所负之报酬及船舶对于共同海损之分担额

四、船舶所有人或船员之过失所致之转船舶碰撞或其他航海事变旅客及船员之身体伤害积货之灭失或损坏加于海港仓库航路之工作物之损害赔偿

五、船长在船籍港外依其职权为保存船舶继续航海之实在需要所为之行为或契约所生之债权

六、对于托运人所负之损害赔偿

前项第一款至第四款所列优先权之位次在船舶抵押权之前

第二十八条 依前条规定得优先受偿之标的物如左

一、船舶船具及属具或其残余物

二、在发生优先债权之航海期内之运费

三、船舶所有人因本次航海中船舶所受损害或运费所受损失应得之赔偿

四、船舶所有人因共同海损应得之赔偿

五、船舶所有人在航海完成前为施行救助或捞救所应得之报酬

第二十九条 第二十七条第二款之债权得就同一雇佣契约期内所为一

切航海应得运费之全部优先受偿不受前条第二款之限制

第三十条 属于同次航海之优先债权其位次依第二十七条各款之规定

一款中有数债权者不分先后比例受偿第二十七条第三款及第五款所列债权如有二个以上属于同一种类其发生在后者优先受偿因同一事变所生之债权视为同时发生之债权

第三十一条 不属于同次航海优先债权其后次航海之优先债权先于前次航海优先债权

第三十二条 优先债权不因船舶所有权之移转而受影响

第三十三条 第二十七条各款之优先权除法律别有规定外以左列原因而消灭

一、该条第一款情形船舶离去债权发生地者

二、该条第二款情形自债权得为请求之日起经过一年不行使者

三、该条第三款情形自救助或捞救之行为完成或海损分担确定之日起经过六个月不行使者

四、该条第四款第六款情形自损害发生之日起经过六个月不行使者

五、该条第五款情形自债权得为请求之日起经过六个月不行使者

第三十四条 船舶抵押权之设定应以书面为之

第三十五条 船舶抵押权得就建造中之船舶设定之

第三十六条 船舶抵押权之设定除法律别有规定外仅船舶所有人或受其特别委任之人始得为之

第三十七条 船舶抵押权之设定非经登记不得对抗第三人

第三十八条 船舶共有人中之一人或数人就其应有部分所设定之抵押权不因分割或出卖而受影响

第三章 海 员

第一节 船 长

第三十九条 船长由船舶所有人雇用之

船舶所有人得随时辞退船长但无正当理由而辞退时船长得请求赔偿因此所受之损害

第四十条 船长在航海中纵其雇用期限已满亦不得自行解除或中止其职务

第四十一条 船长对于执行职务之过失应负责任如主张无过失时应负证明之责

第四十二条 船舶之指挥仅由船长负其责任

船长非因事变或不可抗力不得变更船舶之预定航程

第四十三条　船长在航海中为维持船上治安得为紧急处分

第四十四条　船长在航海中不论遇何危险非经咨询各重要船员之意见不得放弃船舶放弃船舶时船长非将旅客船员救员不得离船并应尽其力所能及将船舶文书邮件金钱及贵重货物救出

船长违反前项之规定者处七年以下有期徒刑因而致有死亡者处无期徒刑或十年以上有期徒刑

第四十五条　船长在船舶上除船舶文书外应备有关于载货之各项文件

第四十六条　主管官署依法查阅船舶文书时船长应即呈验

第四十七条　船长于船舶到达目的港或入停泊港后除休假日外应在二十四小时内报请主管官署检定其船舶之到达日时

第四十八条　船长应于前条所定之期限内将船舶文书呈送于左列官署

一、在中国呈送于该目的港或停泊港之主管官署

二、在外国呈送于中国领事官署

前项官署应将船舶到港及离港日时在航海记事簿上签证于船舶发航时发还船长

第四十九条　船长除有必要外不得开舱亦不得在船舶文书未经呈验前卸载任何货物

第五十条　船长遇船舶沉没搁浅意外事故强制停泊或其他有关于船舶积货船员或旅客之非常事变时应作成海事报告载明实在情况呈送主管官署

前项海事报告应有船员或旅客之证明

第五十一条　海事报告未经船员或旅客证明者不能发生裁判上之证据力但其报告系船长于遭难后独身脱险之处所作成者不在此限

第五十二条　船长得代表船舶所有人雇佣服务于船舶之人员并得订立航海所必要之契约

船舶在船籍港或在舣装港而船舶所有人或其代理人亦在该港时船长非经其同意不得为前项行为

第五十三条　船舶非经第四十八条第一项所列官署证明为不堪航海者船长非受船长所有人之特别委托不得变卖之但有契约另有订定者不在此限

违反前项规定而为变卖者其变卖无效如有损害并应赔偿

第五十四条　船长非为支付船舶之修缮费救助费或其他继续航海所必要之费用不得为左列行为

一、抵押船舶

二、为金钱之借入

三、将积货之全部或一部变卖或出卖

船长变卖或出卖积货时其损害赔偿额依其货物应到达时目的港之价值

定之但应扣除因变卖或出卖所减省之费用

第五十五条　船长如将货物装载于甲板上致受损害或灭失时应负责任但经托运人之同意或为航运种类或商业习惯所许者不在此限

第五十六条　船长违反第四十条及第四十五条至第四十九条之规定者处六月以下有期徒刑或拘役或五百元以下之罚金

第二节　船　员

第五十七条　船员关于其职务应服从其上级船员及船长之命令船员非经许可不得离船

第五十八条　船员不得在船舶上私载货物如私载之货物为违禁品或有致船舶或积货受损害之虞者船长得将该货物投弃

第五十九条　按航给薪之船员于航程或航海日数延长时得按薪额比例请求增薪但于航程或航海日数缩短时不得减薪

第六十条　船员于服务期内受伤或患病者由船舶所有人负担治疗费但其受伤或患病系因酒醉或重大之过失或不守纪律之行为所致者不在此限

第六十一条　船员非因执行职务而受伤或患病已逾三个月者船舶所有人得停止治疗费之负担

第六十二条　船员因受伤或患病致死而其治疗费由船舶所有人负担者并应负担其埋葬费

第六十三条　船员因受伤或患病上陆应由船舶所有人支给必要之费用

第六十四条　船员在船舶所有人负担治疗费之期间内仍支原薪

第六十五条　船员于受雇港以外其雇佣关系终止时不论任何原因船长有送回原港之义务其因患病或受伤而上陆者亦同

前项送回原港之义务包括运送居住食物及其他必要费用之负担而言

第六十六条　定期雇佣契约其期限于航海中届满者于船舶到达第一港后经过四十八小时为终止

第六十七条　船员不论其为按月或按航给薪如在受雇期内死亡者自死亡之日起比照原薪加给三月薪金如因执行职务致死亡者应自死亡之日起比照原薪加给一年薪金

第六十八条　船长或船舶所有人于发航前无正当事由而辞退船员时如船员系按月给薪者自辞退之日起加给一个月薪金其在发航后辞退者加给二个月薪金如系按航给薪而在发航前辞退者应给半薪其在发航后辞退者应给全薪

第六十九条　因不可抗力致航海不能而辞退船员时船员仅得就其已服务之日数请求薪金

第四章　运送契约

第一节　货物运送

第七十条　货物运送契约为左列二种

一、以件货之运送为目的者

二、以船舶之全部或一部供运送为目的者

第七十一条　以船舶之全部或一部供运送为目的之运送契约应以书面为之

第七十二条　前条运送契约应载明左列事项

一、当事人之姓名住所

二、船舶名称国籍及吨数

三、运送货物之种类及其概数

四、运送之预定期限

五、运费

第七十三条　以船舶全部或一部供运送之契约不因船舶所有权之移转而受影响

第七十四条　运送人所供给之船舶有瑕疵不能达运送契约之目的时托运得解除契约

第七十五条　以船舶之全部供运送时托运人于发航前得解除契约但应支付运费三分之一如托运人已装载积货之全部或一部者并应负担装卸之费用

第七十六条　以船舶之一部供运送时托运人于发航前非支付其运费之全部不得解除契约如托运已装载货物之全部或一部者非应负担装载费用及赔偿加于其他积货之损害

前项情形托运皆为契约之解除者各托运仅负前条所规定之责任

第七十七条　前二条之规定于按时或为数次继续航海所订立之运送契约不适用之

第七十八条　以船舶之全部于一定时间内供运送者托运人仅得以约定或以船舶之性质而定之方法使为运送

第七十九条　前条托运人仅就船舶可使用之期间负担运费但因航海事变所生之停止仍应继续负担运费

前项船舶之停止系因船舶所有人或其代理人之行为或因船舶之状态所致者托运人不负担运费如有损害并得请求赔偿

船舶行踪不明时托运人以得最后消息之日为止负担运费之全部并自最后消息后以迄于该次航海通常所需之期间应完成之日负担运费之半数

第八十条　以船舶之全部或一部供运送者其托运人所装载之货物不及

约定之数量时仍应负担全部运费但应扣除船舶因此所减省费用之全部及因另装货物所取得运费四分之三

第八十一条　以船舶之全部或一部供运送者于卸载货物之准备完成时船长应即通知受货人货物之运送受货人应依船长之指示即将货物卸载

第八十二条　受货人怠于受领货物时船长得将货物提存并通知受货人受货人不明或受货人拒绝受领货物时船长应提存货物并通知托运人

第八十三条　以船舶之全部或一部供运送者其装载期间以托运人接到船舶准备装货通知之翌日起算卸载期间以受货人按照契约应开始卸货时之翌日起算无约定时装卸期间及其起算从各地之习惯

前项装卸期间休假日不算入

装载或卸载超过装卸期间者运送人得按其超过之日期请求相当损害赔偿

前项超过装卸期间休假日亦算入之

第八十四条　装卸期间仅遇装卸不可能之日始不算入超过装卸期间虽遇有不可抗力时亦算入之

第八十五条　船长于货物装载后因托运人之请求应发给载货证券

第八十六条　载货证券应载明左列各款事项由船长签名

一、船舶名称及国籍

二、托运人之姓名住所

三、货物之种类品质数量及其包皮之种类个数及记号

四、装载港及目的港

五、运费

六、载货证券之份数

七、填发之年月日

第八十七条　载货证券有数份者在货物目的港请求叫交付货物之人纵仅持有载货证券一份船长不得拒绝交付

不在货物目的港时船长非接受载货物证券之全数不得为货物之交付

二人以上之载货证券持有人请求交付货物时船长应即将货物提存并通知曾为求之各持有人船长已依第一项之规定交付货物之一部后他持有人请求交付货物者对于其剩余之部分亦同

第八十八条　载货证券之持有人有二人以上者其中一人先于他持有人受货物之交付时他持有人之载货证券失其效力

载货证券之持有人有二人以上而船长尚未交付货物者其持有人先受发送或交付之证券者得先于他持有人行使其权利

第八十九条　民法第六百二十七条至第六百三十条及第六百四十九条

关于提单之规定于载货证券准用之

第九十条　船舶所有人应担保船舶于发行时有安全航海之能力

船舶所有人为免除前项责任之主张时应负举证之责

第九十一条　运送人对于禁运及偷运货物之运送应拒绝之其货物之性质足以毁损船舶或危害海员或旅客之健康者亦同

违反前项之规定者对于因此所生之损害负赔偿责任

第九十二条　船长发现未经报明之货物得在装载港将其起陆或使支付同一航程同种货物应付最高额之运费如有损害并得请求赔偿

前项货物在航海中发现时如系违禁物或其性质足以发生损害者船长得投弃之

第九十三条　船舶发航后因不可抗力不能到达目的地而将原装货物运回时纵其船舶约定为去航及归航之运送托运人仅负担去航运费

第九十四条　船舶在航海中因海上事故而需修缮时如托运人于到达目的地前提取货物者应付全部运费

第九十五条　船舶在航海中遭难或不能航海而货物仍由船长设法运到目的地时其运费较低于约定之运费者托运人减至两运费差额之半数如新运费等于约定之运费托运人不负担任何用费用如新运费较高于约定之运费其增高额由托运人负担之

第九十六条　托运人因解除契约应付全部运费时得扣除运送人因此减省费用之全部及另装货物所得运费四分之三

第九十七条　因不可归责于船舶所有人运送人或其代理人事由所致之灭失或损害船舶所有人运送人不负责任

为前项不负责之主张者应负举证之责

第九十八条　托运人于载货证券故意虚报货物之性质或价值时运送人或船舶所有人对于其货物之灭失或损害不负责任

第九十九条　货物未经船长或运送人之同意而装载时船舶所有人或运送人对于其货之灭失或损害不负责任

第一百条　载货证券之发给人对于依载货证券所记载应为之行为均应负责

前项发给人对于货物之各连续运送人之行为应负保证之责但各连续运送人仅对于其自己航程中所生之灭失损害及迟到负其责任

第二节　旅客运送

第一百零一条　旅客之运送除本节另有规定外准用关于货物运送之规定

第一百零二条　旅客之膳费包括于票价之内

第一百零三条　船长应依船票所载运送旅客之目的地

船长违反前项规定时旅客得解除契约如有损害并得请求赔偿

第一百零四条　旅客于发航前得给付票价三分之一解除契约但因死亡疾病或其他基于本身不得已之事由不能航海者运送人得请求票价四分之一

第一百零五条　旅客在船舶发航或航海中不依时登船者仍应给付全部票价

第一百零六条　船舶不于预定之日发航者旅客得解除契约

第一百零七条　旅客在航海中自愿上陆时仍负担全部票价其因疾病上陆或死亡时仅按其已运送之航程负担票价

第一百零八条　船舶因不可抗力不能继续航海时船长应设法将旅客运送至目的地

第一百零九条　船长在航海中为船舶之修缮时非以同等船舶完成其航海者对于旅客应无偿供给居住及给养

第一百一十条　旅客死亡时其在船上之行李船长应以最利于继承人之方法处置之

第三节　船舶拖带

第一百一十一条　共同或连接之拖船因航海所生之损害对被害人负连带责任但他拖船对于加害之拖船有求偿权

第一百一十二条　拖船与被拖船如不属于同一所有人时其损害赔偿之责任应由拖船所有人负之但契约另有订定者不在此限

第五章　船舶避碰

第一百一十三条　船舶之碰撞不论发生于何地皆依本章之规定处理之

第一百一十四条　碰撞系因不可抗力而生者被害人不得请求损害赔偿

第一百一十五条　碰撞系因于一船舶之过失所致者由该船舶负损害赔偿之责

第一百一十六条　碰撞之各船舶有共同过失时各依其过失程度之比例负其责任不能判定其过失之轻重时双方平均负其责任

有过失之各船舶对于因死亡或伤害所生之损害应负连带之责任

第一百一十七条　前二条责任不因碰撞系由引水人之过失所致而受影响

第一百一十八条　因碰撞所生之请求权自碰撞日起算经过二年不行使而消灭

第一百一十九条　　船舶碰撞不论发生于何地若被害为中国船舶或中国人在中国港口河道或领水内不论何时法院皆得扣押加害之船舶

前项被扣押船舶得提供相当担保请求放行

第一百二十条　　关于碰撞之诉讼得向左列法院起诉

一、被告之住所或管业所所在地之法院

二、碰撞发生地之法院

三、被告船舶船籍港之法院

四、船舶扣押地之法院

第六章　救助及捞救

第一百二十一条　　船长于不甚危害其船舶船员旅客之范围内对于淹没或其他危难之人应尽力救助

违反前项之规定者处三年以下有期徒刑或拘役

第一百二十二条　　对于船舶或船舶上所有财务施以救助或捞救而有效果者得按其效果请求相当之报酬

第一百二十三条　　属于同一所有人之船舶间之救助或捞救得请求报酬

第一百二十四条　　报酬金额由当事人协议定之协议不成时得声请法院定之

第一百二十五条　　前条规定于施救人与船舶间及施救人间之分配报酬之比例准用之

第一百二十六条　　于实行施救中救人者对于船舶及财物之救助报酬金有参加分配之权

第一百二十七条　　经以正当理由拒绝施救而仍强为施救者不得请求报酬

第一百二十八条　　船舶碰撞后各碰撞船舶之船长于不甚危害其船舶船员或旅客之范围对于他船海员及旅客应尽力救助

各该船长除有不可抗力之情形外在未确知继续救助为无益前应停留于发生灾难之处所

各该船长应于可能范围内将其船舶名称及船籍港并开来及开往之处所通知于他船舶

违反第一项之规定者处五年以下有期徒刑

第七章　共同海损

第一百二十九条　　称共同海损者谓在海难中船长为避免船舶及积货之共同危险所为处分而直接发生之损害及费用

第一百三十条　因船舶或货物固有瑕疵或因利害关系人之过失所致之损害及费用其他关系人仍应分担之但对于固有瑕疵或过失之负责人得请求偿还

第一百三十一条　装载于甲板上之货物经投弃者不认为共同海损但其装载为航运种类或商业习惯所许者不在此限

前项货物若经捞救仍应分担共同海损

第一百三十二条　无载货证券亦无船长收据之货物或未记载于属具目录之属具经投弃不认为共同海损但经捞救仍应分担共同海损

第一百三十三条　运费因积货之灭失或损害致减少或全无者认为共同海损但运送人因此减省之费用应扣除之

第一百三十四条　货币有价证券及其他贵重物品除经报明船长者外不认为共同海损

第一百三十五条　共同海损应以所存留之船舶积货之价格及运费之半额与共同海损之损害额为比例由各利害关系人分担之

第一百三十六条　关于共同海损之分担额船舶以到达地到达时之价格为价格积货以卸载地卸载时之价格为价格但关于积货之价格应扣除因灭失无须支付之运费及其他费用

第一百三十七条　共同海损之损害额以到达地到达时之船舶价格或卸载地卸载时之积货价格定之但关于积货价格应扣除因灭失或毁损无须支付之费用

第一百三十八条　灭失或损害之货物于装载时曾为不实之声明而所声明之价值少于实在之价值者其减失或损害以声明之价值为准分担额以实在之价值为准声明之价值多于其实在之价值者其失灭或损害以实在之价格为准分担额以声明之价值为准

第一百三十九条　船上所备粮食武器海员之衣物薪资及旅客之行李皆不分担海损

前项物品如被投弃其损害应由各关系人分担之

第一百四十条　共同海损之计算由全体关系人协议定之协议不成时由商事公断处或法院定之

第一百四十一条　船长对于未清偿分担额之货物所有人得留置其货物但提供担保者不在此限

第一百四十二条　利害关系人于受分担后复得其船舶或货物之全部或一部者应将其所受之分担额返还于关系人但得将其所受损害及复得之费用扣除之

第一百四十三条　应负分担义务之人得委付其存留物而免分担海损

之责

第一百四十四条 因共同海损所生之债权自计算确定之日起经过一年不行使而消灭

第八章　海上保险

第一百四十五条 关于海上保险本章无规定者适用保险之规定

第一百四十六条 保险契约应以书面为之并应载明左列事项

一、应约之年月日

二、当事人姓名及住所

三、所保危险之性质

四、保险责任开始之时日及保险期间

五、保险金额

六、保险费

七、无效及失权之原因

利害关系人皆得向保险人请求保险单之誊本

第一百四十七条 得以货币估价之物而属于航海危险者皆得为保险之标目物

第一百四十八条 保险期间除契约别有订定外关于船舶及其属具自船舶起锚或解缆之时以迄目的港投锚或系缆之时为其期间关于货物自货物离陆之时以迄于目的港起陆之时为其期间

第一百四十九条 保险人得将其所保之险向他人为再保险

本章关于保险之规定于再保险准用之

第一百五十条 保险人于保险标的物因海上一切事变及灾害所生之灭失损害及费用负其责任

第一百五十一条 战争之危险除契约有反对之订定外保险人应负责任

第一百五十二条 保险于危险发生前因可归责于要保人或被保险人之事由而解除契约者保险人得请求约定保险费之半数

第一百五十三条 因要保人或被保险人或其代理人之重大过失所生之危险保险人不负责任

第一百五十四条 就危险之有无为保险者经证明在契约订立前要保人或被保险人已知船舶之灭失或保险人已知船舶之安全到达者其契约无效

第一百五十五条 货物保险时未确定装运之船舶者要保人或被保险人于知其已装载于船舶时应将该船舶之名称及国籍即通知于保险人不为通知者保险契约失其效力

第一百五十六条 要保人或被保险人于保险人破产时得解除契约但以

保险人不提供担保者为限

第一百五十七条　关于船舶之保险以保险人责任开始时之船舶价额为保险价额

第一百五十八条　关于货物之保险以装载地装载时之货物价额装载费所纳税捐应付之运费保险费及可期待之利得为保险价额

第一百五十九条　关于运费之保险以运送契约内所载明之运费额保险价额运送契约未载明时以卸载时卸载港认为相当之运费额为保险价额

第一百六十条　关于因货物之到达时应有利得之保险其保险价额未经契约约定者以保险金额视为保险价额

第一百六十一条　货物之损害额依其在到达港于完好状态应有之价值与其受损状态之价值比较定之

第一百六十二条　受损害之船舶或货物由船长依第五十三条第五十四条之规定或因不可抗力而变卖者以变卖价额与保险价额之差额为损害额但因变卖后所减省之一切费用应扣除之

第一百六十三条　被保险船舶之委付得于有左列各款情形之一时为之

一、船舶被捕获或沉没或破坏时

二、船舶因海损所致之修缮费总额达于保险金额四分之三时

三、船舶不能为修缮时

四、船舶行踪不明或被官署扣押已逾四个月仍未放行时

第一百六十四条　被保险货物之委付得于有左列各款情形之一时为之

一、船舶因遭难或其他事变不能航海已逾四个月而货物尚未交付受货人要保人或被保险人时

二、装运货物之船舶行踪不明已逾四个月时

三、因应由保险人负保险责任之损害于航海中变卖货物达于其全价值四分之三时

四、货物之毁损或腐坏已失其全价值四分之三时

第一百六十五条　运费之委付得于船舶行踪不明已逾四个月时为之

第一百六十六条　专就战事危险为保险者被保险之船舶货物或运费之委付得在被捕获或被扣留时为之

第一百六十七条　委付应就保险标的物之全部为之但仅一部发生委付之原因者就得其一部分为之

委付不得附有条件

第一百六十八条　委付经承诺或经判决为有效后自发生委付原因之日起保险标的物即视为保险人所有

第一百六十九条　被保险之船舶于依第一百六十三条第四款之规定为

委付后归来者保险人仍应给付保险金额

第一百七十条　要保人或被保险人于知保险之危险发生后应即通知保险人

第一百七十一条　保险人应于收到要保人或被保险人证明文件后三十日内给付保险金额

保险人对于前项证明文件如有疑义而要保人或被保险人提供保单时仍应将保险金额全部给付

前项情形保险人之金额返还请求权自给付后经过一年不行使而消灭

第一百七十二条　要保人或被保险人自接到货物之日起一个月内不将货物所受损害通知保险人或其他代理人时视为无损害

第一百七十三条　委付之权利于知委付原因发生后自得为委付之日起经过四个月行使而消灭

第一百七十四条　因保险契约所发生之请求权除本法另有规定外自得为请求之日起经过两年不行使而消灭

27

1930 年

扬子江水道整理委员会会议细则

（中华民国十九年交通部核准公布）

第一条　本规则依照扬子江水道整理委员会章程第十三条之规定制定之

第二条　本会会议之事项如左

一　交通部部长交议事件

二　委员长或委员提议事件

三　总工两处建议事件

第三条　本会于每月第四星期四日开常会一次但因必要或委员三人以上提议时由委员长召集临时会

第四条　本会须全体委员过半数出席始得开议会议事件以出席会员过

半数之可决通过之可否同数取决于主席

第五条　会议时以委员长为主席委员长有事故不能出席时得由委员长就委员会中委托一人代理之

第六条　凡议案由提案人或代表说明意旨但经主席之许可得省略之

第七条　凡议案须经过讨论及审查之手续始得付表决但事务简单明了主席认为毋庸付审查者得省略之

第八条　议案应付审查者由主席指定委员三人或五人审查之

第九条　审查会应举一人为主席审查案之结果取决于多数可否同数时由审查主席决定之

第一〇条　本会收到各项议案由委员长核定次序编列议事日程依次开议

第一一条　议案之性质关联或类似者得并案讨论

第一二条　编入议事日程之议案当日不能议毕者次日继续开议

第一三条　开会时到会人员须签名于出席簿

第一四条　本规则未尽事宜由委员三人以上之提议得修正之

第一五条　本规则自呈奉交通部长核准之日施行

28

1930 年 1 月 25 日

扬子江引港传习所规则

（中华民国十九年一月二十五日海军部公布）

第一条　本规则依据扬子江引港传习所章程第一第二第四第七各条之规定特规定传习所之组织及其权责

第二条　扬子江引港传习所置左列职员

一　所长一人兼正教官

二　教官二人

三　副教官一人

四　书记官一人

五　管理员一人

六　助理员二人

七　准尉司书三人

第三条　所长承海军部海道测量局局长之命综理全所事务

第四条　教官承长官之命掌理教务

第五条　书记官承长官之命掌理本所中西文牍及收发管卷事务

第六条　管理员承长官之命掌理监学及保管仪器图书事务

第七条　助理员承长官之命办理会计庶务及打字

第八条　准尉司书承长官之命办理缮写事务及印刷事务

第九条　扬子江引港传习所依其学议之程度分班教授之

第一〇条　修业期间以六个月为限

第一一条　扬子江引港传习所因教授技术之必要得聘任专门教员分任演讲

第一二条　本规则如有未尽事宜得转呈海军部修正之

第一三条　本规则自公布日施行

29

1930 年 2 月

航海避碰章程

（中华民国十九年二月海军部拟订呈奉行政院核准公布）

凡例

本条例凡船在大海及近海为出海船可以行驶之处均应遵守

本条例所谓轮船指船用机器行驶者

轮船扬帆而不展轮者均作帆船论若既展轮则无论扬帆与否均作轮船论

本条例所谓船浮动者指非下锚非系岸非搁浅而言

本条例有灯光若干里外可见者乃谓黑夜天气清爽时可见而言

第一款　号灯标号

第一条　号灯

号灯条例无论何等天气总以日入为始日出为止各船均应遵守其他灯足

致误认为号灯者概不准露于船外

第二条 轮船应用之号灯

轮船浮动时应用之号灯如次

一 在头桅或傍桅或其前而挂白灯一盏（名曰桅灯）如船无头桅则挂在船头其所挂之处高距船身须在二十尺以上如船阔逾十二尺者则高距之尺数不得少过船之阔度惟船有阔逾四十尺者则高距船身不必逾四十尺之数所造灯式务使其光常明不断射照地平弧合罗经二十字（即二百二十五度）安置之法务使其光分照船之左右两边各合罗经十字（即一百十二度三十分）其两边之十字系由船头正线起至左右船腰正线偏后二字止灯光所照当令距五里以外可见

二 船之右边设绿灯一盏所造灯式务使其光常明不断射照地平弧合罗经十字安置之法务使其光由船头正线起至船腰正线偏后二字止灯光所照当令距二里以外可见

三 船之左边设红灯一盏所造灯式务便其光常明不断射照地平弧合罗经十字安置之法务使其光由船头正线起至船腰正线偏后二字止灯光所照当令距二里以外可见

四 红绿二边灯之背应各配矩式套一具套长自灯火处起而向船头至短须三尺以阻灯光斜射船头

五 轮船浮动时可加用白灯一盏灯式与本条（一）项同此灯与桅灯之位置须与船身龙骨之行比正二灯上下相距至少须十五尺其下灯应设在上灯前两灯前后相距尺数当多于上下相距尺数

第三条 轮船拖带他船应用之号灯

凡轮船拖带他船而行者除应用边灯外尚须悬挂白光明灯二盏上下相距不得少过六尺若拖带不止一船自其本船尾起至被拖末船船尾止长逾六百尺则应加用白光明灯一盏悬于二灯六尺以上或六尺以下均可所造灯式及安置处须与第二条（一）项之桅灯同惟加用之一灯高距船身在十四尺以上亦可

轮船拖带他船时可另设小白灯一盏挂烟筒后或尾桅后以便被拖之船凭以转舵然不得使其灯照过船腰左右正线以前

第四条 船只遇故转运不露及船舶修理海底电线时应用之号灯标号

一 凡船遇故（如轮坏桅折舵坏之类）不能驾驶者应于船上最易见之处直悬环照红灯二盏高与桅灯齐倘系轮船即以此灯代桅灯二灯上下相距不得少过六尺灯光所照当令距二尺以外可见日间则于船上最易见之处相连直悬黑球两个或形似球者亦可径大二尺上下相距不得少过六尺

二 修理电线及安放电线之船应于桅灯处〔见第一条（一）项〕直悬环照明灯三盏若系轮船即以此灯代桅灯每灯相距不得少过六尺上下两灯用红色

中间一灯用白色灯光所照当令距二里以外可见日间应于船上最易见之处相连直悬物三件为号其物径大至小须二尺上下二件球形红色中间一件斜方口形白色每件相距亦不得少过六尺

三　此条内所列各项船只未行动时不得设边灯如既行动须设边灯

四　此条所用号灯物欲使他船见之即知示号之船系不能驾驶故不能让路非遇险求援之号也其遇险求援之号详三十一条

第五条　帆船航行时应用及不应用之灯号

帆船浮动时及船之被拖而行者应照第二条轮船之例遵用边灯唯其所载白灯（即桅灯）永不准用

第六条　小船在天气不佳时备用舷灯之规定

小船浮动时值风浪狂大不能安置边灯者应将边灯点明备用如遇他船相近须及时以红绿灯向本船左右分示之以免碰撞俟出险后始可将灯收入灯外示时务使其光愈显愈好然绿光不得见于船左红光不得见于船右倘将边灯稳执不动无使灯光见于船腰左右正线偏后二字以外更为妥善

欲使该边灯便于取用而不至错误应将灯之外罩油以红绿与灯同色并须配全矩式灯套

第七条　四十吨以下之汽船及二十吨以下帆浆船应用之号灯

轮船重数在四十吨以下及浆船帆船重数在二十吨以下者（重数者指船身及载重之数而言）船动时不必强其照第二条之例备用号灯若该船既不用第二条号灯则当照以下号灯遵用

一　一轮船重数在四十吨以下者应于船头最易见之处或在烟筒前或傍在烟筒悬白光明灯一盏高距舱面不得少过九尺所造灯式及安置之法应于第二条（一）项同灯光所照当令距二里以外可见一边灯之式及安置之法亦与第二条（二）（三）项同灯光所照当令距一里以外可见或用红绿二灯并成为一者亦可曰合色灯务使绿光由船头正线照起至右边船腰正线偏后二字止红光由船头正线照起至左边船腰正线偏后二字止此灯须挂于白灯之下不可少逾三尺

二　出海船上载用之小轮船所挂白灯高距舱面可以不及九尺然必须挂在合色灯之上［见本条（一）项次段］

三　凡船重数在二十吨以下或使浆或使帆行驶者应备一便灯右边配绿玻璃左边配红玻璃名曰双边灯遇与他船相近时即以此灯示之以免碰撞俟出险后始可将该灯收入灯外示时绿光不得见于船左红光不得见于船右

四　浆船或使浆或使帆应备便白光灯一盏遇与他船相近时即以此灯示之以免碰撞此条内所列各项船只不必强其照第四条首项及第十一条末项之例备用号灯

第八条　引水船应用之号灯

引水船在界内行驶觅人招雇时（各国各港口皆有引水船分界引水不得僭越凡船欲进港须先示号觅雇引水其无引水而擅行进口者罚金至充引水者须先经官考验果熟悉港道始给证据准其充作引水人）不得用他船所用号灯唯于桅顶环照白灯一盏每十五分钟加点火号一次不得逾延

引水船与他船相近时应将边灯点明备用接时闪照以示其船头所向何方然绿光不得见于船左红光不得见于船右

引水船如需驶傍他船以渡引水人过船者可手执白灯外示不必悬于桅顶亦不必循以上条例用红绿灯可另备双边灯［见第七条（三）项］一盏点明以便应用。

凡引水轮船系专为引水人领有管理引水事务之长官或董事所给字据者之用当未抛锚觅人招雇时除凡各引水船应悬之灯外应在桅杆白光灯下相距约八尺另悬□光灯一盏平时夜间周围应照二里以外该船仍照他船行驶时两旁常点之红绿两灯亦应照点

已抛锚之引水轮船觅人招雇时除各引水船只应悬之灯外当在桅上另悬四面红光灯一盏唯不点两旁红绿两灯

引水船不觅人招雇时应照他船之例按该船吨数遵用所定号灯

第九条　各项渔船应用于之灯火

渔船浮动时而不捕鱼不须照本条之例备用号灯者应照该船吨数运用所定号灯（中国及暹罗渔船不在此条之例）

一　露舱小船（指船上无相连不断之舱板以防卫海水冲入者）当夜间捕鱼时所用器具自船伸至百五十尺以内应悬四面白光灯一盏露舱小船夜间捕鱼时所用器具自船伸至百五十尺以外除应悬四面白光灯外如遇逼近他船或他船驶近时应于上灯之下上下相距三尺以外前后相距五尺以外于安置器具之方向加悬白光灯一盏

二　渔船除（一）项所载之露舱小船外当下网随流捞鱼时无论渔网全数或一份子漂在水中须于船上最易见之处悬环照白光灯两盏两灯上下相距当在六尺以外十五尺以内前后相距（与船身龙骨平行算非从斜算）当在五尺以外十尺以内下灯悬在安置渔网之方向灯光所照当令距三里以外可见

地中海及日本高丽交界各海面以内捕鱼帆船重数二十吨以内者下灯不必强其照设惟既不设此项号灯如遇与他船相近时于安置捕鱼具之方向悬白光灯一盏灯光所照当令距一里以外可见

荷国渔船当下钓时应照随流下网渔船之例备用灯号俄船在俄国交界海面除波罗的海外亦照此例

三　渔船除（一）项所载之露舱小船外当下钓时无论钓绳系定或扯回但

未下锚或不能行动如下列（八）项所载者应照随流下网渔船例备用号灯当钓绳抛出或随船拖动者其应设号灯悉照轮船及帆船浮动时办理

地中海及日本高丽交界各海面以内捕鱼帆船重数二十吨以内者下灯不必强其照设惟既不设此项号灯如遇与他船相近时当于下钓方向悬白光灯一盏灯光所照当令距一里以外可见俄船在俄国交界海面除波罗的海外亦照此例以上两项所云之地中海乃合黑海及其附近相连续之内海而言

四　渔船当打捞时（指渔船用钩叉网罟打捞海底螺蚌之类）一如系轮船应于桅尖处［见第二条（一）项］挂白绿红三色灯一盏所造灯式及安置之法务使白光由船头正线起照至左右各二字止其红绿二光由船头正线偏左偏右各二字起照至左右正线偏后向二字止复于三色灯之下相距六尺以外十二尺以内挂环照白光长明灯一盏一如系帆轮应悬环照白光长明灯一盏如遇他船相近当及时于船上最易见之处燃白色火号或火把必示彼船得知为办要以免碰撞本项所列各种号灯其光当令距二里以外可见

五　凡用爬网取蚝及渔船用爬网捕鱼者应照打捞渔船之例遵用于所定号灯

六　所有渔船除照本条定例备用号灯外可随时燃火号或操作时应用于之灯

七　凡渔船长百五十尺以内下锚后应悬四面白光灯一盏灯光所照当令距一里以外可见

凡渔船长百五十尺以外下锚后悬四面白光灯一盏灯光所照当令距一里外可见此外当照第十一条之例按该船尺数另悬号灯一盏

凡渔船无论长百五十尺以内或以外当安置捕鱼器具时如遇与他船相近应于锚灯之下上下相距三尺以外前后相距五尺以外按安置捕鱼器具方向加悬白光灯一盏

八　凡渔船因捕鱼器具为水中礁石等物牵挂不能转动者日间应将（十）项所定日间标号撤去夜间应照下锚后之例备用号灯如值阴霾雾雪大风雨时则照用下锚后应用于之雾号［参阅十五条（四）项本段］

九　各项渔船重数二十吨以上者于下网下钓及用各式打捞器具时值阴霾雾雪大风雨天气应按时鸣雾号一声（每次不得逾一分钟之久）接续摇钟一次其所鸣雾号帆船用角轮船用汽管或汽笛渔船重数在二十吨以内者无须照用上列各号唯既不用此项雾号每一分钟内须放他种响亮声一次

一〇　渔船浮动捕鱼时无论用网用钓或用他种打捞器具如与他船相近日间应于船上最易见之处悬篮一具或他物可为标号者示之使知有网钓等类在水当下锚后而器具尚在水中者如遇他船驶近时须悬挂前例之标号以示该路并无阻碍之处

各项船只列在本条内遵用上列各种号灯者可不必强其照第四条(一)项及第十一条末段所定号灯

第一〇条 将被他船赶过时应示之号灯

凡船只将被他船赶上者应于轮尾示一白光或火号以警赶来之船此种白光用灯亦可所造灯式安置与配套之法务使其光常明不断照地平弧合罗经十二字(即一百三十五度)由船尾正线起照至船腰左右正线偏后各二字止(即两边各六十七度三十分)灯光所照当令距一里以外可见挂灯处与边灯齐

第一一条 船只下锚时应悬之号

凡船长百五十尺以内者下锚后应于船头最易见之处悬环照白灯一盏(名曰锚灯)高距船身不得逾二十尺所造灯式务使其光常明不断周围四照当令距一里以外可见

凡船长百五十尺以上者下锚后应于船头悬锚灯一盏高距船身自二十尺至四十尺均可再于船尾或近船尾处亦悬一灯(与锚灯同)此灯挂处低于前灯在十五尺以外

船长尺数应照船牌中所载尺数为标准

凡船搁浅于港道或近港道而为船所必经之路者照此条例按船长尺数悬锚灯外尚须悬红灯两盏[见第四条(一)项]

第一二条 船舶用闪光灯之规定

凡船只欲警觉他船除照例遵用号灯外可加用火号或爆响之号而不致误认为遇险之号者均可

第一三条 各国政府特定之号灯规则

兵船成军而行及护商兵船行驶时不免加用号灯藉以指示进退行止凡各国自定有另章自不能为航海公法所阻即商船各公司定有暗号藉以互相辨识者经本国准行刊刻通报亦不能为航海公法所阻

第一四条 汽船用帆时应悬之标号

轮船有时独用风帆行驶而烟筒未经放下及不能放下者日间应于船头最易见之处悬球一个或形之似球者径大二尺(按例言轮船扬帆不展轮者则作帆船论第二十条云轮船遇帆船则轮船当避让时有轮船独用风帆行驶而烟筒未经放下者夜间照例不悬桅灯自易辨识若日间值船上造饭蒸水时则烟不免自筒内上升他船见之或误认此船系轮帆兼用者一以轮船之例待之一守帆船之例均不避路难免无碰撞之虞所增此条使轮帆各船一望而知毫无难辨获益不浅)

第一五条 雾中信号

若系轮船则用汽笛若系拖船及船被拖而行者则用角条中所谓长声者指声长四秒至六秒之久

轮船应配响亮汽管或汽笛一具用汤气或他种气放响其安置之处不可有他物阻抑其声音并须配响亮号角一具用机器放响及响亮号钟一口(凡有用钟之处属土耳其国之船可以锣代钟各处出海小船多用锣者亦可以锣代钟)

帆船重数二十吨以上者应配响亮号角一具号钟一口

凡遇阴霾雾雪大风雨时无论昼夜以下列雾号皆应遵用

一　轮船在水能进退时每二分钟应放长声一响

二　轮船浮动仍停止而无进退者每二分钟时放长声二响相间约一秒钟

三　帆船浮动时每分钟应吹角为号得船右之风而驶者吹一声得船左之风而驶者连吹二声如风自船腰之后而来得顺风而驶者则速吹三声

四　船只下锚前每间一分钟即摇钟二次连声速摇每次约五秒钟之久

五　拖带他船者及安放或捞起电线之船及浮动时遇故不能避之来船之路或不能照章驾驶者不得用本条(一)(三)两项之号应每二分钟时连放雾号三声先放长声一响即继以短声二响被拖之船亦可作此号但不准用他号

帆船及小船重在二十吨以下者不必强其照用以上各号惟该船既不用以上各号则当每一分钟时用他种响亮号音示警荷国引水轮船当觅人招雇时凡值阴霾雾雪大风雨天气每二分钟应先放长声汽笛一响过一秒钟再放长声汽笛一响再过一秒钟复放长声汽笛一响当不觅人招雇时仍照他项轮船之例备用号声

第一六条　雾中航行速率

凡值阴霾雾雪大风雨之天船行均应随势酌情减其速率从缓而进并格外小心以防意外之虞

凡轮船闻来船雾号其声自本船腰前向而来莫能确辨其处者斯时无他故阻碍应即停轮审察然后再行展轮小心行驶以避碰撞之险

第二款　航行规定避路规则

欲知有碰撞之险其时如无他故阻碍可于本船上罗经细测来船行驶方向若来船方向盘对本船罗经度数历久不变则须防有碰撞之险

第一七条　帆船之行驶方法

凡两船相近时欲避碰撞之险其一须按后列五项让路

一　得顺风旁风船应避逆风者之路

二　两船皆逆风折行则得船左之风而驶者应避得船右之风而驶者之路

三　两船均得旁风之向行驶而迎风之向不同(一自船右一自船左)则得船左之风而驶者应避得船右之风而驶者之路

四　两船均得旁风行驶而迎风之向亦同其在上风之船应避在下风者之路

五　凡顺风之船总当引避他船

第一八条　两汽船对遇时之行驶方法

两轮对遇或几于对遇应各改向转右彼船由此船左边驶过以避碰撞之险此条专指两船对遇或几于对遇而言藉以免碰撞之险非指两船相遇时仍得各守原向驶行而无窒碍者而言也何谓对遇或几于对遇如日间来船前后桅与本船之桅成为一线或将成一线夜间于船头各见彼此两边之边灯是也凡此皆在此条之例若日间见来船由本船前面横驶而过夜见来船之绿灯与本船之绿灯相对或来船之红灯与本船之红灯相对或仅见绿灯而不见红灯或仅见红灯而不见绿灯或来船红绿二灯并见于他向而非在本船之前者皆不在此条之例

第一九条　两汽船横驶时之行驶方法

两轮船从横相遇见来船在本船之右者则本船应避来船之路以避碰撞之险

第二○条　汽船与帆船相遇时汽船让路之规定

轮船遇帆船则轮船应避帆船之路以免碰撞之险

第二一条　他船让避时本船不得加减速率

凡两船相遇彼船既照章让路则此船不得变易原向亦不得加减速率而行惟若因下雾或别故两船相见甚近之际应让路之彼船不能独承免碰之责则此船亦应随机设法以免碰撞可按以下第二十七条二十九条办理

第二二条　照章让路时不宜横驶他船而过

凡船须照章让路者如无他故阻碍不得向所避之船前面横驶而过

第二三条　照章让路时进退缓急应随机应变

凡轮船须照章让路者与来船逼近时须临机应变应缓进则当缓进应停轮则当停轮应退轮则当退轮

第二四条　赶过之船应让被赶者之路

以上自十七条起无论何项凡此船赶过彼船者则此船应避彼船之路凡船由前船之腰正线偏后二字之后驶进者(外此部位夜间自不见前船边灯)皆作赶驶船论纵彼此两船偶有改易船向按章而论不得易视赶驶船为横驶船而免其让路之责迨已驶过被赶船始得自由其便此赶驶船日间有时不能确知本船或在前船之腰偏后二字之前或在前船之腰偏后二字之后(若在前船偏后二字以前则作横驶船论若在后则作赶驶船论)倘疑惑莫决则当自视为赶驶船不得辞让路之责也

第二五条　窄狭航行

凡轮船过狭窄港道时值稳便而无窒碍应旁船右之港道边行船(出入窄港皆旁船右边而行)

第二六条　帆船应避渔船

帆船遇驶帆渔船无论用网用钩或用他种器具打捞者均应避此渔船之路然该渔船不得藉此条之例阻塞他船往来必由之路

第二七条　遇有特别情形得变通规则

以上自十七条起各规则均应谨记遵行而不可违然遇船行临危时有相碰之险以及变生仓促之际致不得已临机应变则可暂时违例藉救目前之急

第二八条　两汽船相见时应用之信号

本条内所谓短声者指声响约一秒钟之久

轮船浮动时见有他船在望其须照章改向之船应将所改之向用气管或汽笛作号通知在望之船所定之号列左

放短声一响谓本船现已改向转右

放短声二响谓本船现已改向转左

放短声三响谓本船现已倒轮快退

第三款　结　　论

第二九条　怠忽之责任

所有章程无论何项船只船东船主以及船员等如于应设之号灯或废而不设当用之标号或废而不用当司更瞭望而不瞭望按驾驶之常法或特出之情形当留心应变者而疏忽不留心应变均不得辞其咎

第三○条　港口内河之特例

各国港口内河等处如经本国另定有行船章程自不能为航海公法所拘（各国港内河流形势各异故多有自定另章与航海法不无异同如本国定有另章当即刊刻通告船只到该地方时知所遵守）

第三一条　遇难信号

凡船只遇险欲求他船或岸上施救者应照以下所列之号或常用或分用均可

日间之号

一　每约一分钟之久放炮一响或他项爆号

二　用万国通语旗书中遇险旗号挂 N.C,旗二面

三　示远信悬挂方旗一面不拘在旗之上下加挂一球或形之似球者亦可

四　连放雾号不停

夜间之号

一　每约一分钟之久放炮一响或用他种爆号

二　船上燃火如□油桶等类以为火号

三　不时放火箭或火球炸放各式各色火星者

四　连放雾号不停

30

1930 年 2 月 3 日

交通部组织法

（中华民国十七年十一月七日国民政府公布　十九年
二月三日修正）

第一条　交通部管理经营全国电政邮政航政除法律别有规定外并监督
民营交通事业

第二条　交通部对于各地方最高级行政长官执行本部主管事务有指示
监督之责

第三条　交通部就主管事务对于各地方最高级行政长官之命令或处分
认为有违背法令或逾越权限者得请由行政院院长提经国务会议议决后停止
或撤销之

第四条　交通部置左列各司

一　总务司

二　电政司

三　邮政司

四　航政司

第五条　交通部得置邮政总局无线电管理局邮运航空处及各航政局于
必要时并得置各委员会其组织另定之

第六条　交通部经国务会议及立法院之议决得增置裁并各司及其他机关

第七条　总务司掌左列事项

一　关于收发分配撰辑保存文件事项

二　关于部令之公布事项

三　关于典守印信事项

四　关于本部及所属各机关职员之任免奖惩事项

五　关于编制统计报告及刊行出版物事项

六　关于本部之经费预算决算及会计事项

七　关于所属各机关之预算决算计算书之审查编制事项

八　关于稽核及复核本部及所属各机关之收支账款事项

九　关于改良会计及划一簿记事项

一〇　关于电邮航行政及技术人员之训练及教育事项

一一　关于本部庶务及其他不属于各司事项

第八条　电政司掌左列事项

一　关于管理全国电报电话等事项

二　关于发展及改良电报电话等事项

三　关于监督民营电气交通事业事项

四　关于改善电务职工待遇事项

第九条　邮政司掌左列事项

一　关于监督员考核全国邮政事项

二　关于监督邮政储金及汇兑事项

三　关于管理经营国营邮政航空事项

四　关于监督员民营航空承运邮件事项

五　关于改善邮务职工待遇事项

第一〇条　航政司掌左列事项

一　关于管理航路及航行标识并其他一切航政事项

二　关于管理经营国营航业事项

三　关于监督民营航业事项

四　关于船舶发照登记事项

五　关于计划筑港及疏浚航路事项

六　关于管理及监督船员船舶造船事项

七　关于改善船员待遇事项

第一一条　交通部部长综理本部事务监督所属职员及各机关

第一二条　交通部政务次长常任次长辅助部长处理部务

第一三条　交通部设秘书四人至八人分掌部务会议及长官交办事务

第一四条　交通部设参事二人至四人撰拟审核关于本部之法案命令

第一五条　交通部设司长四人分掌各司事项

第一六条　交通部设科长十六人至二十人科员一百二十人至二百人承长官之命令办理各科事项

第一七条　交通部长特任次长参事司长及秘书二人简任其余秘书及科长荐任科员委任

第一八条　交通部设技监一人简任技正八人二人简任余荐任技士八人至十二人荐任技佐六人至八人委任承长官之命令办理技术事项

第一九条　交通部经行政院会议决得聘用专门技术人员

第二○条　交通部处务规程以部令定之

第二一条　本法自公布日施行

31

1930 年 3 月 5 日

交通部修正商船职员证书章程布告

（中华民国十九年三月五日交通部布告第一号）

为布告事查商船职员证书章程现经修正于第六条第二项后增加一项（领有大副或大管轮以下证书之船员在商船继续充任证书所载职务满二年以上者得按照本章程第十条至第十二条之规定呈请核发高一级之证书）等语业已公布在案嗣后商船职员除船长及轮机长外凡于领到本部所发之证书后继续充当证书上所载之职务确实已满二年以上者得按照本章程第十条至第十二条之规定呈请核发高一级之证书除分令外特此布告

32

1930 年 4 月 3 日

整理海员工会纲领

（中华民国十九年四月三日中央第八十三次常务会议通过）

一　关于海员之立法例

查各国在立法上大抵认海员为船舶劳务者之构成要素故当雇用之际船舶所有人（或船舶租借人）须与该海员缔结雇佣契约且为保护经济上之弱者起见此种契约必须经过公法上公认之手续始生效力而海员与船舶所有人（或船舶租借人）立于雇佣关系故适用民法中国于雇佣之规定此外关于海员

之保护各国尚有取缔海员介绍所及强制海员保险等制度

二　关于海员之范围

欲定海员之范围须先明船舶之意义查最近国府公布之海商法所称之船舶系指在海上航行及在与海相通能供海船行驶之水上航行之船舶而以商行为为目的者而言故（一）总吨数不及二十吨或容量不及二百担之船舶（二）专用于公务或研究学术之船舶（三）以橹棹为主要运转方法之船舶（四）私人之游览船及渔船等均不得为海商法上之船舶船舶之意义既明进而研究海员之意义查各国立法例有分船员为船长与海员两种者故所谓海员系指船长以外之一切船上员工而言但我国海商法则分海员为船长与船员两种此则与他国所称为海员者微异若照我国之海商法则海员之范围可规定如下

海员系指服务于在海上航行及在与海相通能供海船行驶之水上航行之船舶而以商行为为目的者之一切员工而言群言之所谓海员不仅包括甲板部机关部及事务之一切人员即医生看护人及其他服一切杂务者均属之并不问其性别惟引水人因其非在特定船舶服务且非船舶所有人（或船舶租借人）之使用人故不应包括在海员之内

三　关于海员工会之办法

查海员工会其所以惹起纠纷之焦点约可分为下列五项

一　帮别之竞争查海员中向有广帮宁帮之名称与九公所之组织帮别之中复各分派此实为其纠纷之最大原因盖各帮派别或因地域之观念或因权利之冲突各思把持海员工会植党树势互相攻讦而诈我虞此争彼夺而其所藉为口实者约有三端（一）选举舞弊（二）账目不清（三）党同伐异即就此数端观之在表面上固各持之有故言之成理但其骨子里非因地域之陋见即为权利之斗争亦属显而易见为今之计宜一面派员督促切实整理一面由政府严令海员工会必须遵用工会法所规定之会员名簿与会计簿依时分别造送主管官署审核则积弊渐革纠纷自少

二　高级海员应否加入海员工会查海员因其有无海员工作证书或其他地位之高下可分为高级海员与下级海员二种在法律上两者所享受之权利及负担之义务亦自有别且考诸实际高级海员其地位正与工场中之技师办事员等相似并非纯粹之劳工宜分别加入工商同业公会或技师工程师医生等所组织之团体不宜许其为海员工会之会员

三　总吨数不及二十吨或容量不及二百担之船舶之船员应否与海员共同组织工会依海商法第二条第一项之规定凡总吨数不及二十吨或容量不及二百担之船舶均非海商法所称之船舶故在此类船舶中服务之船员自不属于海员之范围唯此种船员其性质与海员相类似之点颇多且常与船舶所有人立于雇佣关系为保护经济上之弱者计应许其与海员其同组织工会

四　轮船茶房是否属于海员就一般立法言之轮船茶房应包括在下级海员之内据中央训练部之调查轮船茶房在轮船中时有舞弊营私之事商旅苦之但此种积弊宜另行设法取缔或改善不宜因此竟划轮船茶房于海员范围以外

五　民船船员与海员应否分别组织所谓民船系指以橹棹帆篷等为主要运转方法之船舶而言属于此种船舶之船员多系自备船只自行营业即间有立于雇佣关系者而船主与船员大抵甚相融洽船员方面并不感受若何压迫之痛苦亦无向船主为若何要求之必要与海员之纯粹立于雇佣关系者不同且海员争得之待遇常有非民船船员所能享受者苟民船船员与海员共同组织工会则民船船员将感义务多而权利少彼此利害有时且立于相反地位故民船船员与海员自以分别组织为宜兹按照海员与民船船员之实际需要决定海员工会及民船船员工会之组织要领如左

一　凡船务于使用机器发生动力在海上航行或在与海相通之水上航行商船下级海员与服务于以橹棹帆篷等为主要运转方法以之民船船员须分别组织

二　海员工会及民船船员工会均采产业别组织

三　凡航行于二个以上商埠间之船舶之船员应加入该船舶直属本店或支店所在商埠之海员工会

四　凡航行于二个以上商埠间之民船船员应加入该民船船主住所或居所所在商埠之民船船员工会

五　海员工会及民船船员工会适用工会法一般之规定

33

1930 年 4 月 18 日

交通部无线电管理局核发船舶无线电台报务员执照暂行章程

（中华民国十九年四月十八日交通部公布）

第一条　凡在船舶（指中国船舶及外国船舶之航行中国沿海一带及内地各处者）无线电台之无线电人员均需持有交通部无线电管理局（下文简称无线电管理局）发给之船舶无线电报务员执照（下文简称报务员执照）方得行使职务

第二条　报务员执照分为一二两等凡请发执照者须经无线电管理局考

验合格呈部注册按等级给之

第三条　发给报务员执照之试验每季举行一次日期地点由无线电台管理局指定通知

第四条　凡身体健全年龄在十六岁以上曾在船舶或海岸无线电台实习试用期满并具有第五条一二两项规定之学识及技能并经服务电台主管人员出具证明书者得向无线电管理局报名呈请考验并缴报名费一元及最近二寸半身相片两张此项报名费及相片不论及格与否概不退还

第五条　凡参考者须具有下列各项学识及技能

一　一等报务员

（一）党义智识

（二）国文清顺

（三）能作英文论说

（四）世界无线电公约大要通报规则应呼方法报务简语

（五）电学大要无线电信原理行动电台收发报机发电机蓄电池等各种理论暨实验应用常识及修理前项机器之技能

（六）拍发及听收国际通用莫尔斯电码每分钟平均速度满二十组并准确者（每组以五个字数目字或符号合成）

二　二等报务员

（一）党义常识

（二）国文清顺

（三）能作英文短篇

（四）关于无线电通讯各项规则

（五）电学与无线电报之浅近原理行动电台收发报机发电机蓄电池之使用方法及整理前项机件之简单常识

（六）拍发及收听国际通用莫尔斯电码每分钟平均速度满十六组并准确者（每组以五个字母数目字或符号合成）

第六条　考验各科科目分党义国文英文电律（无线电律及有线电之适用于无线电者）无线电学及收发六种各科考绩除无线电学及收发两种每种必须满八十分外其余各科之总分数满二百五十分者为及格

第七条　持有二等报务员执照者至少须满三年后始得请求一等报务员执照升等试验

第八条　领取执照时应缴报务费三元印花税费一元

第九条　各报务员执照之有效时期如左

一　在每年六月底以前请领者至次年十二月底期满

二　在每年十二月底以前请领者至第三年六月底期满

第一〇条　执照期满时如欲继续请领者应于期满前三个月请求换发新照并照第八条之规定缴费惟如有中途改就他职在半年以上者换领新照时应重新试验

第一一条　凡遗失执照者应登报声明并照第八条之规定缴费请求补领

第一二条　凡经前交通部无线电管理处考验合格已领有执照者得于本章程公布后二个月内携带旧照及现在服务之船舶电台主管人员证明书来局换领新照并照第八条之规定缴费

过二个月后前项旧照一律作废

第一三条　船舶电台报务员有左列情事之一者得由无线电管理局吊销其执照或登报声明作废

一　违犯国际无线电公约及所附之业务规则或交通部颁布之电信条例各项规约及有关于无线电之法令经无线电管理局审核认为有吊销执照或者声明作废之必要者

二　泄露通信之秘密者

三　利用电信阻碍公众业务者

四　船舶发生危险时不尽职守者

五　受刑事处分者

六　品行恶劣经上级人员控告调查属实者

七　其他未经列举而于前列各项情节相当者

第一四条　业已吊销执照或经无线电管理局声明执照作废之报务员不得请求复试

第一五条　本章程如有未尽事宜得随时呈部修改之

第一六条　本章程自公布日施行

34

1930 年 4 月 22 日

扬子江水道整理委员会办事细则

（中华民国十九年四月二十二日交通部核准）

第一条　本细则依据本会章程第十三条之规定制定之

第二条　本会各职员执行职务除有特别规定外悉依本细则办理

第三条　本会各职员均应按照组织系统表承各级主管及长官之命办理各项事务

第四条　本会事务均须经委员长核行委员长有事故时呈请部长派员代理或临时派员代折代行

第五条　本会各职员对于机密事务及尚未宣布之文件不得任意泄露

第六条　本会各处所分科室职掌及各职员请假考勤规则另定之

第七条　本会办公时间依照本部处务规程第十七条之规定办理

第八条　本会各职员薪俸旅费出勤费之数目另定之

第九条　各处承办事件有互相关联者由各主管长官会商办理其意见不同者呈请委员长核定之

第一〇条　各处承办互相关联事件由关系最要者主稿承办其有关系之各处主管长官须会同署名承办后应抄送有关系之处备案

第一一条　各处案卷由主管长官派员保管各职员不得携出会外

第一二条　本会所收文件由总务处呈请委员长核阅后按事务之性质分送各处办理

第一三条　各处承办文件由各处呈请委员长核定后再行缮正连稿送交总务处印发

第一四条　本会宣布命令及进退职员文件均由总务处委员长之命办理

第一五条　本会召集会议时由总务处先期通知各委员出席与议

第一六条　本会开会时由总务处编定议事日程呈由委员长核定分送各委员

第一七条　本会开会时由总务处派员记录

第十八条　本会议事录由总务处整理保存之

第一九条　本会议决案由总务处按其性质分别执行或送工务处承办

第二〇条　本会经费由总务处编制总预算经会议决后转呈部长核准后并编制总决算经会审查后呈部转送审计院核销

第二一条　本会经常临时费用由总务处按照本会预算呈请委员长核发

第二二条　各处所用物品均由总务处购发但各测量队所用零星物品在每月核定概算范围内得由各该队主管人员核准按照预算节目就近购用随时呈报本会备核

第二三条　测量队每月经费由各该主管人员拟具详细预算呈由工务处长会同总务处长审核后呈请委员长核准

第二四条　测量队每月用款须造具决算呈由工务处长送经总务处长审核后呈请委员长核准汇报

第二五条　关于测量及工程计划由工务处设计后呈请委员长提出会议核定施行

第二六条　测量及施工若有出行变更或扩充时工务处长得提出意见书呈请委员长提出会议核定

第二七条　工务处测量及施工计划对于费用有特别增减时须通知总务处会同办理

第二八条　测量队每月所施工作应详细呈报工务处长核定后呈会审查并移送总务处备案其重要者应由工务处长随时报告委员长

第二九条　本细则如有未尽事宜得随时修正之

第三〇条　本细则自呈奉交通部核准之日施行

35

1930 年 4 月 22 日

扬子江水道整理委员会分科职掌

（中华民国十九年四月二十二日交通部核准）

总务处分科职掌

文书科分掌事务如左

一　关于机要事项

二　关于考绩事项

三　关于会议事项

四　关于撰拟命令事项

五　关于收发文件及保管案卷事项

六　关于典守关防事项

七　关于其他属于文书事项

编查科分掌事务如左

一　关于翻译事项

二　关于调查事项

三　关于编制会刊事项

四　关于编定章则事项

五　关于其他属于编查事项

会计科分掌事务如左

一　关于收支保管款项事项

二　关于审核经费事项

三　关于编制预算决算事项

四　关于登记各项账册事项

五　关于其他关于会计事项

庶务科分掌事务如左

一　关于购置物品仪器事项

二　关于保管器物文具事项

三　关于卫生清洁事项

四　关于其他一切杂物事项

公务处分科职掌

事务科掌理事务如左

一　关于保管文卷图记事项

二　关于撰拟缮写文书及本处收发事项

三　关于队员请假事项

四　关于本处杂务事项

五　关于不属于技术之事项

设计室掌理事务如左

一　关于各种工程设计及测量程序事项

二　关于估计工料及招标监工事项

三　关于调查及勘验事项

四　关于审核测量工作及报告事项

五　关于各种工作统计事项

六　关于其他工程计划事项

制图室掌理事务如左

一　关于绘画及晒印图表事项

二　关于编订及保管图表事项

三　关于图表计算及校对事项

四　关于编订年报月报事项

五　关于保管仪器事项

六　关于其他绘制事项

测量队掌理事务如左

一　关于实施各种测量及测验事项
二　关于测勘灾区及江流变迁事项
三　关于各种绘算记载统计报告事项
四　关于管理仪器及船舶事项
五　关于其他一切测量事项

36

1930 年 6 月 28 日

海港检疫章程

（民国十九年六月二十八日卫生部令第一二一号公布）

第一章　名词定义

第一条　本章程所称检疫系指施行检查隔离及其他防检疫病之必要方法手段以及船只人员兽类货物等项之消毒而言其目的在防止人与动物等各种疫病之传入及散布

本章程所称指定人员系指由卫生部或检疫所所委派或本章程所许可之人员而言

本章程所称检疫医官系指由卫生部或检疫所所委派之医官医师而言

本章程所称船长系指除领港人外在船发号施令及负责之人员而言

本章程所称医员系指在船上服务之医师而言

本章程所称隔离系指羁留于一定场所不准于他人他地接触而言

本章程所称监视系指于船上或陆地随处施行隔离而言

本章程所称就地诊验系指不羁留于一定场所就其所在施行检验而言

本章程所称交通许可证系指检疫医官所发给之放行证书而言

第二章　区域指定

第二条　卫生部斟酌情状或依据检疫所所长之呈请指定左列各事项

一　国内外地方发生应检疫之传染病或其他有传染病毒之虞时即指定

该地方为疫区（Proclaimed Place）至指定取消时为止此项指定须在港务通告内发表并登载重要日报

二 指定国内任何海港为第一入境海港凡自疫区驶来国境之船只应令该船长除有特别危险或具有充足理由外将其船只未进其他港之前先进指定之第一入境海港

三 指定陆地或海面之任何地点为检疫处所俾得施行船只人员禽兽物品及货物之检疫

四 会商港务当局指定应施检疫船只之抛锚地点

第三章　检疫总则

第三条　检疫停留处由卫生部以部令定之

第四条　应受检查之船只于开抵施行检疫之海港时该船船长须将该船开至指定检疫停留处

第五条　船只之检查须在日出之后至日入以前举行在此时间内检疫医官于船只到达时应即上船检查

但检疫医官认为船上情形及灯光各事项适于施行检查时得应船长之请求于日落后上船检查

第六条　应行检查船只之船长应于该船未抵检疫停留处至少三小时以前以左列事项由无线电通知检疫所

一 船名及开至检疫停留处之预定日期及时间

二

1. 船上旅客数目

2. 船上船员人数

3. 在本港登岸之旅客人数

三 发航港及抵本港前最后寄港之港名

四 在十五日以内染传染病之人数或于航行时染病而死者之人数及病名

五 染非传染性疾病者之人数及其病类

六 船上有无医员

七 下雾待验时报告该船离灯塔之方位

第七条　依本章程应施检疫之传染病如左

一 鼠疫

二 霍乱

三 天花

四 斑疹伤寒

五　黄热病

前项以外应施检疫之传染病于必要时由卫生部以部令指定之

第八条　凡旅客之患水痘白喉伤寒赤痢猩红热流行性感冒流行性脑脊髓膜炎麻疹者于普通隔离医院不能施以适当治疗时得送入检疫所

第九条　曾与应施检疫之传染病接触者依左列日期予以隔离

鼠疫或黄热病　六日　霍乱　五日　天花　十四日　斑疹伤寒　十二日

第一〇条　凡由疫区驶来船只之船长于其停留疫区时应施行预防方法以免由该船传播疾病该船抵港时检疫医官得令其提示预防证据或海港检疫长官签发之证书注明左列情形

一　凡带有鼠疫霍乱天花斑疹伤寒黄热病病状者及曾与该病接触而有传染他人可能者均经阻止其上船

二　该疫区发生鼠疫时曾经施行左列之防止鼠类上船各办法

子　货物在装载之前未经存贮于鼠类可得窜入之码头或货栈

丑　搬运货物之驳船确曾蒸熏

寅　货物装载之际曾加监查

卯　自日落至日出临岸或临其他船只之船沿均有明亮灯火

辰　除装卸货物时外货网及跳板等均经移开

巳　凡食物及其残渣均经存贮于鼠类不能入内之容器中

三　该疫区发生霍乱时曾经施行左列各办法

子　在该疫区内所装载之饮水及食物确系完全清洁

丑　压舱水于必要时曾施消毒

寅　旅客行囊不带任何食物

四　该疫区发生天花时货物中之旧衣及破布等在未包捆之先已行消毒所有旅客在上船之先已行种痘

五　该疫区发生斑疹伤寒时已将所有带虱可能之人除虱并已将其私人物品衣服及行李等消毒

六　该疫区发生黄热病时曾施行防止蚊类侵入船内之办法例如将船只停在距离有居民之海岸及港内浮船至少二百公尺以外使黄热蚊不能侵入船内或保护所有贮水器具并除灭船上蚊类并在离开疫区时再进行彻底灭蚊及蚊卵一次特于存贮室厨房汽锅室及水槽内尤为注意

第一一条　在设有检疫机关之海港发生疫病时海港检疫所须负责防止疾病之传出并知会各船船长在该港施行前条之各预防办法

第一二条　凡由疫区驶来船只之船长应于抵港时将船上所有旅客数目详细开列清单其拟在本港登岸旅客之详细住址亦应尽量注明送交检疫医官

153

查阅

第一三条　凡由疫区驶来船只未曾施行第十条各预防办法或提示之预防证据不充分时检疫医官承检疫所所长之命得令施行该船及船员旅客货物等之必要处置其应需费用由该船自行负担

第一四条　凡左列船只于抵港时均应受检查

一　所有来自国外海港之船只但特许免验者除外

二　所有来自疫区之船只

三　船上发生传染病之船只或自最末次检查后船上发生死人之船只

第十五条　凡应受检查之船只在未入港口三英里以内其船长应悬挂检疫信号

前项检疫信号非得交通许可证后不得下降

第一六条　检疫信号在白昼系于船只之前桅悬挂黄旗上书一"Q"字

在夜间悬红灯三盏成一垂直线相隔约六尺以内并于候验时鸣放长笛三声并于一定时间内反复鸣放

第一七条　凡未下检疫信号之船只未指定人员不得上船或沿近船傍

第一八条　船长遇检疫医官之请求应将船只驶近并于可能范围内尽力予以上船之便利船客及船员非因疾病或特别原因之阻止应由船长一律召集并予检疫医官以检验之便利

第一九条　凡应受检查船只之船长于检疫医官请求时须依照格式纸填具健康报告签字送交检疫医官查阅船上若有医员亦须签名

检疫医官要求旅客名单航海日记货单日报及其他船上文件时船主须一一提示以备检查

第二〇条　凡驶入施行检疫海港之船只若检疫医官询问其船长或船上医员关于航行期内船客及船员之健康船上之卫生状况及于发航港或寄港或曾接触之船只有无应施检疫之传染病或其他之传染病发生并船上有无破布或旧衣及其他物件该衣物等在何处或何海港装载等事时应分别详明答复

第二一条　前条之各项询问应检疫医官之要求以口头或书面答复之

第二二条　各项询问之答复于必要时检疫医官得要求船上医员及船长或二者之一用书面宣誓声明确系事实前项宣誓得在检疫医官面前举行如宣誓有虚伪情事得依法请求诉办

第二三条　检疫医官上船检查后认为船上无疫时可即以交通许可证发给船长

第二四条　凡入施行检疫海港之船只在未得交通许可证以前除揭信号外若非遇险其船长及船上人员均不得与岸上或者别船交通其岸上或别船人员亦不得与该船往来但领港者及指定人员不在此限

154

第二五条　于日出至日落时施行检疫或发给交通许可证无需纳费但在日落以后至日出施行时须照章纳费

第二六条　凡在施行检疫各海港停留之船只如遇船上有传染病发生或有死亡时船长应以书面通告检疫医官

第二七条　各项船只其船上发生传染病或死亡时检疫医官应将该病之发生及已施拟施之处置方法报告于该海港内或毗连地方之卫生当局

第二八条　船长船公司或经理处于检疫完毕后得要求检疫医官发给出口健康证明书但须照章纳费

第四章　各种传染病之处置办法

甲　鼠疫

第二九条　有下左各情形时其船即认为染有鼠疫

一　船上现有人患鼠疫

二　上船六日后有人患鼠疫

三　船上发现有染疫之鼠类

第三〇条　有下列各情形时其船即认为染有鼠疫之嫌疑

一　上船后六日内有人患鼠疫

二　查出鼠疫之死亡率甚高而原因不明者

此项船只非至有相当设备之海港内检疫后应继续认为有染疫嫌疑

第三一条　其船虽自疫区驶来苟于发航时或航行中或到港时人及鼠无患鼠疫者或经检查后鼠类之死亡率不高得视为未曾染疫

第三二条　染有鼠疫之船只须受左列处置

一　医术检验

二　使染疫及有嫌疑者下船隔离之

三　所有船员及旅客如检疫医官认为与疫病曾经接触须受由船只到港之日起六日以下之监视或就地诊验

四　所有用过之被褥及衣物等件如检疫医官认为被染有疫须施行除昆虫方法于必要时得行消毒方法

五　船之各部如检疫医官认为被染者有疫须施行除昆虫方法于必要时得行消毒方法

六　在未卸货及泊码头之先得令其行除鼠方法

七　须注意勿使鼠类出至码头或驳船上于卸货时检查其货物以免鼠类带至岸上卸货只能在日间举行所有驳船须曾受除鼠方法驳船载满后于未卸货之先须受蒸熏所有卸货人员须于工作后受六日之监视或就地诊验

八　船卸货完后得将全船蒸熏

第三三条　有鼠疫嫌疑之船只需受左列处置

一　医术检验

二　前条第四五六七八各款之处置

三　所有船员及旅客得于船到港后受六日以下之监视或就地诊验

第三四条　视为未曾染疫之船只需受左列处置

一　医术检验

二　所有船员及旅客自船离海港之日起得施六日以下之就地诊验

三　如船上鼠类繁殖或所载货物易引鼠类入船该船之卫生状况不能有确实之断定时须施行灭鼠方法

四　于卸货时得检查货物并取适当方法扑灭鼠类以免其窜逸并确定其确已死灭限制船与码头之距离不得在四尺以下船与码头及与其他船只相连之船缆得令其用认许之防鼠器非工作时间船上之货网得令其移去傍岸之船沿得令其设置明亮灯光

乙　霍乱

第三五条　船上有患霍乱者或于船抵港前五日内有人患霍乱其船即认为染疫

如该船只发航或航行时有霍乱发生虽在未到港前五日内并未续出此症该船仍当视为有被染嫌疑非依本章程处置后该船应继续视为有被染嫌疑

船虽来自有疫海港或船上有人来自霍乱流行地点但如该船于发航时或航行中或抵港时并未见有霍乱发生得视为未曾染疫

第三六条　凡病人带有霍乱病状虽无霍乱菌之发现或病菌之特性不甚似霍乱菌该病人仍须照处置霍乱各项办法办理

带菌者如检疫医官认为必要时于其登岸后亦须受监视或就地诊验之处置以免该疫病之传入及散布

第三七条　被染霍乱之船只须受左列处置

一　医术检验

二　病人及疑似病人须令其登岸及受隔离

三　于必要时得将船员及旅客施行五日以下之监视俾得定其有无霍乱菌带菌人非经继续三日之三次细菌试验皆证明其无霍乱菌时不得解除其监视

如能向检疫医官证明其六月以内满六日以前曾受预防霍乱注射者可免其监视唯须自船抵港之日起受五日之就地诊验

四　所有曾经用过之被褥及衣物等件并所有食物如检疫医官认为最近曾受病菌之侵染者得令消毒或毁弃之

五　船之各处如检疫医官认为曾经病菌侵染者得令其照章消毒

六　船卸货时须受监视并取相当方法以免工作人员之被染该工作人员应受预防霍乱注射卸货完毕后须受五日之监视或就地诊验

七　如检疫医官认船上之饮水有可疑时须将水槽消毒另换安全清洁之水

八　压舱之水除曾经消毒及检疫医官认为满意者外不得将该水放出

九　人类之排泄物及污水除曾经消毒检疫医官认为满意者外不得倾泻于港内

第三八条　有传染霍乱嫌疑之船只需依前条第一三五六七八九各款处置之

船上虽有类似霍乱症发生其船曾被认为染疫或有染疫嫌疑但经检疫医官施行二次距离二十四小时之细菌检验后证明并无霍乱菌时该船即当视为无疫

第三九条　第三十五条所指未染霍乱之船只得令其受第三十七条第一七八九各款之处置此外船员及旅客得令其受细菌检验是否染有霍乱或令其自船只到港后受五日以下之就地诊验

丙　天花

第四○条　凡船只于航行或抵港时有人患天花者其船即认为染疫须受左列之处置

一　医术检验

二　将染疫或有染疫嫌疑者令其下船隔离

三　所有船员及旅客如检疫医官认为曾与病人接触而从未出天花或于最近期间未种牛痘者得令其重种牛痘并自抵港之日起施以十四日以下之监视或就地诊验

如检疫医官认为其人曾与天花病人接触而不愿种痘者应自接触之最后一日起算施以十四日之监视

所有船员与旅客之于天花病人接触者如检疫医官认其人于天花有充分保障时得将其身上及行李等施以必要之消毒后从速放行仍施以就地诊验但就地诊验之期间自船只抵港之日起不得逾十四日

四　所有曾经用过之被褥及衣物等件如检疫医官认其曾受病菌之侵及者须令其消毒

五　船只内经检疫医官认为曾经病菌侵及之处得令其消毒

第四一条　凡船只于航行期内无天花发生惟离开天花流行之海港尚未过十四日时所有旅客上岸后应受监视或就地诊验如能向检疫医官证明于十二月内曾经种痘者得自由登岸但此种证明书以由染疫港之卫生当局或船医所发给者为最有效

丁　黄热病

　　第四二条　如船上发现染黄热病或于发航及航行时曾发现染黄热病者其船即认为染疫船上虽无黄热病发生但如离染疫港未过六日或来自与黄热病盛行中心点接近之海港或虽过六日仍信其自染疫港带有黄热蚊者其船仍视为疑似染疫

　　船虽来自黄热病流行之海港但船上未见黄热病发生并曾航行六日以上信其未带黄热蚊或于抵港时声明曾施行左列办法能使检疫医官满意者得视为未曾染疫

　　一　在染疫港停留时其停泊处离岸上人居之地二百公尺以上且距离浮码头甚远黄热蚊不能飞到

　　二　或离疫港时曾行适当之灭蚊方法

　　第四三条　曾受黄热病传染之船只需受左列处置

　　一　医术检验

　　二　患病者须令其登岸其患病未满五日者须隔离之以免蚊之传染

　　三　其他登岸人员自船只到港之日起受六日以下之监视

　　四　停船处须在距离岸上人居之地二百公尺以上须远离浮码头以蚊不能飞及之处为度

　　五　凡船上之蚊应于未卸货之前完全扑灭如在未灭蚊前卸货所有工作人员须受六日以下之监视

　　第四四条　凡疑似传染黄热病之船只需受前条第一三四五各款之处置

　　但如该船航行期间在六日以内且施行第四十二条第三项一二两款所述之办法者只需受前条一三两款之处置及蒸熏

　　如船只离有疫海港后历时已三十日而未见有黄热病发生者该船只需受初步之蒸熏

　　第四五条　未染黄热病疫之船只如经医术检验后认为满意应即给予交通许可证

　　戊　斑疹伤寒

　　第四六条　凡航行中或抵港时有斑疹伤寒发生于船上者需受左列处置

　　一　医术检验

　　二　所有病者或疑似者须令其上岸隔离及施行灭虱方法

　　三　其他人等如检疫医官认为曾与病者接触亦须施行灭虱并自灭虱之日起受十二日以下之就地诊验

　　四　曾经用过之被褥及衣着等件如检疫医官认为被染时应施行除昆虫方法

　　五　船只内经检疫医官认为有疫之处均应施行除昆虫方法

　　某地于前十二日内有斑疹伤寒流行所有来自其地之船员旅客于上船后

船上虽无斑疹伤寒发现仍应自离该有疫地之日起受十二日内之监视或就地诊验其衣服用具等并须施以灭虱方法

第五章　检疫程序

第四七条　凡为应施检疫之传染病所污染或有污染嫌疑之船只人员货物及用品检疫医官得用书面令其受检疫处置得有此项命令之船只其船长必须将该船连同所有人员及货物驶至该医官所指定之抛锚地点或检疫处所以备检查

第四八条　凡船只在未满隔离期限以前非指定人员不准登岸或离船并不准货物上岸或离船应受隔离之人须仍留船上或送留于检疫所至本章程规定之期间为止

第四九条　凡经检疫医官指定应受隔离之船只而在该船进口之海港检疫设备不完全不能收留该船时检疫医官得令该船船长将该船驶至其他设备完全之海港施以隔离

第五〇条　当检疫医官通知船长该船应受隔离或开往他港隔离而该船主欲谢绝时应即通知检疫医官并悬挂检疫信号立刻离开港口及其他船只并将拟开往之寄港港名通告检疫医官后立即起椗

前项船只在起椗之前得按照检疫所所长之规定办法装载煤水或其他船上应用物品

第五一条　凡在隔离所隔离之人不得出该隔离所范围之外未经检疫医官允许而擅入隔离所范围者得由检疫医官拘送警察官署处理

其死于隔离所之尸体依检疫所所长之指示处理之

第五二条　检疫医官认为所隔离之人不患传染病时得免予隔离而令其就地诊验

第五三条　由疫区驶来之船只其船上虽无应施检疫之传染病人但未能决定该船无疫时检疫医官得酌量情形施行左列处置

一　准发交通许可证

二　准该船继续航程免于施行隔离

三　准旅客及其行李登岸

四　准该船货物上岸

第五四条　前条第一款船只仍须继续检疫至发给交通许可证时为止

其第三款登岸旅客仍须施以就地诊验至本章程规定之期间为止

其第三四两款上岸货物行李均须消毒

第五五条　凡须就地诊验之人应依规定时期及次序就检疫医官或卫生医官或指定医师受其检查如就指定医师检查时应纳一切检查必需费用

159

第五六条　凡受就地诊验之人如发见任何病状时须立刻自行或转行通告曾施检查该人之检疫医官或指定医师

第五七条　凡受隔离之船只或该船之船员旅客须受隔离时其船长公司或经理处应负担左列费用

一　所有患病者在监视中者及曾接近传染病之健康者其一切膳宿费诊疗费及侍役费

二　由检疫所运送人员至目的地之费用

三　所有船只或货物之清洁蒸熏消毒及其他处置应需费用

第五八条　卫生部依检疫所所长之呈请对于左列船只于某种协商或限制之下得免施检疫之全部或一部

一　兵船

二　航行于国内各海港间或航行于国内海港与国外临近海港之间之船只

三　特别船只或某类船只

第六章　蒸熏船只

第五九条　凡船只除备有除鼠证明书或免予除鼠证明书且该项证明书系由设备完全之检疫所给未满六个月者外均须受检疫医官之询问及检查在询问及检查后得由检疫医官审查该船之卫生情形酌施左列两种办法

一　将该船蒸熏或施以其他除鼠昆虫等之处置后发给除鼠证明书

二　如检疫医官认为该船鼠类之繁殖已灭至最低度时得发给免予除鼠证明书

第六〇条　凡自疫区驶来之船只虽备有合格之除鼠证明书或免予除鼠证明书而检疫医官认该船为不清洁或该船之发航港曾发生鼠疫且载有可以引带鼠类之货物并其装载情形不能使检疫医官彻底检验时得使该船重行扫除清洁消毒蒸熏消毒蒸熏方法另定之

第六一条　未经蒸熏除鼠之船只不得开至干燥船坞

第六二条　凡在船上曾发现传染病人或死亡并未消毒之船只应遵照检疫医官之指示施以必要处置以防疫病之入境

第七章　尸体及物品之限制

第六三条　凡尸体应具有检疫医官或正式卫生官长所发之死亡证明书载明死因及死亡日期除经检疫医官认此项证明书为满意者外得将该尸体移至检疫所停留一月以上

第六四条　如航行时发现死人检疫医官疑为传染病致死时得将尸体及棺木移至检疫所扣留一月以上

第六五条　凡认为有传播传染病可能性之物品禽兽等项应禁止或限制其入口或施行检查扣留消毒及其他必要事项

第六六条　凡旧麻袋应附以消毒证明书该证明书应详细记载消毒方法由装载发航港之卫生长官签发

检疫医官认该项证明书为不满意时得令于起卸以前将该项麻袋依检疫医官之指示施行消毒以防传染

第八章　移　　民

第六七条　检疫所依政府命令得查验移民卫生状况

第六八条　奉有前条命令时移民应于出发以前受左列处置

一　检查身体

二　施行传染病预防之方法如种痘及霍乱之预防接种等

移民因受前项处置得令停留于监督机关所在地由检疫所施行之并由检疫医官发给证书注明检验后之结果及所施行之预防方法

第九章　附　　则

第六九条　应受检疫之船只人员违反本章程各条款时除法令别有规定外应依其情节处以百元以上千元以下之罚款

第七〇条　海港检疫旗号及服务人员之限制另行规定之

第七一条　本章程内规定应缴各费其详细项目及银数另定之

第七二条　本章程自呈准公布日施行如有未尽事宜得随时修改之

37

1930 年 6 月 28 日

海港检疫消毒蒸熏及征费规则

（中华民国十九年六月二十八日卫生部令第一二二号公布）

第一条　本规则内所有称消毒系指灭菌或灭其他传染病之媒介体而言消毒剂系指以药品或其他物质方法依法施于含有细菌或带有细菌或其

他传染病媒介体之物件而有消毒效力者而言

有效喷雾器系指一种器具附有压缩空气贮藏器及极细喷雾口（例如庭园喷水唧筒）者而言

第二条 本规则认许之消毒方法及消毒剂如左

一 消毒方法

甲 蒸汽消毒系将消毒之空器放尽后于每面积英寸一方寸至少有十磅气压以上之饱和蒸汽经时二十分钟

乙 以水煮沸经时三十分钟以上

丙 浸渍于合格之消毒药液内经一小时以上

丁 以合格之消毒药液饱和或完全继续浸淹经一小时以上

戊 用有效喷雾器严密喷射本条第二款甲丙所列之合格消毒药液于器物之表面上。

己 用湿润之蚁醛（Formal de hyde）气体热至华氏 75°以上施行蒸熏经六小时以上其用量为每一千立方尺之密闭空积内用一品脱（Pint）之百分之四十蚁醛（Formal de hyde）溶液或用八英两之叠蚁醛（Paraform）加一品脱（Pint）半之水此外尚可用蚁醛溶液过锰酸盐类之混合法其用量为每一千立方尺之空积用一品脱之百分之四十蚁醛（Formal de hyde）溶液加十英两之过锰酸钾用时于施行蒸熏之处须先充以水汽其法为一千立方尺之空积于蒸熏之先煮沸一品脱半之水使之蒸发蒸熏处之温度处在华氏寒暑表七十五度以上先将过锰酸钾置容器内再加蚁醛（Formal de hyde）此项容器应有相当容量以免溶液外洒所有上述各蒸熏法可用作表面消毒或密闭空积如客厅客舱旅客公用处及病房等之初步消毒凡宝贵物品不能用其他方法消毒致受损害时可亦施以上述各法又上述之法得以漂白粉代用之其用量为每一千立方尺之空积应用一磅又三分之一漂白粉（Bleeching Powder）加一品脱又十分之七百分之四十之蚁醛溶液

庚 所有客厅客舱旅客公用处便所浴室及其他封闭之空间于蒸熏时务须严密预先将一切之裂缝空洞通气孔墙炉门窗门等通气处严为封固墙地板挂件帷幕及椅等之表面须预先用洁净热水充分喷洒然后蒸熏；

二 消毒药液

甲 百分之一之煤溜油醇（Cresol）水溶液或乳剂（易与水混合并有十个以上困醇系数者）

乙 本款甲所载消毒剂之肥皂水液或乳剂并含有百分之三之软肥皂（钾肥皂）者

丙 以百分之四十之蚁醛溶液一份与净水十九份混合制成百分之二之蚁醛（Formal de hyde）

丁　新鲜含氯石灰（含百分之二十五以上之有效氯 Chlorine）之混合水剂临用时以含氯石灰六英两混合于一加伦之冷水而制成之

以上各种消毒剂于可能时均宜加热以供浸洗抹擦之用

第三条　船只之消毒方法如左

初步消毒方法用规定之蚁醛溶液蒸熏客厅客舱旅客公用处及其他能关闭之处其内部所有物件勿先移动

第四条　天花板墙壁及其他木制部分曾经油漆之金属器惟帘台披椅套及其他一切装具与不易以消毒剂到达或因洗刷而易损坏者均以规定之消毒液喷射经六小时后再曝露于空气六小时以上

第五条　舱及其他处所之地板及其易于到达之表面并木制皮制各部分箱笼家具装具交通用具及其他物品如玻璃瓷器银器装饰品刷梳等均以消毒液刷洗而不致损坏者应以消毒液或于可能时以肥皂消毒液洗刷之任其透湿至一小时以上

第六条　固定地面之地毡于原处以消毒液喷射之经一小时之后将其移至别处再以消毒液将两面喷射并曝露于空气十二小时以上然后清洁之

第七条　床架床柜及铁丝床垫应以规定肥皂消毒液或其乳剂抹洗之任其沾湿至一小时以上

第八条　容积较大之物件如床垫床枕头长被褥毛毡（包括牛马所用之毡）窗帘椅垫不固定之地毡席有色毛织品及其他同样之物件等于可能时应依第二条第一项（甲款）之规定以饱和蒸汽消毒之若无气压可用时凡污染之床垫应焚烧之如床垫系毛制者先以规定之消毒液湿透其外套然后拆开将毛浸在华氏一百五十度高之消毒液一小时以上其外套应焚烧或煮洗之

第九条　凡可洗之织品及其他能搬运及可洗之用具若无气压可用时可浸在规定之消毒液或于可能时浸于肥皂消毒液至一小时以上然后洗涤或洗涤并煮沸之。

第一〇条　凡以浸渍或蒸汽消毒易致损坏之织品及其他用具可罗列成行用规定之消毒液（非肥皂液）将两面充分喷射或以蚁醛蒸熏之但须注意其悬挂情形必使各处皆得薰透凡喷射或蒸熏之物件应于六小时后再曝露于空气六小时以上

第一一条　凡不烧弃之纸件散置之信函书籍丝织品丝制挂品精细织品女帽羽毛等应用蚁醛蒸熏六小时再曝露于空气六小时以上

第一二条　烂布及旧衣类污染衣服报纸及其他不贵重之物品应悉焚烧之

第一三条　所有参与消毒之职员应着能以水洗之套衣或能洗之布衣及帽

第一四条 凡登有疫或疑似有疫船只之职员应着能以水洗之外衣及帽

第一五条 凡检疫医官既登有疫船只或已被隔离而未依法消毒之有疫船只若不入隔离所而离开该船时应即将外衣解除浸于消毒液或放置于能以水洗而待消毒之布袋中并以规定之肥皂消毒液洗其身体之外露各部及靴鞋等

第一六条 一 凡患传染病后已入痊复期之人或经检疫医官认为有传播疫病可能之人须与其随身物品一并消毒

二 前项应受消毒之人须将身上之衣服尽行脱去即时消毒并以煤溜油醇肥皂（特别供盐水用）热液或以具有困醇系数十个之易于混合之煤溜油醇液乳剂（其浓度为煤溜油醇每英两加暖水两加伦）洗浴

其身体尤以头部面部头发及其他外露部分应用上述药剂涂擦起抹五分钟然后洗净再用干净毛巾抹干乃换着洁净衣服

三 头皮头发及须可以左列之蒸发性肥皂煤溜油醇液代用上述之消毒液蒸发性肥皂消毒液之成分如左

色林（Cyllin）或煤溜油醇类似药品（Similar Cresol Preparation）百分之一（1 percent）

软肥皂（Soft Soap）百分之二（2 percent）

醚（Ether）（1）百分之十二（12 percent ）

纯醇（Rectified Spirits）百分之七十（70 percent）

雨水（Rain Water）百分之十五（15 percent）

将肥皂溶于醇及醚再加消毒剂和匀封密此项液剂须多加于头发内而充分擦抹五分钟后用湿毛巾将胰沫抹去

四 前项药液及其发散之气均易燃烧用时勿近火

五 衣服及随身物件均须按本规则施行消毒

六 毛垫及其类似之物品经检疫医官认为必要时应焚烧之

第一七条 货物包裹经检疫医官认为已受传染但包裹内之物件无接触传染之虞时得施行外表消毒

外表消毒方法如左

1. 用湿蚁醛（Formal de hyde）依法蒸熏六小时并使每包均有药力达到

2. 以规定之消毒液充分喷洒于包裹表面之掩蔽部分

若检疫医官认为包裹内之货物亦有传染之危险时应依检疫医官之指示按各货之性质而施以适当之消毒方法

第一八条 旧衣等件经检疫医官认为有传染之可能时应施以相当之消毒

第一九条 凡应受检疫或驶自疫区或应受隔离之船只所载之信件印刷

品书籍新闻纸商业文件邮包等如检疫医官认为会与有疫人或有疫货物接触或有其他可以传播疫情之情形时得按照本规则之规定施行表面消毒

第二〇条 船只之蒸熏方法如左

船只空积之计算以每一百立方尺为一吨

在船只应行蒸熏以前船长应依检疫医官之指示准备以下各事项

卸货后货舱所遗之零碎物件均应扫除洁净以免鼠类藏匿其间所有空隙地方均应一律打开以便消毒气体等得以流通

一 封闭地方之除鼠办法

甲 以含有百分之三以上之氯化硫之混合气体充分蒸熏至少应经六小时如于可能时得用高压硫磺焰熏之蒸熏之际该地方原有之空气应抽去其一部分如用硫磺燃烧法蒸熏每一千立方尺应用硫磺三磅

乙 如用氢氰酸气体蒸熏至少应经两小时其每一千立方尺应用氰酸之量按下列办法规定之

子 如用硫酸和水加于氰化钠或氰化钾而发生气体时至少须用氰化钠五英两或氰化钾六英两又四分之一

丑 如用氯化氰之混合气体蒸熏时至少须用氰化钠四英两

寅 如用流质氰化气或 Cyclon B 时其所用分量须足发生二英两之氰酸气

卯 以特制器具燃烧煤焦煤或木炭而发生氯化炭气时所发之氯化炭气须继续含有百分之五

二 除昆虫及其他害虫办法

或用上述硫磺或氢氰酸气蒸熏法或以含有软肥皂色林煤油各百分之一水溶液或乳剂用拖帚或坚硬刷子洗擦或用力喷洒于曾被虱蚤臭虫及其他害虫等传染之地方

第二一条 关于海港检疫之各项征费均以国币计算

一 于日落以后日出以前船只之特别检查三十五元

二 在隔离所内隔离或监视中应需费用连同医药西餐每人每日六元用中餐者每人每日一元五角

三 物品由船运下并施消毒应征费用

甲种 用蒸汽消毒首次征费七元以后每次三元（以消毒时一炉所装物件为一次）

乙种 以他法消毒每件一元

四 棺材停留费每具

甲种 十二元

乙种 六元

　五　出口健康证明书七元

　六　医术检验种痘及发出口旅客之证书每人一元

　七　在就地诊验期内之诊验并给证明书每人五元或五元以下

　八　蒸熏及消毒

　甲　船员及旅客之入浴及其衣服行李之蒸汽消毒每人二元过五十人时每人一元五角每次起码须征费三十五元

　乙　船之货仓及散舱以蚁醛溶液（Formalin）或 SC_2CO_2 气体消毒按赖德氏登记簿（Lloyd's Register）所载之甲板下吨（Under-deckton）计算每吨四分此费包含趸船之往来牵曳费每次起码须征费七十元

　丙　仓库货栈医院监狱兵房等之消毒临时议定之

　丁　小房间或其他受传染之地方以蚁醛（Formaldehyde）或硫磺气或碳酸气消毒其体量不越一千立方尺者每间三元五角其体量过一千立方尺时每多一千立方尺加征一元不足一千立方尺者以一千立方尺论每次起码须征费十五元

　戊　房间或其他受传染地方以喷雾器消毒其体量不越一千立方尺者征费二元每多一千立方尺加征一元不足一千立方尺者以一千立方尺论每次起码须征费七元

　己　货物以蒸汽消毒每担二元其由趸船上往来运费及一切损失由货主自认之大宗货物得按吨计算其征费临时议定每次起码须征费三十五元

　庚　客舱职员住舱厨房伙食间或贮藏室消灭臭虫虱蟑螂及其他有害虫类每间三元五角客厅统舱及旅客公用处所等其体量每一千立方尺三元五角每加一千立方尺加征二元其不满一千立方尺者以一千立方尺论每次起码须征费十五元

　辛　凡停于口外之船只应另加拖船费二百元拖船以等候一日为限过一日者每日加征一百五十元不满一日者以一日论

　壬　凡小火轮及其同等之船只消毒其船员住舱时依吨数之多寡征费七元至三十五元

第二二条　本规则自公布日施行

38

1930 年 6 月 28 日

海港检疫标式旗帜及制服规则

（中华民国十九年六月二十八日卫生部令第一二三号公布）

第一条 海港检疫标式于黄底上作一红圈内画红十字一个嵌入海港检疫四黑字

第二条 海港检疫旗帜系将海港检疫之标式置于一黄旗之中央

第三条 海港检疫人员执行职务时应着左列之制服

甲 冬季 高级职员制服用藏青色毛织品下级职员用深黑色毛织品或棉织品均照海军式样用直领帽用藏青色材料制之并以海港检疫标式制成圆帽章图以嘉禾置之帽前

帽章高级职员用珐琅质下级职员用毛织品或棉织品

乙 夏季 高级职员制服用白色棉布或麻布其式样与夏季海军制服同帽用白色罩下级职员制服用哈叽布帽用草帽

第四条 职员等级于制服上表示之如左

所长 四条同样长短金色带置于袖上

一等检疫医官 三条同样长短金色带置于袖上

二等检疫医官 两条同样长短金色带置于袖上

三等检疫医官 一条同样长短金色带置于袖上

一等检疫助理员 三条同样长短银色带置于袖上

二等检疫助理员 二条同样长短银色带置于袖上

三等检验助理员 一条同样长短银色带置于袖上

一等检疫夫 三条同样长短红色带置于袖上

二等检疫夫 二条同样长短红色带置于袖上

三等检疫夫 一条同样长短红色带置于袖上

第五条 本规则自公布之日施行

39

1930 年 9 月 16 日

国民政府整理招商局暂行条例

（中华民国十九年九月十六日国民政府第五一五号训令公布）

第一条 国民政府为整理招商局以发展本国航业起见遵照二中全会决议特设委员会专任监督指导之责并设总管理处派专员一人负整理经管之责

第二条 左列事项由委员会议决行之

一　航业方针之决定

二　附属机关之废置

三　所属职员任免保障及服务规章之审定

四　资本之增减及股权之清理

五　预算决算之审定

六　债权债务之清理

七　盈余之支配

八　契约之订立及废除

九　产业之保管及整理

一〇　其他重要事项

第三条 委员会设委员九人由国民政府选派之并指派一人为委员长

第四条 总管理处由专员负责执行全局经营整理之一切事务

第五条 专员得随时列席委员会报告业务情形陈述意见

第六条 委员会设秘书处处理会务设总务稽核处专任审查总分局及时属各机关出入款项并汇办预算决算事宜设计委员会专任擘画本局一切兴革事宜及财政整理方法秘书长秘书稽核处长设计委员会委员及各职员均由委员会委用

第七条 总管理处设秘书室及各科处理局务秘书长秘书科长及各分局局长各附属机关主任由专员荐请委员会核委其余职员均由专员委派报告委员会备案

第八条　委员会因处理法律事件及备咨询之用得聘任顾问

第九条　总管理处关于航务会计及其他技术人员得聘任外国专家

第一〇条　委员会每半年应将本局业务情形经济状况及各项营业计划承报国府一次于必要时由国府派员检查之

第一一条　委员会组织章程议事规则总管理处及分局组织章程办事细则及会计检查规则另定之

第一二条　本条例如有未尽事宜得由委员会呈请国民政府修改之

第一三条　本条例自公布日施行

40

1930 年 11 月 11 日

海关巡舰巡轮在领海内检查华洋船只条例

（中华民国十九年财政部令关字第三三二八一号）

第一章　令船只在海上停驶候验办法

一　凡欲令船只在海上停驶听候检查时应按照下列规定分别轮船民船先行发出信号令其停驶

甲　关于轮船者

日间放短声汽笛三次长声汽笛一次以引起该应受检查船只之注意随即酌量情形用旗号通知该船（须用万国通例之旗号但遇有紧急情形及案情重大时得用双旗号）例如用 MN 旗号令其立即停驶用 KZ 旗号令其立即停泊俟该船遵令停驶或停泊后再用 SH 旗号问其开往何处及用 SI 旗号问其由何处来同时关轮须驶近候验之轮船并环绕该船行驶俾于必要时用话筒详细询问如得满意答复可即准其开行免予检验

夜间放短声汽笛三次长声汽笛一次并以探海灯向拟行检查之轮船周照一周后再用摩氏符号 Morse Code 通知该船令其停驶或停泊惟此项符号须叠用两三次俟该船遵令停驶或停泊后仍用摩氏符号替代旗号照日间停船办法询问该船一切但关轮驶近该船时务须格外审慎并宜常用探海灯射照

乙　关于民船者

日间放短声汽笛三次长声汽笛一次并于海关巡艇或巡舰前桅上升悬大红旗一面随向应受检查之民船审慎前驶迫驶至距离民船能保安全地点复用汽笛令其停驶候验

夜间放短声汽笛长声汽笛一次并得施放华利白光 Ulry lightr 一二次及用探海灯射照之唯关轮于深夜驶近民船时应十分注意从缓行驶否则必须开足马力围绕该船环行或作湾曲式之行驶

凡轮船或民船无论于日间或夜间如不遵令停驶应即予以追缉如仍抗令前进得施放空枪两声示警倘再不遵令停驶得再放空枪一声

二　前项船只如于施放空枪两声后仍不遵令停驶得实弹经过该船前方射击倘再无效如系轮船得向其船舵瞄准射击如系民船得向其船桅瞄准射击使其桅断帆落或击伤其他部分总以不危及船员生命为目的唯以民船船员之居处多在船尾如关员仅欲迫令该船停驶不得向其舵部射击以免危及船员生命

第二章　在海上检查船只办法

一　当船只已在海上遵令停驶听候检查时关轮应停在距离该船能保安全并能防止该船乘间逃逸之地点将机轮缓开并将枪械装妥置当以防不测之攻击

二　在候验船只及关轮按前条所述地点停驶候其停驶候验之船如系民船须由关员传唤该民船船主及管货人乘其自用舢板渡过关轮后再令武装巡缉乘划船前往该船施行检查如系轮船应令其船主将吊桥或绳梯放下以便武装巡缉登船查验海上巡缉乘划船前往民船施行检查时最好系在民船上风方面登船方保稳妥如在下风方面登船深恐民船上之水手伺隙将船帆倾覆划船上致遭沉没又海关划船于未靠拢民船以前关轮须驶至与划船靠拢民船同一方向之稍远地点停泊至少须预为装妥机关枪一架向民船瞄准以备随时施放迨海关巡缉渡过民船后并须令该船员齐集一处以武装逻缉二人监视之

三　如检查完竣该被查船只并无任何违法情事俟将海关划船挂回原处以后如所查之船只系为民船应即令该船船主及管货人回船并将检查情形如检查日期检查地点关轮名称及检查结果等详载该民船记录簿内然后放其行驶如系驶往中国口岸之轮船应将检查经过详载该轮船口单内然后放其行驶

四　如检查时发现所查船只上载有禁品或走私货物按其数量或价值认为应行扣留者应令武装巡缉留守船上如系轮船则得将该船押过至最近关卡如系民船即由关轮将该船拖往最近关卡以凭核办并将该船船主及管货人暂于关轮上拘留之

第三章　对付船只武力抵抗办法

一　凡船只为关轮追缉时如向关轮施放枪炮希图逃逸关轮得开枪还击至该船降服或沉没为止

二　如遇用武力抵抗之船只悬挂白旗或用他项方法表示降服时应仍照第二章规定之检查办法施行检查并得将该船全体水手或特别船员于必要时严加禁锢交付该管地方厅惩办

三　如遇船只被关轮击伤势将沉没时应设法将该船拖至安全地方并对于该船船员及搭客等之生命须竭力营救如有受伤者尤应妥为调护并送往医院诊治但被击船只虽势将沉没而船上水手或尚能有抵抗举动故仍须格外审慎以防不测之攻击。

四　如轮船已为海盗劫夺而由该海盗以武力抵抗时应立即用无线电通知该区内其他关轮及最近之关卡一面并须电就近各该地方政府（以出事地点离何处为近而定）请求协助但在援力未到以前仍当用全力制止船上任何人离船登岸必要时并得将驶近该船之民船或该船放下之舢板击沉之

五　凡船只用武力抵抗之案件均须将详细情形呈报该管税务司

41

1930 年 11 月 25 日

海商法施行法

（中华民国十九年十一月二十五日行政院公布）

第一条　海商事件发生在海商法施行以前者除本施行法有特别规定外不适用海商法

第二条　海商法第四条所规定之各项文书其格式由交通部定之

第三条　海商法第四条所规定之国籍证书在未能发给以前以交通部船舶执照代之

第四条　海商法第十一条及三十七条之规定在未能依法登记前不适用之

第五条　海商法第二十七条至第三十二条之规定其债权发生在海商法

施行以前者亦适用之

第六条　海商法第三十五条第三十六条及第三十八条之规定其抵押权设在海商法施行以前者亦适用之

第七条　海商法第一百一十三条至第一百二十条之规定其碰撞发生在海商法施行以前者亦适用之

第八条　海商法第一百六十三条至第一百六十九条及第一百七十三条之规定其委付之原因发生在海商法施行以后者虽保险契约成立在海商法施行以前亦适用之

第九条　本施行法自海商法施行之日施行

42

1930 年 12 月 4 日

船　舶　法

（中华民国十九年十二月四日国民政府第六六六号训令公布　二十年七月一日施行）

第一章　通　　则

第一条　本法所称船舶依海商法之规定

第二条　非中国船舶不得悬挂中华民国国旗

第三条　除有左列各款情形之一者外非中国船舶不得在中华民国港湾口岸停泊

一　法律有特别规定者

二　经中华民国政府许可者

三　为避难者

第四条　船舶非领有船舶国籍证书或船舶临时国籍证书不得航行但遇左列各款情事之一经主管航政官署许可者不在此限

一　试航时

二　丈量吨位时

三　有正当事由时

第五条　船舶非经领有船舶国籍证书或船舶临时国籍证书不得悬挂中华民国国旗但遇左列各款情事之一时不在此限

一　中华民国国庆日或纪念日

二　停泊外国港口时遇该国国庆日

三　除前两款外应表示庆祝或敬意时

四　举行进水仪式时

五　依前条之规定准其航行时

第六条　船舶应备具左列各款标志

一　船名

二　船籍港名

三　船舶登记吨数

四　吃水尺度

前项标志不得毁坏涂抹但为避免捕获起见者不在此限

标志事项因登记事项之变更而发生变更时应即行改正

第七条　船舶应备具左列各款文书

一　船舶国籍证书

二　船舶登记证书

三　船舶检查证书

四　船舶吨位证书

五　海员证书

六　海员名册

七　旅客名册

八　运送契约及关于装载货物之书类

九　属具目录

一〇　航海记事簿

第八条　船名由船舶所有人自定但不得与同一船籍港口之他船名相同或字音相混

第二章　船舶检查

第九条　船舶应于初次航行未开始时航行期间届满时及航行期间内遇必要时施行检查

初次航行未开始时及航行期间届满时之检查由船舶所有人声请船舶所在地之主管航政官署施行之航行期间内之检查由船舶所在地之主管航政官署依职权施行之

第一〇条　已受检查之船舶航行期间轮船以三个月以上一年以内为限航船以六个月以上三年以内为限逾限非重经检查合格不得航行其在航程中限满者应于限满后最初到达之港声请该港之主管航政官署施行检查

第一一条　船舶检查由主管航政官署委派检查员于船舶所在地施行之交通部认为必要时得不依前项之规定特派检查员施行之

第一二条　检查员依照船舶检查章程之规定施行检查后认为合格时应将指定航路搭载人额汽压限制及航行期间分别开列呈请主管航政官署给予船舶检查证书

第一三条　主管航政官署得随时委派检查员到船查验如认为有不合法令规定情形或航行上易生危险或障碍急需检查时得令其暂时停止航行

第一四条　船长发现船舶之船身不固或属具不完备或其他事由足致航行上易生危险或障碍时应声请所在港或发现后最初到达港之主管航政官署施行检查

第一五条　船舶所有人对检查之结果如有不服时得声叙事由呈请交通部特派检查员施行再检查在再检查未决定以前不得变更船舶之原状

第一六条　中国人民所租用在中国各港间或中国与外国间航行之外国船舶依交通部命令之规定施行检查

第一七条　外国船舶自中国港载客货出发者应由船长向该港之主管航政官署呈验该船舶之检查证书如经验明该证书有效期间已届满时应由该官署施行检查

第一八条　前二条所定之船舶经检查合格发给证书后方得航行

第三章　船舶丈量

第一九条　船舶应于请领国籍证书前由船舶所有人向船舶所在地之主管航政官署声请丈量

第二〇条　船舶如系在外国制造或取得者应于最初到达之中国港依前条之规定声请丈量

第二一条　业经登记之船舶遇船身式样或容积有变更或察觉吨位计算有错误时船舶所有人应于变更完毕或发觉之日起一个月以内依第十九条之规定重行声请丈量其由主管航政官署发觉者应由该官署依职权重行丈量

第二二条　外国船舶由中国港载运客货出发者应由船长向该港之主管航政官署呈验该船舶之吨位证书除该国丈量程式与中国丈量程式相同或互相承认者外应由该官署施行丈量

第二三条　船舶丈量后应由主管航政官署发给或换给船舶吨位证书

第四章　船舶国籍证书

第二四条　船舶所有人应于领得船舶检查证书及船舶吨位证书后自行认定船籍港依船舶登记法之规定为所有权之登记

第二五条　船舶依前条之规定登记后主管航政官署除依船舶登记法之规定发给登记证书外应呈请交通部发给船舶国籍证书

第二六条　船舶国籍证书如遇遗失破损或登记事项变更时船舶所有人应自发觉之日起三十日内向船籍港之主管航政官署声请补发或换发

第二七条　船舶在船籍港以外之中国港或外国港停泊中发生前条情事时该船舶之船长应向该港之主管航政官署或中国领事馆声请发给船舶临时国籍证书

在航行中发生前条情事时该船舶之船长等向到达港之主管政官署或中国领事馆为前项之声请

第二八条　遇前条情事船舶所有人应于该船舶到达船籍港后十日内向主管航政官署缴销船舶临时国籍证书换领船舶国籍证书

第二九条　业经登记之船舶如遇灭失沉没或被捕或丧失国籍时船舶所有人应自发觉之日起三十日内向船籍港之主管航政官署声请注销登记除船舶国籍证书确经遗失者外并应缴还证书船舶失踪经六个月尚无着落者亦同

遇前项情事逾期不声请注销登记及缴还证书者该主管航政官署得定一个月以内之期限催令注销及缴还逾期仍不遵照办理而无正当理由者得依职权注销之并注销其证书

第三〇条　在中国甲港或外国港取得船舶而认定中国乙港为船籍港者应向船舶所在港之主管航政官署或中国领事馆声请发给船舶临时国籍证书俟到达船籍港后依第二十四条之规定声请登记并缴销船舶临时国籍证书

第三一条　船舶临时国籍证书之有效期间在国外发给者不得超过一年在国内发给者不得超过六个月但遇不得已事故时限满得声请展限

第三二条　船舶临时国籍证书之有效期间无论已否届满一经到达船籍港即失其效力

第五章　罚　　则

第三三条　违反第三条之规定者处船长二千元以下之罚金其情节重大者并得没收其船舶及所载货物

第三四条　希图假冒国籍违反第二条之规定者处船长一千元以下之罚金其情节重大者并得没收其船舶

第三五条　以虚伪事实声请登记检查或丈量因而取得船舶国籍证书船

舶登记证书船舶检查证书或船舶吨位证书者处一年以下有期徒刑或一千元以下之罚金

第三六条　违反第四条或第五条之规定者处船长五百元以下之罚金

第三七条　违反第六条之规定者处船舶所有人五百元以下之罚金

第三八条　违反第二十六条或第二十七条之规定者处五百元以下罚金

第三九条　有左列各款行为之一者处船长一千元以下之罚金

一　船舶未经领有船舶检查证书而航行者

二　无故不遵守指定之航路或航行期间或超过气压限制者

三　拒绝检查员之临时查验或违背停止航行之命令者

四　违反第十八条之规定者

第四〇条　有左列各款行为之一者处船长五百元以下之罚金

一　违反第七条之规定者

二　船舶未将属具整备完妥而航行者

三　所载旅客超过限定人额者

第四一条　本法关于船长之罚则于代理船长或执行船长职务者准用之

第六章　附　　则

第四二条　船舶检查章程船舶丈量章程及船舶国籍证书章程由交通部定之

第四三条　本法施行日期以命令定之

43

1930 年 12 月 5 日

船舶登记法

（中华民国十九年十二月五日国民政府第六六八号训令公布）

第一章　总　　则

第一条　本法所称船舶依海商法之规定

第二条　船舶登记由船籍港主管航政官署行之

第三条　船舶关于左列权利之保存设定移转变更限制处分或消灭均应登记

一　所有权

二　抵押权

三　租赁权

第四条　船舶应行登记之事项经登记不得对抗第三人

第五条　登记应由登记权利人及登记义务人或其代理人共同向主管航政官署声请之

由代理人声请登记时应提出本人签名之授权书

第六条　因判决确定或继承遗产之登记应取具证明文件由登记权利人一方声请之

第七条　官署或自治团体为登记权利人时由登记权利人取具登记义务人之承诺字据或他项证据声请登记

第八条　官署或自治团体为登记义务人时登记权利人取具该官署或自治团体证明登记原因之文件得声请登记

第九条　因官署或自治区体执行拍卖或公卖处分为所有权移转之登记时登记权利人取具该官署或自治团体证明登记原因之文据得声请登记

第一〇条　声请登记应呈送左列文件

一　声请书

二　证明登记原因之文件

三　曾经登记者其登记证明书

四　登记原因与第三人有关系者其证明文件

五　登记义务人之权利登记证明文件

证明登记原因之文件如系有执行力之判决时无须提出前项第四款及第五款之文件

第一一条　声请书应开具左列事项由声请人签名

一　船舶种类名称及其载量

二　船籍港

三　登记原因及其年月日

四　登记之目的

五　证明登记原因文件之件数

六　登记费之数额

七　登记之官署

八　声请之年月日

九　声请人之姓名籍贯住所职业声请人如为法人时其名称及事务所

一〇　有船舶经理人时其经理人之姓名籍贯住所

一一　由代理人声请时代理人之姓名籍贯住所职业

第一二条　登记声请书应由主管航政官署照定式印刷发行

第一三条　登记原因附有特约者应于声请书内一并叙明

第一四条　登记权利人不止一人时声请书内应载明各人应有部分

第一五条　登记原因本无文据或虽有而不能提出者应于声请书内叙明事由取具保证书并添具声请书副本前项保证书应叙明声请人确无假冒及原文件不能呈出之实情由二人以上之保证人签名其保证人以在同一船籍港区域内已有船舶所有权登记之成年人为限

第一六条　声请登记须附呈第三人承诺之字据者应由第三者人于声请书内签名

第一七条　数船舶同时登记如其登记原因及登记目的均属相同者得于同一声请书声请登记

第一八条　关于登记义务人之权利登记证明文件灭失时应于声请书内叙明其事由并由登记义务人取具保证书二份连同声请书一并呈送

第一九条　声请登记遇有左列情形之一者应予驳回但经声请人遵令依限补正时仍应依原次序登记之

一　声请事件不在管辖之内者

二　声请事件不在应行登记之列者

三　当事人不遵命亲到受询问或代理人权限不明者

四　声请书不合程式者

五　声请书所载当事人船舶或权利之标示或关于登记原因之事项与登记簿或证明登记原因之文件不符者

六　声请时必要之文件未备者

七　未缴纳登记费者

第二○条　主管航政官署登记完毕应即发给登记证明书于声请人

登记证明书应记载左列各款及登记完毕字样并钤用主管航政官署印

一　登记人姓名住所

二　登记号数

三　收件年月日及号数

四　船舶之标号

五　船籍港

六　登记原因及其年月日

七　登记目的

八　权利先后栏数

九　登记年月日

第二一条　由登记权利人一方声请登记时主管航政官署登记完毕应即用登记通知书通知登记义务人

第二二条　登记员登记完毕后发现登记有错误或遗漏时应速通知登记权利人及登记义务人

第二三条　因左列情形之一未能正式登记者得为暂时登记

一　未具备声请登记程序上必要之条件时

二　预为保留以船舶权利之设定移转变更或消灭为目的之请求权时

三　请求权附有期限或条件或有将来始行确定之情形者亦同

第二四条　暂时登记得由登记权利人取具登记义务人之承诺字据声请之不能取具承诺字据者应声明事由并提出证明登记原因之文件

第二五条　登记人之姓名名称住所或籍贯等有变更时应取具证明文件连同声请书声请附记登记

第二六条　权利变更之登记与第三人有利害关系时应添具第三人承诺之字据连同声请书声请附记登记

第二七条　声请更正登记与第三人有利害关系时准用前条之规定

第二八条　主管航政官署受理设定抵押权租赁权或权利变更之声请时除分别登记外应于所有权登记证明书上注明之

第二九条　登记簿一部或全部灭失时应由和管航政官署呈请交通部酌定三个月以上之期限由主管航政官署公告登记权利人为回复登记之声请依限声请者仍保持其原有之登记次序

第三○条　为前条回复登记之声请时得仅由登记权利人检具原登记证明书声请之

第三一条　同一船舶有二个以上之同种权利登记者其权利先后除法令别有规定外以登记之先后为准登记之先后在登记用纸中为同部者以权利先后栏为准为异部者以收件号数为准

第三二条　已为暂时登记者其正式登记之次序应依暂时登记之次序但在正式登记以前其暂时登记不发生登记之效力

第三三条　附记登记之次序应依主登记之次序但附记登记间之次序应依其登记之先后

第二章　所有权登记程序

第三四条　初次声请登记所有权者应取具证明其为所有人之文据但声请书无须填具第十条第二款至第五款所列之事项

第三五条　初次声请登记所有权者应取具主管航政官署所给之船舶吨位证书及船舶检查证书连同声请书一并呈送

其在本国制造之船舶如有抵押权者应取具船舶制造地主管航政官署所给之登记抵押权证明文件连同声请书一并呈送

第三六条　声请登记所有权时登记权利人之国籍有疑义者应出具切结声明确无冒认中华民国国籍情事连同声请书一并呈送

第三七条　初次声请登记所有权时应记载左列各款于声请书船舶标示栏内

一　船舶之种类及名称

二　取得国籍之年月日但在本国制造者不在此限

三　船货

四　总吨数或担数

五　登记吨数或担数

六　进水之年月日

七　汽机之种类及其数目

八　推进器之种类及其数目

如是帆船除载明前项第一款至第六款外应载明帆桅数目

第三八条　声请登记所有权时登记权利人如为法人应将法人成立之登记凭证或其影本连同声请书一并呈送

第三九条　初次声请登记所有权时如其船舶为二人以上共有者声请书内应载明各人之应有部分及船舶经理人姓名住所

登记后船舶所有人如将其所有权之一部分移转于他人时准用前项之规定

第四○条　第三十七条所载各款或船籍港或船舶经理人有变更时均应检具所有权登记证明书声请附记登记

前项情形如该船舶已登记有抵押权或租赁权时应取具该登记权利人之承诺字据连同声请书一并呈送

第四一条　主管航政官署受理前条声请时除为附记登记外应于所有权登记证书上注明之

第四二条　因变更船籍港而声请登记时应出具旧船籍港主管航政官署所给之登记簿誊本连同声请书一并呈送

第四三条　船舶经理人变更之登记由原登记人声请之

第四四条　船舶经理人之姓名住所或籍贯变更之登记应取具证明文件自行声请之

第四五条　所有权移转之登记如共有关系因而消灭时应注销船舶经理人之登记

第四六条　有左列情事之一时所有权之登记人应声明事由检具证明文件声请注销登记

一　船舶灭失或沉没时

二　船身拆散时

三　船舶踪迹不明经过六个月时

四　船舶丧失中华民国国籍时

第三章　抵押权及租赁权登记程序

第四七条　因抵押权之设定而声请登记者声请书内应记明债权数额其订有清偿时及利息或附带条件或其他特约者均应一并记明

第四八条　因抵押权之设定而声请登记者如已有抵押权之登记在前时声请书内应声明其已登记之抵押权

第四九条　因抵押权之设定而声请登记者如设定人非为债务人时声请书内应载明债务人之姓名年龄籍贯住所

第五〇条　因抵押权之设定而声请登记者如所担保之债权非金钱债权时声请书内应声明债权之估价

第五一条　以数船舶共同担保债权而声请登记者应另具共同担保目录将各船舶分任担保之部分详细列明由申请人签名

共同担保目录如有数页每页骑缝处均应签名申请人不止一人时得由一人为之

第五二条　因抵押权之移转而声请登记者如其移转系因一部债权之让与或代为清偿时声请书内应声明其让与或代为清偿之债类

第五三条　登记制造中船舶之抵押权应记载左列各款于声明书向制造地主管航政官署声请之

一　船舶之种类

二　龙骨之长度如系以担数表示容量者应载其船舶长度

三　计划之宽度及深度

四　计划之容量

五　制造地

六　造船者之姓名住所如造船者为法人时其名称及事务所

七　登记原因及其年月日

八　登记之目的

九　登记之官署

一〇　声请之年月日

一一　声请人姓名年龄籍贯住所如系法人时其名称及事务所

一二　由代理人声请时代理人之姓名年龄籍贯住所

关于前项第一款至第六款应附呈造船者所给之凭证

第五四条　因租赁权之设定而声请登记时声请书内应载明租金数额其定有存续期间或付租时期或许可转租或其他之特约者均应载明因转租而声请登记者如其转租之许可未经登记时声请书内除前项所列事项外并应加具原出租人之承诺字据

第五五条　为登记所有权之船舶如在制造中已有抵押权之登记者其船籍港不属于登记抵押权之主管航政官署管辖时声请书内应附具登记抵押权之影本及登记抵押权利人之承诺字据

第五六条　船长依据海商法第五十四条规定设定抵押权而声请登记者在国内以当地主管航政官署为登记官署在国外以最近之中国领事官署为登记官署

第五七条　船长为前条声请时应于其声请书内载明设定抵押权之事由如有证明代理权之文件时应一并呈送

主管航政官署于登记完毕后应将证明代理权之文件发还

第四章　注销登记程序

第五八条　登记权利遇有第四十六条第一款至第三款情形而登记义务人死亡时由登记权利人声请注销登记但应加具登记义务人之死亡证明书

第五九条　登记权利人因登记义务人踪迹不明不能共同为注销登记之声请时登记权利人得声请该船籍港之主管航政官署酌定相当期间公告之公告期满后得仅有登记权利人申请注销登记

第六〇条　注销暂时登记由暂时登记人声请之但利害关系人加具暂时登记人之承诺书或其他证明书者亦得声请之

第六一条　注销登记于第三人有利害关系时声请人应加具第三人之承诺书或其他证明书

第五章　登记费

第六二条　声请船舶登记时应依左列各款分别缴纳登记费

一　因遗产继承取得所有权者船舶加之千分之二但非配偶或直系亲属继承者千分之三

二　因赠与及其他无偿名义取得所有权者船舶价值千分之十但公益事业因捐助而取得者千分之二

三　因前二款以外之原因取得所有权者船舶价值千分之四

四　为所有权之保存者或共有船舶之分割者船舶价值千分之一

五　取得抵押权者债权金额千分之二

六　租赁权存续期间未满十年者船舶价值千分之一存续期间十年以上者

船舶价值千分之二存续期间无定者船舶价值千分之一因租赁权转租而登记者
其已经过之期间应自存续期间中扣除以其余期视为存续期间计算登记费

七　暂时登记每件国币一元

八　附记登记每件国币五角

九　更正登记每件国币五角

一〇　注销登记每件国币五角

一一　回复注销之登记每件国币五角

第六三条　声请移转或注销船籍港时应依左列各款分别缴纳登记费

一　转籍每十吨一角

二　销籍每十吨五分

前项吨数依总吨数计算不足十吨以十吨记

以担数表示容量者每百担以十吨记

第六章　附　　则

第六四条　声请人或利害关系人对于处理登记之主管航政官署认为有
违法或不当之处分时得依法提起诉愿或行政诉讼

第六五条　声请给予登记簿誊本或节本者应缴纳抄录费其声请邮寄者
并应缴纳邮费

第六六条　声请阅览登记簿或其附属文件者应缴纳阅览费

第六七条　本法施行细则由交通部定之

第六八条　本法施行日期及其区域以命令定之

44

1930 年 12 月 15 日

交通部航政局组织法

（中华民国十九年十二月十五日国民政府第六八六号
训令修正公布）

第一条　交通部为处理航政事宜,设置航政局。

第二条　航政局直属于交通部,其设置处所及管辖区域,由行政院定之。

第三条 左列船舶航政事宜,由航政局处理之。但总吨数不及二百吨,容量不及二千担之船舶,不在此限。

一、航行海洋者。

二、航行二省以上者。

第四条 航政局左列二科:

一、第一科。

二、第二科。

第五条 航政局第一科之职掌如左:

一、关于机要及考绩事项。

二、关于收发文件及保管案卷事项。

三、关于公布局令事项。

四、关于典守印信事项。

五、关于本局经费之预算决算及出纳事项。

六、关于编制统计报告事项。

七、关于本局庶务事项。

八、其他不属于第二科事项。

第六条 航政局第二科之职掌如左:

一、关于船舶之检验及丈量事项。

二、关于载线标识事项。

三、关于船舶之登记及发给牌照事项。

四、关于船员及引水人之考核监督事项。

五、关于造船事项。

六、关于航路之疏浚事项。

七、关于航路标识之监督事项。

八、关于船舶出入查验证之核发事项。

第七条 航政局设局长一人,承交通部之命,督率所属职员,处理局务。

第八条 航政局各科设科长一人,承局长之命,督率所属职员,分掌各该科事务。

第九条 航政局设技术员四人至八人,承局长之命,办理技术事务。

第十条 航政局设科员八人至十二人,承局长之命,办理各科事务。

第十一条 航政局局长简任或荐任,科长技术员荐任或委任,科员委任。

第十二条 航政局因事务之必要,得酌用雇员。

第十三条 航政局办事细则,由交通部定之。

第十四条 本法自公布日施行。

45

1931 年 2 月 21 日

修正交通部组织部法第十二条条文

（中华民国二十年二月二十一日国民政府训令第一〇五号修正公布同日施行）

第一二条　交通部政务次长常务次长辅助部长处理部务

46

1931 年 3 月 5 日

引水人考试条例

（中华民国二十年三月五日考试院公布即日施行）

第一条　非依本条例之规定领有考试院引水执照者不得为引水人

第二条　应引水人考试者须具有左列资格

一　中华民国人民

二　在专门学校修航海之学得有证书者

三　曾在指定引水区域内历练服务有成绩者

四　品行端正身体健全无不良嗜好者

第三条　前条第一款之规定于本条例施行日起二年以后实行之

第四条　考试日期由考试院定之

第五条　引水人考试科目如左

甲　必试科目

一　航海避碰章程

二　检计罗盘差法

三　海图上记载及船舶放洋画线计程

四　国际航船各种信号

五　行驶引水区域内之各处水道深度灯法浮标锚位码头所在地及本区内之特定航船章程

六　引水区域内之潮汐

乙　选试科目

一　天文驾驶

二　轮船制造要旨

三　翟武洛罗经用法

四　水道测绘术

五　海上气象观测

以上选试科目任选一种

第六条　前条之考试科目以笔试口试分别行之

第七条　引水执照每两年应依体格及目力之检定换发一次

第八条　引水人考试之典试规程由考试院定之

第九条　本条例自公布日施行

47

1931 年 3 月 7 日

河海航行员考试条例

（中华民国二十年三月七日考试院公布同日施行）

第一条　凡未经考试院考试及格得有证书者不得为中国河海航行员

第二条　前条规定除海军军船职员外于其他官商船舶均适用之

第三条　凡中华民国人民有河海航行经历二年以上而身体目力健全者得依本条例之规定请求考试

第四条　河海航行员分特等船长船长大副二副三副五级其考试科目应按其业务分外国远洋本国近海及本国江河三类

一　外国远洋航行员考试分特等船长船长大副二副三副五种

二　本国近海航行员考试分船长大副二副三种

三　本国江河航行员考试分船长大副二副三种

第五条　应特等船长之考试以得有远洋船长执照者为限

第六条　考试科目分必试科目与选试科目两种

前项必试科目分笔试口试两种

第七条　必试不及格者不得与选试

第八条　外国远洋航行员考试科目如左

甲　特等船长必试科目

笔试

磁力学　水力学　静力学　船舶建造

口试

各种信号　航行仪器原理

选试

任何外国文

乙　船长必试科目

笔试

对数　平面及球面三角　各种驾驶法原理及其用法　日程计算　以日月星辰高度测算经度之方法　罗经差之计算（用表法及用天象测算法）　以日月星□之双高度求船之地位　绘制海图及其使用法　作文（中文英文）

口试

万国航海避碰章程（背诵及意义之解释）　各种信号使用法　船之构造　海上救护事项　海上实验　海商法　船舶磁力　船运事宜

选试

任何外国文

丙　大副必试科目

笔试

对数　平面及球面三角　平行驾驶法　中纬驾驶法　麦开脱驾驶法　大图及混合驾驶法　日程计算　以日星之高度求经度之方法　以月星子午线高度求纬度之方法　罗经差之计算（用表或天象测量法）　船表差度之计算　以日星之双高度定船之地位　海图使用法　作文（中英文）

口试

避碰章程（背诵及意义之解释）　各种信号使用法　船舶构造大要　海

上救护事项　货物装载法　船身之浮泛及其稳妥之原理　抛锚之方法　海商法概要　海上实验　航行仪器

丁　二副必试科目

笔试

对数　平面三角　日程计算　平面驾驶法　平行驾驶法　中纬驾驶法　麦开脱驾驶法　经度测量法　船表经度计算法　罗经差度计算法　用子午线高度求纬度之方法　海图使用法　测量水深校正法　作文(中文英文)

口试

避碰章程(背诵及意义之解释)　各种信号使用法　万国旗号　船之构造大要　海上救护事项　航海各项实验　航行工具之使用

戊　三副必试科目

笔试

算术　对数　平面三角　日程计算　麦开脱驾驶法　天文定义　驾驶定义　海图使用法　罗经差求法(用表)　作文(中文)

口试

避碰章程　救护事项　一切信号　海上实验　航海仪器使用法

第九条　应本国近海航行员之考试适用外国远洋航行员低一级之考试科目

第一〇条　本国江河航行员考试科目如左

甲　船长必试科目

笔试

对数　平面驾驶　日程计算　罗经差求法　海图使用法　测深校差　作文(中文英文)

口试

避碰章程　信号　万国旗号　救生艇工作　抛锚工作　潮汐　海上实验　船舶构造　船舶机器概要

乙　大副必试科目

笔试

对数　平面三角　平面驾驶　罗经差求法　海图使用法　测深校差　作文(中文)

口试

避碰章程　信号　万国旗号　救生艇驾驶　抛锚一切工作　货物装载　船中实验　船舶构造大意

丙　二副必试科目

笔试

对数　平面三角　罗经差求法　海图使用　测深校差　作文(中文)
口试

避碰章程　信号　万国旗号　救生艇工作　船中实验

第一一条　河海航行员考试之典试规程由考试院定之

第一二条　本条例自公布日施行

48

1931 年 4 月 3 日

民船船员工会组织规则

(中华民国二十年四月三日行政院第一四八九号训令
公布同日施行)

第一条　民船船员工会以谋智识技能及公共福利之增进为目的

第二条　凡以橹棹帆篷等为主要运转方法之民船其服务之员工集合一
百人以上得组织民船船员工会

第三条　民船船员工会主管官署为所在地之省市县政府最高监督机关
为交通部

第四条　在同一区域之民船船员只得组织一个民船船员工会

第五条　民船船员工会以民船之登记管辖区域为组织区域在登记管辖
区域未确定之地以县市为组织区域

第六条　凡航行两个以上之县市间之民船船员欲加入工会时须加入该
船业主住所或居所所在县市之民船船员工会

第七条　民船船员工会得于县市各乡镇设立民船船员工会分事务所

第八条　民船船员工会分事务所须有一工会会员四十人以上始得组织

第九条　民船船员工会须冠以所在县市之名称其所属之分事务所须冠
以该乡镇之名称

第一〇条　民船船员工会除遵照本规则外应备用工会法及工会法施行
法各条之规定

第一一条　本规则施行前已成立之民船船员工会须于本规则施行后两

个月内依本规则改组之

第一二条　本规则施行前在同一区域已有两个以上之民船船员工会自本规则施行之日起两个月内须行合并

第一三条　本规则自公布日施行

49

1931 年 4 月 3 日

海员工会组织规则

（中华民国二十年四月三日行政院第一四八九号训令
公布同日施行）

第一条　海员工会增进智识技能发展航运利益维持改善劳务条件及生活为目的

第二条　凡服务于以机器运转在海上航行或在与海相通之水上航行商船之海员集合一百人以上得组织海员工会

第三条　凡前条所称商船服务之海员除左列各款者外均得为海员工会会员

一　船长代理船长大二三副

二　轮机长大二三管轮

三　无线电员

四　医师

五　引水人

六　其他业务人员

第四条　海员工会主管官署为所在地之省市县政府最高监督机关为交通部

第五条　凡航行于二个以上港埠之商船其海员应加入该商船登记港埠之海员工会

第六条　海员工会须设立于港埠或航业繁盛处所在同一地点只准设立一个海员工会

第七条　海员工会得以商船为单位设立海员工会分事务所同一商船只准设立海员工会分事务所

第八条　海员工会须冠以所在地之名称其所属之分事务所须冠以该商船或该公司该轮局之名称

第九条　海员工会之任务除遵照工会法第十五条之规定外须注意左列事项

一　航海智识技能之增进

二　航海危害之预防及救济

三　客货载运之便捷

四　旅客待遇之改善

五　海员保险之促进

六　其他关于航政航业之建议及咨询

第一〇条　海员工会会员及职工除遵照工会法第二十七条之规定外并不得有左列各项行为

一　封锁或扣留船舶

二　航行中之罢工怠工

三　妨碍船舶之航行

四　擅取或毁损船货或工具

五　加害于船舶业主或海员

六　帮别斗争

七　勒索旅客

第一一条　海员工会除遵照本规则外应准用工会法及工会法施行法各条之规定

第一二条　本规则施行前已成立之海员工会须于本规则施行后两个月内依本规则改组之

第一三条　在本规则施行前如于同一地点已有两个以上之海员工会时自本规则施行之日起两个月内须行合并

第一四条　本规则自公布日施行

50

1931 年 4 月 17 日

航业公会组织规则

（中华民国二十年四月十七日交通部公布　同年八月
十五日行政院第四〇一二号训令撤销）

第一条　航业公会以发展航运增进同业利益为宗旨

第二条　航业公会须由左列公司行号七家以上之发起组织之

一、经营船舶运输业者

二、经营船舶租贷业者

三、经营船舶制造业者

凡前项各款公司行号皆得为航业公会会员

第三条　航业公会须于航业繁盛之港埠设立之但在同一港埠只准设立一会

第四条　航业公会之设应拟具会章开列会员名册呈请交通部立案

前项会章应载明左列事项

一、名称及所在港埠

二、组织及职员之选任

三、职员名额

四、关于会议之规定

五、关于入会出会及除名之规定

六、关于费用之规定

七、关于会员违背会章之处分方法

八、存立期间

第五条　航业公会应冠以所在港埠之名称

第六条　航业公会图记由交通部刊发于呈请立案时随缴刊费国币四元

第七条　航业公会置委员七人至十五人均由会员大会投票选举

前项当选各员履历应呈送交通部备案

第八条　航业公会会务如左

一、关于办理同业公益事项

二、关于研究改良发达航业事项

三、关于编制航业调查报告事项

四、关于调解航业争议事项

五、关于监督官署委办事项

第九条　航业公会应于每年召集常会前一个月编造会员名册呈送交通部备案

第十条　航业公会每届六个月应将办理会务情形及收支账目呈报交通部备案

第十一条　航业公会有违背本规则或防害公益时交通部得写左列各款之处分

一、取消议决事项

二、解免职员职务

三、解散

第十二条　航业公会得由会员公决自行解散于解散时应声叙理由呈请交通部备案

第十三条　十六年十二月十四日公布之交通部航业公会章程自本规则公布日废止之

已成立之航业公会应依本规则之规定重行改组

第十四条　本规则自公布日施行

51

1931 年 5 月 1 日

军队乘船装运危险物品规则

（中华民国二十年五月一日军政部支字第八〇〇号公布）

第一条　军队乘船装运危险品每因处理不当发生意外兹为防范起见特订定本规则遵守之

本规则所称危险物品系指各种火药枪弹炮弹炸弹毒气及各种火具而言

第二条　运输危险物品在上船之前须由运输部队（机关）最高主任长官指派押运专员携带军用运输执照或证明书送经船主验明指定适宜舱位方可装载

第三条　存放危险物品之货舱附近除船员外无论何项旅客不准擅入以免发生意外

第四条　装运危险物品之货舱不得与机器房及厨房临近以免震动爆烈

第五条　凡性质不同之危险物品不得用同一舱位装载一切容易引火或爆发物品不得接近且须与普通商货隔离

第六条　危险物品之装卸处理务须稳妥安全迅速完竣并不得有抛掷辗转等情事

第七条　存放危险物品之舱门应日夜落锁门外之四周由押运专员不时巡视并派士兵输流守卫以防疏虞

第八条　押运员与护送兵不准吸烟饮酒滋事担任守卫之士兵并不准随意坐卧及擅自离开情事

第九条　押运官兵对于开船停船应受船员之调度不准妄加干涉尤不准有凌辱船员之举动

第一○条　押运官兵除指定人数及物品外如有包揽搭客及夹带货物情事并有违反本条例之规定者准由船主报告就近最高军事机关先行处置后呈报军政部核办

第一一条　本规则如有未尽事宜得呈请修正之

第一二条　本规则自公布日施行

52

1931年5月2日

轮船注册给照章程

（中华民国二十年五月二日交通部修正公布同日施行
原公布及修正日期十六年七月二十七日公布　十八年二月七
日修正）

第一条　凡营业之轮船无论官厅或公司或个人所有均须遵照本章程呈请交通部核准注册给照

凡营业之渔轮及夹板杭船等适用本章程之规定

第二条 凡轮船及渔轮夹板杭船等非经交通部注册不得航行

第三条 凡轮船及渔轮夹板船等行驶航线由交通部分别江海内港各项于执照内指定之各航商将部照赴海关呈验后按照指定之航线行驶并遵照各海关理船厅现行章程办理船舶执照应常置船上以备查验

第四条 凡经注册给照之轮船及渔轮夹板船等由交通部行知航线内地方官署随时保护之

第五条 凡呈请注册给照时应呈报之事项如左

一　船舶使用者之姓名或其机关

二　船舶种类及其名称

三　船舶总吨数及净吨数

四　船舶长度及吃水尺寸

五　船舶质料及甲板层数

六　机器种类及其数目

七　机器马力及行驶速率

八　推进器之种类及其数目

九　航线图说

一〇　航线起讫及经过处

一一　船舶购置或租赁及其价值

一二　船舶建造年月日造船厂名及地点

一三　管船员之姓名资格

轮船及渔轮初次呈请注册给照时应检同所有权证明文件及丈量检验执照一并呈验但夹板船得免验丈量及检验执照

渔轮呈请注册给照时除依前二项之规定外并应呈验实业部发给之渔业执照船舶呈报行驶内河航线每船不得过三条应由同一处所起点经过地点须依次顺列不得绕越凌乱夹板船减报机器种类及数目机器马力推进器种类及数目造船厂名及地点

第六条 船舶执照得直接请领或呈由地方官署及主管航政官署转呈请领

第七条 如在同一航线内其轮船或渔轮夹板船等名称不得与领照在先之同类船舶名称相同

第八条 凡船舶事业系公司经营者除所有航线及船舶依照第三条及第五条呈请注册给照外关于公司之组织须依法令呈由主管官署注册并应将左列各款呈报交通部备案

一　公司名称及其种类

二　公司合同及一切章程

三　资本及创办人认股数目

四　设立之年月日

五　创办人及经理人之姓名籍贯住址

六　总公司及其分所之设立地方

七　营业之期限

八　所置船舶之数

九　每股额定银数若干已缴若干及分期缴纳方法与股票之式样

第九条　如遇推广营业变更公司章程时除照公司法办理外须呈报交通部核准

第一〇条　轮船及渔轮夹板船于领有交通部执照后应驶赴海关验明始得行驶如验有不符者应即禁止其航行各海关验明后于照上注明某海关验讫及其年月日每三个月由海关监督汇总报部

第一一条　新置船舶急需行驶不及呈部请领执照时得呈请海关监督先发暂行船牌以便行驶但须于三个月内按照本章程呈部领照如逾期未经呈部或所报事项经交通部驳斥不准者应由海关将所发暂行船牌吊销或禁止其行驶

海关发给暂行船牌应随即呈报交通部备案

第一二条　遇有左列情事呈报交通部换给执照

一　变更航线

二　开辟码头

三　更换船舶名称

四　其他变更执照中所载各项

前项变更航线如系内河航线合计总数有逾三条以上者应将停驶某条航线呈明注销

依本条换给执照者应缴照费照本章程第十六条之定额收取二分之一

第一三条　如有左列各项情事应即呈报交通部并将执照缴销

一　船舶损毁不能航行时

二　自行停业或经官厅以职权令其停业时

三　船舶转售赠与或租与他人时

第一四条　如违背关于航政之各项规则各主管官署得呈请交通部将其所领执照吊销

第一五条　执照如有遗失或毁损时得声明理由呈请交通部补发但须照本章程第十六条之定额缴纳四分之一之补照费

第一六条　注册给照依左列之规定缴纳册照费

一	总吨数未满十吨者	二十元
二	十吨以上至五十吨	四十元
三	五十吨以上至一百吨	六十元
四	一百吨以上至五百吨	一百元
五	五百吨以上至一千吨	一百五十元
六	一千吨以上至二千吨	二百元
七	二千吨以上至四千吨	二百五十元
八	四千吨以上	每五百吨加二十五元但未满五百吨者仍以五百吨计

第一七条 本章程施行后海关对于本国船舶毋庸发给船牌或内港专照及江照

第一八条 本章程如有未尽事宜由交通部随时以部令修正公布之

第一九条 本章程施行后所有以前轮船注册给照章程即行废止

第二〇条 本章程自公布日施行

53

1931年6月5日

船舶国籍证书章程

（中华民国二十年六月五日交通部公布）

第一条 本章程依船舶法第四十二条之规定制定之

第二条 中国船舶应由航政局依船舶法第二十五条之规定呈请交通部发给船舶国籍证书

船舶国籍证书依第一号书式为之

第三条 航政局为前条之呈请时应将船舶检查证书船舶吨位证书及船舶登记证明书各誊本一并呈送交通部备查

第四条 船舶国籍证书所载事项有变更时船舶所有人应照第三号书式填具声请书呈由该管航政局就原证书分别改正但船名或船舶所有人变更时应由航政局转呈交通部换发新证书

第五条　船舶国籍证书如遇遗失或破损时应声叙事由呈请该管航政局转呈交通部补发或换发

第六条　船舶所有人于领得换发证书时应迅将旧证书缴由该管航政局呈部注销

第七条　船舶临时国籍证书依照第二号书式由交通部制定发交各航政局或领事馆备用

第八条　船长依船舶法第二十七条之规定声请发给船舶临时国籍证书时应填具声请书连同证明文件一并呈送当地航政局或领事馆核发

第九条　船舶所有人依船舶法第三十条之规定声请发给船舶临时国籍证书时应填具声请书连同取得所有权之证明文件一并呈送当地航政局或领事馆核发

第一〇条　航政局或领事馆发给前两条之证书上时应呈报交通部备案

第一一条　船舶临时国籍证书之有效期间船舶须到达船籍港者以航行期间为标准其他情形以领得船舶国籍证书所需期间为标准应依船舶法第三十一条所定期间以内由当地航政局或领事馆酌定之

第一二条　声请变更船舶临时国籍证书所载事项时应开列新旧事项呈请最近航政局或领事馆更正

船舶临时国籍证书如遇遗失或破损时得声叙事由呈请最近航政局或领事馆补发或换发时应将原领证书缴还

第一三条　船舶临时国籍证书于有效期间届满时或领得船舶国籍证书时应缴还最近航政局呈部注销

第一四条　船舶国籍证书或船舶临时国籍证书应缴还而不能缴还时应声叙事由呈请该管航政局公告作废

船舶国籍证书或船舶临时国籍证书应缴还而不缴还时依船舶法第三十八条之规定处罚外并由该管航政局公告作废

第一五条　船舶所有人发觉船舶国籍证书或船舶临时国籍证书所载事项有错误或遗漏时应声请该管航政局更正或添注

前项情事由航政局发觉时应通知船舶所有人呈缴证书由该局更正或添注

第一六条　遇有前两条情事时应由该管航政局呈报交通部备案

第一七条　本章程关于航政局之职权准用于交通部所指定之航政机关或专员

第一八条　本章程自船舶法施行之日施行

54

1931 年 6 月 5 日

船舶登记法施行细则

（中华民国二十年六月五日交通部公布　七月一日施行）

第一章　船舶登记簿册

第一条　航政局应设置船舶登记簿以船籍港区别之

第二条　船舶登记簿每页分为登记号数栏及船舶标示所有权抵押租赁权等四部除船舶标示部外其余各部应分为事项栏及权利先后栏登记号数栏记载该船舶登记次序船舶标示部记载船舶登记法第三十七条所规定船舶之标示及其变更事项所有权部之事项栏记载关于船舶所有权之事项抵押权部之事项栏记载关于船舶抵押权之事项租赁权部之事项栏记载关于船舶租赁权之事项各部之权利先后栏记载事项栏内所载登记事项之先后

第三条　船舶登记簿应依次编列号数记明于簿面并于簿面及每页骑缝处加盖航政局局印簿而之里面记明页数由主管人员签名

第四条　航政局除船舶登记簿外应设置左列簿册

一　船舶所有人名簿

二　船舶共有人名簿

三　船舶特别登记簿

四　船舶特别共有人名簿

五　船舶回复登记簿

六　船舶补充登记簿

七　船舶登记索引簿

八　船舶登记收件簿

九　登记证明书给予簿

一〇　登记誉本节本给予簿

一一　登记通知簿

一二　各种通知簿

一三　印鉴簿

一四　声请文件收据存根簿

一五　声请文件档案簿

一六　保证书档案簿

一七　共同担保目录档案簿

一八　登记费收入簿

一九　登记费收据存根簿

二○　调查笔录档案簿

二一　登记阅览簿

二二　缴还收据档案簿

上项各款簿册得编订索引目录

船舶登记收件簿册之号数每年一月一日更新之

第五条　各种簿册均应编定页数遇有笔误时得由主管人员签章改正不得扯毁

第六条　声请人不止一人时收件簿得仅记载其首列人姓名及此外若干名前项情形发给文件及费用之收据时仅发给其首列人

第七条　各种船舶登记簿册一部或全部因天灾事变灭失时航政局应即将灭失之册数页数灭失事由及回复登记所需之期限呈报交通部核办

第二章　登记声请书

第八条　声请书若有数页数时声请人应与其骑缝处盖章声请人不止一人时由首列人为之

第九条　声请书应记载其必要之事项及登记费之数额

第一○条　船舶所有人应于声请登记时将其印鉴呈送航政局备查印鉴更换时亦同船舶所有人系法人时应将法人登记所用之印鉴呈送航政局备查前二项之规定不适用于官署

第一一条　登记人请求证明其登记事项并无变更或并无某种事项之登记时应提出声请书二份载明请求证明之事项及年月日由声请人签名盖章前项声请书二份以一份存案备查其余一份注明此项声请业经本局注明字样加盖局印发还声请人

第一二条　航政局接受声请书时应将收件年月日收件号数声请人姓名登记之目的记载于收件簿并将收件年月日收件号数记载于声请书前项收件号数应按收到之先后编定之航政局收到声请书后应给予收据记名事由件数号数及年月日前项收据声请人应于领还证据文件时缴还之

第一三条　航政局对于声请书所载事实应为必要之调查

第三章　登记程序

第一四条　登记先后应按收件号数之次序为之

第一五条　事项栏之登记应依记载号数于权利先后栏

第一六条　船舶标示部之登记应记载收件年月日收件号数登记目的及声请书所载关于船舶之标示事项栏之登记应记载收件年月日收件号数登记权利人姓名住所登记原因及其年月日登目的并声请书所载关于权利应行记载之事项登记员于前二项登记完毕时应于其后加盖名章

第一七条　为前条登记后应于权利先后及事项二栏作缝线与余白分界

第一八条　登记权利人不止一人时登记簿中得仅记载声请书首列人姓名住处所及此外若干名其余姓名住处所记载于共有人名簿登记义务人不止一人时亦同

第一九条　附记登记之权利先后栏应与主登记之栏数相同但应于主登记栏内记明附记登记之号数

第二〇条　暂时登记应登记于相当之事项簿内但其左方须留余白暂时登记后为正式登记时应登记于前项余白

第二一条　依船舶登记法第二十五条或第四十条为附记时应将前记已经变更之事项注销之

第二二条　依船舶登记法第二十九条所定之期限内为回复登记时应设回复登记簿将原登记号数权利先后栏数收件年月日收件号数各为相当之登记并将回复登记事由附记于登记证明书

第二三条　回复登记簿应于船舶登记法第二十九条所定期限届满时截止之其登记事项应移载于新登记簿相当部栏注明移载之年月日并将新登记簿之号数附记于登记证明书

第二四条　登记簿某一部栏登记已满时应将该部栏续记事项登记及补充登记簿仍用原号数并于已满之部栏左方注明补充登记簿之册数页数

第二五条　船舶转籍之登记如同属于一航政局管辖时应将原船籍港登记簿内之事项移载于新船籍港登记簿其登记号数栏内须注明原船籍港名及其原登记号数前项情形所移载之事项应将转籍声请书收件之年月日注明于船舶标示部由登记员加盖名章原船籍港登记簿内关系该船舶登记之记载应于移载后截止

第二六条　依船舶登记法第四十六条为注销登记时应于登记簿中涂销登记号数及标示事项并于船舶标示部记明注销原因

第二七条　灭失船舶在灭失前曾与他船舶共同为租赁或抵押者应于他

船舶登记簿相当事项栏内记明灭失原因及其年月日

前项情形他船舶船籍港属于他航政局管辖时应即通知该航政局为前项之登记

第二八条　制造中船舶为抵押权登记时应记载于特别登记簿

第二九条　前条登记应在登记号数栏内记载其号数船舶标示部内记载登记义务人之姓名住处所事项栏内记载声请登记抵押权之事由

第三○条　在制造中已有抵押权登记之船舶为所有权登记时应于登记所有权后将抵押权之登记移载于船舶登记簿并记明年月日由登记员加盖名章为前项登记后特别登记簿之记载应即截止第一项之登记其船籍港不属于登记抵押权之航政局时登记员应据特别登记簿之誊本将其抵押权之事项记载于登记簿

第三一条　截止登记时应将截止之事由及其年月日记载于船舶标示部内由登记员加盖名章并将船舶之标示及登记号数涂销之同时于索隐簿之备考栏内记明其事由

第三二条　依船舶登记法第五十六条之规定为登记时应记载于特别登记簿

第三三条　前条登记应于登记号数栏内记载其登记证明书之号数船舶标示部内记载船舶之种类名称容量及其船籍港事项栏内记载船舶所有人之姓名住所及登记抵押权之事由前项登记后应即截止记载将誊本时应移送主管船籍港之航政局航政局收到前项誊本时应移载于登记簿并记明其事由及年月日期由登记员加盖名章

第三四条　依船舶登记法第三十九条之规定为登记时应于共有人名簿姓名住处所栏船名及应有部分栏内依声请书所载次序记载其姓名住处所栏船名栏及应有部分号数栏内记载号数备考栏内记载声请书之收件年月日及收件号数登记簿册数页数权利先后栏数由登记员加盖名章前项记载完毕后应注明以上若干名字样登记原因未记明应有部分者应于应有部分栏画一横线

第三五条　共有人名簿登记完毕时应于登记簿事项栏之后注明共有人名簿之册数页数及号数

第三六条　因共有人姓名住处所有变更或部分有移转变更而为登记时除于登记簿登记外应于共有人名簿备考栏内记载登记目的之新事由声请书收件年月日收件号数及权利先后栏数由登记员加盖名章并注销业经变更之事项

第三七条　前条情形如备考栏无余白时应补充用纸仍用原号数记载其新事由收件年月日收件号数及权利先后栏并于其左方注明是与某共有人名

簿某册某页连续字样由登记员加盖名章

第三八条　共同担保目录应于其书面余白处记明声请书之收件年月日收件号数

第三九条　因让与或舍弃权利先后次序而为变更登记时应于事项栏记明其事由声请书年月日收件号数并于权利先后栏数字之左方以数字标明其变更登记之次序由登记员加盖名章

第四〇条　为附记登记时应于主登记之权利先后栏数字之左方标明附记号数

第四章　登记簿之阅览及誊本节本

第四一条　声请给予登记簿之誊本或阅览登记簿或其附属文件者应依式填具声请书向该管航致局声请之航政局接受前项声请时应依其收件号数之次序速为相当之处理

第四二条　登记簿之誊本应与登记簿同一格式誊录全部记载但业经注销之部分得省略之

第四三条　登记簿之誊本或节本制成时应分别记载左列字样及年月日由登记员加盖名章

一　誊本应记明右誊本是照某船籍港登记簿某号誊录无误字样

二　节本应记明右节本是照某船籍港登记簿某号节录无误字样

第四四条　给予登记簿之誊本或节本时应于给予簿记载誊本或节本之区别件数给予年月日及声请人姓名并将誊本或节本与该簿加盖骑缝印移送誊本或节本于他航政局时准用前项规定

第四五条　登记员对于阅览声请书所叙理由认为不正当时得驳斥其声请并将驳斥理由记入声请书

第四六条　阅览人于登记簿或附属文件记载如有疑义时得请求登记员说明

第五章　附　　则

第四七条　本细则所定各项簿册及声请书格式依附式之规定

第四八条　本细则自船舶登记法施行之日施行

55

1931年6月5日

船舶丈量章程

（中华民国二十年六月五日交通部公布）

第一章　通　则

第一条　本章程依船舶法第四十二条之规定制定之

第二条　中国船舶除左列各款外依本章程之规定施行丈量

一、总吨数不及二十吨或容量不及二百担之船舶

二、专用于公务之船舶

三、以橹棹为主要运转方法之船舶

第三条　左列外国籍船舶除法令有特别规定者外准用本章程之规定施行丈量

一、中国人民所租用在中国各港间或中国与外国间航行之外国船舶

二、依法律或政府之许可在中国港湾口岸间航行之外国船舶

三、依船舶法第二十二条之规定应受丈量之外国船舶

第四条　船舶丈量由交通部航政局或交通部指定之机关或专员施行之

第二章　声请程序

第五条　船舶丈量应由船舶所有人或经理人或租用人声请之但船舶不在船籍港或有正当事由船长声请之

第六条　新造船舶应于全部装置完毕时声请丈量但为便利起见得于装置未毕以前声请先行丈量船舶之一部分

第七条　在外国制造或由外国购置之中国船舶应于最初到达中国港时声请丈量

第八条　声请丈量应于声请书内注明左列各款事项由声请人签名盖章

一、船舶所有人姓名或名称及住所

二、船舶种类

三、船名

四、船质

五、甲板层数及帆桅数目

六、容量

七、造船厂名及地点

八、进水年月

九、丈量地点

除前项各款外丈量员认为必要时得令声请人呈验其他文件图说

第九条 旧有船舶因修理或改造致船身构造或容量有变更时应将部分于声请书内详细注明并附呈原领之船舶吨位证书声请丈量

第三章　丈量程序

第十条 船舶丈量应在航政局或交通部指定机关之所在地施行之但船舶如不能驶赴该地时得于声请时叙明事由就船舶所在地施行之

第十一条 船舶丈量声请人及船长轮机长均须在场备丈量员之询问或帮同办理船长轮机长因事不能在场时得委托其他船员代理

第十二条 船舶丈量如船内装载货品或堆积物件于丈量有妨碍时应由声请人先时清除如临时经丈量员认为有清除之必要者声请人不得拒绝

第十三条 船舶满载货物或有他种障碍一时不能清除而急需丈量者得由丈量员酌用变通办法其不能准确者俟清除后重行丈量

第十四条 专供或兼供乘客之船舶应将乘客舱位另行丈量

第四章　吨位计算

第十五条 船舶之容积以百立方英尺为一吨

以担数表示容量之船舶以十立方英尺为一担

第十六条 计算船舶之吨数以全船上下各层舱位之容量为总吨数但在上层舱面不设围蔽之处所得免除丈量不算入总吨数

第十七条 自总吨数内减去驾驶轮机并航行安全及船员居住卫生等所用处所不能供载货乘客之用者为登记吨数

第十八条 船舶丈量后不得将舱面未设围蔽或不算入登记吨数之处所供载货乘客之用但遇特种货物须装载舱面者不在此限

第十九条 船舶丈量后如计算吨位有错误时得声请查明更正或派员复行丈量但在未经复量以前声请人不得更变船舶之原状

第五章　丈量书据

第二十条　船舶丈量后航政局应依照第一号书式发给船舶吨位证书但依第十二条之规定变通办法丈量者其证书依照第二号书式

第二十一条　依第十九条之规定复量者照第三号书式发给复量单

第二十二条　丈量书据如有遗失或毁损时船长应迅具事由呈报航政局声请补发或换发

第二十三条　船舶遇左列情事之一时应将丈量书据缴选航政局

一、船舶丧失国籍时期

二、船舶减失沉没或被捕时

三、船舶拆散

四、船舶失踪经六个月尚无着落时

船舶遇前项情事如丈量书据业经减失者船长应将不能缴还之情由呈报航政局

第六章　丈量费

第二十四条　丈量船舶应由声请人依附表之规定缴纳丈量费

第二十五条　同一所有人有二艘以上同样之船舶同时声请丈量者除一艘照前条规定数目缴费为其余各艘减半缴费

第二十六条　依第九条之规定丈量者如丈量部分之吨数不及原有总吨数之半者减半缴费

第二十七条　依第十三条之规定用变通办法丈量者照第二十四条之规定缴费其复行丈量时减半缴费

第二十八条　依第十九条之规定重行丈量者除声请人有变更船舶原状情事或复量结果原计算之吨数并无错误须照半缴费外其余无须缴纳丈量费

第二十九条　依第十条但书之规定丈量者除照第二十四条之规定缴费外并须缴纳丈量员照章应领之旅费

第三十条　丈量已着手施行而声请人撤回声请时应照声请书所载容量缴纳丈量费

第三十一条　依第二十二条声请换发或补发丈量文据者每件应缴费二元

第七章　附　　则

第三十二条　本章程自船舶法施行之日施行

总吨数	二十吨以上五十吨未满	五十吨以上百吨未满	百吨以上三百吨未满	三百吨以上五百吨未满	五百吨以上千吨未满	千吨以上二千吨未满	二千吨以上三千吨未满	三千吨以上四千吨未满	四千吨以上六千吨未满	六千吨以上八千吨未满	八千吨以上一万吨未满	一万吨以上其未满千吨以表量船担吨十尾满吨二千吨以作一担计算，每一万吨计数容船十一作计算
丈量费	二十元	三十元	四十元	五十元	六十元	八十元	一百元	一百二十元	一百四十元	一百六十元	一百八十元	其未满千量之船舶担吨十尾满吨之以作一担计算，加二元

56

1931年6月5日

船舶检查章程

（中华民国二十年六月五日交通部公布）

第一章　通　则

第一条　本章程依船舶法第四十条之规定制定之

第二条　中国船舶除左列各款外依本章程之规定应行检查

一、总吨数不及二十吨或容量不及二百担之船舶

二、专用于公务之船舶

三、以橹棹为主要运转方法之船舶

第三条　　左列外国船舶除法令有特别规定者外准用本章程之规定施行检查

一、中国人民所租用中国各港间或中国与外国间航行之外国船

二、依法律或政府之许可在中国港湾口岸间航行之外国船舶

三、依船舶法第十七条之规定应受检查之外国船舶

第四条　　船舶检查由交通部航政局施行之但在未设航政局之港埠得由交通部指定之机关或专员施行之

第二章　　检查种类

第五条　　船舶检查分左列三种

一、特别检查

二、定期检查

三、临时检查

第六条　　特别检查对于新造之船舶或购自外国之船舶或船身机械之全部或一部经过修改之船舶应行之

第七条　　特别检查应就船身机器及船具之构造并其状况与能力检查之

第八条　　无须受检查之船舶变更为应受检查之船舶时应声请施行特别检查

第九条　　船舶受特别检查合格后经过一年时应受定期检查

第十条　　定期检查每年施行一次但帆船每三年施行一次

第十一条　　定期检查应就船身机器船具等之状况及客室船员室暨其他设备检查之

第十二条　　临时检查得随时就船舶之一部或全部施行之

第十三条　　船舶变更航路种类客货舱位或船上设备时应声请施行临时检查

第三章　　声请程序

第十四条　　船舶检查应由船舶所有人船舶经理人或船舶租用人声请之但船舶不在船籍港或有正当事由得由船长声请之

船舶经理人或船舶租用人声请检查时呈验证明文件

第十五条　　声请检查应于声请书内注明左列各款事项由声请人签名盖章

一、船名

二、船舶种类

三、总吨数或担数

四、登记吨数或担数

五、船籍港

六、行驶航路

七、营业种类

八、声请检查之日期及处所

九、检查种类及声请事由

十、船舶所有人姓名或名称及处所

第十六条　声请检查新造之船舶时船舶所有人应填具声请书连同制造样本及图说一并呈验但帆船得免呈图说

第十七条　前条检查声请书应分别填报左列事项声请人签名盖章如船舶所有人与制造人是属两人时联名盖章

一、船舶种类及其预定性质

二、船壳船骨及甲板材料

三、计划容量

四、计划气压

五、计划马力

六、汽机种类及数目

七、汽锅种类及数目

八、推进器种类及数目

九、使用目的

十、预定航路

十一、造船厂名及其地点

十二、主任技师姓名

十三、起工年月

图说分左列数种并须附记尺寸

一、船体中央横截面图

二、船体中心线纵截面图

三、甲板平面图

四、汽机横截面图

五、汽机纵截面图

六、汽锅横截面图

七、汽锅纵截面图

除前二项各款外经检查员认为必要时得令声请人呈验其他文件图说

第四章　检查程序

第十八条　检查船舶应在航政局或交通部指定机关之所在地施行之但

经声请人声叙事由不能在该地施行时得在其他处所施行之

第十九条　船舶检查时轮船须有船长及轮机长在场帆船须有船长在场船长及轮机长因事不能在场时得委托其他船员代理

第二十条　检查船舶如船长轮机长或其他代理人不在场时检查员得延期施行

第二十一条　检查船舶时船长及轮机长应接受检查员之要求并于必要时须帮同办理如有所询问时须详细陈诉之

第二十二条　船舶受第二次以后之检查时船长应呈验船舶国籍证书船舶登记证明书船舶检查证书船舶吨位证书海员证书海员名册旅客名册航海记事簿及其他必要之书类但沿海及内河船舶得免呈旅客名册及航海记事簿

第二十三条　依船舶法第十五条之规定声请再检查时应由船舶所有人船舶经理人或船舶租用人开具不服事项声叙理由呈由该管航政局转呈交通部核办

第二十四条　交通部对于前条之声请认为理由不充分或该船舶变更原状应时令航政局仍依原检查员之报告为准

第五章　检查书据

第二十五条　检查员检查完毕时应将船舶检查簿交付船长保管之
船舶检查簿依照第一号书式

第二十六条　船舶检查合格后由航政局发给船舶检查证书船舶检查证书应依照第二号书式

第二十七条　船舶检查证书或船舶检查簿如有遗失时船长应迅具事由向原发给之航政局声请补发

第二十八条　船舶检查证书所载事项发生变更船长应迅即开具变更事项向最近航政局声请换发

第二十九条　遇左列情事之一时应将船舶检查证书缴还航政局

一、船舶丧失国籍时

二、依法令之规定船舶已无须检查时

三、船舶之航行期间届满时

四、领有渔船检查证书之船舶变更使用目的时

五、船舶灭失沉没或被捕时

六、船舶失踪经六个月尚无着落时

前项规定遇第五款第六款情形其船舶检查证书确经遗失者不适用之

第三十条　遇左列情事之一时应将旧船舶检查证书缴还航政局

一、换领船舶检查证书时

二、因船舶检查证书毁损再请发给时

第三十一条 遇左列情事之一时得声请航政局发给通航证书

一、船舶检查后或换领补领船舶检查证书尚未领受时

二、船舶于检查中有人坞或上架之必要而中止检查经检查员认为得暂准航行时

三、在外国取得船舶遇该船舶原有检查证所载航行期间届满经验船师给有证明书时

前项第三款情形须向中国领事馆声请发给通航证书应依照第三号书式

第三十二条 通航证书有效期间以足敷领受船舶检查证书或航行之日数为准由航政局或领事馆酌定之

第三十三条 通航证书应于领受船舶证书后或有效期间届满时由船长于五日内缴还航政局

第三十四条 船长应将船舶检查证书通航证书悬示于船上明显处所

第三十五条 船舶检查证书及通航证书应行缴还而不能缴还时须将理由呈报该管航政局由局登刊公报声明作废但该项书类所载之有效期间业已届满者不在此限

第六章　航路指定

第三十六条 航路分左列四种

一、远洋航路

二、近海航路

三、沿海航路

四、内河航路

第三十七条 各船舶指定之航路其适航与否由检查员审定呈报航政局核准

检查员对于声请航路认为有限制气候之必要时对于其指定航路得附限时期

第三十八条 内河船舶最大速率能于二小时以内往返之沿海港口间得准其指定航行

前项船舶应声叙事由呈请航政局核准

第三十九条 船舶在航行期间内变更航路时应分别开列新旧指定航路声请航政局核准

第七章　乘客定额

第四十条 乘客定额航政局察航看船舶设备情形依照乘客定额计算表

211

核定之并发给乘客定额证书检查船舶如发现原定乘客定额不合时得重行核
定之

乘客定额证书应依照第四号书式

第四十一条　乘客未满十二岁者以二人作一人计算未满三岁者不计

第四十二条　左列人员不以乘客论但第一款及第二款住在客室者应作
乘客计算

一、船舶所有人船舶经理人或船舶租用人

二、船员及其他在船服务者

三、航行中被救助者

第四十三条　船长应将乘客定额证书悬示于船上明显处所

第四十四条　船长应将客室及船员常用室划分

第四十五条　客室内载货时船长应将乘客额数依照容积划分比例减少

第四十六条　船舶变更乘客定额时应声叙事由呈请航政局核准换发乘
客定额证书

第四十七条　近海沿海及内河船舶临时搭载多数军队移民或其他多数
农工时应声请航政局核准按照临时乘客定额计算表发给临时乘客定额证书

临时乘客定额证书应依照第五号书式

第四十八条　前条声请应填报左列事项连同船舶检查证书送呈航政局
核准

一、乘客种类及人数

二、航行里程

三、平均速率

四、起讫及经过地点

五、预定航行期间

六、可充客室之处所

第四十九条　临时乘客定额证书应由船长于该次航行终了时迅即继缴
还航政局注销

第五十条　载客不及十五人之船舶不适用本章程之规定

第八章　气压限制

第五十一条　船舶之气压限制应视机器之现状核定之

第五十二条　检查员对锁保险气门室应将钥匙缄封交付船长

第五十三条　船长接受保险气门之钥匙应慎重保管非遇紧急不得已事
故不得启封

第五十四条　保险气门钥匙遗失或其封缄损坏时或船长将保险气门钥

匙之封缄启封时应即开具事由声请最近航政局重行缄封

第九章 航行期间

第五十五条 已受检查之船舶其航行期间由航政局视船舶之现状依船舶法第十条之规定核定之

第五十六条 航行期间届满后非重大检查合格不得航行其在航程中期满者应于期满后最初到达之港声请该管航政局施行检查

第五十七条 船舶在航行期间内遇有左列情形之一时船舶所有人船舶经理人船舶租用人或船长应即呈明航政局

一、船舶入坞或上架时

二、船身或机器之主要部分及重要属具经更换或修理或损伤时

三、机器或汽锅拆卸时或推进机轴取出时

第十章 检查费

第五十八条 船舶检查应由声请人依附表之规定缴纳检查费

第五十九条 无须受检查之船舶若经声请检查已着手施行时须缴纳检查费

第六十条 发给补发或换发船舶检查证书时又发给或补发通航证书乘客定额证书及临时乘客定额证书时轮船应各缴证书二元帆船一元

第六十一条 请领英文译本证书时轮船每份应缴费四元帆船二元

第六十二条 补发船舶检查簿时总吨数一百吨以上之轮船应缴费十元未满一百吨之轮船七元帆船五元

第六十三条 检查费缴费单应记载船舶名称总吨数检查种类及收费之数额

第六十四条 船舶在航政局或交通部指定机关所在地以外处所受检查时检查声请人除缴纳检查费外并应缴纳检查员照章应领之旅费

第十一章 附　则

第六十五条 本章程自船舶法施行之日施行

57

1931 年 6 月 13 日

交通部航政局办事细则

（中华民国二十年六月十三日交通部部令第一三六号公布）

第一章 总 则

第一条 本细则依航政局组织部法第十三条之规定制定之

第二条 航政局职员执行职务悉依本细则之规定

第三条 职员名额应依照航政局组织部法之规定由局长酌量事务之繁简呈部核定

第四条 航政局为办事便利起见得于所辖区域内酌设办事处

第二章 职 权

第五条 职员处理事务应服从长官之命令但对于事务有意见时得随时陈述听候采择

第六条 各科事务依航政局组织部法第五条及第六条所定职掌分配之

第七条 各科所办事务有互相关联者由关系之各科科长会商办理其意见不同时应陈明局长核定之

第八条 职员对于所办事务未经长官许可应严守秘密不得泄露

第三章 考 勤

第九条 航政局办公时间每日八小时但因气候上之关系得由局务会议议决酌量缩短之

第一〇条 航政局置考勤簿职员到局时须亲笔签到

前项考勤簿于规定到局时间后十五分钟以内呈送局长核阅

第一一条 职员应将每周工作填具报告表送由主管长官核阅盖章每月汇呈局长考核

第一二条　职员因病或有不得已事故不能到局服务者应声明事由呈请给假

第一三条　职员请假须呈经局长核准其假期每月不得逾三日每年不得逾一个月但因特别情形经局长核准者不在此限

第一四条　职员因故迟到者须向长官补陈理由因故须先散值时亦同

第一五条　职员请假日期及其事由应由第一科按日登记每月列表呈送局长核阅半年报部备案

第一六条　职员出差及差竣回局均须注明于考勤簿内备查

第一七条　休假日及每日散后各职员应轮流值日遇有特别要公须急办者应随时陈明长官办理

值日职员如因故不能值日时须委托其他职员代理其职务

第一八条　值日职员当值日期每月由第一科先期拟呈局长核定揭示之

第一九条　值日职员应将值日经过工作填注于值日簿内逐日送请局长核阅

第二〇条　职员在办公时间非因公务不得接见宾客

第四章　文　　书

第二一条　文件之收发案卷之保管由第一科指定专员办理之

第二二条　文件收到后由第一科长拆阅按其性质列为紧急最要次要寻常四种标明主管科发交办理收发人缘由编号登簿送请局长核阅后分送各科承办

紧急文件得由第一科长提呈局长先行拟办

第二三条　关于机要文件由局长指定人员办理之

第二四条　到文如有附件均须随文附送不得遗漏散失发出时亦同

第二五条　文件经局长核阅分配后主管人员应即撰稿签名经由科长核呈局长核签如有特别情形须缓办者应注明理由

第二六条　各科互相关联之文件应由关系主要科拟稿或会同拟办但须会同签名

第二七条　科长于核稿时须于添注检改之首尾加盖私章以明责任

第二八条　文件办毕后即须归档由保管案卷人员编号保管

前项保管案卷办法由各局自定之

第二九条　一切文件案卷均不得携出局外

第五章　会计及庶务

第三〇条　航政局经费应按月依照预算造具概算书呈部核发

第三一条　每届月终应将本月出纳数目造具计算书连同收据粘存簿于次月五日以前呈部查核

第三二条　会计及庶务由第一科指定人员办理之

第三三条　办理会计应用新式簿记置现金出纳簿分类簿收支总簿分别登记由部随时派员检查之

第三四条　办理会计人员对于收支款项每日应填日报表月终应填月报表由第一科长核送局长查阅

第三五条　款项积至五百元者须即送交指定之银行储存之

第三六条　支用款项在三十元以下者由主管科长核定三十元以上者呈由局长核定之

第三七条　办理会计人员对于款项非经局长或主管科长之签字不得支付

第三八条　航政局所有器物应编号登记由办理庶务人员保管并于各办公室列表揭示其不能编号之物品但记其种类数址

第三九条　职员需用物品应于规定之领用单内书明名称数量月日并签名向办理庶务人员领用物品至不需用或因损坏换领新物时均应将原物交还保存

第四〇条　购入发出收回及现存物品均应登册每届月终由第一科长检查之

第四一条　航政局之警卫及公众卫生事务由办理庶务人员秉承主管科长督率之

第四二条　公役之雇佣考核由办理庶务人员管理并须取具负责之保证

第六章　出　　差

第四三条　职员因公出差请领旅费应依照国府颁布之国内出差旅费规则支给之

第七章　惩　　奖

第四四条　航政局职员之奖惩规则另定之

第八章　局务会议

第四五条　航政局重要事务由局务会议决定之

第四六条　局务会议之会期由局长定之

第四七条　局务会议以局长科长组织之必要时并得指定人员列席

第四八条　局务会议以局长为主席局长因事不能出席时由局长指派一

人代理之

  第四九条 局务会议应作成记录每届月终呈部备案

第九章 附 则

  第五〇条 本细则如有未尽事宜得由航政局呈部修改之

  第五一条 本细则自公布日施行

58

1931 年 6 月 16 日

引水人考试典试规程

（中华民国二十年六月十六日考试院公布同日施行）

  第一条 本规程依引水人考试条例第八条之规定定之

  第二条 引水人考试得由考试院委托有关系之机关办理之

  第三条 引水人考试每年或间年在上海天津广州分次举行

  第四条 引水人考试应于开始报名日起两个月内竣事于必要时得展期十五日

  第五条 口试应隔别为之其答词应为记录朗读由应试人签名盖章

  第六条 考试完竣应将考试经过情形报由考选委员会转呈考试院备案

  第七条 本规程自公布日施行

59

1931 年 6 月 17 日

发给船牌办法及船牌式样

（中华民国二十年六月十七日交通部公布）

一　船牌分轮船船牌及帆船船牌两种式样如图（略）

二　船牌用磁制由航政局核发之

三　船牌须编列号数并标明船名船港及某年某月某局发给字样

四　轮船船牌长六寸五分宽三寸五分白底蓝字

五　帆船船牌长五寸宽三寸蓝底白字

六　轮船船牌于每年施行定期检查后发给之

七　帆船船牌于每三年施行定期检查后发给之

八　船牌应钉置于船上明显处所

九　轮船船牌取费国币四元

一〇　帆船船牌取费国币二元

60

1931 年 7 月 2 日

指导海员工会等改组或组织办法

（中华民国二十年七月二日第三届中央执行委员会会
第一四八次常务会议通过）

一、指导海员工会及民船船员工会改组或组织时，除依照海员工会组织规则,民船船员工会组织规则,及有关人民团体改组或组织之一般法令外,依本办法办理之。

二、海员工会之改组或组织,由海员特别党部指导办理;未设有海员特别党部者,由所有地省党部特别市党部县市党部,指导办理。民船船员工会之改组或组织,由所在地特别市党部或县市党部指导办理。中华海员工会整理委员会,对于海员工会及民船船员工会之改组或组织,应协助党部进行。

三、各该地海员工会及民船船员工会改组或组织期间,以三个月为限。改组完竣,应依法递呈中央训练部,并由主管部备查。

四、改组时应即将各该地海员或民船船员旧有之分会支部等组织,一律撤销,由所属党部,派员指导依法改组。

五、指导改组或组织部海员工会,及民船船员工会时,应注意左列两点:

(一)旧有海员及民船船员团体之会员,已不合各该组织规则规定之资格者,不得再为各该工会会员。

(二)该区域内海员及民船船员,未加入旧有海员及民船船员团体,而有合于该组织规则规定之资格者,应设法使其加入各该工会。

六、海员工会及民船船员工会职员之选举,除法令另有规定外,应依照人民团体职员选举通则办理之。

七、本办法由中国国民党中央执行委员会议决施行。

61

1931 年 7 月 16 日

中华海员工会整理委员会组织规则

(中华民国十年七月十六日第三届中央执行委员会第一五〇次常务会议通过)

第一条　中国国民党中央执行委员会,为整理海员工会,特设中华海员工会整理委员会(以下简称整委会)。

第二条　整委会由中央执行委员会委任整理委员七人组织之。

第三条　整委会之任务如下：

一、执行上级党部及政府之法令

二、宣传本党主义及政府施政方针

三、调查海员之状况，并编制其统计

四、划分各工会之组织区域

五、协助各地党部，办理各地海员之登记

六、协助各地党部指导海员工会之改组或组织

七、调解海员之纠纷

第四条　整委会设常务委员三人，处理日常一切事务，由委员互推充任之。

第五条　整委会设秘书二人，指导调查总务三科，各科设主任一人，干事助理员录事若干人，各科主任由各委员互推兼任之。

第六条　整委会每星期至少须开会一次。

第七条　整委会整理期间定为三个月。

第八条　整委会认为必要时，得派员分赴各地，协助当地党部，指导海员工会改组或组织。

第九条　整委会每两星期须将工作情形，呈报中央训练部一次。

第十条　整委会办事通则，由整委会拟定，呈准中央训练部施行。

第十一条　本规则由中国国民党中央执行委员会通过施行。

62

1931 年 9 月 12 日

发给船舶航线证暂行办法

（中华民国二十年九月十二日交通部公布）

第一条　船舶经航政局依法登记后除呈请交通部发给船舶国籍证书外并依本办法发给船舶航线证

第二条　船舶航线证应由船舶所有人于船舶登记时开列航线声请该管航政局核发之船舶行驶内河者其航线每船不得过三条

第三条　船舶航线证应载各款列左

一　船舶所有人

二　船名

三　航线起讫及沿线停泊码头

四　本船船舶国籍证书号数

第四条　船舶行驶航线有变更时得声请该管航政局换发船舶航线证并将原领航线证缴销

第五条　船舶航线证遇遗失或破损时得检同本船船舶国籍证书声请该管航政局补发或换发

第六条　声请补发或换发船舶航线证每次应缴手续费国币二元但初次与船舶国籍证书同时发给者无须缴纳手续费

第七条　船舶航线证须附于船舶国籍证书不得分离遇有查验时应一并呈验

第八条　内河航线有特别故障时该管航改局得先期呈准交通部停止填发该航线内之船舶航线证

第九条　船舶国籍证书失其效力时船舶航线证应即一并缴纳

第一〇条　本办法自公布日施行

63

1931 年 9 月 26 日

修正交通部航政局组织法

（中华民国二十年九月二十六日国民政府第四七三号训令公布）

第一条　交通部为处理航政事宜设置航政局

第二条　航政局直隶于交通部其设置处所及管辖区域由行政院定之

第三条　航政局设左列二科

一　第一科

二　第二科

第四条　航政局第一科之职掌如左

一　关于机要及考绩事项

二　关于收发文件及保管案卷事项

三　关于公布局令事项

四　关于典守印信事项

五　关于本局经费之预算决算及出纳事项

六　关于编制统计报告事项

七　关于本局庶务事项

八　其他不属于第二科事项

第五条　航政局第二科之职掌如左

一　关于船舶之检验及丈量事项

二　关于载线标识事项

三　关于船舶之登记及发给牌照事项

四　关于船员及引水人之考核监督事项

五　关于造船事项

六　关于船舶出入查验证之核发事项

七　关于航路之疏浚事项

八　关于航路标识之监督事项

前项第一款至第六款事项以适用海商法规定之船舶为限

第六条　航政局设局长一人承交通部之命督率所属职员处理局务

第七条　航政局各科设科长一人承局长之命督率所属职员分掌各该科事务

第八条　航政局设技术员四人至八人承长官之命办理技术事务

第九条　前三条人员在航政人员考试未举行前非有左列资格之一者不得充任

一　曾在国内外商船或其他航务专门学校毕业者

二　曾在国内外大学肄习造船或轮机工程之学毕业者

三　曾在航政机关办理技术事务三年以上成绩优良者

第十条　航政局设科员八人至十二人承长官之命办理各科事务

第十一条　航政局局长简任或荐任科长技术员荐任或委任科员委任

第十二条　航政局因事务之必要得酌用雇员

第十三条　航政局办事细则由交通部定之

第十四条　本法自公布日施行

64

1931 年 10 月

北方大港筹备委员会章程

（中华民国二十年十月交通部铁道部会令公布并会呈
行政院备案）

第一条　交通部铁道部为筹备北方大港建筑事宜设立北方大港筹备委员会

第二条　本委员会以委员五人组织之

第三条　本委员会委员由交通铁道两部遴员会同委派并以委员中一人为主任委员

第四条　本委员会得酌置工程司工务员事务员测量员各若干人由交通铁道两部会派

第五条　本委员会遇有技术上之必要得由委员会呈请两部部长指派部内技术人员帮同办理

第六条　主任委员综司规划设计及本会一切事务

第七条　委员专司调查研究并审议测绘与施工各项计划方案及本会一切事务

第八条　本委员会每三个月至少须开会议一次遇有重要事务得随时召集开会

第九条　本委员会会议须有四人以上之出席及出席员过半数人之同意方得议决

第一〇条　本委员会重要事务须由会议决定呈请两部部长核定行之

第一一条　本委员会经办事务每月终须分报两部部长核阅

第一二条　本委员会缮写事宜得酌用雇员

第一三条　本委员会办事细则另定之

第一四条　本章程如有未尽事宜得由委员会呈请两部修正

第一五条　本章程由两部会呈行政院核定施行

65

1931 年 10 月

东方大港筹备委员会章程

（中华民国二十年十月交通部铁道部会令公布并会呈
行政院备案）

第一条　交通部铁道部为筹备东方大港建筑事宜设立东方大港筹备委
员会

第二条　本委员会以委员五人组织之

第三条　本委员会委员由交通铁道两部遴员会同委派并以委员中一人
为主任委员

第四条　本委员会得酌置工程司工务员事务员测绘员若干人由交通铁
道两部会派

第五条　本委员会遇有技术上之必要得由委员会呈请两部部长指派内
部技术人员帮同办理

第六条　主任委员综司规划设计及本会一切事务

第七条　委员专司调查研究并审议测绘与施工各项计划方案及本会一
切事务

第八条　本委员会每三个月至少须开会议一次遇有重要事务得随时召
集开会

第九条　本委员会会议须有四人以上之出席及出席员过半数之同意方
得议决

第一〇条　本委员会重要事务须由会议决定呈请两部部长核定行之

第一一条　本委员会经办事务每月终须分报两部部长核阅

第一二条　本委员会缮写事宜得酌用雇员

第十三条　本委员会办事细则另定之

第十四条　本章程如有未尽事宜得由委员会呈请两部修正

第十五条　本章程由两部会呈行政院核定施行

66

1931 年 10 月 1 日

交通部海员管理暂行章程

（中华民国二十年十月一日交通部部令第二〇〇号公布）

第一条 本章程所称海员是指服务于船舶之船长及船员而言

第二条 本章程于远洋或江海船舶之海员适用于之其内河湖川船舶之船长船员得由航政局酌量情形呈请交通部准用之

第三条 驾驶及轮机两种海员依交通部商船职员章程之规定应领证书者非领有证书不得服务

第四条 左列驾驶及轮机两种海员于初次被雇在船舶服务者应于声请船籍港航政局认可时同时声请发给海员手册其在本章程施行前已在船舶服务者应补请发给

一、驾驶部

船 长 大 副 二 副 三 副 舵 工 水手长 水 手

二、轮机部

轮机长 大管轮 二管轮 三管轮 机 匠 加油夫 火夫长 火 夫

第五条 海员手册声请书由航政局备置海员声请时应依式填写并附呈本人最近半身二寸相片二张其领有商船职员证书者并须呈验证书（附书式一）（略）

第六条 未成年人声请发给海员手册时应附呈法定代理人许可证明书

第七条 海员手册由航政局备置依式填发（附书式二）（略）

第八条 海员手册所载事项如有错误或变更时海员应于知悉后迅即声请船籍港航政局改正不得延滞

第九条 海员手册遇灭失或毁损时应即呈请船籍港航政局补发或换发如不在船籍港时应请当地航政局补发或换发俟到达船籍港后呈送补行盖印（附书式三）（略）

第十条 船员不再服务时应迅将海员手册缴还航政局注销死亡时由保

管人缴还之

第十一条 船长被雇后应于就职前检具海员手册商船职员证书并雇佣契约声请船籍港航政局为就职之证明（附书式四）（略）

第十二条 船长退职时应声请船籍港航政局为退职之证明（附书式五）（略）

第十三条 船长被雇或退职如不在船籍港时应声请当地航政局为前二条之证明

第十四条 船长遇左列情形应将事实发生之始末及时日地点并其他关系事项详细记载于航海记事簿报告最先到达港之航政局查核

（一）因必要关系变更预定之航程时

（二）因不得已之事故不能寄泊于预定之港口时

（三）因特别事变而中止航行或驶回时

（四）航行中本船遭遇海难或其他危险时

（五）航行中发现他船舶冲突或遇难时

（六）救护被难船舶或人命时

（七）船长对于船员有惩戒之行为时

（八）航行中船员或旅客有死亡时

（九）旅客在船舶中分娩时

（十）船长于船舶有急迫之危险而离去船舶时

（十一）船中发现其他重要之事故时

遇前项第四款情形时除记载于航海记事簿外应作成海难报告书取具船员或旅客之证明报告最先到达港之航政局查核

第十五条 航政局遇有前条情形或认为必要时得命船长提出应备之各项文书并得传询船长船员或旅客及其他在船人

受传询者应负质证之责

第十六条 海员雇佣契约应载明左列各款

（一）契约之有效期间

（二）航行之种类

（三）职务之规定

（四）工资之额数

（五）其他待遇

（六）处罚之事件及其方法

第十七条 船员雇佣契约应缮具三份双方署名盖章各执一份由船长将其他一份连同海员名簿声请船籍港航政局认可将其姓名并契约要点载入海员名簿盖印证明其领有海员手册或商船职员证书者并须一并呈验船员雇佣

226

契约延长或更新时亦同（附书式六七）（略）

第十八条　船员解雇时船长应将雇佣契约海员名簿送请船籍港航政局分别注销（附书式八）（略）

第十九条　船员雇佣或解雇如不在船籍港时应声请当地航政局为前二条之认可或注销

第二十条　航政局证明雇佣契约遇当事人请求宣读时应为宣读其全文

第二十一条　航政局对于船长船员认为丧失资格者得令更换如认为有疑义时得传询之

第二十二条　海员名簿有遗失或毁损时船长应即重制送请船籍港航政局证明如不在船籍港时应请当地航政局证明俟回港后呈送补行盖印（附书式九）（略）

第二十三条　船员于服务期间如有脱逃行为船长应即报告于船籍港航政局将海员名簿内关于该船员之记载及其所领商船职员证书海员手册分别注销如不在船籍港时应报告当地航政局转知船籍港航政局注销之

第二十四条　第九条第十三条第十九条第二十二条之当地航政局遇有各该条各情事应迅即知照该船舶船籍港航政局办理

第二十五条　依本章程应收各项手续费照附表之规定

第二十六条　本章程如有未尽事宜由交通部修正之

第二十七条　本章程自公布日施行

67

1931 年 10 月 5 日

续订办理船舶登记及检查事项
应行收费数目表

（中华民国二十年十月五日交通部训令第三三〇四号）

一　船舶登记法第三十九条船舶经理人选任之登记（有声请书式）应收登记费一元

二　第四十条第四十三条第四十四条船舶经理人变更之登记及经理人

姓名住所籍贯变更之登记应照附记登记收登记费五角

　　三　第四十五条注销船舶经理人之登记应照注销登记收登记费五角

　　四　登记证明书如果有灭失或毁损请补发(有声请书式)或换发者应照补发或换发船舶国籍证书收费

68

1931 年 10 月 28 日

造船技师呈报开业规则

（中华民国二十年十月二十八日交通部部令第二一〇号公布）

　　第一条　本规则依据技师登记法第十三条及航政局组织法第五条第五项之规定订定之

　　第二条　本规则所称之造船技师系指依法登记之造船技术人员而言

　　第三条　造船技师执行业务时应填具报告表连同技师证书呈报主管航政局请领开业证书

　　第四条　造船技师非领有开业证书者不得接受业务或被雇为造船应技师

　　第五条　造船技师有左列情事之一者主管航政局得不给开业证书其已领者得酌量情形撤销之

　　一　有技师登记法第五条所列情事之一者

　　二　以技师证书或开业证书私相顶替者

　　三　违犯法令业经通知书依不遵行者

　　第六条　造船技师遇有停止业务或变更地址时应即呈报主管航政局备案

　　第七条　开业证书遇有遗失时应即登报声明并呈报主管航政局补领新证书

　　第八条　请领或补领开业证书者均应缴费二元

　　第九条　本规则自公布之日施行

69

1931 年 12 月 5 日

舶舶载重线法

（中华民国二十年十二月五日国民政府第五四五号训令公布）

第一条　中国船舶除左列各款外应依本法测定并划明载重线

一　总吨数未满一百吨或容量未满一千担之船舶

二　军舰渔船游艇及非用于运送客货之船舶

第二条　船舶载重线为最高吃水线船舶航行时其载重不得超过该线

第三条　船舶载重线应由船舶所有人或运送人声请主管航政官署测定后遵照画明于船身两旁

第四条　船舶载重线画明后应由主管航政官署验明发给船舶载重线证书

第五条　船舶载重线证书有效期间为五年期满后船舶所有人或运送人应重行声请测定

第六条　船舶航行远洋或在外国口岸其载重线证书之有效期间届满时在该船舶驶回本国口岸以前视为有效但不得逾三个月

第七条　船舶载重线证书于重行测定时如主管航政官署认为船舶仍属坚固得延长证书有效期间但不得逾五年

第八条　船舶在本国口岸因特别情形急须发航不及请领或换领船舶载重线证书时得声请主管航政官署发给临时证书但其有效期间以一个月为限

第九条　专用于运载本料或油料之船舶其载重线测定之位置得较寻常船舶酌量加高

第一〇条　船舶载重线经画明后不得移改涂抹或隐蔽

第一一条　船舶载重线经画明后遇有左列各款情事之一时应将证书缴销声请重行测定

一　舱面构造变更影响于载重线之计算时

二　船身受损有碍船舶之安全时

三　船上舱口护具船边围栏排水口及水手居室之通行道等各项设备有缺损时

四　经主管航政官署查验船舶各项设备与证书所载不符时

第一二条　未画有载重线或船舶载重线证书有效期间届满未经重行测定之船舶除有第七条之情形外不得航行

第一三条　外国船舶航至中国口岸时应将船舶载重线证书呈由主管航政官署查验如有左列各款情事之一者主管航政官署得将其船舶暂行扣留并通知该船籍国领事

一　船舶载重超过证书所规定之限制者

二　载重线之地位与证书所载不符者

三　船舶各部有第十一条各款情事之一者

第一四条　违反第二条第十条第十一条或第十二条之规定者处百元以上千元以下之罚金

第一五条　以诈欺行为取得载重线证书或临时证明书者处一年以下有期徒刑或百元以上千元以下之罚金

第一六条　本法施行细则由交通部定之

第一七条　本法施行日期以命令定之

70

1931 年 12 月 12 日

内河航行章程

（中华民国二十年十二月十二日交通部部令第二三四号公布）

第一条　凡船舶在内河航行除法令有特别规定者外均应遵照本章程之规定

第二条　轮船日间航行应于船头悬挂自定船旗船尾悬挂国定商船旗两旗不得悬挂一处

第三条　轮船夜间航行自日入起至日出止应照左列之规定分别设置号灯

一　各轮须于船头桅杆及船尾各悬一白色明灯并于船之左舷设一红色灯右舷设一绿色灯红绿两灯背面各设矩式遮蔽器具不使灯光互相映射后方

二　轮船拖带船只时于桅杆白灯下加悬白灯二盏高下相离约六英尺每一拖船须各于明显之处悬一白色明灯

第四条　轮船夜间停泊应于船头桅杆悬一白色明灯

第五条　轮船如遇中途搁浅或机器损坏不能行驶时在日间应于明显之处上下连挂黑球两个在夜间除照平常悬一白色明灯外并应于挂黑球之处换挂红色灯两盏

第六条　帆船夜间航行须于船上明显之处悬一白色明灯

第七条　渔船在河道夜间捕鱼时须于船头船尾各悬一白色明灯

第八条　两轮船迎头相遇应各靠右边让路使他轮得向本轮左边驶过

第九条　两轮船纵横相遇如甲轮见乙轮在本轮船头之右者应察看情形或减少速力或立即停轮或倒轮后退让避乙轮所行之路

甲轮既经让路乙轮亦应察看情形设法让避不得径向甲轮前面横驶而过

第一○条　两轮船同一方向行驶后轮欲越过前轮时除照本章程第十六条第一项鸣放汽号外应避前轮所行之路但遇河道狭窄交叉或转弯处不得争先越过

第一一条　前三条之规定于帆船与帆船间亦适用之

第一二条　帆船在内河航行平时除无他项阻碍外应靠船右河岸行驶

第一三条　两帆船互相接近有碰撞之虞时两船之一艘须照下列规定避让航路

一　自由行驶之船舶须让用帆行驶之船舶

二　自由行驶之船舶相近时其逆水者须让顺水者

三　用帆行驶之船舶相近时其顺风者须让逆风者

第一四条　轮船与帆船相遇轮船应让避帆船行驶之路

第一五条　轮船通语汽号相左

一　短声汽号一声表明本船向右

二　短声汽号二声表明本船向左

三　短声汽号三声表明本船倒退

第一六条　两轮船前后行驶如后轮欲越过前船时应放长声汽号三响短声汽号一响通知前船于未接前船答允汽号前不得争先越过

前项情形前轮不允许后轮越过者不答允许者答放汽号亦如之但不得无故不答

第一七条　轮船越过帆船时除缓轮前进外应放长声汽号一响

第一八条　轮船遇下列情形除缓轮前进外每二分钟应放长声汽号一响

　　一　遇雾遇雪或大雨时

　　二　经过河道交叉折曲或转弯时

　　第一九条　轮船于航行中遇险求救时应连放汽号或雾号或击警钟或用通语旗号夜间或兼放蓝火至遇救时为止

　　第二○条　轮船在河道交叉狭窄曲折转弯或堤岸低陷之处航行时缓轮徐行

　　第二一条　船舶于航行中遇有他船求救时除本船亦在危险中外无论何时应立时尽力施救

　　第二二条　船舶于航行中不得将污秽煤屑及压载沙石等任意投弃河内

　　第二三条　凡航船不得在河道中流或交叉转弯处停泊

　　第二四条　关于本章程未规定之事项得适用于航海避碰章程之规定

　　第二五条　违反本章程之规定者航政官厅得停止其航行

　　第二六条　本章程自公布日施行

71

1932 年

发给轮船号牌办法

（中华民国二十一年交通部公布）

　　一、轮船应置玻璃制成之号牌四方组成灯二个由航商自备其式样如附图（甲略）

　　二、号牌装于号灯外周作一百十度角形其式样如附图（乙略）

　　三、号灯装置于船之两旁当中或合为斜方形一个悬于船舷上高约三四尺处但不得与其他号灯并在一处以免混淆

　　四、号牌数字以船舶登记之号数为准并注明某某航政局某某港字样如汉口局用（汉）字上海局用（沪）字天津局用（津）字广州局用（粤）字哈尔滨局用（哈）字

　　五、号牌长十四公分宽三十八公分乳色底黑字

72

1932 年

发给轮船船牌办法

（中华民国二十一年交通部公布）

一、轮船船牌长三公分宽六公分式样如附图（丙略）用磁制由航政局于船舶初次检查或定期检查完竣时发给之

二、轮船船牌之颜色每期更换以资识别其颜色形式临时由部颁行以照一律

三、轮船船牌应订于号牌上端

四、轮船船牌每船一面取费国币二角

73

1932 年

江海关新订浦江航行标志

（中华民国二十一年交通部公布）

【黄浦江内潮水甚激近年进出口商轮逐渐增多江面较狭之处尚有商船掉头发生击撞及沉船之祸盖因舢驳船以及小轮等往来江面不知趋避而让成覆舟之祸溺毙人命者几日有所闻港务局代理局长谷里恩为维持浦江浦面之安全计特将各项标志重行订立公告港内商船使知所趋避而减免种种覆舟落水等惨祸兹将港内挖泥船唧筒船日夜警告标识规定办法通告大小轮船一体遵照】

挖泥船警标　浦江内之浚浦挖泥船甚多分泊各处今规定悬挂旗灯及停泊之符号

（一）悬挂红旗及黑斜方形之立体一个表示停在浦江中流

（二）悬挂黑色圆球一个表示停泊偏浦东江面

（三）悬挂黑色圆球二个表示停泊在偏上海江面夜间之警号为船首船尾各悬白灯一盏（一）夜间在浦江停泊地位挂红灯成三角形上下各一表示停泊浦中（二）悬红灯三盏成三角形白灯一在上而底线二端红灯各一表示停泊偏浦东（三）挂红灯三盏成三角形顶尖红灯一盏底线两端白灯各一表示停泊偏上海

唧筒船警标　唧筒船之警标亦经规定日挂红旗一面表示已用蛇管接连靠在浦江之边夜悬白灯三盏成三角形顶尖向上表示已用蛇管接联靠在江边凡上列之挖泥船及唧筒船在妨碍浦江内航路之时均需悬挂此项新订之警标旗灯所用之灯光射力颇强在天气晴明之日于一里内之四周均可视见

74

1932 年 1 月 6 日

东方大港筹备委员会办事细则

（中华民国二十一年一月六日交通铁道两部核准）

第一条　本办事细则系依照东方大港筹备委员会章程第十三条之规定订立凡本会一切会务之处理依本细则行之

第二条　本会主任委员依本会章程第六条之规定综司规划设计及本会一切事务

第三条　本会委员依本会章程第七条之规定专司调查研究并审议测绘与施工各项计划方案及本会一切事务

第四条　依本会章程第八条及第十条之规定本会重要事务须由会议决定呈请两部部长核定行之并至少每三个月须开会议一次遇有重要事务得随时召集开会

第五条　本会会议由主任委员召集之或由委员二人以上之提请由主任委员召集之

第六条　本会左列事项均须提交会议审议或提出报告

一　年度经临费预算

二　年度经临费决算

三　每季收支报告

四　每季行政计划及工作报告

五　测绘计划与成绩报告

六　测验计划与成绩报告

七　调查及研究报告

八　工程计划

九　施工细则与工程合同

一〇　四千元以上之建筑及购置

一一　员司之任免及调派

一二　其他有关重要事项

第七条　本会开会日期之通知除因特别事故外须由主任委员于五日前发出

第八条　各委员提案除因特别事故外须于开会三日前出发

第九条　除临时动议外各委员提案均须用书面提出

第一〇条　本会会议议程由主任委员编列于开会前一日送达各委员

第一一条　本会会议由主任委员主席遇主任委员不能出席时由出席委员互推一人主席

第一二条　依本会章程第四条之规定本会得酌置工程司工务员事务员测绘员各若干人但须呈请交通铁道两部会派

第一三条　本会置测验工程司一人办理本会一切规划测绘事宜

第一四条　本会置设计工程司一人办理本会一切规划设计事宜

第一五条　本会工程司工务员测绘员承主管员司之命办理调查测绘探验研究设计师制图保管图案表册及其他技术事宜

第一六条　本会事务员承主管员司之命分掌会议记录文书收发文稿撰拟保管印信案卷编印报告登记进退编制预算决算登记账簿办理出纳保管单据购置物品保管器具及其他属于文书会计事务统计事宜

第一七条　本会雇员承主管员司之命办理应办事项

第一八条　依本会章程第五条之规定本会遇有技术上之必要得呈请两部部长指派部内技术人员帮同办理技术事宜

第一九条　本细则如有未尽事宜得提出会议议决呈请交通铁道两部修正之

第二〇条　本细则由本会分呈交通铁道两部核定施行

75

1932 年 1 月 6 日

北方大港筹备委员会办事细则

（中华民国二十一年一月六日交通铁道两部核准）

第一条　本办事细则系依照北方大港筹备委员会章程第十三条之规定订立凡本会一切会务之处理依本细则行之

第二条　本会主任委员依本会章程第六条之规定综司规划设计及本会一切事务

第三条　本会委员依本会章程第七条之规定专司调查研究并审议测绘与施工各项计划方案及本会一切事务

第四条　依本会章程第八条及第十条之规定本会重要事务须由会议决定呈请两部部长核定行之并至少每三个月须开会议一次遇有重要事务得随时召集开会

第五条　本会会议由主任委员召集之或由委员二人以上之提请由主任委员召集之

第六条　本会左列事项均须提交会议审议或提出报告

一　年度经临费预算

二　年度经临费决算

三　每季收支报告

四　每季行政计划及工作报告

五　测绘计划与成绩报告

六　测验计划与成绩报告

七　调查及研究报告

八　工程计划

九　施工细则与工程合同

一〇　四千元以上之建筑及购置

一一　员司之任免及调派

一二　其他有关重要事项

第七条　本会开会日期之通知除因特别事故外须由主任委员于十日前发出

第八条　各委员提案除因特别事故外须于开会五日前发出

第九条　除临时动议外各委员提案均须用书面提出

第一○条　本会会议议程由主任委员编列于开会前一日送达各委员

第一一条　本会会议由主任委员主席遇主任委员不能出席时由出席委员互推一人主席

第一二条　依本会章程第四条之规定本会得酌置工程司工务员事务员测绘员各若干人但须呈请交通铁道两部会派

第一三条　本会置测绘工程司一人办理本会一切规划测绘事宜

第一四条　本会置设计工程司一人办理本会一切规划设计事宜

第一五条　本会工程司工务员测绘员承主管员司之命办理调查测绘探验研究设计制图保管图案表册及其他技术事宜

第一六条　本会事务员承主管员司之命分掌会议记录文书收发文稿撰拟保管印信案卷编印报告登记进退编制预算决算登记账簿办理出纳保管单据购置物品保管器具及其他属于文书会计事务统计事宜

第一七条　本会雇员承主管员司之命办理应办事项

第一八条　依本会章程第五条之规定本会遇有技术上之必要得呈请两部部长指派部内技术人员帮同办理技术事宜

第一九条　本细则如有未尽事宜得提出会议议决呈请交通铁道两部修正之

第二○条　本细则由本会分呈交通铁道两部核定施行

76

1932 年 1 月 9 日

商办造船厂注册规则

（中华民国二十一年一月九日交通部部令第十三号公布同日施行）

第一条　凡商办造船厂均应依本规则之规定声请主管航政局查核后转呈交通部注册发给执照但无机器设备者不在此限

第二条　未领执照之商办造船厂不得承造船舶

第三条　商办造船厂声请注册应向主管航政局领取注册声请书依式填写左列各款附具图说并取具同业一家以上之证明

一　资本数额

二　工程师资格

三　船坞设备

四　机器厂设备

第四条　已经领照之商办造船厂业主变更时应重行声请注册

第五条　已经领照之商办造船厂如停止业务或变更地址或扩充营业时应分别情形声请主管航政局查核后转呈交通部备案并撤销或换给执照

第六条　主管航政局如发现造船厂之船坞机器设备或工程师资格与原声请书所载不符经查实时得呈请交通部撤销其执照

第七条　执照遗失时应登报声明作废声请主管航政局转呈补领

第八条　请领执照应依左列之规定缴费

一　能造一千吨以上之船舶者　　四十元

二　能造百吨以上之船舶者　　二十元

三　能造百吨以下之船舶者　　十元

换领或补领执照依上列规定减半缴费

第九条　本规则自公布之日施行

77

1932 年 1 月 20 日

小轮船丈量检查及注册给照章程

（中华民国二十一年一月二十日交通部部令第二一号公布）

第一章　通　则

第一条　凡轮船除总吨数满二十吨以上者应依船舶法船舶登记法之规定办理外其余未满二十吨之小轮船应依本章程之规定办理

前项小轮船系包括未满二十吨之渔轮而言

第二条　小轮船丈量检查事项交通部得委托当地航政官署或地方官署或专员办理

第三条　小轮船非经呈请交通部注册给照不得航行但已领有临时航行证者不在此限

第二章　丈量及检查

第四条　小轮船丈量或检查应由所有人或租赁人将该船驶赴该管官署所有地声请施行但声请人叙明事由不能驶赴该地时得就该船所在地施行之

丈量或检查声请书由该管官署印就随时交声请人填用

第五条　丈量及检查得由声请人同时声请施行

第六条　丈量或检查时声请人及管船员（俗称老大）司机均须在场帮同办理

第一节　丈量程序

第七条　声请丈量应于声请书内填明左列各款由声请人签名盖章

一　所有人姓名或名称及住所

二　船名

三　船质

四　甲板层数

五　容量

六　造船年月及厂名地点

七　丈量地点

第八条　新造小轮船应于全部装置完毕时声请丈量但为便利起见得于装置未毕以前声请先行丈量其一部分

第九条　旧有小轮船因修理或改造成致船身构造或容量有变更时应将变更部分于声请书内说细注明检同原有之丈量书据声请丈量

第一〇条　轮船内装载货物或堆积物件于丈量有妨碍时应由声请人先时清除如临时经丈量员认为有清除之必要者声请人不得拒绝

第一一条　专供或兼供乘客之小轮船应将乘客舱位另行丈量

第一二条　小轮船经丈量后如计算吨数有错误时得声请查明更正或派员复行丈量但在未经复量以前声请人不得变更该船之原状

第一三条　小轮船经丈量后应发给吨位证书如依前条之规定经复量者应发给复量单

第二节　检查程序

第一四条　声请检查应于声请书内填明左列各款由声请人签名盖章

一　所有人姓名或名称及住所

二　船名

三　船质

四　总吨数及净吨数

五　机器种类

六　机器马力及行驶速率

七　营业种类

八　声请检查之事由

九　检查地点

第一五条　声请检查新造未竣工之小轮船应于声请书内填明左列各款由声请人签名盖章连同制造样本及图说一并呈验

一　所有人姓名或名称及住所

二　船名

三　船质

四　计划容量

五　计划气压

六　计划马力

七　机器种类

八　营业种类

九　造船厂名及地点

一〇　主任技师姓名

一一　起工年月

一二　检查地点

第一六条　管船员应于检查前将货舱客舱及船员常用室分别划定

第一七条　乘客定额应由该管官署按照该船设备情形及丈量吨位核定之并于检查证书内注明

第一八条　乘客定额有变更时管船员应叙明事由声请该管官署核准

第一九条　气压限制应由该管官署按照机器之现状核定之并于保险汽门封锁后将钥匙缄封交管船员保管

第二〇条　管船员遇有不得已事故将保险气门启封时或保险气门钥匙缄封有损坏时应即叙明事由声请该管官署重行缄封

第二一条　检查合格之小轮船其航行期间由该管官署核定之但最长期间不得过一年

航行期间届满后非重经检查合格不得航行

第二二条　在航行期间内遇有左列情形之一时非经声请临时检查合格

不得航行

一　遭遇碰撞或灾变有损伤时

二　客货舱位或重要设备有变更时

三　船身经入坞或上架修理时

四　保险气门经启封时

五　船身或机器之重要部分经更换或损伤时

六　机器或气锅拆卸或推进机轴拆损时

第二三条　小轮船初次检查合格后应发给检查簿及检查证书以后每经检查后应将检查情形依式记载于检查簿并换给检查证书

依前条之规定经临时检查者应给临时检查证书

第二四条　除第二十二条各项情形应声请检查外检查证书所载事项有变更时管船员应叙明事由声请该管官署查明更正并加盖官章证明

第三章　注册给照

第二五条　小轮船注册给应由所有人向交通部直接呈请或呈由当地航政官署或地方官署转呈请领

第二六条　呈请注册给照时应具报左列事项

一　小轮船所有人姓名或名称及住所

二　船舶种类及船名

三　总吨数及净吨数

四　长广深度及吃水尺寸

五　船质及甲板质数

六　机器种类

七　机器马力及行驶速率

八　推进器种类

九　航线图说

一〇　航线起讫及经过地点

一一　购置价值

一二　造船年月造船地点及厂名

一三　管船员之姓名及资历

第二七条　呈请注册给照时应检同所有权证明文件及丈量检查书据一并呈验

小轮船经丈量检查后在未领到执照前得声请该管官署发给临时航行证但有效期间以两个月为限

第二八条　为渔轮呈请注册给照时除依前二条之规定办理外并应呈验

实业部发给之渔业执照

第二九条　呈报内河航线每船不得为三条并应以同一处所为起点其经过地点须依次顺列不得绕越凌乱

内河航线遇有特别故障或轮班拥挤时应由当地航政官署或地方官署查明呈报交通部停发该航线内之轮船执照

第三〇条　在同一航线内之小轮船不得与领照在先者同名

第三一条　小轮船执照应常置本船上备查

第三二条　已经注册给照之小轮船当地航政官署及地方官署均应随时保护

第三三条　已领执照之小轮船如有违反规章或滥载竞争情事当地航政官署或地方官署应查明制止或呈报交通部吊销执照

第三四条　小轮船遇第二十六条第一款至第十款所载事项有变更时应呈报交通部换给执照如将该船租赁他人时应声请该管官署备案并于执照上注明加盖官章证明

第三五条　小轮船遇有左列情事之一时应呈报交通部缴销执照

一　船身毁损不能航行时

二　自行停业或经官署以职权令其停业时

三　转售赠与时

四　因吨数增加依船舶法之规定应领取国籍证书时

第四章　丈量费检查费及册照费

第三六条　声请丈量检查或注册给照者应各依附表定额缴纳丈量费检查费或册照费

第三七条　依第四条但书之规定就该船所在地施行丈量或检查者除依定额缴费外并须缴纳丈量员或检查员照章应领之旅费

前项旅费如遇数船同在一处同时施行丈量或检查时与一船同其数船不属一人所有者各按其应丈量及检查费用之多寡比例分担之

第三八条　丈量或检查已着手施行而声请人撤回声请时仍应照定额缴费

第三九条　依第八条之规定分别部分丈量时应共作一次照定额缴费

第四〇条　依第九条之规定丈量该船变更部分时应照定额缴费

第四一条　依第十一条之规定丈量乘客舱位时无须另缴丈量费

第四二条　依第十二条之规定履行丈量时除声请人有变更该船原状情事或复量结果原计算之吨数并无错误者均须照定额缴费外无须缴纳丈量费

第四三条　依第二十条之规定声请重行缄封或依第二十四条之规定声请更正盖章时应各缴手续费二元但因有临时检查之必要已缴检查费者无须另行缴费

第四四条　小轮船经丈量检查后发给丈量吨位证书复量单或检查簿检查证书临时检查证书时均无须另行缴费但此项书据如有遗失毁损声请原发官署补发或换发者各应缴手续费二元

第四五条　小轮船执照如因遗失毁损或所载专项变更呈请交通部补发或换发者应照定额二分之一缴费

呈请发给补发或换发执照者均应附缴印花税二元

第四六条　依第二十七条第二项之规定请给临时航行证及第三十四条之规定为租赁备案者应缴手续费二元

第五章　附　则

第四七条　小轮船违反第三条第二十一条第二项第二十二条或第二十七条第二项但书之规定而航行者该管官署得科以一百元以下之罚款

第四八条　违反第十八条第二十条第二十四条第三十四条或第三十五条之规定该管官署得科以五十元以下之罚款

载客逾额者依前项之例科罚但为救济危难于可能范围内逾额搭载者不在此限

第四九条　办理丈量检查注册给照之公务人员如有违章需索或故意留难情事小轮船所有人租赁人或管船员得向交通部或当地司法官署据实呈诉

第五〇条　本章程施行前已经丈量或检查领有证书或凭单者一律有效但如因船身改造容量变更及原定航行期间已届满时应照本章程之规定办理

第五一条　本章程施行前已领有轮船执照或船舶执照片者除总吨数满二十吨以上者应依法改领船舶国籍证书外其余一律继续有效

第五二条　本章程自公布日施行

78

1932 年 1 月 21 日

交通部东北各江商船领江证书章程

（中华民国二十一年一月二十一日交通部部令第二七号公布）

第一条　本章程适用于东北各江商船领江人员

第二条　商船领江分大领江二领江两级

第三条　领江须呈经航政局审查合格由交通部发给证书后方得服务

第四条　请领领江证书须具有左列资格

一　年满二十六岁以上在商船上继续服务已满六年并曾充大领江一年以上者得请领大领江证书

二　年满二十三岁以上在商船上继续服务已满三年并曾充二领江一年以上者得请领二领江证书

前项资格须由所属公司或本管船长以书面证明之

第五条　在商船上练习领江满三年以上由本管船长及领江出具证明堪以充当二领江职务者得请领二领江证书充当二领江满三年以上由本管船长出具证明堪以充当大领江职务者得请领大领江证书

第六条　凡请领领江证书者须备最近半身相片两张亲赴主管航政官署指定之医生处检查体格证明下列各项并由医生于相片上签字为证

一　身体健全

二　目光良好

三　耳听聪明

四　无神经病

五　不吸鸦片

第七条　凡请领领江证书者须开具详细履历声明谙习某航线并呈验在商船上服务之证明书（以商船船长或公司负责人员所出证明书为限）检查体格证明书及医生签字之相片两张

第八条　领江执行业务以证书所载航线为限

第九条　凡请领领江证书者须缴左列之证书费并随缴印花税二元

甲　大领江二十元

乙　二领江十元

第十条　凡为商船领江出具证明书须亲笔署名盖章方为有效如证明事件有虚伪假冒情事查明属实后得移送法院论罪

第十一条　商船领江证书如有涂改假冒查明属实者除取消其证书外并得移送法院论罪

第十二条　领江证书如有遗失时应即登报声明作废取具本公司或本管船长之证明书将遗失实情呈报航政局查核转呈交通部补给并照定额缴纳证书费二分之一

证书毁损请补给者亦同

第十三条　商船领江证书有效期间为五年期满后请换新证书时仍依本章程之规定办理但证书费缴定额二分之一

第十四条　海员管理暂行章程关于规定船员之事项于领江准用之

第十五条　领江犯下列各项之一者交通部或主管航政官署得收回或撤销其证书但收回期间最长不得过二年

一　因酒醉狂暴或其他失当行为或才力不能胜任致船舶失事者

二　夹带违禁物品或其他犯罪行为者前项收回证书之期间届满后三个月以内得由本人呈请发还证书逾期不给

第十六条　本章程自公布之日施行

79

1932 年 2 月 6 日

渔轮长渔捞长登记暂行规则

（中华民国二十一年二月六日实业部部令公字第五〇四号公布）

第一条　凡中华民国人民在举行渔业人员考试以前志愿为本国之渔轮长渔捞长者应依本规则向实业部呈请登记

第二条　渔轮长渔捞长以服务远洋渔轮者为甲种以服务近海渔轮者为

乙种

第三条　甲种渔轮长渔捞长须有左列资格之一

一　在国内外水产大学或专门学校渔捞科毕业曾任乙种渔轮长或渔捞长一年以上并在远洋渔轮上继续任大副二年以上者

二　在国内外商船专门学校航海科毕业曾任乙种渔轮长三年以上并继续任远洋渔轮大副满二年者

第四条　乙种渔轮长渔捞长须有左列资格之一

一　在高级水产学校渔捞科毕业在乙种渔轮上继续服务满三年后并曾任大副一年以上者

二　在商船学校航海科毕业在乙种渔轮上继续服务满三年后再任大副一年以上者

三　在乙种渔轮上继续服务满五年后连任大副二年以上者

第五条　前两条规定之资格除学校毕业者呈验证书外并须由服务渔轮之机关或公司或船长或航政局或税务司出具证明书

第六条　凡呈请登记者应具呈请书连同证明文件登记费印花税并最近二寸半身相片二张呈送实业部

第七条　登记费额甲种各三十元乙种各十五元审查不合格时连同印花税发还之

第八条　实业部对于登记之呈请依本规则第一条至第五条审查之其合格者给予登记证

第九条　本规则公布前已任各渔轮长渔捞长者应于本规则公布后三个月内呈请登记

第十条　凡由水产学校渔捞科出身并领有商船船长证书者得免领本部渔轮长或渔捞长登记证充任渔轮长或渔捞长

第十一条　凡一渔轮其渔轮长领有商船船长证书而非水产学校渔捞科出身者仍须添用一有领得本部登记证之渔捞长

第十二条　渔轮长渔捞长执行职务有违反法规损害渔业或航业者实业部得注销其登记并追缴其登记证

第十三条　本规则自公布之日施行

80

1932 年 3 月 26 日

招商局监督处章程

（中华民国二十一年三月二十六日交通部部令第一二三号公布）

第一条 交通部为整理招商局以发展本国航业起见依照本部组织法第一条及第十条第三项之规定特设招商局监督处专任监督整理之责

第二条 招商局监督处设监督一人由交通部派充

第三条 招商局监督处一切整理计划交由总经理处负责执行

第四条 监督处设秘书二人科长二人事务员若干人由监督派充遇必要时得向总经理处调用

第五条 监督处之职权如左

一 关于业务方针之决定事项

二 关于契约之订定及废除事项

三 关于产业及资本之整理事项

四 关于分局及附属机关之废置事项

五 关于总局分局及附属机关规章之审定事项

六 关于一切兴革事宜之规划事项

七 关于债权债务之清理事项

八 关于总局分局及附属机关预算之审定事项

九 关于账目及业务之稽核事项

十 其他重要事项

第六条 招商局分局经理之任免须由总经理商承监督办理

第七条 总经理对于交通部有所陈请时应由监督转呈之

第八条 总经理得列席监督处处务会议报告业务情形陈述意见

第九条 招商局关于工程及购料事项应由监督处审核办理

第十条 监督处关于整理局务改革航务之设计事项得设委员会

第十一条 监督处因处理法律会计及建设等事件得聘任顾问

第十二条　监督处关于航务及其他技术人员得聘用国内外专家

第十三条　监督处办事细则招商局总经理处及分局并附属机关组织规程另定之

第十四条　本章程如有未尽事宜得由监督呈请交通部修正之

第十五条　本章程自公布日施行

81

1932 年 3 月 26 日

招商局总经理处暂行组织章程

（中华民国二十一年三月二十六日交通部部令第一二四号公布）

第一条　本章程依照招商局监督处章程第十三条制定之

第二条　总经理处设总经理一人由交通部派充负责经营全局及执行监督处一切整理计划

第三条　总经理处设秘书三人由总经理派充掌理一切关于机要文件等事项

第四条　总经理处为视察各分局船栈业务之必要得设视察员二人由总经理派充

第五条　总经理处设左列各科每科设主任一人办事员若干人均由总经理派充

各科视事业之繁简得酌设副主任一人由总经理派充

一、总务科

二、营业科

三、船务科

四、栈务科

五、会计科

六、产业科

第六条　总务科之职掌如左

一、关于保管一切重要文件及典守关防事项

二、关于收发文书事项

三、关于撰拟各项华洋文件事项

四、关于股票登记过户及保管事项

五、关于交际宣传及编译事项

六、关于统计及调查事项

七、关于党务学校工会事项

八、关于会议记录事项

九、关于物料之采办收发及保管事项

十、关于人事登记及职员进退保障考勤事项

十一、关于庶务及卫生之管理及设备事项

十二、关于一切法令之公布及通知并业务情形之汇报等事项

十三、关于卷宗档案之保管及登记事项

十四、关于免费及半价乘船证之审核事项

十五、关于不属其他各科事项

第七条 营业科之职掌如左

一、关于各航线船只之分配调遣及计划事项

二、关于国内外航业之调查及报告事项

三、关于船期之规定事项

四、关于客货之招徕及清理事项

五、关于贷脚定率之厘定事项

六、关于客票定率之厘定事项

七、关于客佣定率之厘定事项

八、关于各种扛力之审核事项

九、关于海关之接洽事项

十、关于航运成本之计算事项

十一、关于各轮业务主任之考绩事项

十二、关于各分局办事处之考绩事项

十三、关于同业之接洽事项

十四、关于免费及半价乘船证之填发事项

十五、关于内河航业之管理事项

十六、关于轮船之征租事项

第八条 船务科之职掌如左

一、关于船舶驾驶机务人员之管辖及其职务之分配事项

二、关于船员之进退及登记事项

三、关于船身机器之检验事项

四、关于船舶之修造监工及验收事项

五、关于船舶之设备及卫生事项

六、关于船长船员之管理及考绩事项

七、关于码头趸船之修造监工及验收事项

八、关于船务各项工程之投标及验收事项

九、关于各局各栈各船各码头之绘图事项

十、关于船舶无线电之管理及其人员之考绩事项

十一、关于船舶所用煤炭物料之审核事项

十二、关于船舶之消防及救护事项

十三、关于船舶之保险事项

十四、关于机械工厂及船舶之管理事项

第九条 栈务科之职掌如左

一、关于栈货之招徕及保管存货事项

二、关于栈货之清理事项

三、关于栈房码头收益之经收事项

四、关于栈房之修造及检验事项

五、关于栈房之保险事项

六、关于栈房之消防及其他设备事项

七、关于栈租定率之厘定事项

八、关于扛力定率之厘定事项

九、关于栈务员之管理考绩及其职务之分配进退事项

十、关于各地栈务之监督及整理事项

十一、关于码头稽查巡丁之管理事项

十二、关于煤栈之一切事项

十三、关于货栈码头趸船之改良及修理事项

第十条 会计科之职掌如左

一、关于现金之收入及支出事项

二、关于银库及银行往来簿据支票之保管事项

三、关于预算决算之编制事项

四、关于贷借对照表损益表及财产目录之编订事项

五、关于日计表月计表及其他结算报告书之编造事项

六、关于各种账簿之登记保管整理及检查核算事项

七、关于日记票及传票之核对事项

八、关于股票发息事项

九、关于各分局办事处及各船栈会计之厘定及检查事项

十、关于抵借款项以及其他债权债务清理事项

第十一条 产业科之职掌如左

一、关于积余产业公司之一切事项

二、关于各房产地产之管理事项

三、关于房产地产之清查及整理事项

四、关于房产地产之登记及图册事项

五、关于房产地产之经租事项

六、关于房产地产及栈房码头等建筑物之保险事项

七、关于房产地产之修造及验收事项

八、关于房产地产之纳税及完粮事项

九、关于房产地产之设计及估价事项

十、关于房产地产之绘图及测量事项

十一、关于房产地产押款之整理事项

十二、关于房产地产纠纷之处理事项

第十二条 本局得酌量业务状况在各埠设立分局或办事处其章程另定之

第十三条 总经理处设工程师室置总工程师一员船舶及土木工程师各一员办事员若干员秉承总经理之命掌理各项工程之设计估价及检定等事项

第十四条 总经理处任用秘书主任视察各员应呈请监督处备案

第十五条 总经理处各科室得酌用书记及练习生

第十六条 关于两科以上之事务应由各该科会同办理

第十七条 总经理处各科得分股办事其办事细则另定之

第十八条 本章程如有未尽事宜得由监督呈请交通部修正之

第十九条 本章程自公布之日施行

82

1932 年 5 月 31 日

海港检疫管理处组织条例

（中华民国二十一年五月三十一日国民政府洛字第九十号训令公布）

第一条　海港检疫管理处直隶于内政部卫生署掌理左列各事项

一　关于各海港检疫所之调查及设置事项

二　关于各海港检疫所之视察及改善事项

三　关于各海港检疫所执行职务之监督及考核事项

四　关于应施检疫之传染病及疫区之调查指导及通告事项

五　关于各海港流行病之调查统计及报告事项

六　关于国际检疫事项

第二条　海港检疫管理处设处长一人简任总检疫医官一人简任检疫医官六人其中三人荐任除委任技士秘书各一人荐任处员二人至六人委任

第三条　处长承内政部卫生署署长之命综理处务

总检疫医官承处长之命办理检疫事务

秘书承处长之命办理事务

检疫医官及技士承长官之命分掌各项事务

处员承长官之命助理事务

第四条　海港检疫管理处于必要时得酌用雇员

第五条　海港检疫管理处得延聘专家为名誉顾问

第六条　海港检疫管理处办事细则由处长拟订呈请内政部卫生署核定之

第七条　本条例自公布日施行

83

1932 年 8 月 16 日

交通部船员检定委员会章程

（中华民国二十一年八月十六日交通部公布）

第一条 交通部为检定安全国轮船船员依据组织法第五条之规定设立船员检定委员会

第二条 本会辅助航政司处理关于检定船员时审查及考验事宜

第三条 本会设委员五人至七人由部长遴选具有航政专门学识经验人员派充之

第四条 本会设委员长一人由部长就委员中指定之

第五条 委员长主持本会一切事务如因事故不能执行职务时得指定委员一人代理之

第六条 航政司遇船员呈请检定时应将呈请书及其附件交本会审查

第七条 本会收受前条呈请书得由委员长分配各委员审查之

第八条 本会委员应依船员检定章程就各项凭证书类分别审核拟具意见书提交委员长

第九条 前条意见书提出后应由委员长定期开会审查之

第十条 本会开会时非有全体委员过半数出席不得开议

第十一条 本会开会时以委员长主席委员长因事缺席时应指定委员一人为临时主席

第十二条 本会会议以出席委员过半数之同意决之可否同数取决于主席

第十三条 本会开会审议完竣应将议决之审查意见书交由航政司呈请部长核定合格者发给证书

第十四条 本会举行考验时应由委员长呈请部长指派委员办理

考验结果应评定成绩制成意见书连同试题试卷送由航政司呈请部长核定

第十五条　前条考验得就各港埠会同航政局局长办理

第十六条　本会遇必要时得临时呈请部长聘用技术专门人员

第十七条　本会设事务员二人至四人由委员长呈请部长派充之

第十八条　本会因缮校记录得酌用雇员

第十九条　本章程施行日期以部令定之

84
1932 年 8 月 16 日

交通部船员检定暂行章程

（中华民国二十一年八月十六日交通部公布　二十二年六月一日施行）

第一条　凡在本国轮船充当驾驶员或轮机员均须经交通部检定合格发给证书始得服务但在不满五十总吨之轮船服务者其办法另定之

前项所称轮船系指专用或兼用轮机运转之船舶

第二条　船员检定分原级检定与升级检定二种

第三条　原级检定应依左列各项资历分级办理

（一）在舱面继续服务及充当驾驶员共满八年并曾充或现充船长者得受船长原级检定

（二）在舱面继续服务及充当驾驶员共满六年并曾充或现充大副者得受大副原级检定

（三）在舱面继续服务及充当驾驶员共满四年并曾充或现充二副者得受二副原级检定

（四）在舱面继续服务已满二年并曾充或现充三副者得受三副原级检定

（五）在轮机室继续服务及充当轮机员共满八年并曾充或现充轮机长者得受轮机长原级检定

（六）在轮机室继续服务及充当轮机员共满六年并曾充或现充大管轮者得受大管轮原级检定

（七）在轮机室继续服务及充当轮机员共满四年并曾充或现充二管轮者

得受二管轮原级检定

（八）在轮机室继续服务已满二年并曾充或现充三管轮者得受三管轮原级检定

第四条 船长轮机长以下各级船员领有证书曾充证书上所定职务满二年执有服务证明书者均得受升级检定但大副须服务满三年方得受升级检定

受升级检定者除依前项规定办理外在服务期间须执有本管船长所签具任事勤敏技术增进品行善良之报告书

第五条 受检定者须经国内外医学校毕业并领有开业执照之医生检验体格证明左列各款

（一）身体健全

（二）目力良好无色盲病

（三）耳听聪敏

（四）无神经病

第六条 受检定者须开具详细履历声明谙习某种航路或某种机器及服务船只之船名总吨数或机器马力并呈验各项证明文件及最近半身二寸相片两张

第七条 受船长轮机长原级检定或大副大管轮升级检定者年龄须满二十七岁受其他船员检定者须满二十二岁

第八条 受检定者其服务资历应以各该员之本管船长或船东或船东代理人所签具之证明书及服务期间本管船长之报告书为准但受远洋或沿海轮船船长原级检定或大副升级检定依另条之规定

第九条 受远洋或沿海轮船船长原级检定者应取具船东或船东代理人签具之报告书受远洋或沿海轮船大副升级检定者应取具本管船长或船东或船东代理人签具之报告书呈缴审核

前项报告书经交通部认为合格后并应考验学术以笔试口试分别行之

第十条 本管船长或船东或船东代理人为船员签具证明书或报告书时须亲自签名盖章如证明事件有虚伪捏造情事得送法院论罪

第十一条 曾充海军军官者附具履历及各种证明文件呈请检定

依前项声请检定者比照第三条之规定办理之

第十二条 船员经检定合格后由交通部登报公布其无职业者并通知航业同业公会转知各公司酌予聘用

第十三条 检定不合格者得审核其学术经验品性酌给低一级或低二级之证书

第十四条 有左列情形之一者不得受检定

（一）现处徒刑或褫夺公权尚未复权者

（二）受撤销船员证书之处分者

（三）受收回船员证书之处分尚未满期者

第十五条　在本章程施行以前领有商船职员证书者除充当中国轮船各级职员之外国人外在原证书有限期间内仍得照常服务其期间未满自愿受检定者听

第十六条　现充中国轮船各职员之外国人无论已否领有商船职员证书自本章程施行之日起六个月以内均应依本章程第一条及船员证书章程之规定经检定合格领有证书者方得服务

第十七条　领有本章程所规定之凭书或商船职员证书者遇发现其原呈报之资历有疑义时应重行检定之

第十八条　本章程施行日期以部令定之

85

1932 年 8 月 16 日

交通部船员证书章程

（中华民国二十一年八月十六日交通部公布　二十二年六月一日施行）

第一条　本章程所称船员系指在船上服务之驾驶员及轮机员而言

第二条　驾驶员及轮机员各分左列等级

一　驾驶员

　　船　长　大　副　二　副　三　副

二　轮机员

　　轮机长　大管轮　二管轮　三管轮

第三条　船员证书于船员检定合格后由交通部发给或给换之

第四条　船员证书分左列二种

一　驾驶员证书

二　轮机员证书

第五条　各级驾驶员证书皆分为左列三种

一　甲种证书　凡受检定合格堪充远洋轮船驾驶员者发给之

二　乙种证书　凡受检定合格堪充近海轮船驾驶员者发给之

三　丙种证书　凡受检定合格堪充江湖轮船驾驶员者发给之

凡系商船学校或相当学校毕业富有天文驾驶船艺等学识及航海各种经验者发给驾驶员甲乙丙种证书如系舵工或系船上练习出身者发给驾驶员丙种证书领有驾驶员甲种证书者得充乙种或丙种同级之职务领有乙种证书者得充丙种同级或甲种低一级之职务领有丙种证书者得充甲种低二级或乙种低一级之职务

第六条　各级轮机员证书皆分为左列二种

一　甲种证书　凡在学校卒业领有卒业证书并在机械工厂及轮船轮机室实习期满领有证明书经检定合格堪充轮机员者发给之

二　乙种证书　凡在机械工厂或轮船轮机室实习期满领有证明书经检定合格堪充轮机员者发给之

领有轮机员乙种证书者不得充当轮机长之职务

第七条　船员证书自发给之日起以五年为有效期间

船员证书自发给外国人时以一年为有效期间

第八条　请领船员证书者应缴证书费五元及印花费二元

第九条　船员证书遇遗失时应即登报声明作废并须取具本管船长或船东或船东代理人之证明书将遗失实情呈报交通部审核补发新证书

船员证书遇破损时应将原证书缴销呈请换发新证书补发或换发新证书时应缴本章程第八条所定各费

第十条　船员犯左列各款行为之一者经交通部查核属实得撤销或收回其证书

一　船员因职务上应为而不为或不应为而为以致破坏船舶或损失他人生命财产者撤销其证书

二　船员私自夹带或贿纵他人私带违禁物品者撤销其证书

三　船员因酗酒或其他失当行为致发生碰撞或搁浅等情事得按其情节轻重撤销或收回其证书

四　船员现处徒刑或褫夺公权尚未复权者撤销或收回其证书

前项收回证书由交通部按其情形酌定收回之期间期满后得由本人呈请发还

第十一条　前条船员证书撤销或收回后交通部酌量情形改发低一级或低二级之船员证书

第十二条　船员如有伪造变造或冒用他人证书情事除撤销其证书外并得送法院论罪

第十三条　交通部商船职员证书章程自本章程施行之日废止之
第十四条　本章程施行日期以部令定之

86

1932 年 9 月 17 日

修正招商局监督处章程第一条第四条条文

（中华民国二十一年九月十七日交通部公布）

　　第一条　交通部为整理招商局以发展航业起见特设招商局监督处专任监督之责
　　第四条　监督处设秘书二人科长二人事务员三十二人由监督派充遇必要时得向总经理处调用

87

1932 年 9 月 17 日

修正招商局总经理处暂行组织章程
第五条第八条第十三条条文

（中华民国二十一年九月十七日交通部公布）

　　第五条　总经理处设左列各科各设主任一人办事员共一百七十二人均由总经理派充
　　各科视事业之繁简得酌设副主任一人由总经理派充
　　一、总务科

二、营业科

三、船务科

四、栈务科

五、会计科

六、产业科

第八条 十四 关于机械工厂及船厂之管理事项

第十三条 总经理处设工程师室置总工程师一员船舶及土木工程师各一员办事员共十二人秉承总理之命掌理各项工程之设计估价及检定等事项

88

1932 年 10 月 5 日

中华海员工会组织规则

（中华民国二十一年十月五日行政院令第一九号公布 二十二年七月一日施行）

第一条 中华海员工会以增进智识技能发展航运利益维持改善劳动条件及生活为宗旨

第二条 中华海员工会之名称应为中华海员工会

第三条 凡服务于以机器运转在海上航行或在与海相通之水上航行商船年满十六岁以上之海员集合五十人以上者得依照法定程序发起组织各地海员分会有五个海员分会之发起得组织中华海员工会

第四条 中华海员工会之构成分子依据第三条之规定俱左列各项人员不得为海员工会会员

一 船长代理船长大二三副但内河小轮之大副不在此限

二 轮机长大二三管轮但内河小轮之老轨不在此项

三 无线电员

四 医师

五 其他业务人员

第五条　中华海员工会设于中国最繁盛之商埠于各港埠或航业繁盛处所得组织分会于各商埠或各该商船之公司轮局所在地组织支部支部之下得划分小组每组以会员五人至三十人为限

第六条　中华海员工会设理事五人至九人候补理事二人至四人监事三人至五人候补监事一人至二人由各海员工会分会代表大会选举之

第七条　海员工会分会设干事三人至五人候补干事一人至二人由该分会会员或代表大会选举之

第八条　海员工会支部设干事一人至三人由支部所属会员选举之

第九条　海员工会小组设组长一人由小组会员选举之

第一○条　中华海员工会理事监事及分会干事任期为一年支部干事小组组长任期为六个月

第一一条　中华海员工会以一个为限在同一港埠只得设立一个分会在同一商船或各该商船之公司轮局所在地只得设立一个支部

第一二条　中华海员工会之最高主管官署为交通部海员工会所属之分会支部以其所在地之省市县政府为管辖机关

第一三条　各地海员工会分会须冠以所在地之名称其所属之支部须冠以该商船或该轮局之名称

第一四条　商船航经各港埠其海员应受当地海员工会分会之指导当地海员工会分会亦应尽其维护之职责

第一五条　中华海员工会之任务除遵照工会法第十五条第二项至十一三项之规定外须注意左列事项

一　航海智识技能之增进

二　航海危害之预防及救济

三　客货载运之便捷

四　旅客待遇之改善

五　海员保险之促进

六　其他关于航政航业之建议及咨询

第一六条　中华海员工会会员及职工除遵照工会法第十六条第二十三条第四项第二十七条之规定外并不得有左列各项之行为

一　封锁或扣留船舶

二　擅取或毁损船货或属具

三　加害于船舶业主或海员

四　帮别斗争

五　勒索旅客

第一七条　中华海员工会除遵照本规则外应准用工会法及工会法施行

法各条之规定

第一八条　本规则由行政院公布其实施日期由行政院以院令定之

89

1932 年 10 月 6 日

交通部各航政局登记所主任
征缴保证金规则

（中华民国二十一年十月六日交通部部令第四〇七号公布）

第一条　航政局登记所主任应依照本规则缴存保证金或相当之担保

第二条　保证金金额甲等登记所主任缴纳五百元乙等登记所主任缴纳三百元于奉委后到差前缴由主管航政局呈解本部转送代理国库之银行保管存储

第三条　凡缴存保证金除现金外得以国民政府财政部发行之公债票库券为代替其代替之公债票及库券种类随时由主管航政局核定之

第四条　缴存现金以交存银行所得之息照数转给其以公债票或库券为代替者仍照该公债票或库券所得之息给还

第五条　对于前项保证金如该主任确不能取得现金或公债票库券为担保时得以曾经主管航政局认可之殷实铺保担保之仍由各主管航政局负责随时考察

第六条　前项保证金缴到后由本部填发收据交该航政局转发该主任收执

第七条　凡以公债票库券代缴保证金者如该主任因不得已事故请求领回得声叙理由连同本部所发收据并缴足相当之代替请求主管航政局代请发还

第八条　前项保证金或代替之公债票库券及商号保单于该主任免职停职或转任时俟交代清楚经费报销完全后如数发还其有亏欠应将所缴之现金或公债库券变价按欠数扣除如有余款当发还之不足仍按数追缴其以商号为担保者由该商号负责代偿

第九条　现在在职之各登记所主任应自公布日起一个月内补缴清楚

第十条　本规则自公布日施行

90

1932 年 11 月 12 日

招商局暂行组织章程

（中华民国二十一年十一月十二日交通部部令第四八六号公布）

第一条　本局为国营事业直辖于交通部

第二条　本局设总经理一人由交通部呈请简派执行局务

第三条　总经理之下设秘书一人至二人由总经理派充掌理一切关于机要文件等事项

第四条　本局为视察各分局船栈业务之必要得设视察员二人由总经理派充

第五条　本局设左列各科每科设主任一人办事员若干人均由总经理派充各科视事业之繁简得酌设副主任一人由总经理派充

一、总务科

二、营业科

三、船务科

四、栈务科

五、会计科

六、产业科

第六条　总务科之职掌如左

一、关于保管一切重要文件及典守关防事项

二、关于收发文书事项

三、关于撰拟各项华洋文件事项

四、关于股票登记过户及保管事项

五、关于交际宣传及编译事项

六、关于统计及调查事项

七、关于党务学校工会事项

八、关于会议记录事项

九、关于物料之采办收发及保管事项

十、关于人事登记及职员进退保障考勤事项

十一、关于庶务及卫生之管理及设备事项

十二、关于一切法令之公布及通知并业务情形之汇报等事项

十三、关于卷宗档案之保管及登记事项

十四、关于免费及半价乘船证之审核事项

十五、关于不属其他各科事项

第七条 营业科之职掌如左

一、关于各航线船只之分配调遣及计划事项

二、关于国内外航业之调查及报告事项

三、关于船期之规定事项

四、关于客货之招徕及清理事项

五、关于货脚定率之厘定事项

六、关于客票定率之厘定事项

七、关于客佣定率之厘定事项

八、关于各种扛力之审核事项

九、关于海关之接洽事项

十、关于航运成本之计算事项

十一、关于各轮业务主任之考绩事项

十二、关于各分局办事处之考绩事项

十三、关于同业之接洽事项

十四、关于免费及半价乘船证之填发事项

十五、关于内河航业之管理事项

十六、关于轮船之征租事项

第八条 船务科之职掌如左

一、关于船舶驾驶机务人员之管辖及其职务之分配事项

二、关于职员之进退及登记事项

三、关于船身机器之检验事项

四、关于船舶之修造监工及验收事项

五、关于船舶之设备及卫生事项

六、关于船长船员之管理及考绩事项

七、关于码头趸船之修造监工及验收事项

八、关于船务各项工程之投票及验收事项

九、关于各局各栈各船各码头之绘图事项

十、关于船舶无线电之管理及其人员之考绩事项

十一、关于船舶所用煤炭物料之审核事项

十二、关于船舶之消防及救护事项

十三、关于船舶之保险事项

十四、关于机械工厂及船舶之管理事项

第九条 栈务科之职掌如左

一、关于栈货之招徕及保管存货事项

二、关于栈货之清理事项

三、关于栈房码头收益之经收事项

四、关于栈房之修造及检验事项

五、关于栈房之保险事项

六、关于栈房之消防及其他设备事项

七、关于栈租定率之厘定事项

八、关于扛力定率之厘定事项

九、关于栈务员之管理考绩及其职务之分配进退事项

十、关于各地栈务之监督及整理事项

十一、关于码头稽查巡丁之管理事项

十二、关于煤栈之一切事项

十三、关于货栈码头趸船之改良及修理事项

第十条 会计科之职掌如左

一、关于现金之收入及支出事项

二、关于银库及银行往来簿据支票之保管事项

三、关于预算决算之编制事项

四、关于贷借对照表损益表及财产目录之编订事项

五、关于日计表月计表及其他结算报告书之编造事项

六、关于各种账簿之登记保管整理及检查核算事项

七、关于日记票及传票之核对事项

八、关于股票发息事项

九、关于各局办事处及各船栈会计之厘定及检查事项

十、关于抵借款项以及其他债权债务清理事项

第十一条 产业科之职掌如左

一、关于积余产业公司之一切事项

二、关于各房产地产之管理事项

三、关于房产地产之清查及整理事项

四、关于房产地产之登记及图册事项

五、关于房产地产之经租事项

六、关于房产地产及栈房码头等建筑物之保险事项

七、关于房产地产之修造及验收事项

八、关于房产地产之纳税及完税事项

九、关于房产地产之设计及估价事项

十、关于房产地产之绘图及测量事项

十一、关于房产地产押款之整理事项

十二、关于房产地产纠纷之处理事项

第十二条 本局各埠分局或办事处及积余产业公司内河轮船公司之章程另定之

第十三条 本局设工程师置总工程师一员船舶及土木工程师各一员办事员若干员秉承总经理之命掌理各项工程之设计估价及检定等事项

第十四条 本局一切重要事项及任用秘书主任视察各员应呈请交通部核准

第十五条 本局各科室得酌用书记及练习生

第十六条 关于两科以上之事务应由各该科会同办理

第十七条 本局各科得分股办事其办事细则另定之

第十八条 本章程自公布之日施行至正式章程呈奉行政院核准公布之日废止之

91

1932 年 11 月 12 日

招商局监事会暂行章程

（中华民国二十一年十一月十二日交通部部令第四八七号公布）

第一条 招商局设监事会直隶于交通部

第二条 监事会承交通部之命监察全局人员及一切业务

第三条　监事会置监事九人至十三人由交通部长遴选简派之

第四条　监事会置监事长一人由各监事互相推举为监事会议之主席并执行召集监事会议

第五条　监事会置秘书一人事务员二人

第六条　监事会之职权如左

一、全局服务人员违法失职之检举事项

二、订立重要契约及募集新债之审核事项

三、预算决算之审核事项

四、账目及营业之检查事项

五、其他关于业务之监察事项

第七条　理事会除前条规定职权外关于局务如认为有利益时得提出意见于理事会供其采择

第八条　监事会对于理事会处理事务如认为有必要时得请其报告或检查其文件

第九条　监事会对于局务如认为有危害或不当时得请理事会撤销或纠正之

第十条　监事会对于行使职权如与理事会发生争议时得呈请交通部核办

第十一条　本章程自公布之日施行至正式章程呈奉行政院核准之日废止之

92

1932 年 11 月 12 日

招商局理事会暂行章程

（中华民国二十一年十一月十二日交通部部令第四八八号公布）

第一条　招商局设理事会直隶于交通部

第二条　理事会承交通部长之命主持全局重要事项应受监事会之监察

第三条　理事会之职权如左

一、关于业务方针之决定事项

二、关于契约之订定废除及改订事项

三、关于产业及资本之整理事项

四、关于总局及附属各机关办事规章之审核颁布事项

五、关于总经理以下重要人员之任免核准事项

六、关于债务债权之清理偿还事项

七、关于预算之编制事项

八、关于决算账目之审核事项

九、关于业务之稽察事项

十、关于积余公司及内河轮船公司事项

十一、关于其他重要业务之规划事项

第四条　理事会设理事十五人至十九人其中七人为常务理事均由交通部长遴请简派之

第五条　常务理事常川驻会处理日常事务

第六条　理事会之文件由常务理事署名行之

第七条　理事会之会期每星期一次如遇重要事务得随时开会均由常务理事召集之

第八条　理事会之议决以全体理事过半数之出席出席过半数之可决行之

第九条　理事会开会主席由常务理事轮流充任

第十条　理事会重要事务应随时呈请交通部核夺并于每月作成工作报告呈请交通部备案

第十一条　理事会设秘书一人或二人事务员二人至四人由常务理事遴选提交理事会议决任用之

第十二条　理事会因缮写公牍得酌用雇员

第十三条　理事会经费由理事会拟具预算呈由交通部依法办理

第十四条　理事会办事细则由会自定之

第十五条　本章程自公布之日施行至正式章程呈奉行政院核准施行之日废止之

93

1932 年 11 月 23 日

标明航运包件重量章程

（中华民国二十一年十一月二十三日行政院训令第四六二八号公布）

第一条　凡由海或内河航运之包裹或物品其总重量在一千公斤以上者应于未上船时由发送人将其重量之标识记明于包裹或物品上

前项标识得以签条为之不得小于四公寸宽六公寸长质料应耐久字迹应显明在包裹或物品之附着处应坚牢

第二条　标识上之文字须用中国文字及阿拉伯符号

由国外进口之包裹或物品其标识上之文字原为外国文者海关应译成中文

第三条　巨大木材笨重铁石及其他类此之物品因特别情形无法确定其重量时应由发送人依第一条之规定记明其重量之约数

第四条　包裹或物品之重量未经标明者起卸时应由船主或其负责人员向起卸工人报告各件重量之约数

第五条　发送人系法人或无行为能力者本章程规定之责任由法人之代表或其法定代理人负之

第六条　本章程自公布日施行

94

1932 年 12 月 10 日

招商局债务整理委员会组织章程

（中华民国二十一年十二月十日交通部指令第七○八九号）

第一条　招商局理事会为整理接管以前之债务起见设置债务整理委员会隶属于理事会

第二条　本会委员会之职权如左

一、关于债务之调查登记事项

二、关于债务之审核报告事项

三、关于债务之筹还事项

四、关于负债账目之审查事项

五、其他与整理债务有关之各事项

第三条　本委员会设委员七人由理事会决议遴选之其中四人由理事互选兼任之

第四条　本委员会委员应就兼任委员中推举一人为主任委员常川到会主持会务

第五条　本委员会每星期开会一次讨论关于债务之整理事项主任委员于每次开会时应详细报告整理经过情形以凭核议

第六条　本委员会开会时以主任委员为主席其决议以全体委员过半数之同意行之可否同数时取决于主席

第七条　本委员会为办事便利起见得分置左列二组

一、调查组　掌理债务之调查及登记等事项

二、审核组　掌理债务之审核及报告等事项

第八条　本委员会得随时调取本局关于债务之一切文卷契据簿册表单等件并得调用本局各处办事人员办理各项事务

第九条　本委员会认为必要时得委托会计师或律师办理本章程第二条所定各款事项但须得理事会同意

第十条　本委员会议决事项应报告理事会核办

第十一条　本委员会办事期限定为三个月期满即行撤销

第十二条　本委员会得自定办事细则但应报告理事会备查

第十三条　本委员会之经费由理事会核定拨付之

第十四条　本章程经理事会议决呈奉交通部核准施行

95

1932 年 12 月 15 日

海上捕获条例

（中华民国二十一年十二月十五日国民政府京字第二六号训令公布）

第一章　通　　则

第一条　中华民国军舰在与敌国开战期内对于船舶依本条例之规定得为临检搜索拿捕

第二条　临检搜索拿捕于中立国领海及条约规定中立之区域不得为之

第三条　本条例称敌国者兼指敌国占领地而言

第四条　称敌船者谓左列各船

一、悬有敌国国旗之船

二、依法悬有中立国国旗而船舶所有人全部或一部有住所于敌国者

三、供敌国使用之船

四、开战前预期开战或战争中转移于有住所于中华民国或中立国人之敌船未经完全移转并无善意之证明者

第五条　称敌货者谓左列各货物

一、货物所有人之住所在敌国者

二、开战前预期开战或战争中有住所于中华民国或中立国人对于敌国或敌人所寄送之货物

三、开战前预期开战或战争中移转于有住所于中华民国或中立国人之

敌货未经完全移转并无善意之证明者

第六条　称住所者谓以久住之意思住于一定之地域而言法人以主事务所所在地为住所

第七条　称船舶文书者谓左列各文书

一、船舶国籍证明书

二、船舶护照

三、造船合同

四、租船合同

五、卖船证书

六、船员名册

七、通行证书

八、航海记事簿

九、船内日记

十、出港证明

十一、雇用船员合同

十二、健康证书

十三、载货证券

十四、运货收证

十五、载货表册

前项文书应具备之种类依其国法令之所定

第八条　称战时禁制品者依战时禁制品条例之规定战时禁制品条例另定之

第九条　称战时禁制人者谓敌国现役之军人

第十条　称封锁者谓以舰队实力禁止敌港交通之行为称破坏封锁者谓业经通告封锁而希图通过封锁线之行为

第十一条　称捕获品者谓经捕获法院判决没收之物件

第二章　临　检

第十二条　临检对于左列各船舶行之

一、悬有中华民国或中立国国旗而有为敌船之嫌疑者

二、未得政府特许有与敌人通商航行嫌疑之中国船

三、有载运战时禁制品战时禁制人嫌疑之中国船或中立国船

四、有破坏封锁嫌疑之中国船或中立国船

五、有助敌行为嫌疑之中国船或中立国船

第十三条　海军舰长对于前条所列嫌疑之船舶得令其停船听候临检通

告停船日间以信号旗及汽笛为之夜间以白灯代信号旗天候不良或虽悬旗灯鸣笛而该船不遵令停船时得放空炮二次不停止时得以实弹炮击其樯桅仍不停止得击其船体

第十四条　船舶遵令停船后舰长应派海军军官一员随带水兵两名乘坐舢板前往该船临检

第十五条　临检军官登船后应以礼貌请求检阅船舶文书但船长拒绝时得强迫行之

第十六条　临检军官检阅船舶文书认为并无第十二条所称嫌疑情形时应即承舰长之命放行之

第十七条　临检军官离船时应于该船之航海记事簿内注明临检日时地点本舰舰名舰长及临检军官之姓名

第十八条　中立国军舰护送之中立国船舶其护送舰舰长预将该船之船货性质及到达地点作成报告书并证明其无第十一条所称嫌疑情事者得免除临检

第十九条　临检应于受临检之船舶原航路为之

第三章　搜　索

第二十条　临检军官检阅船舶文书后认为尚有嫌疑时得行搜索

第二十一条　搜索应会同受搜索船之船长或其代理人为之关于封锁之地放或器具应令该船船长或其代理人开启之但拒绝开启时得为适当之处分

第二十二条　搜索中或搜索后临检军官认为不应拿捕时应即承舰长之命放行之

第二十三条　第十七条至第十九条之规定于搜索准用之

第二十四条　临检军官搜索后认为应拿捕时应报告舰长依第四章规定拿捕之

第四章　拿　捕

第二十五条　对于左列船舶应行拿捕

一、敌船但左列各船不参与军事时不在此限

甲　沿岸渔船及短路航船并其船中之器具货物

乙　从事宗教学术慈善事业之船

丙　西历一九另七年海牙推行日来弗条约原则于海战条约所称之病院船

丁　俘虏交换船

二、未得中国政府特许与敌人通商航行之中国船

三、左列中国船舶或中立国船舶

甲　载运战时禁制品或战时禁制人之船

乙　破坏封锁之船

丙　为敌人侦报军情及其他有参战助敌行为之船

丁　受敌国军舰护送之船

戊　抗拒临检或搜索之船

已　船舶文书不依法完备或有隐匿毁弃伪造涂改情形之船

第二十六条　舰长决定拿捕后应将拿捕理由通告船长并派海军军官一员水兵若干人占有该船

第二十七条　船舶占有后舰长应即执行左列各事项

一、押收船舶文书

二、点明船舶所载货物及其他贵重品造具清册

三、封闭货舱

第二十八条　除显有参战行为之船员外对船上人员之待遇依左列之规定

一、属于敌国国籍之船长船员水手人等作为俘虏但以书面声明于战争期内不执行与战争有直接或间接之职务者得释放之

二、属于中立国国籍之船长船员如以书面声明于战争期内不为敌国船舶执行职务者不得作为俘虏

三、属于中立国国籍之水手等不得作为俘虏

第二十九条　除应为俘虏者及必要之证人外对于船中乘客应于最近之口岸许其登陆

第三十条　被拿捕船舶中之邮件除自封锁区域发襚或寄达于封锁区域者外应设法寄达

第三十一条　舰长应将捕拿船舶各情形作成详细报告书从速报告于海军部部长

第三十二条　舰长于船舶拿捕后发现不应拿捕情形时应即释放之

第三十三条　舰长应命占有该船之海军军官将拿捕之船舶致送于中国地方捕获法院所在口岸并将一切船舶文书证据呈送听候审检

第三十四条　舰长认有易于腐败之货物不能致送时应令海军军官一人会同该船长作成报告书前项货物舰长得于最近之中国口岸或经中立国许可之最近中立国口岸公卖之但应将公卖之货品价格注明于航海记事簿并作成供述书送交地方捕获法院

第三十五条　舰长遇有左列情形逼不得已时将被拿捕船舶毁损之但毁损前应将船中人员货物及一切船舶文书妥为保全

一、被拿捕船舶被破坏不堪航行时

二、于军事上行动有重要及妨碍时

第三十六条　遇有前条情形应由舰长作成供述书详细载明不得已之理

由送致地方捕获法院并完全负其责任

第三十七条　被敌国拿捕之中国船或中立国船舰长为再拿捕之行为时如该船未经敌国使用或未引送于敌国口岸者得释放之

第五章　制　裁

第三十八条　拿捕之船货非经捕获法院判决不得没收

第三十九条　敌船没收之敌船中之敌货没收之

第四十条　中立国船中之敌货除本法别有规定外不得没收

第四十一条　未得中国政府特许与敌人通商航行之中国船舶没收之前项船舶所载之货物除敌货及属于船舶所有人之货物外不得没收

第四十二条　战时禁制品没收之属于战时禁制品所有人之货物没收之

第四十三条　载运战时禁制品之船舶有左列情形之一时没收之

一、船舶所有人与战时禁制品所有人同为一人时

二、战时禁制品之价格重量容积或运费为船中全货物二分之一以上时

三、以虚伪方法载运战时禁制品时

有前项第三款情形时船舶所有人之货物一并没收之

第四十四条　战时禁制人作为俘虏载运战时禁制人之船舶及船舶所有人之敌货没收之但船长证明不知事实时不在此限

第四十五条　破坏封锁之船舶及其货物没收之但货物所有人证明不知有破坏意思时得放还其货物

第四十六条　为敌人侦报军情及其他显有参战助敌行为之船舶及船舶所有人之货物没收之

第四十七条　受敌国军舰护送之船舶及其货物没收之

第四十八条　抵抗临检或搜索之船舶没收之

前项船舶中之敌货船长及船舶所有人之货物没收之

第六章　附　则

第四十九条　本条例未规定事宜依法令条约国际惯例行之

第五十条　本条例自公布日施行

96
1932 年 12 月 30 日

捕获法院条例

（中华民国二十一年十二月三十日国民政府京字第二六号训令公布）

第一章 通 则

第一条 凡称海上捕获时间由捕获法院审检之

第二条 捕获法院分左列二级

一、地方捕获法院

二、高等捕获法院

第三条 高等捕获法院设于首都地方捕获法院设置地点以命令定之

第四条 高等及地方捕获法院各设院长一人推事八人检察官二人书记官二人至五人

第五条 地方捕获法院院长以所在地高等法院院长兼充由国民政府任命之推事由行政院于左列各员中呈请国民政府任命兼充

一、高等法院推事四人

二、海军军官三人

三、外交部部员一人

检察官以高等法院检察官兼充由行政院呈请国民政府任命之书记官由高等捕获法院院长于高等法院书记官中委任兼充

第六条 高等捕获法院院长以最高法院院长兼充推事以最高法院推事四人海军军官二人海军部参事一人外交部参军一人兼充均由国民政府任命之检察官以最高法院检察署检察官兼充由国民政府任命之书记官由高等捕获法院院长于最高法院荐任书记官中荐任兼充

第七条 高等及地方捕获法院因缮写及其他事宜得临时酌用雇员

第八条 高等及地方捕获法院兼任人员概不另支薪俸

第九条　高等及地方捕获法院院长综理院务凡审判事件院长为主席但因事不能出席时得由推事一人代理主席

第十条　地方捕获法院审判事件非有主席及推事四人以上出席不得开审高等捕获法院非有主席及推事六人以上出席不得开审审判事件以多数决之可否同数时取决于主席

第十一条　高等及地方捕获法院之设置及废止以命令定之

第二章　审检程序

第十二条　凡执行拿捕军舰舰长应将被拿捕之船舶引送至地方捕获法院所在口岸并令海军军官一员搭乘该船同赴该港将供述书送达地方捕获法院但因事实上不能将捕获船舶引送时得仅提出供述书

前项供述书应详细记载拿捕之理由及证明其行为正当之事实并附送在拿捕船上所押收之一切船舶文书

第十三条　地方捕获法院院长接到前条供述书时应就该事件指派推事一人为主任推事主任推事除前条第一项但书情形外应就所提出之文件亲至被拿捕之船上检查装运货物会同该船船长制成详细物件目录

第十四条　主任推事对于被拿捕船舶船长船员搭客或货物所有人之供词及执行拿捕海军军官之陈述应令书记官详细记录

第十五条　主任推事认为必要时得指定事项令鉴定人鉴定之

第十六条　主任推事检查完竣后应即制成调查书连同第十二条所规定之供述书及其附属文件移送于地方捕获法院检察官

第十七条　检察官应制成意见书连同前列文件提出于地方捕获法院

第十八条　检察官意见书如主张释放被拿捕之船舶或货物而地方捕获法院亦认为正当时地方捕获法院应即制成释放裁定书移付于检察官

第十九条　检察官意见书如主张捕获或释放被拿捕之船舶或货物而地方捕获法院认为不当时应由地方捕获法院为公告之程序前项公告应将该事件案由登载于政府公报并译成外国文揭载于国内发刊之外国文报章凡该事件之关系人得由公告之翌日起限于三十日以书面提出申述书于敌方捕获法院

第二十条　申诉书应载明左列各项并附送可为登记据之书类

一、申诉人之姓名性别国籍住所年龄职业

二、申诉之要旨

第二十一条　申诉人之代理人限于中华民国之律师

第二十二条　经过第十九条第二项所定期间关系人未提出申诉书者地方捕获法院即行开始审检但有检察官之声请时得不另经审问程序经行判决

第二十三条　申诉人在申诉期间内提出申诉书时应由地方捕获法院指

定日期开庭审问但申诉人未经许可而缺席时得为缺席判决

第二十四条　审问终结后应即制成判决书于三日内宣告判决书应于宣告后即时移送于检察官并将誊写副本送达于申诉人

第二十五条　检察官及申诉人对于捕获法院之判决得于判决书移送或送达之翌日起限于二十日内提出上诉书于原地方捕获法院上诉书应填写左列各事项

一、上诉人之姓名性别国籍住所年龄职业

二、原地方捕获法院之判决

三、不服之理由

第二十六条　地方捕获法院接到上诉书后应将本案卷宗即时移送于高等捕获法院

第二十七条　高等捕获法院对于不合程序或逾越期限之上述应予驳回前项不合程序之事项高等捕获法院认为立时可以补正者得命其补正

第二十八条　凡逾上述期限而不上诉者其原判决书即为确定但因天灾或意外事变之障碍准其声明于原地方捕获法院查无虚伪仍许上诉

第二十九条　高等捕获法院接到上诉书后除逾限上诉应依第二十七条之规定予以驳回外如系检察官上诉应将上诉书副本送达于申诉人如系申诉人上诉应将上诉书副本送达于检察官均限于送达之翌日起十日内提出答辩书

第三十条　高等捕获法院对于判决事实或证据认为必要时得自行调查或委托地方捕获法院重为调查

第三十一条　调查终结后高等捕获法院应即为书面之审理但判决书之宣告仍公开之判决书应移送于地方捕获法院检察官并将副本送达于申诉人

第三十二条　判决确定后应将判决书要旨登载于政府公报

第三十三条　捕获法院在审检期间关于被拿捕船舶及货物之保管应委托于海军官署前项保管规则由海军部定之

第三十四条　判决没收之船舶或货物属于国库

第三十五条　判决之执行由地方捕获法院检察官行之检察官关于判决之执行得请海军官署及警察官署协助之

第三十六条　关于审检程序之细则捕获法院定之

第三章　附　　则

第三十七条　本条例自公布日施行

97

1933 年 1 月 30 日

水线总工程师水线工程师办事规则

（中华民国二十二年一月三十日交通部部令第五一号公布）

　　一、交通部为增进海线通信能率起见特设水线总工程师水线工程师专管海底电线（以下简称海线）之监修测验及其通信机械之装置整理事宜

　　二、海线之名称如左

　　上海烟台间第一第二海线

　　烟台大沽间第一第二海线

　　青岛佐世保间海线

　　烟台大连间海线

　　烟台威海卫间海线

　　福州台北间海线

　　三、水线总工程师水线工程师由交通部遴选富有水线工程学识经验之电务技术员或报务员派充之

　　四、水线总工程师水线工程师管辖之海线及其驻在地另以部令定之

　　五、水线工程师承总工程师之指挥办理海线各项事务

　　六、水线总工程师之办公处设助理员一人由总工程师呈请调用电务技术员或报务员充任之

　　七、水线工程师应按月定期举行海线测验一次所有导体抵抗隔电抵抗及容电量测验结果填列海线测验成绩表呈由总工程师查核转呈电政司长

　　八、水线工程师对于海线通信机械之整理平衡及速度应随时注意维持通畅月终并将逐日通信速度列表呈由总工程师查核转呈电政司长

　　九、沪烟及烟沽海线发生障碍时由主管水线工程师立即举行障碍试验俟测得障碍地点后应即电呈总工程师向大北电报公司租用水线船修理

　　但沪烟旧海线及烟沽第一第二海线在未收回以前其测验及修理应仍暂照会同办理

　　十、青佐海线发生障碍时由主管水线工程师立即举行障碍试验如测得障碍地点系在中国段内应即电呈总工程师转呈电政司长核办

　　十一、烟大及烟威海线发生障碍时由主管水线工程师立即举行障碍试验俟测得障碍地点后应即电呈总工程师转呈电政司长核办

　　十二、水线船于出发修理之前得由总工程师指派水线工程师率同技工一名登船监修但遇必要时总工程师得自行上船监修

　　十三、随船监修之水线工程师自水线船出发之日起至回抵原处碇泊之日为止应将航行起讫时间捞线次数测验情形接头位置海底状态及温度以及补充或重放海线之种类里数随时详细记录缮具报告呈由总工程师查核转呈电政司长

　　十四、沪烟沽海线发生障碍时如大北公司水线船适有他项修线工作得由总工程师酌量情形通知公司转饬水线船于工作完竣之后经往修理

　　十五、海线阻断及修复时间应由总工程师随时电呈电政司长备查

　　十六、沪烟沽海线经租用之大北公司水线船修复后所有修理报告及接头单应由公司抄录一份送交总工程师查核登记

　　十七、青佐海线经租用之日本褫信省水线船修复后所有修理报告及接头单由电政司抄发一份交总工程师查阅登记

　　十八、水线总工程师每年应将各海线历次阻断修复及经历时间障碍原因汇总编制统计呈报电政司备查

　　十九、水线总工程师水线工程师薪金均由驻在地电报局发给其总工程师之办公处按月所需纸张笔墨邮票等费应核实开报但以二十元为限

　　二十、水线总工程师水线工程师因公出差每日准支旅费银五元技工每日准支旅费银一元

　　二十一、本规则如有未尽事宜得由本部随时修正之

98

1933 年 2 月 3 日

交通部商船职员证书章程

（中华民国二十二年二月三日交通部部令第五四号公布）

第一条　本章程所称之商船职员系指在商船服务之驾驶及轮机两种船员而言

第二条　商船驾驶及轮机职员分左列各级

一　驾驶员　甲　船　长　乙　大　副　丙　二　副　丁　三　副

二　轮机员　甲　轮机长　乙　大管轮　丙　二管轮　丁　三管轮

第三条　商船各级职员须呈请交通部考验合格给予证书使得服务

第四条　商船职员证书分左列三种

（一）甲种证书　发给航行远洋商船职员者

（二）乙种证书　发给航行近海及沿海商船职员者

（三）丙种证书　发给航行江湖商船职员者

前项证书内凡船员职务及谙习某条航海线或某种机器须分别标明以资区别

第五条　凡在国内外大学或专门学校学习商船学得有驾驶或轮机机械等科毕证书并在商船上实习或曾充职务者得应商船专门考试

商船职员考试章程另定之

第六条　在商船职员考试未举行以前凡得有前条之毕业证书已在商船上充当职员取具本公司或本管船长证明书依照本章程第十三条至第十五条之规定呈请交通部审核合于下列资格之一者得暂行发给本章程第四条所列相当船员证书

一　在商船上继续服务已满九年并曾充船长满一年以上者得给予船长证书

二　在商船上继续服务已满六年并曾充大副满一年以上者得给予大副证书

三　在商船上继续服务已满四年并曾充二副满一年以上者得给予二副证书

四　在商船上继续服务已满二年并曾充三副满一年以上者得给予三副证书

五　在商船上继续服务已满九年并曾充轮机长满一年以上者得给予轮机长证书

六　在商船上继续服务已满六年并曾充大管轮满一年以上者得给予大管轮证书

七　在商船上继续服务已满四年并曾充二管轮满一年以上者得给予二管轮证书

八　在商船上继续服务已满二年并曾充三管轮满一年以上者得给予三管轮证书

前项服务年限之计算除充任第二条所列之各船员应按年月计算外其充任舵工火夫长铜匠铁匠等职务之年限超过二年以上者概作二年计算实习期间亦同

有前条毕业证书而未充商船职员者得在商船上实习俟满前项年限后再请发给船员证书

船长轮机长以下各级船员领有证书曾充证书上所载职务满二年执有服务证书者得按照本章程第十三条至第十五条之规定呈请核发高一级之证书但大副大管轮须服务满三年者方得升级

第七条　在本章程未公布以前已在商船上充当职员而无本章程第五条之毕业证书者经本公司或本管船长具书证明其服务成绩呈部审核时得比照本章程第六条所定之服务年限及其职务暂行发给相当之船员证书

前项审核有必要时得由部派员面试

第八条　领有甲种船员证书者得充乙种或丙种同级之职务领有乙种证书者得充丙种同级或甲种低一级之职务领有丙种证书者得充甲种低二级或乙种低一级之职务若所充低一级或二级之职务继续不断满两年以上者得改换甲种或乙种证书至领有甲种证书而服务于近海及沿海之轮船届升级时只能请换乙种证书领有乙种证书而服务于江湖轮船届升级时只能领丙种证书

第九条　非商船学校或程度相当之学校出身者不得领甲种船长或轮机长证书

第十条　在二百吨以下轮船服务之船员请领证书者由交通部查核该轮所行驶之航线酌量核发低一级或二级之证书以示限制

第十一条　在本章程未公布以前已领有船员证书者应依照本章程第十三条至第十五条之规定呈请交通部审核合格者换给新证书第七条第二项之

规定本条亦适用

第十二条　凡充当船长轮机长者年龄须满二十八岁以上其余船员须满二十岁以上

第十三条　凡请领商船职员证书者须备最近二寸半身相片两张亲赴交通部指定之医生处检查体格证明左列各项并由医生于相片上签字为证

一　身体健全者

二　目光良好无色盲病者

三　耳听聪明者

四　无神经病者

五　不吸鸦片者

第十四条　凡请领商船职员证书者须开具详细履历声明谙习某条航线或某种机器并呈验学校毕业证书在商船服务证明书(该证明书须粘贴本人二寸半身相片一张于去职时或升调时由本轮船长或公司负责人签具除盖私章外并加盖本轮或公司图记至相片上亦须骑盖该项图记)检查体格证明书及医生签字之相片两张

第十五条　凡请领商船职员证书者须缴左列证书费并随缴印花税费二元

甲　船长轮机长　各四十元

乙　大副大管轮　各三十元

丙　二副二管轮　各二十元

丁　三副三管轮　各十元

第十六条　凡为商船职员出具证明书者须照第十四条规定亲笔署名盖章并加盖公司或轮船图记方为有效如证明事件有虚伪捏冒经查明属实后本部得没收船员所缴之证书印花各费并提交法庭以伪证论罪

第十七条　自本章程公布之日起六个月内凡服务于中国商船之驾驶轮机两种职员无论其已否领取外国船员证书均须向交通部请领船员证书

第十八条　凡行驶内河不满二十吨商船之职员得不适用本章程之规定

第十九条　中国海军军官愿在商船服务者须由海军最高长官将履历及各种证明文件咨送交通部审核合格者给予相当船员证书其办法仍依本章程之规定

第二十条　商船职员领得证书后应各顺次装挂于该商轮显明之处

第二十一条　商船职员证书如有涂改假冒者经人指告查明属实后应即取消其证书并科以比照证书费十倍之罚金

第二十二条　商船职员证书如有遗失时应即登报声明作废并须取具本公司或本管船长之证明书将遗失实情呈报交通部审核补给并须缴纳本章第十五条所定证书费二分之一

证书毁损请补给者亦同

第二十三条　商船职员证书有效期间为五年期满后请换新证书时仍依本章程之规定办理但证书费缴定额二分之一

第二十四条　商船职员犯下列各项之一者交通部得取消或收回其证书但收回之期间最长不得过三年

一　商船职员经法庭证实或别种证明因不应为而为或因为而不为致破坏船舶及损失生命财产者即取消其证书

二　商船职员经法庭证实或别种证明因酒醉狂暴或其他失当行为或才力不能胜任致发生撞碰及搁浅等情事者按其情节重轻取消或收回其证书

三　商船职员自行夹带或贿纵他人私带违禁物品或有其他犯罪行为者即取消或收回其证书

四　商船职员经法庭判决受刑事处分褫夺公权尚未复权者即取消或收回其证书

前项收回证书交通部得按其情形宣告收回之期间于期满后得由本人呈请发还证书

第二十五条　前条船员证书取消或收回后交通部得酌量情形改给低一级或低二级之船员证书

第二十六条　本章程如有未尽事宜得由交通部随时修正之

第二十七条　本章程自公布之日施行

99

1933 年 3 月 7 日

交通部各航政局办事处主任征缴保证金规则

（中华民国二十二年三月七日交通部部令第九九号公布）

第一条　航政局办事处主任应依照本规则缴存保证金或相当之担保

第二条　保证金金额甲等办事处主任缴纳五百元乙等办事处主任缴纳三百元于奉委后到差前缴由主管航政局呈解本部转送代理国库之银行保管存储

第三条　凡缴存保证金除现金外得以国民政府财政部发行之公债票库券为代替其代替之公债票及库券种类随时由主管航政局核定之

第四条　缴存现金以交存银行所得之息照数转给其以公债票或库券为代替者仍照该公债票或库券所得之息给还

第五条　对于前项保证金如该主任确不能取得现金或公债票库券为担保时得以曾经主管航政局认可之殷实铺保担保之仍由各主管航政局负责随时考察

第六条　前项保证金缴到后由本部填发收据交该航政局转发该主任收执

第七条　凡以公债票库券代缴保证金者如该主任因不得已事故请求领回得声叙理由连同本部所发收据并缴足相当之代替请求主管航政局代请发还

第八条　前项保证金或代替之公债票库券及商号保单于该主任免职停职或转任时俟交代清楚经费报销完全后如数发还其有亏欠应将所缴之现金或公债票库券变价按欠数扣除如有余款当发还之不足仍按数追缴其以商号为担保者由该商号负责代偿

第九条　本规则自公布日施行

100

1933 年 4 月 24 日

航行长江轮船电船拖带船只暂行章程

（中华民国二十二年四月二十四日江海关布告）

第一条　按照长江通商章程航行。并在海关具有长年保结之轮船电船。呈经海关核准后。得拖带民船货船驳船。由通商此口至通商彼口。或由通商口岸至奉准上下客货处所。但不准在宜昌以上地方拖带民船。及专在上下客货处所间拖带民船货船驳船。

第二条　拖带船只之轮船电船。除照章应备具各项单照。其所拖船只亦应备具所需单照外。须向海关请领拖带船只特别准单。单内详列该轮种类船名及轮船公司国籍名称。并所拖船只艘数种类。及该轮暨所拖船只装卸货物之通商口岸或上下客货处所。该轮船电船驶至前向准单内所载通商口岸或上下客货处所时。应将前项准单呈由海关或其他应管机关签证。前项准单限用一次。俟到最后通商口岸后。即呈缴该口海关注销。遇未领有前项准单之轮船电船私自拖带船只者。处国币七百五十元以下之罚金。并将所拖船只应税货物充公。

第三条　拖带船只之轮船电船所具舱口单。应将所拖船只每艘装载货物分别详细载明。其所拖船只装载之货物。亦应按照船只进口呈验单照规则办理。

第四条　前项轮船电船拖带之船只所装由通商口岸至通商口岸或由通商口岸至上下客货处所之货物。应一律报关。其增税办法与普通轮运货物一律办理。

第五条　拖带船只之轮船电船。需在前项准单内所载通商口岸或上下客货处所逐一报道。连同所拖船只一并听候查验。如不遵照办理。应令该轮船电船船长或所有人及代理人单独或共同负责。其所拖船只及所载货物。如系拖至中途通商口岸或上下客货处所。并非拖至该轮船电船之最后目的通商口岸者。该中途口岸之海关或上下客货处所之应管机关。应在前项准单内签注清楚。

第六条　前项轮船电船所拖之船只数目。应每次报由海关审查决定之。决定时应以该轮船电船机器马力之强弱。该轮船电船及所拖船只有无拖带应用之设备。行驶时能否保持航务上及生命财产上之安全为标准。该轮船电船如因违反此项决定。妨碍航路或危及生命财产时应处该轮船电船船长或所有人及代理人国币七百五十元以下罚金。如已发生事故。并应法律上之责任。

第七条　拖带船只之轮船电船。如未经通商口岸至海关正式允准。不得在航程中擅自增带船只。如不遵照办理。应将该轮船电船船长或所有人及代理人处国币七百五十元以下之罚金。并将擅自增带船只所装应税货物充公。

第八条　拖带船只之轮船电船。及其所拖之船只。应按照航海避碰章程悬挂号灯。

第九条　前项轮船电船呈请拖带装盐船只者。如无盐务机关证实文件。海关概不允准。

第十条　拖带船只之轮船电船。如遇海关巡船令其停轮候验时。应即遵办。

第十一条　前项轮船电船拖带之货船。所有船员以该船管理上必须之数目为限。概不得搭载乘客。

第十二条　航行长沙之轮船电船。及其所拖船只。在湘江浅水期内。应遵照长沙岳州管理船只之专章办理。

第十三条　轮船电船拖带民船货船驳船自通商口岸驶往内地各处者。应遵照内港行轮章程办理。

第十四条　本章程如有未尽事宜应随时呈请修改之。

101

1933 年 4 月 28 日

交通部航政局船舶碰撞纠纷
处理委员会章程

（中华民国二十二年四月二十八日交通部公布）

第一条　交通部航政局为处理船舶碰撞纠纷起见设置船舶碰撞纠纷处理委员会

第二条　本会设委员五人至七人除航政局局长航政局第二科科长航政局考核处处长为当然委员外其余委员由航政局长就当地管辖区域内聘请左列专家充任之

一　港务长或同等职务之人员

二　具有资望之船长或引水人

三　具有资望之保险公会会员

第三条　本会以航政局长为主席如果因事不能出席时得指定其他委员代其职务

第四条　本会依航政局局长之命处理左列事务

一　关于船舶碰撞纠纷之调查证明调解公断事项

二　关于赔偿价格之鉴定事项

三　关于核议船舶碰撞后之抚恤及善后事项

四　关于船舶避碰之计划事项

第五条　船舶碰撞发生纠纷时各该当事人得呈请该管航政局局长转交

本会处理之

第六条　本会处理第四条第一至第三各款事项当事人应负协助之义务

本会遇必要时得传集人证询问

第七条　本会开会由主席召集之

第八条　本会各委员均为无给职但聘任委员得酌给车马费

第九条　本会事务由航政局局长酌派局员监理之

第一○条　本会处理船舶碰撞事件经判明责任后按照赔偿价额百分之三向赔偿者征收手续费

第一一条　本会办理细则另订之

第一二条　本章程自公布日施行

102

1933 年 5 月 15 日

长江通商暂行章程

（中华民国二十二年五月十五日施行）

第一章　总　　则

第一条　旧章　自本章程施行之日起旧有长江通商章程应即作废

第二条　船只种类　在长江贸易之商船分为下列两种

甲轮船　包括所有机器行驶之船及其所拖带之船只在内

一　内港轮船即按照内港行轮章程行驶者

二　江轮即按期与长江各埠或上海与长江各埠间往来行驶者

三　海轮即航海轮船越过吴淞向长江上驶者

乙民船及其他帆船　以上甲乙两种船只对于海关法规及各口关章均应恪切遵守

第三条　船只经过吴淞除华商航海民船外无论何国商船如入长江上驶越吴淞或由江内下驶越过吴淞者均应按照本章程之规定预先请由该处海关核准违者得将船货一并充公

第四条　通商口岸及上下客货处所

通商口岸　凡商船暂时准在下列各通商口岸往来贸易沿长江之镇江南京（浦口）芜湖九江汉口沙市宜昌万县重庆及沿湘江之岳州长沙

上下客货处所　凡商船准按照另订专章在下列上下客货处所装卸货物江苏之南通县安徽之大通安庆江西之湖口湖北之武穴陆溪口

凡华商船只并准按照另订专章在下列上下客货处所装卸货物安徽之刘家渡宜昌万县间之巴东巫山夔府云阳万县重庆间之忠州酆都涪州长寿除华商民船外无论任何船只不准在上列各处以外之长江沿岸地方装卸货物违者以走私论按关章罚办

上下旅客处所　凡商船准在下列各处所上下旅客并装卸随身所带行李江苏之庐泾港南通县江阴天星桥（泰兴县）口岸仪征安徽之荻港华阳镇湖北之蕲州黄子冈黄州新堤荆河口（亦称荆河脑）旅客行李内不得夹带应税货物违者一经查出得连同行李并一充公中国政府如因税收上之需要得将以上所列之任何通商口岸或上下客货处所随时酌予裁撤或在上列各地点以外另行添设通商口岸或上下客货处所

第二章　轮　　船

第五条　内港轮船　凡内港轮船应遵循照内港行轮章程办理若由江出海或由海入江者应将行程簿（华籍轮船）或内港轮船执照及行程簿（外籍轮船）呈由江海关或吴淞分卡查验签证

第六条　江轮

甲凡在长江常川贸易之华籍轮船应将行程簿呈交上海汉口或宜昌等处海关注册并由海关在簿内予以注明此项注册有效期间以一年为限每年应在江海江汉或宜昌关重新注册一次

乙凡在长江常川贸易之外籍轮船应将所执国籍证书呈交该国驻沪领事公署无领事者应呈交江海关收存海关于收到该船国籍证书或接准该国领事公署书面声请以后即行填给江轮执照一纸将船名国籍注册吨数及携带自卫枪械等项详细填注照内俾资执据该船有效期间以当年为限嗣后应按年在江海关换领新照一次但此项轮船如在汉口或宜昌以上地方贸易不返上海者得在江汉关或宜昌关换领新照

以上持有江轮执照之江轮所有呈报进口呈请结关起卸货物及完纳税钞等项手续应悉遵各口定章办理其船钞一项如系华籍轮船应在该轮程呈准注册作为江轮之口岸海关完纳如系外籍轮船应在发给或换领江轮执照之口岸海关完纳

第七条　海轮　甲凡华籍海轮如入江上驶越过吴淞时应向江海关或吴

淞分卡呈验国籍证书及行程簿俟由关填给结关准单后即可上驶贸易此项海轮在沿江任何通商口岸所有呈报进口呈请结关起卸货物及完纳税钞等项手续均与在其他通商口岸一律办理迨该船驶回吴淞或上海时仍应将行程簿呈由海关查明该船应纳税钞业已完清其他一切手续亦均照章办理完竣方准出海

乙凡外籍海轮如入江上驶越过吴淞时其不往上海者应将所执国籍证书呈交吴淞分卡收存若往上海应将所持国籍证书呈交该国驻沪领事公署无领事者应呈交江海关或吴淞分卡收存由关发给江轮专照一纸将船名国籍注册吨数所装货物携带自卫枪械及驶往口岸详细填注照内方可驶赴上江贸易此项海轮在沿江任何通商口岸所有呈报进口呈请结关起卸货物及完纳税钞等项手续均与在其他通商口岸一律办理迨该船驶回上海或吴淞时仍应将江轮专照呈缴海关由关查明该船应纳税项业已完清其他一切手续亦均照章办理完竣方由关函达该国领事或径将所存该船国籍证书发还其领俾凭出海

丙凡华洋航海船只如未持有船钞执照应放驶行入江时向江海关或吴淞分卡完纳船钞如在沿江通商口岸适值船钞执照限期届满应即在该口海关换领新照

第八条　轮船货物　凡在长江沿岸贸易之轮船对于缴纳税项事宜应与在其他通商口岸一律办理除政府对于征税地点另有规定外所有进口税应在卸货口岸于货物放行以前交清出口税及转口税应在装货口岸于货物装船以前交清至于装卸货物或转载等事所有报关查验及清领准单各项手续亦均与在其他各通商口岸一律办理

第三章　民船其他帆船

第九条　民船及其他帆船　甲凡华商航海民船无论向上行驶或向下行驶经过江阴地方应先将国籍证书及挂号簿等项呈交江阴海关查验

乙凡华商经营外洋贸易民船自外洋驶来或驶往外洋者应在江阴地方呈报海关听候查验并将应完税项全数缴清

丙凡洋船租用华籍民船者抵准装运洋商所有货物往来通商口岸并应向海关出具保结请领特别执照保结内应担保所装确系洋商所有货物俟运抵一通商口岸起岸完税倘该货并未运抵通商口岸清完税项处以照税额五倍之罚金嗣后海关对于该洋商所租用之民船即不准予结关所有此项民船之报关起卸货物及缴纳税项等事应与划船一律办理

丁凡外籍帆船及划船应在上海呈由该国领事公署或经行呈由江海关或吴淞分卡请领江轮专照并应与外籍轮船遵守同样章程

第四章　结关等项

第十条　结关　凡在长江贸易之轮船外籍帆船及洋商租用之民船应向出口海关请领结关单照俟驶抵指运通商口岸时应将该项单照呈交该口海关查验方准起卸货物如结关单内所载货物有未全数起卸岸情事应以走私论

第十一条　杂项　凡在长江内行驶之商船如遇海关巡轮令其呈验单照该船应即遵办倘未领有单照者应依照海关法规内惩办走私船只条款办理

凡在长江贸易之船只或其所拖带之船只无论驶往上水或下水海关得将船舱加封并得遣派关员随行监视

凡商船中途经过沿江各通商口岸时如不入口贸易可无须呈报进口呈请结关但各该口海关如命其将江轮执照行程簿内港轮船执照挂号簿或其他各项单照呈关查验时该船应即遵办

第十二条　负责　本章程系属暂行规定如有未尽事宜得随时修改之

103

1933 年 6 月 5 日

拖驳船管理章程

（中华民国二十二年六月五日交通部部令第二〇五号公布）

第一条　凡以营利为目的之拖驳船依本章程之规定管理之

第二条　本章程称拖驳船者谓不以机器或帆为主要运转方法而专载客货供他船拖带之船舶

第三条　拖驳船非经交通部注册给照不得航行

第四条　拖驳船丈量检查事项由交通部委任该管航政局办理

第五条　拖驳船丈量检查应在航政局所在地施行之但该船不能驶赴该地时得于声请时叙明事由就该船所在地施行之

第六条　拖驳船丈量应由所有人向该航管政局声请声请书内应填明左

列各项事项

一　所有人姓名或名称及住所

二　船名

三　船质

四　容量

五　造船年月造船地点及厂名

六　丈量地点

第七条　已经海关丈量之拖驳船如执有该关所发吨位凭照者得免其丈量

第八条　拖驳船因修理改造致船身容量有变更时应将变更部分于声请书内详细注明检同原有丈量书据声请丈量

第九条　专供或兼供载客之拖驳船应将乘客舱位另行丈量

第一〇条　拖驳船经丈量后如计算吨数有错误时得声请查明更正或派员复行丈量但在未经复量以前声请人不得变更该船之原状

第一一条　拖驳船经丈量后应发给吨位证书如依前条之规定经复量者应给复量单

第一二条　拖驳船检查应由所有人向该管航政局声请声请书内应填明左列各款事项

一　所有人姓名或名称及住所

二　船名

三　船质

四　总吨数及净吨数

五　营业种类

六　声请检查原因

七　检查地点

第一三条　乘客定额由航政局按照该船设备情形及丈量吨位核定之并于检查书内注明

第一四条　乘客定额变更时该船所有人应叙明事由声请该管航政局核准

第一五条　检查合格之拖驳船其航行期间由航政局定之但最长期间不得过三年

航行期间届满后非重经检查合格不得航行

第一六条　在航行期间内遇有左列情形之一时非经声请临时检查合格后不得航行

一　遭遇碰撞或灾变致有损伤时

二 重要设备有变更时

三 船身经修理者

第一七条 拖驳船初次检查合格后应发给检查簿及检查证书以后每经检查后应将检查情行依式记载于检查簿并按次换给检查证书

依前条之规定经临时检查者应给临时检查证书

第一八条 除第十六条各款情形应声请临时检查外其各项检查书所载事项有变更时该船所有人应叙明事由声请该管航局查明更正并加盖该局官章

第一九条 拖驳船注册给照应由所有人向交通部呈请或呈由该管航局转呈请领

第二〇条 呈请注册给照银行报明左列各项

一 所有人姓名或名称及住所

二 船名

三 总吨数及净吨数

四 长广深及吃水尺度

五 船质

六 航线起讫

七 购置价值

八 造船年月造船地点及厂名

第二一条 为前条呈请时应呈验所有权证明文件及丈量检查各种书据

第二二条 在同一航线内之拖驳船不得与领照在先者之船名相同

第二三条 拖驳船执照应常置船上以备查验

第二四条 已经注册给照之拖驳船该管航政局及地方官署均应随时保护

第二五条 已经注册给照之拖驳船如有违反规章滥载情事该管航政局或地方官署得查明制止或呈报交通部吊销执照

第二六条 已经领照之拖驳船遇第二十条第一款至第六款所载事项有变更时应呈报交通部换给执照

第二七条 执照因遗失或毁损时得由该船所有人声叙原因呈请补发执照遗失者应将遗失原因及船名执照号数由所有人发载当地报纸声明作废并将此项报纸检呈备案

执照毁损者应将毁损之原执照呈缴注销如不能缴销时应照前项规定办理

第二八条 拖驳船遇左列情形之一时应呈报交通部并缴销执照

一 船身损毁不能航行时

二　自行停业或经官署以职权令其停业时

三　转售或捐赠时

第二九条　拖驳船声请丈量检查及呈请注册给照应各依附表定额缴纳丈量检查及册照费

呈请换照或补照者应照册照费定额二分之一缴费

第三〇条　依第八条丈量该船变更部分时应照定额缴费

第三一条　依第九条之规定丈量乘客舱位时无须另缴丈量费

第三二条　依第十条之规定履行丈量时除声请人有变更该船原状情事或复量结果原计算之吨数并无错误者均须照定额缴费外无另缴丈量费依复量结果计算原缴丈量费有浮缴时其浮缴之数应发还之

第三三条　拖驳船经丈量检查后发给丈量吨位证书复量单或检查簿检查证书临时检查证书无须另行缴费但此项书据如有遗失毁损声请补发者各应缴手续费两元

第三四条　依第十八条为各项检查书更正盖章之声请时应各缴手续费二元但因有临时检查之必要已缴检查费者无须另缴手续费

第三五条　依第五条但书之规定就该船所在地施行丈量或检查者除依定额缴纳丈量检查各费外并须附缴丈量员或检查员照章应领之旅费

前项旅费如遇数船同在一地同时施行丈量或检查时与一船同其数船不属一人所有者应各按其丈量或检查费用之多寡比例分担之

第三六条　呈请注册给照或换照补照者每件应附缴印花税费二元

声请发给丈量检查各项书据每件应附缴印花税费五角

第三七条　违反本章程第三条第二十八条之规定而航行者科该船所有人或使用人以三十元以下之罚款并得制止其航行

第三八条　违反本章程第十四条第十五条第二项第十六条第十八条第二十六条之规定者科该船所有人或使用人以三十元以下之罚款

载客逾额者依前项之例科罚但为救济危难于可能范围内逾额搭载者不在此限

第三九条　前两条之科罚由该管航政局执行但须呈报交通部备案

第四〇条　办理丈量检查注册给照人员如有违章需索或故意留难情事该船所有人得向交通部据实呈诉

第四一条　本章程施行前已在航政局登记领有船舶国籍证书之拖驳船应依本章程第十九条第二十条之规定检同证书呈请交通部注册换给执照但无须缴纳册照费

依前项规定呈请换照者在未领到执照以前该船舶得照常航行

第四二条　本章程自公布日施行

拖驳船丈量检查及册照费表

费别	丈量费	定期检查费	临时检查费	册照费
二十吨以下	八元	六元	四元	十元
二十吨以上五十吨未满	十元	八元	八元	十五元
五十吨以上百吨未满	十五元	十二元	八元	二十元
百吨以上二百吨未满	二十元	二十元	八元	二十五元
二百吨以上三百吨未满	二十元	三十元	十六元	三十元
三百吨以上五百吨未满	二十五元	三十元	十六元	四十元
五百吨以上	三十元	四十元	十六元	五十元

104

1933 年 6 月 27 日

商港条例

（中华民国二十二年六月二十七日国民政府第二九三号训令公布）

第一条　本条例所称商港指在中国境内准许外国通商船舶出入之港而言

前项商港以经国民政府命令指定者为限

第二条　商港区域及船舶停泊地点由交通部指定之

第三条　船舶入港时应悬挂船籍国国旗及信号符字如系定期邮船得以公司旗代表信号符字前项国旗及信号符字或公司旗非将入港报告单提出于该港主管航政官署不得落下

入港船舶须用引水人时得请由主管航政官署指派

第四条　船舶入港应遵照该港主管航政官署所指定之地点停泊非经特许不得移泊

第五条　船舶入港报告单除休假日外应在二十四小时内提出于主管航政官署非经许可不得与他船或陆上交通及起卸货物

第六条　船长于航路上发现新涨滩沙或暗礁等项有碍航行者应于进港

时即行报告主管航政官署

第七条　主管航政官署应指派专员常川来往于港口遇有船舶入港时随时指定停泊地点

第八条　无论何种船舶不得停泊于公共航路其装有突出之横木足碍他船航行者应收进或撤去之

第九条　船舶在港内应缓轮慢行并不得于狭窄之处追越他船

第一○条　港内拖带船舶其本船于拖船之距离及拖带之艘数由各港主管航政官署规定之

第一一条　凡竹排木筏或他项大宗物料非经主管航政官署许可不得在港内停放或移动

第一二条　在港内停泊或行驶之船舶夜间应依航海避碰章程之规定悬挂各种灯号

第一三条　船舶在港内不得于妨碍他船航行之处将驳船或他种小艇系留于船旁

第一四条　港内浮标立标及其他航路标识上下不得栓系绳缆及其他船具

第一五条　停泊港内之船舶主管航政官署认为必要时得令其改换拖锚地位或移泊他处

第一六条　船舶移泊或改换锚位时应预先悬挂旗号

第一七条　船舶在主管航政官署指定地点外不得装卸货物并不准船客及船员任意上下

第一八条　船舶在港内非经主管航政官署许可不得施放枪炮烟火及使用爆发物

第一九条　船舶在港内除遵照航海避碰章程或警告危险或其他必要时外不得任意鸣放汽笛

第二○条　港内不得投弃煤屑灰烬油脂及其他不洁物件

第二一条　港内如有沉没之船舶或遗落之物件主管航政官署得限期令船舶所有人或物主除去之违者即由主管航政官署代行除去其费用由船舶所有人或物主负担

第二二条　船舶在港内失火时除急鸣警钟外日间应挂通报火警之旗号夜间应放蓝火或闪火至遇救时为止

第二三条　船舶如载有非应备之爆发物或易于燃烧之危险物于入港时应在港外停泊日间应悬挂旗号夜间应悬挂红灯于前桅之上端

前项船舶非经主管航政官署指定停泊地点后不得入港并不得任意装卸该项物品

第二四条 入港之船舶如发现有流行病或传染病或来自有疫口岸者日间应悬挂旗号夜间应悬挂红白二灯于前桅之上端先在港外停泊受卫生官员之临场检验

前项船舶非经卫生官员之许可无论何人不准上岸或与他船交通并不得将前项应挂之旗号或灯号落下

船舶载运之牲畜如发现有传染病或来自有疫地方者非经卫生官员之检验许可不得将该项牲畜或其尸体起卸上岸或转载他船

第二五条 主管航政官署对于应受检疫之船舶得指定停泊地点及调阅检疫报告书

第二六条 凡船舶出港应先悬挂出港旗号并报经主管航政官署许可

定期航行及有定时出港之船舶得免前项报告

第二七条 港内码头趸船只非经主管航政官署核准不得建造

第二八条 违反本条例之规定者主管航政官署得酌量情形处以二百元以下之罚款

前项罚款未经缴纳或提出相当担保以前不得出港

第二九条 本条例施行日期以命令定之

105

1933 年 7 月 24 日

船员检定暂行章程施行细则

（中华民国二十二年七月二十四日交通部部令第二八四号公布）

第一章 通 则

第一条 凡现充中国轮船各级船员而未领有商船职员证书者应自船员检定暂行章程施行之日起六个月以内声请检定

第二条 船员证书暂行章程第六条乙款所称轮机员乙种证书系指依船员检定暂行章程所发给之轮机员乙种证书而言其以前依商船职员证书章程所发给之轮机员乙种证书不在该条限制之列

第三条　声请检定者应于考验日期四星期前照章程缴文件及费用

第四条　声请检定者应缴左列考验费

船长或轮机长　十元

大副或大管轮　八元

二副或二管轮　六元

三副或三管轮　四元

考验费不论声请者为新领或调换证书或补考应按其声请分别缴纳高级信号考验另缴考验费二元

第五条　声请检定者经审查合格免予考验时应发还考验费其不合格者所缴各费均予发还

声请检定而未应考或考验不及格者应发还所缴证书费印花费

第六条　检验体格须在声请检定三个月内由交通部指定之医生执行之

声请者虽经检验如发生疑义时交通部得另指定医生重行检验

第七条　外籍船员请领证书时除依法令规定外并须呈缴国籍证书及曾在中国轮船服务二年以上而颇有技术品行优良之证明书

第八条　船员证书暂行章程第五条所称远洋轮船系指在国外航行其航线在四百五十海里以上者近海轮船系指在中国海岸航行或国外航行其航线不及四百五十海里者江湖轮船系指在江湖或港口航行其航线距最近陆地不逾二十海里者而言

第九条　声请检定者如在舱面继续服务已满二年得在未曾充当驾驶员之前声请受三副检定其在舱面继续服务已满四年亦得在未曾领有三副证书或未曾充当驾驶员之前声请受二副检定

声请检定者如在轮机室继续服务已满二年得在未曾充当轮机员之前声请受三管轮检定其在轮机室继续服务已满四年亦得在未曾领有三管轮证书或未曾充当轮机员之前声请受二管轮检定

第十条　声请检定者如具有左列资历之一经审查合格得免予考验发给证书

一　领有交通部商船职员证书复经任该等级职务一年以上而无过失请求原级检定者

二　领有交通部商船职员证书或船员证书复经任该等级职务二年以上而无过失请求船员检定暂行章程第九条规定以外之升级检定者

第十一条　受远洋或近海轮船船长原级检定者至少须充任远洋或近海轮船大副或船长职务在二年以上

受远洋或近海轮船大副升级检定者至少须充任远洋或近海轮船大副职务在二年以上

其他驾驶员声请检定者至少须在其所请证书种类轮船上服务一年以上

第十二条　领有驾驶员证书并依船员证书暂行章程第五条之规定充任上一种低一级之职务满二年者得声请检定调换上一种原级之证书

领有乙种轮机员证书并曾充相当轮机员职务满二年者得声请检定调换甲种同级证书

第十三条　驾驶员舱面服务时间之计算依左列各款之规定

一　充任轮船驾驶员职务者均作舱面服务计算

二　充任轮船舵工水手等职务者其工作亦作舱面服务计算但以二年为限

三　交通部商船专科学校或国立海军学校毕业生其在校学习驾驶课程之时间作舱面服务计算但以二年为限

四　其他教育部立案之专科学校毕业生其在校学习驾驶课程之时间亦作舱面服务计算但以一年为限

五　见习生在船上练习航海时间作舱面服务计算

六　无线电员在船上工作时间得以四分之一作舱面服务计算但以一年为限在舱面非学习或非从事驾驶员之工作及在五十总吨数以下轮船之工作均不得作舱面服务计算

第十四条　轮机员舱作时间之计算依左列各款之规定

一　充任轮船轮机员职务者均作轮机舱作计算

二　甲种轮机员须有一年以上在机械工厂实习轮机制造及修理此项实习时间得作轮机舱作计算

三　充任轮机铜匠加油等职务者工作亦作轮机舱作计算但以二年为限

四　在交通部商船专科学校或国立海军学校或在有机械试验厂之工业专科学校毕业者其在校学习轮机时间亦作舱作计算但以二年为限

五　在高级中学以上之学校毕业者其在校学习数理课程之时间得以二分之一作舱作计算但以半年为限

第十五条　甲种轮机员工作之轮机汽机须在一百匹马力以上油机须在五百六十匹马力以上乙种轮机员工作之轮机汽机须在六十五匹马力以上油机须在三百七十四匹马力以上

第三章　考　验

第十六条　船员考验科目如左

甲　驾驶员考验科目

一　普通科目　国文英文或其他外国文

二　驾驶科目　科学原理实用驾驶学海图应用法货物装运造船学大意

船舶管理气象学　船员职务罗经学轮机常识引港学信号

　　三　口试　船艺避碰章程及其他海事法规

　　乙　轮机员考验科目

　　一　普通科目　国文英文或其他外国文

　　二　轮机科目　机械常识轮机学绘图学

　　三　口试　轮机管理轮机应用舱作职务

　　各级船员考验各科细目由船员检定委员会另定之

　　第十七条　笔试科目分数均各满五成总平均分数满六成者为及格口试分数以满六成为及格

　　第十八条　考场规定则由船员检定委员会另定之

　　第十九条　声请检定者如笔试或口试不及格应于六个月内请求补考其不及格科目若仍不及格则须全部重受检定

第四章　附　　则

　　第二十条　本细则自公布日施行

106

1933 年 8 月 10 日

国营招商局组织章程

（中华民国二十二年八月十日交通部部令第二九三号公布）

第一章　通　　则

　　第一条　国营招商局直隶于交通部继承商办招商局合法之权利义务办理国内外航运事业

　　第二条　本局设监事会理事会及总经理处

　　第三条　本局设在上海市并得斟酌业务状况在各埠设立分局或办事处

第二章　监事会

　　第四条　监事会以监事九人至十三人组织之直隶于交通部

第五条　监事由交通部长遴请简派任期两年期满得连任第一届监事四人至六人任期一年以抽签定之

第六条　监事会设主席一人由各监事互选呈报交通部备案

第七条　监事会之职掌如左

一　全局服务人员违法失职之检举事项

二　订立重要契约及募集新债之审核事项

三　预算决算之审核事项

四　账目及营业之检查事项

五　其他关于重要业务应行监察事项

第八条　监事会关于局务得提出来意见于理事会供其采择

第九条　监事会遇必要时得请理事会及总经理处报告处理事务情形或检查其文件

第一〇条　监事会对于局务如认为有危害或不利于本局时得请理事会撤销或纠正之

第一一条　监事会关于行使职权如与理事会或总经理处发生争议时应呈请交通部核办

第一二条　监事各得单独行使其监察权但关于第七条第一款至第三款及第八条第九条第十条或其他重大事项须经监事会议决关于第七条第四款须每季举行一次

第一三条　监事会会议每月举行一次由主席于会期五日前以书面召集之但遇紧急重大事故时得由主席或经全体监事四分之一之提议召集临时会议

第一四条　监事会会议以监事会主席为主席主席因事故不能出席时由监事互推一人代理之

第一五条　监事会会议之议决以全体监事过半数之出席出席过半数之同意行之可否同数时取决于主席

第一六条　监事会会议议决案应呈交通部核准备案

第一七条　监事会设秘书一人事务员二人由主席遴选提交监事会议决任用并呈报交通部备案

第一八条　监事不得兼任本局理事或总经理及职员

第三章　理事会

第一九条　理事会以理事十一人至十七人组织之其五人至七人为常务理事均由交通部长遴请简派直隶于交通部

第二〇条　理事会理事任期三年期满得连任第一届理事以六人任期一年以六人任期二年其余任期三年均以抽签定之

第二一条　常务理事常川驻会处理日常会务

第二二条　理事会之职掌如左

一　关于业务方针之决定事项

二　关于契约之订定废除及改订事项

三　关于产业及资本（均包括前积余产业及内河轮船在内）之整理事项

四　关于总局及附属各机关办事规章之审核颁布事项

五　关于总经理以下重要人员之任免核准事项

六　关于债权债务之清理偿还事项

七　关于预算之编制事项

八　关于决算账目之审订事项

九　关于业务之督察事项

一〇　关于附属机关之设立或废止事项

一一　关于其他重要业务之规划事项

第二三条　前条各款事项除第九款外须经理事会之议决

第二四条　理事会之文件由常务理事署名行之

第二五条　理事会常会每星期举行一次如遇重要事务得开临时会均由常务理事召集之

第二六条　理事会会议主席由常务理事轮流充任

第二七条　理事会会议之决议以全体理事过半数之出席出席过半数之同意行之可否同数时取决于主席

第二八条　理事会处理重要事务应呈请交通部核准

第二九条　理事会应随时随地将资产损益债权债务各种表册置备会内以供监事会查阅并每月编制报告呈报交通部备案

第三〇条　理事会设秘书一人或二人事务员二人至四人由常务理事遴选提交理事会议决任用之

第三一条　理事会因缮写公牍得酌用雇员

第四章　总经理处

第三二条　总经理处设总经理一人由交通部长遴请简派督率所属处理局务

第三三条　总经理任期五年期满得连任

第三四条　总经理为进行日常业务起见得订立左列各合同

一　关于轮船油漆修理及所需之煤炭物料等合同

二　关于起卸货物之合同

三　关于使用码头趸船及存货交货之合同

301

四　关于雇用船长船员业务主任及其他轮船上服务人员之合同

五　关于雇用码头员工之合同

六　关于雇用引水人之合同

七　关于租赁轮船拖船及驳船之合同

八　关于代理商代售客票揽运货物佣金及其垫支款项汇款办法之合同

第三五条　总经理处置总务会计业务船舶四科

第三六条　总务科掌左列事项

一　关于收发文书及典守关防事项

二　关于规章命令之公布及通知事项

三　关于文卷之登记汇编事项

四　关于文卷之管理保管事项

五　关于文卷之撰拟及编译事项

六　关于图书之管理事项

七　关于各项典礼开会之设备布置事项

八　关于会议记录事项

九　关于公用物品之购置保管事项

一〇　关于船舶房地产栈房及其他财产之保险事项

一一　关于警卫卫生事项

一二　关于工会之接洽事项

一三　关于其他庶务事项

一四　关于统计调查表格之编制事项

一五　关于统计材料之搜集事项

一六　关于统计材料之整理及审核事项

一七　关于统计图表之绘制事项

一八　关于统计年报月报及单行本之编制事项

一九　关于航业情形之调查事项

二〇　关于前积余公司一切产业之管理事项

二一　关于房产地产之管理事项

二二　关于房产地产之经租事项

二三　关于房产之修造事项

二四　关于房产地产之纳税及完税事项

二五　关于房产地产纠纷之处理事项

第三七条　会计科掌左列事项

一　关于预算决算之编制事项

二　关于贷借对照表损益表及财产目录之编订事项

三　关于日记表月计表及其他决算报告书之编订事项

四　关于各种账簿之登记保管整理事项

五　关于日记票及传票之核对事项

六　关于抵借款项及其他债权债务之清理事项

七　关于分局办事处及各船栈会计规章之厘定及检查事项

八　关于分局办事处及各船栈会计账目之检查事项

九　关于现金之出纳事项

十　关于现金出纳簿及银行往来簿据支票之保管事项

十一　关于本局房地产文契重要借款合同及营业合同之保管事项

十二　关于分局办事处预算决算之审核事项

十三　关于营业收支之稽核事项

十四　关于各种账簿之稽核事项

十五　关于分局办事处账簿及各项营业表册之审核事项

十六　关于现金支付之核准事项

十七　关于抵借款项及清理债权债务之审核事项

十八　关于会计簿记改善划一事项

第三八条　业务科掌左列事项

一　关于各航线船只之分配调遣及计划事项

二　关于航运行情之调查事项

三　关于船期之规定及货物起卸之通知事项

四　关于客货之招徕及处理事项

五　关于便利旅客之应办事项

六　关于客货之联运事项

七　关于货脚定率之厘定事项

八　关于客票定率之厘定事项

九　关于客佣定轨之厘定事项

一〇　关于海关之接洽事项

一一　关于揽登广告事项

一二　关于各轮业务之考核事项

一三　关于分局办事处业务之考核事项

一四　关于同业之接洽事项

一五　关于内河航业之管理事项

一六　关于轮船征租事项

一七　关于运输上损害赔偿事项

一八　关于码头栈房营业之招徕及存货之保管事项

一九　关于栈货之清理事项

二〇　关于码头栈房租金定率之厘定事项

二一　关于扛力定率之厘定事项

二二　关于码头栈房人员之管理考绩进退事项

二三　关于码头稽查巡丁之管理事项

二四　关于码头栈房趸船之修造监工及验收事项

二五　关于码头栈房之清洁消防队及其他设备事项

二六　关于煤栈之管理事项

第三九条　船舶科掌左列事项

一　关于船舶驾驶机务人员之管辖及其职务之分配事项

二　关于海员之管理进退及登记事项

三　关于船身机器之检验事项

四　关于船舶之修理监工及验收事项

五　关于船舶之设备及卫生事项

六　关于船舶各项工程之投标及验收事项

七　关于招商机器厂之管理及其人员之考绩事项

八　关于船舶无线电之设置管理及其人员之考绩事项

九　关于船舶所有煤炭物料之验收事项

一〇　关于船舶之消防及救护事项

一一　关于其他船舶事项

第四〇条　总经理处各科设主任一人承总经理之命主持各该科事务其较繁之科得设副主任一人至二人助理主任职务

第四一条　总经理处设科员书记分配各科办事

第四二条　总经理处各科得分股办事

第四三条　总经理处设秘书一人至三人掌理机要事项

第四四条　总经理处得设视察员一人至三人承总经理之命视察各埠业务

第四五条　总经理处得设稽查员四人至八人承总经理之命稽查总分局办事处及码头栈房船舶各项人员服务情形

第四六条　副主任之设置及前五条各项人员之名额均由总经理提出理事会议决后呈请交通部核定之

第四七条　总经理处秘书及各科主任副主任及视察员由总经理提出理事会决议呈请交通部核准后任用之

第四八条　总经理处稽查员科员书记由总经理任用之

第四九条　总经理处因事务之必要得设置工程委员会及购料委员会其章程另定之

第五〇条　总经理处购办物料或修理建造工程价值在三千元以上者应依购料委员会章程办理

第五章　各埠分局及办事处

第五一条　各埠分局及办事处由理事会议决呈请交通部核准后设立之

第五二条　分司及办事处隶属于总经理处

第五三条　分局或办事处承总经理之命掌左列事项

一　关于定货及码头栈房业务之经营及招徕事项

二　关于码头趸船之管理改良修造及监工事项

三　关于房产地产之管理事项

四　关于栈租扛力定率之厘定事项

五　关于现金之出纳及银行往来簿据支票之保管事项

六　关于预算决算之编制及一切账簿表册之登记整理保管事项

七　关于员工之管理考绩进退及其职务之分配事项

八　关于业务情形之汇报事项

九　关于重要文件及给钤记之保管事项

一〇　关于文件之撰拟收发缮校保管事项

一一　关于物料之采办收发及保管事项

一二　关于对外接洽事项

一三　关于交际及宣传事项

一四　关于总经理处交办之事项

第五四条　各分局设经理一人办事处设主任一人秉承总经理主持各该局处事务其人选均由总经理提出理事会议决呈请交通部核准后任用之

第五五条　分局经理事会之核定得酌设秘书一人掌理机要事务由分局经理商承总经理任用之

第五六条　业务较繁之分局及办事处经理事会之核定得分股办事每股设股长一人由分局经理或办事处主任商承总经理任用之

第五七条　分局及办事处依理事会核定之名额设事务员及书记由经理或主任派充呈报总经理处备案

第五八条　分局及办事处请办物料价值在二千元以上者须先呈请总经理处核定之

第五九条　分局及办事处修理工或建业工程估价三千元以上者须先行呈请总经理处核定竣工后并须呈请总经理处验收

第六〇条　分局及办事处重要事务应随时呈报总经理核夺并于每月作成报呈呈报总经理查核备案

第六章 附 则

第六一条 本局全部预算由理事会议决经监事会同意呈请交通部核定之

第六二条 监事会理事会办事细则由各该会自行拟定呈报交通部核定之

第六三条 总经理处分局及办事处办事细则由总经理处拟定提出理事会议决呈报交通部核定之购料章程会计章程职员保证金章程奖恤章程亦同

第六四条 本局年终盈余之分配应由总经理提出理事会议决后呈请交通部核定之

第六五条 本章程自公布之日施行

107

1933 年 8 月 9 日

小轮船搭载客货限制办法

（中华民国二十二年八月九日交通部部令饬遵）

一、小轮船经该管航政官署检查丈量核定搭载客货地位及搭载客货数量后应填发搭载客货准单一纸由该船所有人将单内划定各部搭客载货处所用铜质或珐琅质制牌或用油漆分别标示舱口（如客舱货舱机舱间船员间字样）并将该管航政官署所定范围（如此处只准搭客若干人此处不准载货此处不准搭客载货此处只准载货若干吨字样）一并用油漆标明于该处显明地方

二、客货并载之小轮船其下舱应禁止搭客舱顶头棚烟棚均不准载货两旁或中间行道及锅炉间机器间司舵室及其他重要地位均不准搭客载货

三、小轮船船身两舷不准架设跳板以为行走或其他之用船首及两舷不能悬挂包裹禽笼及其他障碍物

四、小轮船应备下列各种单照并应常置船上（甲）小轮船执照（乙）船舶吨位证书（丙）船舶检查证书及船舶检查簿（丁）小轮船搭载客货准单以上甲乙两种单照应装镜架悬挂船上显明之处

108

1933 年 9 月 5 日

修正水线总工程师水线工程师
办事规则第二十条条文

（中华民国二十二年九月五日交通部部令第三二〇号
修正公布）

第二十条　水线总工程师水线工程师因公出差支给舟车膳宿杂费等应按
其资格适用电务技术员章程或报务员章程之规定技工每日准支旅费银一元

109

1933 年 9 月 20 日

引水管理暂行章程

（中华民国二十二年九月二十日国民政府公布）

第一章　总　　则

第一条　为管理各口引水事务起见除军港应由海军部主管外均依本章
程与沿海及沿江各口设立引水管理委员会管理之

第二条　沿海沿江各口引水管理委员会由财政部代表二人参谋本部海
军部交通部本国商会代表各一人组织之上海管理委员会之组织得暂加入外
国商会代表一人前项财政部代表二人指定各该口海关税务司港务长以税务

司为委员会主席上海之代表二人指定海务巡工司港务长以海务巡工司或其代表为主席

第三条　引水管理委员会按照各该口情形拟订本区域内管理引水细则划分引水界限规定引水人并引水学员名额及其费用呈由财政部分咨各关系部核办

第四条　引水管理委员会负责检定各该区域内合格引水人之任用及监督其职业之行为与引水学员之资格各该区域内之引水人或引水团体遇有控告他人或被他人控告事件由引水管理委员会议决处理之

第五条　引水管理委员会办事经费由该会拟具预算呈请财政部由财政部分咨各关系部查核

第二章　引水人执业凭证

第六条　（无第六条）

第七条　各该口管理委员会应按照引水名额就合格引水人中审核发给引水人执业凭证

第八条　各该口遇有合格之引水人不足引水名额时引水管理委员会应遴选富有经验之中国籍引水人给予执业凭证试充

第九条　请领引水人执业凭证者第一次每人应缴国币三十元

第十条　引水人于每年七月一日向各该口引水管理委员会请换发新凭证应缴国币十五元

第十一条　发给引水人执业凭证时并应发给关于引水事项之一切规章各一份俾资遵守而便随时令其呈验

第十二条　凡各口领有执业凭证之引水人其人数在十人以上者应于引水管理委员会所在地设立引水公会其组织章程及公会职员应呈请该引水管理委员会分别核准备案

第十三条　凡未领执业凭证而私行引水者一经查获以公共危险罪论送交所在地法院惩办其以自己执照及执业凭证出借他人使用者或向他人借用者除取消其执照及执业凭证外并适用前项办理

第十四条　凡轮船如雇用未领执业凭证之人引水者一经查获应处该船长以国币一百五十元之罚金

第三章　引水学员

第十五条　引水学员须备具左列之资格

（一）中华民国人民年龄在三十五岁以上四十五岁以下者

（二）经医生证明体格健全身心强壮无他嗜好者

（三）其视觉须具一及 6/6 及 6/9 之程度辨色视觉无误者

（四）其听觉须能于六公尺外辨明寻常低声谈话者

（五）其他为引水管理委员会所规定为必要者引水学员除前条规定外并须具左列各款资格

第十六条　引水学员除前条规定外并须具左列各款资格

（一）熟悉该引水区域内之河道并会在航行本国领水内之轮船充任上级驾驶船员职务二年以上者

（二）熟悉该引水区域内河道之潮汐并能用潮汐表测算水度之深浅者

（三）熟悉该引水区域内河道之一切设施者

（四）熟悉该引水区域内之港口及港内之指泊所浮标码头等之位置者

（五）能读海图能适用罗盘之变向能测定航行之方向并能领换船之航线者

（六）谙习并能适用万国避碰章程者

（七）堪任驾驶船只之职务者

（八）通晓一种外国语言者

第十七条　引水学员须经各该口引水管理委员会审查并考验其资格合于前二条之规定者方得由引水人带领学习

第十八条　凡领有执照之引水人或引水团体得带领中国籍引水学员一名或数名呈由当地引水管理委员会核发引水学员凭证但对于所带之引水学员须担负完全责任

第十九条　凡领有凭证之引水学员遇必要时得由各该口引水管理委员会核准于某种范围内执行引水业务引水学员以领到凭证之后二年为学习期满期满后得应引水考试但曾任军商舰船船长富有航海经验者得随时应考前项考试须依照修正考试法第四条或第十七条办理

第四章　引水人应守之规则及纪律

第二十条　引水人执行业务时应注意左列事项

（一）遇沙滩或河流有变迁情形及船只浮标礁标有意外情事应立即请由所引船只之船长用无线电通知该口港务长该引水人回至该口时应迅即用书面或口头向港务长报告

（二）遇海关灯船上悬有招海关巡船之信号（KFC）应立即请由所引船只之船长（如该船装有无线电通知港务长）

将此项消息转传驶入港口之船只以便转告港务长

（三）遇海关灯船上悬有立待救助之信号（N. C.）应立即请由所引船只之船长将船驶近该灯船近旁从速设法救济并一面用最迅速方法通知海关赶

派巡船驶往救助

第二十一条　船舶在航行中遭遇险变该船引水人应将一切详细情形用书面报告该口港务长并于抵该口时亲赴港务长处面述一切船舶遇有触礁或搁浅情事该船引水员除照前项办理外并须照所知某种物象注明该船之方位吃水之深浅触礁之性质及出事时与出事后潮汐之时间等

第二十二条　引水人对于所引船只如认为不堪航行时应拒绝带领出口并立将此事报告港务长

第二十三条　引水人于所引船只入港时遇海关巡船驶近该船意欲靠登该船时应立即停驶

第二十四条　引水人对于该口港务防疫危险物品及爆烈物品各项章程应详细告知所引船只之船长并使其遵行毋违

第二十五条　引水人非经港务长之许可不得擅将船只移泊港内外任何码头或停泊所但一经海关发给结关江单可不候港务长之允准开驶出海

第二十六条　引水人如有溺职无能情事或临时犹豫致所引船只失事应由该船船长用书面报告该口引水人管理委员会彻查惩办

第二十七条　轮船公司雇佣引水时如不欲轮班当职之引水人为之引水必须将拒绝雇佣该引水人之理由用书面申述之

第二十八条　凡引水人经三数轮船公司拒绝雇佣其引水该口饮水管理委员会应即召集会议查究之

第二十九条　凡引水人被船长船东或船行控告或经港务长认为有违背章程或品行不端事情该口引水管理委员会应即召集会议查究之

第三十条　引水人因故请假时港务长得酌量情形给予一个月以内之假期但请假逾一月以上或续假合计逾二个月者须经引水管理委员会之议决

第三十一条　引水人遇有左列各款情事不得营其业务

（一）停止公权时

（二）宣告破产时

（三）停止引水执照之行使或其引水执照被扣押时

第五章　引水船应守之规则

第三十二条　凡引水船须由引水人将该船连同水手姓名人数呈经引水管理委员会注册发给引水船执照编列号数引水人须在船身两旁书明（特准引水船）及注册之号数如系帆船除在船身两旁书明外并应于大帆顶端书明以资识别引水船必须将牌照缴存海关海关对于引水船应准其在内港及引水区域内自由行驶并免缴船钞

第三十三条　引水船如系帆船日间在港中执行引水业务时须悬持万国

引水船旗帜（即上白下红之长方旗）夜间须在桅顶悬持四方可见之白灯一盏并特备至少于十五分钟内闪烁一次之闪光以资识别但不得悬持他项船只之号灯引水船如系轮船在港中执行引水业务时除悬持上项寻常号灯外并须距桅顶白灯二·四公尺下悬挂四方可见之红灯一盏该灯灯光须在黑夜无雾时照及三公里以外此外又须悬挂他船于行驶时应悬之带色旁灯如引水船在港中停驶而尚在执行业务时除须悬挂寻常号灯及桅顶红灯外毋庸在船身两旁悬挂旁灯但引水船不在执行业务时所悬之灯应与他项轮船一律

第三十四条　引水船应按照下列规定缴纳执照费

（甲）轮船及汽船

长度满三十六公尺以上者执照费一百六十元

长度不满三十六公尺而满二十一公尺以上者执照费八十元

长度不满二十一公尺者执照费五十元

（乙）帆船

长度满二十一公尺以上者执照费八十元

长度不满二十一公尺者执照费五十元

已领执照之引水船不论轮船帆船应于每年七月一日换领执照其换照费照上列数目二分之一缴纳

第三十五条　在沿海某数口岸毋庸引水船者引水人得经港务长之许可雇用寻常船只上下轮船唯须在雇用之船上悬挂引水旗帜引水管理委员会如认为必要时亦得向引水人责令缴纳规定之特任特准费

第三十六条　凡未经领有引水执照之船只如有私悬引水旗帜而并未载有引水人者得将该船船主或其租赁人处罚

第三十七条　凡领有引水执照之引水船非载有引水人或引水学员不得悬挂引水旗帜

第三十八条　港内引水人之职务为领导港内船只停泊于港务长所指定之处所与领导船只移泊及出入船坞并靠拢或离开码头

第三十九条　船只停泊处所应由港务长视各船之需要指定之如未经港务长允准擅在某处停泊者海关得不准其入口装载货物或止出口以示惩儆

第四十条　凡船只均须在港务长指定之处所停泊非经港务长允准不得擅自移动

第四十一条　港内引水费由该口引水管理委员会拟订呈由财政部分咨各关系部核定之

第七章　引水管理委员会经费

第四十二条　引水管理委员会经费以引水人执照费及引水船执照费充

之如不敷时得由引水管理委员会酌量增收引水费用以资辅助

第八章　附　　则

　　第四十三条　各口引水一切事项在引水法未公布施行以前暂依本章程办理所有同治七年所订引水总章及各口引水分章均自本章程施行之日废止

　　第四十四条　所有各口以前取得引水资格之个人或团体自本章程公布后应由各该口引水管理委员会依照本章程规定办法办理

　　第四十五条　本章程如有未尽事宜得随时修正之

　　第四十六条　本章程自公布之日施行

110

1933 年 10 月 28 日

船舶检查章程

（中华民国二十二年十月二十八日交通部部令第三八五号修正公布）

第一章　通　　则

　　第一条　本章程依船舶法第四十二条之规定制定之

　　第二条　中国船舶除左列各款外依本章程之规定施行检查

　　一　总吨数不及二十吨或容量不及二百担之船舶

　　二　专用于公务之船舶

　　三　以橹棹为主要运转方法之船舶

　　第三条　左列外国船舶除法令有特别规定者外准用本章程之规定施行检查

　　一　中国人民所租用在中国各港间或中国与外国间航行之外国船舶

　　二　依法律或政府之许可在中国港湾口岸间航行之外国船舶

　　三　依船舶法第十七条之规定应受检查之外国船舶

　　第四条　船舶检查由交通部航政局施行之但在未设航政局之港埠得由

交通部指定之机关或专员施行之

第二章　检查种类

第五条　船舶检查分左列三种

一　特别检查

二　定期检查

三　临时检查

第六条　特别检查对于新造之船舶或购自外国之船舶或船身机器之全部或一部经过修改之船舶施行之

第七条　特别检查应就船身机器及船具之构造并其状况与能力检查之

第八条　无须受检查之船舶变更为应受检查之船舶时应声请施行特别检查

第九条　船舶受特别检查合格后经过一年时应受定期检查

第一○条　定期检查于船舶航行期间届满时施行之

第一一条　定期检查应就船身机器船具等之状况及客室船员室暨其他设备检查之

第一二条　临时检查得随时就船舶之一部或全部施行之

第一三条　船舶遭遇碰撞及灾变有损伤时或变更航路种类客货舱位及船上设备时或保险气门经启封时应声请施行临时检查

第三章　声请程序

第一四条　船舶检查应由船舶所有人船舶经理人或船舶租用人声请之但船舶不在船籍港或有正常事由得由船长声请之

船舶经理人或船舶租用人声请检查时应呈验证明文件

第一五条　声请检查应于声请书内注明左列各款事项由声请人签名盖章

一　船名

二　船舶种类

三　总吨数或担数

四　登记吨数或担数

五　船籍港

六　行驶航路

七　营业种类

八　声请检查之日期及处所

九　检查种类及声请事由

一〇　船舶所有人姓名或名称及住所

第一六条　声请检查制造中之船舶时船舶所有人应填具声请书连同制造样本及图说一并呈验但帆船得免呈图说

第一七条　前条检查声请书应分别填报左列事项由声请人签名盖章如船舶所有人与制造人系属两人时应联名盖章

一　船舶种类及其预定性质

二　船壳船骨及甲板材料

三　计划容量

四　计划气压

五　计划马力

六　汽机种类及数目

七　汽锅种类及数目

八　推进器种类及数目

九　使用目的

一〇　预定航路

一一　造船厂名及其地点

一二　主任技师姓名

一三　起工年月

图说分左列数种并须附记尺寸

一　船体中央横截面图

二　船体中心线纵截面图

三　甲板平面图

四　汽机横截面图

五　汽机纵截面图

六　汽锅横截面图

七　汽锅纵截面图

除前二项各款外经检查员认为必要时得令声请人呈验其他文件图说

第四章　检查程序

第一八条　检查船舶应在航政局或交通部指定机关之所在地施行之但经声请人声叙事由不能在该地施行时得在其他处所施行之

第一九条　船舶检查时轮船须有船长及轮机长在场帆船须有船长在场船长及轮机长因事不能在场时得委托其他船员代理

第二〇条　检查船舶如船长轮机长或其他代理人不在场时检查员得延期施行

第二一条　　检查船舶时船长及轮机长应接受检查员之要求并于必要时须帮同办理如有所询问时须详细陈述之

第二二条　　船舶受第二次以后之检查时船长应呈验左列各种书类

一　　船舶国籍证书

二　　船舶登记证明书

三　　船舶检查证书

四　　船舶检查簿

五　　船舶乘客定额证书

六　　船舶吨位证书

七　　海员证书

八　　船员名册

九　　属具目录

一〇　　航海记事簿

一一　　其他有关系之书类

第二三条　　依船舶法第十五条之规定声请再检查时应由船舶所有人船舶经理人或船舶租用人开具不服事项声叙理由呈由该管航政局转呈交通部核办

第二四条　　交通部对于前条之声请认为理由不充分或该船舶变更原状时应令航政局仍依原检查员之报告为准

第五章　　检查书据

第二五条　　检查员检查完毕时应将船舶检查簿交付船长保管之船舶检查簿应依照第一号书式

第二六条　　船舶经特别检查或定期检查合格后由航政局发给船舶检查证书

船舶经临时检查合格后航政局应发给临时检查单附粘于原检查证书加盖骑缝印交还船长保存船舶检查证书及临时检查单应分别依照第二号各书式

第二七条　　船舶检查证书或船舶检查簿如有遗失时船长应迅具事由向原发给之航政局声请补发

第二八条　　船舶检查证书所载事项发生变更时船长应迅即开局变更事项向最近航政局声请换发

第二九条　　遇左列情事之一时应将船舶检查证书缴还航政局

一　　船舶丧失国籍时

二　　依法令之规定船舶已无须检查时

三　船舶之航行期间届满时

四　领有渔船检查证书之船舶变更使用目的时

五　船舶灭失沉没或被捕时

六　船舶失踪经六个月尚无着落时

七　船舶经临时检查不合格时

前项规定遇第五款第六款情形其船舶检查证书确经遗失者不适用之

第三○条　遇左列情事之一时应将旧船舶检查证书缴还航政局

一　换领船舶检查证书时

二　因船舶检查证书毁损再请发给时

第三一条　遇左列情事之一时得声请航政局发给通航证书

一　船舶检查后或换领补领船舶检查证书尚未领受时

二　船舶于检查中有入坞或上架之必要而中止检查经检查员认为得暂准航行时

三　在外国取得船舶遇该船舶原有检查证所载航行期间届满经验船师给有证明书时

前项第三款情形须向中国领事馆声请发给通航证书应依照第三号书式

第三二条　通航证书有效期间以足敷领受船舶检查证书或航行之日数为准由航政局或领事馆酌定之

第三三条　通航证书应于领受船舶检查证书后或有效期间届满时由船长于五日内缴还航政局

第三四条　船长应将船舶检查证书通航证书悬示于船上明显处所

第三五条　船舶检查证书及通航证书应行缴还而不能缴还时须将理由呈报该管航政局由局登刊公报声明作废但该项书类所载之有效期间业已届满者不在此限

第六章　航路指定

第三六条　航路分左列四种

一　远洋航路

二　近海航路

三　沿海航路

四　内河航路

第三七条　各船舶指定之航路其适航与否由检查员审定呈报航政局核准

检查员对于声请航路认为有限制气候之必要时对于其指定航路得附限时期

第三八条　内河船舶其最大速率能于二小时以内往返之沿海港口间得准其指定航行

前项船舶应声叙事由呈请航政局核准

第三九条　船舶在航行期间内变更航路时应分别开列新旧指定航路声请航政局核准

第七章　乘客定额

第四〇条　乘客定额由航政局察看船舶设备情形依照乘客定额计算表核定之并发给乘客定额证书检查船舶如发现原定乘客定额不合时得重行核定之

乘客定额证书应依照第四号书式

第四一条　乘客未满十二岁者以二人作一人计算未满三岁者不计

第四二条　左列人员不以乘客论但第一款及第二款住在客室者应作乘客计算

一　船舶所有人船舶经理人或船舶租用人

二　船员及其他在船服务者

三　航行中被救助者

第四三条　船长应将乘客定额证书悬示于船上明显处所

第四四条　船长应将客室及船员常用室划分

第四五条　客室内载货时船长应将乘客定额数依照容积比例减少

第四六条　船舶变更乘客定额时应声叙事由呈请航政局核准换发乘客定额证书乘客定额证书遗失时应呈请航政局核准补发

第四七条　近海沿海及内河船舶临时搭载多数军队移民或其他多数农工时应声请航政局核准按照临时乘客定额计算表发给临时乘客定额证书

临时乘客定额证书应依照第五号书式

第四八条　前条声请应填报左列事项连同船舶检查证书送呈航政局核准

一　乘客种类及人数

二　航行里程

三　平均速率

四　起迄及经过地点

五　预定航行期间

六　可充客室之处所

第四九条　临时乘客定额证书应由船长于该次航行终了时迅即缴还航政局注销

第五〇条　载客不及十五人之船舶,不适用本章程之规定

第八章　气压限制

第五一条　船舶之气压限制应视气锅之现状核定之

第五二条　检查员封锁保险气门时应将钥匙缄封交付船长

第五三条　船长接受保险气门之钥匙后应慎重保管非遇紧急不得已事故不得启封

第五四条　保险气门钥匙遗失或其封缄损坏时或船长将保险气门钥匙之封缄启封时应即开具事由声请最近航政局重新缄封

第九章　航行期间

第五五条　已受检查之船只其航行期间由航政局视船舶之现状依船舶法第十条之规定核定之

第五六条　航行期间届满后非重经检查合格不得航行其在航程中期满者应于期满后最初到达之港声请该管航政局施行检查

第五七条　船舶在航行期间内遇有左列情形之一时船舶所有人船舶经理人船舶租用人或船长应即呈明航政局

一　船舶入坞或上架时

二　船身或机器之主要部分及重要属具经更换或修理或损伤时

三　机器或汽锅拆卸时或推进机轴取出时

第十章　检查费

第五八条　船舶检查应由声请人依附表之规定缴纳检查费

第五九条　无须受检查之船舶若经声请检查已着手施行时须缴纳检查费

第六〇条　发给补发或换发船舶检查证书及乘客定额证书时又发给通航证书及临时乘客定额证书时轮船应各缴证书费二元帆船一元

第六一条　请领英文译本证书时轮船每分应缴费四元帆船二元

第六二条　补发船舶检查簿时总吨数一百吨以上之轮船应缴费十元未满一百吨之轮船七元帆船五元

第六三条　检查费缴费单应记载船舶名称总吨数检查种类及收费之数额

第六四条　船舶在航政局或交通部指定机关所在地以外处所受检查时检查声请人除照第五十八条之规定缴费外并应缴纳检查员照章应领之旅费

前项旅费如遇数船同在一地时施行检查时旅费总额与一船同其数船不

属一人所有者应各按其检查费用之多寡比例分担之

第十一章 附 则

第六五条 违反第十三条第四十六条之规定者依船舶法第三十九条第一款处罚违反第十三条第五十四条之规定者依船舶法第三十九条第二款处罚

第六六条 本章程自船舶法施行之日施行

附表：

船舶检查手续费表

轮船(单位:元)

检查种类　　　　总吨数	特别检查		制造中之特别检查		定期检查		临时检查
	旅客船	非旅客船	旅客船	非旅客船	旅客船	非旅客船	检查一次
二十吨以上五十吨未满	60	42	90	63	40	28	20
五十吨以上百吨未满	90	63	135	95	60	42	
百吨以上三百吨未满	150	105	225	157	100	70	40
三百吨以上五百吨未满	225	157	338	237	150	105	
五百吨以上千吨未满	300	210	450	315	200	140	80
千吨以上三千吨未满	450	315	675	473	300	210	
三千吨以上六千吨未满	750	529	1125	788	500	350	
六千吨以上一万吨未满	1050	735	1575	1102	700	490	160
一万吨以上	1900	1050	2250	1179	1000	700	

帆船(单位:元)

检查种类　　　　总吨数	特别检查	制造中之特别检查	定期检查	临时检查
二百担以上五百担未满	12	18	8	8
五百担以上一千担未满	18	27	12	
一千担以上二千担未满	30	45	20	
二千担以上五千担未满	45	68	30	16
五千担以上	60	90	40	

111

1933 年 10 月 28 日

船舶丈量章程

（中华民国二十二年十月二十八日交通部部令第三八五号修正公布）

第一章　通　　则

第一条　本章程依船舶法第四十二条之规定制定之

第二条　中国船舶除左列各款外依本章程之规定施行丈量

一　总吨数不及二十吨或容量不及二百担之船舶

二　专用于公务之船舶

三　以橹棹为主要运转方法之船舶

第三条　左列外国船舶除法令有特别规定者外准用本章程之规定施行丈量

一　中国人民所租用在中国各港间或中国与外国各港间航行之外国船舶

二　依法律或政府许可在中国港湾口岸间航行之外国船舶

三　依船舶法第二十二条之规定应受丈量之外国船舶

第四条　船舶丈量由交通部航政局或交通部指定之机关或专员施行之

第二章　声请程序

第五条　船舶丈量应由船舶所有人或经理人或租用人声请之但船舶不在船籍港或有正当事由得由船长声请之

第六条　新造船舶应于全部装置完毕时声请丈量但为便利起见得于装置未毕以前声请先行丈量船舶之一部分

第七条　在外国制造或由外国购置之中国船舶应于最初到达中国港时声请丈量

第八条　声请丈量应于声请书内注明左列各款事项由声请人签名盖章

一　船舶所有人姓名或名称及住所

二　船舶种类

三　船名

四　船质

五　甲板层数及帆桅数目

六　容量

七　造船厂名及地点

八　进水年月

九　丈量地点

除前项各款外丈量员认为必要时得令声请人呈验其他文件图说

第九条　旧有船舶因修理或改造致船身构造或容量有变更时应将变更部分于声请书内详细注明并附呈原领之船舶吨位证书声请丈量

第三章　丈量程序

第一〇条　船舶丈量应在航政局或交通部指定机关之所在地施行之但船舶如不能驶赴该地时得于声请时叙明事由就船舶所在地施行之

第一一条　船舶丈量时声请人及船长轮机长均须在场备丈量员之询问或帮同办理船长轮机长因事不能在场时得委托其他船员代理

第一二条　船舶丈量如船内装载货品或堆积物件于丈量有妨碍时应由声请人先时清除如临时经丈量员认为有清除之必要者声请人不得拒绝

第一三条　船舶满载货物或他种障碍一时不能清除而急须丈量者得由丈量员酌用变通办法其不能准确者俟清除后重行丈量

第一四条　专供或兼供乘客之船舶应将乘客舱位另行丈量

第四章　吨位计算

第一五条　船舶之容积以百立方英尺为一吨

以担数表示容量之船舶以十立方英尺为一担

第一六条　计算船舶之吨数以全船上下各舱位之容量为总吨数

但在上层舱面不设围蔽之处所得免除丈量不算入总吨数

第一七条　自总吨数内减去驾驶轮机并航行安全及船员居住卫生等所用处所不能供载货乘客之用者为登记吨数

第一八条　船舶丈量后不得将船舱面未设围蔽或不算入登记吨数之处所供载货客之用但遇特种货物须装载舱面者不在此限

第一九条　船舶丈量后如计算吨位有错误时得声请查明更正或派员复行丈量但在未经复量以前声请人不得变更船舶之原状

第五章　丈量书据

第二〇条　船舶丈量后航政局应依照第一号书式发给船舶吨位证书但依第十二条之规定变通办法丈量者其证书依照第二号书式

第二一条　依第十九条之规定复量者照第三号书式发给复量单

第二二条　丈量书据如有遗失或毁损时船长应迅具事由呈报航政局声请补发或换发

第二三条　船舶遇左列情事之一时应将丈量书据缴还航政局

一　船舶丧失国籍时

二　船舶灭失沉没或被捕时

三　船舶拆散时

四　船舶失踪经六个月尚无着落时

船舶遇前项情事如丈量书据业经灭失者船长应将不能缴还之情由呈报航政局

第六章　丈量费

第二四条　丈量船舶应由声请人依附表之规定缴纳丈量费

第二五条　同一所有人有二艘以上同样之船舶同时声请丈量者除一艘照前条规定数目缴费外其余各艘减半缴费

第二六条　依第九条之规定丈量者如丈量部分之吨数不及原有总吨数之半者减半缴费

第二七条　依第十三条之规定用变通办法丈量者照第二十四条之规定缴费其复行丈量时减半缴费

第二八条　依第十九条之规定重行丈量者除声请人有变更船舶原状情事或复量结果原计算之吨数并无错误须照章缴费外其余无须缴纳丈量费

第二九条　依第十条但书之规定丈量者除照第二十四条之规定缴费外并应缴纳丈量员照章应领之旅费

前项旅费如遇数船同在一地同时施行丈量时旅费总额与一船同其数船不属一人所有者应各按其丈量费用之多寡比例分担之

第三〇条　丈量已着手施行而声请人撤回声请时应照声请书所载容量缴纳丈量费

第三一条　依第二十二条声请换发或补发丈量文据者每件应缴费二元

第七章　附　　则

第三二条　本章程自船舶法施行之日施行

322

附表一　轮船丈量手续费表

总吨数	丈量费(元)	总吨数	丈量费(元)
二十吨以上五十吨未满	20	二千吨以上三千吨未满	100
五十吨以上百吨未满	30	三千吨以上四千吨未满	120
百吨以上三百吨未满	40	四千吨以上六千吨未满	140
三百吨以上五百吨未满	50	六千吨以上八千吨未满	160
五百吨以上千吨未满	60	八千吨以上一万吨未满	180
千吨以上二千吨未满	80		

一万吨以上每二千吨加二十元其尾数未满二千吨者以二千吨计以担数表示容量之船舶以十担作一吨计算

附表二　帆船丈量手续费表

担数	丈量费(元)	担数	丈量费(元)
二百担以上五百担未满	10	三千担以上五千担未满	25
五百担以上一千担未满	15	五千担以上万担未满	30
一千担以上三千担未满	20	万担以上	40

112

1933 年 12 月

民营航业公司参加水陆联运办法

（中华民国二十二年十二月铁道交通两部会订公布）

一　中国民营国营航业公司均得参加水陆联运但以二十二年十一月已在各航线常川营业及自置有码头栈房者为限

二　各民营航业公司拟参加水陆联运者须先行呈请交通铁道两部核准

三　参加水陆联运各轮船公司设水陆联运联合办事处其经费按照各该公司装载联运货物吨位比例分摊之

四　联运货物分配按各该公司现在常川营业之轮船比例摊运但如因设

备不周客商不愿报运者不在此限

　　五　参加联运各轮船公司需遵守铁道部联运处及各路局分别与国营招商局订立之合同及办事细则

　　六　在民营国营行业公司联合办事处未成立以前铁道部联运处各路局与招商局分别订立之合同及办事细则如期实行

113

1933 年 12 月 16 日

交通部各司分科执掌规则

（中华民国二十二年十二月十六日交通部修正公布）

第一条　本规则依交通部处务规程第八条之规定制定之

第二条　总务司设左列各科

一　机要科

二　文书科

三　统计科

四　出纳科

五　庶务科

第三条　总务司机要科掌左列事项

一　关于部令及规章之公布事项

二　关于印信之典守及颁发事项

三　关于本部职员及所属各机关主管及高级职员之任免奖惩及人事登记事项

四　关于图书室及交通陈列室之监督事项

五　其他不属各科之总务事项

第四条　总务司文书科掌左列事项

一　关于文件收发事项

二　关于文件分配事项

三　关于款项收送事项

四　关于到文销号事项

五　关于文件撰拟事项

六　关于档案保管事项

七　关于缮校文件事项

第五条　总务司统计科掌左列事项

一　关于统计资料之搜集事项

二　关于统计表格之编订事项

三　关于统计图表之绘制事项

四　关于统计册报之刊行事项

五　关于本部所属各机关办理统计之指导事项

第六条　总务司出纳科掌左列事项

一　关于本部经费收支事项

二　关于本部现金账目之登记事项

三　关于现金之出纳保管事项

四　关于款项之调拨事项

五　关于有价证券及其他票据之保管事项

六　关于本部房地产契据之保管事项

第七条　总务司庶务科掌左列事项

一　关于纪念周及各项典礼开会之司仪及记录事项

二　关于公用物品之保管及购置事项

三　关于本部房地产之保管及其修缮事项

四　关于警卫及卫生事项

五　其他一切庶务事项

第八条　电政司设左列各科

一　管理科

二　工务科

三　业务科

四　人事科

五　财务科

六　材料科

第九条　电政司管理科掌左列事项

一　关于电政机关之设置裁并及管理区域之划分事项

二　关于电政交涉事项

三　关于国际电报公约合同规章之审核事项

四　关于电政规章及电政文件之编译事项

五　关于电报检查事项

六　关于公营民营电气交通事业之监督事项

七　关于新闻报务气象电报凭照及电信机件护照之核发事项

八　关于电政统计资料之搜集事项

九　其他不属各科之电政事项

第一〇条　电政司工务科掌左列事项

一　关于电报电话线路工程之设计改良及扩充事项

二　关于电报电话线路工程之审定查勘建筑验收及修养测量事项

三　关于电报电话线路工程建筑规章之编订事项

四　关于电报电话工务处之设立及其人员名额之规定事项

五　关于各局台之设计改良及扩充事项

六　关于各局台工程之审定查勘建筑及验收事项

七　关于各局台工程管理规章之编订事项

八　关于电报电话工程管理区域之划分事项

九　关于工程用款册报之稽核事项

一〇　关于电务技术员报务员话务员及技工名额之规定事项

第一一条　电政司业务科掌左列事项

一　关于电报电话业务之监督改良及发展事项

二　关于电报电话业务规章之编订事项

三　关于电报电话线路报务话务之调度事项

四　关于电报电话价目之拟定事项

五　关于国际电报费折合率之审定事项

六　关于国际电报价目及报费摊分之商定事项

七　关于各项报务表册之稽核事项

八　关于各局台短收国内国际电报费之查补事项

九　关于各局台电报挂号费及译费之稽核事项

一〇　关于政务军务电报费之稽核事项

一一　关于电报稽核表册格式之拟定事项

一二　关于电政业务员名额之规定及增减事项

第一二条　电政司人事科掌左列事项

一　关于电政机关高级职员之任免期考核及奖惩抚恤事项

二　关于电务技术员报务员话务员业务员及技工之任免调派考核奖惩及抚恤事项

三　关于电政机关报差及公役之管理事项

四　关于电政机关临时雇用员工薪给之拟定事项

五　关于电政机关人员出差旅费及请假规章之纲订事项

六　关于工务业务各项员工之训育事项

第一三条　电政司财务科掌左列事项

一　关于电政机关预算决算之核转事项

二　关于出纳及会计规章之编订事项

三　关于电政合同及房地产契据之保管事项

四　关于电政款项之出纳保管事项

五　关于电政机关经费之划拨事项

六　关于电政机关现金出纳及款项划拨之稽核事项

七　关于电政机关收支之监督事项

八　关于电政债务之审核整理事项

九　关于电政人员缴纳保证金事项

一○　关于国际电信局与水线及无线电公司往来款项之审核事项

一一　关于电政资产之置备事项

第一四条　电政司材料科掌左列事项

一　关于材料之预计及审核事项

二　关于材料之购置及检验事项

三　关于材料之保管配发及转运事项

四　关于电信机件之设计制造装置及修理事项

五　关于材料程式之规定事项

六　关于材料册报之稽核事项

七　关于电料储造之监核事项

第一五条　邮政司设左列各科

一　邮务科

二　审计科

三　空运科

第一六条　邮政司邮务科掌左列事项

一　关于邮政机关之设置裁并事项

二　关于邮政机关高级职员之任免调派考核奖惩及抚恤事项

三　关于邮政员工之人事事项

四　关于邮政业务之监督改良及发展事项

五　关于邮政路线之扩展及变更事项

六　关于邮资核定及邮票印行事项

七　关于邮政规章之编订及邮政合同之审核事项

八　关于参加国际联邮会议及邮政公约或协定之审订解释事项

九　关于邮务请愿陈诉之裁断事项

一〇　关于邮政人员之训育及考试事项

一一　关于邮件之运输及检查事项

一二　关于邮政代理机关之监理事项

一三　关于邮政统计资料之搜集事项

一四　其他不属各科之邮政事项

第一七条　邮政司审核科掌左列事项

一　关于邮政款项之审核事项

二　关于邮政机关预算决算之核转事项

三　关于邮政材料及工程之审核事项

四　关于储金汇业局之设置裁并事项

五　关于储蓄利率汇兑金额及汇费之核定事项

六　关于储金汇兑请愿陈诉之裁断事项

七　关于邮政保险及款项划拨之审核事项

八　关于邮政财务之调剂及投资营业之审核检查事项

九　关于邮政资产之审核及邮用物品之置备事项

一〇　关于邮政表册单据格式之审定事项

第一八条　邮政司空运科掌左列事项

一　关于国营邮运航空事业之管理经营事项

二　关于国营邮运航空资本之划拨事项

三　关于国营邮运航空合同及股票之保管事项

四　关于邮运航空利率之核定事项

五　关于邮运航空路线之核定事项

六　关于国际邮运航空事业之计划联络事项

七　关于国际航空法规及公约之审定解释事项

八　关于邮运航空技术人员之考验事项

九　关于公用民用航空事业之立案及监督指导事项

一〇　关于公用民用航空器材之检定及发给护照事项

一一　其他有关邮运航空事项

第一九条　航政司设左列各科

一　航务科

二　船舶科

三　海事科

第二〇条　航政司航务科掌左列事项

一　关于航政机关之设置裁并事项

二　关于航政机关高级职员之任免调派考核奖惩及抚恤事项

三　关于航政机关员工之人事事项

四　关于国营航业之筹划管理事项

五　关于航政规章之编订事项

六　关于航政各种证书凭照之制发事项

七　关于航政机关预算决算之核转事项

八　关于民营航业之监督指导事项

九　关于航业同业公会之监督指导事项

一〇　关于航政统计资料之搜集事项

一一　其他不属各科之航政事项

第二一条　航政司船舶科掌左列事项

一　关于造船之监督事项

二　关于船舶规章之编订事项

三　关于船舶丈量检查登记之复核事项

四　关于船舶信号符号之编制事项

五　关于船舶之注册及证书执照之核给事项

六　关于船厂船坞码头之计划监理事项

七　关于船舶保险事项

八　关于航业及造船之补助奖励事项

九　关于航线之审定区分事项

一〇　关于水上运输之规划取缔事项

一一　其他有关船舶事项

第二二条　航政司海事科掌左列事项

一　关于航路之测绘及疏浚事项

二　关于航路及海员规章之编订事项

三　关于港口之设计建筑及河海工程事项

四　关于航路标识之设置监理事项

五　关于海上保安设备及载重线之监察事项

六　关于航政人员之训育事项

七　关于海员及引水人之管理事项

八　关于船员之检定及证书之核给事项

九　关于海员工会及民船员工会之监督指导事项

一〇　关于救护海难及监督打捞或毁灭沉船事项

一一　关于海事纠纷之处理事项

一二　其他有关海事事项

第二三条　本规则自公布日施行

114
1934 年 1 月 6 日

缉盗护航章程

（中华民国二十三年一月六日行政院公布）

第一条　凡中国港口开驶近海或远洋之客货轮船其护航事宜适用本章程之规定

第二条　缉盗护航水路由海军部海岸巡防处舰队负责陆路及其附近海面岛屿由内政部督饬沿海各省督察机关所辖水陆警察人员负责办理并随时将办理情形呈报内政部

第三条　凡海盗出没之海面及曾有轮船被劫之地方由海岸巡防处派舰常驻及梭巡

海关盐务缉私舰艇如闻有盗警或知有海盗踪迹须即报告海军舰艇或海岸巡防处如巡防舰队有临时请求并应予以协助

第四条　海军军舰及陆军军队如遇海岸巡防处舰队或水陆警察机关剿捕海盗力量不敷请求援助时应尽力协助

第五条　海军部所属舰艇收到轮船所发无线电遇险信号时应负救援之责附近海关盐务缉私舰艇于可能范围内亦应驶往施救并传知同一航线商船予以相当之救助

第六条　凡航海轮船触礁或搁浅由水上警察机关负保护之实并禁止行迹可疑船舶停泊该轮附近

第七条　航海轮船应置备相当自卫枪炮依国民政府查验自卫枪炮及给照暂行条例之规定办理

第八条　航海轮船船长应督同所属船员随时练习使用所置枪炮

第九条　航海轮船开行之前对于行迹可疑之旅客得请军警施行检查

第一〇条　航海轮船应将旅客所带笨重行李另存库房锁闭

第一一条　航海轮船应依交通部船舶无线电台条例之规定装设无线电台

第一二条　航海轮船在航程中每四小时应向交通部指定之电台报告该

轮所至之经纬度电台如逾时未收到报告应即通知轮船所有人如收到遇险信号时并应立即转知各救护机关

第一三条 船舶无线电台装设于船上最高处与客舱完全隔离其四壁门窗及上盖之建筑等须能抵御枪弹室内应装设电话使能直接与驾驶台及机器舱通话

第一四条 航海轮船驾驶台四壁之建筑须能抵御枪弹台之前面除玻璃窗外须加装自动开闭之钢制窗门蒸汽把舵机应装设于机器舱内如把舵机已装于舱面者应用钢板保护

第一五条 航海轮船在航程中凡机器舱汽锅驾驶台各门户与客舱相通者应一律锁闭非得主管船员之允许不得开放其甲板上之煤炭舱口亦须妥为关闭

第一六条 本章程自行政院公布日起三个月施行

115

1934年1月23日

修正船员检定暂行章程

（中华民国二十三年一月二十三日交通部部令第十八号公布）

第一条 凡在本国轮船充当驾驶员或轮机员均须经交通部检定合格发给证书始得服务但在不满五十总吨之轮船服务者其办法另定之

前项所称轮船系指专用或兼用轮机运转之船舶

第二条 船员检定分原级检定于升级检定二种

第三条 原级检定应依左列各款资历分级办理

一 在舱面继续服务及充当驾驶员共满八年并曾充或现充船长者得受船长原级检定

二 在舱面继续服务及充当驾驶员共满六年并曾充或现充大副者得受大副原级检定

三 在舱面继续服务及充当驾驶员共满四年并曾充或现充二副者得受二副原级检定

四 在舱面继续服务已满二年并曾充或现充三副者得受三副原级检定

五　在轮机室继续服务及充当轮机员共满八年并曾充或现充轮机长者得受轮机长原级检定

六　在轮机室继续服务及充当轮机员共满六年并曾充或现充大管轮者得受大管轮原级检定

七　在轮机室继续服务及充当轮机员共满四年并曾充或现充二管轮者得受二管轮原级检定

八　在轮机室继续服务已满二年并曾充或现充三管轮者得受三管轮原级检定

第四条　船长轮机长以下各级船员领有证书曾充证书上所定职务满二年执有服务证明书者均得受升级检定但大副服务满三年方得受升级检定

受升级检定者除依前项规定办理外在服务期间须执有本管船长所签具任事勤敏技术增进品行善良之报告书

第五条　受检定者须经交通部指定之医师检验体格证明左列各款

一　体格健全

二　目力良好无色盲病

三　耳听聪敏

四　无神经病

第六条　受检定者须呈缴履历调查表服务报告书或实习报告书体格检查表及其他证明文件并缴证书考验印花各费及最近半身二寸相片三张

第七条　受船长轮机长原级检定或大副大管轮升级检定者年龄须满二十七岁受其他船员检定者须满二十二岁

第八条　受检定者其服务资历应以各该员之本管船长或船东或船东代理人所签具之证明书及服务期间之报告书为准经交通部认为合格后并应考验其学术

第九条　本管船长或船东或船东代理人为船员签具证明书或报告书时须亲自签名盖章如证明事件有虚伪捏冒情事得送法院论罪

第十条　曾充海军军官者得附具履历及各种证明文件声请检定

依前项声请检定者比照第三条之规定办理之

第十一条　船员检定合格后由交通部登报公布其无职业者并通知航业同业公会转知各公司酌予聘用

第十二条　检定不合格者得审核其学术经验品性酌给下一种或低一级低二级之证书

第十三条　有左列情形之一者不得受检定

一　现处徒刑或褫夺公权尚未复权者

二　受撤销船员证书之处分者

三　受收回船员证书之处分尚未满期者

第十四条　在本章程施行以前领有商船职员证书者除充当中国轮船各级职员之外国人外在原证书有效期间内仍须照常服务期间未满自顾受检定者听

第十五条　现充中国轮船各级职员之外国人无论已否领有商船职员证书自本章程施行之日起六个月以内均应依本章程第一条及船员证书暂行章程之规定经检定合格领有证书者方得服务

第十六条　领有本章程所规定之证书或商船职员证书者遇发现其原呈报之资历有疑义时应重行检定之

第十七条　本章程自公布日施行

116

1934 年 1 月 23 日

修正船员检定暂行章程施行细则

（中华民国二十三年一月二十三日交通部部令第一九号公布）

第一章　通　　则

第一条　凡现充中国轮船各级船员而未领有商船职员证书者应自船员检定暂行章程施行之日起六个月以内声请鉴定

第二条　申请检定者除缴证书印花各费用外并应缴左列考验费

船长或轮机长　　　　十元

大副或大管轮　　　　八元

二副或二管轮　　　　六元

三副或三管轮　　　　四元

考验费不论声请者为新领或换领证书或补考应按其声请分别缴纳

第三条　申请检定者经审查合格免予考验时应发还考验费其不合格者所缴各费均予发还

申请检定而未应考或考验不及格者应发还所缴证书费印花费

第四条　检验体格须在声请检定三个月内由交通部指定之医师执行之

声请者虽经检验如发生疑义时交通部得另指定医师重新检验

第五条 外籍船员请领证书时除依法令规定外并须呈缴国籍证书及曾在中国轮船服务二年以上而领有技术品行优良之证明书

（按第五条已经交通部于二十三年三月十七日修正公布兹录其修正条文于后）

第五条 （修正条文）外籍船员请领证书时除依法令规定外并须呈缴国籍证书及曾在中国轮船服务二年以上而领有技术品行优良之证明书但在外国确有长期航海经验而技术特别精良者其在中国服务年限得酌量缩减

第六条 船员证书暂行章程第五条所称远洋轮船系指在国外航行其航线在四百五十海里以上者近海轮船系指在中国海岸航行或国外航行其航线不及四百五十海里者江湖轮船系指在江湖或在港口航行其航线距最近陆地不逾二十海里而言

第七条 申请检定者如在舱面继续服务已满二年得在未曾充当驾驶员之前声请受三副检定其在舱面继续服务已满四年亦得在未曾领有三副证书或未曾充当驾驶员之前声请受二副检定

声请检定者如在轮机室继续服务已满二年得在未曾充当轮机员之前声请受三管轮检定其在轮机室继续服务已满四年亦得在未曾领有三管轮证书或未曾充当轮机员之前声请受二管轮检定

第八条 请领甲种或者乙种船长证书须经考验合格方得发给其有以前未经考验领有船长证书者其证书有效期间届满换领证书时仍须考验合格方得换给请领甲种轮机长时亦同

117

1934 年 1 月 23 日

船员证书暂行章程

（中华民国二十三年一月二十三日交通部部令第二十号修正公布同年三月十七日修正第七条条文）

第一条 本章程所称船员系指在轮船上服务之驾驶员及轮机员而言

第二条 驾驶员及轮机员各分左列等级

一　驾驶员　船长　大副　二副　三副

二　轮机员　轮机长　大管轮　二管轮　三管轮

第三条　船员证书于船员检定合格后由交通部发给或换给之

第四条　船员证书分左列二种

一　驾驶员证书

二　轮机员证书

第五条　各级驾驶员证书皆分左列三种

一　甲种证书　凡受检定合格堪充远洋轮船驾驶员者发给之

二　乙种证书　凡受检定合格堪充近海轮船驾驶员者发给之

三　丙种证书　凡受检定合格堪充江湖轮船驾驶员者发给之

凡系商船专科学校或相当学校毕业富有天文驾驶船艺等学识及航海各种经验者发给驾驶员甲种或乙种证书如系船上练习或舵工出身者发给驾驶员乙种或丙种证书

领有驾驶员甲种证书者得充乙种或丙种同级之职务领有乙种证书者得充丙种同级或甲种低一级之职务领有丙种证书者得充乙种低一级之职务

第六条　各级轮机员证书皆分左列二种

一　甲种证书　凡在商船专科学校或相当学校毕业并在机械工厂及轮船轮机室实习期满领有证明书经检定合格堪充轮机员者发给之

二　乙种证书　凡在机械工厂或轮船轮机室实习期满领有证明书经检定合格堪充轮机员者发给之

领有轮机员乙种证书者不得充当远洋船轮机长之职务

第七条　船员证书自发给之日起以五年为有效期间

第八条　请领船员证书者应缴证书费五元及印花费二元

第九条　船员证书遇遗失时应即登报声明作废并须取具本管船长或船东或船东代理人之证明书将遗失实情呈报交通部审核补发新证书

船员证书遇破损时应将原证书缴销呈请换发新证书补发或换发新证书时应缴本章程第八条所定各费

第一〇条　船员犯左列各款行为之一者经交通部查核属实得撤销或收回其证书

一　船员因职务上应为而不为或不应为而为以致破坏船舶或损失他人生命财产者撤销其证书

二　船员私自夹带或贿纵他人私带违禁物品者撤销其证书

三　船员因酗酒或其他失当行为致发生碰撞或搁浅等情事得按其情节轻重撤销或收回其证书

四　船员现处徒刑或褫夺公权尚未复权者撤销或收回其证书

前项收回证书由交通部按其情形酌定收回之期间满后得由本人呈请发还

第一一条 前条船员证书撤销后,交通部得酌量情形改发低一级或低二级之船员证书

第一二条 船员如有伪造变造或冒用他人证书情事除撤销其证书外并得送法院论罪

第一三条 交通部商船职员证书章程自本章程施行日废止之

第一四条 本章程自公布日施行

118

1934 年 1 月 23 日

交通部海员管理暂行章程

（中华民国二十三年一月二十三日交通部部令第二一号修正公布）

第一条 本章程所称海员系指服务于船舶之船长及船员而言

第二条 本章程于远洋或江海船舶之海员适用之其内河湖川船舶之船长船员得由航政局酌量情形呈请交通部准用之

第三条 驾驶及轮机两种海员依交通部船员检定暂行章程之规定应领证书者非领有证书不得服务

第四条 左列驾驶及轮机两种海员于初次被雇在船舶服务者应于声请船籍港航政局认可同时声请发给海员手册其在本章程施行前已在船舶服务者应补请发给

一　驾驶部

　　船　长　大　副　二　副　三　副　舵　工　水手长　水　手

二　轮机部

　　轮机长　大管轮　二管轮　三管轮　机　匠　加油夫　火夫长

火　夫

第五条 海员手册声请书由航政局备置海员声请时应依式填写并附呈

本人最近半身二寸相片二张其领其轮船船员证书者并须呈验证书

第六条 未成年人声请发给海员手册时应附呈法定代理人许可证明书

第七条 海员手册由航政局备置依式填发

第八条 海员手册所载事项如有错误或变更时海员应于知悉后迅即声请船籍港航政局改正不得延滞

第九条 海员手册遇灭失或毁损时应即呈请船籍港航政局补发或换发如不在船籍港时应请当地航政局补发或换发俟到达船籍港后呈送补行盖印

第一〇条 海员不再服务时应迅将海员手册缴还航政局注销死亡时由保管人缴还之

第一一条 船长被雇后应于就职前检具海员手册轮船船员证书并雇佣契约声请船籍港航政局为就职之证明

船长雇佣契约延长或更新时应检具雇佣契约及海员手册声请船籍港航政局为延长或更新之证明

第一二条 船长退职时应声请船籍港航政局为退职之证明

第一三条 船长被雇或退职如不在船籍港时应声请当地航政局为前二条之证明

第一四条 船长遇左列情形应将事实发生之始末及时日地点并其他关系事项详细记载于航海记事簿报告最先到达港之航政局查核

一 因必要关系变更预定之航程时

二 因不得已之事故不能寄泊于预定之港口时

三 因特别事变而中止航行或驶回时

四 航行中本船遭遇海难或其他危险时

五 航行中发现他船舶冲突或遇难时

六 救护被难船舶或人命时

七 船长对于船员有惩戒之行为时

八 航行中船员或旅客有死亡时

九 旅客在船舶中分娩时

一〇 船长于船舶有急迫之危险而离去船舶时

一一 船中发现其他重要之事故时

遇前项第四款情形时除记载于航海记事簿外应作成海难报告书取具船员或旅客之证明报告最先到达港之航政局查核

第一五条 航政局遇有前条情形或认为必要时得命船长提出应备之各项文书并得传询船长船员或旅客及其他在船人

受传询者应负质证之责

第一六条 海员雇佣契约应载明左列各款

一　契约之有效期间

二　航行之种类

三　职务之规定

四　工资之额数

五　其他待遇

六　处罚之事件及其方法

第一七条　船员雇佣契约应缮具三份双方署名盖章各执一份由船长将其他一份连同海员名簿声请船籍港航政局认可将其姓名并契约要点载入海员名簿盖印证明其领有海员手册或轮船船员证书者并须一并呈验船员雇佣契约延长或更新时亦同

第一八条　船员解雇时船长应将雇佣契约海员名簿送请船籍港航政局分别注销

第一九条　船员雇佣或解雇如不在船籍港时应声请当地航政局为前二条之认可或注销

第二〇条　航政局证明雇佣契约遇当事人请求宣读时应为宣读其全文

第二一条　航政局对于船长船员认为丧失资格者得令更换如认为有疑义时得传询之

第二二条　海员名簿有遗失或毁损时船长应即重制送请船籍港航政局证明如不在船籍港时应请当地航政局证明俟回港后呈送补行盖印

第二三条　船员于服务期间如有脱逃行为船长应即报告于船籍港航政局将海员名簿内关于该船员之记载及其所领轮船船员证书海员手册分别注销如不在船籍港时应报告当地航政局转知船籍港航政局注销之

第二四条　第九条第十三条第十九条第二十二条之当地航政局遇有各该条各情事应迅即知照该船舶船籍港航政局办理

第二五条　依本章程应收各项手续费照附表（略）之规定

第二六条　本章程如有未尽事宜由交通部修正之

第二七条　本章程自公布日施行

119

1934 年 2 月 2 日

船舶标志办法

（中华民国二十三年二月二日交通部部令第二七号公布）

第一条 船舶法第六条所规定之船舶标志依本办法办理

第二条 轮船标志之地位如左

一 船名置于左右两舷之中央部及船尾之中央部如兼用西文则西文应置于船首之两舷及船尾中文之下

二 船籍港名置于船尾船名之下得于中文之下兼用西文

三 船舶登记吨数及号数用阿拉伯数字置于轮船驾驶台上显明之处

四 吃水尺度用罗马数字置于船首船尾两端数字之高度以六英寸为限字之下端即表示其尺数

前项第一款及第二款之西文不得大于中文所占之面积

第三条 帆船标志之地位如左

一 船名及籍港名置于近船尾之两舷或船尾之中央部

二 船舶登记担数及号数置于船首两舷或船舱两侧

帆船标志均用中文

第四条 船舶标志由船舶所有人依照本办法自行设备标志颜色以黑色白色或黄铜色为限

第五条 本办法施行后轮船帆船之船牌应即作废

第六条 本办法自公布日施行

120

1934 年 3 月 21 日

航商组织补充办法

（中华民国二十三年三月二十一日国民政府第一六〇号训令公布）

一　凡轮船或民船公司行号应遵照工商同业公会法及商会法分别组织同业公会加入商会

（理由）本项之规定系二十年九月交通部撤销航业公会组织规则前训练部通函各地航业团体应依商人团体组织法规改组或组织之旧案为根据惟轮船与民船之营业范围运转动力及其经营者之意识彼此不同征之事实混合组织至多不便故为规定分别组织之原则

二　未设立公司行号之轮船或民船曾正式向官厅登记者得以其牌号为参加同业公会之单位

（理由）轮船或民船之未设立公司行号者多以其船只牌号直接经营业务除有移动性质外几于普通商店无异而其营业状况资本数量使用人数且有超过普通商店若干倍以上者自不能不使有参加团体组织之机会故设本项以为之救济

三　轮船或民船业同业公会之区域除依照工商同业公会法之规定外其航线跨二以上省县市之各该公司行号应加入该公司行号所在地之各该同业公会如该公司行号有总分公司行号时并应个别加入各该所在地之各该同业公会如该地同业不满七家及未设立公司行号者得加入航线所经任一县市之各该同业公会

（理由）轮船或民船之航线常跨数县市或数省其未设公司行号者又来往无定故其组织之区域有不能完全应用县市之规定者前此长江各埠航商请求另订单行法规即以此为理由之一故规定本项以为之救济

四　轮船或民船业同业公会之最高监督机关为交通部除关于成立解散及有关会务组织等事宜应随时呈由地方政府转送交通部核准并分送实业部

备查外其关于行业行政上重大事项应径呈交通部核办

（理由）同业公会与商会有一贯之系统依法以实业部为最高监督机关而航业行政又属交通部之职权为维持航业行政之便利及商人团体之系统一贯故为本项之规定

121

1934 年 4 月 9 日

未满五十总吨轮船船员检定暂行章程

（中华民国二十三年四月九日交通部部令第八五号公布）

第一条　本章程所称轮船指二十总吨以上未满五十总吨专用或兼用轮机运转之船舶而言

第二条　本章程所称船员如左

一　驾驶员

二　轮机员

驾驶员分正舵工副舵工轮机员分正司机副司机

第三条　船员之检定由交通部派员赴各航政局及各航政局办事处所在地举行之

第四条　船员检定分升级检定原级检定二种

升级检定依左列之规定

一　曾在舱面工作满二年而有相当技能者得受副舵工检定

二　充副舵工满二年执有副舵工证书者得受正舵工检定

三　曾在机舱工作满二年而有相当技能者得受副司机检定

四　充副司机满二年执有副司机证书者得受正司机检定

曾充或现充正舵工副舵工或正司机副司机之职务犯罪满一年者得受原级检定

第五条　受检定者年龄须满二十岁

第六条　声请检定者应于检定期前向船籍港之航政局或航政局办事处呈缴履历报告书最近二寸半身相片二张检定费一元印花费一元体格检查费

二元转呈交通部检定

第七条 船员体格检查由交通部指定医师在检定时举行之

第八条 检定合格者由交通部发给证书毋庸另缴证书费其不合格者得领回印花费

第九条 船员检定科目如左

一 驾驶员检定科目

　国文

　引港

　操舵术

　气象

　船员职务

　避碰章程

二 轮机员检定科目

　国文

　锅炉

　汽机或油机

　副机

　机舱管理

上列各科目除国文外得以口试举行之

第一〇条 船员证书自发给日起以五年为有效期间

第一一条 船员证书遗失时应即登报声明作废并将遗失实情呈报交通部审核补发新证书

船员证书污损时得将原证书缴销呈请换发新证书补发或换发新证书时应缴证书费二元印花费一元

第一二条 船员如因职务上过失以致损伤人命破坏船舶或违反法令者交通部得按其情节轻重撤销或暂时收回其证书

第一三条 本章程公布后船员在每次受雇卸职及调船或调职时均须先到当地航政局或航政局办事处免费登记不登记者其服务资格无效

第一四条 未领有证书之船员应于本章程公布日起六个月内声请检定

第一五条 本章程自公布日施行

122

1934 年 4 月 13 日

轮船船员数额表

[中华民国二十三年四月十三日交通部训令第一七一
五号公布(附令)]

　　查轮船船员额数东西各国多以法律规定我国现尚未制定此种法令致
使轮船雇用船员之额数漫无标准主管官署管理上亦感困难兹由本部航政
司拟定轮船船员数额表提交此次促进航业讨论会共同讨论经该会一致赞
同请部通令施行嗣后各远洋沿海江湖轮船应即遵照表列额数雇用船员
除分令外合行抄发轮船船员数额表一纸令仰遵照并转饬所属一体遵照
此令

轮船船员数额表

表一:远洋航线

总吨数	1600 吨以上							
船员名称	船长	大副	二副	三副	轮机长	大管轮	二管轮	三管轮
证书等级	甲种船长	甲种大副	甲种二副	甲种三副	甲种轮机长	甲种大管轮	甲种二管轮	甲种三管轮
数额	一	一	一	一	一	一	一	一

表二:近海航线

总吨数	50—200 吨		200—500 吨			500—1000 吨			
船员名称	船长	轮机长	船长	大副	轮机长	船长	大副	轮机长	大管轮
证书等级	乙种二副	乙种二管轮	乙种大副	乙种三副	乙种大管轮	乙种大副	乙种二副	乙种大管轮	乙种二管轮
数额	一	一	一	一	一	一	一	一	一

表三：江湖航线

总吨数	50—200吨		200—500吨		500—1000吨				1000—3000吨					
船员名称	船长	轮机长	船长	轮机长	船长	大副	轮机长	大管轮	船长	大副	二副	轮机长	大管轮	二管轮
证书等级	丙种二副	乙种三管轮	丙种大副	乙种二管轮	丙种大副	丙种二副	乙种大管轮	乙种三管轮	丙种船长	丙种大副	丙种二副	乙种轮机长	乙种大管轮	乙种二管轮
数额	一	一	一	一	一	一	一	一	一	一	一	一	一	一

总吨数	3000吨以上							
船员名称	船长	大副	二副	三副	轮机长	大管轮	二管轮	三管轮
证书等级	丙种船长	丙种大副	丙种二副	丙种三副	乙种轮机长	乙种大管轮	乙种二管轮	乙种三管轮
数额	一	一	一	一	一	一	一	

表四：沿海航线

总吨数	1000—3000吨						3000吨以上							
船员名称	船长	大副	二副	轮机长	大管轮	二管轮	船长	大副	二副	三副	轮机长	大管轮	二管轮	三管轮
证书等级	乙种船长	乙种大副	乙种二副	乙种轮机长	乙种大管轮	乙种二管轮	乙种船长	乙种大副	乙种二副	乙种三副	乙种轮机长	乙种大管轮	乙种二管轮	乙种三管轮
数额	一	一	一	一	一	一	一	一	一	一	一	一	一	一

123
1934 年 4 月 17 日

码头船注册给照章程

（中华民国二十三年四月十七日交通部部令第九二号公布）

第一章　通　　则

第一条　以营利为目的码头船不论为官署或商民所有应依本章程之规定呈请交通部注册给照始得营业

第二条　本章程所称码头船指停泊水面用以停靠行驶船舶上下旅客及装卸货物体积者而言码头船分左列两种

一　甲种　趸船

二　乙种　浮码头

第二章　丈量及检查

第三条　码头船于注册给照之前须受该管航政局之丈量检查但乙种码头船得免予检查

第四条　码头船所在地如未设航政局应请该管航政局派员前往施行丈量或检查

第五条　码头船声请丈量时声请书内应填明左列各款

一　所有者名称及住所

二　船名

三　船质

四　长宽深尺度

五　总吨数及净吨数

六　所在地

七　赎置价值

八　建造年月及其地点厂名

前项第四款第五款乙种码头船于声请时毋庸填列

第六条　甲种码头船声请检查时应付缴丈量证书

第七条　甲种码头船经检查合格后其使用期间由该管航政局定之但最长期间不得过五年

使用期间届满非重经检查合格不得使用

第八条　甲种码头船遇有左列各款情形之一时应声请该管航政局派员查验并将查验经过于原发检查证书内注明盖章

一　遭遇碰撞或灾变致有损伤时

二　重要设备有变更时

三　船身经入坞修理时

第九条　在本章程公布时已向交通部领有执照之码头船如未经丈量或检查者应补行丈量或检查

第一〇条　码头船丈量或检查完毕时航政局应发给丈量证书或检查证书

甲种码头船丈量证书依第一号书式检查证书依第二号书式

乙种码头船丈量证书依第三号书式

第三章　领照换照及补照

第一一条　码头船注册给照由该管航政局于丈量或检查完毕发给证书后转呈交通部核办

第一二条　在同地停泊之码头船不得与领照在先之同种码头船船名相同

第一三条　已经领照之码头船遇第五条第二款至第六款所载事项有变更时应呈请换给执照

第一四条　码头船遇有左列情事之一时应呈报该管航政局并缴销执照

一　船身损坏不能使用时

二　自行停业或经官署以职权令其停业时

三　所有权移转时

四　改造他种船舶时

第一五条　执照因遗失或毁损时得由该船所有人声叙原因呈请补发

执照遗失者应于呈请补发之前将遗失原因及船名执照号数登载当地报纸声明作废并将此项报纸检呈备案

执照毁损者应将毁损之原执照呈缴注销如不能缴销时应照前项规定办理

第一六条　码头船经注册给照后该船所有人应将该船船名及种类号数

标志于船身显明之处

第一七条　已经注册给照之码头船该管航政局及地方官署均应随时保护

第四章　纳　　费

第一八条　码头船声请丈量检查及呈请注册给照者应按船之种类分别依第一号或第二号附表定额缴纳丈量费检查费及册照费

呈请换照或补照者应各依册照费定额二分之一缴费

第一九条　码头船经丈量检查发给证书时无庸另缴证书费但此项证书如有遗失毁损声请补发者每件应缴手续费二元

第二〇条　呈请给照或换照补照者应附缴印花费二元

声请发给或补发丈量检查各项证书者应附缴印花费五角

第二一条　依第四条之规定声请派员施行丈量或检查者除依定额缴纳丈量或检查各费外并须附缴丈量员或检查员照章应领之旅费

前项旅费如遇数船同在一地同属一人所有者同时施行丈量或检查时与一船同其数船不属一人所有者应各按其丈量或检查费用之多寡比例分担之

第五章　罚　　则

第二二条　违反本章程第一条之规定者得科该船所有人或使用人三十元以下之罚锾并得令其停业

第二三条　违反本章程第七条第八条第九条第十四条第十六条各条之规定者得科该船所有人或使用人三十元以下之罚锾

第二四条　前两条之科罚由该管航政局执行但须呈报交通部备案

第六章　附　　则

第二五条　在本章程公布前已领有交通部执照之码头船应将本章程第五条所列各款依式填明呈由该管航政局转请更换执照

前项换照除应缴印花费外毋庸缴纳册照费

第二六条　本章程自公布日施行

124

1934 年 4 月 25 日

航行安全电报规则

（中华民国二十三年四月二十五日交通部部令第九四号公布即日施行）

第一条 交通部为增进航空机及船舶航行中之安全起见规定航行安全电报其收发办法悉依本规则办理

第二条 航行安全电报应提在其他各种电报之前传递

第三条 航行安全电报之电文只准叙述左列各款事务不得夹叙他事或有浮泛不急之字句

一、关于警告航空机或船舶注意航行危险事宜

二、关于航空机或船舶遇险请求援救事项及其回电

三、关于航空机起航前请求报告气象事项及其回电

四、关于报告航空机起航时刻事项（乘客及载货数目均得附带列入）

五、关于通知航空站准备航空机降落事项及其回电

六、关于航空机或船舶航行安全之其他紧急事项

第四条 发报人应于航行安全电报报底之上端标明【航行安全】四字以资识别

第五条 航行安全电报之电文如系密语应将密本送交电报局或无线电台查阅惟用国际信号秘本（THE INTENATIONAL CODE OF SIGNALS）之密语者不在此例

第六条 航行安全电报以 SVH 为报类标识

第七条 航行安全电报除关于警告危险及遇险请求援救者准予免费外余均照寻常电报价目收费

第八条 标明【航行安全】之电报不合第三条之规定者发报之电报局或无线电台应将该项标识画去仍照寻常电报拍发

第九条 交通部颁行之各项电报收发规则与本规则不相抵触者对于航

行安全电报均适用之

第十条　本规则自公布日施行

125

1934 年 5 月 15 日

航路标识条例

（中华民国二十三年五月十五日国民政府第三一〇号训令公布）

第一条　政府为船舶航行之安全设置各种航路标识

前项标识为灯塔灯船浮桩标杆及雾号

第二条　航路标识之建造修理及其监督管理由交通部主管之

第三条　各地方政府经交通部核准得设置必要之航路标识

法定团体呈由地方政府核转交通部核准后亦得设置之

第四条　交通部对于前条之航路标识认为不适当或易生危险或无必要时得令变更或撤销之交通部对于前条之航路标识认为有直接管理之必要时得以相当价额收买之

第五条　有左列行为之一者处三百元以下罚款

一　移转或遮蔽航路标识者

二　变更航路标识之性质者

三　在禁止区域使用易于淆乱航路标识之灯光或警号者

第六条　有左列行为之一者处十元以下罚款

一　冲撞航路标识者

二　系泊船筏于航路标识者

三　攀登航路标识者

四　涂抹航路标识者

第七条　本条例施行细则由交通部定之

第八条　本条例自公布日施行

126

1934 年 5 月 28 日

机器划船取缔规则

（中华民国二十三年五月二十八日交通部公布）

第一条 凡藉机器力运转之划船应依本规则之规定

第二条 机器划船以总吨数在二十吨以下者为限

第三条 机器划船应比照小轮船丈量检查及注册给照章程之规定声请丈量检查其合于本规则之规定者由该管航政局填给证书遵章请领部照

第四条 机器划船应有左列设备

一　客舱棚与机舱棚

二　转舵具

三　红绿边灯

四　救生及救火器具

五　汽笛

第五条 前条第一款舱棚应以能蔽风雨而不易引火之物料为之第四款救生救火器具应标明该船所有人及船名

第六条 机器划船船壳之构造须稳固无渗水或漏水之处机器之配置须适合于船舶之状况航行时不至有剧烈之震动运转时不至有过度之倾斜

第七条 机器划船机舱与客舱必须完全隔离

第八条 机器划船必要时舱底须备有相当压舱物品

第九条 机器划船舱棚上不得装载货物或行李等物

第一〇条 机器划船于领得丈量检查证书后如遇碰撞灾变致有损伤或换装机器时应声请临时检查

第一一条 机器划船声请丈量检查及给照均应依小轮船丈量检查及注册给照章程附表之规定纳费

第一二条 机器划船违反第三条或第十条之规定者该管航政局得制止其航行其领有证书部照者并得扣留其证书

第一三条 本规则自公布日施行

127

1934 年 6 月 19 日

海关缉私条例

（中华民国二十三年六月十九日国民政府第四三三号
训令公布）

第一条 缉私关员承主管长官之命执行职务时,具有正当理由认为违
犯本条例情事业已发生者,得赴关系场所施行勘验搜索。当勘验搜索时,应
邀同该场所占有人或其同居人、雇用人、邻人并当地警察或其他公务人员在
场作证。如在船舶、航空机、车辆施行勘验搜索时,应邀其管理人在场作证。

前项关系场所,如系其他官署或公营事业机关,其施行勘验搜索,应会
同该官署或机关办理。

第二条 缉私关员承主管长官之命执行职务时,具有正当理由认有身
带物件足以构成违犯本条例情事者,得令其交验该项物件。如经拒绝,得搜
索其身体。

搜索身体时,应有第三人或其他关员在场。

搜索妇女身体,应由女缉私关员行之。

第三条 缉私关员承主管长官之命,调查有违犯本条例嫌疑事件时,如
有必要,得询问嫌疑人、证人及该嫌疑人提出之关系人。

第四条 缉私关员施行勘验、搜索、询问时,应着制服或佩徽章,或提示
足以证明其职务之其他凭证。

缉私关员施行勘验、搜索、询问,遇有必要时,得邀军警协助之。

第五条 缉私关员承主管长官之命,查出货物认为确有构成违犯本条
例情事时,应即将该货物扣押,并缮具扣押清单,载明该货物之名称、数量、
扣押之地点、时间、货物持有人之姓名及其住所或居所。

前项扣押之货物,缉私关员因事实上之便利,得交由原货物持有人或当
地公务机关保管之。其交由公务机关保管时,应通知原货物持有人。

第一项扣押货物,认为有腐坏之虞者,海关得于定案前将该货物拍卖,

保管其价金,并通知原货物持有人。

前项拍卖,应于事前公告之。

第六条　依本条例扣押之货物,其持有人得提供相当担保,请求免予扣押或发还。

海关税务司对于前项请求,非认为货物持有人有逃亡之虞,或日后执行显有困难者,不得拒绝。

第七条　勘验、搜索或扣押货物,不得在日没后、日出前施行。但于日没前已开始施行,而有继续之必要,或对于现行违犯者,不在此限。

第八条　缉私关员于施行勘验、搜索或扣押之后,应将经过情形作成详细笔录。此项笔录应交在场证人或被询问人阅看后,一同签名或盖章。如有不签名或不盖章者,应于笔录中记明其事由。

第九条　国际贸易船舶驶进非通商口岸者,应没收其船舶,并得处船长五百元以上二千元以下罚金。但因确遇灾险或其他不可抗力之情事,并经船长将进港理由呈报当地官署者,不在此限。

第十条　船舶在中国沿海十二海里界内,经海关巡轮以鸣放空枪或空炮为信号,令其停驶,而抗不遵照者,得射击之。

有前项违抗情事者,处船长二千元以下罚金,并得没收其船舶。

第十一条　船舶在中国沿海十二海里界内,或经追缉逃出界外,将货物或关于船舶货物之文件毁坏或抛弃水中,以图避免缉获者,处行为人二千元以下罚金,并得没收其船舶。

第十二条　船舶由外国口岸开至中国,在驶进中国沿海十二海里界内之后,未到正当卸货地点之前,并未领有卸货准单,而船长准许起卸货物或船用物品者,处船长以货价一倍至二倍之罚金,并得将该货物、物品或船舶没收之。

船舶擅自转载放置或收受前项之货物、物品或帮同装卸者亦同。

第十三条　有发递信号传送信息于私运货物之船舶者,处一千元以下罚金。

第十四条　未经海关核准,以船舶、航空机、车辆私运货物进口、出口、起岸或搬移者,处二百元以上二千元以下罚金,并得将该项货物或船舶、航空机、车辆没收之。

第十五条　船长不遵海关定章呈验舱口单者,处一百元以上一千元以下罚金。

第十六条　船舶所载货物,经海关查明有未列入舱口单者,处船长及货主各二百元以上二千元以下罚金,并得没收其货物。

货物由二包或二包以上合成一件,而在舱口单内未经注明者,处一千元以下罚金。

第十七条　船舶所载货物,如较舱口单内所列者有短少时,处船长一千元以下罚金。但经证明该项货物确系在沿途口岸误卸或在上货口岸短装者,不在此限。

第十八条　船舶未向海关呈验出口舱口单,并未领海关出口准单,而擅离口岸者,处船长二百元以上一千元以下罚金。

第十九条　航空机、车辆自外国装运货物到达边站,未经报关,或报关未经核准,而下卸货物者,处航空机、车辆管理人一千元以下罚金。

第二十条　凡货物、行李或保税之货物、行李在船舶、车辆、货栈中,或在海关管理下而经海关加封下锁,有擅行涂改、移动、拆毁该项封锁,或擅入船舶、车辆、货栈,意图搬运,或擅行搬运该项货物、行李者,处一百元以上一千元以下罚金。

第二十一条　私运货物进口、出口或经营私运货物者,处货价一倍至三倍之罚金。

起卸、装运或藏匿私运货物者,处一千元以下罚金。其招雇或引诱他人为之者亦同。

收受、贮藏、购买或代销私运货物者,处一千元以下罚金。

前三项私运货物,得没收之。

不知为私运货物而有起卸、装运、收受、贮藏、购买或代销之行为,经海关认为属实者免罚。

第二十二条　报运货物进口、出口,而有左列情事之一者,处以匿报税款二倍至十倍之罚金,并得没收其货物。

一　匿报货物数量。

二　伪报货物品质,价值之等级。

三　呈验,伪造发票或单据。

四　其他违法漏税之行为。

第二十三条　货物确有违法进口、出口之嫌疑,经海关缉获扣留者,其进口商、出口商、货主或承领人,经海关通知后,应将该货物发票、价单、账单及其他单据呈验。其与该货物进口、出口、买卖、成本、价值、付款各情事有关之账簿、信件簿或发票簿,海关并得查阅或抄录。

不为前项呈验,或拒绝查阅或抄录,或意图湮灭证据,将前项关系单据、账簿藏匿、毁坏者,处一千元以下罚金。

第二十四条　由外国寄递携带,或在中国持有可用以填写进口货发票之空白票据,并附有其他文件,足以证明该票据可供填作真实发票之用者,该寄递携带或持有之人,如不能提出正当理由时,处一千元以下罚金,并没收其票据。

第二十五条　用诈欺方法请求免税、减税或退税者,处二千元以下罚金,并得没收其货物。

第二十六条　邮递之信函包裹内,夹带应课关税之货物,其封皮上并未载明该项货物之品质、数量、价值,又未附有该项记载者,经查出时,得没收其货物。

第二十七条　报关行向海关呈递报单,对于货物之重量、价值、数量、品质或其他事项,如有虚伪记载,或其他诈欺、伪造,蒙混情事,致侵损国课者,除追缴税款并依第二十二条处分外,得停止其营业或撤销其营业执照,但其货物免予没收。

前项虚伪记载等情事,如报关行证明系由货主捏造,经海关认为属实者,除报关行免予处分外,得没收关系货物。其情节较重者,并处货主二百元以上二千元以下罚金。

第一项之虚伪记载等情事,如系报关行与货主之共同行为,依前二项规定分别处罚。

第二十八条　依本条例处罚案件,经过声明异议期间,或声明异议于决定后,经过提起行政诉讼期间,或提起行政诉讼经判决后,满三十日未将罚金照缴者,得停止该商在任何口岸报运货物进口、出口,至罚金缴清之日为止。

运输货物进口、出口之船舶、航空机、车辆有前项情事时,应停止其所运货物在任何口岸报运进口、出口,并得禁止该项船舶、航空机、车辆进口、出口。

第二十九条　自处分确定之日起,五年以内再犯本条例同条之规定者,其罚金得加重二分之一。犯三次以上者,得加重一倍。

第三十条　有违犯本条例情事而于事后发觉者,得追缴未纳税款。但以其情事发生后未满三年者为限。

第三十一条　对于海关税务司所为罚金或没收之处分不服者,得于接到处分通知书后十日内,以书面声明异议,向该管税务司请求撤销。

前项请求,海关税务司认为有理由者,应撤销其原处分。认为无理由者,应以书面叙述理由连同原请求书,呈请总税务司转呈关务署决定之。

关务署为受理前项案件,应设海关罚则评议会。其组织规程,由行政院定之。

第三十二条　对于前条关务署之决定不服者,得于接到决定书后二十日内,提起行政诉讼。

第三十三条　依前二条声明不服案件,如声明人有逃亡之虞,或执行显有困难时,其处分为罚金者,得令声明人提出保证金,由海关税务司暂行保管。保证金数额,由税务司依照案情酌定之。处分为没收者,税务司得扣留关系船舶、航空机、车辆或货物。其货物易于腐坏者,依本条例第五条第三项、第四项之规定办理。

第三十四条　海关现行规章与本条例抵触者无效。

第三十五条　本条例自公布日施行。

128

1934 年 7 月 6 日

保障旅客安全办法

（中华民国二十三年七月六日交通部部令饬遵）

一、嗣后各航政局对于发给乘客定额证书时应视该船船身机器锅炉构造之能力于最低限度内酌予核定其救生设备缺少者得停发检查证书

二、载客轮船经过各海关应呈验船舶检查证书及乘客定额证如无上项证书或发现所载人数有超过定额时海关得照章代为处罚但事后应将处罚情形函知该管航政局转报交通部查核

三、前项轮船在发航前或航行中如遇军队强力搭乘致超过定额时该船长或管船员应予拒绝倘因遭受武力无法抵抗时应即报告所在地或最初经过口岸之航政机关及海关听候处置

129

1934 年 8 月 7 日

国营招商局乘船免费及减费规则

（中华民国二十三年八月七日国营招商局公布）

第一条　旅客乘坐本局轮船关于免费及减费事项均适用本规则之规定

第二条　减费分下列三种办法

甲　特别减费自七折至五折止

乙　普通减费自九折至八折止

丙　军人减费一律五折

第三条　特别减费之范围

甲　出席中央政府召集会议之人员但随从人员除外

乙　向有货物报装局轮之客户

丙　由官厅或正式慈善团体资遣之难民

甲乙两项乘坐特等舱者照定价减收五折其他各舱减收七折丙项以乘坐三等舱为限照定价减收五折特别减费以单程为限

第四条　普通减费之范围

甲　团体乘船　须同时同地同船出发至同一到达地并同一舱位之人数在十人以上者

乙　公共集会　须去程为同一到达地回程为同一出发地者

单程　甲项同一舱位之人数在十人以上者照定价减收九折二十人以上者减收八五折三十人以上者一概减收八折乙项乘坐特等舱者照定价减收七折其他各舱一律减收八折

来回　甲乙两项除照前项单程折扣外再照实数减去一折但不得再享来回票减价之利益

第五条　军人减费之范围

现役军人军属穿军服佩带正式军事机关或部队符号持有军政部乘船证者军官乘坐特等舱及一二等舱士兵乘坐三等舱照定价减收五折

正式军事机关奉准招募之新兵及遣散之军人经官厅或地方正式公益团体接洽遣送持有正式凭证者均照前项办理

第六条　免费乘船之范围

甲　因本局公务乘船者

乙　与本局向有关系之同业因特种情形需乘本局轮船者

丙　向有大宗货物报装局轮之客户

丁　地方官厅因治安关系与本局订有免费遣送之办法者

丙项客户以其营业额为标准另定限制办法

丁项之免费以乘坐三等舱为限

第七条　凡请求减费免费者除军人照第五条办理外均须由请求机关正式备函说明事由开具人数姓名舱级起讫地点送请本局核定折扣填发减免船费凭证凡非本局所出凭证概不生效凭证式样另订之

第八条　凡免费乘船其膳费自经本局特许免缴者外概由乘客自理膳费价格表另定之

第九条　本局所发减费免费乘船凭证除经特许延长时间者外单程以一

个月为限来回以两个月为限逾期作废

第一〇条　本局所发减费免费乘船凭证只限本人使用不得转借或出售其自愿停用或逾期不用时须缴还本局注销

如有转借或出售情事经本局查明属实应向原请求人追还减免之差额

第一一条　本规则如有未尽事宜得随时修正之

第一二条　本规则呈请交通部核准施行

130

1934 年 9 月 24 日

交通部航政局及航政办事处
职员任用章程

（中华民国二十三年九月二十四日交通部部令第二三三号公布）

第一条　航政局及航政办事处职员之任免除法令别有规定外均依本章程办理

第二条　航政办事处及航政局所属办事处主任均由交通部任免之

第三条　航政局及航政办事处职员由局长或主任呈请交通部核定后任免之

第四条　航政局所属办事处职员由主任呈请航政局局长任免之

第五条　航政局及航政办事处雇员由局长或主任派充呈报交通部备案

航政局所属办事处雇员由主任派充呈报航政局备案

第六条　航政局航政办事处及航政局所属办事处呈请任用职员时应附具该员详细履历及最近二寸半身相片二张并拟定薪级

第七条　航政局航政办事处及航政局所属办事处重要职员应就具有左列资格者优先任用

一　曾在国内外海军学校商船学校或其他航务专门学校毕业者

二　曾在国内外专科以上学校学习造船或轮机工程之学校毕业者

三　曾在航政机关办理技术事务三年以上成绩优良者

四　曾在航政机关办理行政事务三年以上成绩优良者

五　对于航政有深切研究著有专书者前项第四款及第五款之规定不适用于技术人员

第八条　本章程自公布日施行

131

1935 年 2 月 26 日

修正交通部航政局组织法

（中华民国二十四年二月二十六日国民政府第一六三号训令公布）

第一条　交通部为处理航政事宜。设置航政局。

第二条　航政局直隶于交通部。其设置处所。及管辖区域。由行政院定之。

第三条　航政局设左列二科。

一、第一科。

二、第二科。

第四条　航政局第一科之职掌如左：

一、关于机要及考绩事项。

二、关于收发文件。及保管案卷事项。

三、关于公布局令事项。

四、关于典守印信事项。

五、关于本局及办事处经费之预算决算及出纳事项。

六、关于编制统计报告事项。

七、关于本局庶务事项。

八、其他不属于第二科事项。

第五条　航政局第二科之职掌如左。

一、关于船舶之检验及丈量事项。

二、关于载线标识事项。

三、关于船舶之登记。及发给牌照事项。

四、关于船员及引水人之考核监督事项。

五、关于造船事项。

六、关于船舶出入查验证之核发事项。

七、关于航路之疏浚事项。

八、关于航路标识之监督事项。

前项第一款至第六款事项。以适用海商法规定之船舶为限。

第六条　航政局设局长一人。简任或荐任。承交通部之命。督率所属职员处理局务。

第七条　航政局设科长二人。荐任或委任。承局长之命。督率所属职员分掌各该科事务。

第八条　航政局设技术员四人至八人。荐任或委任。承长官之命。办理技术事务。

第九条　前三条人员。及第十二条之技术员。在航政人员考验未举行前。除应具有公务员任用法所定各该级公务员之资格。并应仅左列各项人员任用之。

一、曾在国内外商船或其他航务专门学校毕业者。

二、曾在国内外大学肄业习造船或轮机工程之学毕业者。

三、曾在航政机关办理技术事务三年以上成绩优良者。

四、曾在航政机关办理行政三年以上。成绩优良者。

五、对于航政有深切研究。而有专门著作经审查合格者。

第十条　航政局设科员八人至十四人。委任。承长官之命。办理各科事务。

第十一条　航政局因事务之必要。得酌用雇员。

第十二条　航政局得于重要海口之各商埠设办事处。置技术员一人。荐任或委任科员一人至三人。委任。

前项办事处之设置地点。及管辖区域。由交通部定之。

第十三条　航政局及办事处办事细则。由交通部定之。

第十四条　本法自公布日施行。

132

1935 年 3 月 15 日

交通部吴淞商船专科学校章程

（中华民国十八年九月十一日交通部部令公布　二十
二年八月一日交通部部令核准修正　二十三年九月七日
交通部部令核准修正　二十四年三月十五日交通部部令
核准修正）

第一章　总　　则

第一条　本校隶属交通部。定名为吴淞商船专科学校。以造就航业技
术人才为宗旨。

第二条　本校暂设下列诸科。

（一）驾驶科。

（二）轮机科。

本校遇必要时。得附设商船性质之高级中学。及船员补习班。其规程
另定之。

第二章　行政组织

第三条　本校教职员如左。

（一）校长一人。总理全校校务。

（二）教务长一人。掌理全校教务。

（三）事务长一人。掌理全校事务。

（四）教练长一人。管理学生实地练习事宜。

（五）训育主任一人。管理全校训育事宜。

（六）驾驶科主任一人。襄助教务长管理驾驶科教务事宜。

（七）轮机科主任一人。襄助教务长管理轮机科教务事宜。

（八）工厂主任一人。管理工厂及指导学生实习事宜。

（九）教员助教各若干人。分授各科功课。

（十）驾驶教练员一人。襄助教练长指导学生在船实习驾驶事宜。

（十一）轮机教练员一人。襄助教练长指导学生训育事宜。

（十二）训育员二人。襄助训育主任管理学生训育事宜。

（十三）办事员若干人。分任本校文书会计庶务缮写事宜。

（十四）校医一人。专任本校诊治事宜。

第四条 本校设校务会议。由校长、教务长、事务长、教练长、训育主任、各科主任、工厂主任、教职员代表组织之。

第五条 本校校务会议议定本校进行计划。通过各项规程条例。及其他重要事宜。其规程另定之。

第三章　入学资格

第六条 凡身体健全。品行端正。有左列各种程度者。得投考本校肄业。

（甲）公立或已立案之私立高级中学。或同等学校毕业者。

（乙）具有与高级中学毕业同等学力者。但此项学生最多不得超过取录总额五分之一。

第七条 入学试验科目如下。

党义。国文。英文。数学。理化。地理。力学。体格检查。常识测验。军事口试。

第八条 受入学试验者。于报名时。须随带四寸半身照片二张。填写履历书。呈验证书。并随缴试验费二元。

第九条 试验及格者。须于开学前偕同具有公民资格足为学生负责之保证人来校亲填志愿书。保证人如有迁居或死亡情事。应即报告本校。另觅保证人。更换保证书。校长对于保证人认为不适当时。得令其更换。

第四章　修业年限及课程

第十条 本校各科修业年限。均定为四年。在校修业二年。在船实习二年。期满考试及格者。发给毕业证书。

第十一条 学生毕业后。由本校呈请交通部核给相当船员证书。

第十二条 各科课程如左。

（一）驾驶科。党义。国文。英文。军事训练。数学。（弧三角　解析几何　微积分）推测驾驶学。天文驾驶学。罗针学。船艺学。海上气象学。水道测量学。引港学。海图学。轮机学大意。造船学大意。电学。电机。无线电。国际法摘要。海商法。海上保险学。航政法规。救急医术。测天。船艺实习。信号。体操。游泳。操艇。

（二）轮机科。党义。国文。英文。军事训练。数学。（解析几何　微积分）物理。化学。材料抗力学。应用力学。热力学。电机工程学。船用汽机学。船用汽锅学。机械图画。造船学大意。国际法摘要。航政法规。救急医术。工厂实习。信号。体操。游泳。操艇。

第十三条　本校各科授课时间及次序。由校长教务长及各科主任会商决定之。

第五章　试验及毕业

第十四条　本校试验。分左列四种。

（一）入学试验。

（二）临时试验。

（三）学期试验。

（四）毕业试验。

第十五条　入学试验。由校务会议组织招生委员会。于每学年开始以前举行之。

第十六条　临时试验。规定每周授课三时者。每两月举行一次。每周授课四时或四时以上者。每月举行一次。但教员得酌量增加之。

第十七条　学期试验。由校长教务长会同各教员于学期终举行之。学期试验成绩。以平时口询及练习实习成绩作三成。临时试验作三成。学期试验作四成合计之。

第十八条　毕业试验。于四年修业终了时。由校务会议组织毕业试验委员会办理之。试验科目。包含校课及船科之主要部分。其成绩以合各学年成绩作五成。毕业试验成绩作五成合计之。

第十九条　本校各科满分。自五十分至三百分不等。由教务长会同各科主任视各科授课之多寡。及主要与否规定之。

第二十条　各学科成绩。在八十分以上为甲等。七十分以上为乙等。六十分以上为丙等。不满六十分者。为不及格。

第二十一条　一学年内各学科。及各项实习成绩。均列丙等以上。得升级。

第二十二条　学年成绩总平均虽及格。而所习学科满四分之一不及格者留级。其不及格学科占全数四分之一以内者。得于下学期开学时举行补考。补考不及格者。仍留原级。

仅有一学科补考不及格。得先予升级。但四年修业终了以前。须经补考及格。始准毕业。

第二十三条 一学期内缺课时间逾三分之一者。令其退学。旷缺实习期间者。延长其毕业期限。

第六章 纳 费

第二十四条 本校免收学费及宿杂等费。惟学生每年应缴左列各费。

（甲）膳费 每学期二十五元。于入学时缴纳。

（乙）制服费 每两学年暂定一百元。于第一年入学时一次缴纳。有余发还。不足照补。书籍自理。

第二十五条 学生自请停学或退学或犯校规。致令退学者。应赔缴学费。每学期以五十元计算。不满一学期者。以一学期论。已缴之膳食制服各费。概不退还。前项赔款。应由保证人负完全责任。

第七章 停学及退学

第二十六条 学生除因疾病。经校医证明。不能继续上课者。得准其停学。或退学外。悉依本章程第二十五条办理。

第二十七条 学生有左列情事之一者。得勒令其退学。并赔缴学费。

（一）不遵校长教职员之训诲者。

（二）品行不端者。

（三）积大过三次者。

第八章 惩 奖

第二十八条 成绩优良。品行端正。体力健全。足为同学模范者。本校得选拔为优等生。

第一年选拔优等生。第二年免缴膳费。继续选拔为优等生者。除免缴膳费外。另给奖章。

第二十九条 学生对于学业操行体育三项中。有一项特别优异者。以名誉证书奖励之。一学年内不缺课者。亦同。

第三十条 本校对于学生之惩戒如左。

（一）训戒。 （二）书面警告。 （三）记过。 （四）停学。

（五）除名。

第三十一条 凡学生操行成绩列入丙下等者。第一次由训育处口头警告。第二次由本校书面警告。第三次以丁等论。应予开革。

第九章 服 装

第三十二条 学生制服式样及徽章。由本校制定。呈请交通部备案。

第十章 附 则

第三十三条　本章程如有未尽事宜。得随时呈请交通部修正之。

第三十四条　本校校务规程另定之。

第三十五条　本章程由交通部公布施行。

133

1935 年 3 月 25 日

船舶无线电台条例

（中华民国二十四年三月二十五日国民政府第二五九号训令公布　二十五年十一月一日施行）

第一条　凡船舶上装设无线电收发机器供航海时通信之用者。称为船舶无线电台。

第二条　左列航海船舶除第四条情形外。应装设船舶无线台电。

一、载客船舶。

二、一千六百吨以上之运货船舶。

第三条　船舶无线电台之装设。应先呈请交通部核准。并于竣工后。经交通部查验合格发给证书。方得使用。前项证书。每五年换发一次。第一次交纳证书费国币五元。以后每次交纳国币二元。

第四条　航海船舶有左列情形之一。呈经交通部核准者。得免装设船舶无线电台。

一、载客船舶航程距离最近陆地不逾二十海里者。

二、载客船舶往复两海港间。其外海航程不逾二百海里者。

三、一千六百吨以上之运货船舶。其航程距离最近陆地不逾一百五十海里者。船舶之航程情形经交通部认为无装该船舶无线电台之必要者。亦得免装设。

第五条　前条免装无线电台之船舶。由交通部发给免装证书。

第六条　帆船及构造简单之船舶。除航行国际者。应适用第四条规定外。得经免装设。

第七条　航行内河船舶因事实上之必要。得依第二条之规定。呈请装设船舶无线电台。

第八条　船舶无线电台之主管人为船长。

第九条　船舶无线电台之报务员。值更员。应以中华民国人民。领有交通部所发合格证书者。充任之。

第十条　船舶无线电台不得妨害陆地电信机关之营业。

第十一条　船舶无线电台依交通部所定办法。得收发电信并收取报费。

第十二条　船舶无线电台接到他船遇险信号时。应立为适当之转报。

第十三条　船舶无线电台不得滥发遇险信号。或与遇险信号易于相混之信号。

第十四条　船舶无线电台对于报务机务。应有记录。

第十五条　船舶无线电台应受交通部之检查。但不纳费。

第十六条　违反第三条，第四条，第十条，第十二条，第十三条，第十五条之规定者。处三百元以下罚锾。违反第九条，第十一条，第十四条之规定者。处二百元以下罚锾。其因违反第十条或第十一条之规定。而获得利益者。并没收其利益。

第十七条　本条例施行细则。由交通部定之。

第十八条　本条例施行日期。以命令定之。

134

1935 年 3 月 26 日

船员检定章程

（中华民国二十四年三月二十六日交通部部令第五五号公布）

第一章　通　则

第一条　本章程所称船员系指在轮船上服务之驾驶员及轮机员而言前项所称轮船是指专用或兼用轮机运转之船舶

第二条　船员均须经交通部检定合格发给船员证书始得服务但驾驶员在不满五十总吨之轮船及轮机员在不满六十五匹实马力之汽机轮船或三百七十匹锁制马力之油机轮船服务者其检定章程另定之

第三条　驾驶员分甲乙丙三种轮机员分甲乙二种各种驾驶员及轮机员分左列等级

一　驾驶员　船长　大副　二副　三副

二　轮机员　轮机长　大管轮　二管轮　三管轮

第二章　资　　历

第四条　船员检定分原级检定升级检定及编级检定

第五条　原级检定依左列各款之规定

一　在舱面继续服务及充当驾驶员共满八年并曾充或现充船长者得受船长原级检定

二　在舱面继续服务及充当驾驶员共满六年并曾充或现充大副者得受大副原级检定

三　在舱面继续服务及充当驾驶员共满四年并曾充或现充二副者得受二副原级检定

四　在舱面继续服务已满二年并曾充或现充三副本者得受三副原级检定

五　在机舱继续服务及充当轮机员共满八年并曾充或现充轮机长者得受轮机长原级检定

六　在机舱继续服务及充当轮机员共满六年并曾充或现充大管轮者得受大管轮原级检定

七　在机舱继续服务及充当轮机员共满四年并曾充或现充二管轮者得受二管轮原级检定

八　在机舱继续服务已满二年并曾充或现充三管轮者得受三管轮原级检定

第六条　大副服务满三年其他各级船员服务满二年者得受升级检定但均以领有各该级证书者为限

第七条　编级检定依左列各款之规定

一　在舱面服务及从事驾驶员工作共满四年者得受二副编级检定

二　在舱面服务已满二年者得受三副编级检定

三　在机舱服务及从事轮机员工作共满四年者得受二管轮编级检定

四　在机舱服务已满二年者或有第九条第二款至第四款所规定之资格者得受三管轮编级检定

五　在本国或外国商船专科学校海军学校或其他相当学校毕业者得受二副三副或二管轮三管轮编级检定

第八条　驾驶员舱面服务时间之计算依左列标准

一　从事轮船驾驶员工作者均作舱面服务计算

二　充任轮船舵工水手职务者其工作亦作舱面服务计算但舵工以二年为限水手以一年为限曾任两职者仍以二年为限

三　在本国或外国商船专科学校海军学校或其他相当学校毕业生除依第七条第五款之规定得受二副或三副之编级检定外其在校学习驾驶课程之时间作舱面服务计算但以二年为限

四　在其他专科学校毕业其学习驾驶课程之时间作舱面服务计算但以二年为限

五　练习生在船上练习航海时间作舱面服务计算但以二年为限

六　领江之资历作舱面服务计算但满十年者以四年为限未满十年者以二年为限

在舱面非学习或非从事驾驶员之工作及在未满五十总吨轮船之工作均不作舱面服务计算

第九条　轮机员机舱服务时间之计算依左列标准

一　从事轮机员工作者均作机舱服务计算

二　充任轮船机匠电灯匠铜匠加油等职务者其工作时间作机舱服务计算但以二年为限

三　在机械工厂实习轮机制造或修理之时间作机舱服务计算但以二年为限曾在工厂及机舱服务者合计仍以二年为限

四　在本国或外国商船专科学校海军学校或有机械试验厂之工业专科学校毕业生除依第七条第五款之规定得受二管轮或三管轮之编级检定外其在校学习轮机课程之时间作机舱服务计算但以二年为限

五　在专科以上之学校毕业其学习数理课程之时间以二分之一作机舱服务计算但以一年为限

第一○条　甲种轮机员工作之轮机其汽机须在一千匹实马力以上油机须在二千五百匹锁制马力以上乙种轮机员工作之轮机其汽机须在六十五匹实马力以上油机须在三百七十匹锁制马力以上

第一一条　声请甲种船长原级检定者至少须已充任远洋轮船船长职务二年以上但曾在本国或外国商船专科学校海军学校或相当学校毕业或曾经考验及格而领有甲种船长证书者虽现充乙种船长职务亦得声请甲种船长原级检定

声请乙种船长原级检定者至少须已充任远洋轮船大副远近海轮船船长

职务二年以上但曾在本国或外国商船专科学校海军学校或相当学校毕业或曾经考验及格而领有乙种船长证书者虽现充丙种船长职务亦得声请乙种船长原级检定

声请甲种大副原级检定者至少须已充任远洋轮船大副职务二年以上

声请乙种大副原级检定者至少已充任近海轮船大副职务二年以上

其他驾驶员声请原级检定者至少须在其所请证书种类轮船上充任各该职务一年以上

第一二条 声请船长轮机长大副大管轮检定者年龄须满二十七岁声请其他各级船员检定者须满二十二岁

第一三条 曾充海军军官者得附具履历及各种证明文件依本章程之规定声请检定

第一四条 外籍船员请领证书时除本章程之规定外并须呈缴国籍证书及曾在中国轮船服务二年以上而领有技术部品行优良之证明书但在外国确有长期航海经验而技术特别优良者其在中国服务年限得酌量缩减

前项所列书表均须用中国文字原件系外国文字者应译成中文连同原件或其照片一并呈送

第一五条 有左列情事之一者不得受检定

一 受一年以上徒刑之宣告或褫夺公权尚未复权者

二 受撤销船员证书之处分者

三 受收回船员证书之处分尚未满期者

第三章 手 续

第一六条 声请检定者须呈送履历调查表服务或实习报告书体格检查表其他证明文件及最近半身相片三张

第一七条 声请检定者之服务资历应以各该员之本管船长或船东或船东代理人所签具之服务报告书或证明书为准其工厂资历应以该工厂厂长所签具之实习报告书为准

第一八条 声请升级检定者须执有本管船长所签具在服务期间任事勤敏技术增进品行良善之服务报告书

第一九条 本管船长或船东或船东代理人或工厂厂长为船员签具服务报告书实习报告书或证明书时须新自签名盖章如证明事件有虚伪捏冒情事援刑法第二百一十二条之规定送法院治罪

第二○条 声请检定者须经交通部指定之医师检验体格证明左列各款

一 身体健全

二 目力良好无色盲病

三　耳听聪敏

四　无神经病

前项证明如发生疑义时交通部得另指定医师重行检验

第二一条　声请检定者应缴证书费五元印花费二元及左列考验费

船长或轮机长　十元

大副或大管轮　八元

二副或二管轮　六元

三副或三管轮　四元

考验费不论声请者为新领或换领证书应按其等级分别缴纳

第二二条　声请检定而未应考验或考验不及格者发还证书费印花费声请检定者经审查合格免予考验时发还考验费

第四章　考　验

第二三条　船员检定考验科目如左

甲　驾驶员考验科目

一　普通科目

国文

外国文

游泳

二　驾驶科目

驾驶学(包括天文驾驶气象罗经海图)

船员职务(包括货物装运船舶管理)

引港学(包括避碰章程信号)

船艺(包括造船轮机常识)

乙　轮机员考验科目

一　普通科目

图文

外国文

游泳

二　轮机科目

机械常识

轮机学

绘图学

机舱职务

各级船员考验各科细目另定之

第二四条　声请检定者除甲种船员及乙种船长外得以口试代笔试

第二五条　检定不合格者得于两个月以后补考不及格科目或六个月以后重行全部考验或经审核其学识经验品性酌给低一种或低一级或二级之证书

<h2 style="text-align:center">第五章　证　书</h2>

第二六条　驾驶员证书分左列三种

一　甲种驾驶员证书　受检定合格堪充远洋轮船驾驶员者发给之所称远洋轮船系指航行达于国外而航线在四百五十海里以上者

二　乙种驾驶员证书　受检定合格堪充近海轮船驾驶员者发给之所称近海轮船系指航行中国海岸或航行达于国外而航线不及四百五十海里者

三　丙种驾驶员证书　受检定合格堪充江湖轮船驾驶员者发给之所称江湖轮船系指航行江湖或港口而航线距最近陆地不逾二十海里者

第二七条　曾在本国或外国商船专科学校海军学校或相当学校毕业富有天文驾驶船艺等学识及航海各种经验者发给甲种或乙种驾驶员船员证书如系船上练习舵工水手出身者发给乙种或丙种驾驶员证书

第二八条　领有甲种驾驶员证书者得充乙种或丙种同级之职务领有乙种证书者得充丙种同级或甲种低一级之职务领有丙种证书者得充乙种低一级之职务

领有驾驶员证书并曾充高一种低一级之职务满二年者得声请检定换给高一种原级证书但非在本国或外国商船专科学校海军学校或其他相当学校毕业者须经考验合格始得换给甲种证书

第二九条　轮机员证书分左列二种

一　甲种轮机员证书　曾在本国或外国商船专科学校海军学校或相当学校毕业富有机械及轮机经验检定合格堪充甲种轮机员者发给之

二　乙种轮机员证书　曾在机械工厂实习或轮船机舱服务合于第七条及第九条之规定领有证书经检定合格堪充乙种轮机员者发给之

第三〇条　领有乙种轮机员证书并曾充相当轮机员职务满二年者得声请检定换给甲种同级证书但非在本国或外国商船专科学校海军学校或其他相当学校毕业者须经考验合格始得换给甲种轮机长证书

第三一条　在总吨数一千吨以下行驶一定航线轮船服务之船员应受该轮船航线或马力之限制此项航线及马力并须注明于船员证书上

第三二条　船员证书自发给之日起以五年为有效期间

第三三条　船员证书遗失时应即登报声明作废并应取具本管船长或船东或船东代理人之证明书将遗失情形呈报交通部审核补发并缴证书费印花

费船员证书破损时应将原证书缴销呈请换发新证书并缴证书费印花费

第六章 免 考

第三四条 声请船长或轮机长之检定者如具有左列资格之一经审查合格后得免予考验发给证书

一 未经领有交通部船员服务证书商船职员证书或船员证书而在中国充任船长或轮机长在十年以上者

二 领有交通部船员服务证书商船职员证书或船员证书后曾在中国充任甲种或乙种船长或甲种轮机长在五年以上者

前项船长以在总吨数超过一千吨之轮船服务者为限

第三五条 声请检定者除依前条之规定外如具有左列资历之一经审查合格后得免予考验发给证书

一 领有交通部船员服务证书商船职员证书曾充任各该级职务一年以上而无过失请求原级检定者

二 领有交通部船员服务证书商船职员证书或船员证书曾充任各该级职务二年以上而无过失请求升级检定者

第七章 罚 则

第三六条 船员犯左列各款行为之一者经交通部查核属实得撤销或收回其证书

一 因职务上应为而不为或不应为而为以致破坏船舶或损失他人生命财产者撤销其证书

二 私自夹带或贿纵他人私带违禁物品者撤销其证书

三 因酗酒或其他失当行为致发生碰撞或搁浅情事得按其情节轻重撤销或收回其证书

四 现处徒刑或褫夺公权尚未复权者撤销或收回其证书

前项收回证书由交通部按其情形酌定收回之期间期满后得由该船员呈请发还

第三七条 船员证书撤销后交通部得酌量情形予以检定考验或改发低一种或低一级或低二级之船员证书

第八章 附 则

第三八条 本章程自公布日施行

135

1935 年 4 月 5 日

检丈船舶改用新制补充办法

（中华民国二十四年四月五日交通部训令第一七六三号公布）

一　检查船舶如其设计图样及构造方法均系英制一时不能全部更改者可将重要部分先行折算公制（一英尺等于〇·三〇四八公尺）至填送书表时公制尺寸之外准附注英制尺寸

二　气压计算原用每方寸之磅数今改为每平方公分之公斤数在气压表未更换之船舶可将计算结果再行折合公斤并准附注磅数（附气压计算表）

三　丈量船舶均用公尺计算吨位以公尺为单位小数以下三位为止

四　船舶之容积以二·八三立方公尺为一吨以担数表示容量之船舶以〇·二八三立方公尺为一担载货吨以一·一三立方公尺为一吨

五　航程计算自依海图为依据惟船舶速率于各项书表栏内仍应将海里折合公里（一海里等于一·八五二公里）以为一律但仍准附注海里数目

六　船舶吃水以公尺计于入坞时逐渐更正

七　丈量第一法长度分节表应修正如下

船舶长度

公尺	英尺	分节数
一五及以下	（五〇及以下）	四
一五以下至三七	（五〇以上至一二〇）	六
三七以上至五五	（一二〇以上至一八〇）	八
五五以上至六九	（一八〇以上至二二五）	一〇
六九以上	（二二五以上）	一二

八　丈量第一法深度分段表应修正如下

船舶深度

公尺	英尺	分段数
五及以下	一六及以下	四

五以上　　一六以上　　　六

九　丈量第二法原用系数○·○○一七(○·一七除一○○)应改为○·○六(○·一七除二·八三)原用系数○·○○一八(○·一八除一○○)应改为○·○六四(○·一八除二·八三)原用系数为○·○○一五(○一五除一○○)应改为○·○五三(○·一五除二·八三)

一○　推进机所用地位之吨位所有百分数及系数均毋庸变更帆船之系数亦不必变更

一一　乘客定额应照所颁计算表折算吨位证书应照所附书式修改(附表及书式)

136

1935 年 4 月 10 日

船舶无线电报收费规则

（中华民国二十四年四月十日交通部部令第七一号公布）

第一条　船舶无线电台与海岸线电台或其他船舶无线电台传递之电报称为船舶无线电报

第二条　船舶无线电报分为左列二种

一　国内船舶电报

二　国际船舶电报

第三条　曾经交通部注册并发给船舶无线电台执照之船舶与国内各处往来之电报经由交通部所辖各海岸电台转递者为国内船舶电报依照第四条之规定收费

船舶电报之不合于前项规定者为国际船舶电报依照第五条之规定收费

第四条　国内船舶电报按国币收费包含左列各种

甲　本境费

乙　海岸电台费

丙　船舶电台费

丁　各项特别业务附加费

本境费及海岸电台费归交通部船舶电台费归发报或收报之船舶电台各项特别业务附加费分别归交通部或船舶电台

第五条　国际船舶电报按金佛郎收费(在中华民国境内照交通部规定之金佛郎折合银元率收取银元)包含左列各种

甲　船舶电台费

乙　海岸电台费

丙　国内电报线路费

丁　国际电报线路费

戊　各项特别业务附加费

船舶电台费归收报或收报之船舶电台

海岸电台费归收报海岸电台所属之电政总机关国内电报线路费归交通部国际电报线路费分别归有关之各国电政机关各项特别业务附加费分别归交通部或船舶电台或其他有关之电政总机

第六条　国内及国际船舶电报价目另定之

第七条　国内洋文暗语电报照全价收费不适用于国际暗语电报减成收费办法

第八条　国内及国际船舶电报适用之特别业务以左列六种为限

甲　预付回报费

乙　校对

丙　分送

丁　送妥通知(只由海岸电台将电报传递于船舶电台之日期时间通知原发报人)

戊　专送(只适用于由船舶发往陆地之电报)

己　纳费业务公电

前项特别业务之附加费对于国内船舶电报照国内电报例收取国际船舶电报照国际电报例收取

第九条　国内船舶电报应于报头之首注明 In radis 字样以资识别国际船舶电报应照国际无线电信规则办理

第一〇条　由船舶发往陆地之华文或洋文电报其收报人姓名住址应照普通电报办法书写

由陆地发往船舶之华文或洋文电报应将收报人姓名(及职衔)开列清楚并须一律照下列办法书写

甲　收报人姓名(及职衔)或其他必要之补充注语

乙　船舶名称

丙　经转之海岸电台名称

例一　丁子鸿二十号官舱

新铭　烟台

例二　Captain Wangshihlee Ss Haignan Tsingtaurudio

国内船舶电报之收报人姓名职衔船名海岸台名或住址均应按字计费不适用十五字作五字计算之规定

第一一条　本规则第三条第一项所规定之船舶其与国内各处往来之电报欲适用国内船舶电报价目之规定者应经由其监督机关呈请交通部核准备案再由交通部通知各海岸电台及电报局方为有效

第一二条　国际无线电信规则及国际电报规则内关于船舶电报收费之规定与本规则不相抵触者均适用之

第一三条　航空器无线电台与陆地无线电台传递之电报得适用本规则之规定

第一四条　本规则自民国二十四年五月一日施行

137

1935 年 6 月 11 日

修正国营招商局组织章程

（中华民国二十四年六月十一日交通部部令第一一三号修正公布）

第一七条　监事会设秘书一人稽核二人至三人事务员二人由主席遴选提交监事会议决任用并呈报交通部备案

第三五条　总经理处置总务业务船舶三科及金库

第三七条　业务科掌左列事项

一　关于各航线船只之分配调遣及计划事项

二　关于航运行情之调查事项

三　关于船期之规定及货物起卸之通知事项

四　关于客货之招徕及处理事项

五　关于便利旅客之应办事项

六　关于客货之联运事项

七　关于货脚定率之厘定事项

八　关于客票定率之厘定事项

九　关于客佣定轨之厘定事项

一〇　关于海关之接洽事项

一一　关于揽登广告事项

一二　关于各轮业务之考核事项

一三　关于分局办事处业务之考核事项

一四　关于同业之接洽事项

一五　关于内河航业之管理事项

一六　关于轮船征租事项

一七　关于运输上损害赔偿事项

一八　关于码头械房营业之招徕及存货之保管事项

一九　关于栈货之清理事项

二〇　关于码头栈房租金定率之厘定事项

二一　关于扛力定率之厘定事项

二二　关于码头栈房人员之管理考绩进退事项

二三　关于码头稽查巡丁之管理事项

二四　关于码头栈房趸船之修造监工及验收事项

二五　关于码头栈房之清洁消防队及其他设备事项

二六　关于煤栈之管理事项

第三八条　船舶科掌左列事项

一　关于船舶驾驶机务人员之管辖及其职务之分配事项

二　关于海员之管理进退及登记事项

三　关于船身机器之检验事项

四　关于船舶之修理监工及验收事项

五　关于船舶之设备及卫生事项

六　关于船舶各项工程之投标及验收事项

七　关于招商机器厂之管理及其人员之考绩事项

八　关于船舶无线电之设置管理及其人员之考绩事项

九　关于船舶所有煤炭物料之验收事项

一〇　关于船舶之消防及救护事项

一一　关于其他船舶事项

第三九条　金库掌左列事项

一　关于现金之出纳事项

二　关于现金出纳簿及银行往来簿之登记事项

三　关于现金及银行往来簿据支票之保管事项

四　关于本局房地产文契借款合同及营业合同之保管事项

第四〇条　总经理处各科及金库各设主任一人承总经理之命主持各该科事务其较繁之科得设副主任一人至二人助理主任职务

第四七条　总经理处秘书及各科主任副主任金库主任及视察员由总经理提出理事会决议呈请交通部核准后任用之

第六二条　本局会计事务由会计室掌理其章则另定之

第六三条　监事会理事会办事细则由各该会自行拟定呈报交通部核定之

第六四条　总经理处分局及办事处办事细则由总经理处拟定提出理事会议决呈报交通部核定之购料章程会计章程职员保证金章程奖恤章程亦同

第六五条　本局年终盈余之分配应由总经理提出理事会议决后呈请交通部核定之

第六六条　本章程自公布之日施行

138

1935 年 6 月 12 日

沿海港湾及内河轮船救生设备暂行办法

（中华民国二十四年六月十二日交通部令颁）

一　航行沿海港湾及内河轮船应分别依照左列各项规定设置救生设备

（一）内河轮船

轮船长度	救生设备	消防设备
（甲）四十尺以下	救生圈二个	蒸汽船　太平桶二个　柴油船药水灭火器一个　黄沙一桶
（乙）四十尺至六十尺	救生圈四个	同上

（丙）六十尺至八十尺　救生圈六个　蒸汽船　太平桶四个　柴油船药水灭火器一个　黄沙一桶

（二）海岸及江河轮船

| 船舶长度 | 救生设备 | 消防设备 |

（甲）四十尺以下　救生圈二个　救生带或救生排照船员人数及乘客定额　蒸汽船　太平桶二个　柴油船　药水灭火器一个　黄沙一桶

（乙）四十尺至六十尺　救生圈四个　救生带或救生排照船员人数及乘客定额　蒸汽船　太平桶四个　柴油船　药水灭火器一个　黄沙一桶

（丙）六十尺至一百尺　救生圈六个　救生带或救生排照船员人数及乘客定额　蒸汽船　太平桶六个　柴油船　药水灭火器一个　黄沙一桶

（丁）一百尺至一百五十尺　救生圈六个　小舢板一只　救生带或救生排照船员人数及乘客定额　太平桶八个　药水灭火器二个

（戊）一百五十尺至二百尺　救生圈六个　小舢板二只　救生带或救生排照船员人数及乘客定额　太平桶十个　太平斧二把　手摇水龙全副　药水灭火器二个

（三）内河轮船经过海岸及江湖航线过二十海里以上者依照第二项全数设置

附注

（一）救生圈须置诸船旁最易见易取之处救生带应置诸舱面及旅客易取之处救生排应置诸仓顶易于放落处小舢板应置诸适宜位置并须易于随时放落其大小视该轮需要为准

（二）消防设备凡船长一百尺以上二百尺以内之轮船均应照第二项表丁戊两目所列设置如系柴油机须添置黄沙一箱其大小视该轮需要为准

二　航行长江及沿海轮船船长在二百尺以上者其救生设备办法另定之

三　船舶救生设备如不遵照本办法办理得依照船舶法第十三条规定令其补充设备再行开航

四　本办法自公布后三个月施行

139

1935 年 6 月 28 日

修正交通部航政局组织法第十二条条文

（中华民国二十四年二月二十六日国民政府修正公布
同年六月二十八日国民政府第五二四号训令再修正第十
二条条文）

第一二条 航政局得于重要海口之各商埠设办事处置技术员一人兼充
办事处主任荐任或委任科员一人至三人委任

前项办事处之设置地点及管辖区域由交通部定之

140

1935 年 7 月

船只进出口呈验单照规则

（中华民国二十三年七月三十日财政部呈奉行政院核
准修正公布　二十四年七月十六日再修正）

第一条 凡商船或私人所有船只驶入中国领水或在中国领水内航行者
如系华籍船只均需持有中国政府颁布各项章则内规定一切单照如系外籍船
只除其他应需单照外并须持有船舶国籍证书倘有船只违犯本条之规定者应
予充公

第二条 凡商船驶入中国领水或在中国领水内航行者应在船备有由该

船船长签字之舱口单应按到达口岸每口岸各备具一分更须按照海关规定格式用墨水笔或不能涂抹之铅笔缮写详载该船所装之货物以便随时交关员查验如查有未在船上备有此项舱口单或经关员调取不能立即交出者得科该船长以国币一百元以上一千元以下之罚金凡属左列船只可毋庸呈递舱口单

甲　军舰

乙　船只于抵口后二十四小时内复驶出口者惟此项船只除呈经海关核准得装载燃料及船用物料外不得装卸任何货物及旅客

丙　游船

丁　引水船

第三条　舱口单应详载左列各项

甲　船名国籍船式及船长姓名

乙　船上所载一切货物以及每件货物之标记号码并货物包装式样及其普通名称之件数（如桶小桶大桶箱袋等类）如将两包或数包货物合装一件并应详细注明该件内所装包数

丙　安放货物地点（如在舱内或夹板上等类）

丁　装货及指运之中国或外国口岸及运往每埠货物之详细名色种类件数均应分别注明

戊　如船只由外洋进口应将船上所载货物各收件人之姓名按照提单或包件收据所载详细列入舱口单内如提单或收据内未列收货人姓名亦应于舱口单内注明

舱口单所列各项不准涂抹如果有应须更正之处应用墨水笔或不能涂抹之铅笔将误填数字用轻画去以仍能辨认原填字样为准藉资稽考其更正处并应由船长在旁边签押负责

第四条　凡商船驶入中国通商口岸时除星期日及放假日外倘无别项法律规定者应由船长或其经理人于抵口二十四小时内向海关报到并呈递指运该埠货物之舱口单此项舱口单须由该船长及该船经理人签字证明无讹如不照本条规定办理得科该船长以国币五十元以上五百元以下之罚金

第五条　凡发交船长之货物以及船长替人带交商号及私人之包件亦应列入舱口单内但除船长外不准将货物发交其他任何船员

第六条　船上所载货物（通运货物在内）如遇有未列入舱口单或与单列不符时得准该船长于该船在海关报到二十四小时内到关请求更正唯以确因失察或笔误致出讹错者为限其未列入舱口单之货物或其他错误已经海关查出者不得请求更正

第七条　凡未列入舱口单之货物一经海关查出该船长及货主应各科以国币二百元以上二千元以下之罚金并得将该项货物充公

凡将两个以上之包件合装一件未在舱口单内详细注明或舱口单内开列货色含混者该船长及货主应各科以国币一千元以下之罚金

凡将未列入舱口单之货物用特别方法藏匿希图欺蒙海关例如以搁板或密窝间或船上永久建筑物或能移动之装置物等处作为藏匿货物之用者一经海关查出除将该项货物充公外每一藏匿货物处所得科该船长以国税两千元以下之罚金并得将该船于未经结案以前暂行扣留

本条所列各项情节如船长能自行证明或由货主证明该船长对于前项情节仅系失察并无串通舞弊情事而其情节又属轻微且属情有可原或非船长能力所能及者此项罚金得酌量情节免予处罚

第八条　凡已列舱口单货物如查出未在船上应由该船长按本规则第六条之规定于该船进口后二十四小时内到关请求更正声叙该项货物短少原因倘海关以为必要时并应令该船长笔具声明书如系外籍船只应由该管领事签印证明如系华籍船只应由海关监督签印证明呈关查核并应将该项短少货物原来短装或中途起卸地方之海关或领事官发给之证明书一并呈关备查作为该货确未进口之证据如该船长不能证明该货实系短装或在中途误卸应即按货物短少件数每件科该船长以国币二百元以上一千元以下之罚金

第九条　凡华籍船只进口应由船长于呈递舱口单时将左列各项单照并行程呈关查验

船只进口报告书

船舶国籍证书

船舶登记证书

船舶航线证

船舶检查证书

行程簿

完纳船钞执照(指已纳船钞领有执照之船只而言)

船舶吨位证书

自卫用枪械清单(两份)

燃船执照

船用物料清单(参阅第十一条)

旅客名册(参阅第十条)

结关单照(指来自中国通商口岸之船只而言)

凡外籍船进口应由船长将左列各项单照呈验

船只进口报告书

船舶国籍证书

完纳船钞执照(指已纳船钞领有执照之船只而言)

自卫用枪械清单（两份）

燃船执照

船用物料清单（参照第十一条）

旅客名册（参阅第十条）

结关单照（指来自中国通商口岸之船只而言）

凡外国船只进口得免其向海关呈递船舶国籍证明书只需呈缴经该管领事签字之进口报告书证明该船原有国籍证书确已交由该领事馆收存但外国政府对于其国内各口岸经商之中国船只如不准将国籍证书交由中国领事馆收存则该国来华经商之船只亦不得享受此项利益

第一〇条　凡船只进口应由船长于呈递舱口单时将船上所载各等舱客详细缮具名册一分呈关查验各该船系由外洋进口所有上等舱客应在海关报定之行李报单上各将所带行李逐一填明呈关查核该旅客并须遵守报单上所列之各项规则下等舱客如带有应纳税物品亦应按照上等舱客办法填具行李报告单倘所带行李仅系个人应用无须完税之物品只需向关员口头报明所有旅客行李报单均须于关员登船时或在码头查验行李时填齐交验

第一一条　凡船只进口应由船长将船上所存船用物料用海关制定格式按照其中所载规则缮具清单一份交登船检查之关员查核此项船用物料除应提出一部分足备该船停留港内时应用外其余应由该关员加封俟该船离口时方准开启遇发生意外情事必须提出此项加封物料应用时应由该船长须先呈经海关核准始可开封提取如有未经核准擅自启封或用其他方法私入加封之贮藏室或贮藏室另有路径可入而未经报明海关者或船用物料并不在船上使用而以他法处置者或呈关之船用物料清单有任何不实之处均得将所存物料充公并科该船长以国币二百元以上一千元以下之罚金

第十二条　凡船只进口应由船长按照本规则第二第三第四各条之规定先将舱口单呈经海关查核俟奉准卸货后方能拆卸如在未呈舱口单经关核准卸货以前私自拆卸者科该船船长以该项私卸货物价值一倍以上两倍以下之罚金并得将船货充公

第十三条　凡船只进口应由船长按照本规则第二第三第四条之规定先将舱口单呈经海关查核俟奉准卸货后方能将货转入他船如在未呈递舱口单经关核准卸货以前即将船内货物转入他船者得科该卸货及装货船只之船长各以该项私行转给货物价值一倍以上两倍以下之罚金并得该两船及所载之货充公

第一四条　凡船只于开驶他往应行由该船船长或其经理人将该船所装货物按照本规则第三条规定式样缮具出口舱口单呈请海关查核俟准予结关后方能开驶离口违犯本条之规定者得科该船长以国币二百元以上一千元以

下之罚金

第一五条　凡船只对于以上规定任何一条自曾受该条处分确定之日起在五年以内再犯同条之规定者其罚金得加重二分之一犯三次以上者得加重一倍

第一六条　本规则如有未尽事宜得随时修改之

141

1935 年 7 月 9 日

船舶漆绘吃水深度办法

此件系由上海航政局函送上海市轮船业同业公会嘱为转知各商轮公司业由上海市轮船业同业公会于七月九日通函知照爰将办法载入本刊以期周知

一、船舶载重线法未施行以前,所有新建及入坞之轮船在一百吨以上者,除军舰渔船及非用于运送客货者外,均应依本办法之规定,漆绘吃水深度。

二、船舶漆绘吃水深度,应漆绘于船首材及尾材两旁显明之处。

三、船首材及尾材之左舷部分,漆绘公尺吃水深度,其绘法以每二公寸(即二十公分)为一度,数字用阿拉伯字,每字高十公分,宽二十公分,只漆绘双数,(参考附图)(略)以数字之底线表示所指之深度。

四、船首材及尾材之右舷部分,漆绘英尺吃水深度,其绘法以每一英尺为一度,数字用罗马字,每字高六英寸,(参考附图)(略)以数字之底线表示所指之尺度。

五、凡经漆绘吃水深度之各轮船,须将本办法及附图张贴于海图室随时校对之。

142

1935 年 7 月 15 日

修正船只进出口呈验单照规则
第七条第九条条文

（中华民国二十四年七月十六日江海关布告）

第七条　凡未列入舱口单之货物。一经海关查出。该船长及货主应各科以国币二百元以上二千元以下之罚金。并得将该项货物充公。

凡将两个以上之包件合装一件。未在舱口单内详细注明。或舱口单内开列货色含混者。该船长及货主应各科以国币一千元以之下罚金。

凡将未列入舱口单之货物。用特别方法藏匿。希图欺蒙海关。例如以搁板或密窝间或船上永久建设物或能移动之装置物等处。作为藏匿货物之用者。一经海关查出。除将该项货物充公外。每一藏匿货物处所。得科该船长以国币二千元以下之罚金。并得将该船于未经结案以前。暂行扣留。本条所列各项情节。如船长能自行证明或由货主证明该船长对于前项情节仅系失察。并无串通舞弊情事。而其情节又属轻微。且属情有可原。或非船长权力所能及者。此项罚金。得酌量情节。免予处罚。

第九条　凡华籍船只进口应由船长于呈递舱口单时。将左列各项单照。并行呈关查验。船只进口报告书。船舶登记证书。船舶航线证。船舶检查证书。行程簿。完纳船钞执照（指已纳船钞领有执照之船只而言）。船舶吨位证书。自卫用枪械清单（两份）。熏船执照。船用物料清单（参阅第十一条）。旅客名册（参阅第十条）。结关单照（指来自中国通商口岸之船只而言）。

凡外籍船只进口。应由船长将左列各项单照呈验。船只进口报告书，船舶国籍证书。完纳船钞执照（指已纳船钞领有执照之船只而言）。自卫用抢械清单（两份）。燃船执照，船用物料清单（参阅十一条）。旅客名册（参阅第十条）。结关单照（指来自中国通商口岸之船只而言）。凡外国船只进口。得免其向海关呈递船舶国籍证书。只需呈缴该管领事签字之进口报告书。证明该船原有国籍证书确已交由该领事馆收存。但外国政府对于在其国内各口岸经商之中国船只。如不准将国籍证书交由中国领事管收存。则该国来华经商之船只。亦不得享受此项利益。

143

1935 年 8 月 24 日

江轮烟蓬下甲板上计算客位办法

（中华民国二十四年八月二十四日交通部指令第一三四一九号）

一　轮船及拖驳船长不满十公尺（三十尺）及虽满十公尺而船底尖削或不甚稳定者均不得计算烟蓬客位

二　轮船锅炉及机舱棚上不得计算烟蓬客位但前舱棚及后舱棚上在不妨碍安全或卫生范围内得酌量情形计算客位

三　烟蓬客位不论该轮为日间航行或夜间航行一律暂定每人应估〇·八四平方公尺（九平方尺）关于乘客定额计算表备考栏内所载日间航行之规定不适用之

144

1935 年 9 月 27 日

海关管理航海民船航运章程

（中华民国二十三年六月二十七日行政院公布　二十四年九月二十七日行政院第二七四一号指令修正公布）

一　凡中国航海贸易民船（以下简称航海民船）不论其容量多寡均应向海关注册请领航运凭单及往来挂号簿（此项航海民船系指在中国沿海行驶

经营国内或外洋贸易之民船而言）

凡航海民船容量二百担以上者可向海关注册经营国内或外洋贸易其容量未满二百担者仅可向海关注册经营国内贸易不准经营外洋贸易

凡具有特殊情形之地方如两广等处各水道内所有容量未满二百担之民船亦可向海关注册经营外洋贸易由关另订章程管理之但该项民船如在他处地方经营外洋贸易一经查获海关得将船货一并充公

前项民船呈请注册之船名不得与同区域内已注册民船船名之字形或字音相同或易于相混

二　凡航海民船未经注册擅在海面行驶经营国内或外洋贸易者一经查获海关得将船货一并充公或处该船业主或船长以国币五百元以下之罚金或除将船货充公外并科以罚金

三　凡航海民船容量二百担以上者其业主或船长呈请注册时应呈验交通部所发国籍证书并领取海关所制之航海贸易民船请领航运凭单及往来挂号簿申请书逐项填明由该船业主或船长签印并另觅民船船商公会或殷实店铺或银号在该项申请书内签印保证该船业主或船长在书内所报各项均属确实并切实遵守一切关章呈由海关审查无误即取该口地名一字编号（如沪字第　号）注册发给航运凭单所编注册号数应在该船大桅下段及水手房外之板上明显烙印并须遵照本章程第六条内规定之颜色在船首之两旁及船尾将注册号数书明但烙印及书写号数时应将编号之华字地名一并标明倘不遵照以上注册手续办理即不发给该船往来挂号簿其未领有挂号簿擅自开行者得照本章程第二条罚办之至容量未满二百担之航海民船呈请注册之手续亦按上列办法办理唯毋庸呈验国籍证书

四　凡航海民船领到海关航运凭单准备开行时应由关发给该船往来挂号簿载明该船注册号数并将该船是否准许往来外洋或国内贸易及该船往来行驶航线一并注入簿内以凭查考

五　凡已注册之航海民船应于每年一月间向原注册海关重行登记登记时应先领取海关所制之航海贸易民船续领航运凭单及往来挂号簿申请书逐项填明由该船业主或船长签印并另觅民船船商公会或殷实店铺或银号在该项申请书内签印保证该船业主或船长切实遵守一切规章如违本条之规定海关得将该船充公或处该船业主或船长以国币二百元以下之罚金或除将该船充公外并科以罚金

六　凡航海民船在船头两旁及船尾书写注册号数时其容量二百担以上往来外洋贸易者应用白字黑地经营国内贸易者应用黑字白地其容量未满二百担经营国内贸易者用黑字白地外加黑长方框又容量未满二百担之民船在具有特殊情形之地方按照特订章程（参照本章程第一条）准予往来外洋贸易

者应用白字黑地外加白长方框船头两旁如有相当地方其字之大小应高在一公尺以下半公尺以上宽度须比例相称船尾之字可酌量规定其式应自地名起向右横列以上书写注册号数手续由该船业主或船长办理完竣后应请由海关验看是否合格如遵本条之规定得照本章程第二条罚办之

　　七　凡航海民船容量二百担以上经营国内贸易者如欲改营外洋贸易或经营外洋贸易者改营国内贸易时应向海关呈请经关查明核准后即由关在该船往来挂号簿内将航线照予更改并由该船将船首船尾原书注册号数遵照本章程第六条之规定改换颜色重行书明后方准按照新航线行驶如违本条之规定得照本章程第二条罚办之

　　八　凡航海民船无论靠岸或航行时应将下列各项单照常置船上以备关员随时查验

　　　　甲　航运凭单

　　　　乙　往来挂号簿

　　　　丙　该管机关所发自卫军火执照（指置有自卫军火者而言）

　　　　丁　所载货物之舱口单

　　上项舱口单应照规定格式将装载货物件数起运指运口岸及其他一切事项逐一填明不得遗漏并应注明何舱何货其散舱货物亦应将货物重量容量于单内详细列明至其他单据如提货单售货单以及货主信件民船装货簿等如经关员调验亦须即时检呈倘无以上各项单照或有意规避关员查验者得照本章程第二条罚办之

　　九　凡航海民船驶抵已设关卡口岸应由该船船长立将航运凭单挂号簿及舱口单直接呈关报请进口如由已设关卡口岸开行亦应报请结关其进口或结关时均应由该处海关按照所报各项登入挂号簿内如驶往外国口岸贸易者该船业主或船长应将挂号簿呈由驻在该处之中国领事或该国海关或地方官署将进出口情形登入挂号簿内如违本条之规定得将船货一并充公或将该船业主或船长处以国币二百五十元以下之罚金或除将船货充公外并科以罚金

　　一〇　海关得随时令航海民船之业主或船长将自挂号簿内末次登记之日起所有该船往来行程详细说明如不遵办或其说明海关认为有违章情形时,海关得将该船扣留并按照本章程第二条罚办之

　　一一　凡往来外洋贸易之民船不得驶往中国沿海未设关卡之地方贸易违者得将该船及所载货物连同正在装卸之货一并充公或将该船业主或船长处以国币七百五十元以下之罚金或将船货充公外并科以罚金

　　凡经营国内贸易之民船不得驶往国外地方贸易违者得将船货一并充公或将该船业主或船长处以国币五百元以下之罚金或除将船货充公外并科以罚金

一二　凡航海民船容量二百担以上者遇有售卖过户情事应向海关呈验换发国籍证书由关重行注册换发航运凭单及往来挂号簿后方准行驶其容量未满二百担之民船遇有售卖过户情事亦应按照上列办法办理唯毋庸呈验国籍证书如违犯本条之规定海关得将该船充公或将该船业主或船长处以国币二百元以下之罚金或除将该船充公外并科以罚金

一三　凡渔船不得经营贸易违者即将船货充公

一四　凡航海民船无论经营国内或国外贸易不得从事渔业违者得将该船业主或船长处以国币二百元以下之罚金

一五　凡渔船欲经营贸易者应由该船业主或船长呈请海关核准后将该船渔业执照或按照现行渔业章程所领与渔业执照有同等效力之单照呈关存留并应按本章程之规定呈请注册请领航运凭单及往来挂号簿作为贸易民船嗣后该船如呈请改为渔船时海关应将原存该船渔业单照发还并在该船往来挂号簿内注销即不得再经营贸易如违本条之规定海关得按照本章程第十三条或第十四条罚办之

一六　凡航海民船无论经营国内或国外贸易如欲改营渔业应由该船业主或船长呈请海关核准后将所领渔业执照或按照现行渔业章程所领与渔业执照有同等效力之单照呈验由关在该船往来挂号簿内注明改为经营渔业不得再行贸易如违本条之规定海关得按照本章程第十三条或第十四条罚办之

凡注册经营国内贸易之航海民船如欲在未设关卡地方贸易后改营渔业者得于改业以前末次结关时由该船业主或船长呈请海关核准后将所领渔业执照或按照现行渔业章程所领与渔业执照有同等效力之单照呈验由关在该船往来挂号簿内注明(某年某月某日装有某项货物或空船压载自某处结关遵照国内贸易章程开往某处将来该船到达指运口岸将货卸清后准其改营渔业某日为止)但该船在改营渔业之时不得兼营贸易如于未经准许恢复经营贸易以前有私行装运货物情事海关得按照本章程第一十三条罚办之

一七　凡已注册之航海民船如在海面沉没或因拆卸及他故停止行驶时应向原注册海关报明请将原注册号数取消违者得将该船业主或船长或保证人处以国币一百元以下之罚金

一八　凡中国沿海设有关卡准许航海民船往来外洋贸易之各地应由海关列入航海民船挂号簿内

一九　本章程除在沿海各关卡显明之处分别张贴外并应印入航海民船挂号簿内

二〇　本章程遇必要时得修正之

二一　本章程自公布之日施行

145

1935 年 12 月 12 日

船员检定章程

（中华民国二十四年十二月十二日交通部部令第二五一号修正公布）

第一章 通 则

第一条 本章程所称船员系指在轮船上服务之驾驶员及轮机员而言前项所称轮船系指专用或兼用轮机运转之船舶

第二条 船员均须交通部检定合格发给船员证书始得服务但在不满二百总吨之轮船服务者其检定章程另行之

第三条 驾驶员分甲乙丙三种轮机员分甲乙二种各种驾驶员及轮机员分左列等级

一 驾驶员

船 长 大 副 二 副 三 副

二 轮机员

轮机长 大管轮 二管轮 三管轮

第二章 资 历

第四条 船员检定分原级检定升级检定及编级检定

第五条 原级检定依左列各款之规定

一 在舱面继续服务及充当驾驶员共满八年并曾充或现充船长者得受船长原级检定

二 在舱面继续服务及充当驾驶员共满六年并曾充或现充大副者得受大副原级检定

三 在舱面继续服务及充当驾驶员共满四年并曾充或现充二副者得受二副原级检定

四　在舱面继续服务已满二年并曾充或现充三副者得受三副原级检定

五　在机舱继续服务及充当轮机员共满八年并曾充或现充轮机长者得受轮机长原级检定

六　在机舱继续服务及充当轮机员共满六年并曾充或现充大管轮者得受大管轮原级检定

七　在机舱继续服务及充当轮机员共满四年并曾充或现充二管轮者得受二管轮原级检定

八　在机舱继续服务已满二年并曾充或现充三管轮者得受三管轮原级检定

第六条　大副服务满三年其他各级船员服务满二年得受升级检定但均以领有各该级证书者为限

第七条　编级检定依左列各款之规定

一　在舱面服务及从事驾驶员工作共满四年者得受二副编级检定

二　在舱面服务已满二年者得受三副编级检定

三　在机舱服务及从事轮机员工作共满四年者得受二管轮编级检定

四　在机舱服务已满二年者或有第九条第二款至第四款所规定之资格者得受三管轮编级检定

五　在本国或外国商船专科学校海军学校或其他相当学校毕业者得受二副三副或二管轮三管轮编级检定

第八条　驾驶员舱面服务时间之计算依左列标准

一　从事轮船驾驶员工作者均作舱面服务计算

二　充任轮船舵工水手职务者其工作亦作舱面服务计算但舵工以二年为限水手以一年为限曾任两职者仍以二年为限

三　在本国或外国商船专科学校海军学校或其他相当学校毕业生除依第七条第五款之规定得受二副或三副之编级检定外其在校学习驾驶课程之时间作舱面服务计算但以二年为限

四　在其他专科学校毕业其学习驾驶课程之时间作舱面服务计算但以二年为限

五　练习生在船上练习航海时间作为舱面服务计算但以二年为限

六　领江之资历作舱面服务计算但满十年者以四年为限未满十年者以二年为限

在舱面非学习或非从事驾驶员之工作及在未满五十总吨轮船之工作均不作舱面服务计算

第九条　轮机员机舱服务时间之计算依左列标准

一　从事轮机员工作者均作机舱服务计算

二　充任轮船机匠电灯匠铜匠加油等职务者其工作时间作机舱服务计算但以二年为限

三　在机械工厂实习轮机制造或修理之时间作机舱服务计算但以二年为限曾在工厂及机舱服务者合计仍以二年为限

四　在本国或外国商船专科学校海军学校或有机械试验厂之工业专科学校毕业生除依第七条第五款之规定得受二管轮或三管轮之编级检定外其在校学习轮机课程之时间作机舱服务计算但以二年为限

五　在专科以上之学校毕业其学习数理课程之时间以二分之一作机舱服务计算但以一年为限

第一〇条　甲种轮机员工作之轮机其汽机须在一千匹实马力以上油机须在二千五百匹

锁制马力以上乙种轮机员工作之轮机其汽机须在一百八十匹实马力以上油机须在三百七十匹锁制马力以上

第一一条　声请甲种船长原级检定者至少须已充任远洋轮船船长职务二年以上但曾在本国或外国商船专科学校海军学校或相当学校毕业或曾经考验及格而领有甲种船长证书者虽现充乙种船长职务亦得声请甲种船长原级检定

声请乙种船长原级检定者至少须已充任远洋轮船大副或近海轮船船长职务二年以上但曾在本国或外国商船专科学校海军学校或相当学校毕业或曾经考验及格而领有乙种船长证书者虽现充丙种船长职务亦得声请乙种船长原级检定

声请甲种大副原级检定者至少须已充任远洋轮船大副职务二年以上

声请乙种大副原级检定者至少须已充任近海轮船大副职务二年以上

其他驾驶员声请原级检定者至少须在其所请证书种类轮船上充任各该职务一年以上

第一二条　声请船长轮机长大副大管轮检定者年龄须满二十七岁声请其他各级船员检定者须满二十二岁

第一三条　曾充海军军官者得附具履历及各种证明文件依本章程之规定声请检定

第一四条　外籍船员请领证书时除依本章程之规定外并须呈缴国籍证书及曾在中国轮船服务二年以上而领有技术品行优良之证明书但在外国确有长期航海经验而技术特别优良者其在中国服务年限得酌情缩减

前项所列书表均须用中国文字原件系外国文字者应译成中文连同原件或其照片一并呈送

第一五条 有左列情事之一者不得受检定

一 受一年以上徒刑之宣告或褫夺公权尚未复权者

二 受撤销船员证书之处分者

三 受收回船员证书之处分尚未满期者

第三章 手 续

第一六条 声明检定者须呈送履历调查表服务或实习报告书体格检查表其他证明文件及最近半身相片三张

第一七条 声请检定者之服务资历应以各该员之本管船长或船东或船东代理人所签具之服务报告书或证明书为准其工厂资历应以该工厂厂长所签具之实习报告书为准

第一八条 声请升级检定者须执有本管船长所签具在服务期间任事勤敏技术增进品行良善之服务报告书

第一九条 本管船长或船东或船东代理人或工厂厂长为船员签具服务报告书实习报告书或证明书时须亲自签名盖章如证明事件有虚伪捏冒情事援刑法第二百一十二条之规定送法院治罪

第二〇条 声请检定者须经交通部指定医师检验体格证明左列各款

一 身体健全

二 目力良好无色盲病

三 耳听聪敏

四 无神经病

前项证明如发生疑义时交通部得另指定医师重行检验

第二一条 声请检定者应缴证书五元印花费二元及左列考验费

船长或轮机长　　十元

大副或大管轮　　八元

二副或二管轮　　六元

三副或三管轮　　四元

考验费不论声请者为新领或换领证书应按其等级分别缴纳

第二二条 声请检定而未应考验或考验不及格者发还证书费印花费声请检定者经审查合格免予考验时发还考验费

第四章 考 验

第三三条 船员检定考验科目如左

甲 驾驶员考验科目

一 普通科目

国文

外国文

游泳

二　驾驶科目

驾驶学(包括天文驾驶气象罗经海图)

船员职务(包括货物装运船舶管理)

引港学(包括避碰章程信号)

船艺(包括造船轮机常识)

乙　轮机员考验科目

一　普通科目

国文

外国文

游泳

二　轮机科目

机械常识

轮机学

绘图学

机舱职务

各级船员考验各科细目另定之

第二四条　声请检定者除甲种船员及乙种船长外得以口试代笔试

第二五条　检定不合格者得于两个月以后补考不及格科目或六个月以后重行全部考验或经审核其学识经验品性酌给低一种或低一级或二级之证书

第五章　证　书

第二六条　驾驶员证书分左列三种

一　甲种驾驶员证书　受检定合格堪充远洋轮船驾驶员者发给之所称远洋轮船系指航行达于国外而航线在四百五十海里以上者

二　乙种驾驶员证书　受检定合格堪充近海轮船驾驶员者发给之所称近海轮船系指航行中国海岸或航行达于国外而航线不及四百五十海里者

三　丙种驾驶员证书　受检定合格堪充江湖轮船驾驶员者发给之所称江湖轮船系指航行江湖或港口而航线距最近陆地不逾二十海里者

第二七条　曾在本国或外国商船专科学校海军学校或相当学校毕业富有天文驾驶船艺等学识及航海各种经验者发给甲种或乙种驾驶船员证书如系船上练习舵工水手出身者发给乙种或丙种驾驶员证书

第二八条　领有甲种驾驶员证书者得充乙种或丙种同级之职务领有乙种证书者得充丙种同级或甲种低一级之职务领有丙种证书者得充乙种低一级之职务

领有驾驶员证书并曾充高一种低一级之职务满二年者得声请检定换给高一种原级证书但非在本国或外国商船专科学校海军学校或其他相当学校毕业者须经考验合格始得换给甲种证书

第二九条　轮机员证书分左列二种

一　甲种轮机员证书　曾在本国或外国商船专科学校海军学校或相当学校毕业富有机械及轮机经验经检定合格堪充甲种轮机员者发给之

二　乙种轮机员证书　曾在机械工厂实习或轮船机舱服务合于第七条及第九条之规定领有证书经检定合格堪充乙种轮机员者发给之

第三〇条　领有乙种轮机员证书并曾充相当轮机员职务满二年者得声请检定换给甲种同级证书但非在本国或外国商船专科学校海军学校或其他相当学校毕业者须经考验合格始得换给甲种轮机长证书

第三一条　在总吨数一千吨以下行驶一定航线轮船服务之船员应受该轮船航线或马力之限制此项航线及马力并须注明于船员证书上

第三二条　船员证书自发给之日起以五年为有效期间

第三三条　船员证书遗失时应即登报声明作废并应取具本管船长或船东或船东代理人之证明书将遗失情形呈报交通部审核补发并缴证书费印花费船员证书破损时应将原证书缴销呈请换发新证书并缴证书费印花费

第六章　免　考

第三四条　声请船长或轮机长之检定者如具有左列资格之一经审查合格后得免予考验发给证书

一　未经领有交通部船员服务证书商船职员证书或船员证书而在中国充任船长或轮机长在十年以上者

二　领有交通部船员服务证书商船职员证书或船员证书后曾在中国充任甲种或乙种船长或甲种轮机长在五年以上者

前项船长以在总吨数超过一千吨之轮船服务者为限

第三五条　声请检定者除依前条之规定外如具有左列资历之一经审查合格后得免予考验发给证书

一　领有交通部船员服务证书商船职员证书曾充任各该级职务一年以上而无过失请求原级检定者

二　领有交通部船员服务证书商船职员证书或船员证书曾充任各该级职务二年以上而无过失请求升级检定者

第七章 罚 则

第三六条 船员犯左列各款行为之一者经交通部查核属实得撤销或收回其证书

一 因职务上应为而不为或不应为而为以致破坏船舶或损失他人生命财产者撤销其证书

二 私自夹带或贿纵他人私带违禁物品者撤销其证书

三 因酗酒或其他失当行为致发碰撞或搁浅情事得按其情节轻重撤销或收回其证书

四 现处徒刑或褫夺公权尚未复权者撤销或收回其证书

前项收回证书由交通部按其情形酌定收回之期间期满后得由该船员呈请发还

第三七条 船员证书撤销后交通部得酌量情形予以检定考验或改发低一种或低一级或低二级之船员证书

第八章 附 则

第三八条 本章程自公布日施行

146

1935 年 12 月 12 日

未满二百总吨轮船船员检定暂行章程

（中华民国二十四年十二月十二日交通部部令第二五二号修正公布）

第一条 本章程所称轮船指二十总吨以上未满二百总吨专用或兼用轮机运转之船舶而言

第二条 本章程所称船员如左

一 驾驶员

二 轮机员

驾驶员分正舵工副舵工轮机员分正司机副司机

第三条 船员之检定由交通部派员赴各航政局及各航政局办事处所在地举行之

第四条 船员检定分升级检定原级检定二种

升级检定依左列之规定

一 曾在舱面工作满二年而有相当技能者得受副舵工检定

二 充副舵工满二年执有副舵工证书者得受正舵工检定

三 曾在机舱工作满二年而有相当技能者得受副司机检定

四 充副司机满二年执有副司机证书者得受正司机检定

曾充或现充正舵工副舵工或正司机副司机之职务满一年者得受原级检定

第五条 受检定者年龄须满二十岁

第六条 声请检定者应于检定期前向船籍港之航政局或航政局办事处呈缴履历报告书最近二寸半身相片二张检定费一元印花费一元体格检查费二元转呈交通部检定

第七条 船员体格检查由交通部指定医师在检定时举行之

第八条 检定合格者由交通部发给证书毋庸另缴证书费其不合格者得领回印花费

第九条 船员检定科目如左

一 驾驶员检定科目

国文

引港

操舵术

气象

船员职务

避碰章程

二 轮机员检定科目

国文

锅炉

汽机或油机

副机

机舱管理

上列各科目除国文外得以口试举行之

第一○条 船员证书自发给日起以五年为有效期间

第一一条 船员证书遗失时应即登报声明作废并将遗失实情呈报交通部审核补发新证书

船员证书污损时得将原证书缴销呈请换发新证书补发或换发新证书时应缴证书费二元印花费一元

第一二条　船员如因职务上过失以致损伤人命破坏船舶或违反法令者交通部得按其情节轻重撤销或暂时收回其证书

第一三条　本章程公布后船员在每次受雇卸职及调船或调职时均须先到当地航政局或航政局办事处免费登记不登记者其服务资格无效

第一四条　未领有证书之船员应于本章程公布日起六个月内声请检定

第一五条　本章程自公布日施行

147

1936 年 2 月 8 日

国营招商局组织章程

（中华民国二十五年二月八日交通部修正公布）

第一章　通　　则

第一条　国营招商局直隶于交通部办理国内外航运事业

第二条　本局设总局于首都或上海市并视业务情形在各埠酌设分局或办事处

第二章　总　　局

第三条　本局设总经理一人综理局务副经理二人辅助总经理处理局务均由交通部长遴请简派

第四条　总经理副经理任期均为五年期满得连任第一任副经理一人任期三年

第五条　总经理因进行日常业务得签订左列合同但关于订立购料或工程合同时应分别适用于或准用交通部附属机关购料章程或建筑工程规则之规定

一　关于轮船油漆修理及订购所需煤炭物料之合同

二　关于起卸货物之合同

三　关于使用码头趸船及存货交货之合同

四　关于雇用船长船员业务长及其他船上服务人员之合同

五　关于雇用码头员工之合同

六　关于雇用引水人之合同

七　关于租赁轮船拖船及驳船之合同

八　关于代办商代售客票揽运货物佣金及垫款汇款办法之合同

第六条　总局置总务业务船务三科及会计室金库

第七条　总务科掌左列事项

一　关于关防之典守事项

二　关于文书之收发撰拟及卷宗之保管事项

三　关于人事事项

四　关于调查统计事项

五　关于房地产之管理事项

六　关于庶务事项

七　关于普通用品之采办及保管事项

八　其他不属于各课事项

第八条　业务科掌左列事项

一　关于航线船只之分配及调度事项

二　关于客货营运事项

三　关于码头栈房之经营及管理事项

四　关于分局办事处业务考核事项

五　关于各轮业务考核事项

六　其他关于业务事项

第九条　船务科掌左列事项

一　关于海员之进退及考核事项

二　关于船舶之建造及修理事项

三　关于船舶设备事项

四　关于船舶之检验事项

五　关于各种发动机及其附属品之检验事项

六　关于各种强弱电气设备之设计检验及修理事项

七　关于燃料物料之检验事项

八　关于燃料物料之采办及保管事项

九　关于机器厂管理事项

一〇　其他关于船务事项

第一〇条　金库掌左列事项

一　关于款项之出纳保管及其登记事项

二　关于证券契据合同等保管事项

第一一条　总局设科主任三人金库主任一人承总经理副经理之命分掌各该课库事务其事务特繁之科得设副主任一人佐理主任职务

第一二条　总局设科员助员六十人至七十人会计员十二人至十四人

第一三条　总局各科得分股办事

第一四条　总局设秘书二人办理机要事务

第一五条　总局设工程师二人至四人办理技术事务

第一六条　总局各科主任副主任及工程师由交通部任用秘书由总经理呈请交通部核准后任用之

第一七条　总局科员助员均由总经理派充并呈报交通部备案

第一八条　各科担任技术部事项之人员应以技术人员充之

第一九条　总局会计事务由会计室掌理其组织另定之

第二〇条　总局承交通部之命得聘任顾问

第三章　分局办事处

第二一条　分局及办事处由总经理呈请交通部核准后设立之

第二二条　分局办事处按业务之繁简收入之多少分左列各等由总经理呈请交通部核定之

分局

一等分局

二等分局

三等分局

办事处

一等办事处

二等办事处

三等办事处

第二三条　分局隶属于总局办事处隶属于分局或直属于总局各分局营业管辖区域由总经理呈请交通部核定之

第二四条　分局各设经理一人由交通部任用办事处各设主任一人由总经理呈请交通部核准后任用

第二五条　分局得设左列各股室

一　总务股

二　业务股

三　会计室

第二六条　分局暨办事处设办事员助员其名额依下列规定标准

分局

一等分局十人至十五人

二等分局八人至十二人

三等分局六人至九人

办事处

一等办事处四人至六人

二等办事处三人至五人

三等办事处二人至四人

前项人员均由总经理派充呈报交通部备案

第二七条　分局及办事处之营业均不得采用包缴制但未经设立局处之商埠得由总经理呈请交通部核准委托代办商代理酌给佣金

第四章　附　　则

第二八条　本局业务进行状况应按期编制报告呈送交通部审核

第二九条　本局总分局及办事处职员之薪级应由交通部核定之

第三〇条　本局全部预算应呈由交通部核定之

第三一条　本局年终盈余之分配呈由交通部核定之

第三二条　本局得另定各项细则呈请交通部核准施行

第三三条　本章程自公布日施行

148

1936 年 3 月 5 日

船舶军运暂行条例

（中华民国二十五年三月五日军政部公布）

第一条　凡各军事机关各部队之船舶运输均应报请军政部核准除少数部队或零星军用品可搭乘军政部定期开驶之交通船外如有大批输送或紧急

派遣应先将左列各项报由军政部核饬差轮管理机关备运

一　军队番号兵种人马数目或军品种类数量

二　起运日期及输送次序

三　起运及到达地点

四　需用船只种类吨位只数

前项交通船之零星军运不及报请军政部核准时得径请军政部交通司以迅速方法饬知差轮管理机关洽运

第二条　凡搭载差轮之军用品如系购置之件须领有国民政府护照或军政部执照如系领用之品应取有主管机关之证明文件方得起运

前项护照执照以及证明文件应于搭载时先行交由差轮管理机关验明倘有品种数量不符或护照执照已逾限期以及证明文件不具备者差轮管理机关得拒绝装运但须报告军政部备查

第三条　凡经差轮运送之人员（包括部队新兵遣散兵伤病兵及治愈出院官兵）或军用品其在船位置应由各差轮管理员适宜支配不得任意占用但在船之管理照料由各押运人员负责差轮管理员不负押运责任

第四条　差轮除专运部队为保持秘密及行动迅速计得不受检查外其余运输军用品之差轮应受军事检查机关之检查

前项检查应会同该轮管理员及押运人员迅速行之总以不误行程为主旨

第五条　运输部队专轮开行时间由当地差轮管理机关与乘船指挥长官共同商定除中途发生特别事故外不得任意停泊但定期行驶之交通船其开行时间由差轮管理机关定之

第六条　运轮部队专轮开往指定地点时如中途奉有最高军事机关电令改开他处时可由乘船指挥长官以命令行之但该轮管理员应立即报告差轮管理机关转报军政部备查

第七条　凡搭载差轮之部队或军用品均应速装速卸不得滞延免误输送程序

第八条　凡搭乘差轮官兵应遵守一般乘船规则不得紊乱秩序以维安全其驾驶台机器舱电报室船员室以及管理员办公室等处均不得侵扰

第九条　差轮绝对禁止船上员工及管理员携眷属乘船各军事机关部队乘船人员除持有证明文件之女性军属外亦不得携带眷属乘船

第一〇条　差轮专为军运而设如有假借名义夹带客货或违禁品一经查觉除将主使人及客商分别拘究外并将货品没收该轮管理员及员工倘有知情不报者一并究治差轮管理机关人员如有上项情事经发觉后从重惩处

第一一条　凡军人如未经差轮允许强行搭船或强占舱位干涉行殴辱员

工等情形得由差轮管理机关呈报军政部依法罚处

第一二条　本条例如有未尽事宜得呈请修正之

第一三条　本条例自公布日施行

149

1936 年 3 月 11 日

交通部各司分科职掌规则

（中华民国十六年九月十二日交通部公布　二十二年十二月十六日修正　二十五年三月十一日部令一二一号再修正）

第一条　本规则依交通部处务规程第八条之规定制定之

第二条　总务司设左列各科

一　机要科

二　文书科

三　统计科

四　出纳科

五　庶务科

第三条　总务司机要科掌左列事项

一　关于部令及规章之公布事项

二　关于印信之典守及颁发事项

三　关于本部职员及所属各机关主管及高级职员之任免奖罚及人事登记事项

四　关于图书室及交通陈列室之监督事项

五　其他不属各科之总务事项

第四条　总务司文书科掌左列事项

一　关于文件收发事项

二　关于文件分配事项

三　关于款项收送事项

四　关于到文销号事项

五　关于文件撰拟事项

六　关于档案保管事项

七　关于缮校文件事项

第五条　总务司统计科掌左列事项

一　关于统计资料之搜集事项

二　关于统计表格之编订事项

三　关于统计图表之绘制事项

四　关于统计册报之刊行事项

五　关于本部所属各机关办理统计之指导事项

第六条　总务司出纳科掌左列事项

一　关于本部经费收支事项

二　关于本部现金账目之登记事项

三　关于现金之出纳保管事项

四　关于款项之调拨事项

五　关于有价证券及其他票据之保管事项

六　关于本部房地产契据之保管事项

第七条　总务司庶务科掌左列事项

一　关于纪念周及各项典礼开会之司仪及记录事项

二　关于公用物品之保管及购置事项

三　关于本部房地产之保管及其修缮事项

四　关于警卫及卫生事项

五　其他一切庶务事项

第八条　电政司设左列各科

一　管理科

二　工务科

三　业务科

四　人事科

五　财务科

六　材料科

第九条　电政司管理科掌左列事项

一　关于电政机关之设置裁并及管理区域之划分事项

二　关于电政交涉事项

三　关于国际电报公约合同规章之审核事项

四　关于电政规章及电政文件之编译事项

五　关于电报检查事项

六　关于公营民营电气交通事业之监督事项

七　关于新闻报务气象电报凭照片及电信机件护照之核发事项

八　关于电政统计资料之搜集事项

九　其他不属各科之电政事项

第一〇条　电政司工务科掌左列事项

一　关于电报电话线路工程之设计改良及扩充事项

二　关于电报电话线路工程之审定查勘建筑验收及修养测量事项

三　关于电报电话线路工程建筑规章之编订事项

四　关于电报电话工务处之设立及其人员名额之规定事项

五　关于各局台之设计改良及扩充事项

六　关于各局台工程之审定查勘建筑及验收事项

七　关于各局台工程管理规章之编订事项

八　关于电报电话工程管理区域之划分事项

九　关于工程用款册报之稽核事项

一〇　关于电务技术员报务员话务员及技工名额之规定事项

第一一条　电政司业务科掌左列事项

一　关于电报电话业务之监督改良及发展事项

二　关于电报电话业务规章之编订事项

三　关于电报电话线路报务话务之调度事项

四　关于电报电话价目之拟定事项

五　关于国际电报费折合率之审定事项

六　关于国际电报价目及报费摊分之商定事项

七　关于各项报务表册之稽核事项

八　关于各局台短收国内国际电报费之查补事项

九　关于各局台电报挂号费及课费之稽核事项

一〇　关于政务军务电报费之稽核事项

一一　关于电报稽核表册格式之拟订事项

一二　关于电政业务员名额之规定及增减事项

第一二条　电政司人事科掌左列事项

一　关于电政机关高级职员之任免调派考核及奖罚抚恤事项

二　关于电务技术部员报务员话务员业务员及技工之任免调派考核奖惩及抚恤事项

三　关于电政机关报差及公役之管理事项

四　关于电政机关临时雇用员工薪给变之拟定事项

五　关于电政机关人员出差旅费及请假规章之编订事项

六　关于工务业务各项员工之训育事项

第一三条　电政司财务科掌左列事项

一　关于电政机关预算决算之核转事项

二　关于出纳及会计规章之编订事项

三　关于电政合同及房地产契据之保管事项

四　关于电政款项之出纳保管事项

五　关于电政机关经费之划拨事项

六　关于电政机关现金出纳及款项划拨之稽核事项

七　关于电政机关收支之监督事项

八　关于电政债务之审核整理事项

九　关于电政人员缴纳保证金事项

一〇　关于国际电信局与水线及无线电公司往来款项之审核事项

一一　关于电政资产之置备事项

第一四条　电政司材料科掌左列事项

一　关于各局台材料收支概算之核定事项

二　关于各局台请领材料之审核事项

三　关于购置材料项目程式数量之审定事项

四　关于各局台材料收支保管之稽核事项

五　关于材料之核发调拨事项

六　关于各局台材料运输之稽核事项

七　关于各局台机料运修之审核事项

八　关于电信机件之修造数量拟定事项

九　关于各局台材料册报之稽核事项

第一五条　邮政司设左列各科

一　邮务科

二　审计科

三　空运科

第一六条　邮政司邮务科掌左列事项

一　关于邮政机关之设置裁并事项

二　关于邮政机关高级职员之任免调派考核奖惩及抚恤事项

三　关于邮政员工之人事事项

四　关于邮政业务之监督改良及发展事项

五　关于邮政路线之扩展及变更事项

六　关于邮资核定及邮票印行事项

七　关于邮政规章之编订及邮政合同之审核事项

八　关于参加国际联邮会议及邮政公约或协定之审订解释事项

九　关于邮务请愿陈诉之裁断事项

一〇　关于邮政人员之训育及考试事项

一一　关于邮件之运输及检查事项

一二　关于邮政代理机关之监理事项

一三　关于邮政统计资料之搜集事项

一四　其他不属各科之邮政事项

第一七条　邮政司审计科掌左列事项

一　关于邮政款项之审核事项

二　关于邮政机关预算决算之核转事项

三　关于邮政材料及工程之审核事项

四　关于储金汇业局之设置裁并事项

五　关于储蓄利率汇兑金额及汇费之核定事项

六　关于储金汇兑请愿陈诉之裁断事项

七　关于邮政保险及款项划拨之审核事项

八　关于邮政财务之调剂投资营业之审核检查事项

九　关于邮政资产之审核及邮用物品之置备事项

一〇　关于邮政表册单据格式之审订事项

第一八条　邮政司空运科掌左列事项

一　关于国营邮运航空事业之管理经营事项

二　关于国营邮运航空资本之划拨事项

三　关于国营邮运航空合同及股票之保管事项

四　关于邮运航空资率之核定事项

五　关于邮运航空路线之核定事项

六　关于国际邮运航空事业之计划联络事项

七　关于国际航空法规及公约之审订解释事项

八　关于邮运航空技术人员之考验事项

九　关于公用民用航空事业之立案及监督指导事项

一〇　关于公用民用航空器材之检定及发给护照事项

一一　其他有关邮运航空事项

第一九条　航政司设左列各科

一　航务科

二　船舶科

三　海事科

第二〇条　航政司航务科掌左列事项

一　关于航政机关之设置裁并事项

二　关于航政机关高级职员之任免调派考核奖惩及抚恤事项

三　关于航政机关员工之人事事项

四　关于国营航业之筹划管理事项

五　关于航政规章之编订事项

六　关于航政各种证书凭照之制发事项

七　关于航政机关预算决算之核转事项

八　关于民营航业之监督指导事项

九　关于航业同业公会之监督指导事项

一〇　关于航政统计资料之搜集事项

一一　其他不属各科之航政事项

第二一条　航政司船舶科掌左列事项

一　关于造船之监督事项

二　关于船舶规章之编订事项

三　关于船舶丈量检查登记之复核事项

四　关于船舶信号符号之编制事项

五　关于船舶之注册及证书执照之核给事项

六　关于船厂船坞码头之计划监理事项

七　关于船舶保险事项

八　关于航业及造船之补助奖励事项

九　关于航线之审定区分事项

一〇　关于水上运输之规划取缔事项

一一　其他有关船舶事项

第二二条　航政司海事科掌左列事项

一　关于航路之测绘及疏浚事项

二　关于航路及海员规章之编订事项

三　关于港口之设计建筑及河海工程事项

四　关于航路标识之设置监理事项

五　关于保安设备及载重线之监察事项

六　关于航政人员之训育事项

七　关于海员及引水人之管理事项

八　关于船员之检定及证书之核给事项

九　关于海员工会及民船船员工会之监督指导事项

一〇　关于救护海难及监督打捞或毁灭沉船事项

一一　关于海事纠纷之处理事项

一二　其他有关海事事项

第二三条　本规则自公布日施行

150

1936 年 3 月 14 日

国营招商局取缔无票乘轮办法

（中华民国二十五年三月十四日交通部航务字第二七九号公布）

一　应就各埠码头或趸船上装设栅门并指定旅客上下路线出入口于入口处设检票员

二　搭船旅客应先向各埠码头或趸船上设立之售票处购妥船票并须经过检查员验明无误方准上船

三　迎送旅客人等须凭接送票上船各码头出入口处如有未持接送票强欲上船者检票员得请宪警加以阻止

前项接送票由迎送旅客人等向售票处或代售处索取不收票费

四　由宪兵司令部酌派宪兵随轮保护查票时宪兵须随同弹压

五　难民输送应依照内政交通铁道三部公布之铁路轮船运送难民章程办理由地方政府正式备文运送如无地方政府正式文件不准上船

六　凡查有无票乘船者不论军民人等均应照章补票如有不遵即于船抵第一次停靠码头时饬令登岸并分别送交当地军警机关予以适当之处置其处置结果应由各该军警机关以书面通知各该埠总分局或办事处

七　军人眷属乘船须购全票其使用半票者应按章补票随从或勤务兵应按所购客票之舱位等级乘坐如有越级应照章补足票价

八　由交通部分函宪兵司令部暨有关各省市政府请分别通饬各埠宪兵及各埠公安机关于招商局轮船抵埠时酌派宪警前往码头照章维持上下秩序

九　各埠招商总分局或办事处应与当地宪警长官随时洽商联络并须于船舶抵达码头之前通知当地宪警机关届时酌派宪警莅场维持秩序

一〇　护轮宪兵每轮应派若干及如何换班衔接由宪兵司令部规定随时通知书招商局

151

1936 年 3 月 17 日

船舶无线电台机器装设使用暂行办法

（中华民国二十五年三月十七日交通部修正公布）

第一条 凡船舶上设立无线电台以供航行时与海岸无线电台及船舶无线电台间之通信者其装设及使用均依本办法之规定

第二条 凡新造之船舶应俟无线电机器装竣经国民政府交通部发给船舶无线电台执照后方得请领行驶执照

第三条 装设船舶无线电机器时应由该船舶之代表人将左列各项详细填明呈请国民政府交通部立案

甲 船舶之名称国籍注册机关及载重吨数

乙 公司或所有人名称

丙 船长姓名

丁 航线及停泊港口

戊 预定无线电业务时间

己 拟向何处购买无线电台机器

第四条 船舶无线电机器装设工竣应将左列各项详细填明呈请国民政府交通部派员查验核给执照但交通部认为无查验之必要时得径给执照

一 机器之来源程式及价值

二 机器接线图发信机装置及收信机装置

三 天线电力

四 标准波长

五 业务时间

六 通信费率及结算机关

第五条 凡已在行驶之船舶应即依照第三条之规定向国民政府交通部立案装设无线电机器并依第四条之规定于装设工竣后呈请国民政府交通部派员查验发给执照

前项呈请立案装设机器请发执照等手续限自办法公布之日起三个月内办理完了

第六条　凡在本办法尚未核准施行以前业经装置无线电机器者应依第四条之规定呈请查验补给执照并将第三条规定应报各项呈请立案

第七条　船舶无线电台于请给执照补给执照或换给执照时每张应缴纳执照费二十元印花税费一元

前项执照之有效时期自填发之日起以两年为限满期换给新照

第八条　执照如有遗失或其所载事项有变更时须声叙理由呈请交通部补给或换给之

第九条　船舶无线电机器应有如左列能力之常用备用两种但吨数较小之船舶得只装常用机一种

甲　常用机须在日间于六十海里之范围内能互通清晰之信号者

乙　备用机其原动力须于少许时间内能开始动作并有完全独立性质不得借用该船别种动力且能日夜通报六小时通信范围至少能达五十海里者

第十条　船舶无线电机器除常用备用两种外得添装短电波无线电机器一种

第十一条　船舶无线电各种发信机之最大天线电力规定如下

甲　减幅波式三启罗华得

乙　常幅波式一千华得

丙　短电波式二百五十华得

第十二条　船舶无线电台发信电波长度以六百公尺短电波以六十公尺为标准波长

第十三条　凡关于船舶定向通信之电报其波长应为四百五十公尺短电波之定向波长为八十公尺又气象报告之电报其波长应为六百公尺

第十四条　船舶无线电台互相通信时其波长除四百五十公尺及八十公尺外得自由会商决定之但于该次通信终了后仍须回复其标准波长

第十五条　船舶无线电台之呼号由国民政府交通部于发给执照时核定之

第十六条　船舶无线电台相互间暨船舶无线电台与海岸无线电台间无论所用之机器程式是否相同均应互相通讯

第十七条　船舶无线电台发射电波须确守左列各项

甲　电波必须纯粹

乙　如用减幅电波其减幅率须极小

丙　如以火花自天线上直接发射电波者除船只遭遇危险外不得用之

第十八条　船舶无线电台在距海岸电台六十海里以内不得用波长六百

米达与其他船舶无线电台通信

第十九条　船舶无线电台非在距离海岸二百里以上不得使用强大之天线电力

第二十条　船舶无线电台如施行机器试验时须用最低之电力

第二十一条　船舶无线电台使用时须极力避免干扰其他无线电台之通讯

第二十二条　船舶无线电台在停泊港口期内非有下列情形之一不得使用

甲　该船遭遇危难时

乙　经被难船只呼叫时

丙　在未设立海岸电台及有线电报局之港口欲与陆地通信时

第二十三条　船舶无线电台所收发之无线电信均应于日记簿中详细载明

第二十四条　船舶无线电台对于所收发之电信有保守秘密之义务惟各项广播电信及经国民政府交通部饬报者不在此限

第二十五条　船舶无线电台于该船遭遇危难时即发遭难之呼叫：(sos)并将当时紧要情形简明叙上

第二十六条　船舶无线电台遇有船舶遭难之呼叫时无论若何情形应立即收受或答问并须尽力往救同时别种业务均应暂时停止

第二十七条　船舶无线电台遇有船舶遭难之呼叫因特别情形不能立时往救时须将其原因立时通知该遭难船舶

第二十八条　关于收受船舶遭难呼叫之机器装置如有便利之新发明时应从速改良之

第二十九条　船舶无线电台因其业务时间之多寡分为左列三等

甲　业务时间日夜无休者为一等业务电台

乙　每日定有业务时间者为二等业务电台

丙　无一定之业务时间者为三等业务电台

第三十条　二等三等业务电台每小时之最初十分钟亦须守听

第三十一条　一等业务电台至少应有使用无线电机器之一等电务员一人二等电务员二人三等电务员一人二等业务电台至少应有一二等电务员各一人三等业务电台至少应有一等电务员一人

第三十二条　船长有管理该船无线电台业务之权电务员于船舶航行时应完全听船长之指挥

第三十三条　在船舶电台服务之电务员其薪水及待遇应较在海岸电台服务者为优

第三十四条　船舶无线电台之收发室应位于接近船长之办公室并须有指定舱位供电务员起居之所

第三十五条　船舶无线电台报费之征收及结算办法按照万国无线电通例之规定办理

第三十六条　船舶无线电台之机器程式业务等第标准波长呼号收费办法及其他必要事项由国民政府交通部公告之

第三十七条　国民政府交通部得随时派员验查船舶无线电台之执照及各种有关系之簿籍图表等

第三十八条　国民政府交通部选派船舶无线电台工程师常川驻在各海岸电台随时临船检验其机器并担任修理

第三十九条　船舶无线电台应于每停泊港口年纳检验费一百元但遇修理时其费用由该船舶支付之

第四十条　寄泊中国水面之船舶无线电台执照为万国无线电公约一缔约国政府所发给者每次检查费十元如须修理时并应担负其费用

第四十一条　部派委员临船检查时应有交通部委任状以资证明

第四十二条　违反本办法第十六条至第二十七条及第三十条之规定者交通部得按其情节之轻重处以二百元以上二千元以下之罚金

第四十三条　电信条例船舶无线电台条例无线电信材料制造买卖及入口条例万国无线电公约及业务通例以及国民政府交通部颁布之无线电法规命令与船舶无线电台有关系者均适用之

第四十四条　本办法如有未尽事宜由国民政府交通部随时修改之

第四十五条　本办法自交通部核准之日施行

152

1936 年 3 月 28 日

请领国际航海安全证书临时办法

（中华民国二十五年三月二十八日交通部训令第一三九三号饬遵）

一　各轮船公司请领国际航海安全证书。应向上海航政局声请之。

二　上海航政局接到该项声请时。应照国际航海安全证书所规定之各项办法。

三 在交通部未颁布测画船舶载重线办法以前。所有在该项安全证书内所规定之第一至第三各项。暂由上海航政局委托 Slord 办理。其第四第五两项则由该局派员详细检定之。

四 上海航政局于办理前开各项手续完毕后。应填表（表式附后）连同各项证明文件之副本转呈交通部核发正式证书。

附表式

一 船体正副汽锅及机器

二 分段防水之配置及其有关系之详细事项

三 左列之分段重线

船体中部两旁之分段载重线	分段载重线一	分段载重线二	分段载重线三
干舷			
准可变通载客之部分			

四 救生艇浮筏及救生设备其最高限度可供载客船员

共计　　　　人之用内分

救生艇　　　艘可载　　　　人

浮筏　　　　个可载　　　　人

浮具　　　　件可载　　　　人

救生圈　　　个

救生衣　　　件

合格救生艇员　　　　　人

五 无线电设备

无线电设备	守听时间	有无装置经政府认可之自动报警机	有无装置另外备用机之设备	报务员最少人数	额外报务员或值更员人数	有无求向器之设备
按公约第　条规定						
实际设备						

153

1936 年 6 月 12 日

国营招商局栈埠管理处组织章程

（中华民国二十五年六月十二日交通部部令第二八二号公布）

　　第一条　国营招商局栈埠管理处承国营招商局总经理之命管理各栈埠事宜

　　第二条　本处置左列各股

　　一、事务股

　　二、货栈股

　　三、码头股

　　四、会计股

　　第三条　事务股办理收发文书出纳庶务统计及不属于其他各股之事项

　　第四条　货栈股办理货物进出保管赔残栈租扛力及关于货栈一切事项

　　第五条　码头股办理开船泊船修验码头兜揽外轮停泊及关于码头一切事项

　　第六条　会计股办理账簿登记预决算编制及其他有关账册表单之编制稽核等事项

　　第七条　本处设经理一人协理二人由交通部遴员派充经理综理全处事务协理协助经理处理处务

　　第八条　各股各设股长一人承经理协理之命分掌各该股事务

　　第九条　本处设股员九人至十二人办事员四人至六人助理会计二人至四人承长官之命办理各本股事务

　　第十条　本处设雇员二人至四人专司缮写校对保管文卷及长官所指定之事务

　　第十一条　本处为稽查各栈埠事务起见得设稽查员七人至九人

　　第十二条　本处各股股长由总局遴员派充并呈报交通部备案

　　第十三条　股员稽查员由处派充呈报总局转呈交通部备案

第十四条　办事员雇员由处派充呈报总局备案

第十五条　本处会计股股长及助理会计依照交通部附属机关会计人员任用章程任用之

第十六条　本处设处务会议由经理协理各股股长组织之以经理为主席必要时得令所属栈埠人员列席以备咨询其会议规则另定之

第十七条　本处办事细则由处拟订呈请总局核准施行转报交通部备案

第十八条　本章程自公布之日施行

154

1936 年 7 月 2 日

国营招商局职员章程

（中华民国二十五年七月二日交通部部令第三〇八号公布）

第一章　总　　则

第一条　本章程所称职员包括总局秘书课主任副主任金库主任工程师课员助员练习生及分局办事处经理主任办事员助员练习生而言

会计人员除别有规定外准用本章程之规定

第二条　课员名额总局不得超过三十四人办事员一等分局不得超过六人二等分局不得超过五人三等分局不得超过三人一二等办事处不得超过二人三等办事处不得超过一人

第三条　总局因事务上之需要得酌用练习生十二人至二十人

第四条　职员对于与本局或所属往来交易之银行商号或个人不得有借贷情事

第二章　任　　免

第五条　具有左列资格之一者得认为秘书课主任金库主任副主任分局经理一等办事处主任

一　具有公务员任用法第三条第一第二第三各款之资格及商业经验者

二　在国内外大学或独立学院专科学校修商业财政经济等科毕业并具有商业或航业经验三年以上者

三　充本局一等最高级课员或二等办理事处主任继续服务满三年以上成绩优良者

四　在本规则未施行以前经甄别合格者

第六条　具有技术人员任用条例第三条所列各款资格者得任为工程师但以在国内外大学或独立学院专科学校造船驾驶机械电气土木工程等科毕业或具有同等资历经交通部审查合格者为限

第七条　具有左列资格之一者得任为二三等办事处主任及课员办事员助员

一　合于委任职公务员资格者

二　在高级中学以上学校或旧制中学毕业经考试合格者

三　本章程未施行以前经甄别合格者

办事处主任除前项各款资格外并须有商业经验

第八条　练习生非经考试合格不得录用其考试办法另定之

第九条　凡初次任用之职员一律先行试用三个月试用期满经主管人员考核成绩优良者照章任用平常者辞退之

第一〇条　本局职员无故不得免职但因机关裁并员额减少而裁退或衰病残废不能服务而辞退者不在此限

第一一条　经管出纳及货物之职员非缴纳保证金或取具殷实商店保证书后不得任职

保证金以现金或公债票缴纳之缴纳现金者由本局与以五厘周息

第一二条　保证金于该员去职时退还之如有亏空公债情事应按数扣除

第一三条　职员均须觅保证人填具保证书交局存查其格式另定之

第一四条　保证人以殷实商号之营业人为限

第一五条　职员之保证人在本局由总经理认许在附属机关应由主管人认许方为有效如经认为应更换保证人时应即更换

第一六条　本局职员之薪给依左列薪级表之规定按月支给之但任职不满一月者按日计算

第一七条　职员之薪金应于月终发给不得预支

第四章　考绩及奖惩

第一八条　职员服务成绩于每年十二月由主管人员分别考核一次考绩表另定之

级	薪	總局	分局及辦事處
1	680	總經理副經理	
2	640		
3	600		
4	560		
5	520		
6	490		
7	460		
8	430		
9	400		
10	380	正秘書 副主任書師 工程師	分局經理
11	360		
12	340		
13	320		
14	300		
15	280		
16	260		辦事處主任
17	240		
18	220		
19	200		
20	190	一等課員股長	股長
21	180		
22	170		
23	160		一等辦事員
24	150		
25	140	二等課員	
26	130		
27	120		二等辦事員
28	110		
29	100		
30	95	一等助員	一等助員
31	90		
32	85		
33	80		
34	75		
35	70	二等助員	二等助員
36	65		
37	60		
38	55		
39	50		
40	45	練習生	練習生
41	40		
42	35		
43	30		
44	25		
45	20		

第一九条 职员之奖励分左列四种

一 嘉奖

二 记功

三 晋级

四 晋等或擢升

第二〇条 职员有左列事实之一者在总局由总经理在附属机关由主管人员呈请总经理于年终考核时酌予前条之奖励

一 一年以内未经请假并不迟到早退者

417

二　一年以内勤谨尽职办事无误者

三　对于局务有特殊劳绩或有新计划者

四　处置危难得当因而人命财产有所保全者

第二一条　职员晋等或练习生擢升为助员助员擢升为课员均应俟有缺额方得为之无缺额时得予存记遇缺仅先补用

第二二条　职员非服务满一年不得晋级因成绩特别优良由总经理开具事实呈经交通部核准者不在此限

第二三条　职员之惩戒分左列六种

一　申诫

二　记过

三　罚俸

四　降级或降等

五　停职

六　免职

第二四条　职员有左列事实之一者在总局由总经理在附属机关由主管人员呈请总经理酌予前条之惩诫但申诫记过两项附属机关主管人员得进行处分后呈报总局备案

一　迟到或早退

二　未经请假擅自离职或请假逾期不到

三　办事疏忽

四　行为不检

五　贻误要公

六　违反命令

七　泄露机密

八　营私舞弊

九　触犯刑章

第二五条　职员记功记过得互相抵消

第二六条　职员之奖惩除事关重大应专案呈报交通部查核者外其余得于办理完毕后汇报交通部备案

第五章　请　假

第二七条　职员非因不得已事故不能到局服务者不得请假

第二八条　请假分事假病假婚丧假三种

事　假　每年不得逾一月

病　假　一年以内逾一月者按日扣薪

婚丧假　父母祖父母或配偶之丧得请假二十日本身结婚得请假十五日道远者得酌给程途假

第二九条　职员请假须按式填具请假单如病假逾三日者须附呈医生诊断证明书呈请核准

第三〇条　职员请假非呈经核准派代并将经手事件交代理人后不得离职

第三一条　职员因病或急事不及自行请假者得托人代请但有贻误情事仍由本身负责

第六章　出　差

第三二条　职员调动或因局务派遣外出者得支旅费

第三三条　旅费自出差之日起至公毕之日止按日计算但中途因私事迟到者不得开支

第三四条　旅费分左列各项

一　舟车费

二　膳宿杂费

三　特别费

第三五条　轮船火车各依定价支给在交通不便地方所有船车轿马等费实用实报

总副经理出差得开支头等车船票膳宿杂费每日不得逾十二元其余职员得开支二等车船票秘书正副主任工程师膳宿杂费每日不得逾八元股长一等课员及分局经理办事处主任膳宿杂费每日不得逾六元二等课员及一等办事员以下膳宿杂费每日不得逾四元

特别费实用实报

第三六条　出差人员奉派地点在本市内者不得开支旅费但必要费用得据实开支

第三七条　总局职员请领旅费时应于出发以前开单预计送由总经理核定各附属机关职员由各该主管人员核定

总局职员出差公毕回局应将承办事物缮具详细报告呈送总经理核阅同时并将所用旅费开账连同单据送主管课核销各附属机关职员应送主管人员核阅所有旅费单据应送由各该机关转呈总局核销

第七章　恤　金

第三八条　职员因公受伤或因公致病而置身体残废精神丧失者得酌给恤金其数额不得逾退职时月薪额之六倍

第三九条 职员在职亡故者得酌给遗族恤金其数额不得逾亡故时薪额之二倍其因公亡故者不得逾八倍

第四○条 职员应给恤金者应由总局将其服务年限成绩及所拟恤金数额呈请交通部核准

第八章 附 则

第四一条 本章程如有未尽事宜得由总局另定各项细则呈请交通部核准后施行之

第四二条 本章程自公布日施行

155

1936 年 7 月 4 日

国营招商局栈埠管理处货栈员工保证暂行规则

（中华民国二十五年七月四日交通部部令核准）

第一条 货栈员工均须妥觅殷实保证人填具保证书交本处核明存查其保证书式令订之

第二条 保证人以居住本处所在地而有商业上相当之信用及财产者为限

第三条 保证人须于保证书内亲自签名盖章□号担保者，并加盖厂号重要图记，如遇章记有作废或更换时，须将新签名印章式样及更易事由以书面通知本处换填证书在未经通知更正以前，原件仍属有效

第四条 保证书须经本处调查相符认可者方为有效

第五条 各栈员工如有违背规章亏短货款或其他一切情弊涉及赔偿或法律问题者，保证人应负法律上之责任或为理楚及跟交

第六条 保证人对于应付责任赔偿之货款，均应赔本处所开数额立即履行，不得借口向被保证人接治或其他任何理由从而延缓并抛弃先诉抗辩之权

第七条 被保人在本处之职务，遇有调或服务地点变更时，保证人所负

保证责任不得变更

第八条 每届年度终了由本处对保一次保证人接到对保函后应即回复,如不答复本处,及作为默认继续担保,原保证书不因期久失效

第九条 保证人有中途声请退保者,须以书面而通知本处俟被保人另觅有相当保证人换具新保证书,满六个月后,由本处将原保证书退还时方得解除责任

第十条 保证人倘有因故退保表示或登报声明退保者,未经以书面征得本处同意时,不得认为认真有效

第十一条 被保人离开所在职务半年后,经本处查明其经受事项毫无弊情,将保证书退还保证人始得解除责任

第十二条 保证人如有两人或两人以上者,应负连带责任

第十三条 保证人应声明于被保人之关系,如为员工之父子兄弟叔侄,不得为保证人

第十四条 本处员工不得为其他员工之保证人

第十五条 本规则自公布之日施行

156

1936 年 7 月 10 日

国营招商局栈埠管理处办事细则

（中华民国二十五年七月十日交通部部令核准）

第一章 通 则

第一条 本细则依国营招商局栈埠管理处组织章程第十七条之规定订定之

第二条 本处职员执行职务悉依本细则之规定

第三条 本处各股员由经理人按照组织章程并酌量事物之繁简分配之

第二章 权 责

第四条 经理承招商局总经理之命综理全处事物协理二人以一人协助

经理处理本处一切行政事务以一人协助经理兜浇外轮停泊营业及外轮停泊地位之支配及码头设备保管使用等事务

第五条　本处事务均须呈由协理核阅经理发行经理因公或请假离处时由经理指定协理一人代理并呈报总局备案

第六条　本处各股股长依职掌之规定指挥所属职员处理事务

第七条　本处各股所办事务有互相关联者由各股股长会商办理其意见不同者应陈明经现协理核定之

第八条　职员处理事务应服从主管人员之命令但对于事务有意见时得随时陈述,听后选择

第九条　职员对于所办事务未经经理许可应严守秘密不得泄露

第三章　执　掌

第十条　事务股掌左列事项

一、关于各项文件之选拟担写收发保管事项

二、关于印章之典守事项

三、关于处务会议之记录事项

四、关于出纳事项

五、关于物品器具之采办领用收发保管事项

六、关于员工之登记调查考勤事项

七、关于公役之进退管理事项

八、关于各项统计之编制事项

九、关于不属其他股之事项

第十一条　货栈股掌左列事项

一、关于货栈之管理经营事项

二、关于栈货进出之稽核及存栈货物之盘查事项

三、关于栈租扛力价格制度之划定审核事项

四、关于栈货扛运附装保管之查察事项

五、关于栈货赔残之稽核事项

六、关于货栈员工及扛夫之管理事项

七、关于码头理货工作之查察事项

八、关于其他货栈事项

第十二条　码头股掌左列事项

一、关于兜揽外轮停泊营业事项

二、关于船舶停泊地位之支配及起碇时之照料事项

三、关于码头及附属设备之保管使用修理事项

四、关于码头之登记领照事项

五、关于码头职员搅手工匠巡警之管理事项

六、关于码头秩序清洁之维持事项

七、关于交通器具之管理事项

八、关于其他码头事项

第十三条 会计股掌左列事项

一、关于会计项目之处理事项

二、关于各项收支账款及单据之审核事项

三、关于划拨账项及解疑之查封事项

四、关于欠款之清理及催收事项

五、关于存款之检查事项

六、关于材料账之稽核事项

七、关于预算决算计算书及收支报告等书表之编制事项

八、关于会计人员之考核事项

九、关于其他会计事项

第四章　考　　勤

第十四条 本处办公时间每日八小时其时间分配由经理随时规定,但各股职务繁忙或有特别事务时得由主管人员临时延长之

第十五条 职员均须按照办公时间到处办公不得迟到或早退

第十六条 本处置签到簿职员到处时须亲笔签到该项签到簿应于规定到局时间后十五分钟内送请经理协理核阅

第十七条 职员因病或有不得已事故不能到局服务者应声明事由请求给假

第十八条 职员请假须经经理核准其假期每年不得逾一个月逾限应按日扣支薪金但因特别情形经经理核准者不在此列

第十九条 职员请假日期及其事由应由事务股按日登记每月列表送请经理协理核阅

第二十条 职员因公出差及差竣回处均须填注于出勤簿内备查

第二一条 职员在办公时间内非因公务不得接见宾客

第五章　文　　书

第二二条 本处文件之收发案卷之保管统由事务股派员办理

第二三条 文书到处由事务股禄由编号按其性质列为重要次要标明主管股登记收文簿送请经理协理核阅后分送各股承办但遇有紧急文件得由事

务股长提送经理协理先行核办

第二四条　到文如有附件均须随文附送不得遗漏发出时亦同

第二五条　各股拟稿人员于分到文件后应随即拟稿送由股长核送协理核阅经理核行如有特别情形须缓办者应注明理由

第二六条　凡各股相互关联之文件应由关系主要股拟稿或会同拟办并须会同签名

第二七条　各主管人员核稿时须于添注涂改首尾加盖私章以明责任

第二八条　文件办理完毕后即须调档由管卷人员编号保管

第六章　收　支

第二九条　本处款项之收入或支出统由事务股出纳员凭会计股之收入或支出传票分别办理

第三十条　款项之收支应随时逐笔登记现金出纳账支出时亦应向收款人支取收据

第三一条　收入之款项应由事务股印即日扫数解交总局金库核收

第三二条　本处支用款项应由经理及会计股核明盖章转送总局会计室核准后总局金库具体

第三三条　款项之收支及拮存应于每日停止收支时由事务股编造库存表分送经理协理及会计股核阅

第七章　廉　务

第三四条　本处办公费用由经理按月根据预算向总局请领所有费用应于每月终于编造收支报告连同单据送由会计股查核登记并呈送总局核查

第三五条　本处公用物品由事务股购置保管其价值未满十元者由股长核定十元以上者由主任副主任核定

第三六条　物品购入及发出之数额应随时分别登记每月终编变现存物品表送经理协理核阅

第三七条　价取物品者应填具倾用单数明名称数额月日并签名或盖章向庶务人员领用

第三八条　已领用之物品如不需用或损坏换领时应将原物交还事务股保管

第三九条　公役之雇佣由庶物管理并须取具负责之保证

第八章　奖　惩

第四十条　本处职员之奖励分左列五种

一、嘉奖

二、记功

三、加薪

四、晋级

五、提升

第四一条　职员有左列事实之一者于年终考续时得由经理呈请总经理酌予前条之奖励

一、一年以内未经请假并不迟到早退者

二、一年以内勤慎带职办事无误者

三、对于处务有特别劳绩或有新计划而实行后确有成效者

四、消灭临时之重大危害者

五、查见重大弊端确有实据报告主管人员速为补救者

六、其他未经列举而与前数项功绩相等者

第四二条　雇员升办事员升股员股员升股长均应俟有缺额时升补无缺额时得予存记遇缺尽先补用

第四三条　职员服务非满一年不得晋级加薪但因成绩特别优良经主管长官核准者不在此限

第四四条　本处职员之惩戒分左列五种

一、申诫

二、记过

三、罚薪

四、降级

五、免职

第四五条　职员有左列事实之一者酌予前条之惩戒

一、怠忽职务者

二、擅离职守或请假逾期不到者

三、违抗命令者

四、营私舞弊者

五、泄露机密者

六、行为不检者

七、任职损坏公家物件者

八、受有刑事处分者

九、有不良嗜好者

十、其他未经列举而与前数项过失相等者

第四六条　职员功过得互相抵消其损毁公物仍应负责赔偿价

第九章 附 则

第四七条 水细则如有未尽事宜得随时呈请总经理核准修改之

第四八条 本细则自公布日施行

157

1936 年 7 月 11 日

国营招商局轮船勤务生规则

（中华民国二十五年七月十一日交通部部令第三一六号）

第一章 总 则

第一条 凡国营招商局（以下简称本局）各轮船侍应旅客之勤务生均应遵守本规则及本局其他有关之一切规章及通告

第二条 本局各轮船勤务生须具备左列之资格始得雇用

一 年龄在十八岁以上五十岁以下者

二 粗识文字者

三 身体健康并无不良嗜好经检验合格者

四 品性端正并有确实保证者

五 志愿努力服务并恪守局章者

第三条 勤务生于受雇时应妥觅相当保证人按照本局规定格式填具保证书及志愿书并呈缴本人最近半身四寸相片二张经本局审查合格后方得指派各轮船服务

在雇用期内如本局认为有须更换保证人之必要勤务生自奉到通知之日起一个月内应另觅妥保否则即予解雇

第四条 勤务生应服从本局之调动派遣不得借故推诿

第二章 工 资

第五条 勤务生每月工资自十二元起至十六元止按月由各轮船支给之

并供给白饭

第六条　勤务生每月工资发给之次数与日期应与各轮上其他员工相同

第七条　勤务生如遇有本人婚嫁父母妻子疾病死亡或其他重大事故时得特别借支工资但至多以一个月之工资为限并自借支之次月份起分四个月平均扣除之

第八条　轮船在岁修期内勤务生之工资照给其派在船上服务者并供给白饭

第九条　轮船在短期应差不满两个月时勤务生仍应一律随轮服务其工资照给并供给白饭

第一〇条　轮船在长期应差两个月以上或停航时勤务生一次给予两个月之工资一律遣散

第一一条　勤务生之酒资以照票价一成为最高额并须集中照各勤务生之工资额比例分配之但不得向乘客需索否则一经察觉或经乘客举发即予从严处罚

第三章　服　务

第一二条　勤务生在船服务应服从船长事务长及其他上级职员之命令

第一三条　勤务生在船服务应穿着制服并佩带证章于胸际衣襟上

前项制服及证章均由本局规定制发之如有遗失应即陈明管理人员备价补领解雇时应即缴还

第一四条　勤务生侍应乘客须谦和有礼尽职招待不得有侮慢之言动即遇乘客有不合时亦应报告主管人员和平处理

第一五条　勤务生对于船上一切设备及公私物件均应随时爱护不得任意毁损耗废或私自携去

第一六条　勤务生对于船上一切机械及属具等非经主管人员之许可不得擅自使用或玩弄

第一七条　勤务生对于船上公共卫生应随时注意并保持舱室等各部分之整洁

第一八条　勤务生应随时注意船上之安全如发觉有任何危险或可疑情事或有不妥之旅客时应立即报告主管人员

第一九条　勤务生之夜间轮流值班应遵照管理人员之规定不得自由更动

第二〇条　勤务生于轮船靠岸时应设法防止小贩流氓闲杂人等之上船如有争执即报告主管人员妥为处理之

第二一条　勤务生如发现乘客中有患病者应即报告管理人员斟酌办理

第二二条 勤务生在船服务期间若有受伤或患病者应即报告主管人员为之医治或于船抵埠后令其下船医治并报告总局

第四章 管 理

第二三条 勤务生在船起居膳宿之处所及时间均由管理人员指定之不得任意更动

第二四条 勤务生无论请假与否均不得私自派人顶替并不得私雇下手

第二五条 勤务生不得在船上设摊贩卖或向乘客兜售任何物件

第二六条 勤务生不得在船上集会但因公由主管人员召集者不在此限

第二七条 勤务生不得有罢工怠工阻碍开航停航或其他任何聚众要挟之行为

第二八条 勤务生不得有损害本局及各轮船之信用名誉及营业之行为

第五章 外出及请假

第二九条 勤务生于轮船抵埠后应俟所侍应之旅客均已上岸并完毕其应为之事务经报告管理人员得其许可后方准离船

第三○条 勤务生因公外出时应由管理人员签发公出单始得离船回船时即将原单缴还但因紧急要公未及预开公出单时得于公出回船后补开之

第三一条 勤务生于到船后如有紧急事故必须暂时离船者应将详细事由报告管理人员经其查明并签发紧急假出单记明回船时刻方准离船事毕回船时即将原单缴还

第三二条 勤务生于轮船停泊时得报明管理人员轮流离船但至迟应于开船前四个小时到船服务如轮船在上午九时以前开船者各勤务生至迟应于前一日下午八时以前到船服务

管理人员每次按时点名并记录缺旷及迟到者之姓名次数迟到三次者以旷工一日论至月终结算呈报照扣工资

第三三条 勤务生因病或因事请假在半日以内者须经主管人员许可若请假在半日以上者应预先开具请假单填明事由期限其因病请假在三日以上者并须附具医生诊断书送经管理人员许可签字转呈主管人员核准后汇送本局总务科登记续假时亦同如工作繁忙或请假单所开事由经主管人员认为无请假之必要时得不准其请假或续假

第三四条 请假或续假未经核准而不到船工作者以无故旷职论但其后已奉核准者不在此限

第三五条 勤务生之请假期限依左列各款之规定

一 丧假以二十日为限

二　婚嫁以十五日为限

三　除前二款外每年事假不得超过三十日超过三十日照扣其超过部分之工资超过二个月以上者并应即予解雇

四　病假每年不得超过三个月超过三个月者照扣其超过部分之工资超过六个月者并应即予解雇

第六章　奖　惩

第三六条　勤务生之奖励分为加薪给奖记功三项

第三七条　勤务生有左列事实之一者得酌量加薪给奖或记功

一　关于改善业务之建议经采择施行具有成效者

二　消灭临时之重大危害者

三　轮船发生海难时竭力救护旅客生命及公众财物者

四　防杜将发生之危害致不成为事实者

五　举发弊窦或嫌疑之乘客经查明属实者

六　发现偷窃人赃并获者

七　一年内工作勤慎从无过误及请假者

八　具有特别技能而品性纯良者

九　有其他相当劳绩者

第三八条　勤务生之惩戒分为开除扣薪记过申诫四项

第三九条　勤务生有左列情事之一者应予开除

一　吸用毒品者

二　患花柳病者

三　勒索酒资私卖铺位或携带无票客人乘船者

四　夹带私货捎包或违禁物危险品者

五　盗窃财物者

六　侮慢旅客或侮辱职员屡戒不悛者

七　酗酒赌博屡戒不悛者

八　受刑事处分者

九　玩忽职务致损害公家利益者

一〇　擅离职守者

一一　不服调派指挥情节重大者

一二　违反本规则第二十七条二十八条者

一三　其他与前列各项情节相当者

第四〇条　勤务生有左列情事之一者得按其情节酌量扣薪记过或申诫

一　请假逾限者

二　不按规定穿着制服或佩带证章者

三　遗失或损坏公物或旅客物件者

四　怠忽职务者

五　不在指定地点卧息者

六　携带物品逾限者

七　喧哗戏谑妨碍旅客安宁者

八　其他于前列各项情节相当者

第四一条　勤务生受记功三次者给奖或加薪受申诫三次者扣薪或作为记过一次记过三次者开除

第四二条　违犯本规则之属于司法范围者除依本规则惩戒外并得移送法院究办

第四三条　违犯本规则第三十九条及四十条之规定致公家受损害者除依本规则惩戒外并得令其赔偿

第七章　抚　　恤

第四四条　勤务生于服务期内因执行职务而致伤病者经本局查明属实后按其情节酌给医药费予以治疗在治疗期间工资照给但至多以一年为度期满暂行停职必要时并得予以解雇

前项医药费之数额至多不得超过其三个月之工资

第四五条　勤务生于服务期内因执行职务而致重伤者除依前条之规定办理外如治疗期满尚未痊愈者已成为残废致不能任事时得按其情节或残废部分之轻重酌给抚恤费分期或一次给予之其数额至多以一年之工资为限

第四六条　勤务生于服务期内因执行职务而致死亡时经本局查明属实后除一次给予五十元以上一百元以下之丧葬费外并酌给其遗族抚恤金分期或一次给予之其数额至多以一年之工资为限

前条所称遗族以依法得受扶养权利者为限

第四七条　前三条之规定如勤务生因故意或重大过失而至伤病或死亡时不适用之

第四八条　勤务生在船服务满三年后于服务期内非因执行职务而致死亡时得酌给其遗族抚恤金但其数额至多以三个月之工资为限

第八章　附　　则

第四九条　本规则如有未尽事宜得随时修正之

第五〇条　本规则自公布之日施行

158

1936 年 7 月 29 日

海关管理航海民船航运章程

（中华民国二十三年六月二十七日行政院公布　二十
四年九月二十七日修正　二十五年七月二十九日行政院
指令第二七七六号再修正）

一　凡中国航海贸易民船（以下简称航海民船）不论其容量多寡均应向
海关注册请领航运凭单及往来挂号簿（此项航海民船系指在中国沿海行驶
经营国内或外洋贸易之民船而言）

凡航海民船容量二百担以上者可向海关注册经营国内或外洋贸易其容
量未满二百担者仅可向海关注册经营国内贸易不准经营外洋贸易

凡具有特殊的情形之地方如两广等处各水道内所有容量未满二百担之
民船亦可向海关注册经营外洋贸易由关另订章程管理之但该项民船如在他
处地方经营外洋贸易一经查获海关得将船货一并充公

前项民船呈请注册之船名不得与同区域内已注册民船船名之字形或字
音相同或易于相混

二　凡航海民船未经注册擅在海面行驶经营国内或外洋贸易者一经查
获海关得将船货一并充公或处该船业主或船长以国币五百元以下之罚金或
除将船货充公外并科以罚金

三　凡航海民船容量二百担以上者其业主或船长呈请注册时应呈验交
通部所发国籍证书并领取海关所制之航海贸易民船请领航运凭单及往来挂
号簿申请书逐项填明由该船业主或船长签印并另觅民船船商公会或殷实店
铺或银号在该项申请书内签印保证该船业主或船长在书内所报各项均属确
实并切实遵守一切关章呈出海关审查无误即取该口地名一字编号（如沪字
第　号）注册发给航运凭单所编注册号数应在该船大桅下段及水手房外之
板上明显烙印并须遵照本章程第六条内规定之颜色在船首之两旁及船尾将
注册号数书明但烙印及书写号数时应将编号之华字地名一并标明倘不遵照

431

以上注册手续办理即不发给该船往来挂号簿其未领有挂号簿擅自开行者得照本章程第二条罚办之至容量未满二百担之航海民船呈请注册之手续亦按上列办法办理唯无庸呈验国籍证书

四　凡航海民船领到海关航运凭单准备开行时应由关发给该船往来挂号簿载明该船注册号数并将该船是否准许往来外洋或国内贸易及该船往来行驶航线一并注入簿内以凭查考

五　凡已注册之航海民船应于每年一月间向就近海关或海关卡所重行登记登记时应先领取海关所制之航海贸易民船续领航运凭单及往来挂号簿申请书逐项填明由该船业主或船长签印并另觅民船船商公会或殷实店铺或银号在该项申请书内签印保证该业主或船长切实遵守一切关章如违本条之规定海关得将该船充公或处该船业主或船长以国币二百元以下之罚金或除将该船充公外并科以罚金

六　凡航海民船在船头两旁及船尾书写注册号数时其容量二百担以上往来外洋贸易者应用白字黑地经营国内贸易者应用黑字白地其容量未满二百担经营国内贸易者用黑字白地外加黑长方框又容量未满二百担之民船在具有特殊情形之地方按照特订章程（参阅本章程第一条）准予往来外洋贸易者应用白字黑地外加白长方框船头两旁如有相当地方其字之大小应高在一公尺以下半公尺以上宽度须比例相称船尾之字可酌量规定其式应自地名起向右横列以上书写注册号数手续由该船业主或船长办理完竣后应请由海关验看是否合格如违本条之规定得照本章程第二条罚办之

七　凡航海民船容量二百担以上经营国内贸易者如欲改营外洋贸易或经营外洋贸易者改营国内贸易时应向海关呈请经关查明核准后即由关在该船往来挂号簿内将航线照予更改并由该船将船首船尾原书注册号数遵照本章程第六条之规定改换颜色重行书明后方准按照新航线行驶如违本条之规定得照本章程第二条罚辩之

八　凡航海民船无论靠岸或航行时应将下列各项单照常置船上以备关员随时查验

甲　航运凭单

乙　往来挂号簿

丙　该管机关所发自卫军火执照（指置有自卫军火者而言）

丁　所载货物之舱口单

上项舱口单应照规定格式将装载货物件数起运指运口岸及其他一切事项逐一填明不得遗漏并应注明何舱何货其散舱货物亦应将货物重量容量于单内详细列明至其他单据如提货单售货单以及货主信件民船装货簿等如经关员调验亦须即时检呈倘无以上各项单照或有意规避关员查验者得照本章

程第二条罚办之

九　凡航海民船驶抵已设关卡口岸应由该船船长立将航运凭单挂号簿及舱口单直接呈关报请进口如由已设关卡口岸开行亦应报请结关其进口或结关时均应请由该处海关按照所报各项登入挂号簿内如驶往外国口岸贸易者该船业主或船长应将挂号簿呈由驻在该处之中国领事或该国海关或地方官署将进出口情形登入挂号簿内如违本条之规定得将船货一并充公或该船业主或船长处以国币二百五十元以下之罚金或除将船货充公外并科以罚金

一○　海关得随时令航海民船之业主或船长将自挂号簿内末次登记之日起所有该船往行程详细说明如不遵办或其说明海关认为有违章情形时海关得将该船扣留并得按照本章程第二条罚办之

一一　凡往来外洋贸易之民船不得驶往中国沿海未设关卡之地方贸易违者得将该船及所载货物连同正在装卸之货一并充公或将该船业主或船长处以国币七百五十元以下之罚金或除将船货充公外并科以罚金

凡经营或国内贸易之民船不得驶往国外地方贸易违者得将船货一并充公或将该船业主或船长处以国币五百元以下之罚金或除将船货充公外并科以罚金

一二　凡航海民船容量二百担以上者遇有售卖过户情事应向海关呈验换发国籍证书由关重行注册换发航运凭单及往来挂号簿后方准行驶其容量未满二百担之民船遇有售卖过户情事亦应按照上列办法办理唯无庸呈验国籍证书如违犯本条之规定海关得将该船充公或将该船业主或船长处以国币二百元以下之罚金或除将该船充公外并科以罚金

一三　凡渔船不得经营贸易违者即将船货充公

一四　凡航海民船无论经营国内或国外贸易不得从事渔业违者得将该船业主或船长处以国币二百元以下之罚金

一五　凡渔船欲经营贸易者应由该船业主或船长呈请海关核准后将该船渔业执照或按照现行渔业章程所领与渔业执照有同等效力之单照呈关存留并应按本章程之规定呈请注册请领航运凭单及往来挂号簿作为贸易民船嗣后该船如呈请改为渔船时海关应将原存该船渔业单照发还并在该船往来挂号簿内注销即不得再经营贸易如违本条之规定海关得按照本章程第十三条或第十四条罚办之

一六　凡航海民船无论经营国内或国外贸易如欲改营渔业应由该船业主或船长呈请海关核准后将所领渔业执照或按照现行渔业章程所领与渔业执照有同等效力之单照呈验由关于该船往来挂号簿内注明改为经营渔业不得再行贸易如违本条之规定海关得按照本章程第十三条或第十四条罚办之

凡注册经营国内贸易之航海民船如欲在未设关卡地方贸易后改营渔业

者得于改业以前末次结关时由该船业主或船长呈请海关核准后将所领渔业执照或按照现行渔业章程所领与渔业执照有同等效力之单照呈验由关在该船往来挂号簿内注明（某年某月某日装有某项货物或空船压载自某处结关遵照国内贸易章程开往某处将来该船到达指运口岸将货卸清后准其改营渔业某日为止）但该船在改营渔业之时不得兼营贸易如于未经准许恢复经营贸易以前有私行装运货物情事海关得按照本章程第十三条罚办之

一七　凡已注册之航海民船如在海面沉没或因拆卸及他故停止行驶时应向原注册海关报明请将原注册号数取消违者得将该船业主或船长或保证人处以国币一百元以下之罚金

一八　凡中国沿海设有关卡准许航海民船往来外洋贸易之各地应由海关列入航海民船挂号簿内

一九　本章程除在沿海各关卡显明之处分别张贴外并应印入航海民船挂号簿内

二〇　本章程遇必要时得修正之

二一　本章程自公布之日施行

159

1936 年 7 月 30 日

船舶请领通航证书应行遵守办法

（中华民国二十五年七月三十日交通部部令饬遵）

（一）船舶航行期满须经定期检查时非依船舶检查章程第三十条之规定不得请领船舶通航证书

（二）请领船舶通航证书时由船舶所有人群叙理由呈请主管航政局处核准后发给其期限海船不得超过二个月江船不得超过三个月

（三）领有通航证书之船舶其证书期满后应即由主管航政局处依法施行定期检查不得再为第二次通航证书之请求

（四）领有通航证书之船舶如航行在外业已到期而该地又未有船坞之设备时经呈请就地航政局处认可在证书空白处注明展长该船舶通航证书之有

效期间至该船能复航到达发给通航证书原主管航政局处之所在地或有船坞之处为止并在该标注文字上加盖局处印证准予以暂时航行俟到达后即应入坞检查

（五）船舶定期检查应依照本部本年二七八九号训令非经入坞检查后不得发给检查证书

160

1936 年 8 月 13 日

船舶无线电台条例施行细则

（中华民国二十五年八月十三日交通部部令第三四九号公布）

第一条 本细则依船舶无线电台条例（以下称条例）第十七条之规定制定之

第二条 条例第二条第一款所称之载客船舶系指载客十二人以上之航海船舶第二款所称之运货船舶系指不载客之航海船舶

条例第六条所称构造简单之船舶系指构造粗陋无法装置电台之航海船舶

第三条 本细则所称船舶系指条例第二条及第七条所规定之应装船舶无线电台及得装船舶无线电台之各种船舶

第四条 船舶所有人或经理人应负责监督其雇用之船长船员以及服务电台之员役对于电台收发之电信保守秘密并不得截收该台无权接收之电信

第五条 船舶所有人或经理人应负责监督其雇用之船长船员以及服务电台之员役于船舶停泊港内时不得收发遇险通信以外之电信或将航行时所收电信递回于陆上任何人或收受陆上任何人之电信而于离港后拍发或以任何方法妨害陆地电信机关之营业

第二章 证 书

第六条 船舶所有人或经理人于船舶装设无线电台以前应详细开具左列各事项呈请交通部核给许可证

一　船舶之种类名称国籍总吨数净吨数船籍港登记机关及年月日

已航行之船舶应将船舶国籍证书号数一并开列

二　所有人名称及国籍

有经理人者应将经理人名称及国籍一并开列

三　船长姓名及国籍

四　航线之起讫及经过处所

五　电台之每日工作时间

六　电台之机器说明书及其制造厂家

前项呈请书格式另定之

第七条　电台装置竣工后应由船舶所有人或经理人详细开具左列各事项呈请交通部派员查验合格方予规定呼号并发给船舶无线电台证书

一　机器之全部价值

二　机器线路图

三　天线电力（以"启罗瓦特"计算并附"公尺安培"数目）

四　主要及备用发报机程式及制造厂家

五　主要机及备用机电源之情形

六　主要发报机周率及波长暨备用发报机周率及波长（周率以每秒千周计算波长以公尺计算）

七　主要及备用收报机程式及制造厂家

八　自动报警器程式（无者阙）

九　无线电罗盘程式（无者阙）

十　报务员值更员之人数及姓名

十一　每日工作时间

十二　报费结算之方法及结算之处所

前项呈请书格式另定之

第八条　新造船舶应装设无线电台者须依本细则第六第七两条之规定办理后方得请领国籍证书

第九条　已航行之船舶装有电台者无论已否依照《船舶无线电台机器装设使用暂行办法》领有船舶无线电台执照均应于本细则施行后六个月以内遵照本细则第六第七两条之规定办理

第十条　国际航海船舶自民国二十六年一月一日起应先领有船舶无线电台证书方得请领国籍航海安全证书或国际航海无线电报安全证书

第十一条　船舶无线电台证书有效期间为五年自填发日算起

第十二条　电台更换机器时应先呈请交通部发给许可证并换发证书

第十三条　电台遇有遗失证书或变更其所载事项时应即申叙理由呈请

补发或换发证书

第十四条　船舶所有人或经理人呈请发给或换发证书时除依条例第三条第二项之规定缴纳证书费外每张并纳印花税一元补发证书者照换发证书纳费

第十五条　依照条例第四条之规定得免装设电台之航海船舶应于航行前呈请交通部发给免装证书其已航行者应于本细则施行后六个月内呈请之

第三章　机　　件

第十六条　条例规定应装之电台于其主要收发报机以外应另装备用机备用机之原动力及电源须完全独立不得借用船舶推进机之原动力或总电源并须能继续维持六个小时之工作但主要收发报机已有上述一切备用设备者不必另装前项主要发报机之射程不得少于一百海里备用机之射程不得少于八十海里

第十七条　条例规定得装之电台得免装备用机但应于主要电源外另备独立之临时电源

第十八条　新装发报机如系火花式者其成音周率下之电力在变压器进口方面不得超过三百瓦特

自民国二十九年一月一日起已装之火花式发报机除合于前项规定者外一律不得再行使用但得改为备用机

第十九条　收报机应附有矿石式收报机之设备

第二十条　在通信时收报机之换给及周率(或波长)之更改应即迅速

第二十一条　电台所装自动报警器之程式须呈请交通部核准

第二十二条　自民国二十六年一月一日起五千吨以上之载客船舶除装设收报机外须另装能接收遭难求向及射向电台各种周率之无线电罗盘一具其程式须呈请交通部核准之

第四章　电　　波

第二十三条　电台对于所发电波必须保持其应用周率之准确

第二十四条　电台主要发报机除能发射每秒五○○千周(波长六○○公尺)之甲种第二式(成音周率调幅之等幅波)或乙种(火花式)电波外最少须能再发射另一经交通部核准周率(于每秒三六五与五一五千周间择定之)之甲种第二式或乙种电波其备用机须能发射每秒五○○千周(波长六○○公尺)之甲种第二式或乙种电波所有上述各机之成音周率不得少于一百

第二十五条　乙种电波之周率以仅用每秒五○○千周(波长六○○公尺)为宜此外应以每秒三七五千周四一○千周四二五千周及四五四千周(波

长八〇〇公尺七三〇公尺七〇五公尺及六六〇公尺)四种为限

第二十六条 电台之装设短波发报机者其周率应在每秒四〇〇〇至五七〇〇千周六一五〇至六六七五千周八二〇〇至八九〇〇千周一一〇〇〇至一一四〇〇千周一二三〇〇至一三三五〇千周及一六四〇〇一七七五〇千周(波长七五至五二·六三公尺四八·七八至四四·九四公尺三六·五九至三三·七一公尺二七·二七至二六·三二公尺二四·三九至二二·四七公尺及一八·二九至一六·九〇公尺)之范围内由交通部指定一个至三个

第二十七条 电台收报员须能接收自每秒一〇〇至二五六〇〇千周(波长三〇〇〇至一一·七二公尺)之电波但其业务并无利用此项宽大周带之必要者得呈请交通部核减之

第五章　报房位置及设备

第二十八条 电台报房应位于距离水面最高并静寂之处所

第二十九条 报房内应有左列之设备

一、报房与瞭望台间应有电话或话筒或其他有同等功用之设备

二、应备一支准确而具有秒针之时钟

三、应备有可靠之备用灯

四、应备有充分之工具及机器零件以供修理机器及维持工作之用

五、应备具下列各项文件(一)无线电日记簿登记报务员及值更员姓名到值退值时刻普通及有关海上人命安全之报务关于遭难及紧急通信等详细情形暨试验自动报警器及处理蓄电池等项(二)依字母次序排列之呼号表(三)海岸电台及船舶电台表(四)特种业务电台表(五)现行国际电信公约及其附属之无线电信普通规则及附加规则(六)现行国际海上人命安全公约(七)船舶无线电台条例及本细则(八)常与通报各处之电报价目表(九)船舶电报收费规则

第三十条 报房内所有机件之危险部分均应遮盖或隔离之

第六章　报务员及值更员

第三十一条 船舶无线电台报务员合格证书分为一等二等及三等

三种值更员合格证书不分等其章程另定之

第三十二条 每一电台至少须有报务员一人

第三十三条 凡三千吨以上之载客船舶及五千五百吨以上之运货船舶未备自动报警器而在海上航行时间逾八小时者应添设报务员或值更员人数如左

一、在海上航行逾八小时而未满四十八小时者应添报务员或值更员一人

二、在海上航行逾四十八小时者应添报务员及值更员二人

第三十四条 一等报务员非在船舶或海岸电台任事满一年者不得在三千吨以上之载客船舶船舶或五千吨以上之运货船舶充任电台领班非在船舶或海岸电台任满六个月者不得在三千吨未满之载客船舶或五千五百吨未满之运货船舶充任电台领班

二等报务员非在船舶或海岸电台任事满六个月者不得在三千吨未满之载客船舶或三千吨以上五千五百吨未满之运货船舶充任领班

三等报务员仅能在航行内河之载客或运货船舶之电台服务

第三十五条 报务员及值更员应绝对服从船长之命令与指挥

第三十六条 船舶上如有关于报务员之雇用解雇或更调情事应立将其姓名及证书号数呈报交通部备案

第七章　每日工作时间

第三十七条 电台之每日工作时间按船舶种类及设备情形规定如左

一、未备自动报警器者

（甲）一等业务　三千吨以上之载客船舶及五千五百吨以上运货船舶应连续工作不得间断

（乙）二等业务　三千吨未满之载客船舶及三千吨以上五千五百吨未满之运货船舶在海上航行时间未逾八小时者应全时间工作在海上航行时间逾八小时者其工作时间应依照船舶无线电台每日工作时间表之规定办理并不得少于八小时

（丙）三等业务　一千六百吨以上三千吨未满之运货船舶其工作时间应依照船舶无线电台每日工作时间表之规定办理并不得少于六小时

（丁）内河船舶业务　航行内河之船舶每日至少应有六小时工作

二、备有自动报警器者

各种船舶一律按照船舶无线电台每日工作时间表之规定办理并不得少于二小时之工作其余时间可由报务员或值更员用自动报警器守听之

第三十八条 非连续工作之电台于遇险电信接收尚未完竣或与通信圈内之其他电台通信工程未毕时不得停止工作

第八章　遇险电信

第三十九条 船舶遭遇危险时船舶无线电台应立即用每秒五○○千度（波长六○○公尺）之电波发出遇险呼叫无线电报用SOS无线电话用mayday各三次其后接以de字及遇险船舶电台之呼号三次最后紧急遇险电文即该船

名称位置遇险情形及所需救助方法等

发报时所用电波以甲种第二式或乙种为宜

第四十条　船舶遭遇危险立时援救者方得使用遇险信号或自动警号（即以十二画于一分钟内发出）

如因他故待援或拟先发警告以备于必要时再用遇险信号或自动警号者应先以紧急信号行之无线电报用三组之 XXX 符号相间连发无线电话 PAN 字连发三次组成之

第四十一条　电台于遇险信号或自动警号暨经发出后认为情形变迁已无须他助时应即仍用遇险电波通知各电台

第四十二条　遇险船舶之电台得用任何方法使救援者注意其地点及请求援助之事项不受任何拘束

第四十三条　任何船舶之电台收到遇险呼叫时应立将足以干扰此项呼叫之发电停止并注意守听以便对于遇险电文立予答复或并转出一面仍应作尽力往救之处置

如因特殊情形不能立时往救或无救援能力或按当时情状认为驰救无理由或无必要者应即将未能往救缘由通知遇险船舶

第四十四条　船舶航行时如遇冰山漂流物热带风及其他与航行有直接危险者应由电台于可能范围内迅速将该项危险消息报告附近各船舶及距离海港最近之航政官署该项报告应冠以安全信号无线电报用三组之 TTT 符号相间连发无线电话用 Securito 字连发三次组成之

第九章　气象报告

第四十五条　船舶航海时应由船长定时或随时将海上气象状况用无线电报告附近海岸电台航政官署或气象机关凡于任何时间察觉风力在"盘福脱表"十度以上者应同时报告附近船舶

前项船舶报告气象之办法另定之

第十章　公众通信

第四十六条　电台除执行第八章规定之遇险电信及第九章规定之气象报告通信外得于法令或条约允许之范围内开放公众通信

第十一章　避免干扰

第四十七条　电台通信时应使用足以获得良好结果之最小电力
第四十八条　电台使用时除遇险信号外不得干扰其他电台之业务
第四十九条　电台于答复遇险电文时须避免干扰其他电台之答复与其

他电台通信时每满十分钟应稍停片刻

第十二章　检　　查

第五十一条　电台之检查由交通部船舶电台检查员执行之

前项检查员由交通部就无线电工程师或技术员中遴选派充之分驻各航政局或海岸电台

第五十二条　船舶电台检查分为左列三种

一、给证检查

二、定期检查

三、临时检查

第五十三条　给证检查于呈请发给电台证书时由交通部令饬检查员举行之其主要检查事项如左

一、主要发报机及备用机之程式及制造厂家

二、主要机及备用金机之电源情形

三、发报机电波周率之准确性

四、天线电力（以启罗瓦特计算并附公尺安培数目）

五、天线方式及高度长度

六、主要收报机及备用机之程式及制造厂家

七、自动报警器之程式及试验情形

八、无线电罗盘程式及测验情形

九、蓄电池状况

十、报房位置及设备

十一、报务员值更员姓名人数及其证书号数

第五十四条　定期检查由检查员就领有证书之电台按季举行之其主要查验事项如左

一、船舶无线电台证书

二、国际航海安全证书或国际航海无线电报安全证书

三、报务员值更员证书

四、无线电日记簿

五、收发报机及蓄电池等

六、发报机电波周率之准确性

七、自动报警器

八、无线电罗盘之准确性

第五十五条　临时检查由交通部视当时之需要或应船舶之请求随时令饬检查员举行之其查验事项包括第五十三条及第五十四条所列各款及经特

别指定之事项

第五十六条　检查员于每次检查完毕后应填具船色无线电台检查报告表并将查验详细结果通知船长或其代表

前项之通知概不收费

第五十七条　检查员在检查时如发现机器损坏一时不能通信或违反条例及本细则之规定情节重大者除呈送检查报告表外应电请交通部核办

交通部得斟量情形通知海关或航政局暂时制止该船色之航行

第五十八条　检查员执行职务时须佩带证章遇必要时并须携有证明文件

第十三章　附　　则

第五十九条　关于电台之装设及运用等事宜未经条例及本细则规定者应依照国际电信公约及其附属之无线电信普通规则无线电信附加规则电报规则及国际海上人命安全公约之规定办理

第六十条　本细则与船舶无线电条例同时施行并此证明

附注

船舶无线电台条例及本细则均于二十五年十一月一日施行并此注明

船舶无线电台每日工作时间表

工作时间 （格灵威基平均时刻）			东限度	西限度	地带
船舶电台之备有自动报警器者	三等业务船舶之未备自动报警器者	二等业务船舶电台之未备自动报警器者			
8—8.30 12—12.30 16—16.30 20—20.30	8—10 12—13 16—17 20—22	8—10 12—14 16—18 20—22	东经30度至非洲海岸之南地中海黑海及波罗的海之极东东经30度至挪威之北	西经30度格林兰海岸	甲东大西洋地中海北海波罗的海
4—4.30 8—8.30 12—12.30 16—16.30	4—6 8—9 12—13 16—18	4—6 8—10 12—14 16—18	东经80度锡兰之西海岸至亚当桥再西向环印度海岸	甲地带之东限度	乙西印度洋东北冰洋

续表

工作时间 （格灵威基平均时刻）			东限度	西限度	地带
船舶电台之备有自动报警器者	三等业务船舶之未备自动报警器者	二等业务船舶电台之未备自动报警器者			
0—0.30 4—4.30 8—8.30 12—12.30	0—2 4—5 8—9 12—14	0—2 4—6 8—10 12—14	东经 160 度	乙地带之东限度	丙东印度洋中国海西太平洋
0—0.30 4—4.30 8—8.30 20—20.30	0—2 4—5 8—9 20—22	0—2 4—6 8—10 20—22	西经 140 度	丙地带之东限度	丁东太平洋
0—0.30 4—4.30 16—16.30 20—20.30	0—2 4—5 16—17 20—22	0—2 4—6 16—18 20—22	西经 70 度美洲海岸之南美洲西海岸	丁地带之东限度	戊东太平洋
0—0.30 12—12.30 16—16.30 20—20.30	0—2 12—13 16—17 20—22	0—2 12—14 16—18 20—22	西经 30 度格林兰海岸	西经 70 度美洲海岸之南及美洲东海岸	己西太平洋及墨西哥湾

161

1936 年 8 月 13 日

船舶无线电台报务员值更员
核发合格证书章程

（中华民国二十五年八月十三日交通部部令第三四九号公布）

第一条　船舶无线电台报务员值更员各种证书之核发以考验行之
前项考验每年举行一次由交通部指定日期地点登报通告之
第二条　船舶无线电台报务员合格证书分为一等二等三等三种值更

合格证书不分等凡持有上项合格证书者分别称为一等二等三等报务员或值更员其应具有之学职与技能依左列规定

甲　一等报务员

一　电学及无线电报电话原理移动电台各式机器之管理及实际运用智识

二　上项机器附属之电动发电机蓄电池等工作之理论及实用智识

三　在航程中电台损坏时之修理智识

四　拍发及收听电码之速度每分钟密码不得少于二十组明语不得少于二十五组并须准确无错（密码每组以五个字体组成其中字母数目字标点符号单用或合用均可唯每个数目字或标点符号作两个字体计算明语平均以五个字体作为一组计算）

五　准确收发无线电话之能力

六　国际电信公约及其附属之规则（关于交换无线电信及报费等尤须详悉）及国际海上人命安全公约关于无线电部分

七　地理常识（重要航线及电信路由等）

乙　二等报务员

一　电学及无线电报学初步理论及实用智识移动电台各式机器之调整及实际运用智识

二　上项机器附属之电动发电机蓄电池等工作之初步理论及实用智识

三　在航程中电台轻微损坏之修理智识

四　拍发及收听电码每分钟之速度不得少于六组密码并须准确无误

五　国际电信公约及其附属之规则（关于交换无线电信及报费等尤须知悉）及国际海上人命安全公约关于无线电部分

六　地理常识（重要航线及电信路由等）

丙　三等报务员

一　电学及无线电报学概要

二　拍发及收听电码之速度每分钟不得少于十六组密码并须准确无误

三　国际电信公约附属规则之大要（注重无线电信收发及电报收费部分）

丁　值更员

一　接收并了解自动警号遇险紧急及安全等信号

二　收听电码每分钟之速度不得少于十六组密码并须准确无误

三　调度船上收报机之智识

四　电学及无线电报学大意

第三条　凡属中华民国国民身体健全年龄在十六岁以上四十岁以下中

英文清通而具有第二条各项规定之学识及技能者得向交通部呈请考验并指明愿领何种证书

呈请考验时应缴报名费一元及最近四寸半身照片两张不论及格与否概不退还

第四条　一二等报务员考验科目分党义国文英文地理电信业务规则电机及无线电学暨电码收发等七种其成绩除电信业务规则电机及无线电学暨电码收发等三种每种必须满八十分外其余四种之总分数以满二百五十分为及格

三等报务员考验科目分党义国文英文电信业务规则电学及无线电学暨电码收发等六种其成绩除电信业务规则电学及无线电学暨电码收发等三种每种必须满八十分外其余三种之总分数以满一百八十分为及格

值更员考验科目分党义国文英文收报机之调整无线电学暨收听信号及电码等六种其成绩除无线电学及收听信号电码两种每种必须满八十分外其余四种之总分数以满二百五十分为及格

第五条　报务员或值更员于考验合格领取证书时应缴证书费二元印花税一元

第六条　三等或二等报务员在电台继续服务满二年以上著有成绩经船长证明者得请求升等考验三等报务员经考验合格升列二等后至少须再继续服务满二年始得再请求升等考验

第七条　报务员值更员合格证书之有效期间定为三年期满时须换领证书方得继续服务

换领证书者应于期满前后之五个月内觅取原服务电台主管人员出具之服务年期证明书并重摄四寸半身相片两张连同第五条规定各费一并呈送交通部核办其旧证书应于领取新证书时缴销如中途改就他职逾六个月以上或无从觅取服务年期证明书或呈请换领证书逾限者均应重行考验

第八条　报务员值更员遗失证书时号数及遗失日期处所登报声明并照第五条之规定缴费连同所登报纸暨重摄相片呈请交通部补发

第九条　报务员值更员有左列情形之一者由交通部吊销其证书并公告之

一　泄露通信秘密者

二　妨碍国营电信机关之业务者

三　船舶遭遇危险时不尽职守者

四　受徒刑以上之刑事处分者

五　品行恶劣经查明属实者

六　违犯关于电信之发令规章或国际电信公约及其附属规则经交通部审核认为情节重大者

第十条　因前条事项被吊销证书之报务员或值更员不得再请核发证书

第十条　本章程与船舶无线电台条例施行细则同时施行

162

1936 年 9 月 19 日

航商组织补充办法

（中华民国二十三年三月二十一日国民政府公布　二十五年九月十九日国民政府第六八三号训令修正公布）

一　凡轮船或民船公司行号应遵照工商同业公会法及商会法分别组织同业公会加入商会

（理由）本项之规定系二十年九月交通部撤销行业公会组织规则前训练部通函各地航业团体应依商人团体组织法规改组或组织之旧案为根据唯轮船与民船之营业范围运转动力及其经营者之意识彼此不同征之事实混合组织至多不便故为规定分别组织之原则

二　未设立公司行号之轮船或民船曾正式向官厅登记者得以其牌号为参加同业公会之单位（理由）轮船或民船之未设立公司行号者多以其船只牌号直接经营业务除有移动性质外几与普通商店无异而其营业状况资本数量使用人数且有超过普通商店若干倍以上者自不能不使有参加国际组织之机会故设本项以为之救济

三　轮船或民船业同业公会之区域除依照工商同业公会法之规定外经最高监督机关之核准得依其航行区域分别在各该公司行号所在地设立公会如该公司行号有总分公司行号时并应各别加入各该所在地之各该同业公会如该地同业不满七家及未设立公司行号者得加入航线所在任一县市之各该同业公会

（理由）轮船或民船之航线常跨数县市或数省其未设公司行号者又来往无定故其组织之区域有不能完全应用县市之规定者前此长江各埠航商请求另订单行法规即以此为理由之一故规定本项以为之救济

四　轮船或民船业同业公会之最高监督机关为交通部除关于成立解散

及有关会务组织等事项应随时呈由地方政府转送交通部准并分送实业部备查外，其他关于航业行政上重大事项径呈交通部核办

（理由）同业公会与商会有一贯之系统依法以实业部为最高监督机关而航业行政又属交通部之职权为维持航业行政之便利及商人团体之系统一贯故为本项之规定

163

1936 年 9 月 29 日

海关管理航海民船船运章程

（中华民国二十三年七月十七日财政部交通部部令公布　二十三年六月二十七日行政院核准修正　二十四年九月十八日行政院核准修正　二十五年九月二十九日行政院核准修正第五条条文　附申请书）

一　凡中国航海贸易民船（以下简称航海民船）不论其容量多寡均应向海关注册请领航运凭单及往来挂号簿（此项航海民船系指在中国沿海行驶经营国内或外洋贸易之民船而言）

凡航海民船容量二百担以上者可向海关注册经营国内或外洋贸易其容量未满二百担者仅可向海关注册经营国内贸易不准经营外洋贸易

凡具有特殊情形之地方如两广等处各水道内所有容量未满二百担之民船亦可向海关注册经营外洋贸易由关另定章程管理之但该项民船如在他处地方经营外洋贸易一经查获海关得将船货一并充公

前项民船呈请注册之船名不得与同区域内已注册民船船名之字形或字音相同或易于相混

二　凡航海民船未经注册擅在海面行驶经营国内或外洋贸易者一经查获海关得将船货一并充公或处该船业主或船长以国币五百元以下之罚金或除将船货充公外并科以罚金

三　凡航海民船容量二百担以上者其业主或船长呈请注册时应呈验交通部所发国籍证书并领取海关所制之航海贸易民船请领航运凭单及往来挂

447

号簿申请书逐项填明由该船业主或船长签印并另觅民船船商公会或殷实店铺或银号在该项申请书内签印保证该船业主或船长在书内所报各项均应确实并切实遵守一切关章呈由海关审查无误即取该口地名一字编号（如沪字第　号）注册发给航运凭单所编注册号数应在该船大桅下段及水手房外之板上明显烙印并须遵照本章程第六条内规定之颜色在船首之两旁及船尾将注册号数书名但烙印及书写号数时应将编号之华字地名一并标明倘不遵照以上注册手续办理即不发给该船在往来挂号簿其未领有挂号簿擅自开行者得照本章程第二条罚办之至容量未满二百担之航海民船呈请注册之手续亦按上列办法办理唯无庸呈验国籍证书

　　四　凡航海民船领到海关航运凭单准备开行时应由关发给该船往来挂号簿载明该船注销号数并将该船是否准许往来外国或国内贸易及该船往来行驶航线一并注入簿内以凭查考

　　五　凡已注册之航海民船应于每年一月间向原注册海关重行登记时应先领取海关所制之航海贸易民船续领航运凭单及往来挂号簿申请书逐项填明由该船业主或船长签印并另觅船商公会或殷实店铺或银号在该项申请书内签印保证船业主或船长切实遵守一切关章如违本条之规定海关得将该船充公或处该船业主或船长以国币二百元以下之罚金或除将该船充公外并科以罚金

　　六　凡航海民船在船头两旁及船尾书写注册号数时其容量二百担以上往来外洋贸易者应用白字黑地经营国内贸易者用黑字白地其容量未满二百担经营国内贸易者用黑字白地外加黑长方框又容量未满二百担之民船在具有特殊情形之地方按照特订章程（参阅本章程第一条）准予往来外洋贸易者应用白字黑地外加白长方框船头两旁如有相当地方其字之大小应高在一公尺以下半公尺以上宽度须比例相称船尾之字可酌量规定其式应自地名起向右横列以上书写注册号数手续由该船业主或船长办理完竣后应请由海关验看是否合格如违本之规定得照本章程第二条罚办之

　　七　凡航海民船容量二百担以上经营国内贸易者如欲改营外洋贸易或经营外洋贸易者改营国内贸易时应向海关呈请经关查明核准后即由关在该船往来挂号簿内将航线照予更改并由该船将船首船尾原书注册号数遵照本章程第六条之规定改换颜色重行书明后方准按照新航线行驶如违本之规定得照本章程第二条罚办之

　　八　凡航海民船无论靠岸或航行时应将下列各项单照常置船上以备关员随时查验

　　甲　航运凭单

　　乙　往来挂号簿

丙　该管机关所发自卫军火执照(指置有自卫军火者而言)

丁　所载货物之舱口单

上项舱口单应照规定格式将装载货物件数起运指运口岸及其他一切事项逐一填明不得遗漏并注明何舱何货其散舱货物亦应将货物重量容量于单内详细列明至其他单据如提货单售货单以及货主信件民船装货簿等如经关员调验亦应即时检呈倘无以上各项单照或有意规避关员查验者得照本章程第二条罚办之

九　凡航海民船驶抵已设关卡口岸应由该船船长立将航运凭单挂号簿及舱口单直接呈关报请进口如由已设关卡口岸开行亦应报请结关其进口或结关时均应请由该处海关按照所报各项登入挂号簿内如驶往外国口岸贸易者该船业主或船长应将挂号簿呈由驻在该处之中国领事或该国海关或地方关署将进出口情形登入挂号簿内如违本条之规定将船货一并充公或将该船业主或船长处以国币二百五十元以下之罚金或除将船货充公外并科以罚金

十　海关得随时令航海民船之业主或船长将自挂号簿内末次登记之日起所有该船往来行程详细说明如不遵办或其说明海关认为有违章情形时海关得将该船扣留并得按照本章程第二条罚办之

十一　凡往来外洋贸易之民船不得驶往中国沿海未设关卡之地方贸易违者得将该船及所载货物连同正在装卸之货物一并充公或将该船业主或船长处以国币七百五十元以下之罚金或除将该船货充公外并科以罚金

凡经营国内贸易之民船不得驶往国外地方贸易违者得将船货一并充公或将该船业主或船长处以国币五百元以下之罚金或除将船货充公外并科以罚金

十二　凡航海民船容量二百担以上者遇有售卖过户情事应向海关呈验换发国籍证书由关重新注册换发航运凭单及往来挂号簿后方准行驶其容量未满二百担之民船遇有售卖过户情事亦应按照上列办法办理唯无庸呈验国籍证书如违犯本条之规定海关得将该船充公或将该船业主或船长处以国币二百元以下之罚金或除将该船充公外并科以罚金

十三　凡渔船不得经营贸易违者即将该船货充公

十四　凡航海民船无论经营国内或国外贸易不得从事渔业违者得将该船业主或船长处以国币二百元以下之罚金

十五　凡渔船欲经营贸易者应由该船业主或船长呈请海关核准后将该船渔业执照或按照现行渔业章程所领与渔业执照有同等效力之单照呈关存留并应按照本章程之规定呈请注册请领航运凭单及往来挂号簿作为贸易民船嗣后该船如呈请改为渔船时海关应将原存该船渔业单照发还并在该船往来挂号簿内注销即不得再经营贸易如违本条之规定海关得按照本章程第十三条或第十四条罚办之

十六条　凡航海民船无论经营国内或国外贸易如欲改营渔业应由该船业主或船长呈请海关核准后将所领渔业执照现行渔业章程所领与渔业执照有同等效力之单照呈验有关于该船往来挂号簿内注明改为经营渔业不得再行贸易如违本条之规定海关得照本章程第十三条或第十四条罚办之

凡注册经营国内贸易之航海民船如欲在未设关卡地方贸易后改营渔业者得于改业以前末次结关时由该船业主或船长呈请海关核准后将所领渔业执照或按照现行渔业章程所领与渔业执照有同等效力之单照呈验由关在该船在往来挂号簿内注明（某年某月某日装有某项货物或空船压载自某处结关遵照国内贸易章程开往某处将来该船到达指运口岸将货卸清后准其改营渔业至某日为止）但该船在改营渔业之时不得兼营贸易如于未经准许恢复经营贸易以前有私行装运货物情事海关得按照本章程第十三条罚办之

十七　凡已注册之航海民船如在海面沉没或因拆卸及他故停止行驶时应向原注册海关报明请将原注册号数取消违者得将该业主或船长或保证人处以国币一百元以下之罚金

十八　凡中国沿海设有关卡准许航海民船往来外洋贸易之各地应由海关列入航海民船挂号簿内

十九　本章程除在沿海各关卡显明之处分别张贴外并应印入航海民船挂号簿内

二十　本章程遇必要时得修正之

二十一　本章程自公布之日施行

164

1936 年 10 月 9 日

造船奖励条例

（中华民国二十五年十月九日国民政府第七三一号训令公布　二十六年七月一日施行）

第一条　凡属于中华民国人民或公司所有之新造船舶得依本条例之规定给予造船奖励金

前项所称公司指海商法第三条第三款规定之公司而言

第二条 受造船奖励金之船舶以总吨数五百吨以上之钢质轮船为限其金额依左列之规定

一 五百吨以上一千吨未满者每吨十二元

二 一千吨以上二千吨未满者每吨十六元

三 二千吨以上三千吨未满者每吨二十元

四 三千吨以上五千吨未满者每吨二十四元

五 五千吨以上每吨二十八元

第三条 造船奖励金之数额由交通部编入每年预算

第四条 受奖励金之船舶以在本国船厂建造者为限其承造之船厂应依照左列之规定并经交通部认可

一 备有必需之工厂船台干船坞及各项器械者

二 有船体专任技师及船机专任技师各一人以上者

前项专任技师以曾依技师登记法领有造船科或船机科工业技师证书者为限

第五条 愿受造船奖励者应于建造前填具声请书并开具左列事项呈送交通部审核

一 船舶设计纲目

二 船图

三 船体船机制造说明书

前项设计纲目及船图种类由交通部定之

第六条 受造船奖励金者对于所造之船体船机及其属具如需用外国成品时应先经交通部核准

第七条 交通部接到声请书后调查承造船厂是否合于第四条之规定并会同海军部审定其设计纲目船图及制造说明书

第八条 审定合格认为应给予造船奖励金时由交通部发给许可证书于声请人

第九条 领有许可证书者其船舶之建造交通部应派员监督之

声请人违背关于监督上之命令时交通部得撤销许可并追缴许可证书

第十条 领有许可证书而制造之船舶在相当时期中交通部应派员丈量其总吨数并令试航及测定其最高速率

第十一条 船舶造成后经交通部检查合格即行发给奖励金

第十二条 受奖励金之船只在十年以内不得变更国籍如租与外人使用时应先经交通部审核

第十三条 受奖励金之船舶非经交通部核准不得任用外籍船员

第十四条　已领取奖励金而违反第十二条或第十三条之规定者交通部得随时追缴其奖励金

第十五条　因建造新船将原有旧船拆毁者除新船应得之奖励金外并给予拆毁旧船之奖励金其金额以每旧船两吨作新船一吨计算

第十六条　以诈伪之行为取得造船奖励金者除追缴原奖励金外并送司法机关惩处

第十七条　本条例施行日期以命令定之

165

1936 年 10 月 15 日

海事报告暂行办法

（中华民国二十五年十月十五日交通部部令第四〇一号公布）

一　本国轮船除二百吨以下并专行驶内江者外如遇有失事故障等应依照海商法第五十条之规定作成海事报告

二　海事报告人应送呈航政局盖印签证

三　海事报告之签证得于下列处所为之

（一）失事后轮船或该船长等最先到达港所之航政局

（二）轮船船籍港之航政局

四　海事报告应由船长为之但除有特殊情形外须由大副或轮机长共同签名

五　海事报告之签证分为下列二种

（甲种）凡因轮船失事故障等致发生共同海损即海商法第七章各条所规定之关系时用之

（乙种）仅为单纯海损无共同海损时用之

六　海事报告书由交通部印发各航政局处失事轮船船长应就近按照下列费用亲自向应为签证之航政局领用之

甲种每次四元

乙种每次二元

七　轮船如已向航政局为乙种海事报告之签证后发现共同海损情事得重为第二次甲种海事报告之签证

八　海事报告之签证每次应备四份一份由航政局呈部备案一份由航政局存查二份发交船舶所有人或船长

九　轮船失事如在外国时应依照规定格式作成海事报告呈请当地领事官或官厅盖印签证但仍应将二份寄呈船籍港之航政局分别呈部存查

一〇　海事报告之签证如无特别原因应于失事后一月内为之

一一　本办法自公布之日施行

166

1936 年 10 月 28 日

修正国营招商局职员章程第二十四条条文

（中华民国二十五年十月二十八日交通部部令第四一九号修正公布）

第二十四条　职员有左列事实之一者在总局有总经理在附属机关由主管人员呈请总经理酌予前条之惩戒其有关刑事者除惩戒外并应送请司法机关依法办理但申诚记过两项附属机关主管人员得巡行处分后呈报总局备案

一、迟到或早退

二、未经请假擅自离职或请假逾期不到

三、办事疏忽

四、行为不检

五、贻误要公

六、违反命令

七、泄露机密

八、营私舞弊

九、其他未经列举而与前列各项情节相当者

167

1936 年 11 月 3 日

修正交通部组织法第七条第十九条

（中华民国二十五年十一月三日国民政府第八三五号训令公布）

第七条　总务司掌左列事项。

一、关于收发分配撰辑保存文件事项。

二、关于部令之公布事项。

三、关于典守印信事项。

四、关于本部及所属各机关职员之任免奖惩事项。

五、关于编制报告及刊行出版物事项。

六、关于电邮航行政及技术部人员之训练及教育事项。

七、关于本部庶务及其他不属于各司事项。

第十九条　交通部设会计长一人，统计主任一人，办理岁计会计统计事项，受交通部部长之指挥监督，并依国民政府主计处组织法之规定直接对主计处负责。

会计处统计室需用佐理人员名额，由交通部及主计处就本法所定荐任委任人员及雇员名额中会同决定之。

交通部经行政院会议议决，得聘用专门技术人员。

168

1936 年 11 月 7 日

小轮船替班办法

（中华民国二十五年十一月七日交通部第四二八四号训令公布）

一、凡已领小轮船执照及内河轮船行驶证之轮船确有不能行驶之障碍须由他小轮替班单该管航政局发给临时替班单后应即将核准替班情形分两该轮所行航线起点讫点所至地之机政府查照片

二、临时替班之期间应由该管航政局审查其障碍之原因是酌定相当时期但至多不得逾两个月

三、替班小轮船行驶之航线以被替班者原驶之航线为限

四、凡小轮船持有在有效期间之临时替班单其效力与内河轮船行驶证相替

五、已逾临时替班单所载之期间而仍私替班航行者除勒令停驶外并吊销其被替班者之内河轮船行驶证

六、临时替班单期满后应由声请者呈缴原发给之该管航政局注销

169

1936 年 12 月 8 日

非常时期船舶管理条例

（中华民国二十五年十二月八日由军事委员会公一字二七六四号令施行）

第一条　非常时期之船舶应依本条例施行管理但法令别有规定者从其规定

第二条　当时期政府为便利军运及调节民运计得缴用民有船舶及人仓库定额并加以编制管理

第三条　未经征用之船舶为避免敌人捕获因而驶往某地而船舶业主又无法管理者得由政府编制管理之

第四条　征用及编制管理之船舶在二百吨以上之轮船由交通部会同中央军事机关组织非当时期船舶管理委员会管理之其不满二百吨之轮船及各项民船由各省政府会同当地军事长官组织部机关管理之其二百吨以上轮船为情况下所限不能由中央管理时亦得由省政府会同当地军事长官所组织部之机关管理之此项地方管理机关应受中央船舶管理委员会之直接监督员前项委员会及各省政府组织之机关其组织部规程另定之

第五条　已离开某地中途接奉命令改开其他地点时该船舶主应立即指挥改开指定地点后再行设法将旅客送回货物即暂存该地

第六条　征用之船舶其船员应继续服务不得擅自离船

第七条　征用之船舶及其船员得由政府举行职时保险

第八条　征用之船舶至恢复常应时期得由政府酌给辅助金

第九条　未经征用之船舶得由政府查明需要情形指定其行驶之航线

第十条　未经征用之船舶其运价遇必要时得由政府规定其最高率

第十一条　未经征用之船舶为谋军运及必需品运送之畅通对于旅客及非必需品之运轮得由政府酌量禁止或限制之

第十二条　非常时期所有船舶非呈经交通部核准不得让渡或租给外人

第十三条　本条例如有未尽事宜得随时修正之

第十四条　本条例施行日期以命令定之

170

1936 年 12 月 9 日

轮船业登记规则

（中华民国二十五年十二月九日交通部部令第四六五号公布）

第一条　凡经营轮船业均须依照本规则的声请主管航政官署转呈交通

部核准登记发给执照后始得营业如是公司组织者并须依照公司法及其关系法规向实业部登记其变更时亦同

第二条 轮船业之声请人如下：

一 公营者由主办机关呈请或咨请之

二 人民独资或合移经营者由出资人呈请之

三 无限公司经营者由全体股东呈请之

四 两合公司经营者由全体无限责任股东呈请之

五 股份有限公司经营者由全体董事监察人呈请之

六 股份两合公司经营者由全体无限责任股东及全体监察人呈请之

七 人民与公家全营者依照片合移经营之规定办理

第三条 轮船业声请登记时应说明左列事项

一 公司或行号名称

二 组织部章程

三 本店及支店所在地

四 发业航线（应附阅说）

五 营业计划（如购置轮船若干艘航行为定期或不定期或定期与不定期兼营以及拟建等项）

六 股东名簿（或出资机关）

七 创办人及经理人姓名年龄籍贯住址

八 创办费概算及营业收入概算等

九 其他有关事项

前项书图须一式两份由该管航政官署存转

第四条 轮船业经营航线及航行为定期或不定期或定期与不定期兼营经核准登记发给执照后非经声请复核不得擅自变更

第五条 轮船业声请登记除缴纳印花税二元外并依左列规定缴纳登记费

一万元以下者十元三十万元以下者二十元五十万元以下者三十元八十万元以下者国十元一百万元以下者五十元超过一百万一元者每多一百万元加收五十元不足一百万元以上百万元计算

在本规则施行前已成立之公司行号补请登记费减免三分之一公营轮船业登记费减免二分之一

第六条 轮船业变更名称或组织时应声请主管航政官署转呈交通部核准换发执照

第七条 轮船业如遇左列情形之一时应先行呈请主管航政官署转呈交通部核准

一　增加资本或减少资本

二　发行公司债

三　增减或变更航线

第八条　轮船业解散时应将原领执照缴销

第九条　增加资本结果致析纳登记费不足第五条规定比额时应如数补缴

第十条　轮船业停止营业时应呈报主管航政官署转呈交通部备案停止营业逾六个月者取消执照但因天灾事变或其他不可抗力所致者不在此限

第十一条　本规则的公布施行前已经成立之轮船公司行号应自本规则的施行之日起六个月内补请登记

第十二条　轮船业登记核准后应于一年内开始的营业如因特殊情形不能如期开业者应呈请主管航政官署转呈交通部核准展期否则交通部得撤销其登记

前项展期以一次为限并不得超过一年

第十三条　本规则自公布日施行

171

1936 年 12 月 9 日

轮船业监督章程

（中华民国二十五年十二月九日交通部部令第四六六号公布）

第一章　总　则

第一条　轮船业之监督员除法令别有规定外依本章程之规定

第二条　本章程所称轮船业是指应公众需要供给轮船及附拖船舶以运输旅客或货物体积之营业而言

第三条　本章程所称定期轮船是指在一定之航线内揽载客货依一定日期班次航行之轮船而言

第四条　本章程所称不定期轮船是指在不固定之航线内不依一定日期

或班次航行之轮船而言

第五条　轮船业非依轮船业登记规则之规定声请交通部核准登记不得开始营业

第二章　航　　线

第六条　各航线内行驶之轮船如遇供过于求或特殊情形时交通部得依据第七条之报告暂时加以限制

第七条　各航线应需轮船数量吨位多寡由主管航政官署随时随地切实调查表统计表并交航线调查委员会审查后制成报告呈请交通部核办

航线调查委员会章程另定之

第八条　定期轮船应由业主或其代理人开列行驶航线起讫及沿线停泊名声请主管航政官署转呈交通部核准发给定期轮船通告证书始得航行

前项核准行驶之航线不得移转或租赁于他人如欲变更或停航时仍须呈经核准

第九条　不定期轮船应由业主或其代理人声请主管航政官署转呈交通部核发不定期轮船通行证书

第十条　不定期轮船如遇受限制之定期轮船航线内临时有大宗客货待运时应先呈请主管航政官署核发临时通告证书始得航行该线

主管航政官署对于前项呈请之准驳应于二十四小时以内为之临时通告证书之使用以一次为限

第十一条　不定期轮船航行于受限制之定期轮船航线内应以不妨碍定期轮船业为主并须受主管航政官署指定的船舶头之限制不得凭单在该航线内其他头停泊揽载

第十二条　定期轮船改为不定期轮船或不定期轮船改为定期轮船时应声请主管航政官署核准并呈报交通部备案

第三章　班　　期

第十三条　各轮船班期压力求彼此联络接

第十四条　轮船班期压力求与公路铁路时刻互相接

第十五条　班期决定后应呈报主管航政官署备案司后非经呈明事故声请核准不得擅自变更

第四章　增加轮船

第十六条　轮船业如需增加轮船应先行缮具声请书并附图说呈由主管航政官署转呈交通部核准

第十七条　增加轮船应以新造者为原则上如系现存轮船除在交通部登记有效者外客船船龄以未满十五年货船船龄以未满二十年为限

第十八条　受限制之航线如遇原有定期轮船供不应求时交通部得酌定限期令该管航政官署转伤该航线内之轮船业依限增加轮船

第十九条　遇前条情形如需增加之轮船艘数吨数据不能平均分配于该航线内之各轮船业时交通部得令互相协商共购或共租轮船经营倘协商不成立时得择能增加较优轮船之轮船业核准经营之

第二十条　遇前两条情形该航线内之原有轮船业不依照规定增加轮船时交通部得令该管航政官署转伤其他轮船业加入该线营业

第五章　业　　务

第二十一条　轮船业应由同一航线之全体同业体察地方客货情形经济状况参酌运轮成本规定票价运费最高标准每年一次呈请主管航政官署转呈交通部核准所有该航线各轮船业之票价运费不得超过是项最高标准

第二十二条　轮船业如欲联合营业或公摊水脚时应呈经交通部核准

第二十三条　轮船业非经拟提折旧费及提存公积金后不得分配盈余

第二十四条　轮船业应于每年营业年度终了后两个月内造具左列各表册呈请主管航政官署转呈交通部备查其表册式样另定之

一　职工名册及薪给表

二　客货连轮价目表

三　客货运输统计表

四　船舶报告

五　其他业务报告

六　资产负债表及损益计算书并说明

七　轮船经航各地物产产销调查表

第六章　附　　则

第二十五条　本章程自公布之日施行

172

1936 年 12 月 9 日

促进航业合作办法

（中华民国二十五年十二月九日交通部部令第四六七号公布）

一、凡同一航线之轮船业经交通部登记者统应合作其施行日期由交通部分别定之

二、经交通部令定合作之航线应由该管航政官署随时督促该航线内各轮船业开会商定合作办法呈请交通部核准施行

三、合作之详细办法得参酌各航线情形分别拟定其大纲应照左列之规定

一、设立联合营业处

二、票价及运费之划一

三、收入公摊

四、船只之分配

五、航班之排定

六、设备之改良

七、争议之仲裁

四、不遵令合作之轮船业交通部得撤销其该线内所有轮船之航线证书并令其他轮船加入该线行驶

五、已经参加合作之轮船业非有不得已事故经呈请交通部核准不得任意停航

六、已经合作之航线经交通部认为有增加轮船之必要时该航线之轮船业有优先权但必须于部定期限内增置轮船逾限则交通部得令其他轮船业加入该线合作营业

七、轮船业合作至相当程度时交通部得令其协议合并经营原有之航线

八、本办法自公布日施行

173

1936 年 12 月 10 日

修正标明航运包件重量章程

（中华民国二十五年十二月十日行政院令第四一号公布）

第一条 凡由海或内河航运之包裹或物品,每件重量在一千公斤以上者,应于未上船时由发送人将其重量以标识记明于包裹或物品上。

巨大木材笨重铁石及其他类此之物品,因特别情形无法确定其重量时,应由发送人依前项之规定,记明其重量之约数。

前项标识得以签条为之,不得小于四公寸宽六公寸长,质料应耐久,字迹应显明,在包裹或物品之附着处应坚牢。

第二条 标识须用中国文字,但输出国外之包裹或物品,得以阿拉伯数字及公斤符号代之。

第三条 包裹或物品未依第一条之规定标明重量者,起卸时应由船主或其负责人员向起卸工人报告各件重量之约数,每件重量在一千公斤以上而未经标明重量之包裹或物品,系由外国进口者,海关应查明其件数,重量与装运地,报由财政部转咨实业部。

第四条 发送人系法人,或无行为能力者,本章程规定之责任,由法人之代表或其法定代理人负之。

第五条 本章程自公布日施行。

174
1936 年 12 月 29 日

交通部航政局航线调查委员会章程

（中华民国二十五年十二月二十九日交通部部令第四
七九号公布）

第一条　航线调查委员会依轮船业监督章程第七条之规定设立之

第二条　航线调查委员会应航政局长之咨询对于各航线应帮轮船数量
吨位多寡负协助调查及审查之任务

第三条　航线调查委员会设委员五人至七人除航政局长为当然委员外
其余委员由航政局长就当地管辖区域内经营轮船业具有资望之人员中遴选
聘充之并呈报交通部备案

第四条　航线调查委员会会议由航政局局长召集之并充任主席遇航政
局局长因事不能出席时得委托其他委员临时代为主席

第五条　航线调查委员会例行事务由航政局局长主持并酌减航政局职
员兼理之

第六条　航线调查委员会委员职员概为无给职

第七条　本章程自公布日施行

175

1937 年 1 月 26 日

整理中华海员办法

（中华民国二十六年一月二十六日行政院第五一〇号
训令公布）

一　本办法所称海员依照片修正主义中华海员工会组织部规则的第三条第四条规定之资格为标准

二　海员须经主管官署检定合格发给证书

三　海员非领有检定合格证书不得在以机器行驶之商船上充当正式海员

四　凡经检定机关检定合格领有合格证书之海员已有团体组织者其与资方劳运关系（如工资支给方法劳动介绍权解约及其他待遇等）得由中华海员工会或分会与雇主团体依照团体协约定定之

五　本办法施行前已有团体组织之海员其与资方原有之劳动关系得由中华海员工会或分会在可能范围内依据逐渐改善之

六　本办法施行后各航商雇用海员不得再沿用包工制度

七　关于国营航业海员之待遇雇用等项另定之

八　本办法自公布之日施行

176

1937 年 1 月 29 日

修正交通部航政局航线调查委员会章程第三条条文

（中华民国二十六年一月二十九日交通部部令第十八号修正）

第三条　航线调查委员会设委员五人至九人除航政局长为当然委员外其余委员由航政局长就当地管辖区域内经营轮船业具有资望之人员中遴选聘充之并呈报交通部备案

177

1937 年 2 月 2 日

国营招商局轮船员工服务规则

（中华民国二十六年二月二日部令核准）

第一章　总　　则

第一条　国营招商局轮船员工在轮船上执行职务除法令另有规定外悉依本规则行之

第二条　本规则所称轮船员工包括驾驶员轮机员及轮船上服务之其他员工而言

第三条　船上职务分舱而轮机业务三部分由大副轮机长事务长秉承船

长分别管理之不设事务者业务部分由大副兼理之其组总系统如左表

轮船员工组织系统表甲（设事务长各船适用之）

表格

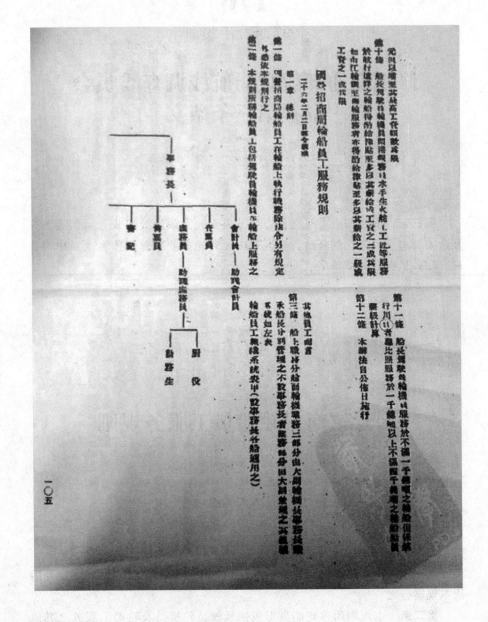

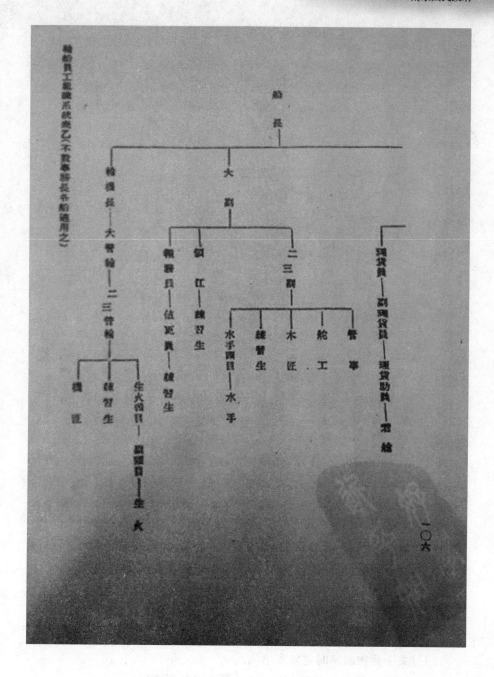

467

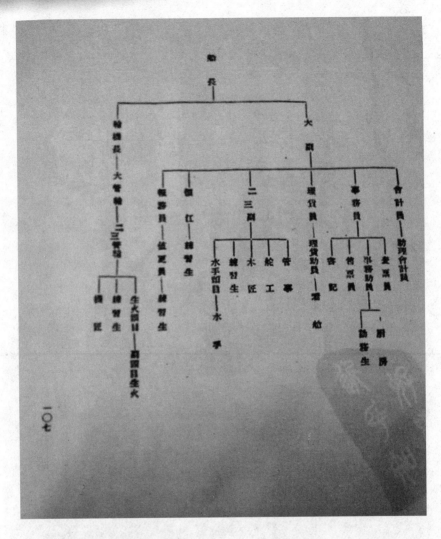

第四条 舱面部分主管申请如左

（一）关于文书海图仪器等驾驶工具之应用管理保存修缮及补充事项

（二）关于救生救火等项设备之应用管理保存修缮及补充事项

（三）关于其他航海物料之应用管理保存修缮及补充事项

（四）关于货物装载时之分配事项

（五）关于货物起卸时之监察事项

（六）关于旅客之分配招待会票膳食等项之监察事项

（七）关于船上员工工作之分配训练事项

（八）关于船上卫生及救火操艇等项安全之维持事项

（九）关于舱面部分其他事项

第五条 轮机部分主管事项如左

（一）关于轮机之运转事项

（二）关于燃料之节省及轮机部分物品之管理保管事项

（三）关于机械之整理保管事项

（四）关于机舱日记之登记报告事项

（五）关于轮机部分员工之训练事项

（六）关于轮机部分其他事项

第六条 业务部分主管事项如左

（一）关于旅客船票之售卖查验事项

（二）关于旅客舱位之支配事项

（三）关于旅客膳食之供给事项

（四）关于旅客舱位之卫生事项

（五）关于旅客上船之照料事项

（六）关于装卸货物日记登记报告事项

（八）关于业务员工之管理及训练事项

（九）关于业务部分其他事项

第七条 轮船在航行时凡舱面及轮机部分员工均应按时轮值当值时，非得主管者之许可及接值者已经接管时不得擅离职守，轮船因天气不良而停泊时，船长特令员工轮值一如航行时

第八条 轮船在港内停泊时不分昼夜，须有驾驶员及轮机员各一人，并其他船员之半数在船留守

第九条 凡遇海难及救助他船海难时，全体员工应服从船长大副之指挥监督共同操作一切事宜

第十条 各员工不得在船酗酒赌博吸食鸦片招致娼妓及其他违法失职行为

第十一条 各员工不得夹带私货私装小水脚及违禁物品，一经查出，除责令赔偿水脚及处罚其知情者，应以共犯论罪

第二章 船　长

第十二条 船长承总经理之命，指挥监督全船员工管理全船一切事务同本轮航业之发展全船员工应绝对服从船长之命令执行职务

第十三条 船长应详细知本船构造之要素及航海能力对于船体机关船具等应监督船员随时保持其良好状态并注意管理及保存

第十四条 轮船航行中，船长随时将船上旅客货物及其他关于航海之状况，用无线电报告总局

第十五条　船长对于放火、防水、防碰撞、救护等设施,应随各船情形订定操作执事表随时督率船员练习

第十六条　船长应随时检查船体内外各部分考察船员对于整理保存是否尽职

第十七条　船长在出港以前应检查本船航行时有无不妥及航海时必要之准备是否妥善

第十八条　船长接到开船通告后,应按照规定时间将本船开往指定船埠,如无其他正当理由,不得迟延时刻或变更航路

第十九条　轮船到埠或离船长应及郅局报告航行日记簿等呈局查核

第二十条　船长在航海中发生意外事变不得已须处分货物时,应以于利害关系人最有益之方法行之

第二十一条　船上遇有旅客死亡或失踪时,船长须将其所有遗物妥为查收保管,编制清单俟船到岸时一并呈局发落

第二十二条　船舶卸载货物所用之各种机械物品船长应预先备妥

第二十三条　船长如遇事故不能执行职务应即呈请总局派员代理,如在航海中应由高级驾驶员负责执行船长职务并电告总局

第二十四条　新旧船长交替时,应由原任船长上交书簿册公物点交新任船长,并将一切事务情形及该船之特性计细告知然后共同呈报总局查核

第二十五条　非得船长命令及许可,无论何人不得变更,虽经方向但遇时机危险迫不及待时,在值驾驶员为应付时机计得全

权宜变更之唯应同时将变更理由报告船长本人并不得离开望台

第二十六条　如遇本船与他船冲突或搁浅坐礁水火盗劫等灾难时,不论船体机炉货物等有无损坏,船长应立将经过情形电告总局

第二十七条　本船遇搁浅坐礁碰撞水火盗劫等灾难致船体机炉船具旅客货物等有重大之毁损成散失时,船长应将其毁损或散失之理由及所施之救济方法及经过立即详报总局

第二十八条　船长对于船上各项物料物品,应督饬各工搏节使用,不得浪费,燃料等类尤应节省

第二十九条　船长对于船具,务求物得其用,毋使散失损坏,至少每三个月应检查一次,逐项登记备查

第三十条　船长应每日查国航泊日记、轮机日记、货物装卸日记,并在各日记簿上签印,如有错误脱漏情事,应即责令更正

第三十一条　船长若发现遇难船时,应于不甚危害船舶及船员旅客之范围内尽力救助

第三十一条　船长应随时注意防盗设备,如遇有盗警时,应镇静处置,

并设法电告总局

第三章　舱面部分

第三十三条　大副受船长指挥监督执行职务

第三十四条　大副执行职务时,对于舱面及事务量部分之一切物品及出纳消耗事项应严密,注意毋浪费

第三十五条　大副有整洁全船各部分之责

第三十六条　大副应随时视察本船各部分,对于应行改革修缮事项须向船长贡献意见

第三十七条　大副应审查舱面部分员工之技能品性及考勤等项报告船长

第三十八条　大副应随时同船长逐日检查船内各部分一次

第三十九条　大副对于淡水之装储及消耗,应负责办理,唯气炉用水不在此限,又食水与炉水同储一处时得与轮机长会商使用之

第四十条　大副有保管航泊日记之责

第四十一条　大副于接到装载货物之种类及数量之报告后应秉承船长支配舱位以保船体吃水安全及平衡,如有须移动货物货物增减压舱水时,应报请船长核办关于压舱水之灌浅由大副用书面通知机舱办理之

第四十二条　大副卸货时,应将本船各项作业之状况航行之惯性压来设计方针及各项公物等详告或交继在人员并将交接情形报告船长

第四十三条　大副有指导及训练驾驶练习生之责任并应分派各种实习工作

第四十四条　大副二副三副有轮流当值处理事务之责

第四十五条　大副在航行中因病或其他故障不能行驶职权时由二副代理之

第四十六条　凡一船之驾驶工具(固定或非固定)图书仪器均由二副专责管理之其救生及救火等工具于设备,均由二副专员管理之均受大副之指导在未设有三副之船,其救火等项由二副协助大副管理之

第四十七条　邮件之装卸及保管由二副处理之

第四十八条　轮值员工应注意关于避碰章程内规定应用各灯之光色是否适合及规定外之灯光是否不外露

第四十九条　轮值员工当气香变更时尤应注意气压气温之升降海面之状况随时报告船长

第五十条　水手头目承大副及驾驶员之命,督率水手操作关于运用及驾驶上一切工作

第五十一条　抛锚机之应用货仓口之封启饮水装载之监察及其他一切木工事宜均由木匠承大副之命代理之

第五十二条　每日早晚木匠应填报各舱底及水柜之积水各一次(必要时得增加次数)记载于黑板以便载入日记,若有变动,应即报告大副,如遇木匠告假或不能行使职务时,应由大副派人负责代理之

第五十三条　舵工承二副及轮机员之命操作关于操舵整舵守望及望台上一切工作

第五十四条　水手头目舵工及木匠等于所管各物品件收用之际应详查其物资及数量毋使错误其分掌物件之账册,每星期应受大副或二副检查一次

第五十五条　无线电报务员承船长之命管理本船无线电机,收签电讯

第五十六条　报务员非在规定休息时间不得擅离报房

第五十七条　报务员发报须凭船长签字或盖章始得拍发

第五十八条　报务员得指挥值更员并指导及调练无线电练习生

第五十九条　领江副驾驶及指导航路之实

第六十条　航行中如遇疑难或将于他船碰撞时,领江应立即报告船长,遇万不得已不及报告时,得相机处置后报告船长

第六十一条　领江有指导及训练领江练习生之责

第四章　轮机部分

第六十二条　轮机长受船长之指挥监督执行职位

第六十三条　轮机长管理船体轮机及附属各装置并须保持各件之工作现状及清洁

第六十四条　轮机长应详知所管轮机之构造来力用法及能力等凡关于此项之记载,当负保管之责

第六十五条　轮机长每月须测验马力一次并将马力阅呈由船长转呈总局查核

第六十六条　轮机长有整理保管该部分物料之责,对于燃料油类等,尤宜设法撙节

第六十七条　轮机长有查验左列各机器之实

(一)通各水柜之水管

(二)蒸汽饭缸及蒸汽煖器

(三)航机起锚机及起货机

(四)全船电路

第六十八条　轮机长应考察轮机部分员工之技能品性及勤惰

第六十九条　轮机长对于放火防水各规定有督率所属员工处理之责

第七十条　每日正午轮机长应用书面向船长报告过去二十四小时内（上日正午至本日正午）燃煤确数及存煤总数并向值更员取得船长签字之本船正午经纬度船单位

第七十一条　轮机长应就各种速率中用煤之经济燃烧度拟定煤数报告船长以作平时航行之标准

第七十二条　轮机长所管之轮机有须更换修理时应预计工作日数报告船长自行调换，若力虽自修者，应报告船长转请总局核办

第七十三条　本船凡遇搁浅碰损后，轮机长应检查本部分机件有无异变报告船长

第七十四条　轮机长应常注意煤舱之通风，如有发生自然之状时，须从速防范并报告船长

第七十五条　航行中轮机长有察验轮机运动之责，航行狭路及险要地点及船离埠抵埠或气象变化时尤须常在轮机室指挥

第七十六条　本船无论在停泊及航行时，轮机长应派员轮值以防火患等危险

第七十七条　轮机长特供献改善本船机件及设法减省燃料之意见备局采纳

第七十八条　新任轮机长登船时，须先检查安全办之准确与否

第七十九条　轮机长卸职时，应将所管器械物品图书及其他要件移交继任人员，并应各机器锅炉及其他辅助之特性详告之

第八十条　在航行中轮机长大管轮二管轮及三管轮等应轮流当值并非俟接值员接替不得离位

第八十一条　轮值员应监督本部分员工之勤惰及需要用品之节

第八十二条　航行中轮值员应负登记轮机日记之责，此外，如轮机部分之整理及关于轮机各事项亦应负责

第八十三条　航行中轮值员有指挥监督轮机运转之责且应常在轮机之侧，倘有紧急命令，立即依命运转毋稍迟误

第八十四条　航行中轮机骤生变故或发现变兆时，轮值员应从速报告轮机长，如迫不及待，应先行紧急处置，并立即报告轮机长及望桥轮值员

第八十五条　航行中轮值员交替时，凡轮机之现状所受之命令及其他要件均宜详告

第八十六条　航行中轮值员应注意排水机之功用，至少必须每一小时检查污水量一次，并须将其轮值中之最多水量记于轮机日记

第八十七条　航行中轮值员应注意复水器给水柜以防淡水之耗费及油

胶之粘着

第八十八条　试车前轮值员须通知驾驶员亲察船尾是否清楚以免危险试车时轮机长须在机舱指挥

第八十九条　机匠等承轮机长或当值员之命督率生火操作关于轮机上一切工作

第九十条　轮机长遇报务员请求校正或修理电机时应予以协助及便利

第九十一条　轮机长及轮值轮机员有指导及训练轮机练习生之责

第五章　电务部分

第九十二条　事务长受船长指挥监督执行职位

第九十三条　设有事务长之轮船关联业务事项,由会计员查票员庶务员售票书记理货员秉承事务长分别掌理之

第九十四条　不设事务长之各轮船关于业务事项由会计员事务员理货员秉承大副分别掌理之查票员售票员及书记应受事务员指挥

第九十五条　事务长对于全船各等仓位旅客及货物负照料保管之责不设事务长之外轮船由事务员及理货员分别照料保管之

第九十六条　事务长或事务员及理货员于船开驶以前及船到达之后在一切客货事项尚未完毕时不得离船

第九十七条　事务长或事务员及理货员对于装载货物以交货后收回提示为责任终了如有残缺短少对本局应负赔偿责任并应于最短期间内处理清楚

第九十八条　事务长或事务员对于该部分及旅客之卫生应督率员工加以注意

第九十九条　本船停泊在各部埠时关于货物事务应受各埠分局经理或办事处主任之指导

第一百条　装载货物时,事务长或事务员及理货员,应依照大副之支配指挥监督理货人员如法堆置,毋得虚占地位或轻重倒置,关于货物之体质气味等项不能混置一处者尤宜监督员工分别安放

第一百〇一条　事务长请假时应报请船长转呈总局核准指派妥置代理后方准离职,遇船在航行中请假者,得由船长指派妥员代理仍报总局备案

事务员因事请假时,应报由大副核转其他手续准用前项之规定

第一百〇二条　事务长应将每次进出口及经过各埠所装货物名称数量暨旅客舱位数目逐项填表,送由船长转报总局备核

不设事务长之各船由事务员及理货员分别报请船长转报总局备核

第一百〇三条　各船每次所售客位款项及杂项收款应由会计员扫数缴

交总局

经收前项款项人员应于每单程航行终了以前将款项贴交会计员入账，并同时报告事务长或事务员

第一百〇四条 理货员或副理货员管理货物装载日记之记载于船罄椗后送由事务长签字后送船长核签，俟船到上海时经送总局查核

第一百〇五条 事务长或事务员及理货员对于装载客货运应督率理货人员切实验明包装重量尺寸尺度等项，不得损坏外包或减少其数量，交货过磅尤须加意比对，如包装不固或重量尺度不符合或短少残缺等情应在收货单内用墨水笔签注明，确以防偷漏涂改

第一百〇六条 会计员秉承事务长或大副办理船上一切出纳及会计等事务，不设事务长之各船有关客货部分之银钱收支，应由事务员或理货员签证送由会计员陈准船长核准办理之，协助会计员辅助会计员处理出纳事务

第一百〇七条 会计员向总局领款时，应将收据送呈船长核签其他人员不得代领

第一百〇八条 船上客票由会计员填写，请领客票通知单向总局取领保管并随时送由事务长或事务员签交售票人员发售之

第一百〇九条 查票员秉承事务长或事务员办理船上查票补票及检查客位等事务，遇旅客发生争议时，应陈明船长决定之

事务长或事务员应督同查票员查，必要时应会同办理

第一百十条 庶务员或事务助理员分别秉承事务长或事务员办理船上一切庶务交际管理等事务助理庶务员辅助庶务员处理事务

第一百十一条 售票员秉承事务长或事务员办理船上售票事务

第一百十二条 书记秉承事务长或事务员办理船上文书之收发撰拟缮写保管登事务关于发出之文件并应送请事务长或事务员核开船长判行始得缮发

第一百十三条 理货员秉承事务长或大副办理船上理货事务，副理货员辅助理货员处理事务均应随船科理货，不得擅离职守

第一百十四条 看舱受理货助员之指挥看管舱内一切货物，不得擅离职守

第一百十五条 各轮船收费一律以总局分局或办事处签准之下货单为凭

第一百十六条 货物在货舱内之分配、堆装应受大副之督察，但事务长或理货员得与大副协商办理或指挥理货人员办理之，遇货物发生短少残缺或其他情事，应报请船长或大副核办

第一百十七条 理货员应将各地段所装货物据实开具进口舱单复写六

份,一份送进口分局点收货物人如栈,一份送分局报关,一份送交验货员查收,一份送与小工头搬货,一份于到港后送总局审核,一份存照

第一百十八条 理货员于卸货时应向栈房收货人员交代清楚并执取总局或分局之阅单,如有短少残缺或其他情事应随时处理清楚

第一百十九条 勤务生受助理庶务员或事务助员之指挥侍应旅客并照料旅客行李,其规则另定之

第六章 附 则

第一百二十条 本规则自交通部核准之日施行

178

1937 年 2 月 4 日

上海市水上交通管理规则

（中华民国二十六年二月四日交通部部令核定）

第一章 总 则

第一条 凡本市区内一切水上交通事宜按照本规则之规定管理之

第二条 不满二十吨之轮船上所备用金之司舵及正副司机等除已各交通部领有执照者外应经公用局考验合格方可任用

第三条 凡来自有变口岸之船舶除遵照海港检疫条例外应受压生局检验如船上员工及乘客有患传染病者应即报告人卫生局

第二章 船舶及航线

第四条 本市所称之船舶分为下列数种

(一)货船

(二)划船

(三)实领返

(四)轮船(不满二十吨)

（五）渡船

（六）其他的船舶

第五条　各项船舶须向公用局登记其应缴之登记费如左

货船　　　　　　　三元

雇波舢板划船　　　二元

渡船及其他船舶　　五元

轮船　　　　　　　十元

如已经交通部航政局发给国籍证书之船舶得免缴登记费

第六条　本规则的第五条所列各项船舶在本市区河流行驶分不规定及规定航线二种

第七条　所有船舶在本市境内应依本市法令不持在禁止该种船舶通告之河道内行驶

第八条　凡行驶不规定航线之船舶须向公用局船务处申请登记经检验及格领得牌照并航船身打印号码后赁向助政局缴纳船损（船捐章程另定之）方得在本市区河流行驶如已经交通部航政局发给国籍证书之船舶得以依据发照片缴据者免检之

第九条　凡行驶规定航线之船舶除依照前条之规定办理外并应呈经公用局转呈市政府专案核准

第十条　凡经专案核准行驶规定航线之船舶应遵守下列各项之规定

（一）所有船舶不得同名

（二）每船容载人数及货物体积不得超过规定数额

（三）每船救生器具不得少于规定容载人数之半并经公用局检验合格后方得使用之

（四）每船机器间应备有减火机及沙箱等

（五）船舶之行驶时间及票价均须先呈公用电话局核准

（六）船舶之员役人等须一律穿着编有号数之制服并佩带符号

（七）船舶及号码均须随时保持清洁

（八）行驶航线倘有变更或扩充时应先期呈请公用局核准后方可实行

（九）航线经扩充后倘须增加船舶仍须报请公用局登记检验合格后方可行驶

（十）行驶班次不得无故中断如有不得已时应先期向公用电话局声请暂时停班或停办

（十一）船舶修理工时应于一月前报请公用局备案如据用替船仍应照章声请登记

第十一条　凡经专案核准行驶规定航线之船舶按月将下列各项之营业

状况陈送公用局备查

（一）载客行驶日数及次数

（二）载客人数

（三）载货物吨数或担数

（四）票资收入

（五）支出经费

第三章　济　　渡

第十二条　本市区内济尽事宜以市办为原则在市办济渡未成立之处得暂归商办

第十三条　济渡分为二种

（一）轮渡

（二）航渡

第十四条　黄浦江中之济渡以轮渡为限先已成立之航渡报经公用局转呈市政府核准暂时行驶后应遵照限期改办轮渡

第十五条　济渡所用船舶及码头设备应一律依照公用局所核定之图样及说明书建造经公用局检验合格方得使用

第十六条　商办济渡应遵照第九条至第十一条之规定办理但对于航渡公用局得酌量情形准将本规则的第十条第十一条规定各款省略其一部或全部

第十七条　商办济渡之年限由公用局核定之并呈报市政府备案但至多不得逾十年商办济渡于期满后经公用局考核成绩优良而一时尚不及收归市办者得由公用局转呈市政府核准继续办理之

第十八条　商办济渡非经公用局核准不得移转

第十九条　商办济渡应遵照财政局渡船捐章程向财政局纳捐

第四章　检　　丈

第二十条　行驶规定航线之船舶于声请检丈时应在声请书内填明左列各项并由声请人签名盖章如经交通部航政局发给国籍证书之船舶足资为征捐之标准者免予检丈

（一）所有人姓名或名称及其住址

（二）船名

（三）船员

（四）甲板层数

（五）容量（包括总吨数及净吨数与长度深度及吃水尺寸）

（六）发动机种类

（七）发动机马力及行驶速率

（八）推进器种类

（九）航线起讫图说及经过地点

（十）造船地点年月日及厂名与价值

（十一）管船员姓名及资格

（十二）营业种类

（十三）检丈地点

第二十一条　已经检丈之船舶经修理或改造后应检同原有检丈书据声请复丈

第二十二条　船舶经检丈后发给检丈证明书如计算容量或面积有错误时得声请查明更正或派员复丈但未经复丈以前声请人不得变更该船之原状

前项检丈证明书绝对不得伪造或涂改使用如有遗失应用书面向公用局补领并按照附表三之规定纳费

第二十三条　船舶装载客货定额按照船舶设备管理情形及丈量吨位核定之除在检丈证书内证明外并发给载货或载客限量牌订于船上显明地位

第二十四条　船舶装载客货定额有变更时应说明事由报经公用局核准

第二十五条　检丈合格之船舶其航行时间过一年后须重行报请复验不另收费

第五章　牌　　照

第二十六条　执照号牌只准在原船使用不得私自移用顶替

第二十七条　船舶易主时应会同原船主向公用局船务处用书面声请过户倘原主不能用来时须具确保得力得准许过户其过户费应照附表三之规定缴纳

第二十八条　船主地所更动应即向公用局声请更正概不收费

第二十九条　执照应随船携带如遇财政局公安局公用局查阅时应随时将执照交出查验不得违抗

第三十条　号牌应装置于批定之地位不得遮蔽

第三十一条　执照号牌如有遗失或损坏情事应即向公用局船务处声请补领并按照附表三之规定纳费

第三十二条　铜印字迹模糊时应即向公用局船务应声请补打概不收费

第三十三条　船舶号牌执照绝对不得伪造或涂改使用

第三十四条　船舶上之铜印不得擅自私刻或划减涂改

第三十五条　凡租用或购买旧船者应查明船身有无铜印号牌漏捐或其

他违章未了情事否则一切责任应由新船主担负

第三十六条　船舶执照有效期满须向公用局换领执照后继续缴捐方得在市区河流行驶

第三十七条　船舶出境或修理期间预定在二个月以上者须将当月船捐缴讫并得将船应向就近公用局船务处寄存由船务处发给通告证即须依照通行证所示日期出境或修理于回境或修竣时节须持通告证赴原船务处将执照取回向财政局船捐处缴纳当月船捐

第三十八条　船身原有铜印因修理换支如不能将旧有铜印号码呈验或呈验时发觉与原式样不符者公用局即将其原有号牌执照等没收并令重新登记

第三十九条　船舶容量大的使用时应将该船号牌执照等缴公用局原发牌照之服务处由船务处有铜印消此项船舶于领得退还牌照证后方可出境发停止使用但当月船损坏须缴清

第六章　行　　驶

第四十条　船舶航行处靠本船之如两船相遇应各走右边

第四十一条　两船从横相遇如甲船见乙船适在甲船头之右者应即减少速率或立即停止或倒退避让乙船亦应设法避让以免发生危险

第四十二条　两船在同一方向航行后船如欲越过前船除用警号或口号叫呼前船外应俟前船答应但前船接得后船警号或口号不得无故不答

第四十三条　船舶航行于河道具狭窄或交叉转弯桥梁及堤岸低陷之处应减少速率缓行不得争先越过夜间尤应用警号或口号警告来船以免碰撞

第四十四条　两船如有碰撞之处时须照下列办法避让

一、用人力行驶之船舶让借风力行驶之船舶

二、轮船应避让用人力风力行驶之船舶

三、用人力行驶之船舶逆水者应让顺水者

四、借风力行驶之船舶顺风者应让逆风者

第四十五条　凡值大雾大雪或大风大雨时各船均应缓行或停泊并用警号或口号警告来船以免碰撞

第四十六条　船舶不得将污积垃圾煤悄及沙石等任意投放海内

第四十七条　木牌竹筏行驶本市区河道时应向公用局船务处领有特许通告证方可通行

第四十八条　渔船不得在河道狭窄或交通繁盛处捕鱼如欲常用在一定地点捕鱼者应先报经公用公安两局核准若夜间捕鱼船头船尾应白色明灯一盏

第四十九条　船舶装载货物体积不得随意伸出船外或拖带船后以致阻塞河道妨碍交通

第五十条　船舶装载下列各物时应加包裹盖或用其他适当之装置

一、容易渗漏者

二、容易飞散者

三、有恶浊气味发泄者

第五十一条　凡装载大宗爆裂物品之船舶应有充分之适当消防设备

第五十二条　船舶航行时如有船身破旧渗漏失修者蓬档案舵等腐烂不坚者船头船尾铁圈锚及带缆绳不坚固者或机件如已损坏仍在行驶者经公用局查获后即令其入场修理至公用局检验合格后方可行驶

第五十三条　船舶在市区河流上非经公用局之许可不得举行速率比赛

第五十四条　船舶对于水上各项交通标志应一律遵守纪律并服从公用公安两局之指挥

第五十五条　行驶规定航线之船舶须依照片呈准停泊地点之次序航行不得绕越

第五十六条　行驶规定航线之船舶在日间航行时应于船头悬挂核定之船旗船尾应悬挂固定资产之商旗

第五十七条　船舶在夜间航行时自日入起至日出止船头船尾应该悬挂明灯各一盏两灯背面各设矩式遮蔽不使用灯光互相映射后方

第五十八条　船舶拖带船只在夜间航行时于桅杆白色明灯下加系白色明灯二盏相距一八三〇公尺（合六英尺）每一拖船须在明显之处悬一白色明灯

第五十九条　轮船警号如左

一、短声汽号一声表明本船向右

二、短声汽号二声表明本船向左

三、短声汽号三声表明本船倒退

四、短声汽号三声长声汽号一声表明后船欲越过前船

五、长声汽号一声表明欲越过帆船

六、在每二分钟放长声汽号一声表明遇雾雪或大雨及经过河道交叉曲折或转弯之处

第六十条　船舶于航行中遇险求救时应连放汽号或雾号或声警或用通语旗号夜间或兼放旧火至遇救时为止

第六十一条　船舶于航行中遇有他船求救时除本船在危险中外无论何时应尽力施救

第六十二条　轮船行驶速率不得越过规定限度

第六十三条　关于船舶之桅灯红绿灯悬挂方法昼夜航行规律汽笛鸣放长短次数平时及遇险时之旗号灯号以及其他信号等在本规划中无特别规定者悉依照国际公认之航海避碰章程办理

第七章　停　泊

第六十四条　船舶夜间停泊应在船头桅杆显明地位悬一白色明灯其船身长度超过十六公尺(合五十英尺)者应于船尾显明地位加系白色明灯一盏

第六十五条　船舶停泊或靠码头应依次抛锚繁缆在家停妥时不准乘客上下

第六十六条　船舶如遇中途损坏搁浅停泊或沉没不能行驶时船身不满十六公尺者应悬红旗红灯超过十六公尺者应于明显处上下连挂黑球二个夜间并于挂黑球之处加挂红灯二盏

第六十七条　在河道狭窄交叉转弯桥梁及抛设水底电线处各种船舶及竹木筏一概不准停泊或抛锚

第六十八条　凡沿黄浦江与松江两岸起卸竹木须先向土地局请领使用岸线执照

第六十九条　凡在市区其他河流沿岸起卸竹木如是临时性质者须呈经公用局船务处许可

第七十条　起卸竹木在使用岸线范围内及曾经公用局船务处许可地段应照下列各项办理

甲、停泊时应照公用局树立之标记为限距离驳岸在黄浦江以竣港线为止在吴淞江不得超过三公尺其他河流临时酌定

乙、停泊时应互相靠紧不得纵横交错

丙、竹木排应随到随卸停泊时期至多不得逾半月

第七十一条　粪船垃圾船除在卫生局指定码头外其余地点非经特别准许一概不准停泊装卸

第七十二条　凡载有引火性爆发性或其他危险品物品之船舶除经特许外一概不准在市区河流繁盛地段内停泊

第七十三条　船舶得在本市区河流公共处所停泊适用上海市公共码头管理规则第三条之规定

第八章　罚　则

第七十四条　凡违反本规则的各项规定希关漏捐者除照下列各条分别处罚外并勒令向财政局照章缴纳船捐

第七十五条　凡违章船舶应受之处分如不能即时理妥者得缴纳保证金

其数额除本章另有规定外等于罚款之一倍并限七日内至指定处所听候处分逾期不到将保证金没收如系外埠开来之船舶得视路程近酌量情形延长其限期不能遵照缴纳保证金者得将船舶扣留

第七十六条 违背第二条之规定任用未经考验合格之司舵者得勒令其停止任务并限期遵照第二条办理后方可任用

第七十七条 凡经查获未登记之船舶应即令至公用局船务处登记并缴纳罚金同时至财政局船捐处缴纳船捐如不能即时理妥者应按照第七十五条办理其保证金及罚款数目如下

船舶种类	等级	应缴保证金数额	罚金数目
货船			
	一	六元	三元
	二	七元	三元
	三	八元	三元
	四	十一元	三元
	五	十三元	三元
	六	十五元	三元
	七	十七元	三元
	八	十九元	三元
	九	二十一元	三元
	十	二十三元	三元
	十一	二十五元	三元
	十二	二十七元	三元
旧污舢板		四元	一元
其他船舶	依照货船等级比例办理		

第七十八条 凡经专案核准行驶规定航线之船舶违背第十条之规定办理者处以二十元以下罚金

第七十九条 行驶规定航线之船舶不遵照第十一条办理者先予通告限期讫逾期如仍不遵照办理后方可行驶

第八十条 凡未经核准擅自办理济渡者罚钱二十元

第八十一条 凡商办济渡所用船舶及码头设备管理未经检验员合格擅自使用者除勒令停用外处以二十元之罚金

第八十二条 凡伪造本规则的所载各种凭证者应将该船及船主送由公安局依法究办

第八十三条 违背第二十一条之规定船舶经修理或改造不声请复丈者得吊销其牌照及检丈证书

第八十四条　违背第二十五条之规定检丈合格之船舶经一年后不声请重行检验者得将其船舶扣留重行检验方可行驶

第八十五条　借用他人号牌执照或私自涂改号牌执照铜印者罚银五元并将原有牌照没收重行登记

第八十六条　私自掉船者罚银一元仍须将旧船验明取消铜印同时办理掉船手续否则即将原有牌照吊销另行登记倘查是暂时性质而未超过一个月者除罚银五角并补缴船捐外准予免费补领替船临时通行证

第八十七条　已有铜印重请登记如查明并无漏捐情事罚银一元补领牌照

第八十八条　铜印执照号牌之号码彼此不符或号牌地位移动或不带执照或故意隐蔽号牌者开银五角

第八十九条　号牌执照及检丈证书如损坏或遗失应即补领否则罚银五角

第九十条　违背第三十二条之规定铜印模糊不声请补打者罚银五角重打铜印

第九十一条　已有铜印私自铲除复蒙请检验者罚银三元

第九十二条　违背第三十六条之规定执照期满不换领新照者罚银二角仍须换领新照

第九十三条　私自过户者按照下列规定处罚但仍须补办过户手续行驶不规定航线之船舶罚银一元

行驶规定航线之船舶罚银二十元

第九十四条　凡船舶行驶于本市法令禁止该种船舶通告之河道内者处以二十元以下之罚金

第九十五条　夜间如不照章燃灯者罚银一元

第九十六条　违犯下列各项之一者除经公安局或司法机关询明属实依法究办外由公用局吊销牌照

一、私运违禁物品

二、藏匿或偷藏客员货者

三、向客勒索者

第九十七条　虚报出境及入坞修理工者罚银一元

第九十八条　船舶载重不得超过规定重量如不遵守而其超过在四百公斤以内者处以五元以下之罚金其在四百公斤以上者加罚银五元

第九十九条　载客逾额或在不相当地位者处以五元以下之罚金

第一百条　船主住址更动不报者

行驶不规定航线之船舶　罚银一元

行驶规定航线之船舶　罚银五元

第一百〇一条　凡行驶规定航线之船舶不依照核准航线之次序行驶经查明属实罚银十元

第一百〇二条　船舶于航行时如有将污积垃圾煤或沙石等投河内情事者罚银五元

第一百〇三条　木排竹筏未向公用局船务处领有特许通告证者处以五元以下之罚金

第一百〇四条　船舶停泊在不相当地位或号载货物伸出船外及拖带船后致妨碍交通者罚银二元

第一百〇五条　船舶停泊或靠码头如不依次抛锚紧缆或在未停妥时而予以乘客上下者罚银五元

第一百〇六条　违反第七十条之规定者罚银五元

第一百〇七条　船舶装载容易渗漏或飞散及有恶浊气味之物品未加包裹覆盖者罚银一元

第一百〇八条　违背第五十一条之规定装载大宗爆裂物品之船舶无适当消防设备者得吊销其牌照及检丈证书

第一百〇九条　违背第五十三条之规定未经呈准举行速率比赛者得勒令其停止比赛

第一百十条　违背第五十四条及其他各条有关交通上之一般规定者初犯予以书面警告再犯罚银五元

第一百十一条　凡来自有疫口岸船舶或船上员工乘客患有传染病者进本市区时或经卫生局或公用局检查许可时处以五元以下之罚金但船舶仍须经卫生局消毒后方可行驶

第一百十二条　船舶行驶班次无故中断而未向公用局呈准停班或停办者处十元以下之罚金

第一百十三条　轮船行驶过规定速度者处以十元以下之罚金

第一百十四条　船舶搁浅或沉没之处未向公用局报告或未悬挂红旗红灯黑球者罚银二十元

179

1937 年 2 月 17 日

汉口航政局分科职掌简则

（中华民国二十六年二月十七日交通部部令核准）

第一条 本局设左列各科室

（一）第一科

（二）第二科

（三）技术室

（四）会计室

第二条 第一科设左列各股

（一）文书股

（二）事务股

（三）运输股

第三条 文书股之职掌如左

（一）关于机要及考积事项

（二）关于收发文件及保管案卷事项

（三）关于典守印信及公布局令事项

（四）关于案编统计报告事项

第四条 事务股之执掌如左

（一）关于本局庶务事项

（二）关于现金之出纳保管事项

第五条 运输股之职掌如左

（一）关于介绍船舶营业或出租事项

（二）关于运价租金之评定事项

（三）关于运输合同及租船合同之审核事项

第六条 第二科设左列各股

（一）登记股

（二）海事股

（三）监理股

（四）验船股

第七条 登记股之执掌如左

（一）关于轮船业及船舶之各种登记事项

（二）关于核发船舶各项有关证书事项

（三）关于航业之各种统计事项

第八条 海事股之执掌如左

（一）关于海员及引水人之考核登记及监督事项

（二）关于海事纠纷之处理事项

（三）关于航行日记簿之核阅事项

（四）关于航路标识之监督事项

（五）关于海员海事之统计事项

第九条 监督股之执掌如左

（一）关于航业监督及促进合作事项

（二）关于绞滩事务之规划事项

（三）关于航线纠纷之处理事项

（四）关于船舶之统计事项

第十条 验船股之执掌如左

（一）关于船舶声请检查丈量之记录事项

（二）关于船舶检查证书吨位证书之核发之事项

（三）关于船舶检查丈量之督促事项

第十一条 技术室之执掌如左

（一）关于船舶检查丈量之实施事项

（二）关于仪线标议之勘划事项

（三）关于造船样之勘划事项

（四）关于绞滩工程之审核事项

（五）关于其他有关技术之事项

第十二条 会计室之职掌如左

（一）关于计算决算之核编整理事项

（二）关于账目之处理及登记事项

（三）关于收支凭单之核签及收支单据之审核事项

（四）关于会计统计报告书表之编送事项

（五）关于库存及银行往来之检查事项

（六）关于其他会计事项

第十三条　技术室负审核及实施技术事项之责其事务部分均由第二科有关各股办理

第十四条　本简责自呈奉交通部核准之日施行

180
1937 年 2 月 26 日

关于海上雇用儿童及青年
强制体格检查公约

（中华民国二十六年国民政府第三八五号指令公布）

国际联合国际劳工组织之大会经国际劳工局理事院之召集，于一九二一年二十五日在日内瓦举行第三届会议，并决议通过学习本届议事日程第八项之一部分关于海上雇用青年及儿童强制执行体格检查之数种提议，决定此项提议，应采取国际公约草案之方式

依照凡尔赛和约第十三编及其他和约同样部分之规定，通过下列公约草案，备送国际劳工组织部之各会员国批准

第一条　本公约所用之船舶一名词，包括所有航行于海上任何性质之船舶，不论其为公有或私有，但军队除外

第二条　十八岁以下之儿童或青年，受雇于任何船舶中，须具有主管官署认许之医生所发之证明书，证明彼等体格适宜于海上工作，但该项船舶所雇用之全体员工，系属同一家庭者除外

第三条　凡此等儿童或青年，继续被雇于海上在一年期间内，应重受该项体格检查，并于每一次检查后，另给证明书，证明彼等适宜该种工作，若一医生证明书在航程中途满期，则其效力应延至该次航程终结为止

第四条　遇紧急情形时，十八岁以下之青年，未受本公约第二条及第三条所规定之检查，主管官署得准许其登航，唯常须支付该船驶抵第一个口岸时，应施该项检查

第五条　依照凡尔赛和约之第十三编及其他和约同样部分之规定，本公约之正式批准，应通知国际联合会秘书长登记之

第六条　本公约自国际劳工组织二会员国之批准,经秘书长登记之日起,发生效力

本公约仅对于在秘书处登记批准之会员国发生拘束力,后任何会员国自秘书处登记批准之日起,本公约对之应即发生效力

第七条　国际劳工组织之二会员国登记批准于秘书处国际联合早报会之秘书长,应即通知所有国际劳工组织之会员国,嗣后该组织部之其他会员国登记批准时,该秘书长仍应依照前例,一律通知

第八条　凡批准本公约之各会员国,允至远不过一九二四年正月一日实施本公约第一二三四各条之规定,如必要时,当采取相当手续,使此等规定发生效力

第九条　凡批准本公约之国际劳工组织部会员国,允依照凡尔赛和约第四百二十一条之条款,及其他和约之同条规定,施行本公约于其殖民地,国土,及被保护国

第十条　凡批准本公约之会员国,自本公约初次发生效力之日起,满十年后,得通知国际联合会秘书长宣告解约,并请其登记,自秘书处登记之日起,满一年后,该项解约之宣告,方能发生效力

第十一条　国际劳工局理事院至少十年一次,应将本公约之实施状况报告大会,并应考虑应否将修改或限制本公约之问题列入大会议事日程

第十二条　本公约以法文与英文本为准

181

1937 年 2 月 26 日

关于海员雇用契约条件公约

（中华民国二十六年国民政府第三八五号指令公布）

国际联合会国际劳工组织之大会,经国际劳工局理事院之召集于一九二六年六月七日,在日内瓦举行第九届会议,并决议通过本届议事日程第一项目关于海员雇佣契约条例之数种提议,并决定此项提议,应采取国际公约草案方式

依照凡尔赛和约第十三章及其他和约同等部分之规定,于一九二六年六月二十四日通过下列公约草案,备送国际劳工组织部各会员国批准

第一条 本公约适用于在批准本公约馆任何会员国内,所有登记之航海船舶,及其船主,船长,与海员

本公约应不适用于军舰

国有船舶之不经营商业者

经营沿海贸易之船舶

游乐艇

印度乡船

渔船

登记之总吨数不满一百吨,或三百立方公尺之船舶,以及经营境内贸易之船舶,其吨数在国家法律于通过本公约时,特为该项贸易制定之特殊条例之限制之下者

第二条 为施行本公约起见,下列各名词,应各含定义如左

(一)船舶一名词,包括任何性质公有或私有,通常从事于航海事业者

(二)海员一名词,包括所有被雇或受聘于船上,担任任何工作,而且在海员雇佣契约内登记之人员,但船长领港,训练船舶之学生,有特别契约之学徒,海军人员,以及在政府常设机关之服务者皆当除外

(三)船长一名词,包括指挥及主持之人员,但领港除外

(四)境内贸易船舶一名词,专指商船之航行于本国及一邻国口岸间,而处于国家法律规定之地理范围以内者

第三条 海员雇佣契约,应由船主或其他代表,及海员双方签字,在签字之前,应予海员及其顾问以审查雇佣契约之相当便利

海员签订契约,应照国家法律之规定,借使主管官署有充分之监督

若主管官署,证明该项契约会用书面呈核,并经船主或其他代表及海员双方之承认,前列各规定,应认为业已遵守,国家法律应有充分之规定,保证海员,对于契约之明了

契约内不得具有违背国家法令,或本公约之条款

国家法律,如视为保护船主及海员利益之必须,应规定其他关于订立及保证契约之手续

第四条 按照国家法律,应采适宜办法,以保证雇佣契约内,不至载有双方预先协定,规避由法庭审理之普通规则

本条应不视为禁止交付仲裁机关处理

第五条 每海员应发给一详载其在船上工作之文件,该项文件之格式,应载之项目,及此等项目之应如何载列,均应由国家法律规定之

上项文件,不得载有海员工作价值之估计及其工资

第六条　雇佣契约可规定一确定之时期,或一次航行之规定,如为国家所准许,亦可为不限期之规定

雇佣契约应明白记载双方之权利及义务

下列各项,系为必须载明者

(一)海员之姓名、生日或年岁及籍贯

(二)契约订立之地点及日期

(三)海员担任工作之船舶(单数或多数)之名称

(四)船员之数目,以按照国家法律顾问须登载者为限

(五)指定之航行,以订立契约时所确定者为限

(六)海员应尽之职务

(七)海员应登船听候服务之日期及地点,以可能者为限

(八)海员给养之标准,如国家法律另有规定者,不在此限

(九)工资数目

(十)契约之终止及其条例

甲　如契约是有定期者,满期之日期

乙　如契约为一次航行用者,航行目的之海口,及海员于到达之后,或以难职之时期

丙　如契约是无定期者,双方取消契约应具有条例,及预告时期,唯船主之预告时期,不得较海遇者为短促

(十一)在同一船舶公司服务满一年之后,海员每处应享照支工资之假期,但以国家法律有此种假期规定者为限

(十二)其他的项目,国家法律,视为必需者

第七条　如国家法律顾问规定,船上应备有船员名册,则该项法律,亦应规定将契约一并列入于名单之内,或作为附件,附录于后

第八条　为使海员确悉其权利及义务之性质及其范围起见,国家法律,应规定办法,将雇佣契约内之条例,张贴于船员的晚到之处,或采其他适当方法,使海员能明了其工作之条件

第九条　无定期间之契约,无论船舶在装货或卸货之口岸,可由一方面声明终止之,唯必须依照契约内所规定之预告时期办理,而该预告时期,不得少于二十四小时,此种预告,应用书面行之,国家法律,应规定预告之手续,以免双方对于此点,有所争执

国家法律顾问,应规定特种情形,在该情形之下,预告手续,虽然合法施行,然仍不得终止契约

第十条　凡契约不论订立为有定期间,无定期间,或限于一次之航行,

遇有下列情形之一，即作为终止

（一）双方之同意

（二）海员之死亡

（三）船舶之丧失，或失其航行之能力

（四）国家法律或本公约所规定之任何原因

第十一条　国家法律，应规定在何种情形之下，船主或船长得立即解雇海员

第十二条　国家法律顾问并应规定，在何种情形之下，海员或以要求立即解雇离船

第十三条　如海员向船主或其代表，证实其可得船长或船副或司机之职位，或其他高于现有地位之职位，或因其受雇后发生之事项，使其脱离现职，有重大利益时，得要求解约，但必须自觉一熟悉可靠之替人，经船主或其代表之承诺，且须不因此而使船主增加费用，如遇上述情形，该海员薪工，应照算至其离职之时为止

第十四条　不论因何种原因，致契约之终止或取消，均应载于依照第五条规定所发给于海员之文件，及船员名单之内，此项记载，经任何一方之要求，应由主管官听核证之

海员除第五条规定之文件外，可由船主要求另给一凭证，证明其工作成绩，或是否已完全履行契约上应尽之义务

第十五条　国家法律，应规定办法保证本公约各款之遵守

第十六条　依照凡尔赛和约第十三章及其他和约同样部分之规定

本公约之正式批准，应通知国际联合会秘书长登记之

第十七条　本公约有国际劳工组织两会员国批准，经秘书处登记之日起，发生效力

本公约权对于曾经登记批准之会员国发生拘束力嗣后任何会员国，将其批准案送请秘书处登记日起，本公约对之即发生效力

第十八条　国际联合会秘书长于本公约经国际劳工组织部两会员国之批准，在秘书处登记后，应即通知其他国际劳工组织部之会员国嗣后其他会员国绩有登记批准逮捕者，该秘书长仍应依照前例，一律通知

第十九条　凡会员国之批准逮捕本公约者，依第十七条之规定，承允至迟不过一九二八年一月一日，实施本公约第一、二、三、四、五、六、七、八、九、十、十一、十二、十三、十四、十五各条之规定，并采取切实办法，使其能切实施行

第二十条　凡国际劳工组织会员国之批准本公约者，承认依照凡尔赛和约第四百二十一条及其他和约同样条款之规定，推行本公约于其殖民地，

属土,及被保护国

第二十一条 凡批准本公约之会员国,自本公约初次发生效力之日起,满十年后,得通知国际联合会秘书长,宣告解纳,并请其登记,自秘书处登记之日起,满一年后,事项解约之宣告,方能发生效力

第二十二条 国际劳工局理事院至少十年一次,应将本公约之实施状况,提出大会报告,并须考虑是否将本公约修正或更改之问题,列入大会议事日程

第二十三条 本公约以法文本与英文本为准

182

1937 年 2 月 26 日

关于遣送海员回国公约

(中华民国二十六年国民政府第三八五号指令公布)

国际联合会国际劳工组织部之大会,经国际劳工局理事院之召集,于一九二六年六月七日在日内瓦举行第九届会议并决议通过本届议事日程第一项目关于遣送海员回国之数种提议,应采取国际公约草案之方式

依照凡尔赛和约第十三编及其他和约同样部分之规定,于一九二六年六月二十三日通过下列公约草案,备送国际劳工组织部各会员国批准

第一条 本公约适用于批准本公约之各会员国内所有登记之航海船舶及其船主,船长,与海员

本公约应不适用于

军舰

国有船舶而不经营商业者

经营沿海贸易之船舶

游乐艇

印度乡船

渔船

登记之总吨数不满一百吨,或三百立方公尺之船舶

经营境内贸易之船舶,其吨数在国家法律顾问于通过本公约时,特为该项贸易制定之特殊条例之限制之下者

第二条 本公约所用之名词,其意义如下:

(一)船舶一名词,包括任何性质公有或私有,通常从事于航海事业者

(二)海员一名词,包括所有一切雇用或从事于船上任何人工作而在海员雇佣契约上登记之人员,但船长、领港、练习船上之学生,有特别契约之学徒,海军人员以及其他人员,担任政府之永久职务者,皆当除外

(三)船长一名词,包括指挥及主持船舶之任何人,但领港除外

(四)境内贸易船舶一名词,专指船舶之经营贸易于一国,及一邻国口岸之间而处于国家法律所划定之地理范围内者

第三条 凡海员在服务期间内,或在服务期满时,被送登陆,应送回其本国,或其受雇之口岸边,或船舶开航之口岸,国家法律顾问应订明必要之条款以规定之,并须决定何方负担遣送回国之费用

如海员在船上得适宜之工作,而该船是向上述目的地之一航行时,该员应视为已被送回国侨外水利枢纽员受雇于其他国家,其享受被送回国之权利等情,应照国家法律顾问之规定,如无此项法律时,则由雇佣契约之条款中规定之,以上数节之规定,然仍应适用于受雇于本国口岸之海员

第四条 海员如因下列各项原因,以致留滞者,不得令其负担回国者费用

(一)在船上服务而受伤害者

(二)船只遇难

(三)非因其自己之故意的行动计划及过失而得之疾病

(四)解雇之缘由不能由海员负责者

第五条 遣送海员回国之费用,应包括途中运输费、饮食及居住费,并应包括海员启程前之维持费

海员被遣送回国时,如充船员之一则在航程中所做之工作应得报酬

第六条 登记船舶之政府机关,如遇适用本公约时,该机关应不论其海员之国籍,负责监督遣送任何人船员回国之事宜,并遇必需时,须给海员之费用

第七条 依凡尔赛和约第十三章及其他和约之同等部分之规定,本公约之正式批准,应通知国际联合会秘书长登记之

第八条 本公约自国际劳工组织部两会员国批准,经秘书长登记日起,发生效力

本公约仅对于已在秘书处登记批准之会员国有拘束力,嗣后凡任何会员国,自将其批准逮捕案送请秘书处登记日起,本公约对之即生效力

第九条 国际联合国秘书长于本公约经国际劳工组织部两会员国之批

准,在秘书处登记后,应即通知其他国际劳工组织之会员国,嗣后其他会员国绩有批准逮捕登记时,该秘书长仍应依照前例,一律通知

第十条 凡会员国批准本公约,承允至遵不过一九二八年正月一日即实行本公约之第一、二、三、四、五、六各条并采取相当办法,使各项规定发生实效

第十一条 凡国际劳工组织部会员国批准本公约者,允照凡尔赛和约第四百二十一条,及其他和约之同等条款之规定,推行本公约属其殖民地、国土及被保护国

第十二条 凡批准本公约之会员国,自本公约初次发生效力之日起,满十年后,得通知国际联合会秘书长宣告解约并请其登记,自秘书处登记之日起,满一年后,是项解约之宣告,方能发生效力

第十三条 国际劳工局理事院至少十年一次,应将本公约之实施状况,提出大会报告,并须考量应否将本公约修改或加以限制之问题,列入大会议事日程

第十四条 本公约以法文与英文本为准

183

1937 年 2 月 26 日

规定海上雇用儿童最低年龄公约

(中华民国二十六年国民政府第三八五号指令公布)

国际联合会国际劳组织部之大会,经国际劳工局理事院召集,于一九二○年六月十五日在热那亚举行会议,并议决通过本届大会议事日程之第三项目关于适用于去年十一月在华盛顿所采取之禁止雇用十四岁以下之童工公约,于海员之数称提议,并决定此项提议,应取国际公约草案之方式

依照一九一九年六月二十八日凡尔赛和约,一九一九年九月十日之圣日耳曼和约,一九一九年十一月二十七日之纳依和约及一九二○年六月四日之特里阿农和约之劳工编,通过学习下列公约草案,备送国际劳工组织部各会员国批准

第一条　本公约所用之船舶一名词,包括所有航行于海洋任何性质之船舶,不论其为公有或私有者,但军舰除外

第二条　凡十四岁以下之儿童,不得雇用或工作于船舶上,但该项船舶所雇用之人员,系属同一家庭者除外

第三条　第二条规定不适用于在学校船或训练船上从事工作之儿童,该项工作经政府机关所核准与监督者

第四条　为实施本公约各项条款便利起见,每船船长须备置一簿册,记载其船上所雇用十六岁以下之儿童姓名及其出生之年月日,或则于雇用约契内列单记载之

第五条　凡国际劳工组织部会员国之批准本公约者,承允实施本公约于其殖民地,被保护国,及未能完全自治之属地,但

(一)因地方情形不适用于本公约之规定者除外

(二)得为必要之修改,以适应地方情形

各会员国应将其对于其每一殖民地、被保护国及未能完全自治之属地,采取之办法,通知国际劳工局

第六条　依照一九一九年六月二十八日凡尔赛和约、一九一九年九月十日圣日耳曼和约、一九一九年十一月二十七日涅宜和约及一九二〇年六月四日大特喇农和约之第十三章之规定,本公约之正式批准,应通知国际联合会秘书长登记之

第七条　国际劳工组织之两会员国登记批准于秘书处,国际联合之秘书长,应即通知所有国际劳工组织之会员国

第八条　本公约自国际联合秘书长发出该项通知日起,发生效力,但本公约仅对于已在秘书处登记批准之会员国有拘束力

嗣后其他会员国自将其批准逮捕案送交秘书处登记日起,本公约对之即发生效力

第九条　凡批准本公约之会员国,依第八条之规定,承允至远不过一九二二年七月一日即实施本公约之各条款,并于必要时,当采取相当手续,使各项规定发生实效

第十条　凡批准本公约之会员国,自本公约初次发生效力之日起,满十年后,得通知国际联合会秘书长宣告解约,并请其登记,自秘书处登记之日起,满一年后是项解约之宣告,方能发生效力

第十一条　国际劳工局理事院至少十年一次,应将本公约之实施状况,提出大会报告,并须考虑应否将修正或限止本公约之问题列入大会议事日程

第十二条　本公约以法文与英文本为准

184

1937 年 2 月 26 日

规定雇用火夫或扒炭之最低年龄公约

（中华民国二十六年国民政府第三八五号指令公布）

　　国际联合会国际劳工组织部之大会,经国际劳工局理事院之召集,于一九二一年十月二十五日在日内瓦举行第三届会议,并决议通过本届议事日程之第八项关于禁止的雇用十八岁以下之人充任火夫或扒炭职务犯罪之提议,决定此项提议应采取措施国际公约草案之方式

　　依照凡尔赛和约之第十三编及其他和约之同样部分之规定,通过学习下列公约草案,备送国际劳工组织之各会员国批准

　　第一条　本公约所用之船舶一名词,包括所有航行于海洋任何性质之船舶,不论其为公有或私有者,但军艇除外

　　第二条　凡十八岁以下之青年,不得雇用为船舶上之火夫或扒炭

　　第三条　第二条规定应不适用于

　　（一）青年在学校船或训练船上之工作,假如该项工作经政府官署核准及监督者

　　（二）青年受雇于不以汽力为航行原动之船舶

　　（三）凡十六岁以上之青年,经体格检查认为适合者,得被雇于专事经营印度或日本沿岸贸易之船舶为火夫或扒炭,但须咨询各该会员国最能代表雇主与工人之组织后,订一条例,以资限制

　　第四条　如在一口岸需用火夫或扒炭,而该口岸仅有十八岁以下之青年可资供给,则此等青年得予雇用,但须以青年两名当一火夫或一扒炭,而且此等青年之年龄至少须为十六岁

　　第五条　为便利施行本公约之规定起见,每船船长须备置一簿册,记载其船上所雇用十八岁以下者之姓名及其出生之年月日,或则于雇用契约列单记载之

　　第六条　凡雇用契约,应将本公约之规定撮要记入

第七条　依照凡尔赛和约第十三编及其他和约同样部分之规定,本公约之正式批准,应送请国际联合会秘书长登记之

第八条　本公约自秘书长登记国际劳工组织部二会员国之批准日起,始生效力

本公约仅对于已在秘书处登记批准之会员国发生拘束力

嗣后任何会员国送请秘书处登记其批准逮捕之日起,本公约对之即生效力

第九条　国际联合会秘书长于本公约经国际劳工组织部二会员国之批准,在秘书处登记后,应即通知其他国际劳工组织部之会员国,嗣后其他会员国籍有批准登记时,该秘书长仍应依照前例,一律通知

第十条　凡批准本公约之会员国,依第八条之规定,允承至迟到过一九二四年正月一日即实施本公约之第一、二、三、四、五、六条条款,并于必要时,当采取相当手续,使其发生实效

第十一条　凡国际劳工组织部会员国批准逮捕本条约者,允承依照凡尔赛和约第四百二十一条及其他和约之同等条款之规定,履行本公约于其殖民地属土地被保护国

第十二条　具损准本公约之会员国,自公约初次发生效力之日起,满十年后,得通知国际联合会秘书长宣告解约,并请其登记,自秘书处登记之日起,满一年后,是项解约之宣告,方能发生效力

第十三条　国际劳工局理事院至少十年一次,应将本公约之实施状况报告大会,并应考虑应否将修改或限制本公约之问题,列入大会议事日程

第十四条　本公约以法文与英文本为准

185

1937 年 2 月 27 日

船舶设计纲目

（中华民国二十六年二月二十七日交通部部令第三七号公布）

船舶设计纲目载明左列事项

一、船舶之种类

二、船舶之资格

三、设计总吨数

四、主机种类及数目

五、主机设计马力

六、锅炉种类及数目

七、设计气压

八、推进器种类及数目

九、设计速力

十、预定起工日期

十一、预定竣工日期

十二、承造价格

十三、船身造费概算

十四、主机关造费概算

十五、属具机件概算

186
1937 年 2 月 27 日

船图种类

（中华民国二十六年二月二十七日交通部部令第三七号公布）

船图分为左列各种均须载明尺寸

一、船体线图

二、船体中央横截面图

三、船体机舱及锅炉舱横截面图

四、船体中心线纵截面图

五、船体结构中心线纵截面图

六、船体各甲板及舱内结构平面图

七、外板展开图

八、双层底之内底板展开图

九、防水隔壁图

十、舵、舵柄、舵柄弧、车轴托架、船首柱及船尾柱图

十一、车轴船尾管及推进器图

十二、主机图

十三、锅炉图

187

1937 年 3 月 17 日

交通部上海航政局航线调查
委员会办事细则

（中华民国二十六年三月十七日交通部指令第二三七
六号公布）

第一条　本委员会依据《交通部上海航政局航线调查委员会章程》之规
定,组织成立,附设于上海航政局。

第二条　本委员会设总干事一人,下置总务技术两组,每组设组长一
人,组员二人或三人,由上海航政局职员兼充之。

第三条　本委员会在上海航政局设有航政办事处地点设调查专员,即
由各该办事处主任兼充之。

第四条　本委员会总务组之职掌如左:

一、关于文卷之撰拟及保管事项。

二、关于会议之布置及记录事项。

三、关于交际及庶务事项。

四、关于其他不属于技术组事项。

第五条　本委员会技术组之职掌如左:

一、关于调查事项。

二、关于技术方面之审核事项。

三、关于统计事项。

第六条　本委员会总干事组长及调查专员得列席会议。

第七条　本会开会审查调查报告认为有覆查之必要时,得另行指定人员覆查。

第八条　本委员会对外概不行文,为便利调查起见,得随时函请上海航政局转行各方面协助。

第九条　本委员会由上海航政局颁给橡皮戳记,以资信守。

第十条　本细则经本委员会议决通过,由上海航政局呈请交通部核准备案。

第十一条　本细则自呈奉承交通部核准之日施行。

188

1937 年 3 月 22 日

国营招商局栈埠管理处
上海各栈埠办事细则

（中华民国二十六年三月二十二日交通部部令第五五号公布）

第一章　总　　则

第一条　国营招商局栈埠管理处上海各栈埠处理事务悉依本细则之规定

第二章　职　　掌

第二条　事务细则办理左列事项

一、关于印章之保管钤用事项

二、关于文件之撰拟缮写收签发保管事项

三、关于款项之出纳事项

四、关于货栈房屋之保管修缮事项

五、关于物品器具之领用收发登记保管事项

六、关于员工之登记考勤事项

七、关于统计之编制事项

八、其他不属各组事项

第三条 收货组办理左列事项

一、关于进栈货物之核收保管点交及填单报告事项

二、关于转栈存栈及提出货物之报告事项

三、关于存栈逾期货物之报告事项

四、关于存栈货物之盘查报告事项

五、关于上下货物扛力核对事项

六、其他收发货物事项

第四条 出货组办理左列事项

一、关于签发一切提货单据报关单缺证明单事项(即货物多余或缺少报告单及重量报告单,但自用栈埠停泊本局局轮者无此项手续)

二、关于批注栈租价格事项

三、关于转栈报告单存栈通知单之缮发等事项

四、关于存栈登记簿舱单簿起租簿存栈簿之登记及保管事项

五、关于存货出货之核对事项

六、关于出货门票之查验事项

七、其他出货事项

第五条 码头组办理左列事项

一、关于船舶停泊地位之支配及起椗时照料事项

二、关于船舶卸下货物之点查事项

三、关于栈破货物之处理事项

四、关于码头及附属设备之保管使用出租事项

五、关于理货及码头员工匠巡役丁员警司舵司机之管理事项

六、关于栈房码头执行清洁之维持及查禁偷漏事项

七、关于轮船停泊时间之报告事项

八、关于码头栈房之零星修缮事项

九、其他码头事项

第三章　办事手续

第六条 事务组办事手续如左

一、货栈收发文件,应摘由登记临时分别选送

二、凡有随文附缴款项者,应优先将来文登号后送会计组开发账单交出纳员制给收据,并由出纳员在原文上盖章,再将来文递送主管人员

三、凡撰拟稿件于各组有关者,应由各组组长会同核签送呈货栈主任核

行后,缮写盖章递送

四、所有收文及发文稿件应分别编列字号载入档案摘由簿妥为保管,其对外发文并应将副本呈送管理处存核

五、各组有关阅卷宗者,须填具两联阅卷凭单,由主管组组长盖章交事务组收存俟送还归档后将第一联检还第二联存事务组备查

六、事务组每隔半个月应将收文发文簿分别检查,如有未经归档之文件,应向主管组查收归档

七、货栈员工到差时,应先赴总局指定之医师或特约医院检查体格,合格后备具照片办理到差手续并保证规则取具保证书始准到差

八、员工到差日期薪工数额经半事务考勤奖惩,各项记录分别专册并于到差时呈请管理处发给职员证

九、货栈挑夫由扛力承包人雇用并责成分别觅具保证人后仍由本组逐项登记发给号衣始准出入栈埠

十、各项应用物品、应备物品、收支簿物品、分类簿随时登记查考

十一、各货栈房屋遇有损坏渗漏时,应随时呈报修缮

十二、出纳员收付款项须凭会计组所开之账单经本栈主任及会计组主办人员盖章之单据收付之并记入现金收支簿

十三、出纳员应每日编制解款单将全日收入款项扫数解散送管理处核收

十四、出纳员应根据现金收支簿逐日编制现金收支日报表经事务组长会同会计主办人员核阅送请货栈主任核阅盖章后呈送管理处存核

第七条 收货组办事手续如左

一、各栈进出货物应随时登录上货收支结存簿及存栈货物收支结存簿,以备随时查核非有出货组批明之正式出货单据并经收货组长盖章者,不得私自出货或借提,如出货组在提货单据上批明总收栈租者须嘱客户至会计租及出纳员处付清栈租凭账单及收据核对无误后,收货组方得盖章交栈提货

二、货物已逾免租期期限者,应填具起租报告单送出货组批注栈租价格转呈管理处

三、货物转栈应抄录转栈报告单交出货组办理

四、根据出货组已登入存栈登记簿至提单编制存栈报告单交出货组办理

五、每日编制出货报告单连同收阅之提货单据交会计出货两组核对后呈送管理处

六、每月编制货物存数报告单送出货组核对后呈送管理处

七、收货组组长应随时督率员工注意货物扛连堆装排列之方法地位是否妥善,如有不合,应随时纠正,倘有故意使货物毁损者,应即报告货栈主任处办

八、各号货栈之保管人员,应随时注意货栈内之清洁窗户栈门之启闭,并应注意货物之保护方法

九、残破货物应随时堆装于指定处所内,由理货员填报码头组转报货栈主任呈送管理处签单通知船公司

十、存栈货物逾规定期限而不来提取者,应即报发货栈主任转报管理处办理

十一、上下货物扛力单所开之扛力,应逐项核对

第八条 出货组办事手续如左

一、客户凭提货单时应先查对并批注起租日期,如逾免租期限者并应批注栈租价格签字盖章

二、如客户须分批提货时,应将原提单收存签发分提货单及分单零提证

三、根据码头组之报关簿抄缮报关单签字证明,除分送簿海关船公司及本栈收货组外,并呈送管理处

四、遇客户要求签发缺货证明单时,应予照办交客户自向船公司索偿

五、根据收货组之转栈报告单签发转栈通知单送呈管理处转交客户以便更换保险

六、货物已逾免租期限仍未出清者,应将存组之提单连同存栈登记簿送交收货组,填具存栈报告单后批明栈组价格,呈送管理处填发存栈单同时并签存栈通知单呈管理处转交客户

七、每日应根据收货组所送之已经提出之提货单据分别登记仓单簿起租簿及存栈簿

八、核对收货组所编之出货日报表及存货月报表

第九条 码头编办事手续如左

一、支配轮船停泊之地位在指定地点树立标识于靠泊或起椗时督率手续什工协助照料

二、船舶停靠及起椗之时刻,详细记录报告,以凭查考或计算租费,如本组员工有在规定时间以外工作者,应填报额外员工工作报告

三、轮船卸下货物,应由理货员抄录理货簿送码头组长盖章呈送管理处转送船公司

四、如所卸货物有残破等情事,须记录残破报告簿,由轮船之上大副会同码头组长证明签字,然后送呈管理处分送船公司海港及公证人

五、各船所卸货物须于舱单核对如有多少或旧铁等项须抄录报关簿由

码头组长签字送出货组办理

六、根据理货簿依照扛力章程抄录轮船上货报告簿由码头组长签字呈送管理处开发账单

七、遇乘客上下或装卸货物时,应督率巡丁雇警在码头上维持秩序,取缔无符号或制服之扛夫并防杜偷漏

八、码头及附属设备,如有损坏,应随时由码头组陈报修理

九、码头附属物品如起重机等遇出租时须详细记载租用人姓名时间等呈报管理处

第四章　考绩及请假

第十条　各栈办公时间以八小时为原则,遇有特殊情形须酌予延长者及时间之支配均由管理处核定之

第十一条　职员均须按照规定时间到栈服务因故迟到早退者应向主管人员陈明理由

第十二条　每栈各设签到簿一册,各员每日上下午到栈均须亲笔签到于办公时间开始后十五分钟陈送主管人员核阅

第十三条　职员因公出勤应于出勤簿上填明姓名事由出勤地点等随时送主管人员核阅

第十四条　职员因病或有不得已事故不能到栈服务者应叙明理由,陈请给假所有经办职务,应交托代理人其因病请假在两日以上者应取具总局指定之医师或特约医院之证明书

第十五条　职员请假应填具请假书三日以下者,由货栈主任核准,超过三日者转呈管理处核定

第十六条　职员请假除婚丧大故,得请求特假三星期外其他事假病假每年合计不得超过三十天,请假逾限者,按日扣薪,逾期过久者,得停止其职务,但有特殊情形,经主管人员呈请管理处核准者不在此限

第五章　附　　则

第十七条　货栈员工保证规则另订之

第十八条　本细则自公布之日施行

189

1937 年 3 月 22 日

国营招商局栈埠管理处
上海各栈埠组织章程

（中华民国二十六年三月二十二日交通部部令第五五号公布）

第一条　国营招商局栈埠管理处上海各栈埠组织悉依本章程办理

第二条　国营招商局栈埠管理处分处理事务之便利得签请总局呈经交通部核准后就所属上海各货栈各设主任一人专负管理栈另及码头之责

第三条　栈主任由栈埠管理处遴员签请总局呈经交通部核准后，以令派充之总理全栈事务，并指挥监督所属员工

第四条　货栈主任之下设左列各组

一、事务组

二、收货组

三、出货组

四、码头组

五、会计组

第五条　事务组办理收发文书人事庶务出纳及不属于其他各组事项

第六条　收货组办理货物收进保管及点交等事项

第七条　出货组办理签发提货单据及登记存栈簿册批注栈租价目等事项

第八条　码头组办理点差货物及开船泊船船管理码头工匠维持秩序清洁等一切事项

第九条　会计组办理收付款项之计算登记及其他一切会计事项

第十条　除会计组外其他各组各设组长一人承担主任之命，分掌各该组事务出货码头两组兼受栈埠管理处直接指挥

第十一条　除会计组外，各组设事务员及助员若干人，其名额由栈埠管

理处签请总局呈经交通部核定,并得经总局核准后酌量雇用巡丁原警司舵司机及各种工匠

第十二条 除会计组外,其他各组组长由栈埠管理处巡员签请总局以局令派充之

第十三条 除会计组外,其他各总事务员助员由栈埠管理处巡员签请总局核准后派充之

第十四条 会计组之组织及任用程序另定之

第十五条 除会计组外,其他组员工由货栈主任视各该组业务之繁简拟具名额,呈经客栈管理处核准分配之其业务较简之货栈得以一人兼任数职或暂不设置

第十六条 各组员工应试用三个月期满考核合格始于正式任用

第十七条 货栈主任及各组员工之薪级应用交通部核定之

第十八条 货物之扛连堆装事项采用招标承包办法由扛力承包人办理之

第十九条 本章程自公布日施行

190

1937 年 4 月 22 日

船舶起卸工人灾害防护规则

(中华民国二十六年四月二十二日行政院第二二七四号训令公布)

第一条 凡在中国港湾口岸或中国与外国港口间航行之船舶除左列各款外适用本规则之规定

一 总吨数不及五十吨或容量不及五百担之船舶

二 专用于公务之船舶

三 以桅杆为主要运转方法之船舶

第二条 本规则的所称—起卸工作—指在岸上或船上为航海或内河船舶从事一部或全部之起卸工作

本规则所称一工人一以从事前项工作之工人为限

第三条 本规则所称主管官署为各地主管航政机关

第四条 工作从事起卸工作之地点如港场码头以及相类处所之往来要道应有下列之设备

一 自公路以至岸上之工作场所并往来要道之危险部分应置灯光及危险品标识

二 码头上之下下船出入通道处所不得堆积货物

三 码头之边缘除固定建筑物器械及应用物外至少须留一公尺以上之隙地并移除其中之障碍物

四 凡有危险部分或工作场所之隅角及边缘有破陷发生时均应图以九十公分之栏杆但实际上不能装置栏杆者不在此限

五 吊桥船渠浮门及船场之危险处所除于两旁图以九十公分高之栏杆外并于必要时各在入口两端展长相当之距离

六 对于救护该伤险应有充分之设备管理如购置各项急救应备之器具及药品并约定相当医院担任诊治等

第五条 当船舶靠岸或靠近其他船只时应置之上下船设备管理可分为三项

一 船舶随带之扶梯舷门或其他同样之器具应有五十五公分以上之宽度扶梯之装置倾斜度数不得超过四十五度两旁尚须图以八十二公分商之栏杆梯之踏板应有预防接种滑跌之设备管理其制造应坚牢稳固

二 其他处所应设之扶梯或跳板须有相当之长度及坚牢稳固不致滑跌者

三 靠近其人船只除绝无危险品之场合外亦须有安全之设备管理此项设备管理应由乾舷较高者供给之

第六条 倘主管官署对前条之规定认为无必要或过货栈台及货仓舷门等处无妨工人工作之安全均得适用其他办法

第七条 工人由水上往来从事于船舶之起卸工作时应由坚牢稳固之渡船使其往来安全

第八条 工人在船舱从事起卸工作若甲板至舱底之距离逾一公尺半者则甲板与船舱间应置扶梯并须合于下列之条件

一 在舱口内安放防水隔桥台上之扶梯于踏脚梯级后应有十二公分以上深之余地其梯级之距离及宽度均不得少于二十五公分如梯级不用铁杆者须安置稳固扶手于梯之两旁

二 扶梯之放置以不致障碍舱口之出入为宜

三 舱口附近有为安全而设之脚蹬及扶手或上下层甲板间均须另设扶梯者于设梯时应尽量互相接联取成直线

四　在无甲板之货舱中有需用扶梯之必要者应妥为装置并于扶梯上装备坚固之铁钩或他物以便据搭但遇船舶制造不合设梯时经主管官署之许可得适用于其他相当之进出口设备

本规则施行之日倘所有原来船舶之扶梯及其他设备管理已经重装而实际上之尺度并未少过一款之规定十分之一者可视为适用

五　轮轴洞内之两旁应设相当之扶手及踏脚

第九条　除第五第六第八各条所规定或准许之上下船及进出口设备外工人不得施用其他工具

第十条　工人在船上工作时其通常往来之舱口若自甲板至舱底深逾一公尺半以上而四周并未护以七十五公分高之栏板且该舱口亦不用作起卸货物之通路时应团以九十公分高之栏杆或加以稳固之掩护至于进膳及休息时可无须执行本款之规定

倘甲板中有空穴足以危害工作之安全亦应如上述之同样设备

第十一条　凡船上出入通道及任何人工作处所于工人从事工作时均应设置灯光唯以不致危及工人之安全及妨碍其他船只之航号为度

第十二条　货舱盖板及横梁除应妥为放置外尚须注意下列各项

一　货舱盖板除有特殊结构外两端应配以宽重相称之手把

二　盖板所用横梁应设绞辘并须装置便利

三　所有货舱盖板及穿贯盖板之横梁如系不能互相调用者应各分别地位书明标识

四　货舱盖板不得作为过货台及其他用途

第十三条　在岸边或船上所设置之活动或固定之一切起重机件应定办法如左

一　起重机器应由主管官署每年检查一次并给以合格起重之安全证书至起重机检验规程另文规定之

二　所有曲柄起重机吊杆钩索以及法定之船用类似起重机件均应将其各个之安全载重数量用文字或数码标记于各该件或附着之图或牌上以鲜明不易损坏为主

倘岸上起重机具有不同之起重力量者（如挺杆之依角度而疑其载重能力）应于杆上设一自动之指数器标明挺杆弯垂之安全载重

三　船上所有发动机齿轮摩擦联动器起重机零件及电线蒸汽管等除其他地位构造虽元特别设备已可保证工作之安全外常在可能及不妨碍船上工作之范围内加以掩护

四　起重机及卷扬机应有相当设备管理以防货物偶然之坠落

五　起重机或卷扬机对于蒸汽之排泄须加掩护以免蒙蔽工人工作部分

之视线

六　卷扬机脚根应有扣当设备管理以防偶然出白或难座之危险

七　在任何起重机除有专人司理发动外货物不得悬挂半空

八　凡起重机司机人不能日声货物体积之升降及司钩人之工作时应备一定信号伤人发号传达之

第十四条　凡司发动机起重机运输队机或发放信号民及监察货物体积降落之工人均应备用金富有经验及老成可靠者充之

第十五条　除上述各种设备外关于下列各项尚应切实照行

一　堆卸货物时应体察货物之体积形态审定安全之放置

二　货舱中应置扶梯或类似之设备管理以便工人遇有急难之时得以躲避

三　凡非构造坚固及支撑稳妥之栈台不得从事工作而船与码头间之倾斜栈台亦不得使用车辆载运货物站台上应数设相当物质以防工人滑跌

四　凡在狭小货舱内铁钩除用于吊货之钩案外不得钩在棉花毛绒软木麻袋以及其他类似货物上之包杷原用以钩桶之桶钩倘因该桶货或钩之构造状况不宜于举吊者不可用以举吊

五　凡工人从事起卸工作倘该货物体积之性质及工作之环境足以危害其生命或健康时应由主管官署遴派妥员予以查勘指导并取缔不适宜之工作

六　凡起卸货物不论何种绞均不得超过安全之载重

第十六条　本规则所规定应设之栏杆舷门铁索扶梯急救器具灯光标记栈台等项不得有所阻碍或任意移动即有必须移动亦应从速恢复原状

第十七条　凡港场码头及相类处所之不常起卸货物或交通不繁或船舶规定吨数以下之小船及公务船舶或因气候关系不须本规则之规定之设备者主管官署得准其变通办理

第十八条　除有特别规定外凡关于本规则所载之船舶构造及固定之设置于本规则的颁布后所有新造之船舶应即遵行至其他旧有之船舶亦应于四年内依本规则之规定陆续装修

第十九条　码头及船舶所有人或其代理违反本规则之规定者按其情形得处以五百元以下之罚款

第二十条　本规则施行后主管官署应将原有船舶及港场码头等等之固定设备管理于六个月内施行总检查并将其结果呈报嗣后检查除本规则已有规定外准用船舶检查章程之规定经检查合格之船舶及港场码头等之固定资产设备管理得发给证明书或于检查证明书内列项记明其款式由交通部定之

除前二项规定外主管官署得随时派员至起卸工作处所稽查之

第二十一条　本规则施行后主管官署每年应将下列事项缮具报告二份

呈由交通部存案并咨转实业部备查

　　一　经检查结果认为不合格之船舶名称及港场码头固定资产设备之处所

　　二　第八条第四款于扶梯及其他设备管理视为合格之船舶名称

　　三　违反第九条规定之工人姓名及其情由

　　四　第十三条第一款关于发给缴销证书次数及船舶名称

　　五　依第十七条规定变通办理之船舶名称等等级及港场码头之处所及其许可之理由

　　六　依第十八条规定装备之船舶及其完成期限

　　七　起卸工作场所发生灾害之次数受害人及其情由

　　八　处罚之次数款额被罚及其情由

　　九　其他应行报告事项

第二十二条　关于本规则之执行事项有未尽者由交通部以部令行之

第二十三条　本规则的自公布之日施行

191

1937 年 4 月 28 日

国营招商局购买材料实施办法

（中华民国二十六年四月二十八日交通部部令第八八号公布）

　　一、国营招商局购买材料依本办法之规定办理

　　二、国营招商局需用下列材料应先于三个月前开具品名数量用途详细清单分别注明出产地点或制造厂名及交货地点交货期限预估价格等并检同程式或货样呈送交通部由主管司审核后呈请□部长发交供应委员会购买之

　　1. 造船材料类

　　2. 机械类

　　3. 燃料类

　　4. 油类

　　5. 漆类

　　6. 钢丝缆类

7. 白棕绳类

8. 电料类

9. 经常需用五金零件类

10. 木材类

11. 印刷品类

12. 被服类

三、国营招商局所用材料除前条列举者外得由局自行选择订购但须将所购材料之用途数量价值按月呈交通部审核备案

四、第二条所列举之材料如因急用而每批总价在五千元以下或一种材料价值在一千元以下者得由局自行选择购买但事后须将急用原因及所购材料之用途数量价值呈交通部审核备案

五、各项材料经交通部供应委员会招标或询价后选定商家时应由招商局派员参加陈述意见

六、各项材料经交通部供应委员会订购后由部将合同副本发交招商局该局应将合同所订料价全数一次解部如所订材料系分期交货者得分期解部

七、本办法所未规定者适用交通部附属机关购料章程及交通部供应委员会采购材料招标章程之规定

八、本办法自公布之日施行

192

1937 年 5 月 3 日

国营招商局组织章程

（中华民国二十二年八月十日部令公布　二十四年六月十一日部令修正公布　二十五年二月八日部令修正公布　二十六年五月三日部令修正公布第十二条第十四条第十五条条文）

第一章　通　　则

第一条　国营招商局直隶于交通部办理国内外航运事业

第二条　本局设总局于首都或上海市并视业务情形在各区酌设分局或办事处

第二章　总　局

第三条　本局设总经理一人总理务副经理二人辅助总经理处理局务均由交通部长避请简派

第四条　总经理副经理任期均为五年期满得连任第一任副经理一人任期三年

第五条　总经理因进行日常业务得签订左列合同但关于订立购料或工程合同时应分别适用于或准用交通部附属机关购料章程或建条工程规则的之规定

一　关于轮舶油漆修理及订购所需煤炭物料之合同

二　关于起卸货物之合同

三　关于使用码头应船及存货交货之合同

四　关于雇用船长船员业务长及其他船上服务人员之合同

五　关于雇用码头员工之合同

六　关于雇用引水人之合同

七　关于租赁轮船拖船及驳船之合同

八　关于代办商代售客票价运货物租金及款办法之合同

第六条　总局置总务业务船务三课及会计室金库

第七条　总务课掌左列事项

一　关于关防之典守事项

二　关于文书之收发选拟及卷宗之保管事项

三　关于人事事项

四　关于调查表统计事项

五　关于房地产之管理事项

六　关于庶务事项

七　关于普通用品之采办及保管事项

八　其他不属于各课事项

第八条　业务课掌左列事项

一　关于航线船只之分配及调度事项

二　关于客货营运事项

三　关于码头机房之经营及管理事项

四　关于分局办事处业务考核事项

五　关于各轮业务考核事项

六　　其他的关于业务事项

第九条　船务课掌左列事项

一　　关于海员之进退及考核事项

二　　关于船舶之建造及修理工事项

三　　关于船舶设备事项

四　　关于船舶之检验事项

五　　关于各种发动机及其附属品之检验事项

六　　关于各种强弱电气设备之设计师检验员及修理工事项

七　　关于燃料物料之检验事项

八　　燃料物料之采办及保管事项

九　　关于机器厂管理事项

十　　其他关于船务事项

第一○条　金库掌左列事项

一　　关于款项之出纳保管及其登记事项

二　　关于证券契据合同等保管事项

第一一条　总局设课主任三人金库主任一人承总经理副经理之命分掌各该课库专务其事务特繁之课得设副主任一人佐理主任职务

第一二条　总局设课员助员六十人至七十人会计员十二人至十四人但遇业务员增繁时得呈准交通部酌用临时雇员若干人

第一三条　总局各课得分股办事

第一四条　总局设秘书三人办理机要事务

第一五条　总局设工程师三人至五人办理技术部事务

第一六条　总局各课主任副主任及工程师由交通部任用秘书由总经理呈请交通部核准后任用之

第一七条　总局课员助员均由总经理派充并呈报交通部备案

第一八条　各课担任技术部事项之人员应以技术人员充之

第一九条　总局会计事务由会计室掌理其组织另定之

第二○条　总局承交通部之命得聘任顾问

第三章　分局办事处

第二一条　分局及办事处由总经理呈请交通部核准后设立之

第二二条　分局办事处按业务之繁简收入之多寡分左列各等由总经理呈请交通部核定之

分局

一等分局

二等分局

三等分局

办事处

一等办事处

二等办事处

三等办事处

第二三条　分局隶属于总局办事处隶属于分局或直属于总局各分局营业管辖区域由总经理呈请交通部核定之

第二四条　分局各设经理一人由交通部任用办事处各设主任一人由总经理呈请交通部核准后任用

第二五条　分局得设左列各股室

一　总务股

二　业务股

三　会计室

第二六条　分局暨办事处设办事员助员其名额依下列规定标准

分局

一等分局十人至十五人

二等分局八人至十二人

三等分局六人至九人

办事处

一等办事处四人至六人

二等办事处三人至五人

三等办事处二人至四人

前项人员均由总经理派充呈报交通部备案

第二七条　分局及办事处之营业均不得采用包缴制但未经设立局处之商埠得由总经理呈请交通部核准委托代办商代理酌给佣金

第四章　附　　则

第二八条　本局业务进行状况应按期编制报告呈送交通部审核

第二九条　本局总分局及办事处职员之薪级应由交通部核定之

第三〇条　本局全部预算应呈由交通部核定之

第三一条　本局年终盈余之分配权呈由交通部核定之

第三二条　本局得另定各项细则呈请交通部核准施行

第三三条　本章程自公布日施行

193

1937 年 5 月 7 日

国营招商局办事细则

（中华民国二十六年五月七日交通部部令核准）

第一章　总　　则

第一条　本细则依国营招商局组织部章程第三十二条订定之

第二条　总务课设左列各股

一、文书股

二、人事股

三、庶务股

四、产业股

第三条　业务课设左列各股

一、事务股

二、货运股

三、客运股

四、联运股

五、审核股

第四条　船务课设左列各股

一、工程股

二、考核股

三、机电股

四、物料股

五、海事股

第五条　各股设股长一人由总经理于商级课员中派充之益呈报交通部备案

第六条　股长秉承课主任副主任主办本股事务并督察及分配本股各职

员之工作

第七条　本局于必要时得就关系各课室库各级职员中指派若干人组织部委员会处理专案

第二章　职　　掌

第八条　总务课文股书之职掌如左

一、关于本局及各课室库文件之收发事项

二、关于本局及本课文稿之价拟事项

三、关于本局及本课文稿之缮校事项

四、关于本局印信之保管员及尽用事项

五、关于本局及本课卷宗之保管员事项

六、关于本局之调查及统计事项

七、关于本局会议之记录事项

八、关于本局合同之订立事项

九、关于本课之通知书事项

十、关于本课与其他各课室库之接洽事项

第九条　总务课人事股之职掌如左

一、关于本局及各附属机关员工之进退更调事项

二、关于本局职员之考勤事项

三、关于各种中舱部勤务生之管理事务

四、关于护航警队之管理事项

五、关于本局职员及各轮业务部员工薪册之编造及核对事项

六、关于本局员工之抚恤及退休金之审核事项

七、关于本局员之工之保证事项

八、关于本局员工之营业及体格之检验事项

九、关于本局员工减价或免费船票之查核登记及发给事项

十、关于本局员工证章之发给事项

十一、关于与工会之接洽事项

十二、关于其他有关人事事项

第十条　总务课庶务股之职掌如左

一、关于本局及各轮日常用品之购置发给及登记事项

二、关于本局客票之制发登记及保管事项

三、关于本局制服之制发登记及保管事项

四、关于本局公用器具及零星难件之收发登记及保管事项

五、关于本局零星款项之支付给的及登记事项

六、关于本局广告之发刊事项

七、关于本局装修及设备事项

八、关于本局工役之管理事项

九、关于本局之警卫及卫生事项

十、关于本局公用汽车之管理事项

十一、关于本局膳食之管理事项

十二、关于不属本课其他各股事项

第十一条 总务课产业股之职掌如左

一、关于房地产之清查整理及管理事项

二、关于房地产之登记及图表之编制事项

三、关于房地产之测量方法及绘图事项

四、关于房地产之修造及验收事项

五、关于房地产之设计及估价事项

六、关于房地产之保险事项

七、关于房地产之经租事项

八、关于房地产押款经租之整理及核对事项

九、关于房地产之纳税及完体事项

十、关于房地产纠纷之处理事项

十一、其他关于房地产之事项

第十二条 业务课事务股之职掌如左

一、关于本课文件之选事项

二、关于本课业务上卷宗之保管事项

三、关于摘自各分局号信及船期电报事项

四、关于进出口馆箱舱单提单之管理收发及寄送事项

五、关于舱单总单印底之保管事项

六、关于本课各项文件报表之缮印事项

七、关于本课与其他各课室库之接洽事项

八、关于不属本课其他各股事项

第十三条 业务课货运股之职掌如左

一、关于各轮之调遣及租轮事项

二、关于各轮停泊开轮时间之查核事项

三、关于各轮货物之装载及报开事项

四、关于出口货物提单之签发事项

五、关于转口货运事项

六、关于调查各地货运及航业委节事项

七、关于调查各同业货运站及联络事项

八、关于筹划增加货运事项

九、关于督察揽载事项

十、关于各分局各轮货舱之配置事项

十一、关于同盟同业运费之分配事项

十二、关于出席同盟同业会议事项

十三、关于与同盟同业之接洽事项

十四、关于货运价目之厘定事项

第十四条 业务课客运股之职掌如左

一、关于各轮客票之出售事项

二、关于客票款项之收解事项

三、关于客票价目之厘定事项

四、关于整理各轮舱位及便利旅客事项

五、关于调查各同业客运事项

六、关于筹划增加客运事项

七、关于各轮船期之咨询事项

八、关于各局轮客票收入之审核事项

九、关于处理旅客联运事项

十、关于各轮业务部开支之核算事项

十一、关于其他管理乘客业务事项

第十五条 业务课联运股之职掌如左

一、关于联运货物之装载及报开事项

二、关于联运契约之商定事项

三、关于与其他联运机关之接洽事项

四、关于联运货物之入机出机装载船只支配事项

五、关于联运提单之签发事项

六、关于联运运价之核定事项

七、关于各种联运报表之编制事项

八、关于填充联运业务之筹划事项

第十六条 业务课审核股之职掌如左

一、关于进出口运费之审查事项

二、关于佣金之合计事项

三、关于各口舱单之复查事项

四、关于各局各轮每月收入之统计事项

五、关于赔残之处理事项

六、关于领位费之计算事项

七、关于各轮费私及走漏之稽查事项

八、关于各轮出口货运报关重量尺度之稽查事项

九、关于各局误计及偷漏运费之查补事项

十、关于业务上报表之稽制事项

第十七条 船务课工程股之执掌如左

一、关于船舶之设计建造事项

二、关于船舶之设备事项

三、关于船舶之检验事项

四、关于船舶之招标修理及监工事项

五、关于其他有关船舶工程事项

第十八条 船务课考核股之职掌如左

一、关于各级船员之登记审查考核及进退事项

二、关于各级船员之调派奖惩及抚恤事项

三、关于各轮航行日记及机舱日记之审查事项

四、关于其他有关船员事项

第十九条 船务课机电股之职掌如左

一、关于发动机管路及各种副机之检验及修理事项

二、关于各种电气设备之设计检验及修理事项

三、关于本局所属各电台之机器管理事项

四、关于其他有关船舶机电事项

第二十条 船务课物料股之职掌如左

一、关于各轮物料燃料之购置事项

二、关于物料燃料之收发检验登记及保管事项

三、关于物料之稽查事项

四、关于物料燃料日报月报之编制事项

五、关于物料燃料用之统计事项

六、关于其他有关船舶物料燃料事项

第二十一条 船务课海事股之职掌如左

一、关于各轮碰撞搁浅失火沉没等失事之交涉事项

二、关于各轮之保险事项

三、关于船务规章之编订事项

四、关于本课文件之杜撰及卷宗保管事项

五、关于船务统计资料之收集事项

六、关于不属本课其他各股之船务事项

第三章　办事程序

第二十二条　总务课依左列程序办理各事项

甲、文书股

　　一、本局收交由本股收发员编号登簿送由股长分别表明主管室课库后经总务课主任核阅再由秘书转呈总副经理批阅分发各课室库承办但紧要文件得由总务课主任提呈总本股收发员登记后分别送交各课室库

　　二、本局发交应本股校对盖印送收发员编号封发各课室库发交均应送由本股收发员登记后送发

　　三、文件辩发后即须归档由管卷员分类编号保管

　　四、关于纪要文件由总经理制定人员办理之

　　五、各课室库向总务课调阅卷宗须签具调卷单向管卷员调收

乙、人事股

　　一、关于员工任免调遣由本股分别登记

　　二、本局员工签到簿由本股分别记录于月修及年终造具考勤表呈总副经理核阅

　　三、各轮船勤务生之进退调遣成绩等事项由各该轮主管员造报经本股查核送呈本课主任副主任核办

　　四、护航警之进退调遣考核及机弹之保管事项由该队长造报经本股查核送呈主任副主任核办

　　五、每月本局职员薪俸有本股编造及轮业务部薪俸由各该轮主管员编造护航警薪饷由该队长编造于月终送交本股查验转呈总副经理核准交金库核发

　　六、员工保证书由本股查核后送金库保管如认为须另行觅保者应即呈准主任副主任通知该员工照办

　　七、员工就医由各课室库船栈通知书本股填发诊病证职员用甲种证(自费)船员用乙种证

　　八、员工领取减费或免费船票应先由该员工填具请求书经主管尽章送本股依章查核登记并填发通知书由请求人持向业务课换领船票

　　九、员工到职时应缴本人照片由本股存查并发给证章及职员证或职工服务证

丙、庶务股

　　一、本局及各轮日常用品应由领用机关填具领用单由本课主任核交本股发给并于月终列表呈报

　　二、本局及各轮定制职工制服及印刷品或其他物品价值较巨者应

由本股照章招标承办

三、本股经办之各项账单应由经手人股长及主任盖章开单送请会计室审核后转由金库付款但零星款项得由本股经付并应逐日填造报账凭单送会计室审核后转由金库付还无论金库经付或本股经付之款项均须分局用船用二项每旬每月造表呈报

四、本局公用汽车专所用汽油及材料费应由车夫开车呈由本股核呈主任核发并由本股每月列表呈报

五、本局工役之雇用应取具相当保证

丁、产业股

一、本局房地产业及其契据图册由本股按其处别场别详细登记编制表册

二、本局房产修造应先由工程师设计其工程较巨者应照章招标承办工竣后由工程师会同本股验收之

三、为明了本局资产情况应由本股呈请总副经理核定聘请专家估计房地产业价值

四、本局房产均应保火险

五、本局房地产收租手续分左列三种

子、自租者由收租员填发收据直接向租户收取随即解交金库

丑、经租者照与经租人所订契约办理

寅、包租者由包租人按月将应缴租金送交本股解交金库

六、本局房地产业应纳捐税自租者由金库支付给的经租及包租者由经租及包租人代付后向本局转账

第二十三条　业务课依左列程序办理各事项

甲、事务股

一、各轮船经核定后由本股通告各分局处

二、舱单提单之收集及分发由本股办理之并保管员总单之附本以资查考

乙、货运股

一、除定期班轮外各轮之调遣及载量由本股酌量业务情况分配之但关于租轮事项须与船务课会签呈经总副经理核准办理之

二、本股接到各轮到漏电后应由本股知照栈场管理处决定停泊地点至开行时间由本股呈由本课主任核定之并于每日上午印发进出口船表分送各股及各码头并通知书事务股电知各相关分局处知照

三、商人运货出口应先将开单交本股审核后方得报关俟装货手续完毕经轮船理货员签证后再由本股更换正式提单但转口货运须先填具转船

单报经海关核准后方得装货

四、商人运货单进口应先将提单送交本股审核后方得提货

丙、客运股

一、各轮客票价自由本股拟定呈请总副经理核定之

二、各局处轮领取客票应具请领客票通知单由本股核转会计室核签后照发

三、客票如经本股发售者应将票款及售出客票报告与收款通知单呈由主任核签后送交金库由售票处或各轮发售者应将票及售出客票报告与收款通知书单送本股审核后转交金库

四、各轮编造乘客报告应连同收回客票送本股审核后转交会计室查核

五、本股签发乘客膳费应与乘客报告核对并分别列册登记之

六、本局员工减价或免费船票及装货客商减费乘船证之发给须由本股呈经总副经理核准

七、运货单客户请求减价乘船证或免费乘船证应先由客户具送由本股审核后呈请主任核转总副经理核办

八、本股应将各轮客票收入及乘客膳费与业务部难费等项分别记录于各轮收支稽查册及各轮客运分场稽查册

丁、联运股

一、关于联运契约由本股与关系机关商洽拟具草案呈准总副经理后签订之

二、凡联运出口货须办理下列手续(甲)托运单登记(乙)开单之审核及登记(丙)结开手续(丁)审核轮船理货主任所签之收单上实在重量及尺码(戊)核算运离各费(己)填造货票或提单(康)缮制出口舱单

三、凡联运进口货须办理下列手续(甲)报开验开手续(乙)审核货票所开之运货(丙)审查货票或提单之各项圈记(丁)签发货票(戊)填写进口舱单

四、凡联运转口货须办理下列手续(甲)进口报开验开(乙)代办开税各手续(丙)填写转口舱单(丁)驳装手续

五、联运价表应由本股编订送交审核股审查后呈请总副经理核定之

六、进出口联运费及货物种类应由本股分别造具统计表呈核

戊、审核股

一、进出口运费联运运费及关于其他货运各费应由本股依照各种运费表册单据审核之

二、佣金之核计应分别查核进出口与联运舱单上所列客运及本局与客户所定扣用是否相符

三、轮船营业收入统计表应由本股按月依据客运货连各项月报业编呈由主任转呈总副经理核关

四、各轮承运货物如有残损时应由本股审核计算赔偿数额开具付款通知书单呈由主任核转总副经理核定后交会计室入账由金库支付给之但联运货物体积残损时应俟赔偿责任确定后再行办理

五、吨位费应由本股核计开具吨位费报告表连间付款通知书单呈由主任核送会计室入账转金库发付之

六、关于营业收入临时统计事项应由本股办理之

第二十四条 船务课依左列程序办理各事项

甲、工程股

一、建造新船应设计绘图并拟具工程说明书呈请总副经理转呈交通部核定办理

二、各轮小修经船长大副轮机长呈由本股及机电股分别检查拟具修理工单呈经总副经理核准后发交股顾家开价承修如遇岁修或大修应由船长大副轮机长于一个月以前详细呈报由本股会同机电股秘密检查拟具修理单呈经总副经理核准后照章招标承办

三、船舶之修缮及建造应由本股呈准总副经理派员监工

四、各轮请求检查手续由本股办理之并将检查证书分发各轮保管

五、租用之轮船应由本股检查后与业务课会签呈请总副经理核示

六、本局各场码头船浮船木椿之修理由本股主办之

七、各轮原有设备管理如因业务员之需要有增减时由本股酌量情形办理之

乙、考核股

一、雇用船员之资及证明文件应由本股审查后呈请总副经理核定之

二、在职船员之考绩由本股审查后呈请总副经理核定之

三、船员请假时其职务犯罪由本股呈请总副经理派员代理之

四、船员之抚邮由本股审查后呈请总副经理核定之

五、各轮每日航行日记及机舱日记由本股审查之

六、本股如接到天气恶劣或盗警报告时应即呈报主任通电各轮知照如遇轮船失事时应即拟具施救办法呈准施行

七、船员制服及各轮枕褥等之购买应由本股审查之

八、各轮家具由各论负责保管本股得随时随地派员视察之

丙、机电股

一、各轮机件锅炉修理之手续依照本修工程股第二款之规定办理之

二、各轮电机电线之检验员与修理工及本局所属各电台机件之设

计师审查员添配及修理等事项由本股呈准后办理之

三、各轮锅炉之洗涤日期由本股核定并督率各轮切实办理

四、各电台人员之考察由本股审查后呈请总副经理核定之

丁、物料股

一、购置物料之契约应由本股审查后呈请总副经理核定之

二、购办物料由本股先备询价表格分发各商号填报呈请总副经理核定之

三、各项物料之收发保管由储藏室人员负书办理之

四、各轮需用煤炭须先填具领煤单呈经核准后方得发给

五、各轮如在上海以外各场装煤者须由船长事前呈准后由总局通知各分局处照片数发给

六、各轮需要物料由本股依照每月规定数量核发

七、各项物料之收发应由本股编造日报表月报表呈总副经理查核

戊、海事股

一、本股接到局轮碰撞搁浅失火沉没及其他危险报告时应即通知有关系密切保险公司并会同考核股电知就近局处或局轮设法营救如发生赔偿问题应与有关课股拟具办法呈准总副经理后办理交涉及其他善后事件

二、凡船舶保险均须经总副经理之核准

三、各轮国际航海安全证书之请求由本股办理之

第二十五条 金库依左列程序办理各事项

一、金库每日收入款项除酌量留存借作本局次日零星开支外应悉数存入指定之银行

二、本库所保管之证券如遇有筏及付息时应向银行支领分别入账

三、本库每日收付传票登记后应用回单簿送会计室登账

四、进口货运费分到付及预付两种到付运费由本库查核舱单提单照数收款并在提单上加盖印章给予收据及通知单各一份由缴款人持交业务课查验后方得提货预付运费是商人已在出口地分局处缴付款项应由本库核舱单提单经交本库但收款时应给予收据

六、客票无论局售船售均由经手人将付款解本库入账

七、各分局处及附属机关解款由本库填给收据并通知会计室入账

八、凡款项之收入均由本库依照各主管部分之通知收入之

九、凡款项之支付均由本库根据总副经理核准并经审计处审核后之会计室之支付传票支付之

十、逐日收支款应根据收付主传票分别记账

十一、本库应编制收支日报表周报表分送会计室及总副经理查核

十二、关于出纳之文书由本库办理之

第四章 办事纪律

第二十六条 本局职员应遵守本局规章制度服从上级指挥以忠实勤敏之精神办理职务

第二十七条 本局职员均须依照规定时间到局办公不得迟到早退必要时应延长至公专无举后退值并须上下午均签名于签到簿

第二十八条 本局职员承办事项须于每日退还前完竣其指定期限者应于限内完竣时分别情形经主管人员之许可者不在此限者应于限内完竣日遇分别情形经主管人员之许可者不在此限

第二十九条 各课室经管人员经收公款均须于当日下午五时解交金库收存不得延迟

第三十条 本局职员办理公事除变通事件得先行拟办送请上级职员核签外其特别重要或情形复难者应先请示主管人员再行办理

第三十一条 各课室库主办事务遇有商讨之必要者得提出局务会议讨论之

第三十二条 各课室库办理事务必要时应互相移付通知

第三十三条 职员经手文件账表单据应慎重保管不得散失

第三十四条 本局职员无论在职或已退职对于职务上之机密事件均不得泄露

第三十五条 本局职员对于本局一切设施措置非得总经理许可不得对外发表谈话

第三十六条 本局职员不得同时兼营其他航业及与航业有关之业务

第三十七条 本局职员不论在办公时间与否均不得滥用职权或有不正当之行为

第三十八条 本局职员关于职务上无论直接或间接不得收受他人之赠与或其他之报酬

第三十九条 本局职员未经总经理许可不得与左列者互相

一、为本局工程之设备或物料之贩卖者

二、与本局直接的或间接的有利害关系者

第四十条 本局职员违反以上各条者应照本局职员章程之规定分别轻重予以犯戒

第五章 局务会议

第四十一条 局务会议每星期开会一次遇有重要事项时总经理得召开

临时会议

第四十二条　局务会议以总经理副经理秘书及各课室库主任组织之必要时并得指定其他人员列席

第四十三条　局务会议以总经理为主席总经理因事不能出席时由副经理互推一人代理之

第四十四条　局务会议应议事项为总副经理之交议集各课室库之提议案其他职员之建议案须经主管主任核定始得提出

第四十五条　每次开会前二日由总务课秉承总经理之命案集议案编印议程分送各出席人员

第四十六条　本会议一切议案未经总经理之许可不得对外宣布

第四十七条　局务会议由总务课指定人员担任记录每届月终呈部备案

第六章　附　　则

第四十八条　本局会计室办事细则另定之

第四十九条　本局栈场之经营及管理由本局栈场管理处办理之其纠纷及办事细则另定之

第五十条　本细则呈请交通部核准后施行

194

1937 年 5 月 7 日

国营招商局各分局暨各办事处办事细则

（中华民国二十六年五月七日交通部部令核准）

第一章　总　　则

第一条　本细则依国营招商组织部章程第三十二条之规定制定之

第二条　分局及办事处印信均由总局颁发其余各项图章得自行则用但须将式样用途呈报总局备案

第三条　分局及办事处遇有特别事故应请示办理如在时间上不及请示

者例如救护船险等事得负责先行处置但应即将经过详情报告总局核示

第四条　隶属分局之办事处遇有特别或紧急事件得径行呈请总局核示

第五条　分局及办事处非经总局核准不得以总局分局或办事处名义为左列事项

（一）订立租赁或变更局有房产地产码头毡房船舶之契约

（二）为他人作保证人

（三）借贷款项

（四）为本局业务以外之营业

第二章　职　掌

第六条　分局经理秉承总局命令处理分局事务

第七条　办事处主任秉承总局或该管之分局命令处理办事处事务

第八条　各股股长承经理之命督率本股人员处理各该股事务

第九条　不设股室之各分局及各办事处除会计事务别有规定外其他各项事务由主管人员直接秉承经理或主任办理之

第十条　总务股或经管总务人员之职掌如左

（一）关于掌理机要事项

（二）关于典守印信事项

（三）关于文件之收发选拟缮校及保管事项

（四）关于员工考绩事项

（五）关于物品采购事项

（六）关于现金出纳事项

（七）其他不属于业务会计事项

第十一条　业务股或经营业务人员之职掌如左

（一）关于招揽营业事项

（二）关于调查市况及同业货运客运统计事项

（三）关于联络客户及同业事项

（四）关于客票之经售及管理事项

（五）关于进出口及报送手续事项

（六）关于处理海难救护善后及摊损事项

（七）关于审查员及规定客户保证事项

（八）关于保管货物及料理转口货物上下船栈事项

（九）关于栈场之管理修造及监工事项

（十）关于栈租扛力之厘定事项

（十一）关于收发及保管本局煤炭及其他存栈公用物品事项

（十二）关于理赔存栈货物之残损短缺事项

（十三）其他属于业务栈务事项

第十二条 分局经理及办事处主任因故离职时须指派职员代理职务并呈报警局备案但代理期内一切事务仍由经理或主任负责

第三章 业 务

第十三条 分局及办事处对于运价之增减栈房免租期限之伸缩非呈报总局核准不得擅自行之

第十四条 分局及办事处签发提单栈单及客票人员之签字式样须随时呈总局备案

第十五条 分局及办事处栈租码头费上下船栈扛力等定率须经总局核定施行不得擅自更改

第十六条 分局及办事处承运大宗货物体积或由局包运者应将商合同呈请总局核准

第十七条 分局及办事处于必要时应将该场本局出口轮船之空余舱位吨位在开船前密电通知该轮最近到达之局或处以便招揽客货

第十八条 分局及办事处经手欠收运费应由经理或主任负责收取并须将欠额总数每月呈报总局查核

第十九条 分局及办事处欠缴运费各户应取相当股实铺保每一保户保额不得超过一万元保单应备正副两本正本呈总局副本留分局或办事处

前项欠缴运费不得超过保额如超过向收不缴时得酌量情形暂停装货或代售客票

前项欠户如有特殊情形得由经理或主任呈请总局准其加具保单后仍得继续装运货物或代售客票但经理或主任应负责催收

第二十条 各地同业会议应由分局经理办事处主任或业务股长代表本局出席其会议录副本须呈报总局备案与本局有重大关系由总局查核分别责任责令赔偿

第二十一条 分局及办事处对于货物应负责管理如遇损失时应呈由总局查核分别责任责令赔偿

第二十二条 分局或办事处倘遇提单未到客户要求预先提货时得酌量情形资由客户取具银行或相当股实保证后方可付提如以后发生纠纷仍应由分局办事处负责处理并将办理情形随时呈报总局查核

凡客户所持提单栈单或其他赁员提货之单据遗失时须由分局或办事处向该客户取具银行或相当股实保证并须由该客户登载当地报纸至少三天声明遗失如无纠纷方可付提

凡客户有要求先借提单时分局或办事处应于提单上用中西文注明（此提单是先借如有斤量短少或件数及花式不符等情况概照收单为凭）字样但此项先借提单必须于轮船进口之后方得发给

第二十三条　分局及办事处对于招揽客货现状栈房每日出栈及存栈货物数日同业办争情形应依照片规定期限报告总局其报告表式另订之

第四章　出　纳

第二十四条　分局及办事处之收入款项无论巨细总以本局名义于当日或翌晨尽数存入总局指定之国家银行其结存数除去额定之备用金外凡满一千元者应进解总局金库

第二十五条　分局及办事处除额定寻常费得在收入项下支用外其他应支款项无论巨细均须向总局请领不得擅自挪用并须连同单据报告总局核销之

第二十六条　分局及办事处日常用款得由总局规定相当额定之备用金遇有急需得在备用金内支付之但在该项用款未经总局核准以前仍归各该局处负责

第二十七条　分局及办事处与银行钱庄往来之票据均须经经理或主任并主管会计人员及经手人员签字盖章

第五章　房地产

第二十八条　分局及办事处应将营业管辖区域内或指定管理之他场房地产管辖情形及整理出划随时随地报告总局核办

第二十九条　分局及办事处应将经营房地产之租金及其他收益按时收取勿任拖欠并须每月造具月报表每年造具房地产租户租金等调查表各二份报请总局查核

前项事务如由总局委托代理商机关经管时由代理机关办理之但仍由分局或办事处负调查报告人及协助整理之责

第三十条　房地产出租合同应照本局规定格式或另拟草案报请经局核准签订其条件有变更时亦同

房地产租出或进租应临时专案呈报总局核办

第三十一条　分局及办事处经收房地产租金依照第二十四条办理

第三十二条　分局及办事处应付损税低费及其他开支应依照第二十五条办理房地产之修造工程事项应依照第七章各条办理

第三十三条　遇各地行政机关征用土地检验登记契据及房地产捐税征额等涉及本局时应随时调查详细情形报告总局

第三十四条　房地产之保险事项应报请总局核办

第三十五条　房地产纠纷事项应随时报请总局核办

第六章　购　　置

第三十六条　分局办事处及蔓船拖驳船与其他各项修理工等所需一切五金物料应于一个月开关具领物单详列物料名称大小尺寸牌号数量用途呈请总局避核发特别物料并须付呈样品或绘其图样

第三十七条　前条所列一切五金物料因临时急需不及请领者得由分局或办事处就近运购补具领物单详细开列物料名称大小尺寸牌号数量用途连同物料收条及商号详细货单收款单据与送总局查核

第三十八条　局轮向航行地分局及办事处请领五金物料以应急之品为限分局及办事处经发后应将各轮领物单及收条并商号详细货单收款单据补送总局查核

第三十九条　局轮向航行地分局及办事处临时添装煤炭应由各该局处电请总局核准其因船期急迫不及请示时得先核发后补报但均须于核发后将该轮领煤单收单煤样及煤号详细货单连同他种有关系之单据如上下扛驳力等报请总局查核

第四十条　分局及办事处邻近煤炭产销地段经总局与煤号订约趸购令知局轮在各该局处装煤时各该局处应照总局所定数量或凭船长领煤单通知经售煤号照数装足后并依照第三十九条之规定办理其由总局直接付款者每次煤应由该局处出具收据交与煤号以凭付款并向领煤轮船取具收条报请总局核算

第四十一条　分局及办事处轮驳用煤得就近趸购或分购但事前应就经售煤号煤炭种类及其化验单数量单价报告总局核准但其煤价在一千元以上者并须由总局呈请交通部核准经购后依照第三十九条之规定办理趸购煤炭并须随时随地将轮驳领煤收据报请总局查核

分局及办事处轮驳用煤如当地煤价过昂得按月开其领煤单向总局请发交由局轮运交存储各该局处领到后应出具收据随轮送请总局查核并随时将轮驳领煤收据报请总局核销

第四十二条　分局及办事处轮驳用煤应按月将航行报告表用煤报告表报请总局查核

第四十三条　分局及办事处应借煤炭物料收付簿凡由总局发给或由各该局处就地购置之煤炭物料应将购置收发及保管情形详细记入其格式另定之

第七章　修　　造

第四十四条　凡分局办事处所属一切船舶码头局所栈房房产等之修理

工改造及新建工程统称之为修造工程依修造工程依修造估价之多寡分为三种如下

（一）二百元以下者为甲种工程

（二）超过二百元至一千元者为乙种工程

（三）超过一千元者为丙种工程

凡属甲种工程得以分局办事处酌定办法巡令验家估价举办后开具工程账款报请总局核销

凡属乙种工程应先由分局办事处详叙经过情形拟具办法附绘略图并令殷实厂家三家以上估计详细做法开列细账呈报总局核办

凡属丙种工程应先由分局办事处详述经过情形拟具各种办法及工程应具条件下并附说明草案价格概算报由总局呈请交通部核示其经核对者再由分局办事处正式选制说明书图样预算及必要之附件呈请总局核准后招工投标

第四十五条 凡一切修造工程需专门技术部人员计划者由分局办事处呈请总局派遣工程师高级的船员或委托相当之营造公司前往办理

第四十六条 投标须原地指定殷实厂家五家以上或登报定期公开行之但遇工程非该地厂家所能聘任或为其他便利起兑得在他场招标开标后应由分局办事处或会同总局所派工程师高级船员或委托之营造公司调查各厂之信用程度分别签注意见连同原标单报由总局呈请交通部核定

第四十七条 工程施行中应由分局办事处或会同总局所派工程师高级船员或委托之营造公司负责监工并随时将工程进行情形呈报总局查核

第四十八条 工程完竣时属乙种者应由分局办事处或会同总局所派工程师高级船员或委托之营造公司验收属丙种者并须呈请总局特派验收人员查验之

第四十九条 动工后如发现有须额外增加之工程应由分局办事处或会同总局所派工程师高级船员或委托之营造公司开列详单附具理由报由总局呈请交通部核准但其总额除有特别情形者外不得超过原定份额百分之三十

第五十条 乙丙种工程账单应由分局办事处或会同总局所派工程师高级船员或委托之营造公司及特派验收人员核定签字后呈报总局查核丙种工程并须转呈交通部备案

第五十一条 遇有紧急工程非即时举办立将发生危险品或触犯法规事实上不及按照上列规定手续办理者分局或办事处除立将情形电呈总局外得从事临时救急之修理工设施但须立将经过情形及临时施修方法工帐呈报总局查核

第五十二条 凡同时举办之同种工程应并案办理不得分次呈报

第八章　办事纪律

第五十三条　各级职员应遵守本局规章服从上级指挥以忠实勤敏之精神办理职务

第五十四条　各级职员均须依照规定时间办公不得迟到早退必要时应延长至公事完毕后退储并须上下午签名于签到簿

第五十五条　职员承办事项须于每日退值前完竣其指定的另限者应于限内完竣但遇特别情形经主管职员之许可者不在此限

第五十六条　各部分经收公款均须当日下午五时以前解缴总务股或主管出纳人员收存不得延迟

第五十七条　职员经手文件账表单据应慎重保管不得散失

第五十八条　各级职员无论在职退职时关于职务上之机密事件均不得泄露

第五十九条　各级职员不得同时兼营其他航业及与航业有关之业务

第六十条　不论在办公时间与否均不得滥用职权范围及有不正当之行为

第六十一条　关于职务上无论直接或间接不得收受他人之赠与或其他之报酬

第六十二条　职员未经经理或主任许可不得与左列者互相酬金

（一）为本局工程之设备管理或物料之贩卖者

（二）与本局直接或间接有利害关系者

第六十三条　职员违反本章各条者应照本局职员章程之规定分别轻重予以惩戒

第九章　附　　则

第六十四条　分股办事之各分局在不抵触本细则之范围内得另订各股办事细则呈请总局核准施行

第六十五条　分局及办事处关于会计事项之办事细则另定之

第六十六条　本细则呈请交通部核准施行

195

1937 年 5 月 28 日

交通部核发和印华籍船舶国籍证书办法

（中华民国二十六年五月二十八日交通部部令公布）

一、凡华籍船舶任和印各处航行营业并不驶回至中国之港湾口岸者关于请领船舶国籍证书事项由驻当地中国领事馆转呈交通部核发之

二、前项规定之华籍船舶应认定南京为其船籍港但船舶所有人如在南京以外之中国其他各口岸设有本店或有委托代理人而愿任其他各口岸为船籍港者听之

三、船舶所有人于领取船舶国籍航证书以前须委托当地验船师施行船舶丈量检查取具验船师签证连同船舶所有权之证明文件送驻当地中国领事馆并填具声请书请求核发船舶国籍证书但按照当地法令毋庸施行丈量检查之船舶得免具验船师签证

四、领事馆接到船舶所有权证书文件及声请书后核明属实即一面填载登记簿并先行发给船舶临时国籍证书一面填具船舶事项表转呈交通部核发船舶国籍证书

五、声请书登记簿及船舶事项表之格式依附件之规定

六、船舶遇所有权移转时应另行登记换领国籍证书遇有抵押或租赁或撤销抵押时应向原登记之领事馆声请备案

七、船舶所有权移转于外国人或船舶因拆卸沉浸或其他事故而消灭时所有人应将国籍证书缴呈原登记之领事馆声请注销登记但船舶失事因而国籍证书连同消失时得免缴呈

八、领事馆接到抵押租赁或撤销抵押或注销之声请经查明属实应在船舶登记簿注栏详细注明事由及年月日

九、船舶临时国籍证书或船舶国籍证书遗失时应由所有人取具保证连同所有权证书文件向原领事馆呈请查明补发或转请交通部补发

十、领事馆办理船舶登记核发船舶临时国籍证书及抵押租赁备案时按

照左列规定收取手续费

　　一、登记轮船五百吨以上者十元二百吨以上五百吨未满者七元百吨以上者五元二十吨以上百吨未满者三元二十吨未满者二元帆船二元

　　二、船舶临时国籍证书每件二元补发时亦同

　　三、抵押租赁备案每次二元

　　十一、船舶国籍证书每件收印花税两元由领事馆收缴呈交通部贴用

　　十二、除第十条规定在领事馆不得另以其他名义收取任何费用

　　十三、依本办法收取之手续费印花税以中国国币计算按照当日汇价折合和印货币收取之

　　十四、领事馆所收手续费应列入解外交部并报交通部查核备案

　　十五、其他未尽事项得由领事馆出具补充办法呈请交通部核准施行

　　十六、本办法自公布日施行

196

1937 年 6 月 23 日

核发轮船通行证书办法

（中华民国二十六年六月二十三日部令公布）

　　第一条　凡轮船及小轮船按照轮船业监督章程之规定声请发给轮船通行证书时其程序应依本办法行之

　　第二条　轮船通行证书分定期轮船通行证书不定期轮船通行证书及不定期轮船临时通行证书三种定期轮船通行证书及不定期轮船通行证书由主管航政官署转呈交通部核发之不定期轮船临时通行证书由主管航政官署核发之并于每月月终禀报交通部备查

　　第三条　定期轮船通行证书应载明左列事项

　　一、船名

　　二、船籍港

　　三、公司或行号名称

　　四、业主或其他代理人

五、总吨数及登记吨数

六、航线起讫地点

七、沿线停泊埠头

八、航行日期及班次

九、营业种类

十、本船舶国籍证书号数或其他执照号数

十一、轮船业登记执照号数

十二、不定时轮船通行证书应载明左列事项

（一）船名

（二）船籍港

（三）公司或行号名称

（四）业主或其代理人

（五）总吨数及登记吨数

（六）航线起讫地点

（七）营业种类

（八）本船舶国籍证书号数或其他执照号数

（九）附注

第五条 不定期轮船临时通行证书应载明左列事项

一、船名

二、船籍港

三、公司或行号名称

四、业主或其代理人

五、总吨数及登记吨数

六、临时航行起讫地点

七、指定停泊埠头

八、航行期间

九、营业种类

十、本船舶国籍证书号数或其他执照号数

十一、轮船业登记执照号数

十二、附注

第六条 声请发给定期轮船通行证书或不定期轮船通行证书时应由经营轮船业之公司或行号依式填具声请书签名盖章后连同航线阅读送呈主管航政官署转呈交通部核办但声请给不定期轮船临时通行证书时应送呈主管航政官署核办并免附具航线论说前项所称之公司或行号以依照轮船登记规则之规定经交通部发给执照者为限

声请书格式另定之

第七条　声请发给通行证书之轮船或小轮船应于领有船舶国籍证书或执照后方得声请之

第八条　依轮船业监督章程第十六条规定准予增加之轮船或小轮船应于请领船舶国籍证书或执照时同时请领轮船通行证书

第九条　声请发给定期轮船通行证书或不定期轮船通行证书后在未领到以前轮船得以船舶国籍证书小轮船得以执照或临时航行证书时代替之至轮船通行证书领到时为止

第十条　依前项规定以船舶国籍证书代替通行证书之轮船应由主管航政官署将其航线起讫地点及沿线停泊埠头并国籍证书号数另纸载明盖用戳记粘附于船舶国籍证书上以备查验

第十一条　领有定期轮船通告证书或不定期轮船能行证之轮船或小轮船遇有本船检查证书所载航行期间届满须受定期检查时应将轮船通告证书随同其他证书缴呈主管航政官署存验俟船舶检查合格后再由主管航政官署发送应用

第十二条　凡总吨数在二十吨以上之定期轮船遇确有故障暂时不能行驶须要其他轮船声班行驶时得声叙由呈经主管航政官署查明属实转呈交通部核准并声请换发该替班轮船之通告证书声请换发通告证书时须将该替班轮船之原领通行证书缴呈主管航政官署俟替班任务终了将换发之通告证书缴销并领回其原领之通告证书

第十三条　凡总吨数未满二十吨之定期小轮船遇有替班请事时应依小轮船替班办法关于替班单之规定办理并将替班单粘附于替班小轮船之通行证书上至替班届满时缴销之

第十四条　定期轮船改为不定期轮船或不定期轮船改为定期轮船除声请主管航政官署核准转呈交通部备案外应换领通行证书将原领通告证书缴销

第十五条　定期轮船或不定期轮船如欲变更行驶航线时须呈经交通部核准并应换领通告证书将原领通行证书缴销

第十六条　定期轮船通行证书或不定期轮船通行证书遇有遗失或破损时得检同本船舶国籍证书或执照暨轮船业登记执照声请主管航政官署转呈交通部补发或换发

第十七条　凡请领或补领换领定期或不定期通行证书暨请领不定期临时通行证书时均无须缴纳证书费但应附缴印花税定期或不定期通行证书每件五角不定期临时通行证书每件二角

第十八条　定期轮船或不定期轮船停航时应将原领通行证书缴销

第十九条　轮船通行证书应缴销而因遗失或毁销致不能缴销时应声叙

事由呈请主管航政官署公告作废并分别转呈交通部备案

第二十条　各种通告证书所载事项有错误或遗漏时应声请主管航政官署更正或销注如系定期或不定期通告证书并应呈报交通部备案

第二十一条　各种通行证书须与船舶登记证书船舶检查证书船舶吨位证书船舶国籍证书等随时随地存放船上遇有查验时应一并呈验如系小轮船应将小轮船执照存确查验

第二十二条　本办法施行之日起所有二十年九月十二日交通部公布之发给船舶航线证明暂行办法即行废止已领航线证之轮船应于六个月内换领轮船通行证书

第二十三条　本办法自公布之日施行

附各项书式（略）

197

1937 年 6 月 26 日

主管航政官署对于核转
轮船业登记案件准则

（中华民国二十六年六月二十六日交通部部令节遵）

一　附件是否完备　附件须照修正登记事项表所列各附件检表同送如有缺少应令补具至组织章程一项除独资经营之航商因特殊情形声叙明白可免检送外若二人以上合资经营之行号虽无组织章程亦须具备合同契约以昭慎重

二　附件中有无不合之件　查修正登记事项表及股东名簿早经令发在案近仍有用旧式者嗣后务须一律遵用修正主义表簿查照填写如有疑义不合之处必须先行令饬查明更正以免周折

三　航线有无问题　航线关系极重凡声请登记之航商务须依照修正登记事项表航线起讫及经停码头栏分别逐轮填写明晰若为补发行登记者其于原航线内有变还情事须声叙原因并就实际情形拟具意见一并转呈以赍核办

四　航商声请登记之日　凡主管航政官署转呈轮船业登记案件须将何

月日收到航商呈请文件叙明不得借以案据某公司行号呈请轮船业登记统括之词呈转此于展期补行登记尤有关系嗣后务须遵照填明以资考核

五　征收登记费　航商呈缴轮船业登记费须照章代征如有短缴者应由主管航政官署令其遵章补缴多缴者应先核明发遵再行呈转以省手续

198

1937 年 7 月 22 日

国营招商局轮船员工薪级工资待遇办法

（中华民国二十六年七月二十二日部令公布）

第一条　国营招商局所有船长、驾驶员、轮机员及领港报务员水手生火舵工工匠服务在五〇〇吨以上轮船者,其薪资级工资待遇依本办法之规定办理

第二条　船长、驾驶员及轮机员之薪级依服务轮船总吨数分为:五〇〇吨数以上不满一千总吨者、一千总吨以上不满四千总吨者及四千总吨以上者三种,其最高最低薪额及薪级依下列之规定

（甲）船长月薪分为

一二〇、一四〇、一六〇、一八〇、二〇〇、二二〇、二四〇、二六〇、二八〇、三〇〇、三三〇、三六〇、三九〇、四二〇、四五〇、四八〇、五一〇、五四〇、五七〇、六〇〇二十级

（一）五百总吨以上不满一千总吨者

（二）一千总吨以上不满四千总吨者最高五四〇元,最低二〇〇元

（三）四千吨数以上者,最高六〇〇元,最低三〇〇元

（乙）大副月薪分为一〇〇、一二〇、一四〇、一六〇、一八〇、二〇〇、二二〇、二四〇、二六〇、二八〇、三〇〇、三三〇 十二级

（一）五〇〇总吨以上不满一千总吨者,最高二〇〇元,最低一〇〇元

（二）一千总吨以上不满四千总吨者,最高二八〇元,最低一四〇元

（三）四千总吨以上者,最高三三〇元,最低一八〇元

（丙）二副月薪分为七〇、八〇、九〇、一〇〇、一一〇、一二〇、一三〇、一四〇、一五〇、一六〇、一七〇、一八〇 十二级

（一）五〇〇总吨以上不满一千总吨者,最高一二〇元,最低七〇元

（二）一千吨以上,不满四千总吨者,最高一五〇元,最低九〇元

（三）四千总吨以上者,最高一八〇元,最低一四〇元

（丁）三副月薪分为五〇、五五、六〇、六五、七〇、＊＊、＊＊、＊＊、＊＊、八五、九〇、九五、一〇〇、一一〇、一二〇、一三〇、一四〇 十五级

（一）五〇〇总吨以上不满一千总吨者,最高九〇元,最低五〇元

（二）一千吨以上不满四千总吨者,最高一一〇元,最低六〇元

（三）四千总吨以上者,最高一四〇元,最低一〇〇元

（戊）轮机长月薪分为一二〇、一四〇、一六〇、一八〇、二〇〇、二二〇、二四〇、二六〇、二八〇、三〇〇、三三〇、三六〇、三九〇、四二〇 十四级

（一）五〇〇总吨以上,不满一千总吨者,最高二八〇元,最低一二〇元

（二）一千总吨以上,不满四千总吨者,最高三六〇元,最低一八〇元

（三）四千总吨以上者,最高四二〇元,最低二四〇元

（己）大管轮月薪分为一〇〇、一二〇、一四〇、一六〇、一八〇、二〇〇、二二〇、二四〇、二六〇、二八〇 十级

（一）五〇〇总吨以上不满一千总吨者,最高二〇〇元,最低一 〇〇元

（二）一千总吨以上,不满四千总顿者,最高二 四〇元,最低一二〇元

（三）四千总吨以上者,最高二八〇元,最低一六〇元

（庚）二管轮月薪分为七〇、八〇、九〇、一〇〇、一一〇、一二〇、一三〇、一四〇、一五〇、一六〇、一七〇、一八〇 十二级

（一）五〇〇总吨以上不满一千总吨者,最高一二〇元,最低七 〇元

（二）一千总吨以上不满四千总吨者,最高一五〇元,最低九〇 元

（三）四千总吨以上者最高一八〇元,最低一二〇元

（辛）三管轮月薪分别为五〇、五五、六〇、六五、七〇、七五、八〇、八五、九〇、九五、一〇〇、一一〇、一二〇、一三〇、一四〇 十五级

（一）五〇〇总吨以上不满一千总吨者,最高九〇元,最低五〇元

（二）一千总吨以上不满四千总吨者,最高一一〇元,最低六〇元

（三）四千总吨以上者,最高一四〇元,最低一〇〇元

第三条 领港人员薪级分为二五、三〇、三五、＊＊、＊＊、＊＊、＊＊、六〇、六五、七〇、八〇、八五、九〇、九五、一〇〇、一一〇、一二〇、一三〇、一四〇、一五〇、一六〇、一七〇、一八〇、一九〇、二〇〇、二二〇、二四〇、二六〇 二十九级其最高最低薪额依下列之规定

（二）领港预备领港月薪

最高五〇元,最低二五元

第四条 报务员薪级分为二五、三〇、三五、四〇、四五、五〇、五五、六

〇、六五、七〇、七五、八〇、八五、九〇、九五、一〇〇、一一〇、一二〇、一三〇、一四〇、一五〇、一六〇、一七〇、一八〇 二十四级,其最高最低薪资依下列之规定

（一）报务员助理报务员月薪

最高一八〇元,最高五〇元

（二）值更员练习生月薪,最高五〇元,最低二五元

第五条 凡新任之船长驾驶轮机领港报务人员得斟酌轮船总吨大小工作劳逸技术高下任规定薪级范围内核定之

第六条 船长驾驶员及轮机员凡由低一种总吨数轮船调任高一种总吨数轮船职务超过一年者,得斟酌情形依高一种总吨数轮船之薪级加一级薪如其原薪少于高一种总吨数轮船之最低薪额时,得改照该项最低薪额支薪不再加级领港及报务人员调任职务其薪级薪领得酌照前项规定核定之

第七条 船长驾驶员轮机员领港及报务人员继续服务,每满三年者,得加薪一级但以加至其本职之最高薪额为限

第八条 水手生火舵工工匠等工资之最高最低额数依下列之规定

（一）水手头目每月工资最高八〇元,最低五五元

（二）水手副头目每月工资最高六五元,最低三五元

（三）一等水手每月工资最高五五元,最低三〇元

（四）二等水手每月工资最高四〇元,最低二五元

（五）三等水手每月工资最高三五元,最低二〇元

（六）舵工每月工资最高六五元,最低三〇元

（七）工匠每月工资最高六五元,最低三〇元

（八）生火头目每月工资最高八〇元,最低五五元

（九）生火副头目每月工资最高六五元,最低三五元

（十）一等生火每月工资最高五五元,最低三〇元

（十一）二等生火每月工资最高四〇元,最低二五元

（十二）三等生火每月工资最高三五元,最低二〇元

第九条 水手生火舵工工匠等继续工作每满四年者得增给工资五元,但以增至其最高工资额数为限

第十条 船长驾驶员、轮机员、领港报务员、水手、生火舵工、工匠等服务于航行远洋之轮船,得酌给津贴至多以其薪给或工资之三成为限,如由江轮至海轮服务者亦得酌给津贴至多以其薪给之一级或工资之一成为限

第十一条 船长驾驶员轮机员服务于不满一千总吨之轮船,但系航行川口者,应比照服务于一千总吨以下不满四千总吨之轮船船员薪级计算

第十二条 本办法自公布日施行

199

1937 年 7 月 22 日

船舶检查章程

（中华民国二十年六月五日交通部部令公布　二十年七月一日施行　二十二年十月二十八日部令修正公布二十六年七月二十二日部修令正公布第六条九条六十四条并删第八条条文）

第一章　通　　则

第一条　本章程依船舶法第四十二条之规定制定之

第二条　中国船舶除左列各款外依本章程之规定施行检查

一、总吨数不及二十吨或容量不及二百担之船舶

二、专用于公务之船舶

三、以橹棹为主要运转方法之船舶

第三条　左列外国船舶除法令有特别规定者外准用本章程之规定施行检查

一　中国人民所租用在中国各港间或中国与外国间航行之外国船舶

二　依法律或政府之许可在中国港湾口岸间航行之外国船舶

三　依船舶法第十七条之规定应受检查之外国船舶

第四条　船舶检查由交通部航政局施行之但在未设航政局之港场得由交通部指定之机关或专员施行之

第二章　检查种类

第五条　船舶检查分左列三种

一　特别检查

二　定期检查

三　临时检查

第六条　特别检查分左列四种

一、甲种特别检查对于在中国新造之船舶适用之

二、乙种特别检查对于在外国新造或新购之船舶或原系无须检查而变更为应受检查之船舶适用之

三、丙种特别检查对于船身机器之全部或一部经过修改之船舶适用之

四、丁种特别检查对于曾受甲乙丙种中任何一种特别检查之船舶适用之凡船舶在二十五年以内者每过四年施行一次过二十五年者每过三年施行一次于该年份船舶航行期间届满时施行之

第七条 特别检查应就船身机器及船具之构造并其状况与能力检查之

第八条 船舶受特别检查合格后经过一年时应受定期检查

第九条 定期检查于航行期间届满时施行之但适遇应受丁种特别检查之期间届满时即免除本届定期检查

第十条 定期检查应就船身机器船具等之状况及客室船员室暨其他设备管理检查之

第十一条 临时检查得随时随地就船舶之一部或全部施行之

第十二条 船舶遭遇碰撞及灾变有损伤时或变更航路种类客货舱位及船上设备时或保险气门经启对时应声请施行临时检查

第三章　声请程序

第十三条 船舶检查应由船舶所有人船舶经理人或船舶租用人声请之但船舶不在船籍港或有正当事由得船长声请之

船舶经理人或船舶租用人声请检查时应呈验证明文件

第十四条 声请检查应于声请书内注明左列各款事项由声请人签名盖章

一　船名

二　船舶种类

三　总吨数或担数

四　登记吨数或担数

五　船籍港

六　行驶航路

七　营业种类

八　声请检查之日期及处所

九　检查种类及声请事由

十　船舶所有人姓名或名称及住所

第十五条 声请检查制造中船舶时船舶所有人应填具声请书适用制造样本及图说一并呈验但帆船得免呈图说

第十六条 前条检查声请书应分别填报左列事项由声请人签名盖章如

船舶所有人与制造人系属两人时应联名盖章

一　船舶种类及其预定的性质

二　船壳船骨及甲板材料

三　计划容量

四　计划气压

五　计划马力

六　气机种类及数目

七　气锅种类及数目

八　推进器种类及数目

九　使用目的

十　预定航路

十一　造船厂名及其地点

十二　主任技师姓名

十三　起工年月

图说分左列数种并须附记尺寸

一　船体中央横截面图

二　船体中心线纵截面图

三　甲板平面图

四　气机横截面图

五　气机纵截面图

六　气锅横截面图

七　气锅纵截面图

除前二项各款外经检查员认为必要时得令声请人呈验其他文件图说·

第四章　检查程序

第十七条　检查船舶应在航政局或交通部指定机关之所在地施行之但经声请人声述事由不能在该地施行时得在其他处所施行之

第十八条　船舶检查时轮船须有船长及轮机长在场帆船须有船长在场船长及轮机长因事不能在场时得委托其他船员代理

第十九条　检查船舶如船长轮机长或其他代理人在场时检查员得延期施行

第二十条　检查船舶时船长及轮机长应接受检查员之要求并于必要时须帮同办理如有所询问时须详细陈述之

第二十一条　船舶受第二次轮机之检查时船长应呈验左列各种书类

一　船舶国籍证书

二　船舶登记证明书

三　船舶检查证书

四　船舶检查簿

五　船舶乘客定额证书

六　船舶吨位证书

七　海员证书

八　船员的名册

九　属具目录

十　航海日记簿

十一　其他有关系之书类

第二十二条　依船舶法第十五条之规定声请再检查时应由船舶所有人船舶经理人或船舶租用人开具不服事项声述理由呈由该管航政局转呈交通部核办

第二十三条　交通部对于前条之声请认为理由不充分或该船舶变更原状时应令航政局仍依原检查员之报告为准

第五章　检查书据

第二十四条　检查员检查完毕时应将船舶检查簿交付船长保管之船舶检查簿应依照第一号书式

第二十五条　船舶经特别检查或定期检查合格后由航政局发给船舶检查证书

船舶经临时检查合格后航政局应发给临时检查单附粘于原检查证书得加盖骑缝印交由船长保存

船舶检查证书及临时检查单应分别依照第二号各书式

第二十六条　船舶检查证书或船舶检查簿如有遗失时船长应迅具事由向原发给之航政局声请补发

第二十七条　船舶检查证书所载事项发生变更时船长应迅即开具变更事项向最近航政局声请补发

第二十八条　遇左列情事之一时应将船舶检查

一　船舶遗失国籍时

二　依法令之规定已无须检查时

三　船舶之航行期间届满时

四　领有渔船检查证书之船舶变更使用目的时

五　船舶遗失沉没或被捕时

六　船舶失踪经六个月尚无着落时

七　船舶经临时检查不合格时

前项规定遇第五款第六款情形其船舶检查证书确经遗失者不适用之

第二十九条　遇左列情事之一时应将旧船舶检查证书缴还航政局

一　换领船舶检查证书时

二　因船舶检查证书毁损再请发给时

第三十条　遇左列情事之一时得声请航政局发给通航证书

一　船舶检查后或换领补领船舶检查证书尚未领受时

二　船舶于检查中有入坞或上架之必要而中止检查经检查员认为暂准航行时

三　在外国取得船舶遇该船舶原有检查证所载航行期间届满验船师给有证明书时

前项第三款情形须向中国领事馆声请发给

通航证书应依照第三号书式

第三十一条　通航证书有效期间以足敷领受船舶检查证书或航行之日数为准由航政局或领事馆酌定之

第三十二条　通航证书应于领受船舶检查证书后或有效期间届满时由船长于五日内缴还航政局

第三十三条　船长应将船舶检查证书凭示于船上明显处所

第三十四条　船舶检查证书及通航证书应行缴还而不缴还时须将理由呈报该管航政局由局登刊公报声明作废但该项书类所载之有效期间业已届满者不在此限

第六章　航路指定

第三十五条　航路分左列四种

一、远洋航路

二、近海航路

三、沿海航路

四、内河航路

第三十六条　各船舶指定之航路其适航与否由检查员审定呈报航政局核准

检查员对于声请航路认为有限制气候之必要时对于指定航路得附限时期

第三十七条　内河船舶其最大速率能于二小时以内往返之沿海港口间得准其指定的航行前项船舶应声述事由呈请航政局核准

第三十八条　船舶在航行期间内变更航路时应分别开列新旧指定航路声请航政局核准

第七章　乘客定额

第三十九条　乘客定额由航政局察看船舶设备管理情形依照乘客定额计算表核定之并发给乘客定额证书检查船舶如发现原定乘客定额不合时得重行核定之

乘客定额证书应依照第四号书式

第四十条　乘客未满十二岁者以二人作一人计算未满三岁者不计

第四十一条　左列人员不以乘客论但第一款及二款住在客室者应作乘客计算

一　船舶所有人经理人或船舶租用人

二　船员及其他在船服务者

三　航行中被救助者

第四十二条　船长应将乘客定额证书凭示于船上明显处所

第四十三条　船长应将客室及船员的常用室划分

第四十四条　客室内载货时船长应将乘客定额依照容积比例减少

第四十五条　船舶变更乘客定额时应声述事由呈请航政局核准换发乘客定额证书乘客定额证书遗失时应呈请航政局核准补发

第四十六条　近海沿海及内河船舶临时搭载多数军队移民或其他多数农工时应声请航政局核定按照临时乘客定额计算表发给临时乘客定额证书

临时乘客定额证书应依照第五号书式

第四十七条　前项声请应填报左列事项连同船舶检查证书送呈航政局核准

一　乘客种类及人数

二　航行里程

三　平均值速率

四　起讫及称遇地点

五　预定的航行期间

六　可充客室之处所

第四十八条　临时乘客定额证书应由船长于该次航行终了时迅即缴还航政局注销

第四十九条　载客不及十五人之船舶不适用于本章程之规定

第八章　气压限制

第五十条　船舶之气压限制视气锅之现状核定之

第五十一条　检查员封锁保险气门时应于钥匙缄封交付船长

第五十二条　船长接受保险气门之钥匙后应慎重保管非遇紧急不得已事故不得启封

第五十三条　保险气门钥匙遗失或其封缄损毁时或船长将保险气门钥匙之封缄启封时应即开具事由声请最近航政局重行缄封

第九章　航行期间

第五十四条　已受检查之船舶其航行期间由航政局视船舶之现状依船舶法第十条之规定核定之

第五十五条　航行期间届满后非重经检查合格不得航行其在航程中期满者应于期满后最初到达之港口声请该管航政局施行检查

第五十六条　船舶在航行期间内遇有左列情形之一时船舶所有人船舶经理人船舶租用人或船长应即呈明航政局

一　船舶入场或上架时

二　船身或机器之主要部分及重要属具经更换或修理或损伤时

三　机器或汽锅卸载时或推进机轴取出时

第十章　检查费

第五十七条　船舶检查应由声请人依附表之规定缴纳检查费

第五十八条　无须受检查之船舶若经声请检查已着手施行时须缴纳检查费

第五十九条　发给补发或换发船舶检查证书及乘客定额证书时又发给通航证书及临时乘客定额证书时轮船应各缴证书费二元帆船一元

第六十条　请领英文译本证书时轮船每伤应缴费四元帆船二元

第六十一条　补发船舶检查簿时总吨数一百吨以上之轮船应缴费十元未满一百吨之轮船七元帆船五元

第六十二条　检查旨缴费单应记载船舶名称总吨数检查种类及收费之数额

第六十三条　船舶在航政局或交通部指定机关所在地以外处所受检查时检查声请人除照第五十八条之规定缴费外并应缴纳检查员照章应领之旅费,前项旅费如遇数船同在一地同时施行检查时旅费总额与一船同其数船不属一人所有者应各按其检查费用之多寡比例分担之

第十一章　附　则

第六十四条　违反第十二条第四十五条之规定者依船舶法第三十九条第一款处罚违反第五十二条第五十三条之规定者依船舶法第三十九条第二款处罚

200

1937 年 7 月 23 日

船舶检查技术规程

（中华民国二十六年七月二十三日交通部部令公布）

第一章　通　　则

第一条　检查船舶除其他命令别有规定外悉依本规程行之

第二条　在本规程施行前建造之船舶其检查由主管航政官署酌行之除因船舶之构造及状况有特殊情形不能全照本规程办理者外均适用于本规程之规定

第三条　检查船舶遇必要时得施行航行度验及速率试验

第四条　检查船舶应以航行安全为标准凡本规程所未规定之其他部分遇必要时亦得检查之

第五条　航政官署于特别检查时按照左表所列之种类长度最高速率并参酌船舶之构造材料费设备管理及状况等决定其资格按照资格决定其航行区域但特种船舶不在此限

第六条　定期检查时之准备及检查方法分别准用特别检查之规定但检查员得审查船身机器船员之状况免行某部分之准备或检查检查所得各部状况应与两次检查所得状况比较如认为有须修理及更改部分应责令遵行

第七条　临时检查应检查部分之准备及检查方法分别准用特别检查之规定

第八条　有特别装设之船舶其检查之准备及检查方法由检查员视其情形酌定之

第九条　甲乙两种特别检查之准备及检查方法依照第二章至第四章各条规定施行之

丙丁两种特别检查之准备及检查方法均分别适用于关于甲乙两种之规定但丙种特别检查得施行于船舶之全部或一部分

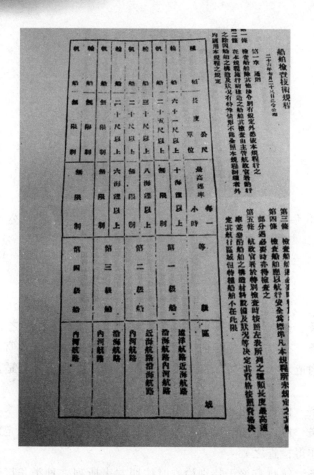

第二章　船　身

第十条　施行甲种特别检查时检查员应先审核各种构造图样并按照下列时期依次施行之

一、安放龙骨首柱底桥台叠板时

二、叠骨构成将竖立时

三、船壳外板台完成时

四、船壳外板及隔壁塞缝后尚未油漆施行试水时

五、船身进水时

六、舱面设备完竣时

七、速率试验时

八、检查员认为有检查必要时

第十一条　甲种特别检查之检查方法依下列之规定

一、检查构造材料之性质

二、检查各部连接之方法是否合宜及其缝隙钉焊是否坚固

三、测其船壳外板之厚薄及骨材之尺寸是否与规定相符（必要时得钻孔或去窝钉测之）

四、船壳二重底及水舱施以水压试验以验其是否漏水

五、舱室之构造及舱口塞门隔壁装置 是否适合货舱门煤舱门之构造是否坚固门缘坚牢不透水

六、煤炭舱四壁是否铁制其容量大的若干载煤数量是否适当可供用若干时日如有油舱应作水压试验

七、附近锅炉舱隔壁如有应防燃烧之处应隔以石棉或以他法预防之

第十二条 施行乙种特别检查时应作下列之准备

一、船舶入场或上架或上坡

二、船身内外适当的处所设置障碍立足地位

三、卸净煤炭及货物

非固着之物均须移去即固着之物而有障碍经检查员认为必须拆卸者亦应拆卸之

四、清除内外各部除去铁锈又受检查部分之油漆须除去者应除去之

五、遇必要时检查员得令先熏船而后检查

六、船舶首尾部分之舱底板中部及弯曲部分两舷之舱底板各拆卸一列

七、检查锅炉下部应为适宜之准备

八、遇必要时有洋派部分得令拆除之

九、木船包锅皮各须将铜皮拆开数定

十、木船内外各板或铁船舱底板其必须拆卸部分得令拆卸之

十一、木船应拔出钉或螺丝钉数枚

十二、非拆卸不能检查之部分均应卸载之

十三、二重底及水舱之水须排净并清除之更须将出入口启开并作水压试验之准备

十四、船首舱船尾舱及二重底内积载汽油将出入口启开舱内之油排净后扫除之并将危险品性瓦斯一并排净使检查员检查内部毫无妨碍

十五、舵应拆卸之

十六、锚及锚链移列船外

十七、舢板放下浮于水面其属具锚启

十八、检查满载水线标识应置备必要之立足地位及型板

十九、其他经检查员指定之必要准备

第十三条 乙种特别检查之检查方法除适用于关于甲种之规定外应依下列之规定

一、用铁试验船壳及各部质料之优劣及有无损伤

二、察看各部有须修换者责令遵行

三、外板厚薄及质料有无损伤可鉴去寒缝一段检查之

四、木船钉孔内是否良好

五、有洋灰部分是否完好及固着于钢板

六、木船缝隙是否紧密

七、舵之装置是否坚固灵使及其形式尺寸是否适合

八、锚之数目种类重量锚链之长度链环之直径均须详查如锚链之横截面积耗损至某程度时应责令更换

九、舢板并属具是否完好舢板艘数名称容量是否足敷应付救生之需舢板吊钩是否坚固胜载

十、各处风斗装置是否灵便充足

十一、桅是否坚固必要时木桅可卸下铁桅用锤敲及钻孔检查

第三章　机　　器

第一节　蒸汽往复机

第十四条　施行甲种特别检查时应按照下列时期依次施行之

一、气缸凝水柜各抽机(如空气抽机船底抽机循环抽机等)船尾轮轴套管造成时

二、各轴杆(挺杆间联杆气门杆偏心轮杆曲拐轴推进轴轮轴)造成粗型时

三、装置前施行水压试验时

四、装置于船上时

五、定轴杆及气缸中心线及气门之位置时

六、检查员认为有检查必要时

第十五条　甲种特别检查之检查方法依下列之规定

一、遇必要时得用锤试验气机之要部

二、气门构造是否合度弹簧是否准确能使气门不透气且不致紧擦受损

三、各抽机活塞涨圈是否不透气进出气门动作是否合度

四、气缸为变联式活塞涨圈如何装置垫料面是否不透气安全活门准备是否尽便

五、凝水柜之进水管是否适度循环抽机是否二座

六、各种杆轴之质料尺寸轻重是否相宜轮轴座曲拐轴箱是否稳固轮叶之尺寸度数是否适合

七、杆轴与气缸之中心线及气门之位置是否适宜

八、各部装置是否坚固

九、施行气缸凝水积各抽机法汽室各汽管之水压试验测其试验标准如左

1. 单式汽机气缸之最大气压每平方公分在六·三三公斤（每方英寸在九十磅）以上时其水压照最大气压之数加六·三三公斤（九十磅）最大气压不及六·三三公斤（九十磅）时其水压照最大气压之数以二乘之

2. 二联式气机之商压气缸其水压主与单式汽机气缸间低压气缸之水压照最大气压之数以〇·八乘之

3. 三联式汽机之商压气缸其水压照片最大气压之数加六·三三公斤（九十磅）

4. 中压气缸之水压照最大气压之数低压气缸之水压照最大气压之数以〇·五乘之

5. 四联式汽机之商压气缸其水压照最大气压之数加六·三三公斤（九十磅）

6. 第一中压气缸之水压照最大气压之数第二中压气缸之水压照最大气压之数以〇·六乘之低压气缸之水压照最大气压之数以〇·四乘之

十、加油装置是否完备

十一、必要时用马力测验器测验马力

十二、计算快慢转每分钟轮叶转数

十三、如有加热器之设置应施行压力试验并检查其变头与接头

第十六条 施行乙种特别检查时应作下列之准备

一、拆卸气门各部

二、拆卸各抽机之活塞及涨圈

三、拆卸气缸盖活塞涨圈及轴杆

四、拆卸轮叶轮轴中间轴推进轴曲拐轴及一切附属机件

五、拆开凝水积遇必要时并须拔出管子

六、拆卸总气管上之包裹或覆箱

七、拆卸通于船外水线下属于汽机部分

八、准备气缸凝水积各抽机存汽室气管等水压试验

九、拆卸必须拆卸方向检查之部分

十、整备队列各种应用家具

十一、遇必要时得使汽机动作以资检查

第十七条 乙种特别检查之检查方法适用于关于甲种之规定如船尾轮轴套管之内经消耗至某程度时应责令修换

第二节　锅　炉

第十八条　施行甲种特别检查时应按下列时期依次施行之

一、各部分段接时

二、各部分装置并打窝钉时

三、全体构成时

四、水压试验时

五、装置于船上时

六、检查员认为有检查必要时

第十九条　甲种特别检查之检查方法依下列之规定

一、用锤试各要部

二、遇必要时得钻孔或去窝钉测其薄厚

三、各段接处是否坚固

四、施行水压试验报告如系新造锅炉最大气压每平方公分在七〇三公斤（每平方英寸为一百磅）以上时其水压照最大气压之数以一·五乘之再加三·五二五公斤（五十磅）最大气压每平方公分不及七·〇三公斤（一百磅）时其水压照最大气压之数以二乘之如系用过之锅炉最大气压在六·三三公斤（九十磅）以上时其水压最大气压之数加三·一六公斤（四十五磅）最大气压不及六·三三公斤（九十磅）时其水压照最大气压之数以一·五乘之

五、规定气压限制并于规定后严密封锁安全活门

六、火夫工作地位是否服用风斗装置是否良好充足

七、防热装置如何

八、航行海洋之船舶应备注水抽机循环抽机各二座

九、各抽机注水加热器储水箱机件应拆开检查

十、自动注水机关是否灵便

十一、炉膛门是否坚固紧密炉膛状况是否良好

十二、每座锅炉应装玻璃量水表气压表温度表各一只如系支面锅炉前后两面均应装设之

十三、气管上应装放水嘴

十四、吸水管应装单程活门

十五、通过煤炭舱之气管应有坚固之包裹或覆箱

十六、通船外之排水门应在最大水线以上

十七、遇必要时间锅炉管应作水压试验

十八、海水门应容易启闭

十九、检查安全活门是否准确灵便

二十、吊灰机吊灰管是否快捷灵便

二十一、加热器上应装安全活门

第二十条 放行乙种特别检查时应作下列之准备

一、锅炉内水及煤炭均须撤尽

二、入孔启开

三、烟囱煤炭去净烟囱盖启开

四、炉膛启开

五、各抽机（如注水抽机热水抽机）拆卸

六、蓄热水箱注水加热气拆开

七、遇必要时取出焙炉管（烟管或水管）

八、准备安全活门之钥匙由检查员用以启门

九、作水压之准备

十、拆卸自动注水机关

十一、拆卸总气门与各副气门

十二、拆卸吊灰机及清除吊灰管

第二十一条 乙称特别检查之检查方法适用于关于甲种之规定

第三节　气涡机

第二十二条 汽涡机与蒸汽往复机相同部分之检查方法适用关于蒸汽往复机之各种规定

第二十三条 除二十二条规定外其他部分施行甲种特别检查时应按下列时期依次施行之

一、机壳轴鼓气叶抽气环等造成时

二、汽叶装置将成时

三、各部装置成功时

四、装置船上时

五、检查员认为有检查必要时

第二十四条 甲种特别检查方法依下列之规定

一、用槌试其要部

二、遇必要时得施行机壳水压试验

高压机壳后退机壳之水压照最大气压之数斤（九十磅）低压机壳后退机壳之水压照最大气压之数

三、机壳及转被之尺寸

四、气叶之尺寸度数并每列数目与列数

555

五、气叶装置角度及是否坚固

六、制气环是否透气及不致紧擦受损

七、制气环队是否适当

八、平衡力是否平均

九、各机壳气压若干

十、马力若干

十一、各活门口装置是否良好

十二、机壳接合处是否紧密坚固

十三、加油装置是否完备抽油机是否良好

第二十五条 施行乙种特别检查时应作下列之准备

一、机壳及抽被卸开

二、各抽被上气叶拆卸一二列

三、各活门口拆开

四、内外各部擦净

五、各抽机拆卸

六、应用家具备齐队列

第二十六条 乙种特别检查之检查方法除适用关于甲种之规定外并依下列之规定

一、必要时得钻孔测机壳之厚薄

二、如非新机壳其水压试验应由检查员酌量情形照第二十四条第二款规定核减之

第四节　内燃机

第二十七条 内燃机与蒸汽往复机相同部分之检查方法适用关于蒸汽往复机之各种规定

第二十八条 除二十七条规定外其他部分施行甲种特别检查时按下列时期依次施行之

一、气缸（连水套）气化室点火器及各活门（如空气门注油门开速办出气门混合气门）造成时

二、歪轮轴斜齿轮曲拐轴箱（有压空气轴机装置者）造成时

三、油箱滤器各管（水管气管油管）造成时

四、各部装置成功时

五、装置船上时

六、检查员认为有检查必要时

第二十九条 甲种特别检查之检查方法依下列之规定

一、气缸内最大气压若干

二、涨圈是否不透气及不致紧擦受损

三、水套气缸油箱及各管施行水压试验

四、氯化室是否适用

五、点火器是如何装置(自然点火或热管点火或电点火)

六、各活门口是否合度

七、调速办是否准确系采用何种方式(爱数法或变质法或变量法或质量同变法)

八、测量马力

九、歪轮轴斜齿轮曲拐轴之动作是否准确

十、曲拐轴箱有空气抽机装置是否良好及最大气压若干

十一、油箱可贮油几何可供若干时之用

十二、滤器装置滤油是否洁净

十三、各部装置及装置船上是否坚稳

十四、主轴之垫料面如何装置是否紧密

第三十条 施行乙种特别检查时应作下列之准备

一、拆卸抽机活塞涨圈主轴及各活门

二、拆卸歪轮轴斜齿轮曲拐轴箱(有空气抽机)

三、遇必要时气缸水套油箱及各管作水压试验之标准

四、遇必要时使机器动作以资检查

第三十一条 乙种特别检查之检查方法适用于关于甲种之规定

第四章 船　　具

第三十二条 应检查之船具如下

一、各种帆缆

二、手抽水机及属具

三、消防器及属具

四、救生具及防碰具

五、舵具及厨具

六、起锚机及厨具

七、锚链管及吊锚钩

八、起重机及吊杆

九、各种船灯

十、信号器具

十一、车镜

十二、罗经罗经自差表船钟测量器

十三、海图及航海书表

十四、汽笛气角号钟

十五、量水机手量水舵计程器

十六、寒暑表风雨表望远镜

十七、其他航要具

第三十三条 检查船具依下列之规定

一、帆船之各种帆均须预备补充航船之各种缆如网绳棕绳麻绳应就所需充分预备之如有朽旧应责令更换

二、借有气力抽水机者依应借手抽水机并须机件变便属见充血各种水管充足

三、消防器须射水力猛属具完备帆布水管充足各大舱及重要地点应设备消防队业水器

四、救生具之设备管理如系航行海洋或身长逾六一公尺（二百英尺）之船舶应国际海上人命安全公约关于救护设备管理之规定检查之如系航行沿海内河或身长在六一公尺（二百英尺）以下之船舶应照关于沿海港湾及内河轮船救生设备管理等法令之规定检查之

五、有气力舵机者应另备手机舵手及全部属具

六、起锚机不论人力气力均须试验报告是否灵便并属具是否完备

七、锚链管须坚固的吊锚钩须胜载

八、起重机须变便吊杆须坚固胜载

九、各种船灯除应用者外均须预备补充用电灯者依须备有油灯对于发电机及一切装置均须详细检查尤当注意电线

十、旗号灯号是否完备

十一、车钟是否准确

十二、罗经是否正确罗经差若干罗经至少须备二座船表须备准确者三架并备六分仪及其属具

十三、航行海洋之船舶视其航路须备最新海图全副如蓝图会加改正者亦可适用于又航海用之视表亦须备有之

十四、汽笛汽角应装置于烟囱前不碍音响之处并须放音响亮号钟应置于不碍音响之处其对径须在二公寸（八英寸）以上

十五、应备准确之寒暑表风雨表望远镜

十六、备有量水机者仍须手量水舵并于两舷装量水台航行海洋之舱及船舶须备计程器

十七、其他航海要具凡须备有者均应备之

第五章　附　　则

第三十四条　航行内河之船舶对于非必须设备之机件器具得免设之

第三十五条　检查船舶对于下列标志文书须审查之

甲、标志

一、船名

二、船籍港名

三、船舶登记吨数

四、船舶登记号数

五、吃水尺度

六、乾舷标志

乙、文书

一、船舶国籍证书

二、船舶登记证书

三、船舶检查证书

四、船舶检查簿

五、轮船通告证书

六、船舶吨位证书

七、载重线证书

八、海员证书

九　船员名册

十　船舶乘客定额证书

十一　旅客名册

十二　运送契约及关于装载货物之书类

十三　属具目录

十四　航海记事簿

第三十六条　检查完毕认为合格时依船舶法第十二条办理之

第三十七条　本规程自公布日施行

201

1937 年 7 月 23 日

船舶丈量技术部规程

（中华民国二十六年七月二十三日交通部部令公布）

第一章　通　　则

第一条　丈量船舶以公尺为计算标准以吨数表示容量大的之船舶每二·八三立方公尺（合一百平方英尺）为一吨以担表示容量之船舶每〇·二八三立方公尺（合十立方英尺）为一担丈量时以单位负责人下二位小数为限计算时以三位小数为限所得吨数以两位小数为限其超过之位数以四舍五入法取之

船舶之登记长度系指在最吨甲板上自船首在柱前而起至船尾柱后面止之长度而言登记宽度系指在船舶最开部分自左舷身骨外面至右舷机骨外面止之宽度而言登记深度系指在登记长度之中点自龙骨上面起至上甲板梁之舷侧上面止之深度而言

第二条　船舶经丈量之后如其形式或容量大的有变更或发现吨数计算有错误时均得重行丈量之

第二章　总吨数与登记吨数

第三条　不满三届甲板之船舶以上甲板为量吨甲板其他船舶以从最下层数起之第二层甲板为量吨甲板

第四条　总吨数包括下列四项

甲、量吨甲板下之吨数

乙、量吨甲板与上甲板间之吨数

丙、上甲板上之舱室吨数

丁、舱口吨数之超过吨数（舱口吨数不在其内）千分之五之部分

第五条　自总吨数减除第十六条甲项列举之船员及驾驶所用部分各吨

数为帆船登记数再减除同条乙项列举以推进机地位部分各吨数为轮船登记
吨数即净吨数但免除丈量未计入总吨数者不得减除之

第三章　总吨数之量计法

第六条　量计总吨数除本规程第七第八第九各条所述者外均用第一法
量计之

第七条　量计总吨数如船舶上载有货物体积或有其他原因不能用第一
法时得暂用第二法但现于当时期内仍用第一法重行量计之

凡长不满二十公尺之船舶得用第二法丈量之

第八条　量计无甲板船舶之总吨数应用第三法

第九条　帆船之丈量用第四法

第十条　第一法如次(参阅附图表)(略)

甲、量计量吨甲板下之吨数

(一)量长:应在量吨甲板上自船首内板量起(如无内板即自营骨内面引
伸至相交之点量起)依船之中心线量至船尾内板除去船首船尾甲板之厚对
于船首船尾材之倾斜的甲板之长及船尾梁曲部分舷高距离之三分之一

依上列方法量得之长度按照下表等分之

船长在二十公尺以上至三十七公尺(六十六英尺以上至一百二十英尺)
者分为六等分

船长在三十七公尺以上至五十五公尺(逾一百二十英尺至一百八十英
尺)者分为八等分

船长逾五十五公尺至六十九公尺(逾一百八十英尺至二百二十五英尺)
者分为十等分

船长逾六十九公尺(逾二百二十五英尺)者分为十二等分

(二)量深:在船长之各等分点由量吨甲板下梁曲部分舷高距离之三分
之一处起量至骨板之上面为止倘装有舱底板则量至舱底板上而为止但机舱
及全底桥台连横梁木之高不得超过八〇公厘依此量得之深度如正中横切而
之深度分为四分如逾五公尺(十六英尺)者将各横切面之深度分为四等分如
逾五公尺(十六英尺)者将各横切而之深度分为六等分

(三)量宽:在深度上之各等分点及其上下两端之处量其平宽倘有内傍
桥台或其他木条调条时量至桥台或条之内面为止否则量至管骨之内面为止

(四)就丈量所得之数先将各横切面之面积算出然后将量吨甲板下之容
积算出最后以二·八三除之即得量吨甲板下之吨数

(五)计算横切面面积之法如次

将各横切面上所量得之水平宽度按其次序名为第一第二……第末宽度

将第二及其他变数宽度各以回乘之第三及其他单数宽度(第一与第末宽度除外)各以二乘之将各积相加再加第一与第末宽度之后以两宽度间距离之三分之一乘之即得横切面之面积

(六)二重底舱底板沟曲之船舶其中央横切面之深度在五公尺以下(十六英尺)者应将横切之深度分为四等分如逾五公尺则将横切面之深度分为六等分其最下之分深点与其底板间之距离再分为四等分(附图七)(略)代表七等分者 AA 为分深点 BB 为副分深点将两部分面积依前款方法分别计算相加后即得横切之面积

(七)计算量吨甲板下容积之法如次:自船首起按其次序将各横切面名为第一节第二节……第末节将第二及其他变数节各以四乘之第三及其他单数节各以二乘之将各乘积相加再加第一与第末节之面积后以两节间距离之三分之一乘之即得量吨甲板下之吨数

乙、量计甲板与甲板间之吨数

(一)量长:在高度之中点自船首之内板或龙骨内面引伸至相交之点量起至船尾内板为止将量得之长度依照上列甲项一款方法等分之

(二)量宽:就商度之中点长度之两端及各等分点量之如有内傍板者量至板面为止否则量至龙骨之内面为止

(三)将量得之宽度自船首起按其次序各为称一第二……第末宽度将第二及其他变数宽度各以四乘之第三及其他单数宽度(第一第末除外)各以二乘之将各积相加再加第一与第末宽度之后以附宽度间距离之三分之一乘以即得一平均水平面之面积丈量各等分点处之高度求得一平均高度与平均水平面之面积相乘以二·八三除之即得甲板与甲板间之吨数

丙、量计上甲板上之舱室吨数

(一)量长:在高度之中点量其内部之平均长度而等分之

(二)量宽:在长之两端及其中分点量与高度中点相当处之宽度如有内傍板者量至板面为止否则量至龙骨之面为止

(三)将中点之宽度以四乘之将其积数加两端之宽度其和数以两宽度间距离之三分之一乘之即得平均水平面之面积再求得其平均高度与平均水平面之面积相乘而以二·八三除之即得舱室之吨数

丁、舱口吨数超过总吨数(舱口吨数不在其内)千分之五之部分

(一)量各舱口之长宽高

长宽均以舱口内面为丈量起讫之所高自甲板上面量至舱口上面如上面高度不平者取其平均高度

(二)将长宽高相乘而以二·八除之

(三)将所得舱口吨数除去总吨数(舱口吨数不在其内)千分之五即得舱

口越出吨数

第十一条 第二法如次

先就最上层甲板自船首柱之前面起至船尾柱之后面止量船之长度以次量船上最大宽度（铁船自身骨之外面起木船自外板之外面起）次量深度自龙骨之上面起至上甲板梁之舷上侧面止之垂直距离再次在左右舷壁上（最上甲板处）标明记号然后用线条以直垂下至龙骨由此舷壁之标点处绕至彼舷壁之标点处得其围度以围度之半加最大宽度之半将其和数目乘再将其积数与船长相乘然后此得数以系数〇·〇五三（小轮船）乘之即得上甲板下之吨数再加上甲板上各舱室之吨数（量计法与第十条之丙项同）即得总吨数

船长不满二十公尺之拖驳船之丈量准用第二法

第十二条 第三法如次

量计无甲板船之总吨数其法与第十条甲项或第十一条同唯其深度须照下法量得之即以舷壁上边为丈量界限在长度之各等分点处自此舷壁上边至彼舷壁边上引一横线然后由此线之中点量至船底板上面得为深度

第十三条 第四法如次

帆船之丈量先量船长自头横材之前面起至尾横材之后面止次量最大宽度自外板之外面起再次量深度自船底脊骨上面起至连结舷壁之水平线上止之垂直距离以长宽深相乘所得之数再以系数〇·八五（方类船）或〇·七五（平类船）或〇·六五（尖头船）或〇·六〇（轮船式船）乘之将所得之数再以〇·二八三除之即得甲板下之担数再加甲板上面之舱棚担数即为总担数

第十四条 免除丈量地位

下列各处所得免除丈量

（一）乾舷甲板上之上层建业有永久开口（最小高度为一三〇公分最小宽度为一〇〇公分）未设掩盖之处所得免除丈量

（二）上层建业上有永久开口者其甲板间之地位得免除丈量

（三）上甲板上无水密装置之遮盖地位为短程乘客之用者得免除丈量

（四）操舵机绞盘起锚机之在甲板上之遮蔽地位得免除丈量其免除之地位以离机六〇公分为限

（五）仅供传光至舱室内或上甲板之走道不供旅客之使用者得免除丈量

（六）上甲板上之厨房得免除丈量

（七）上甲板上之船员厕所及浴室得免除丈量如供旅客之用者每五十旅客亦得免除丈量一所但不得超过十二所

（八）二重底之举供压水舱用者得免除丈量但可供装载物件或燃料者仍须丈量之

（九）副机器副锅炉支置于主甲板以上且不与推进机连接者得免除丈量

第四章　登记吨数之量计法

第十五条　量计推进机地位（包括气机开锅炉间轮轴洞及其他关于气机间锅炉间之通风机受光处所）之吨数其法如次

（一）先量机器间自量吨甲板量至舱底板之深度而平均之得一平均深度（即在机器间中央及前壁后壁三处）次在三处深度之中点（必要时三处以上）丈量其宽度而平均之得一平均宽度最后丈量前后壁板间之平均长度将平均长宽深相乘以二·八三除之即得量吨甲板下之吨数（非推进机工作系统所需用之处所除外）再以同样方法量计量吨甲板以上之机器棚及锅炉棚与机器天窗各处所但机器锅炉棚允许之宽度不得大于登记宽度之半数将量吨甲板上下之吨数相加即为机器间之吨数

（二）如机器锅炉分装各处者须以前法分别量计相加后即得机器间之吨数

（三）螺轮推进之船舶之轮轴洞及其前后工作地位与逃避道亦照第一款之法丈量将其平均长宽深三项相乘以二·八三除之即得吨数

（四）将以上第一款至第三款所得之吨数相加即得推进机所用地位之吨数

（五）机器间之容量大的长度等如有变更或加建室时其吨数须重行量计之

第十六条　登记吨数（即净吨数）系由总吨数内除下列各部分船长船员及驾驶所用部分

（一）船长船员所用之地位得减除之但事务长或实办经理账房头港等每项应减除之吨数不得超过四吨其他船员所用地位如非必要者亦得核减之

（二）水手长仓库之容积以船舶之大小为标准总吨数不满一百五十吨者定为三吨一百五十吨以上不满五百吨者定为五吨五百吨以上不满一千吨者定为十吨千吨以上者为百分之一但吨数无论大至若何程度均不得超过七十五吨

（三）操舵机绞盘起锚机之地位系在量吨甲板者

（四）副机及副锅炉在量吨甲板下之地位不与主机相连接者（与主机相连接者属于机器间部分）

（五）海关室信号室及航海仪器室等

（六）前后压水舱旁压水舱及深水舱之仅有水密入孔并专作压水舱用者

（七）船舶完全用帆行驶者其帆库舱减除之数不得超过总吨百分之二·五

（八）水手无固定资产住房者每一水手所占地位不得超过二立方公尺

（九）凡以第二法丈量之船舶其应减除之船员地位以船长每三公尺作一人计算但余数超过一·五公尺者得增加一人每人以〇·三吨计算之

乙、推进机地位部分

（一）螺轮推进之船舶

依照前条量计法所得推进改革机地位之吨数超过总吨数百分之十三而不满百分之二十时得除去之吨数为总吨数百分之三十二如推进机地位之吨数在此项比例以外者得除去之吨数为推进机地位自身吨数之（奉部令改正为一·七五）

（二）明轮推进之船舶

依照前条量计法所得推进机地位之吨数超过总吨数百分之二十而不满百分之三十时得除去之吨数为总吨数百分之三十七如推进机地位之吨数在此项比例以外者得除去之吨数为推进机地位自身吨数之一·五倍

（三）推进机地位部分得除去之吨数不得超过帆船登记吨数百分之五十五

（四）凡专供拖带其他船舶之拖轮其减除之机器间吨数不得大于帆船登记吨数

第五章　附　　则

第十七条　客位数之计算法以客舱之长度与其中间之宽度相乘以〇·五六除之即得客位数小轮船甲板上之客位数则以甲板长度乘船之中部宽度将所得积数以〇·八四除之即得客位数

第十八条　本规程自公布日施行

202

1937 年 8 月 30 日

国民政府军用运输护照规则

（中华民国二十六年八月三十日国民政府修正公布）

第一条　凡运输军用物料应按照本规则规定领用本府护照（护照样式附后略）

第二条　前项护照由本府制定用印交由军政部核发每三月后由军政部

造册连同照费汇解财政

第三条　本规则所称军用物料者如左

一、军械弹药及用以制造械弹之机器材料

二、军用器材

三、军需物品及军用卫生材料(非军用不在此例)

四、军用教育器材(非军用时不在此例)

第四条　军事机关及军队或行政机关请领护照应由直属之最高长官具名分别报请军政部核发地方范围及公司商号等请领护照应呈由地方最高官署转请发给

第五条　军事机关及公共专体请领护照应备具运输说明书以便查考(书式附后)(略)公司商号并须另具请求医保证书连同运输说明书一并呈送以示慎重(书式附后)(略)

第六条　请领护照者应按照附则规定缴纳照费但军事机关及军队因公调遣或运输已成军械弹药时得酌免缴纳

第七条　关于运输护照所有应行减免厘税或应照章缴纳办法经过关局报运手续以及车船运费仍照向章办理

第八条　凡运输本规则第二条所列物料无本府护照或所运之种类数量与护照所列不符者护照逾限失效者及违反本规则第六条之规定者应即由经过关局扣留报请核办

第九条　运智利硝专用护照之领发手续依照稽查智利硝暂行办法办理之

第十条　运硝磺类专用护照之领发手续依照硝磺类专运护照规则办理之

第十一条　凡由外国运械来华须将护照送由驻在发运国本国使馆查验证明

第十二条　前线之运输护照有效期限在日本为二个月在欧美各国为六个月逾期呈请换发

第十三条　本规则施行细则另定之

第十四条　本规则自公布之日施行

203

1937 年 8 月 30 日

国民政府军用运输护照规则施行细则

（中华民国二十六年八月三十日国民政府修正公布）

第一条 关于发给运输护照执行事宜依照本细则办理

第二条 发给运输护照规则第三条第一项之区分如左

一、军械类枪炮军刀矛及其附件

二、弹药类火药爆药枪弹炮弹及其装填火药之弹丸铜火帽导火线等

三、用以制造械弹之机器

四、用以制造械弹之材料白铅紫铜及制造械弹之铜铁等

第三条 发给运输护照规则第三条第二项之区分如左

一、军用阵营器材

二、军用桥梁工作器材

三、军用电信电话电灯器材但无线电材料应照交通部无线电材料进口护照办法办理

四、军用航空器及其机件并附属品应照航空器件输入条例办理

五、军用汽车及其机件并附属品

六、军用车辆及其他军用器材

第四条 发给运输护照规则第三条第三项之区分如左

一、粮秣类

二、被装类

三、装具类

四、军用医药器械及消耗品类

第五条 发给运输护照规则第三条第四项之区分如左

一、军用教育书籍类

二、军用教育器械类木枪木剑体操器械军乐等项

第六条 运输护照之限量如左

一、枪支,每照以一百支为限

二、枪弹,每照以一万粒为限

三、炮及机关枪,每照以六门为限

四、炮弹,每照以三百出为限

五、器械刀矛等,每照以二百件为限

六、火药爆药,每照以二千市斤为限

七、铜火帽导火线,每照以二千个或二千市尺为限

八、白铅紫铜,每照以五千市斤为限

九、钢铁(非用以制造械弹者不在此限),每照以五千吨为限

十、制造军械弹药机器,每照以制造一种械或弹之机器一全副为限

十一、米,每照以五百包为限

十二、麦粉,每照以一千五百袋为限

十三、被服装具,每照以一万件为限

十四、军用卫生材料或军用教育器材,每照以价值一万元为限

第七条　二项以上同运时其各项物料之成数合计不超过定项时准合填一照其办法如左

本细则第六条之第二第五两项得与第一项枪支同运第二项或第四项得与第三项同运

第二项或第四项得与第三项同运

第六第七第八条各项得任便数项同运

在上列各节规定之外两者二项以上不得并填一照但紧急时期不得依前二条规定之限量由军政部酌量办理之

第八条　本细则未列各军用物料有应请护照运输者其种类限量应由军政部随时核定办理

第九条　军事机关或军队(地方自卫团体及警察等不在此列)领运已成或移运旧存军需物料军用器材卫生材料军饷行李等项,其运轮限量不适应本细则第六条之规定,但须预先报请军政部查核

第十条　运输护照之照费暂定为每照大洋五元印花税费一元

第十一条　请领护照时应备之书表,缺略及填注不详者或于本细则规定不符合者,应缴照费,印花税费未纳足者,除有特别情形经预先声明外概作无效

第十二条　本细则自公布日施行

204

1938 年 1 月 13 日

输出业同业工会法

（中华民国二十七年九月二十七日明令定　自中华民
国二十七年十一月一日施行　二十七年一月十三日公布）

第一章　通　则

第一条　输出业同业工会以谋输出业之改良发展及矫正同业之弊害为宗旨

第二条　凡经营重要输出业之中国公司行号有同业两家以上时,应依本法组织输出业同业工会,前项重要输出业之种类由实业部指定之

第三条　两类以上之重要输出业得因必要呈准实业部或依实业部之命令合组同业工会,依前项合组输出业同业工会时会内各业不得单独组织输出业同业工会

第四条　依前二条设立之输出业同业工会得呈准实业部或依实业部之命令合并或划分之

第五条　依前三条成立之输出业同业工会在同一区域内以一会为限

第六条　输出业同业工会为法人

第七条　输出业同业工会之任务如左

一、关于会员输出商品之代售介绍保管选择包装装运及其他营业上之共同设施

二、关于会员输出商品之检查业务之限制及其他必要之取缔

三、关于海外市场之调查开拓及其他必要之设施

输出业同业工会得因必要收买会员商品自行输出

第八条　与办前条第一项第一款及第二项事业时应拟定计划书经全体会员三分之二以上之同意呈请实业部核准或以实业部之命令与办之其变更时亦同

前条第一项第二款之限制及取缔非经营全体会员三分之二以上之议决呈请实业部核准不得施行,但实业部得因必要令其限制或取缔

第九条 输出业同业公会以每一海关所在地为一区域但实业部得就各区域指定其设立之次第或因必要令以上合并设立

第二章 设　立

第十条 输出业同业公会之设立应由发起之公司行号造具体区域同业公司行号名册拟定召集成立大会之日基地点呈准实业部召集成立大会

前项发起之公司行号得由实业部指定之

第十一条 发起人召集成立大会应订立章程选举职员连同会员名册请实业部核准等级

前项章之决议须有同业公司行号代表三分之二以上之出席其合组之输出业同业公会须有各该业公司行号代表三分之二以上之出席其合组之输出业同业工会须有各该业公司行号代表三分之二以上之出席

第十二条 输出业同业公会章程应载明左列各事项

一、名称

二、区域

三、事务所所在地

四、事业

五、职员名额及其选任解任

六、会议

七、经费及会计

八、会员违章之违约金

第三章 会　员

第十三条 同一区域内之输出业同业公司行号不论公营或民营除关于国防之公营事业及法令规定之国家专营事业外,均应为输出业同业公会会员,其兼营两类以上输出业者均应分别为各该业公会会员两类以上输出业合组输出业合组输出业同业公会时其各该业之公司行号均应为该输出业同业公会会员

前项会员得派代表出席工会称为会员代表工厂兼营输出业者其兼营输出部分视同输出业之公司行号

第十四条 输出业同业公会会员不再加入商业同业公会但兼营国内商业兼者不在此限

第十五条 第一公司行号之会员代表得派一人,其担负会费满三单位者得加派代表一人,以后每增二单位加派一人但至多不得超过七人以经理人主体人或店员为限

第十六条　会员代表以有中华民国国籍年在二十岁以上者为限

第十七条　有左列情事之一者,不得为会员代表

一、背叛国民政府经判决确定或在通缉中者

二、曾服公务而有贪污行为经判决确定或在通缉中者

三、剥夺公权者

四、受破产之宣告尚未复权者

五、无行为能力者

六、吸食鸦片或其代用品者

第十八条　会员代表丧失国籍或发生前条各款情事之一者,原派之会员应撤换之

第十九条　会员代表均有表决权选举权及被选举权

会员代表因事不能出席会员大会时,得以书面委托他会员代理之

第四章　职　　员

第二十条　输出业同业工会设执行委员监察委员,均由会员大会就会员代表互选之其人数,执行委员至多不得逾十五人,监察委员至多不得逾七人

前项执行委员得互选常务委员并就常务委员中选任一人为主席

第二十一条　执行委员及监察委员之任期均为四年每二年改选半数得连任一次

依前项规定第一次应改选之委员于选举时以抽签定之,但委员人数为奇数时留任者之人数得较改造选者多一人

第二十二条　执行委员及监察委员均为名誉职工

第二十三条　委员有左列各款情事之一者应即解任

一、会员代表资格丧失者

二、因不得已事故经会员大会议决准其辞职者

三、依本法第四十六条解职者

第二十四条　输出业同业公会执行本法第七条第一项第二款之任务得置检查员

检查员之资格及任用方法实业部定之

第二十五条　输出业同业公会置检查员时,应拟定检查员服务规则呈请实业部核准

第五章　会　　议

第二十六条　会员大会分定期会议及临时会议两种均由执行委员召集之

第二十七条　前条之定期会议每年至少开会一次

临时会议于执行委员会认为必要或经会员代表十分之一以上之请求或监察委员会函请召集时召集之

第二十八条　召集会员大会应于十五日前通知但有第二十九条之情形或因紧急事项召集临时会议时不在此限

第二十九条　会员大会之决议以会员代表过半数之出席,出席代表过半数之同意行之,出席代表大满过半数者,得行假决议在三日内将其结果通告各代表,于一星期后二星期内重行召集会员大会,出席代表过半数之同意对假决议行其决议

第三十条　左列各款事项决议以会员代表三分之二以上之出席,出席代表三分之二以上之同意行之。出席代表不满三分之二者,得以出席代表三分之二以上行假决议,在三日内将其结果通告各代表,于一星期后二星期内重行召集会员大会,以出席代表三分之二以上之同意对假决议行其决议

一、变更章程

二、会员之处分

三、委员会之解职

四、清算认知之选任及关于清算事项之决议

第三十一条　本法第八条规定事项之决议会员代表非全体出席时得依前条行假决议并议定限期在三日内通告未出席之代表,依限以书面表示赞否,预期不表示者视为同意

第三十二条　执行委员会每月至少开会二次,监察委员会每月至少开会一次

第六章　经费及会计

第三十三条　输出业同业公会之经费左列二种

一、会费,因执行本法第七条第一项第二三两项任务之费用属之

二、事业费,因兴办本法第七条第一项第二项事业之出资属之

第三十四条　会员会费比例于其资本额缴纳之资本额不满二万元所缴会费为一单位,二万元以上不满五万元为二单位,五万元以上每增五万元加一单位

前项会费单位额由会员大会议决之

执行本法第七条第一项第二款任务时得因必要经会员大会之决议增加会费单位额

第三十五条　一公司行号因兼营他业;同时加入两公会以上者,其会费之负担得依加入一公会时所应负担之最高数额平均缴于各公会

第三十六条　公司行依据法令登记资本额者依其登记之额其未登记资

本额之行号及工厂所设之售卖场所应将资本额报告所属之输出业同业公会

公司行号设有支店不在同一区域者,其资本额应于本店总额内自行分配报告于本店及支店所属之各公会其本店会费应按报告之额减少之

第三十七条　事业费之分担每会员至少一股至多不得过五十股,但得因必要经会员大会决议变更其最多之限制事业费总额及每股数额应由会员大会决议呈经实业部核准

依本法第八条第一项由实业部令其与办者其事业费总额及分担方法得以命令定之

会员之责任除会员费外对于第七条第一项或第二项之事业以所认之股额为限

但得依兴办时之决议于认外另负定额之保证责任

第三十九条　输出业同业公会之预算决算每年须编辑报告书提出会员大会通过呈报实业部备案并刊布之

第四十条　输出业同业公会兴办第七条第一项第二款或第二项之事业应另立预算决算并依前条之程序为之

第四十一条　本法第七条第一项第一款第二项之事业,得依本法第三十一条规定之程序,由会员大会决诉停止,但须呈经实业部核准

事业停止后,属所营事业之财产应依法清算,其清算人得以该公会执行委员充任之

第七章　清　算

第四十二条　输出业同业公会释放解散时得依决议选任清算人,如选任后有缺员者更行补选清算人不能选任时得由法院指定之

第四十三条　清算人有代表输出业同业工会执行清算上一切事务之权

清算人所定清算及处理财产之方法须经会员大会之决议

会员大会不为前项之决议或不能决议明,清算人得自行决定清算及处理财产之方法,但非经法院核准不生效力

第四十四条　输出业同业公会所有财产不足清偿债务时,除本法第三十八条另有规定外,其不足额应按会员担负会费额比例分担之

第八章　监　督

第四十五条　公司行号不依法如加入输出业同业公会或不缴纳会费或违反公会章程及决议者,得经执行委员会之决议以警告,警告无效时得按其情节轻重,依本法第三十条规定之程序为左列之处分

一、章程所定之违约金

二、有期间之停业

三、永久停业

前项第二项第三项之处分非呈经实业部核准不得为之

第四十六条　输出业同业公会委员会处理职务违背法令营私舞弊或有其他重大之不正当行为者,得依本法第三十条规定之程序解除其职务并通知其原派之会员撤换之

第四十七条　输出业同业公会有违背法令逾越权限或妨害公益情事者实业部得施以左列之处分

一、警告

二、撤销其决议

三、撤换其负责人

四、停止其任务之一部或全部

五、解散

第四十八条　实业部为前条第三款之处分时,得因情节重大饬令原派之公司行号解除其职务,如为主体人时,得为有期间停止营业之处分

第四十九条　实业部得派输出业同业公会之财产及簿册

第五十条　输出业同业公会受其会所所在地地方主管官署之监督

第五十一条　输出业同业公会会员间或公会间发生争执时由实业部处理之

第九章　联合会

第五十二条　实业部得因必要令某种输出业同业公会组合联合会

第五十三条　联合会经费由各会员比例于所收会货额分担之

第五十四条　联合会以公会为会员,每一会员得派代表一人,但依前条会员所纳会费在同会会员所纳最低额两倍以上者,得加派一人,以后每增两倍,选加一人

第五十五条　联合事务所所在地由会员大会呈准实业部定之,其迁移时亦同实业部得因必要指定或变更联合会事务所在地

第五十六条　联合会除本章各规定外,准用本法其他各章之规定

第十章　罚　则

第五十七条　输出业同业公会执行委员监察委员及清算人有左列情事之一者,得以科以五百元以下之罚款

一、不为本法所定呈请核准或登记之程序者

二、为虚伪之呈报或隐匿其事实者

三、拒绝本法第四十九条召集检查者

四、不遵行监督官署之命令者

五、不依法召集会员大会者

六、不按照年刊布预算决算者

七、以公会名义为本法所定任务以外之盈利事业者

第五十八条 前条之罚解由法院以裁定行之

对于前项裁定得于五日内向该管上级法院抗告

对于抗告法院之裁定不得再行抗告

法院得酌定期限命受罚人缴纳罚款,逾期不缴纳者,得强制执行之

第五十九条 输出业同业公会搪行委员会监察委员会及清算人检查员在其职务上要求契约或收受贿赂或对于此项人员行求期越或交付贿赂者依刑法渎职罪章中关于贿赂罪之规定处断

第六十条 输出业同业公会执行委员监察委员及其他职员或其会员之负责人,对于法令禁止输出之货物私自输出者,依各该法令处罚

第十一章 附 则

第六十一条 本法施行细则由实业部定之

第六十二条 本法施行日期以命令定之

205

1938 年 1 月 14 日

修正交通部组织法

(中华民国二十七年一月十四日国民政府渝字第一一号训令公布)

第一条 交通部规划建设管理经营全国国有铁道公路电政邮政航政并监督公有及民营交通事业

第二条 交通部对于各地方最高级行政长官执行本部主管事务有指示监督之责

第二条 交通部就主管事务对于各地方最高级行政长官之命令或处分

认为有违背法令或逾越权者,得提经行政院会议论决后停止或撤销之

第四条 交通部置左列各司局处

一、总务司

二、人事司

三、财务司

四、材料司

五、路政司

六、电政局

七、航政局

八、邮政总局

九、公路总管理处

第五条 交通部得置路电邮航各司处及各委员会其组织令定之

第六条 交通部经行政院会议及立法院之议决得增置载并各司及其他机关

第七条 总务司掌左列事项

一、关于收发分配撰辑保存文件事项

二、关于部令之公布事项

三、关于典守印信事项

四、关于编制统计报告及刊行出版物事项

五、关于本部之经费预算决算及出纳保管事项

六、关于本部财产物品之保管事项

七、关于本部庶务及其他不属于各司事项

第八条 人事司掌左列事项

一、关于本部及所属各机关职员之任免奖惩事项

二、关于本部及所属各机关行政及技术人员之训练及教育事项

三、关于本部及所属各机关之职工教育及附属学校事项

四、关于本部及所属各机关卫生事项

五、关于职工之待遇及保障事项

六、关于其他有关人事事项

第九条 财务司掌左列事项

一、关于本部所属各机关之预算决算计算书之审查编制事项

二、关于本部所属各机关款项之支配保管事项

三、关于本部所属各机关之债务整理偿还事项

四、关于交通建设经营扩充之筹款事项

五、关于财产之处理事项

六、关于交通建设土地之收买处分事项

七、关于公有及民营交通事业之财务监督事项

八、关于其他有关财务事项

第十条 材料司掌左列事项

一、关于材料之采购保管稽核支配转运事项

二、关于材料之调查检验监制及技术设计事项

三、关于材料账目之登记审核统计事项

四、关于其他有关材料事项

第十一条 路政司掌左列事项

一、关于筹划铁路建设事项

二、关于管理铁路业务及附属营业事项

三、关于管理铁路公务机务事项

四、关于公有及民营铁路之监督事项

五、关于其他有关路务事项

第十二条 电政司掌左列事项

一、关于筹划电信电话广播及电气交通之建设事项

二、关于管理电信电话广播及电气交通之经营事项

三、关于公有及民营电气交通事业之监督事项

四、关于其他有关电务事项

第十三条 航政司掌左列事项

一、关于策划航业航空之设备及建设事项

二、关于管理航业航空之经营事项

三、关于公有及民营航业航空之监督事项

四、关于其他有关航务事项

第十四条 邮政总局掌左列事项

一、关于管理全国邮政事项

二、关于管理邮政储金及汇兑事项

三、关于其他有关邮务事项

第十五条 公路总管理处掌左列事项

一、关于策划全国公路建设及工程直接设施事项

二、关于管理公路业务及联运事项

三、关于各省公路设施之监督事项

四、关于公路器材之统筹管理

五、关于其他有关公路事项

第十六条 交通部部长综理本部事务监督所属职员及各机关

第十七条 交通部政务次长常务次长辅助部长处理部务

第十八条　交通部设秘书八人至十人分掌急要文件及长官交办事务

第十九条　交通部设参事四人至六人撰拟审核关于本部法案命令

第二十条　交通部设司长七人,邮政总局局长一人公路总管理处处长一人分掌各司处事务

第二十一条　交通部设科长二十四人至三十六人,科员二百人至二百六十人,助理员三十人承长管之命办理各科事务

第二十二条　交通部长特任次长参事司长、邮政总局局长、公路管理处处长及秘书四人简任,其余秘书科长荐任科员助理员委任

第二十三条　交通部设技监二人简任技正二十八人,其中十人简任余荐任技士,四十二人荐任技佐,五十人委任承长官之命办理技术事务

第二十四条　交通部设专员六十人,其中二十人简任待遇余,四十人荐任待遇承长官之命办理指定事务

第二十五条　交通部设会计一人掌理岁计统计事项受交通部部长之指挥监督,并依民国政府主计处组织法之规定,直接对主计处负责

会计处需用佐理人员名额由交通部及主计处就本法所定荐任委任人员及雇员名额中会同决定之

第二十六条　交通部因事务上之必要得聘用顾问及专门委员

第二十七条　邮政总局公路总管理处员额另定之

第二十八条　交通部处务规程以部令定之

第二十九条　本法自公布日施行

206

1938 年 3 月 8 日

修正交通部组织法第七条
第九条第十条条文

（中华民国二十七年三月八日国民政府渝字第七九号
训令公布）

第七条　总务司掌左列事项

一、关于收发分配撰辑保存文件事项

二、关于部令之公布事项

三、关于典守印信事项

四、关于编制报告及刊行出版物事项

五、关于本部经费之出纳及保管事项

六、关于本部财产物品之保管事项

七、关于本部庶务及其他不属于各司事项

第九条 财务司掌左列事项

一、关于本部所属各机关款项之支配保管事项

二、关于本部所属各机关之债务整理偿还事项

三、关于交通建设经营扩充之筹款事项

四、关于财产之处理事项

五、关于交通建设土地之收买处分事项

六、关于公有及民营交通事业之财产监督事项

七、其他有关财务事项

第十条 材料司掌左列事项

一、关于材料之采购保管稽核支配转运事项

二、关于材料之调查检验监制及技术设计事项

三、关于材料账目之登记审核事项

四、其他有关材料事项

207

1938 年 5 月 10 日

长江航业联合办事处简章

（中华民国二十六年九月四日交通部部令公布　二十七年五月十日部令修正公布）

第一条　交通部为调节长江航运起见,特于南京设立长江航业联合办事处

第二条　长江航业联合办事处设委员七人至九人,由交通部指派一人为主任委员,其余由国营招商局及民营公司推举由交通部派充之

第三条　长江航业联合办事处之职掌如左

一、各段航线船舶之支配

二、各段航线航班之规定

三、军运船舶之供应

四、公物及燃料之承运

五、运轮上技术上之合作与联络

第四条　长江航业联合办事处理前调事务,须受交通部之指挥监督

第五条　参加联合办事处之航业机关,其会计营业仍由各行业机关自行负担之

第六条　未参加联合办事处之轮船,得委托已参加之航业机关代理之

第七条　长江航业联合办事处之经费由参加之各航业机关平均负担之

第八条　长江航业联合办事处之职员由航政机关及各航业机关调用之

第九条　长江行业联合办事处得与沿江重要港埠设立分处

第十条　本章节未尽事宜由交通部随时修正之

第十一条　本简章自公布日施行

208

1938 年 5 月 25 日

国营招商局长江业务管理处组织章程

（中华民国二十六年十月七日核准施行　二十七年五月二十五日部令核准修正）

第一条　国营招商局为应付非常时期交通业务便利监督调度所属长江各分局处轮船起见特组织长江业务员管理处（以下简称本管理处）秉承总局处理长江业务事宜

第二条　国营招商局所属沿海江各分局办事处及各轮船业务事宜应受管理处之监督指挥

第三条　本管理处设处长一人由总局副经理兼任主持处务副处长二人由交通部挑选富有航业经验人员派充助理处务

第四条 管理处一切公务情节重大者应报请（有字删除）总局核示其余日常事务得径为适当之处置但于每届月终列报总局备案

第五条 管理处总务,营业船务,会计四组

第六条 各组织掌管如左

（一）总务组 掌管文书之收发选拟缮写卷宗之保管各江轮普通物料之采办管理暨处理庶务及不属于其他各组事项

（二）营业组 掌管长江局轮客货营运业务考核及不属于长江航烽联合办事处经营之本局业务各事项

（三）船务组 掌管长江局轮船员之进退及考核成绩轮船物料燃料之采办保管员发给暨其他船务事项

（四）会计组 掌管长江局轮会计之核转及管理处现金之出纳保管暨登记事项

第七条 管理处各组设主任一人办事员若干人办理各该组事务前项人员总额不得超过二十人就总局职员内调充

第八条 长江各局轮所有一切会计事务暨账单书表等均由管理处核转总局

第九条 本章程自国营招商局呈奉交通部核准之日施行

209

1938 年 7 月 30 日

修正交通部组织法

（中华民国二十七年七月三十日国民政府渝字第三九九号训令公布）

第一条 交通部规划建设管理经营全国国有铁道、公路、电政、邮政、航政,并监督公有及民营交通事业

第二条 交通部对于各地方最高级行政长官执行本部主管事务有指示监督之责

第三条 交通部就主管事务对于各地方最高级行政长官之命令或处分认为有违背法令或逾越权限者,得提经行政院会议议决后停止或撤销之

第四条 交通部置左列各司局处

一、总务司

二、人事司

三、财务司

四、材料司

五、路政司

六、电政司

七、航政司

八、邮政总局

九、公路总管理处

第五条 交通部因事务之必要,得置路电邮航各局处及各委员会其组织令以法律定之

第六条 交通部经行政院会议及立法院之议决得增置裁并各司及其他机关

第七条 总务司掌左列事项

一、关于收发分配撰辑保存文件事项

二、关于部令之公布事项

三、关于典守印信事项

四、关于编制报告及刊行出版物事项

五、关于本部经费之出纳及保管事项

六、关于本部财产物品之保管事项

七、关于本部庶务及其他不属于各司事项

第八条 人事司掌左列事项

一、关于本部及所属各机关职员之任免奖惩事项

二、关于本部及所属各机关行政及技术人员之训练及教育事项

三、关于本部及所属各机关之职工教育及附属学校事项

四、关于本部及所属各机关卫生事项

五、关于职工之待遇及保障事项

六、其他有关人事事项

第九条 财务司掌左列事项

一、关于本部所属各机关款项之支配保管事项

二、关于本部所属各机关之债务整理偿还事项

三、关于交通建设经营扩充之筹款事项

四、关于财产之处理事项

五、关于交通建设土地之收买处分事项

六、关于公有及民营交通事业之财产监督事项

七、其他有关财务事项

第十条　材料司掌左列事项

一、关于材料之采购保管稽核支配转运事项

二、关于材料之调查检验监制及技术设计事项

三、关于材料账目之登记审核事项

四、其他有关材料事项

第十一条　路政司掌左列事项

一、关于筹划铁路建设事项

二、关于管理铁路业务及附属营业事项

三、关于管理铁路公务机务事项

四、关于公有及民营铁路之监督事项

五、其他有关路务事项

第十二条　电政司掌左列事项

一、关于筹划电信电话广播及电气交通之建设事项

二、关于管理电信电话广播及电气交通之经营事项

三、关于公有及民营电气交通事业之监督事项

四、其他有关电务事项

第十三条　航政司掌左列事项

一、关于策划航业航空之设备及建设事项

二、关于管理航业航空之经营事项

三、关于公有及民营航业航空之监督事项

四、其他有关航务事项

第十四条　邮政总局掌左列事项

一、关于管理全国邮政事项

二、关于管理邮政储蓄金及汇兑事项

三、其他有关邮务事项

第十五条　公路总管理处掌左列事项

一、关于筹划全国公路建设及工程直接设施事项

二、关于管理公路业务及联运事项

三、关于各省公路设施之监督事项

四、关于公路器材之统筹管理事项

五、其他有关公路事项

第十六条　交通部部长综理本部事务监督所属职员及机关

第十七条　交通部政务次长常务次长辅助部长处理部务

第十八条　交通部设秘书八人至十人分掌机要文件及长官交办事务

第十九条　交通部设参事四人至六人撰拟审核关于本部法案命令

第二十条　交通部设司长七人，邮政总局局长一人，公路总管理处处长一人，分掌各司局处事务

第二十一条　交通部设科长二十四人至三十六人，科员二百人至二百六十人，助理员三十人承长官之命办理各科事务

第二十二条　交通部部长特任次长参事司长邮政总局局长公路总管理处处长及秘书四人简任其余秘书科长委任科员助理员委任

第二十三条　交通部设技监二人，简任技正二十八人，其中十人简任余荐任技士，四十二人荐任技佐，五十人委任承长官之命办理技术事务

第二十四条　交通部设会计长一人统计主任一人办理岁计会计统计事项受交通部部长之指挥监督，并依国民政府主计处组织法之规定直接对主计处负责

会计处及统计室需用佐理人员名额由交通部及主计处就本法所定荐任委任人员及雇员名额中会同决定之

第二十五条　交通部因事务上之必要得聘用顾问及专门人员

第二十六条　邮政总局及公路总管理处之组织另以法律定之

第二十七条　交通部处务规程以部令定之

第二十八条　本法自公布日施行

210

1938 年 7 月 30 日

船舶隐匿标志取缔办法

（中华民国二十七年七月三十日部令公布）

一、中国船舶均应依照船舶法及船舶标志办法之规定备具各项船舶标志

二、船舶标志除为避免捕获起见外，不得毁坏涂抹，如有损毁或不易辨别应修复或加漆面颜色

三、轮船船名应志于左右两舷之中央部及船尾之中央部小轮船得将船

名志于司舵间左右上方之外壁显明易见处

四、轮船船名标志除志在船尾部者外,每字之大小应依照左列之尺寸

(甲)未满五十总吨每字面积不得小于六二五平方公尺

(乙)五十总吨以上未满二百总吨每字面积不得小于九〇〇平方公尺

(丙)二百总吨以上每字面积不得小于一二二五公分船帆及其他各种船舶之船名标志每字大小得酌量定之唯应易于辨别

五、船名标志以樟木雕刻为原则加漆黑色或白色或铺以黄铜皮

六、船舶标志依法装置后不得任意移动位置

七、船舶如将船舶标志毁损涂抹,航政主管官署依照船舶法第三十七条之规定送法院,处船舶所有人五百元以下之罚金,但为避免捕获暂时将标志毁坏涂抹者不得在此限

八、船舶标志如有损坏或褪色致不易辨别时,航政局主管官署应让船舶所有人或船长限期修复或加漆颜色,如抗不遵办,依照前条规定办理

九、未合船舶法规定之船舶及拖船亦应酌量依照按本办法之规定将船名志于左右舷易见处

十、凡不符合本办法规定之船舶标志应于本办法公布施行后一个月内一律改装完竣

十一、本办法自公布之日施行

211

1938 年 9 月 20 日

川江木船运输管理暂行办法

（中华民国二十七年九月二十日交通部指令汉口航政局核准施行并呈奉行政院　二十七年十月二十一日指令准予备案）

第一条　为增进川江运轮数率所有宜渝间航行之木船均由交通部汉口航政局依照本办法加以管理

第二条　凡行驶宜渝间之木船其容积在二百担以上者均应遵守本办法

之规定

第三条 凡行驶宜渝间之木船应在汉口航政局宜昌或重庆办事处依法办理船舶丈量检查及登记非经领有上述航政官署所发之船舶丈量及检查等证书不得在宜渝间航行

第五条 各机关或客商如有军品公务或货品需要木船装运者,得向汉口航政局宜昌或重庆办事处声请代为租赁

第六条 宜渝间之木船配备上行以军品公物为最优先下行以煤斤食盐为最优先其他物品应俟此项军品等运轮完毕或经特许始得酌量配备

第七条 航政办事处代理各机关或客商租雇木船,除依法办理检丈登记外一概不收任何手续费用

第八条 宜渝木船上下运轮规则另定之

第九条 本办法如有未尽事宜得随时修正之

第十条 本办法自呈奉交通部核准之日起施行

212

1938 年 9 月 30 日

交通部汉口航政局绞滩
管理委员会组织章程

（中华民国二十七年九月三十日交通部部令核准）

第一条 汉口航政局为在宜渝航道间各滩口设施合理之绞滩方法以见面轮船帆船航行之危险起见,特呈准交通部组织绞滩管理委员会

第二条 管理委员会由委员七八人至九人,组织之内设主任委员一人,除汉口航政局局长为当然主任委员外,其余委员均由汉口航政局聘请航业界有资望人士及有宜渝航道间航行经验之专家充任之

第三条 管理委员会主任委员为处理日常事务之最高长官,其下分设左列各组

总务组

管理组

工程租

第四条 总务组之执掌如左

一、关于文书事项

二、关于会计事项

三、关于庶务事项.

四、关于出纳及保管事项

五、其他不属于各组之事项

第五条 管理组之执掌如左

一、关于绞滩工作管理事项

二、关于绞滩员工之监督指挥事项

三、关于绞滩船舶之接洽事项

第六条 工程组之执掌如左

一、关于绞滩工程之设计事项

二、关于绞滩工具之装配事项

三、关于绞滩工程之实施事项

四、关于绞滩工具之检查事项

第七条 各组设组长一人办事员二人至三人

第八条 管理委员会设技师二人至三人

第九条 管理委员会各组组长技师及办事员均由主任委员提请管理委员会认可后委任

第十条 管理委员会在宜渝间航道各险阻滩口此第设置绞滩站以资有效管理绞滩事务

第十一条 各绞滩站股管理员一人至二人负责办理绞滩事宜

第十二条 管理委员会主任委员及委员均为无给职但得酌支车马费,各组组长技师及办事员除由航政局调用外均为有给,其薪额由主任委员提请管理委员会核定之

第十三条 本章程呈奉交通部核准之日起施行

213

1938 年 10 月 22 日

沿海港口限制航运办法

（中华民国二十七年十月二十二日交通部部令节遵）

一、我国沿海沿江口存军事时期，如认为有封锁之必要，自可禁止通航

二、凡中外轮船在战区内或戒严区域内航行时应向该管航政局或航政局办事处声请发给通行证书

三、通行证书内未经载明之航线或停泊地点一律不准航行或停泊

四、凡军事当局认为某地某港在某时期内应禁航者，须随时通知该管航政局或航政办事处查照以便停止核准该处航线

五、凡中外轮船侵入禁航之港口或无通行证书擅自航行者，其处理办法视其情节轻重分为三种

（一）不准其上下客货，原始驶回

（二）禁止其与岸上来往

（三）没收其所载货物全部或一部前项处理由该地军事当局会同当地政府及航政局或航政办事处执行之

214

1938 年 11 月 18 日

修正办理船舶转籍及限制办法

（中华民国二十七年十一月十八日行政院修正施行）

第一条 凡船舶具有左列各款情形之一者准予暂行移转外籍

一、海轮

二、船身长度在二百二十尺以上者

三、船身满载吃水在十尺以上者

四、船长在五十尺至一百尺,其实马力未满二百匹者

船长在一百尺至一百五十尺,其实马力未满四百匹者

船长在一百五十尺至二百二十尺,其实马力未满八百匹者

第二条 左列船舶除因特殊情形经交通部特准者外不准移转外籍

一、帆船

二、驳船

三、拖轮

四、未满一百总吨之轮船

五、船长未满二百二十尺满载吃水未满十尺轮船

六、船长在五十尺至一百尺,其实马力在二百匹以上者

船长在一百尺至一百五十尺,其实马力在四百匹以上者

船长在一百五十尺至二百二十尺,其实马力在八百匹以上者

第三条 不论大小船舶遇有军事方面指定用途者,一律不得转籍

第四条 航商不准将船舶直接间接移转于与我国有敌对行为之国家

第五条 停泊长江内船舶在武汉撤退以后呈准转籍者应于国军规复武汉时立即回复国籍其余转籍船舶应于时局平定后恢复国籍

215

1939 年 1 月 23 日

交通部监理木船运输章程

（中华民国二十八年一月二十三日交通部部令公布）

第一条 凡由本部贷款制造之木船（以下简称贷款木船）其运输事宜均须依照本章程之规定受本部之监理前项木船运输之监理由本部指定航政局办理之

第二条 贷款木船首次运输队开始前除应依照航政法规办理各项手续

外贸将驾长绕去等项人员雇用妥当风帆权及应用于航行上之一切属具配置完全不报请有航政局或航政局派驻各地管理员查核认可后发给木船运输证

第三条　贷款木船应由航政局介绍营业或出租如有特殊原因自行营业或出租时须先呈请航政局核准

关于运输国防交通器材及出口货物体积有前项优先之权

第四条　贷款木船无论由航政局介绍营业或出租抑或自行营业或出租其所订之合同均须经航政局核准后始能生效

第五条　贷款木船应于每次运输队开始之前将左列事项填具报告单呈送航政局备查

一、航行次数

二、开航日期

三、运输队起讫地点

四、运费处标准及本届应得全额

五、装运物品之种类及数量

六、驾长姓名

七、备注

第六条　贷款木船应备具行程簿凡经过或到达航政局所在地及其派出之管理员驻在地时应送请查核并签证

第七条　贷款木船在运输行程中遇险失事时应将详细经遇情形连同失事证明文件报告航政局或派驻就近地点之管理员查核

第八条　贷款木船如有出售抵押租贷等项情事须经航政局核准后既得生效

第九条　贷款木船如有沉没损坏等项情事应详细报告航政局或派驻各地之管理员备查

第十条　贷款木船如有前两条情事时应将木船运输证缴呈航政局注销

第十一条　本章程自公布之日起施行

216

1939 年 1 月 23 日

交通部监造木船章程

（中华民国二十八年一月二十三日交通部部令公布）

第一条　凡由本部贷款制造之木船其监造事宜由本部指定的航政局办理之

第二条　航政局为改良木船制造起见应规定图样材料费及工程等标准或程序员呈部核准施行

第三条　航政局为办理前条事宜得于重要造船地点设置障碍管理员负监造之责

第四条　监造事宜分左列三种

一、图样

二、材料

三、工程

第五条　贷款商或承造厂家须按核定标准图样标准材料费标准工作程序员如有更改时须声请管理员呈报航政局核准

第六条　贷款船商或承造厂家违反前条规定时管理员得呈请航政局停止其贷款制造权并追缴贷款本息

第七条　贷款船商或承造厂家须先期向管理员具领适合某某河流之船样作为制造之标准必要时并须先行制成模型送核

第八条　造船程序证分下列四期

第一期材料费准备

第二期骨架组成

第三期舷壁排成

第四期船面工作

第九条　管理员对于贷款船商或承造厂家造船图样造船材料费工作程序及贷款船商与承造厂家之造船合同支款办法等等审查合格后呈报航政局

核准施工

第十条　管理员对于贷款船商或承造厂家所属之木工或木厂有实际监督指挥工作之权

第十一条　造船员工有技术部不良或行为不正者管理员得上呈总厂处罚

第十二条　贷款船商或承造厂家有偷工减料等情事管理员得呈请航政局罚办

第十三条　造船竣工时由管理员呈请航政局派员检查试验

第十四条　造船中途发生意外变故时管理员须呈请航政局核示

第十五条　贷款船商或承造厂家不能于预定的期限完成者得由管理员呈请航政局处罚但事先声明延期理由者不在此限

第十六条　监造木船细则由航政局另定之

第十七条　本章程自公布之日施行

217

1939 年 1 月 23 日

交通部航政局派驻各地管理员章程

（中华民国二十八年一月二十三日交通部部令公布）

第一条　航政局为建造木船及监理木船运输事业得于各地设置管理员

第二条　管理员监置之地点由航政局呈请本部核定之

第三条　管理员之执掌如左

一、船商声请贷款之转呈事项

二、制造木船贷款之转发事项

三、制造木船之监工事项

四、制造木船材料之检验事项

五、木船之验收事项

六、贷款木船运输之监理事项

七、偿还贷款本息之代收事项

八、有关航政之管理事项

第四条　管理员如因事务纷繁得由航政局酌派助理员一人至二人

第五条　管理员及助理员均由航政局委派呈请本部备案

第六条　管理员之经费由本部负担之

第七条　本章程自公布之日起施行

交通部制造木船贷款章程

（中华民国二十八年一月二十三日部令公布）

第一条　本部为发展内河运输增加水运工具特别专款贷与船商制造木船

第二条　关于贷款之贷放事宜由本部指定航政局办理之

第三条　贷款以船为单位每船贷款以所估造价百分之八十为限

第四条　船商请求贷款应先填具声请书其书另定之

第五条　船商请求贷款须先觅具殷商号填具保证书各地船帮如有基金者亦得为保证人

前项保证书式另定之

第六条　贷款经航政局核准后按左列之规定分四期付给

甲、材料费准备齐全后

乙、骨架组成后

丙、舷壁排成后

丁、全部完工后

每期付给贷款之多寡由管理员视其工程之进展以及工作之情形呈由航政局核定之

第七条　贷款利息定为年利四厘自全部贷款付清之日起计算

第八条　木船制造期内由航政局指派管理员担任监造各船商应遵照其指示

第九条　所造木船之间样材料等等遵照本部之规定

第十条　贷款偿还期间不得超遇三年所有贷款之还本付息办法开船商签订之借据办理

前项借据书式另定之

第十一条　贷款制造之木船于制造完成后由本部指定航政局代为介绍营业或出租在贷款未还清前所得运费或租金之一部须优先偿还贷款之本息

航政局为保障贷款本息之收回得请机关将应付之运费已付之运费或租金交由航政局转发船商或先行扣除应还本息后再以其余款发给船商

第十二条　贷款澄清后取得证明即可向各航政局处声请所有权保存登记但航政局仍有优先介绍的营运之权

第十三条　贷款制造木船应在规定期内完成请由航政局验收之

第十四条　贷款所造木船除因天灾及不可抗力之事故外无论发生任何人事故船商对于所借款项仍应负全数偿还之责

第十五条　本章程自公布之日起施行

218

1939 年 2 月 14 日

轮民船商业同业公会章程准则

（中华民国二十七年十二月十一日交通部核准　二十八年二月十四日交通部核准修正同日施行）

第一章　总　　则

第一条　本章程依据商业同业公会法,暨商业同业公会法施行细则航商组织补充办法订定之

第二条　本会定名为××省××县(或市)轮(民)船商业同业公会

第三条　本会以维持增进同业之公共利益及矫正营业之弊害为宗旨

第四条　本会以××县(或市)行政区域为区域事务所设于……

第二章　任　　务

第五条　本会之任务如左

一、关于会员联合营业暨共同管理及其他必要之设施事项

二、关于会员营业之统治事项

三、关于主管官署暨主管船舶之官署及商会委派事项

四、关于会员营业之研究指导调查及统计事项

五、关于会员间纠纷之调节事项

六、关于兴办同业劳工教育及公益事项

七、关于会员营业必要时之维持事项

八、关于合于第三条所揭宗旨之其他事项

于办前项第一款事业时应拟订计划书经会员全体三分二以上之同意呈请县（或市）政府暨主管船舶之官署核准其变更时亦同

第一项第二款之统制,非经全体会员三分之二以上之同意,呈由主管官署暨主管船舶官署核准后或主管官署暨主管船舶官署令其施行统制时不得施行

第三章　会　员

第六条　凡在本区域内经营民轮船商业之公司行号均应为本会会员未设公司行号之民轮船会正式向官厅登记者亦得以其牌号参加为本会会员

前项会员应推派代表出席本会称为会员代表

第七条　本会会员代表由各会员推派一人,派其负担会费,满五单位者得加派代表一人,以后每增十单位加派一人,但至多不得过七人,以经理人、主体人店员或未设公司行号之民轮船船员为限

第八条　会员代表以有中华民国国籍,年在二十岁以上者为限

第九条　有左列情事之一者不得为会员代表

一、背叛国民政府,经判决确定或在通缉中者

二、曾服公务而有贪污行为经判决确定在通缉中者

三、剥夺公权者

四、受破产之宣告尚未复权者

五、无行为能力者

六、吸食鸦片或其带用品者

第十条　会员代表丧失国籍或发生前条各款情事之一时,原派之会员应撤换之

第十一条　会员代表均有发言权、表决权、选举权及被选举权会员代表因事不能出席会员代表大会时,得以书面委托他会员代表代理之

第十二条　同业之公司行号不照章加入本会或不缴纳会费或违反会章及决议者,得经执行委员会之决议予以警告无效,得按其情节轻重依本章程第三十七条规定之程序处以（若干元）以上之违约金或呈经主管官署核准,处一定时间之停业或永久停业前项之处分对于已加入本会而未设公司行号之民轮船适用之

第十三条　会员入会应填写入会志愿书及调查表缴纳会费领取入会证

第十四条　会员非迁移其他区域或废业或永久停业之处分者,不得退会

第十五条　会员推派代表应给以委托书,并通知本会改派时亦同,但已当选为本会委员者,非有依法应解任之事由不得改派

第十六条　会员代表有不正当行为致妨碍本会名誉信用者,得以会员大会之决议通知原举派之会员撤换之

前项撤换之会员代表自撤回之日起三年内不得充任会员代表

第四章　组织及职权

第十七条　本会设执行委员×人,检查委员×人,均由会员大会就会员代表中用无记名选举法选任之,以得票最多数者为当选

选举前项执行委员及监察委员时应另选候补执行委员×人,候补监察委员×人

第十八条　本会设常务委员三人,由执行委员会就执行委员中互选之以得票最多数者为当选,并就常务委员中选任一人为主席

第十九条　执行委员常务委员监察委员各组织委员会以行使职权

第二十条　执行委员会之职权如左

一、执行会员大会议决案

二、召集会员大会

三、决议第二章第五条第一项第三款至第八款列举各项事务

第二十一条　常务委员会之职权如左

一、执行执行委员会议决案

二、处理日常事务

第二十二条　监察委员会之职权如左

一、会员及会员代表违章之纠察检举

二、会内一切事务之监督稽核

第二十三条　执行委员会监察委员之任期均为四年,每二年改选半数不得连任

依前项规定,第一次应改选之委员于选举时以抽签定之,但委员人数为奇数时留任者之人数得较改选者多一人

第二十四条　执行委员或监察委员有缺类时,由候补执行委员或候补监查委员分别依次选补,其任期均以补足前任期限为限

第二十五条　候补执行委员及候补监察委员,未选补均不得列席会议

第二十六条　常务委员有缺额时,由执行委员会就执行委员中补选之,其任期以补足前任期限为限

第二十七条 本会委员有左列各款情事之一,应即解任

一、会员代表资格丧失者

二、因不得已事故经会员大会议决,准其辞职者

三、处理职务违背法令营私舞弊或有其他重大之不正当行为者,得依本章程第三十七条规定之程序,解除其职务并通知其原派之会员撤换之

第二十八条 委员均为名誉职,但因办理公务得核实支给公费

第二十九条 本会得酌用办事员×人,其名额薪金由执行委员会拟定,送经会员大会议决通过后雇佣之

第五章 会 议

第三十条 本会会员大会分定期会议及临时会议两种,均由执行委员会召集之

前项之定期会议每年至少开会一次,临时会议于执行委员会认为必要或经会员代表十分之一以上之请求或监察委员会函请召集时召集之

第三十一条 召集会员大会应于十五日前通知之,但有第三十六条第三十七条之情形或因紧急事项召集临时会议者不在此限

第三十二条 执行委员会每月至少开会一次

第三十三条 常务委员会每星期至少开会一次

第三十四条 监察委员会每两个月至少开会一次

第三十五条 会员大会开会时由常务委员组织主席轮流主席

第三十六条 会员大会之决议以会员代表过半数之出席,出席代表过半数之同意行之,出席代表不满过半数者得行假决议在三日内将其结果通告各代表于一星期后两星期内重行召集会员大会以下出席代表过半数之同意对假决议行其决议

第三十七条 左列各款事项之决议以会员代表三分之二以上之出席,出席代表三分之二以上之同意行之,出席代表不满三分之二者,得以出席代表三分之二以上之同意,行假决议在三日内将其结果通告各代表,于一星期后两星期内重行召集会员大会,以出席代表三分之二以上同意对假决议行其决议

一、变更章程

二、会员之处分

三、委员之解职

四、清算人之任选及关于清算事项之决议

第三十八条 本章程第五条第一项第一二两款规定事项之决议会员代表非全体出席时得依前条行假决议,并议定期限在三日内通告未出席之代

表依限以书面表示赞否,逾期不表示者,视为同意

第三十九条　执行委员会开会时须有执行委员过半数之出席,出席委员过半数之同意,方得决议可否,同数时取决于主席

第四十条　执行委员会开会时,监察委员得列席参加,但不得参与表决

第四十一条　监察委员会开会时须有委员过半数之出席,临时互推一人为主席,以出席委员过半数之同意决议一切事项

第四十二条　执行委员会及监察委员会开会时均不得委托代表出席

第六章　经费及会计

第四十三条　本会经费分左列两种

一、会费因执行第五条第一项第二款至第八款任务之费用属之

二、事业费因执行第五条第一项第一款事业之出资属之

第四十四条　会员会费比例于其资本额缴纳之,资本额在一千以下者,所纳会费额为一单位,逾一千元至三千元者为一单位又二分之一,逾三千元至五千元者为二单位,超过五千元者,每增五千元加一单位

前项会费单位额由会员大会议决每一单位定为国币××元执行本章程第五条第一项第二款任务时,得因必要经会员大会之决议增加会费单位额

第四十五条　公司行号依据法令登记资本额者,依其登记之额其未登记资本额之行号或民轮船应将资本额报告本会

第四十六条　事业费之分担每一会员至少一股

会员分担事业费之最高额不得超过五十股,但因必要得经会员大会之决议增加之

事业费总额及每股数额由会员大会决议呈请经主管官署核准

第四十七条　会员之责任除会费外对于第五条第一项第一款之事业所担之股额为限,但得依兴办时之决议于担任股额外另负定额之保证责任

第四十八条　会员出会时,会费概不退还,事业费得于年度终了时请求退还,其计算方法准用公司法第四十四条之规定但为会员时所负之保证责任经过三年始得解除

第四十九条　会计年度以每年一月一日起至十二月三十一日止

第五十条　本会之预算决算及财产目录资产负债表损益计算书均须每年编辑报告书提出会员大会通过呈报主管官署备案并刊布之

219

1939 年 2 月 16 日

核发外国轮船通行证书办法

（中华民国二十八年二月十六日交通部部令节遵）

第一条 凡外国办船行驶沿海沿江谷口者须依照沿海港口限制航运办法第二条之规定声请主管航政官署核对发通行证书

第二条 外国轮船声请核定通行证审时应先依船舶法第十七条及第二十二条之规定呈请检查证书吨位证书或施行检查丈量

第三条 外国轮船声请通行证书各项手续已经完备者主管航政官署应于三日内发给之

第四条 通行证书应载明左列事项

一、船名

二、国籍

三、公司或行号名称

四、船长姓名及国籍

五、总吨数及登记吨数

六、航线起讫地点

七、指定停泊地点

八、航行期间

九、木船船舶国籍证书号数或其他执照号数

十、附注

第五条 凡请领或补领通行证书应缴纳证书费十元印花费二元

第六条 通行证书有效期间为半年但其行驶航线如因军事封锁禁止通航时应即停止航行

第七条 通行证书内未经载明之航线一律不准航行

第八条 凡领有通行证书之外国轮船应将员工姓名职务填表呈报主管航政官署备考

第九条　凡领有通行证书之外国轮船停泊各港口时应服从海关及航政军警等机关之检查

第十条　凡领有通行证书之外国轮船出入各港口时须依照国际商港通例办理

第十一条　凡领有通行证书之外国轮船如因故停航时应将原证书缴销

第十二条　违反本办法第六条但书及第七条之规定者应依沿海港口限制航运办法第五条之规定处理之违反本办法第八条至第十二条之规定者航政官署得撤销其通行证书

220

1939 年 2 月 17 日

汉口航政局分科职掌简则

（中华民国二十八年二月十七日交通部部令核准）

第一条　本局设左列各科室

（一）第一科

（二）第二科

（三）技术室

（四）会计室

第二条　第一科设左列各股

（一）文书股

（二）事务股

（三）运输股

第三条　文书股之职掌如左

（一）关于机要及考绩事项

（二）关于收发文件及保管案卷事项

（三）关于典守印信及公布局令事项

（四）关于业编统计报告事项

第四条 事务股之执掌如左

（一）关于本局庶务事项

（二）关于现金之出纳保管事项

第五条 运输股之职掌如左

（一）关于介绍船舶营业或出租事项

（二）关于运价租金之评定事项

（三）关于运输合同及租船合同之审核事项

第六条 第二科设左列各股

（一）登记股

（二）海事股

（三）监理股

（四）验船股

第七条 登记股之执掌如左

（一）关于轮船业及船舶之各种登记事项

（二）关于核发船舶各项有关证书事项

（三）关于航业之各种统计事项

第八条 海事股之执掌如左

（一）关于海员及引水人之考核登记及监督事项

（二）关于海事纠纷之处理事项

（三）关于航行日记簿之核阅事项

（四）关于航路标识之监督事项

（五）关于海员海事之统计事项

第九条 监理股之执掌如左

（一）关于航业监督及促进合作事项

（二）关于绞滩事务之规划事项

（三）关于航线纠纷之处理事项

（四）关于船舶之统计事项

第十条 验船股之执掌如左

（一）关于船舶声请检查丈量之记录事项

（二）关于船舶检查证书吨位证书之核发事项

（三）关于船舶检查丈量之督促事项

第十一条 技术室之执掌如左

（一）关于船舶检查丈量之实施事项

（二）关于仪线标记之勘划事项

（三）关于造船图样之设计审核事项

（四）关于绞滩工程之审核事项

（五）关于其他有关技术之事项

第十二条 会计室之职掌如左

（一）关于概算决算之核编整理事项

（二）关于账目之处理及登记事项

（三）关于收支凭单之核签及收支单据之审核事项

（四）关于会计统计报告书表之编送事项

（五）关于库存及银行往来之检查事项

（六）关于其他会计事项

第十三条 技术室负审核及实施技术事项之责其事务部分均由第二科有关各股办理

第十四条 本简则自呈奉交通部核准之日起施行

221

1939 年 4 月 13 日

四川省水道木船货物运价标准章程

（中华民国二十八年四月十三日交通部部令核准）

第一条 凡四川省境内通航河流（湖北境内宜昌至川省边境长江干流暂包括在内）之木船货物运价概依本章程所定标准办理

第二条 本船运输之货物按照体制轻重分为普通货物及轻浮货物两类轻浮货物名称表另定之

第三条 木船货物运价除按照货物体质不用分别规定外，并分别上水下水规定最高与最低两种标准

第四条 木船运输货物分整船及不满整船两种每批货物装满船舶载货吨位或容积四分之三或四分之三以上者为整船货物基本未装满船舶载货吨数位或容积四分之三者为不满整船货物，按整船起运而实际吨数或体积不及船舶载货吨位或容积四分之三者应按吨位四分之三之重量计算运费否则应准船户另搭货物并一律按不满整船货物运价计算运费

第五条　整船货物以"每公吨"（合二千市斤）为单位计算重量其尾数不及一公吨者亦按一公吨计算不满整船货物以"每百公斤"（合二百市斤）为单位计算重量其不及一百公斤者亦按一百公斤计算

第六条　本船货物运价按河流分别制定之其有运输经两条河流或两条河流以上者除另有规定者外应以各该经过河流之运价相加计算之四川省木船整船普通货物每公吨运价表别订之上项运价表每年修订一次如有特殊情形时并得随时修订之

各河流各港间运价标准未经制定公布者本局得随时根据需要情形增订呈奉交通部核准公布之

第七条　木船承运轻浮货物其运价标准按照普通货物运价标准加百分之三十计算之

第八条　木船承运或附搭不满整船货物其运价标准按照整船运价标准加百分之二十计算之

第九条　凡用省所属各河流（鄂境宜昌以上长江干流暂包括在内）之木船货物运价（包括运价性质之奖金在内）不得超过本章程所定最高运价标准亦不得低于本章程所定最低运价标准但在最高与最低两标准之间得自由规定应收之运价

第十条　木船放空得以按照船舶载货吨位及普通货物最低运价标准之二分之一计算为最高额

放空附带压船货不得超过船舶载货吨位或容积三分之一如超过三分之一其超过数量应按照吨位三分之二比例递扣放空费（例如原船吨位为三十吨放空费规定一百元压船货可装十吨如装至十吨以上则其吨位三分之二与放空费之比例为二十吨与一百元每多装一吨应扣放空费五元）

第十一条　凡木船承运货物如因托运人之请求或延误停留待装装妥停留或到达停留者每停留一天应按照船舶载货吨位每公吨核收囤费最高一角八分最低一角二分

第十二条　船户收取货物运价如有违背以上各条规定者一经查出或告发查明属实时得停止其二个月以下之营业或依法处以三十元以下之罚款

第十三条　木船承运货物之码头与船舶间装卸费驳船费及其他运费以外之杂费概由托运人自理在水枯时季其绞滩费亦由托运人负担

第十四条　托运人如派押运人或护送士兵随船照料时只付伙食费不给搭船费但每船至多以二人为限

第十五条　本章程自呈奉交通部核准之日施行

222

1939 年 4 月 22 日

四川省水道轮船客货运价标准章程

（中华民国二十八年四月二十二日交通部部令核准）

第一章　通　　则

第一条　凡四川省境内以内通航河流（湖北境内宜昌至川省边境长江干流暂包括在内）之轮船客货运价悉依本章程所定标准办理

第二条　轮船旅客票价分别上水下水规定一种标准轮船货物运价分别上水下水规定最高与最低两种标准

第三条　轮船客货运价标准按照轮船航线分别制定《四川省轮船旅客每人统舱票价准表》这《四川省轮船普通货物每公吨运价标准表》上项运价表每年修订一次如有特殊情形并得随时修订之各轮船航线客货运价标准示经制定公布者本局得随时根据需要情形增订呈奉交通部核准公布之

第四条　凡在用省所属在河流（鄂境宜昌以上长江千流暂包括在内）行使之轮船其所定旅客票价应遵照本章程所定票价标准办理不得任意抬高或减灭其所定货物运价不得超过本章程所定

高标准亦不得低于本章程所定之标准但在最高与最低的标准之间得依照货物价值高低之不同分别自由规定高低不同之运价

第五条　轮船公司所定客货运价表应呈请本局备案遇有增修时亦应同样办理经本局准予备案后方可公布施行既公布实行应切实遵照办理不得另定折扣办法

第六条　轮船公司收取客货运价如有未遵照本章程所定标准办理者一经查出或告发查明属实时得视其情节酌科罚款并得停止或限制其三个月以下营业

第二章　旅客运价

第七条　轮船旅客票价分为"甲等特舱""乙等特舱""官舱""房舱"及

"统舱"五等房舱票价按统舱票二倍计算官舱票价按统舱票价三倍计算乙等特舱票价按统舱票价四倍半计算甲等特舱票按统舱票价五倍计算

第八条 轮船旅客孩童年龄在六岁以下或高度不及一公尺者免收至一·三三公尺以下者购半票得令二人合占一床位年龄满十二岁或高度满一·三三公尺者买全票

第九条 凡购票乘船旅客及随带免孩童除短程航行外在航行期间输船应发给相应餐膳茶水及其他应有供应不得另索代价但每索随带免费孩童二人以上者得按其超过之人数酌收膳费每孩童每　　为限

第十一条 超过免费行李重量之行李以每公斤为单位按照该轮船航线内所定普通货物最高运价之五折计算行李

运费不足一公斤以一公斤计算

轮船公司应依照上项规定分别制定各线旅客逾量行李运价表呈请本局备案

第三章　货物运价

第十二条 轮船运输之货物按照体制载轻重分为普通货物及轻浮货物有未经列入者得由各轮船公司随时提出并声述理由呈请本局增订之

第十三条 轮船货物以每公吨(合二千市斤)为单位计算量其每批或每批尾数不及一公吨者以每公斤(合二市斤)为单位计算不及一公斤者亦按一公斤计算但每批货物运费(即每一提单运费)应收起码运费三元

第十四条 轮船运输轻浮货物其运价标准按照普通货物运价标准加百分之三十至十五计算,轮船公司应将各项轻浮货物(以轻浮货物名称表内所列货名为限)按照轻浮程度之不同遵照本条所定标准分别规定事宜运价连同普通货物运价一并呈请本局备案

第十五条 轮船运输特种货物之体质笨大而不便权衡重量者应按照规定之(计费重量)及普通货物运价标准计算运费《特种货物计费重量表》另订之

特种货物计费重量有未列入者得由各轮船公司随时提出并申述理由呈请本局增订之,轮船公司应依据普通货物标准分别航线规定一种(特种货物每公吨运价价目)连同其他货物运价一并呈请本局备案

第十六条 凡未经规定或不便规定计费重量之特种货物得用量尺办法以每一千一百三十三立方公寸(即四十立方英尺)折合一公吨按照特种货运价计算运费

第十七条 轮船承运货物之码头(或䑠船)与轮船间搬运装卸费驳船费及其他应归托运人负担之杂费概由托运人自理

第十八条　托运人加派押运人随轮照料时应照章购买船票,但轮船不负责运输之货物得酌予变通办理

第四章　附　则

第十九条　本章程自呈奉,交通部核准之日实行

223

1939 年 4 月 27 日

交通部汉口航政局介绍木船租用办法

（中华民国二十八年四二月十七日交通部部令核准）

一、本局为调剂木船供求便利水道运输起见特办理介绍木船租用事宜

二、除部队军品外凡属公物或商品均得商请本局介绍木船承运关于运输国防交通器材及呈出口货物有创项优先之权

三、商请介绍木船应备案声速下列事项

（一）商请人姓名或商请机关名称

（二）需船吨位及数目

（三）待运货名及数量

（四）运舱线路及起运日期

（五）其他

四、商请介绍后因故暂缓或停止租用者应随时通知撤销商请

五、凡由本局介绍木船之运价悉由本局依照所订之木船运价标准核定

六、商请介绍木船者于货物运达目的地后应将运输情形及日程通知本局备查

七、凡由本局介绍木船之运输合同应由本局签证并检送一份备查上项运输合同如有变更或期满续订时均应由本局签证之

八、本局办理介绍木船租用事宜对于任何方面不收费用

九、本局介绍木船地点及负责部分规定如左

（一）重庆由本局运输股负责

（二）万县宜昌常德长沙吉安五处由本局办事处负责

（三）泸县宜宾广元阆中南充湛江绵阳太和镇八处由本局管理员负责

十、本办法自呈部核准之日施行

224

1939 年 6 月 13 日

交通部汉口航政局监理四川
贷款木船运输办事细则

（中华民国二十八年六月十三日交通部部令核准）

第一条 本细则依据《交通部监理理木船运输章程》之规定制定之

第二条 本局监理贷款木船运输之地点及负责处所规定如左

（一）重庆由本局运输股及派驻重庆管理员负责

（二）万县宜昌二处由本局办事处负责

（三）宜宾泸县綦江广元阆中南充绵阳太和镇八处由本局派驻各该地管理员负责

第三条 四川贷款木船按照吨位之不同分别编定船号船号一律用四位数字编号表另订之

第四条 贷款木船首尾两侧应一律刊刻横行阴文船号字油白色高一英尺长二英尺式如左

第五条 贷款木船运输证用厚板纸印制宽二市寸长三市寸式样及内容规定如左

第六条 木船运输证第一次由监造管理员按照《监理木船运输章程》第二条之规定呈请本局核发有效期间第一次定为一年期满缴还本局换发新证

第七条 贷款木船请换运输证应经本局技术员或管理员检验认可并核定有效期间后方予换发

第八条 贷款木船行驶范围暂以四川省境内各河流,及湖北省境宜昌以上长江干流为限

第九条 除部队军品外凡属公物或商品均得向本局各监理运输处所,商请介绍贷款木船承运

关于运输国防交通器材及出口国际贸易货物有前项优先之权

第十条 商请介绍贷款木船应备函声述如左

(一)商请人姓名或商请机关名称

(二)需船吨位及数目

(三)待运货名及数量

(四)运输起讫地点及起运日期

(五)其他

第十一条 凡商请后因故暂缓或停止租雇者应随时撤销商请但船户因停泊待装所受之损失应由商请人或商请机关负责

第十二条 贷款木船运输客货运价悉依照本局所订木船运价标准核定

第十三条　贷款木船运输合同应由本局各监理运输处所签证并检送一份备查

第十四条　本局各部分介绍贷款木船租雇，对于任何方面不收费用

第十五条　本局各监理运输处所应备《商请介绍木船租用登记簿》一种以备随时登记其内容规定如左

（一）登记编号自一号起至一〇〇〇号止周而复始

（二）登记年月日

（三）商请人姓名或商请机关名称

（四）需船吨位及数目

（五）待运货名数量及运输起讫地点

（六）介绍租定日期船号及船户姓名

（七）租约概况及核定运价

（八）备注

第十六条　贷款木船空驶或装货到达第二条所列各地待租时应即报告本局各该地监理运输处所予以登记

第十七条　本局各监理运输处所应备《木船待租登记簿》以便随时登记待租之贷款木船及普通木船其内容规定如左

（一）登记编号自一号起至一〇〇〇号止周而复始

（二）登记年月日

（三）船号船户姓名船舶吨位及船籍港

（四）介绍租定日期租船人姓名或机关名称货物名称数量运输起讫地点核定运价及租约概况

（五）备注

第十八条　介绍租雇木船除有特殊原因外应按商请介绍及登记待租之先后顺次介绍及租雇如同时有普遍木船登记待租时贷款木船有优先之权

第十九条　贷款木船于每次运输开始之前应遵照《监理木船运输章程》第五条之规定填具报告单呈送本局各监理运输处所以备稽核登记

第二十条　贷款木船无论运货或空驶如经过或到达第二条所列各地时应呈缴"行程簿"请求签证其签证时间不得过一小时行程簿格式另定之

第二十一条　本局各监理运输处所应每旬填造《监理贷款木船运输旬报表》二份一份存查一份呈送本局旬报表格式另定之

第二十二条　贷款木船在运输行程中遇险失事本局各监理运输处所一经接到报告除立即呈报本局外并应业填旬报表内以凭核对

第二十三条　贷款木船如在一个月以上未向本局各监理运输处所请求签证或登记待租又无遇险失事报告者应即追查原因如有逃逸情事应即责成

保证人查究并赔偿所欠借款及利息等损失

第二十四条　本细则自呈奉交通部核准之日施行

225

1939 年 7 月 4 日

国营招商局栈埠管理处任用货栈主任办法

（中华民国二十八年七月四日交通部部令核准）

第一条　各货栈主任由国营招商局栈埠管理处就有左列资格之一并富有商业经验身体强健品行端正操守廉洁无不良嗜好勇于任事者遴选呈请总局派充负责综理全栈事务并指挥监督全栈一切员工

（一）曾在国外大学毕业者

（二）曾经主办栈务或在船上任事务长理货主任有三年以上之经验而有相当成绩者

（三）任当地商界有相当资费经审查合格者

第二条　各货栈主任须具有殷实保证或备有现金保证其数额视各该栈业务之繁简由管理处规定之货栈主任到验前应将保证书或保证金一次缴足由处酌给八厘利息

第三条　货栈主任缴纳现金保证或妥兑保证人立具无限责任保证书须事先得管理处之审定转呈总局核准

第四条　本办法如有未尽事宜得随时呈请总局核准修正之

第五条　本办法自公布之日起施行

226

1939 年 7 月 12 日

交通部各航政局航政巡查员服务规则

（中华民国二十八年七月十二日交通部部令公布）

第一条　交通部为整顿航政及明了航业之实际情形起见于各航政局设航政巡查员若干人由航政局随时派赴航政办事处绞滩站轮船公司行号及轮船巡查

第二条　航政巡查员由航政局长就局员中遴选品学兼优成绩卓著者二人至四人呈请部长委派兼充之

第三条　航政巡查员巡查时期依左列规定办理

甲、航政办事处及绞滩站每半年至少巡查一次其他临时附属机关每三个月巡查一次

乙、轮船公司行号每年至少巡查一次

丙、轮船每年至少抽查一次

第四条　航政巡查员得派其调查专案

第五条　航政巡查员应彻底了解巡查员资任之重要凡有关巡查事务之法令均应择其要旨登入特备之日记簿内以备随时查阅航政局长对于此项日记簿亦应随时调阅

第六条　航政巡查员由航政局发给巡查证一纸详载姓名职务并粘贴相片

巡查员于到达巡查时应在未举行查询以前先将巡查证向主管人员提示以资证明

第七条　航政巡查员每到达一地应即将到达日期报告航政局备案

第八条　航政巡查员出发巡查时其经行途程巡查次序均不得宣布，必要时并得变更通常路线务使各机关公司行号轮船不能事前准备掩饰真相

第九条　航政巡查员每到达一地应先投宿旅社向外界探听应查事项之情形在行实地公开调查

第十条　航政巡查员调查控案或其他专案时一切言行应守秘密除于巡查事务有直接关系及应予接洽之地方长官外不得无故与任何人接见或通信

第十一条　航政巡查员不得收受航政机关公司行号轮船内任何人之巡查时并须自备食宿如因当地食宿困难要万不得已必须暂寄食宿时应即报告航政局备案

第十二条　航政巡查员不得向航政机关公司行号轮船内任何人借用款项备查因公特别用途必须向航政机关借用时应由该机关正式入账报请航政局核发或作为缴解款项

第十三条　航政巡查员对于航政机关公司行号轮船内任何人员务必态度谦和勿得意气用事

第十四条　航政巡查员对航政局长发给之公文函件除因巡查上之必要须将内容宜示者外应一律视为密件不得向任何人泄露其巡查结果除必要时可由正当手续正式公开宣布外亦不得向任何人泄露达者应付惩戒

第十五条　航政巡查员于巡查时得作左列之处理该机关公司行号轮船不得托词推诿或故意延搁

一、对航政机关必要时得核阅各项案卷账册

二、查有应行改良事项应负责指协助遇有须紧急处理时得巡行处理报航政局备案但关系重大者应呈航政局请示

三、查有弊端时得指定人员签名作证

第十六条　航政巡查员每经查一机关公司行号或轮船后应即依照,造送报告须知造送报告书一式两份一份呈航政局一份巡呈本部备查造送报告须知另定之

航政局收到报告书后应即审查并将核办情形报部

第十七条　航政局应将报告书发交下届所派航政备查员察报告书内所报办理不善各项是否均已改正

第十八条　各航政机关公司行号轮船办理不善之事项巡查员漏未查报经发现时航政局应发该巡查员答复如不能答复或答复无正当理由时应视其情节轻重照懈怠或疏忽例惩戒

第十九条　巡查员不得有挟嫌诬报或殉情隐匿情事违犯时分别情节轻重从严处分

第二十条　航政巡查员出差期内除支薪外按照修正国内出差旅费规则支给旅费其派在供职所在巡查者不给川旅费

第二十一条　航政巡查员无巡查任务时应在局仍供本职

第二十二条　本规则由交通部公布施行

227

1939 年 7 月 28 日

四川木船丈量检查登记暂行办法

（中华民国二十八年七月二十八日交通部部令公布）

第一条 为适应抗战需要增进运输效率起见所有行驶四川省各江之木船其容量在二百担以上者均由汉口航政局或其办事处依照本办法实施丈量检查登记发给证书

第二条 凡二百担以上之木船非经航政局处发给吨位证书检查证书登记证书不得航行

第三条 凡二百担以上之木船如经航政局处检查认为不合格与航行安全有碍时应禁止其航行

第四条 关于二百担以上之木船之丈量检查登记应分别准用船舶丈量章程船舶检查章程及船舶登记法办理

第五条 关于二百担以上木船之登记费及证书费全球豁免至丈量费及检查费酌量减轻分三年征收依附表之规定办理

第六条 本办法自公布之日施行

228

1939 年 9 月 8 日

行政院水陆设计委员会组织规则

（中华民国二十八年九月八日行政院饬遵）

第一条 行政院为研究改善非常时期物资之水陆运输提高效率起见设

置水陆运输联合设计委员会

第二条　本委员会职掌如左

一、关于水陆运输路线之调查设计事项

二、关于水陆运输工具运用效率之研究事项

三、关于水陆运输工具减少消耗降低成本之调查计划事项

四、关于进出口物资运输设备之设计促进事项

五、关于军运民运及国外运输机关之联络协助事项

第三条　本委员会设委员九人至十一人由行政院就左列各机关高级职员或其他有关运输机关人员指派之

交通部

军政部

财政部

经济部

航空委员会

运输总司令部

兵工署

贸易委员会

西南进出口物资运输总经理处

第四条　本委员会设主任委员一人指定由交通部部长兼任常务委员二人指定由西南进出口物资运输总经理处总经理及运输总司令兼任

主任委员综理会务并监督指挥所属人员常务委员辅助主任委员处理会务

第五条　本委员会设调查设计二组分掌事务

第六条　本委员会设秘书主任一人秘书二人组长二人专员组员办事员各若干人分办各项事务

前期职员应就关系机关现任职员中调用

第七条　调查事项应由各地运输机关担任办理

第八条　研究设计之文案应随时呈请行政院院长核夺院长如有交议事件并应随时开会讨论

第九条　本委员会会议规则及办事细则另订之

第十条　本规程自公布之日施行

229

1939 年 10 月 17 日

交通部汉口航政局短程航行轮船乘客
定额增加办法

（中华民国二十八年十月十七日交通部部令准予备案）

一、凡轮船航线之起讫点能于二小时内到达者为短程航行轮船

二、凡短程航行之轮船其乘客定额可照部定之乘客计算表将夜间航行之乘客数目计算出后一律增加二分之一之乘客

三、该种轮船之救生设备必须同时增加核定之乘客数目相符

四、凡各轮船公司有短程航行轮船者应准来局声请后量客位以便核算增加

五、凡短程航行轮船之乘客定额核算增加后另发短航轮船乘客定额证书于轮船乘客定额证书同样办理但轮船乘客定额证书不再发给样式随后

六、短航轮船之乘客所须注明以下字样（此处准载客　名）

此种字样应写于该处入口之鲜明处

七、凡短航轮船改为长航时应将短航轮船乘客定额证书呈局缴费另换轮船乘客定额证书

230

1939 年 11 月 28 日

交通部西江造船处组织规程

（中华民国二十八年十一月二十八日部令公布）

第一条 本部为增造西江流域木船及轮船特设西江造船处

第二条 本处设处长一人,由部长派充监督指挥所属职员综理处务

第三条 本处设副处长一人,由部长派充辅助处长处理事务

第四条 本处设左列各组

一、工务组

二、材料组

三、会计组

四、总务组

第五条 工务组之职掌如左

一、关于船舶之设计及绘图事项

二、关于造价及材料预算事项

三、关于图算之策编及技术研究事项

四、关于工程之实施及监督事项

五、关于个人之管理及训练事项

六、关于试航及航线研究事项

七、关于其他公务事项

第六条 材料组之职掌如左

一、关于材料出产之调查及价目之报告事项

二、关于材料之购办及收发事项

三、关于材料库之管理事项

四、关于材料之运输事项

第七条 会计组之职掌如左

一、关于概算决算之核编整理事项

二、关于账目之处理及登记事项

三、关于收支凭单之核签及收支单据之审核事项

四、关于会计统计报告表之编造事项

五、关于库存及银行往来之检查事项

六、关于其他会计事项

第八条 总务组之职掌如左

一、关于文书事项

二、关于人事事项

三、关于庶务出纳事项

四、关于典守印信文卷事项

五、关于船舶之出租出售货放事项

六、关于其他不属于各组事项

第九条 本处各组设主任一人主管本组事务工程师工务员组员各若干人分别办理技术及各项事务其原额另定之

第十条 本处于各造船地点设置工场主任,负责施工之实视事务之需要,酌设工务员及事务员

第十一条 本处各职员除会计人员另依会计人员任用法办理外,各组主任工程师由处长遴员呈部派充其他职员由处长委派并呈部核准备案

第十二条 本规程自公布日施行

231

1939 年 12 月 22 日

国民政府特许中国运输
股份有限公司规程

(中华民国二十八年十二月二十二日行政院公布)

第一条 中国运输股份有限公司经交通部转呈行政院呈请国民政府特许组织之

第二条 公司召集业务如左

一、经营公路、铁路、水路及航空之客货及包裹运输业务

二、制造及装配运输工具

三、制造、装配、储存及分配各项营业应用材料及配件

四、为业务之必要购置及租赁房屋地产

五、载运邮件

六、建筑及经营便利旅客及员工之设备

七、投资于其他运输公司及购买其证券

八、经营其他有关运输业务

第三条　公司营业期间定为三十年，期满得呈请交通部转呈行政院呈请国民政府核准延长之

第四条　本公司股本总额定为国币五千万元，分为五千股，每股一万元，由交通部认购半数，其余半数由其他政府机关或商业机关分认之

上项股本应以现金或同等价值之资产认购之

股本总额如有扩充必要时得随时呈准增加之

第五条　政府机关所有公司股票非经国民政府特许不得转售

第六条　公司经行政院核准呈请国民政府特许得商借外债

第七条　公司设董事七人至十一人，由交通部指派三人至五人，除由其余股东中选任之公司总经理为当然董事

第八条　公司设监察员三人，由交通部指派一人除由股东中任选之

第九条　董事会设董事长一人，由董事中互选之，必要时得设置常务董事二人或三人由董事互选之

第十条　公司设总经理一人，如有业务上之必要时得设副总经理一人，均由董事会聘任之

第十一条　公司应向交通部注册并向经济部登记

第十二条　公司详细章程由董事会议决呈报交通部核准备案

第十三条　本规程自行政院公布施行

232

1940 年 4 月 22 日

川江轮船乘客定额及安全设备暂行规程

（中华民国二十九年四月二十二日交通部公布）

第一章　总　　则

第一条　航行川江轮船之乘客定额及安全设备除法令另有规定外悉依本规程行之

前项所称轮船包括未满二十总吨之小轮

第二章　乘客定额

第二条　川江轮船乘客之舱位分为一等室二等室三等室统舱及临时舱五种一二三等室及统舱均须有固定之舱室或处所临时舱之地位须经航政局检查特许后方准搭载

第三条　川江轮船按照航程情形分为长航及短航两种为乘客定额之计算依左列之规定

长航轮船

舱位等级	上层旅客甲板以上处所		下层旅客甲板		附　　注
	面　　积		面　　积		
一　　等	一・一二平方公尺		一・一二平方公尺		如有铺位时仍应照铺位计算
二　　等	○・八四平方公尺		○・八四平方公尺		
三　　等	○・五六平方公尺		○・五六平方公尺		
统　　舱	○・五六平方公尺		○・五六平方公尺		
临　　时	○・四七平方公尺		○・四七平方公尺		

短航轮船

舱位等级	上层舱位	下层舱面	舱	附注
	面　积	面　积	面　积	
统　　舱	〇·三七平方公尺	〇·二八平方公尺	〇·二八平方公尺	
临　　时	〇·三一平方公尺	〇·二三平方公尺	〇·二三平方公尺	

前项所称长航轮船系指每次航行在十二小时以上始能到达目的地而言,短航轮船系指每次航行在十二小时内始能到达目的地而言

第四条　乘客舱室或处所之高度不得小于左列之规定

长航轮船一·八公尺

短航轮船一·六公尺

第五条　乘客舱室之设有双层床铺者其上层床位上至顶板下层床位之距离不得小于〇·七五公尺下层床位至地板之不得小于〇·一五公尺床铺间须有〇·六〇公尺宽以上之一道为乘客上下之

第六条　短航小轮船之客舱棚机器棚或舱面棚上准许搭客之地其高出甲板距离均不得超过〇·八公尺

第七条　乘客舱室须备适当之通路顺风其地位约等于客舱面积之六分之一每条通路之宽度须在〇·八公尺以上

第八条　左列处所不得作为乘客舱位

一、船首机锚带缆之工作处所

二、无舱室或顶棚遮蔽之处所

三、长度或宽度不满〇·六公尺之处所

四、锅炉棚周围距离在〇·六公尺以内之处所

五、乘客舱位距离船舷在〇·六公尺以内之处所

六、门或梯口在其宽度之平方以内之处所

七、所有甲板上有碍乘客之建筑如通风筒等处所

八、航政局认为不适当之处所

第九条　乘客舱位面积之计算依左列之规定

一、形状端正者以其宽长相乘之

二、形状有弯曲者须丈量其面等分之前后及中央三个宽度四倍其中央宽度相加于前后两宽度得和以六分之一长度乘之

三、船尾之圆曲处所自其长度中线由前向后之三分之二处丈量其宽度再以长乘之

以上计算所得之面积其中有不能作为乘客舱位者须减除之

第十条　航政局得按照川江水流及各轮船船身干舷稳度安全设备情形

随时将核定之乘客定额酌量裁减之

第十一条　凡载货之处所不准搭客搭客之处所如需载货应将搭载乘客额数酌减之

第十二条　船上各乘客舱位核定之乘客定额不得随意变动

第十三条　乘客定额经航政局核定或核减后应在各乘客舱位之明显处用警示牌或册添注明之

第十四条　川江轮船搭载乘客超过限定人额者应依船舶法第四十条第三款及小轮船丈量检查及注册给照章程第四十八条第二项前段之规定分别送请法院究办或处以五十元以下之罚款

第十五条　乘客舱室均须有适当之光线与充足之空气其第一隔绝部分须装有出入甲板上之梯口且须有防水性之关塞设备

第十六条　供乘客上下之扶梯须一舱室有二具者其每具宽度须在〇·五公尺以上仅有一具者其宽度须在〇·八公尺以上

第十七条　每层旅客甲板之船旁须装置至少高达〇·八公尺之围栏或栏干

第十八条　船上至少必须备有一种报警信号如无电机火箭汽笛等

第十九条　旅客船应常备救伤之药物用品

第二十条　川江轮船无论为长航或短航其救生或消防设备应依左列之规定

船舶长度	救生设备	消防设备
十二·一九公尺（四十英尺）以下	救生圈二个救生带或救生排照船员人数及乘客总额	蒸汽船太平桶二个柴油船药水灭火器一个黄沙一桶
超过十二·一九公尺（四十英尺）至十八·二八公尺（六十英尺）	救生圈四个救生带或救生排照船员人数及乘客总额	蒸汽船太平桶四个柴油船药水灭火器一个黄沙一桶
超过十八·二八公尺（六十英尺）至三十·四八公尺（一百英尺）	救生圈六个救生带或救生排照船员人数及乘客总额	蒸汽船太平桶六个柴油船药水灭火器一个黄沙一桶
超过三十·四八公尺（一百英尺）至四十五·七二公尺（一百五十英尺）	救生圈六个救生带或救生排照船员人数及乘客总额	太平桶八个药水灭火器二个柴油船添黄沙一桶
超过四十五·七二公尺（一百五十英尺）	救生圈六个小舢板二只救生带或救生排照船员人数及乘客总额	太平桶十个太平斧二个手摇水龙全副灭火器二个柴油船添黄沙一桶

救生圈须置于船旁最易见易取之处救生带应置于舱面或客室易取之处救生排应置于舱顶易于放落处小舢板应置于适宜地位并易于放落

第二十一条　救生器具如因来源缺乏不能按照前条之规定备齐时各轮

船公司行号得呈经航政局之特许酌用救生代用品但此项救生代用品亦须经航政局之试验核准后方准使用

第二十二条　所有救生及消防器具必须随带船上以备不测

第二十三条　川江轮船不将救生消防等项器具整备完妥而航行者应依船舶法第四十条第三款之规定送请法院究办其尚未航行者由航政局依船舶法第十三条之规定令其暂时停止航行俟整备完妥后始准开航

第四章　附　则

第二十四条　本规程自公布日施行

233

1940 年 11 月 22 日

交通部西江造船处办理出纳及
购料人员保证金规则

（中华民国二十九年十一月二十二日交通部核准）

一、担任本处及各工场出纳及购料□□之职员均须遵照本规则之规定取具保证方得任职（保证书式另定之）

二、保证人之资格如下

甲、资本在五万元以上之工厂商店经商会登记者

乙、现任公务员文职荐任以上武职中校以上

丙、在社会或工商实业界著有信誉者

前期保证人须经本处认可后为合格保证厂店除盖正式戳记外并须有代表股东或经理之签名盖章公务员每人以保证一人为限

三、保证人对于被保证人之操守及其信用应负完全责任并须依照规定之保证书式样亲自缮写并签名盖章

四、保证书应于到差后一个月内呈缴须经本处审查合格后经予对保证人应在原保证书上另行签字盖章方为有效

五、保证人住址与服务处所或工厂商店遇有迁移更换时被保证人应随时

具报如该管长官认为有更换保证人之必要时得随时通知被保证人另行觅保

六、保证人中途死亡或其职业境况发生变迁或厂店停业改组致失保证人资格时被保证人应即另觅妥保但原保证人责任须俟被保证人另行取得保证经本处认为合格后方得解除如原保证人中途死亡者应由该原保证人之继承人负责

七、如辞职停职或遣散之职员重行回复原职者其保证书无论已未发还仍须依照第四条之规定另具保证书呈处

八、被保证人卸职后或调派非经管款项之职务时自动生效之日起三个月后将保证书发还换交保证书时自对保手续办妥满三个月后将旧保证书发还

九、本规则施行前应取具保证之各职员应于本规则公布之日起一个月内补办之

十、本规则自呈奉核准之日起施行

（保证书式从略）

234

1941年2月28日

交通部航政机关核发小轮船临时注册证暂行办法

（中华民国三十年二月二十八日交通部部令公布）

一、未满二十总吨小轮船经依小轮船丈量检查及注册给照章程声请当地航政机关丈量检查，并已由航政机关转呈交通部声请注册，给照者在未颁发执照前航政机关为便利航商起见，得先发给临时注册证，但不得收取任何费用

二、临时注册证由交通部印制三联式发给航政机关填用，一联存根留局，一联缴部备查，一联发给小轮船所有人

三、航商声请发给临时注册证，其应具报事项依小轮船丈量检查及注册给照章程第二十六条之规定

四、临时注册证有效期限以两个月为限,航政局机关于交通部颁发执照后应即将证吊销缴部

五、本办法自公布日施行

235

1941年6月9日

交通部部辖航政事项委托代办暂行规程

(中华民国三十年六月九日交通部部令公布)

第一条 交通部在未设航政官署之地方得将部辖航政事项委托该地之省市政府或指定其他地方机关代为办理

第二条 代办航政之机关名称及区域由交通部以部令公告之

第三条 左列各款部辖航政事项得委托地方机关代办

一 关于适用于海商法规定之船舶之登记检查丈量发给牌照事项

二 关于小轮船之注册检查丈量及发给牌照事项

三 关于拖驳船码头船之注册给照及管理事项

四 关于轮船业之注册监督及航线竞争事项

五 关于上列船舶之通告证书核发事项

六 关于载重线标识事项

七 关航路标识符之监督事项

第四条 关于部辖航政所需用之证书执照船牌及检定标识符等件统归交能部印制交由代办机关查填核发

第五条 代办机关代办部辖航政应遵守有关法令并受交通部之指挥监督

第六条 代办机关依照法令代收各费应填具旬报按月交齐连同所代收各费除经部核准留用充作代办经费外余应扫数解部不得扣留

前项代办费用以代收费百分之三十为准其因事务上必须增支时得专呈部核定

第七条 代办机关代收各项证书执照之印花税及补发或换发之手续费暨船牌检定标识通行证书之印制工本等亦应填具旬表并扫数按月解部但经

部核准后对于核发通告证书得酌征手续费留用

第八条 交通部对于代办机关之代办航政得随时派员督促指导有必要时并得派员常驻协同办理

第九条 交通部如在代办区内新设航政官署时原代办机关应即结束代办事项将款项卷宗移交接管

第十条 本规程经交通部认为有须更改或不适用于时得呈准行政院修改或废止之

第十一条 本规程自公布之日施行

236

1941 年 11 月 16 日

交通部特许川陕川湘联运处组织章程

（中华民国三十年十一月十六日交通部公布）

第一条 本处呈奉交通部特许组织之定名为交通部特许川陕川湘水陆联运处

第二条 本处以办理川陕川湘间水陆联运为业务并应参照驿运制度办理

第三条 本处基金定为国币一百万元由交通部驿运总管理处认五十万元招商局民生公司各认二十五万元先收半数

第四条 本处设理事九人由交通部指派代表五人招商局民生公司各推代表二人充任之组织理事会置理事长一人副理事长一人至二人均由交通部就理事中指定之

第五条 理事会设秘书一人专员二人或三人业务及会计稽核各一人办事员若干人但专员应派在经理处办事

第六条 本处经理处设经理一人综理处务副经理二人至三人襄理处务均由理事会遴员派充并报请交通部备案

第七条 本处经理处于经理副经理之下设总务营业运输会计四组各设组长一人稽查及办事员若干人均由经理遴员呈请理事会派充

第八条 本处经理处各组之职掌如左：

一、总务组　关于文书人事出纳保管医药及其他不属于各组事项

二、营业组　关于运价章则计划及其他有关营业事项

三、运输组　关于路线工具动力设备及其他有关运输事项

四、关于预算决算表报账册统计及其他有关会计事项

第九条　本处经理处设川陕川湘两运输总段并得视事实需要酌设分段管理

第十条　本规程自交通部核准公布之日施行

237

1941 年 12 月 24 日

交通部航业设计委员会组织规程

（中华民国三十年十二月二十四日部令修正公布）

第一条　交通部为筹划复兴战后航业依交通部组织法第五条之规定设立航业设计委员会

第二条　本会设左列各组

一、业务设计组

二、船厂设计组

三、造船设计组

四、财务设计组

第三条　业务设计组之职掌如左

一、关于内河航业之设计事项

二、关于长江航业之设计事项

三、关于沿海航业之设计事项

四、关于航业机构之设计事项

第四条　船厂设计组之职掌如左

一、关于恢复扩充原有工厂之设计事项

二、关于建设新厂之设计事项

三、关于购备造船器材之设计事项

四、关于工场组织之设计事项

第五条 造船设计组之职掌如左

一、关于标准船图之设计事项

二、关于标准船机之设计事项

三、关于标准船用品及配件之设计事项

第六条 财务设计组之职掌如左

一、关于船厂资金之筹划与运用事项

二、关于造船资金之筹划与运用事项

第七条 本会设主任委员一人综理会务副主任委员四人分掌各组事务委员十一人至十五人分别担任各组设计工作均由部长派充或聘任之

第八条 本会设秘书主任一人秘书三人工程师工务员专员办事员及绘图员各四人至六人均由主任委员遴请部长派充之

第九条 本会得酌用录事司事若干人

第十条 本会开会由主任委员随时召集之各组得开组会由主管副主任委员召集之

第十一条 本会开会时以主任委员为主席主任委员缺席时由出席副主任委员互推一人为主席各组开会时以主管副主任委员为主席副主任委员缺席时由出席委员互推一人为主席

第十二条 本规程自公布之日施行

238

1942 年 4 月 24 日

水陆交通统一检查条例

（中华民国三十一年四月二十四日国民政府修正公布）

第一条 全国水陆交通之检查事宜依照本条例办理之

第二条 检查分左列二类

一 运输检查类 凡军事运输交通违章及人事检查属之

二 货物检查类 凡货物之进出转口检查属之

第三条　运输队检查由军事委员会运输队统制局监察处（以下简称监察处）所属之检查所站主持办理货物检查由财政部缉私处或海关主持办理

第四条　监察处于全国水陆各线路交通要点分别设立检查所站为执行交通运输队之主体检查机关

第五条　凡在监察处已设检查所有原设有关军事运输队交通违章及人事之检查机构或类似组织不论属于中央或地方或部队者概行裁撤其原有检查人员如有必要时得参加各检查所站在工作并应将所派参加活动统一检查人员姓名及所负任务函知监察处传便稽考

第六条　财政部于全国各货运要道及走私据点分别设立缉私处所或海关关卡所有各地原设之有关货物检查机构或类似组织部不论属于中央或地方之机关或团体者概行裁撤其中央税收机关原有检查事项如有必要时得准其派员参加活动并应将所派参加统一检查人员姓名及所负任务函知缉私处所或海关关卡转报财政部备查

第七条　前两条所派参加活动统一检查人员各在其主管范围内执行职务直接对原机关负责人但须受检查所站缉私处所或海关关卡之指挥监督其薪给及办公费用仍由原机关支付

第八条　全国水陆各线路除监察处检查所站及缉私处所或海关关卡外不得有其他检查机关有同一地点设有监察处检查所站及缉私处所或海关关卡者应职合办公并原则应以监察处检查所站为主体机关

第九条　运输检查及货物检查均应力求简便经过第一次检查后以不再行检查为原则上凡各项货物体积及交通工具于第一次检查完竣应由各所站或缉私处所或海关关卡在其所持合法运照或完税照及其他单证上加盖查讫记放行其他机关或人员不得复查留难

前项货物应视其性质由统一检查机关加盖戳记或粘贴坚固对志其不能加封之货物应发给证明单载明货物品名数量起运点到达点及其他有关事项交由客商或押运人员收执沿途监察处各检查所站于验明戳记对志或证明单后应即放行唯运经海关时如沿途未经过海关查验者仍应报验以符定章其证明单据由终点之检查机关收回注销之

第十条　各有关机关所派参加活动统一检查人员违反本条例规定或不服主体检查机关指挥监督者得由主体检查机关负责人员据实呈报上级机关核办

第十一条　检查人员执行职务时应一律着用制服佩戴证章及臂章以资办别

第十二条　统一检查机关应视事务繁简规定检查时间倘不能在规定时间以内检查完竣时应继续办理

第十三条　运输检查及货物检查规则另定之

第十四条　本条例施行后其他法令关于水陆交通检查事项之规定与本条例抵触不适用之

第十五条　本条例自公布之日施行

239

1942 年 6 月 29 日

国营招商局长江业务管理处
湖南分处组织规程

（中华民国三十一年六月二十九日交通部部令公布）

第一条　国营招商局长江业务管理处为加强非常时期水运效率暨有利监督调度所属湖南各分局处业务起见设置湖南分处（以下简称本分处）秉承长江业务管理处之命处理业务事宜

第二条　本分处处址暂设沅陵

第三条　本分处设总务营业船务会计四组

第四条　各组职掌如左

1. 总务组　掌管文书之收发撰拟缮校卷宗之保管船用物料之采办人事庶务出纳及不属其他各组事项

2. 营业组　掌管所在地客货营运及核稽湖南各分局之业务事项

3. 船务组　掌管船员之考核船只之修船用物品之稽核及其他有关工程事项

4. 会计组　掌管湖南各分局处账目之审核汇总及各分处账目之登记编报事项

第五条　本分片设处长一人指挥监督处内职员暨湖南各分局处业务由长江业务管理处遴员呈请交通部派充之必要时得设副处长一人辅助处长处理本分局业务由长江业务管理处呈部派充之

第六条　本分处重要公务应报请长江业务管理处核示其日常事务得巡为适合处置每周汇报长江业务管理处备案

第七条　本分处各组各设主任一人共设办事员十六人雇员若干人均就长江业务管理处及各分局照原有人员中尽先调用办理各该组事务所得照业务上之需要的设理货员押运员主任由长江业务管理处呈部派充办事员由管理处派充呈部备案雇员理货员押运员分别派充并由管理处核准呈部备案

第八条　本分片会计人员依照交通部附属机关会计人员暂行规程任用之

第九条　本分处各级人员之薪资依薪级表之规定核定之(附表)

第十条　本规程自公布之日起施行

国营招商局长江业务管理处湖南分处职员薪级表

等别	二等												三等																公费
级别	一	二	三	四	五	六	七	八	九	十	十一	十二	一	二	三	四	五	六	七	八	九	十	十一	十二	十三	十四	十五	十六	
薪别	400	380	350	340	320	300	280	260	240	220	200	180	200	180	160	140	130	120	110	100	90	85	80	75	70	65	60	55	
处长																													150
副处长																													100
主任																													
办事员																													
雇员																													
理货员																													
押运员																													

附记：
一、会计人员薪级比照核叙
二、荐任人员薪级自最低级起叙资历较高人员得酌叙相当薪级唯不得超过最高额
三、薪级之核叙非经呈部核准不得报支

240

1942 年 7 月 9 日

交通部川湘川陕水陆联运
各机关职员薪给规划

（中华民国三十一年七月九日交通部部令公布）

第一条　交通部川湘川陕水陆联运总管理处及其附属机关职员薪给除法令另有规定外悉依本规则办理

第二条　川湘川陕水陆联运各机关职员分管理技术二种管理人员分四等一、四等各六级二、三两等各十级技术人员分五等一等二级余各四级其薪额依据川湘川陕水陆联运总管理处及其附属机关职员薪俸等级表之规定（附表）（略）

第三条　技术人员叙给资薪照部定等级规则办理（适照部颁公路工程技术人员叙用等规则之规定）

第四条　各级职员叙薪应各依照各该机关有关规定任用之程序办理

第五条　各级职员叙薪应自各本职最低薪级起叙

第六条　调用职员原薪如系适用部章叙给得提送证件照下列办法办理

（一）原薪金于所调职之薪级规定而在原机关叙支原薪在六个月以上者得酌量调高薪俸（甲）每级薪数三十元及以上者一级加薪三十元或四十元（乙）每级薪数二十元者最多二级加薪不得超过四十元（丙）每级薪数十元者最多三级加薪不得超过三十元（丁）每级薪数五元最多四级加薪不得超过二十元均以在调职薪级范围以内为限

（二）提高薪俸跨越两项薪级者不得超过上项可加薪数〔例如合于（乙）项加薪人员跨越（甲）项薪级不得超过（甲）项可加薪数〕

（三）原薪不及调职最低薪级照最低薪叙给其较加薪数不及上项规定者得斟酌上项办理

第七条　新委职员原在其他政府机关任职原薪数目较高者得提呈留存在任职薪级范围以内核叙较高薪级但以不超过该员原薪为限

第八条　职员在同一薪级范围内升调职务距叙薪或晋薪未满一年者不得加薪但得叙新职最低级如在一年以上得照第六条规定办理

第九条　职员或因升调职务或以特续照章晋叙外应照年终叙薪规定晋叙薪级

第十条　本规则自公布之日施行

241

1942 年 7 月 9 日

交通部川湘联运处办事处组织暂行通则

（中华民国三十一年七月九日交通部部令公布）

第一条　本通则依修正交通部川湘联运处组织规程第三条规定之

第二条　办事处设左列各股

一、总务股掌文书人事出纳庶务及不归于各股事项

二、业务股掌营业运输及其他有关业务事项

三、仓储股掌货物之入仓出仓储藏保管登记事项

四、会计股掌预算决算报表账册统计及其他有关会计事项

第三条　办事处设主任一人承处长之命督率所属综理各级办事处处务副主任一人襄助处务

第四条　办事处设股长四人办事员五人至二十人司事三人至十人押运员五人至五十人分办应管事物

第五条　办事处主任副主任由处长遴员呈总管理处转请部长派充其余人员由办事处主任遴员呈处长派充报总管理处转呈备案

会计人员依照交通部附属机关会计人员实行规程办理

第六条　各办事处应呈准设立其辖区及所管厂站台库另以编制表定之

第七条　本通则自公布之日施行

242

1942年7月9日

交通部川湘联运处厂站库台组织暂行通则

（中华民国三十一年七月九日交通部部令公布）

第一条　本通则依修正交通部川湘联运处组织规程第三条规定之

第二条　本处为运输工具之检验修理保管及燃料代用品之制造于各适宜地点分设修理厂及炼油厂

第三条　修理厂及炼油厂设厂长一人以技术人员兼充之设工务员会计员司事各若干人

第四条　本处为办理转运于各地分设总站及照料站

第五条　总站设站主任一人站副主任一人至三人会计员一人站员四人至八人助理会计员一人至二人司事二人至四人押运员六人至二十人站设站长一人站员一人至二人司事一人押运员三人至五人照料站设站长一人司事一人

第六条　本处为材料及燃料之供应管理分设材料库及油库

第七条　材料库及油库设库长一人司事二人至四人

第八条　本处为运输通信分设各电台

第九条　电台设电报领班一人电务员一人至三人

第十条　各总站主任处长由处长遴员呈总管理处转请部长派充其余人员由各主管首领遴员请处长派充报总管理处转呈备案

会计人员依照交通部附属机关会计人员暂行规程办理

技术人员依照交通部规定办法铨叙其位

第十一条　各厂站库台除受指定之办事处或总站指挥监督外均直辖于本处管辖

第十二条　本通则自公布之日施行

243

1942 年 7 月 9 日

交通部嘉陵江运输处办事处
组织暂行通则

（中华民国三十一年七月九日交通部部令公布）

第一条 本通则依据修正交通部嘉陵江运输处组织规程第三条规程规定之

第二条 各办事处因设置地区重要运输繁忙得呈准分股办事其职掌如左

总务股 掌文书人事出纳保管庶务护航及不属于其他事项

业务股 掌货物运输营业船舶工具调度及其他有关业务事项

会计股 掌预算决算报表账册统计及其他有关会计事项

第三条 办事处设主任一人承处长之命督率所属综理各该办事处处务并设办事员一至四人会计员一人助理会计员一人至二人司事一至三人押运员三至四人

第四条 办事处主任由本处处长遴员呈请总管理处转请部长派充其余人员由办事处主任遴员呈处长派充报总管理处转呈备案

会计人员依照交通部附属机关会计人员暂行规程办理

第五条 办事处应呈准设立其辖区及所管厂站库务另以编制表定之

第六条 本通则自公布之日施行

244

1942 年 7 月 9 日

交通部嘉陵江运输处运输站组织暂行通则

（中华民国三十一年七月九日交通部部令公布）

第一条　本通则依据修正交通部嘉陵江运输处组织规程第三条规定之

第二条　本处于嘉陵江沿线商埠及船舶停集地点择要设置运输站办理左列事项

一、出口货之揽运及到达货之卸交

二、本处过往船货之照料装运及驶驳

三、运场之调整

四、水位之记载

五、本处船货失吉之抢救及处理

六、押运员船夫工作勤惰之考核

七、本处在该地有关工具厂库设备之保管

八、其他临时命令交办事项

第三条　各运输站觑其业务之繁而分别为站及照料站其隶属关系另以编制表定之

第四条　各站设站长一人站员一至二人会计员一人押运员二至三人照料站设站长一人司事一人

第五条　各站职员除会计人员依照交通部附属机关会计人员暂行规程办理外余由处长遴员派充报总管理处转呈备案

第六条　各站及照料站除依编制表受指定办事处之指挥监管外均直隶于本处

第七条　本通则自公布之日施行

245

1942 年 8 月 29 日

中华海员工会国外分会组织准则

(中华民国三十一年八月二十九日行政院核准)

一　凡服务行驶于外国领海之同盟国轮船年满十六岁以上之中华海员集合三十人以上经呈奉驻在国本国使馆之核准得依照本准则发起中华海员国外分会(以下简称国外海员分会)

二　国外海员分会之名称应冠以中华海员工会及驻在国名称但为适应当地环境必要时得以其他适当的名称对外活动

三　国外海员分会得于驻在国境内航业繁盛之重要港场设立支部支部之下得划分小组每级会员至少五人至多不得过三十人

四　国外海员分会设理事五人至九人候补理事二人至四人监事一人至五人候补监事一人至三人由会员大会或会员代表大会选举之

五　国外海员分会支部书记设干事三人至五人小组设组长一人由所属会员选举之

六　国外海员分会理监事及支部干事小组组长任期均为一年连选得连任

七　国外海员分会在驻在国境内以设立一个为限在同一港场只得设立一个支部

八　国外海员分会之任务如左

(一)海员生活及劳动条件之维持与改善

(二)海员灾害疾病失业之预防与救济

(三)海员知识技能之增进

(四)海员福利事业之举办

(五)其他有关海员利益之保障与维护

九　国外海员分会禁属于中华海员工会由驻在国之本国使馆派员指导监督之

一〇　国外海员分会应于成立后十日内造具会员名册职员略历册连同章程各二份分呈驻在国本国使馆及中华海员工会备案

一一　本准则经社会部呈准行政院施行

246
1942 年 9 月 3 日

未满二百总担帆船丈量检查注册给照办法

（中华民国三十一年九月三日航船渝一五二一七号部令公布）

第一条　凡容量未满二百总担之帆船（即木船或民船以下简称帆船）除航行沿海者另依其他法令办理外应由帆船所在地县市政府依照本办法办理丈量检查注册给照方准航行

（说明）地方政府除县政府外所有普通市直属市其辖境内之通航水道关于未满二百总担帆船之检丈等项事宜除出海帆船外应由县市政府一体办理方免挂漏

第二条　帆船行驶航线经过其他县市辖境或航线起讫地点不属同一县市辖境者所有丈量检查注册给照事项统由该帆船所有人自行选定之县市府办理其他县市政府不得再行办理

（说明）帆船航线长短不同向来多有一定之习惯如航线涉及两县市者应有明文规定方免争执

第三条　县市政府办理帆船丈量检查时应先用浅显文字普行公告然后定期实施如该县市已有民船业商业同业公会之组织者并应令饬该会转行知照实施丈量检查时得按照各该县市情形就船比较集中之乡镇划分区域派员就地办理或设备巡船巡回办理

（说明）船民知识有限非先行公告则临时必多纷扰又县市政府所在地并非一律靠近通航水道倘须驶至县城办理显为事实所不许故有划区派员就地办理或设备巡船巡回办理之必要

第四条　帆船所有人得用书面或口头声请丈量检查

（说明）声请检丈除用书面外得用口头声请以免烦琐

第五条　县市政府应将辖境内登记帆船之艘数担数按季呈报省政府核转交通部备查直属市径函交通部备查

（说明）县市政府按季呈报已登记之帆船艘数担数由省政府核转交通部以作统计上之参考其不属于省政府之直属市则应径行函请交通部备查

第六条　帆船之丈量方法如次（参阅图）（略）

一、丈量时以公尺为计算标准以担数表示容量每〇·二八三立方公尺（合十立方英尺）为一担每十担合为一吨丈量时以单位下二位小数为限计算时以三位小数为限所得担数以二位小数为限其超过之位数以四舍五入去取之

二、甲板下担数之丈量法

先自船首头横材前面起至船尾之尾横材后面止（即舵柱板）量其长度（如图一）（略）再在船身中最宽部分自右舷板外面起至左舷板外面止量其宽度（如图二）（略）又自船身中之底板上面起至甲板下面止量其深度（如图二）（略）以量得之长宽深度相乘以系数〇·七五乘之再除以〇·二八三即得甲板下之担数

三、甲板上担数之丈量法

凡甲板上除船尾一部分外有固定之骨架及旁板之舱棚及舱室之地位者皆须丈量先自舱棚或舱室前骨架内面起至后骨架内面止量其长度（如图一）（略）再自右骨架内面起至左骨架内面止量其平均宽度（如图三）（略）又自甲板上面起至舱棚或舱室顶首架下面止量其高度（平顶如图二）（略）若舱棚或舱室顶为半圆形者应在其宽度四分之一处量其高度（如图三）（略）以量得之长宽高度相乘以〇·二八三除之即得甲板上之担数

四、以甲板下之担数加甲板上之担数即得总担数

第七条　帆船之检查立法如次

一、新造船之检查手续

1. 检查所用各项材料是否适宜

2. 安放龙骨首尾柱材肋骨隔舱及船壳外板时其各部分接联之方法所有材料之尺寸助骨隔舱等间隔之距离是否合宜并坚固

3. 甲板上舱棚或舱室之装置其高度是否适宜

4. 舵之装置是否坚固灵便其面积之大小是否合用

5. 其船具之设备如锚链帆桅缆绳橹篙棹船灯简单之消防及救生设备等数量是否足用及完好

二、旧有船之检查手续

1. 凡已经航行或航行期间届满后之帆船检查时应将各舱内外清除非固定之物亦须移去以锤试验其船壳助骨横梁等各部质料有无损伤腐朽之情形

2. 各处灰缝及钉孔等是否紧密及有无漏水情形

3. 甲板上之舱棚或舱室装置是否安全

4. 舵及桅之装置是否坚固灵便必要时可卸下检验

5. 一切船具之数量是否完好

6. 视其船身之情形规定其载客装货之处所及数量

第八条 专供载客之帆船应核定乘客名额不得逾额载客其名额之规定如单程航线逾一百市里者每人应占〇・五六平方公尺不及一百市里者每人应占〇・二八平方公尺但水流湍急或有滩虽之险水道得由各该县市政府量减存几分之几

第九条 客货兼载之帆船应指定载客载货处所不得混乱又载货重量以总担数为标准遇有货物用吨数计算者为折合便利起见以十担作为吨

（说明）以上两项规定客货载量计之标准

第一〇条 帆船声请丈量检查者应依本办法附表之规定缴纳丈量费检查费及册照费此外无须再纳任何费用

（说明）此条规定帆船纳费数额

第一一条 经检查合格之帆船除由县市政府登注于帆船名册外应发给检丈单及执照各乙纸此项注册及单照均无须另行纳费但遇单照遗失毁损请求补发者每一纸应各纳费二元

（说明）此条规定应行发给之文件并纳费或不纳费之标准

第一二条 经检查合格之帆船应在船尾中央显明处用鲜明颜色书明所有人姓名容量现行航线及编列之号数并在船首右舷显明处书明"未满二百总担"字样以为标识

如检查不合格者应即饬令暂时停航修理并船首左舷显明处书明"此船暂时停航"字样但修竣重验合格后仍依前项加以标识将暂时停航字样涂销标识及查验均无须纳费

（说明）此条规定标识办法并明定无须纳费以免不肖员工藉此需索

第一三条 帆船检查不合格无法修理者应饬永远停航并在船首左舷显明处书明"此船不堪航行"字样

检查不合格者应将册照费退还不得克扣

（说明）此条规定不合格帆船之处置办法

第一四条 经检查合格之帆船其航行期间由县市政府按照各该船情形分别核定之最短一年为准最长不得超过三年

（说明）此条规定航行期限

第一五条 帆船航行期届满时应重行检查合格发给检丈单方准航行重行检查时应依第十条之规定纳费

（说明）此条规定期间届满时之办法及纳费标准

第一六条　经检查合格之帆船遇卖时应由卖主出具文件交给买主于航行期间届满重行检查时呈县市政府查验备案过户但遇租赁或抵押时均无须出具文件亦无须呈验备案

（说明）查民法上之动产关于移转租赁均属赁权行为非物权行为无须求官厅登记或备案船舶原属动产因船舶法船舶登记法另有规定始与一般动产歧异而未满二百总担之帆船根本不适用船舶法故无须登记或备案

第一七条　帆船拆卸毁损沉没时应将所领检丈量及执照缴销不得顶替

（说明）此条规定帆船发生事故后之处理办法

第一八条　经检查合格之帆船在航行期间应按照规定航线可以自由通航除交通部航政局得查验外其他任何机关非依法律不得强迫再行丈量检查或加以拦阻

违反前项末段规定者其经办人员依刑法第三百零四条治罪

（说明）年来政府迭次通令保障人民权利而各机关服务人员仍有违法情事发生其动机固有多端而不明法律亦属其一兹为先事预防起见特设本条及下条之规定以资警惕

第一九条　经办丈量检查注册给照人员不得巧立名目借端留难勒索材料费舟车费食宿费或其他任何费用违者分别依刑法第一百二十一条第一百二十九条或其他刑事特别法治罪

第二〇条　帆船故意规避丈量检查或载客逾额者依行政执行法处以十元以下之罚款

（说明）未满二百总担帆船不适用船舶法已见上述此项帆船违反禁令时应按行政执行法予以行政治裁其涉及刑事范围者依法办理自不待论

第二一条　公共渡船准用本办法之规定

（说明）"县航道管理办法"第二十四条规定渡船由县政府管理兹特规定渡船准照本办法办理以期一律

第二二条　本办法自交通部公布日施行

247

1942 年 10 月 17 日

导淮委员会组织法

（中华民国三十一年十月十七日国民政府修正公布）

第一条　导淮委员会直隶于水利委员会掌理导治淮河一切事务

第二条　本会设委员长一人副委员长一人特派委员二十人至二十六人简派

委员长因事不能执行职务时由副委员长代理之

第三条　本会设总务工程二处

第四条　总务处掌左列事项

一、关于文书收发编撰保管事项

二、关于职员考核任免事项

三、关于典守印信事项

四、关于出纳庶务及护工事项

第五条　工程处掌左列事项

一、关于查勘及测绘事项

二、关于工程设计事项

三、关于工程之实施及护养事项

四、其他一切工程事项

第六条　总务处设处长一人简任科长三人或四人荐任科员十八人至二十四人委任

第七条　工程处设技正十一人至十三人五人简任其余荐任技士十二人至十六人四人荐任其余委任技佐三十人至五十人委任

第八条　本会因事务上之必要得酌用雇员

第九条　本会设会计主任一人统计员一人办理岁计会计统计事项受委员长之指挥监督并依国民政府主计处组织法之规定直接对主计处负责

会计室及统计室需用佐理人员名额由本会拟送水利委员会审核会同主

计处就本法所定委任人员及雇员名额中决定之

第十条　本会得呈准水利委员会聘任国内外富有水利工程森林学识经验者为顾问或专门人员

第十一条　本会于必要时得呈准水利委员会设立测勘队工程队及工程管理局其组织章程由水利委员会定之

第十二条　本会每六个月开大会一次于必要时得由委员长召集临时大会

第十三条　本会执行主管事务各该地行政机关及驻在军队有协助保护之责

第十四条　本法自公布日施行

248

1942 年 10 月 17 日

黄河水利委员会组织法

（中华民国三十一年十月十七日国民政府修正公布）

第一条　黄河水利委员会直隶于水利委员会掌理黄河及渭洛等支流一切兴利防患事务

第二条　本会设委员长一人副委员长一人特派委员九人至十一人简派

沿河各省省政府主席为当然委员共负河防值守职责协助本会办理各该省有关黄河河务事宜

委员长因事不能执行职务时由副委员长代理之

第三条　本会设总务工务河防三处

第四条　总务处掌左列事项

一、关于文书收发编撰保管事项

二、关于职员考核任免事项

三、关于典守印信事项

四、关于庶务事项

五、其他不属于各处事项

第五条　　工务处掌左列事项

一、关于查勘及测绘事项

二、关于工程设计事项

三、关于工程实施及护养事项

四、关于沿河造林事项

五、其他工程事项

第六条　　河防处掌左列事项

一、关于堤岸查勘修理及防护事项

二、关于督察指导本会所属机关一切修防事项

三、关于护工及训练兵夫事项

四、其他修防事项

第七条　　本会设秘书主任一人简任秘书二人荐任掌理机要及长官交办事务

第八条　　总务处置处长一人简任科长三人或四人荐任科员二十四人至二十八人委任

第九条　　工务处置处长一人简任技正九人至十一人四人简任余荐任技士八人至十四人四人荐任余委任技佐二十八至三十六人委任

第十条　　河防处置处长一人简任技正四人至八人一人简任余荐任技士六人至八人二人荐任余委任技佐十二人至二十人委任

第十一条　　本会就黄河形势分三大段各设修防处每处设主任一人负责修守组织规程由水利委员会定之

第十二条　　本会设会计主任一人统计员一人办理岁计会计统计事项受委员长之指挥监督并依国民政府主计处组织法之规定直接对主计处负责

会计室及统计室需用佐理人员名额由本会拟送水利委员会审核会同主计处就本法所定委任人员及雇员名额中决定之

第十三条　　本会因事务上之必要得酌用督察视察监催工程练习员及雇员

第十四条　　本会得呈准水利委员会聘任国内外富有水利工程森林学识经验者为顾问或专门人员

第十五条　　本会于必要时得呈准水利委员会设立测勘队工程队及工程管理处其组织章程由水利委员会定之

第十六条　　本会每六个月开大会一次必要时得由委员长召集临时大会

第十七条　　本会执行主管事务各该地行政机关及驻在军队有协助保护之责

第十八条　　本法自公布日施行

249

1942 年 10 月 17 日

扬子江水利委员会组织法

（中华民国三十一年十月十七日国民政府修正公布）

第一条 扬子江水利委员会直隶于水利委员会掌理扬子江流域一切兴利防患事务。

第二条 本会设委员长一人简任，综理会务，委员十二人至二十人，由水利委员会聘任之。

第三条 本会设总务工务二处。

第四条 总务处掌左列事项。

一、关于文书收发编撰保管事项。

二、关于职员考核任免事项。

三、关于典守印信事项。

四、关于出纳庶务及护工事项。

五、其他不属于工务处事项。

第五条 工务处掌左列事项。

一、关于查勘及测绘事项。

二、关于工程设计事项。

三、关于工程实施及护养事项。

四、关于沿江造林事项。

五、其他一切工程事项。

第六条 总务处置处长一人荐任或简任，科长二人至四人，委任或荐任，科员六人至十二人，办事员四人至八人，均委任。

第七条 工程处置技正五人至八人，一人简任，余荐任，技士十人至十二人，四人荐任，余委任，技佐八人至十六人，委任。

第八条 本会因事务上之必要，得酌用雇员。

第九条 本会设会计主任一人，统计员一人，办理岁计会计统计事项，受委员长之指挥监督,并依国民政府主计处组织法之规定直接对主计处负责。

会计室及统计室需用佐理人员名额,由本会拟送水利委员会审核,会同主计处就本法所定委任人员及雇员名额中决定之。

第十条　本会得呈准水利委员会,聘任国内外富有水利工程森林学识经验者为顾问或专门人员。

第十一条　本会于必要时,得呈准水利委员会,设立测量队水文站测候所工程处及工程管理处,其组织章程,由水利委员会定之。

第十二条　本会每六个月开大会一次,必要时,得由委员长召集临时大会。

第十三条　本会执行主管事务,各该地行政机关及驻在军队有协助保护之责。

第十四条　本法自公布日施行。

250

1942 年 10 月 17 日

华北水利委员会组织法

（中华民国三十一年十月十七日国民政府修正公布）

第一条　华北水利委员会直隶于水利委员会,掌理黄河以北注入渤海之各河湖流域及沿海区域一切兴利及防患事务。

第二条　本会设委员长一人,简任,综理会务,设委员十二人至十六人,由水利委员会聘任之。

第三条　本会设总务工务二处。

第四条　总务处掌左列事项。

一、关于文书收发编撰保管事项。

二、关于职员考核任免事项。

三、关于典守印信事项。

四、关于出纳庶务及护工事项。

五、其他不属于工务处事项。

第五条　工程处掌左列事项。

一、关于查勘及测绘事项。

二、关于工程设计事项。

三、关于工程实施及护养事项。

四、关于沿河造林事项。

五、其他一切工程事项。

第六条　总务处置处长一人,荐任或简任,科长二人至四人,委任或荐任,科员八人至十二人,办事员四人至八人均委任。

第七条　工程处置技正八人至十二人,二人简任,余荐任,技士十八人至二十二人,六人荐任,余委任,技佐三十人至四十人,委任。

第八条　本会因事务上之必要,得酌用雇员。

第九条　本会设会计主任一人,统计员一人,办理岁计会计统计事项,受委员长之指挥监督,并依国民政府主计处组织法之规定直接对主计处负责。

会计室及统计室需用佐理人员名额,由本会拟送水利委员会审核,会同主计处就本法所定委任人员及雇员名额中决定之。

第十条　本会得呈准水利委员会,聘任国内外富有水利工程森林学识经验者为顾问或专门人员。

第十一条　本会于必要时得呈准水利委员会,设立测量队水文站测候所工程处及工程管理处,其组织章程,由水利委员会定之。

第十二条　本会每六个月开大会一次,必要时,得由委员长召集临时大会。

第十三条　本会执行主管事务,各该地行政机关及驻在军队有协助保护之责。

第十四条　本法自公布日施行。

251

1942 年 10 月 20 日

商船民船悬挂旗章限制及
旗章升降时刻办法

（中华民国三十一年十月二十日中国国民党中央秘书处公布）

　　一　大型商轮船之首尾均有旗杆者平日船首悬挂公司旗船尾悬挂商船旗如未悬挂在靠码头或航行中两轮机遇表示国籍时刻须悬商船旗于船尾之旗杆（船尾旗杆已悬有商船旗者则无须再悬）在停泊中遇有庆典庆祝悬挂满旗时支桅者则悬挂商船旗于前桅项国旗则悬于后桅项单桅者只悬挂国旗一面于桅顶

　　二　小型商轮船首尾配有旗杆者平日悬旗定例与大型商轮同唯商船旗各一面如旗杆并桅均无小则免悬挂

　　三　大民船平日停泊及靠离岸边及行驶时均不必悬旗遇有庆典庆祝日在停泊中三桅者悬国旗于中桅顶前后桅顶则各悬商船旗一面两桅者悬国旗于后桅顶悬商船旗于前桅顶单一桅者则悬挂国旗一面于桅顶如无桅者则悬商船旗一面于船尾

　　四　划船除公家雇用应用布条书明某机关雇用字样悬挂于船尾外其余任何旗章均不得悬挂

　　五　旗章升降时刻无论平日或庆典日均定于上午八时起外日没降时下但该处如有海军舰艇驻泊其悬降时刻应依照该舰艇之升降为准

　　六　商船轮船于上午八时未升旗以前及下午日没降旗以后适遇进出口行驶时船尾旗杆仍应悬挂商船旗下在第五项限制以内

252
1942 年 10 月 26 日

国外海员组织办法

[中华民国三十一年十月二十六日海都三(三一)第
三三一五号]

驻海外各地党部鉴:关于指导国外中华海员组织一案,本部业与各有关
机关会商决定办法记录在案。兹录该项记录一份,电达查照办理,为要! 中
央海外部,宥印。

附指导驻外海员组织会议记录摘要一份。

一　关于指导国外中华海员如何进行组织案:

(一)国外中华海员之组织,应照中华海员工会国外分会组织准则各条
规定办理。

(二)当地党部于指导依法组织成立国外海员分会后,除遵照中央第二
一〇常会决议层转呈报海外部分别核转外,并应指导其依照组织准则第十
条之规定,办理备案手续。

以上两项,由海外部外交部分别令行各党部及使领馆遵照办理,所有上
项中央决议案及组织准则,一并附发。

二　如何核发海外海员分会备案证书案:

依照侨务委员会向例,由侨委会社会部会印核发。

三　普遍发动海外海员工会组织案:

请海外部通令各地海外党部,积极进行策动组织国外海员分会。

253

1942 年 12 月 10 日

抗战期间海外船员请领证书暂行办法

（中华民国三十一年十二月十日交通部部令公布）

第一条 本办法所称船员系指抗战期间（自民国二十六年七月七日起至战事解决之日止）服务外同盟国籍轮船无法回国受船员检定放验之驾驶员及轮机员而言

第二条 驾驶员及轮机员之种级与船员检定章程第三条所规定之种级相同唯不包括丙种驾驶员

第三条 各海外船员（后称船员）除照章可以声请检定外得援照本办法之规定声请签给证书

第四条 船员呈报服务资历须附呈服务轮船或轮船公司之正式服务证明书（该项证明书须经船长或船东签字并盖相当之硬印）送请附近领事馆签证后为有效

第五条 船员声请检定附呈缴前条所述之服务证明文件外应呈送服务调查表（须用中国文字）体格检查表及最近半身相片三张并呈缴证书费国币五元印花费国币四元

第六条 船员所呈证件经审查合格者得先发给证书俟抗战结束或交通复原后补行考验或照章予以免考其审查不合格者所呈证件连同证件费印花费概行发还

第七条 船员检定分编级检定原级检定及升级检定

第八条 编级检定依左列各款之规定

一、抗战期间在舱面服务及从事驾驶员工作共满四年者得受三副编级检定

二、抗战期间在船舱服务及从事轮机员工作共满四年者得受三管轮编级检定

第九条 原级检定依左列各款之规定

一、在舱面服务及充当驾驶员共满八年并现充船长者得受船长原级检定

二、在舱面服务及充当驾驶员共满六年并现充大副者得受大副原级检定

三、在舱面服务及充当驾驶员共满四年并现充二副者得受二副原级检定

四、在舱面服务及充当驾驶员共满二年并现充三副者得受三副原级检定

五、在机舱服务及充当轮机员共满八年并现充轮机长者得受轮机长原级检定

六、在机舱服务及充当轮机员共满六年并现充大管轮者得受大管轮原级检定

七、在机舱服务及充当轮机员共满四年并现充二管轮者得受二管轮原级检定

八、在机舱服务及充当轮机员共满二年并现充三管轮者得受三管轮原级检定

第十条 大副服务满三年并现充大副者或其他各级船员服务满二年并现充各该级实职者得受升级检定但均以领有各该级证书者为限

第十一条 领有乙种船长证书并曾充甲种大副之职务满三年者或领有其他各级乙种驾驶员证书并曾充甲种低一级之职务满二年者得声请检定换领甲种原级证书

第十二条 领有乙种轮机员证书并曾充甲种相当轮机员满二年者得声请检定换领甲种原级证书

第十三条 声请检定之船员非在本国外国商船专科学校海军学校或相当学校毕业者不得请领船长或轮机长证书唯曾在本部致验大副或大管轮及格领有证书者不在此限

第十四条 本办法未规定事项悉依船员检定章程办理

第十五条 本办法自公布之日起施行

254

1942 年 12 月 12 日

交通部造船处组织规程

（中华民国三十一年十二月十二日交通部部令公布）

第一条　交通部为办理造船事宜设置造船处

第二条　本处设左列各课

一、工务课

二、总务课

三、会计课

第三条　工务课之职掌如左

一、关于船舶及机器之设计绘图事项

二、关于图表之汇编保管事项

三、关于工程之计划及考核事项

四、关于业务规划事项

五、关于其他技术事项

第四条　总务课之职掌如左

一、关于文书之撰拟收发印信之典守事项

二、关于人事之考核登记事项

三、关于现金之保管支付及登记事项

四、关于庶务及不属于其他各课事项

第五条　会计课之职掌如左

一、关于概算决算之编制事项

二、关于账目之登记及考核事项

三、关于收支凭证之核签事项

四、关于会计报表之编造事项

五、关于库存及银行往来之检查事项

第六条　本处各课得分股办事

第七条　本处视业务之需要于适宜地点设置工厂及木船工场实施造船工程其组织通则分别另定之

第八条　本处设处长一人综理处务副处长一人襄理处务总工程司一人综核有关技术事务

第九条　本处设秘书一人承长官之命审核本处文稿并办理机要事务

第十条　本处工务总务两课设课长二人承长官之命分掌各主管课事务工务课长以工程司兼任

第十一条　本处工务总务两课设各级工程司六人工务员三人至五人主任课员三人课员四人至五人助理员二人至四人司事三人至六人承主管人员之命办理各项事务

第十二条　处长副处长总工程司由交通部派充秘书课长正工程司副工程司由处长遴员呈请交通部派充帮工程司主任课员由处长遴员呈部核准后派充其余职员由处长委派呈部备案

第十三条　本处会计课设课长一人主任课员二人课员三人至四人助理三人至四人司事二人至三人按照交通部附属机关会计人员暂行规程第四条之规定办理岁计会计事务并依照第八条之规定分别任用之

第十四条　本处技术人员比照部颁公路工程技术人员铨叙规则之规定任用之

第十五条　本处办事细则另订之

第十六条　本规程自公布日起施行

255

1942 年 12 月 12 日

交通部造船处工厂组织通则

（中华民国三十一年十二月十二日交通部部令公布）

第一条　本通则依照交通部造船处组织规程第七条之规定制定之

第二条　工厂设左列各股

一、设计股　办理工作设计工作统计事项

二、工务股　办理工作实施工人考勤工具保管等事项

三、事务股　办理文书人事出纳购料及材料收发业务接洽事项

四、会计股　办理成本计算□账稽核及有关会计事项

第三条　工厂设厂长一人由正工程司或副工程司兼任承造船处之命主管工厂事务

第四条　工厂设计工务事务三股各设主任一人承厂长之命分掌各该股事务设计股及工务股主任由帮工程司兼任事务股主任由主任事务员充任

第五条　工厂设正工程司或副工程司一人（兼任厂长）帮工程司二人至三人工务员三人至六人主任事务员一人事务员三人至五人助理员三人至五人司事四人承主管人员之命办理各项事务

第六条　正工程司或副工程司由造船处处长遴员呈请交通部派充帮工程司主任事务员由造船处处长遴员呈部核准后派充其余月薪超过百元之职员由造船处处长委派呈部备案月薪百元以下之职员由厂长遴员呈请造船处处长委派呈部备案

第七条　工厂会计股设主任一人（比照主任事务员职务任用）事务员二人至三人助理员二人至三人司事二人依照交通部附属机关会计人员暂行规程第四条之规定办理岁计会计事务并依照第八条之规定分别任用之

第八条　工厂技术人员比照部颁公路工程技术人员铨叙规则之规定任用之

第九条　工厂办事细则另订之

第十条　本通则自公布日起施行

256

1942 年 12 月 12 日

交通部造船处木船工厂组织通则

（中华民国三十一年十二月十二日交通部部令公布）

第一条　本通则依照交通部造船处组织规程第七条之规定制定之

第二条　工场设主任一人由副工程司或帮工程司兼任承造船处之命主

管工场事务

第三条　工场设副工程师或帮工程司一人（兼任主任）工务员一人至三人会计员一人事务员二人至三人助理员二人至四人司事一人至三人承主任之命办理各项事务

第四条　副工程司帮工程司由造船处处长遴员呈部核准后派充其余职员由造船处处长委派呈部备案

第五条　工场会计人员按照交通部附属机关会计人员暂行规程任用之

第六条　工场技术人员比照部颁公路工程技术人员铨叙规则之规定任用之

第七条　工场办事细则另订之

第八条　本通则自公布日起施行

257

1943 年 2 月 2 日

交通部加强管制物价方案实施办法

（中华民国三十二年二月二日交通部参字第三八九一号）

运输部分

甲·原则

一·为配合管制物价起见，所有铁路公路驿运水运及空运等运输事业，均应一面限制运价，一面便利运输。

二·运输系指运输机关按照规定所收之价目而言，而运输费用所包括种类甚多，运价不过占其中之一部分，故除限制运价外，应同时谋其他各项运输费用之减轻与限制。

三·运输主管机关应与物资主管机关密切联络，以求各主要物资之运销数量能与运输能力相配合。

四·根据各主要物资之产销情形，增开或加强水陆联运路线，以利物资运输。

五·各种运输工具，如铁路、公路、驿运、水运、空运，应各谋本身运输效能之增高,并互相配合联系,俾个别的及综合的发挥最经济有效之利用。

六‧ 尽量发动并利用民间运输工具与夫力。

七‧ 凡有破坏运输工具或阻碍运输业务者,应请政府严厉惩处。

乙‧机构

八‧ 运输机构应力求简单,统一健全,借以增进运输效能,并便实施限价。

九‧ 国营公营及民营铁路之运价及运输,应由交通部负责管制。

十‧ 国营公营及民营公路之汽车运价及运输,应由交通部负责管制。

十一‧ 凡人兽车轿等驿运及木船竹木皮筏等水运之运价及运输,在交通部设有管制机关者,应由交通部负责管制,否则,由所属各省市县政主管机关负责管制,凡经两省以上之路线,应由交通部设置管制机构。

十二‧ 轮船之运价及运输,无论国营公营或民营,均应由交通部负责管制。

十三‧ 各省市县民营之运输,同业公会及轮船业或民船业或车业同业公会等,应由交通部及省市县政府依照向章,分别负责监督,使其组织健全,运输加强,而便实施限价。

十四‧ 在各重要地区及都市各运输及交通机关,应举行联席会议,俾便研究讨论实施限价及便利运输等办法,并与当地物资运输机关及运输业及车船业同业公会取得密切联系。

十五‧ 交通部各重要附属机关,应各成立协助平价委员会,由该机关主管人员兼任主任委员,并指定高级人员兼任委员,俾便调查报告各该地区有关管制物价事项。

丙‧限制运价

十六‧ 各运输事业之运价,除以三十一年十一月三十日前核准有案外,均以三十一年十一月三十日之运价为最高限价。

十七‧ 各运输事业之运价,应以最低运输成本标准,如因最低运输成本发生重大变动,得呈请调整各运输事业之主要成本因素,分类如下:

1. 铁路——以机煤油料五金养路工程费及员工薪资等为主。

2. 公路——以燃料车胎配件折旧养路费及员工薪资等为主。

3. 轮船——以燃料五金及员工薪资等为主。

4. 帆船——以船舶属具及船伕薪资等为主。

5. 驿运——以夫马食料车船属具等为主。

6. 航空——以汽油油料飞机养护费及员工薪资等为主。

十八‧ 运输价目以外之一切运输所需费用,如栈费、装卸费、押运费、中途搬运费、运输损失费、转运手续费等,亦应同时设法减轻与限制。

十九·各运输机关应积极推行撙节物材及利用废料之运动,借以减低成本,一切设备,尤须科学化,俾得切实达到限价之目的。

二十·经实施限价后,无论军公商运,应一体恪遵,不得擅自增减,以免造成黑市,运输主管机关应负责管制之责,其无运输专管机关之地方,应由地方主管机关随时监督检举,如有黑市等情,一经查获,应予依法严惩。

二十一·为增进运输工具之调度及运量之增加而发生不可避免之回空时,得收取运输回空补助费。

二十二·积极铲除运输上各种积憋以减轻运输负担。

丁·便利运输

二十三·运输路线可分类如左:

1. 国际路线——以便输入外国物资。

2. 接近战区及沦陷区走私之路线——以便抢购沦陷区之物资。

3. 大后方之主要交通线——调剂各地盈虚,俾大后方之生产消费能相适应。

二十四·各运输机关应积极办理左列各事项,借以增进运输效率,而减低单位成本:

1. 办理负责联运,减少货主自行押运及货物盘驳中转入栈等费用,直接间接减低货物运输成本。

2. 严禁将车船作为仓库,以免虚耗工具。

3. 各运输机关应与物资机关密切联系,统筹支配,借免回空。

4. 办理货物保险,保障货物安全,使各种货物不致因受运输上之损失,而提高其价格。

二十五·凡足以减低运输速率之一切管制检查手续,应尽量改善,务求统一简化,并绝对避免重复。

二十六·各运输事业对于实施限价之主要物品,如粮盐煤棉花纱布等,应尽先装运,并应在规章范围以内予以各种便利。

二十七·调查全国主要物资之产销情形,拟订运输计划,以资配合。

二十八·各运输机关,应按期将运出及待运物资之种类数量,报告交通部,俾便统筹设法补救。

二十九·现有汽车必须尽量修复利用,并完成木炭煤炭及桐油等代汽油炉之改装计划。

三十·各运输机关每日应将次日承运,运量,承运次序,托运人姓名,于起运地点,先期牌示。

三十一·随时注意国内外必须材料之购储,以合理之负担,供给各运输事业,俾能维持运输业务。

三十二· 铁路公路水运驿运各种运输之性能设备,以及地方情形,各有不同,为切合实际便于推行起见,应饬由各主管机关遵照上列原则与办法,拟具各项有效办法,限期呈核施行。

戊·准备

三十三· 积极调查各运输事业之成本因素,为调整运价之标准。

三十四· 调查各地区各类运输线之物资运输能力。

三十五· 明令各运输机关,并公布重要规章,确定奖惩办法。

三十六· 除上项所述外,并已电饬所属各省水运驿运机关,商同当地政府,遵照通令,从速议定水运驿运合理价目,严禁暗盘。

邮储部分

积极发展邮政储蓄事业

甲·原则

三十七· 加强各地储金机构,以发展储蓄业务。

三十八· 储蓄款项,应尽量投资于生产事业。

三十九· 当地吸收储金,应酌量在当地运用,以增进储户之信念及兴趣。

四十· 调查各地生产事业所需资金,并予以协助。

乙·组织

四十一· 就原有各级邮局及储汇局,积极进行,必要时并添设机构办理之。

丙·办法

四十二· 依照四联总处规定之推行储蓄业务计划,切实奉行。

四十三· 提高各乡各县邮局之储金功能。

四十四· 取消或提高存款之限额。

四十五· 推广支票储金,以便利民众。

四十六· 提高各种储金利率,以吸收社会游资。

四十七· 改善提存款项之手续,俾收便捷之效。

四十八· 各级邮局储汇局,应与当地生产事业密切联络,以谋业务之发达。

丁·准备

四十九· 充分准备储蓄券及备金邮票。

五十· 与各地劝储机构密切联系。

五十一· 遴选干员分赴各区督导劝储工作。

258

1943 年 3 月 13 日

拆售运输轮船锅炉机件处罚办法

（中华民国三十二年三月十三日交通部令航船渝字第
七六一六号）

　　第一条　交通部为保全轮船维护后方交通及军事运输特制定本办法
　　第二条　轮船锅炉机件非经呈奉本部所属航政官署核准不得拆卸或
熔毁或改作别项使用其出售或改装于他船之上者亦须领有许可证件始得
为之
　　第三条　各地海关关卡遇有船用锅炉机件无论进口出口概须呈验航政
官署发给之许可证件方准报关否则应予扣留交还当地主管航政官署办理
　　第四条　商民购运船用锅炉机件应由申请人取得航政官署之证明文件
始得购运
　　第五条　未经本部所属航政官署核准擅将锅炉机件拆卸或熔毁或改作
别项使用者由航政官署送请有军法审判权之机关依妨害国家总动员惩罚暂
行条例第五条第一项第二款之规定处以七年以下有期徒刑并处十万元以下
罚金其将锅炉机件运至沦陷区者依同条例第五条第一项第五款及同条例第
二项之规定处以同罪刑并没收其锅炉机件
　　第六条　船员违反本办法之规定者除照第五条办法办理外并得援用船
员检定章程撤销或收回其证书
　　第七条　本办法自交通部公布之日施行

259
1943 年 7 月 14 日

交通部组织法

（中华民国三十二年七月十四日国民政府修正公布）

第一条 交通部规划建设单位管理经营全国国有铁道公路电政邮政航政并监督公有及民营交通事业

第二条 交通部对于各地方最高级行政长官执行本部主管事务,有指示监督之责

第三条 交通部就主管事务会议议决后停止或撤销之

第四条 交通部置左列各司

一、路政司

二、邮电司

三、航政司

四、材料司

五、财务司

六、总务司

第五条 交通部因事务之必要,得置路电邮航各局处及各委员会,其组织部别以法律定之

第六条 交通部经行政会议及立法院之议决,得增置裁并各司及其他机关

第七条 路政司掌左列事项

一、关于筹划铁路建设单位事项

二、关于管理铁路业务及附属营业事项

三、关于管理铁路工务铁务事项

四、关于公有及民营铁路之监督事项

五、其他有属路务事项

第八条 邮电司掌左列事项

一、关于邮政之规划核议事项

二、关于邮政储金汇兑及简易人寿保险之规划核议事项

三、关于电报电话广播及电气交通建设或经营之规划核议事项

四、关于公有民营及专用的电报电话广播及电气交通事业之监督事项

五、关于邮电经营及其联系之规划策进事项

六、其他有关邮电事项

第九条　航政司掌左列事项

一、关于筹划航业航空之设备及建设单位事项

二、关于管理航业航空之经营事项

三、关于公有及民营航业航空之监督事项

四、其他有关航务事项

第十条　材料司掌左列事项

一、关于材料费之采购保管稽核支配转运事项

二、关于材料费之调查表检验员监制及技术部设计事项

三、关于交通建设单位经营扩充之筹款事项

四、关于财产之处理事项

五、关于交通建设单位土地之收买处分事项

六、关于公有及民营交通事业之财务监督事项

七、其他有关财务事项

第十一条　财务司掌左列事项

一、关于本部所属各机关款项之支配保管事项

二、关于本部所属各机关之债务整理偿还事项

三、关于交通建设经营扩充之筹款事项

四、关于财产之处理事项

五、关于交通建设土地之收买处分事项

六、关于公有及民营交通事业之财产监督事项

七、其他有关财务事项

第十二条　总务司掌左列事项

一、关于收发分配择辑保存文件事项

二、关于部令之公布事项

三、关于典守印信事项

四、关于编制报告及刊行出版物事项

五、关于本部经费之出纳及保管事项

六、关于本部财产物品之保管事项

七、关于本部庶务及其他不属于各司事务

二、撑舵手姓名、籍贯

三、船夫人数

四、船舶所有人姓名、住址

五、所属工会名称

第三条 船舶声请登记时,由管理局派员丈量其舱面面积

吃水深度,并计算其最大载重量,记入登记册,以凭编号(丈量及计算标准附后)

第四条 船舶编号,除依登记先后编排号码外,并于号码之前,加一数字,表示船舶等级,数字之前,再冠以綦字,以资识别

第五条 经登记编号之船舶,由管理局发给登记证,并将登记号码,以白漆标明在船之左后舷

第六条 本规则自公布日施行

262

1944 年 2 月 11 日

修正交通部组织法第十八条
第二十二条条文

(中华民国三十三年二月十一日国民政府修正公布)

第十八条 交通部设科长二十四人至三十八人,科员二百人至二百六十人,助理员三十人,承长官之命办理各科事务

第二十二条 交通部设会计长一人,统计长一人,办理岁计会计事项,受交通部部长之指挥监督,并依国民政府主计处组织部法之规定直接发对主计处负责

会计处统计处需用佐理人员名额,由交通部及主计处就本法所定存任委任人员及雇员名额中,会同决定之

263

1944 年 8 月 28 日

中华海员工会国外分会组织办法

（中华民国三十三年八月二十八日行政院核准修正）

第一条 凡服务行驶于外国领海之同盟国轮船年满十六岁以上之中华海员集合三十人以上经呈准驻在国本国使领馆之核准得依照本办法发起组织部中华海员国外分会（以下简称国外海员分会）

第二条 国外海员分会之名称应冠以中华海员工会及所在地名称但为适应当地环境必要时得以其他适当的名称对外活动

第三条 国外海员分会得酌设支部小组会员五人至三十人划为一小组三小组以上得成立支部

第四条 国外海员分会设理事五人至九人候补理事二人至四人监事一人至三人候补监事一人由会员大会或会员代表大会选举之

第五条 国外海员分会支部设干事三人至五人小组设组长一人由所属会员选举之

第六条 国外海员分会理事监事及支部干事小组组长任期均为一年连选得连任

第七条 国外海员分会在同一港场以设立一个为限

第八条 国外海员分会之任务如左

一　海员生活及劳动条件之维持与改善

二　海员灾害疾病失业之预防与救济

三　海员知识技能之增进

四　海员福利事业之举办

五　其他有关海员利益之保障与维护

第九条 国外海员分会禁属于中华海员工会由驻在国之本国使领馆派员指导监督之

第十条 国外海员分会应于成立后十日内造具会员名册职员略压册连同章程各二份分呈驻在国本国使领馆及中华海员工会备案

第十一条 本办法自公布日施行

264

1944 年 9 月 21 日

修正办理船舶转籍及限制办法

（中华民国三十三年九月二十一日交通部训令航船渝字第一六四二六号）

令各航政机关

查办理船舶转籍及限制办法，前于二十七年十一月间，经本部呈奉行政院修正施行在案，该办法第五条规定停泊长江内船舶在武汉撤退以后呈准转籍者，应于国军规复武汉时，立即回复国籍，其余围籍船舶，应于时局平定后，回复国籍等语。现因国际情形转变，我国转入外籍之船舶，均有随时回复国籍之必要，本部为应时势需要，拟将该项条文改为"转籍船舶交通部得视事实需要随时令其回复国籍"等语，当经检附原办法及修正条文，于本年八月二十四日呈请行政院审核，兹奉九月十一日指令内开，"呈件均悉，核尚需要，该办法第五条条文准如所拟修正，再增列第六条'本办法自公布日施行'，并于标题下注明'三十三年九月五日修正'字样，仰即遵照。此令。"等因：除分行外，合亟照隶该修正办法，令仰转饬遵照。此令。

附修正办理船舶转籍及限制办法一份

部长　曾养甫

办理船舶转籍及限制办法

（中华民国三十三年九月五日行政院修正）

第一条　凡船舶具有左列各款情形之一者准予暂行移转外籍

一、海轮

二、船身长度在二百二十尺以上者

三、船身满载吃水在十尺以上者

四、船身在五十尺至一百尺其实马力未满二百匹者船身在一百尺至一百五十尺其实马力未满四百匹者船身在一百五十尺至二百二十尺其实马力未满八百匹者

第二条 左列船舶除因特殊情形经交通部特准者外不准移转外籍

一、帆船

二、驳船

三、拖船

四、未满一百总吨之轮船

五、船身未满二百二十尺满载吃水未满十尺之轮船

六、船身在五十尺至一百尺其实马力在二百匹以上者船身在一百五十尺至二百二十尺其实马力在八百匹以上者

第三条 不论大小船舶遇有军事方面指定用途者一律不得转籍

第四条 航商不准将船舶直接间接移转于与我国有敌对行为之国家

第五条 转籍船舶交通部得视事实需要随时令其回复国籍

第六条 本办法自公布日施行

265

1944 年 10 月 7 日

国营招商局组织规程

（中华民国三十三年十月七日交通部令参渝字第一七三〇九号）

第一条 国营招商局直属于交通部办理国内外航运事业

第二条 本局设理事会以理事十一人至十五人组织之指定五人至七人为常务理事并以一人为理事长其组织规程另定之

前项理事长常务理事及理事均由交通部长聘任之任期二年期满得连任

第三条 本局设总经理一人综理局务副经理二人辅助总经理处理局务均由交通部长遴派之

第四条　总经理因进行日常业务得签订左列合同

一、关于船舶改装修缮及订购器材燃料物料之合同

二、关于承运客货及办理联运之合同

三、关于租赁轮船拖船及驳船之合同

四、关于起卸货物之合同

五、关于使用码头趸船及存货交货之合同

六、关于雇用船员引水及码头员工之合同

七、关于代理商代售客票揽运货物扣佣及垫款汇款办法之合同

第五条　本局设左列各部分

一、总务处

二、业务处

三、船务处

四、财务处

五、会计处

六、人事室

七、材料室

前项各处室得视事务繁简分课办事

第六条　总务处掌左列各事项

一、关于关防之典守事项

二、关于文书之收发撰拟及卷宗保管事项

三、关于规章命令之公布事项

四、关于会议之记录事项

五、关于刊物报告之编纂事项

六、关于本局经费之收支保管事项

七、关于庶务事项

八、关于普通用品之采办及保管事项

九、关于广告之刊发事项

十、关于员工福利及医药卫生事项

十一、关于警卫事项

十二、其他不属各部分事项

第七条　业务处掌左列各事项

一、关于航线船只之分配调度事项

二、关于船舶之租赁事项

三、关于客货营运事项

四、关于水陆空联运事项

五、关于客货运价目之制定事项

六、关于客货运扣佣之拟定事项

七、关于分局办事处各轮业务之考核事项

八、关于各轮货物之装卸及报关事项

九、关于公共海损之处理事项

十、关于码头栈房之经营管理事项

十一、关于货物残损及短缺之处理事项

十二、关于出席同业会议及同业间之联络事项

十三、其他关于业务事项

第八条 船务处掌左列各事项

一、关于海员之管理及考核事项

二、关于船舶之设计建造事项

三、关于船舶之修理及监工事项

四、关于船舶设备事项

五、关于船舶检验事项

六、关于各种强弱电气设备之设计检验及修整事项

七、关于各种发动机及其他附属品之检验及整修事项

八、关于各轮航行日记机舱日记之审查事项

九、关于各轮碰撞搁浅失火沉没等失事之处理事项

十、关于造船厂业务之考验事项

十一、其他关于工程技术事项

第九条 财务处掌左列各事项

一、关于款项之支配调剂事项

二、关于业务款项之收支保管事项

三、关于现金出纳银行往来等账册之登记事项

四、关于债务之整理偿还事项

五、关于建设经营之筹款事项

六、关于财产之处理及保管事项

七、关于房地产之清查整理及经租事项

八、关于房地产之纳税完粮事项

九、关于房地产纠纷之处理事项

十、关于保险事项

十一、关于证券契据合同之保管事项

第十条 会计处掌左列各事项

一、关于会计制度之拟定及改进事项

二、关于预算筹划汇编及查核事项

三、关于原始凭证及客票舱单之审核事项

四、关于记账凭证之编制核签事项

五、关于账册之登记事项

六、关于航运成本之计算事项

七、关于库存现金及银行存款之检查事项

八、关于决算及会计统计报告之编造事项

九、其他关于会计事项

第十一条 人事室掌左列各事项

一、关于人事规章之拟定事项

二、关于职员任免迁调奖惩之核签事项

三、关于职员考绩考成之筹办事项

四、关于职员养恤之签拟及福利之规划事项

五、关于人事之调查登记与统计报表事项

六、其他有关人事事项

第十二条 材料室掌左列各事项

一、关于船用燃料油料物料之调查采购事项

二、关于器材之访购事项

三、关于船舶修理器材之调拨事项

四、关于料价之调查统计事项

五、关于料价之审核事项

六、关于购料之提运保险报关等事项

七、关于所属各料库库务之稽核及废料之整理利用事项

八、关于编制材料月报年报以及其他有关材料事项

第十三条 本局设主任秘书一人秘书三人助理秘书二人专员三人总务处设处长一人副处长一人业务处设处长一人副处长二人船务处设处长一人副处长二人总船长一人总轮机长一人工程司三人财务处设处长一人副处长一人会计处设处长一人副处长二人人事室设主任一人材料室设主任一人副主任一人

第十四条 本局设总稽查一人稽查六人稽查分支局办事处各轮之业务事项

第十五条 本局设课长二十人课员六十入办事员八十人必要时得酌用雇员

第十六条 主任秘书秘书处长副处长室主任副主任专员课长总船长总轮机长工程司总稽查由总经理依照理事会组织规程第二条第十款之规定遴

选呈请交通部派充其余人员由总经理派充分报交通部及理事会备案

第十七条　各处担任技术事务之人员应以技术人员充之

第十八条　本局因业务之需要得聘任顾问及专门委员各七人并报交通部备案

第十九条　本局视业务之需要得在国内外设置支分局或办事处其组织另定之

第二十条　本局为修造船舶及兼管机器业务得设置造船厂其组织另定之

第二十一条　会计处所需佐理人员额由本局及交通部会计处就十五条规定之员额中会同决定并依照交通部附属机关会计人员暂行规程任免之

第二十二条　本局业务进行状况应按期编报理事会审核

第二十三条　本局全部预算应经理事会决议后转呈交通部核办

第二十四条　本局年终盈余之分配经理事会决议后转呈交通部核办

第二十五条　本局及附属机关得另定各项细则经理事会核定施行

第二十六条　本规程自公布日施行

266

1944 年 10 月 7 日

国营招商局理事会组织规程

（中华民国三十三年十月七日交通部令参渝字第一七三七〇号）

第一条　本会依国营招商局组织规程第三条之规定组织之

第二条　本会办理左列各事项

一、关于本局产业及资本整理事项

二、关于本局债权债务之清理事项

三、关于本局订立重要契约及募集新债之审核事项

四、关于本局业务方针之审定事项

五、关于本局账目及业务之检查事项

六、关于本局预算决算之审核事项

七、关于本局及附属机关办事规则之审核事项

八、关于本局业务之监察事项

九、关于本局办事人员之督察及违法失职之检举事项

十、关于本局高级人员任免之审查事项

十一、关于本局员工之待遇事项

十二、关于本局年终盈余之分配事项

前项各款除第八款第九款外须经理事会之决议

第三条　本会文件由理事长署名行之

第四条　本会应每月举行会议一次如遇重要事务得开临时会议均由理事长召集之

第五条　本会会议由理事长充任主席如理事长因事故不能出席时就常务理事中推定一人充任之

第六条　本会会议之决议以全体理事过半数之出席出席过半数之同意行之可否同数时取决于主席

第七条　本会处理重要事务应呈经交通部核准

第八条　本会应将资产损益债权债务各种表册按期编报交通部备案

第九条　本会设主任秘书一人秘书一人至二人事务员四人至六人由理事长遴选提交理事会议决任用之必要时得酌用雇员

第十条　本规程自公布日施行

267

1944 年 10 月 7 日

修正国营招商局机器厂组织规程各条

（中华民国三十三年十月七日交通部令参渝字第一七三七一号）

第六条　业务组之职掌如左

一、关于全厂业务之规划及推进事项

二、关于业务之承揽及各项修制品之销售事项

三、关于业务合同之拟定及保管事项

四、关于修制品之装置运输及存卸点交事项

五、关于营业广告报告表之编制事项

六、其他有关业务事项

第十八条 本厂会计组受厂长之指挥监督并分向本局会计处负责

第十九条 删

第二十条 改为第十九条第二十一条改为第二十条机器厂组织系统图"材料股""购运股"删

268

1944 年 12 月 30 日

交通部核发国外华籍船舶国籍证书办法

（中华民国三十三年十二月三十日交通部部令公布）

第一条 凡华籍船舶在国外各处航行营业而不驶回至中国之港湾口岸者其请领国籍证书依本办法之规定办理

第二条 国外华籍船舶请领国籍证书由驻当地中国领事馆呈交通部核发之

第三条 船舶所有人应委托当地合格验船师施行有效之丈量检查取具验船师签证连同船舶所有权之证明文件送驻当地领事馆并填具声请书请求核发国籍证书

前项所称合格及有效以当地法令为准

第四条 依所在地法令无须施行丈量检查之船舶经当地中国领事馆之证明得免具验船师签证

第五条 国外华籍船舶船籍港由交通部指定之

第六条 领事馆接收船舶所有权证明文件及声请书经核明属实后应即填载登记簿先行发给船舶临时国籍证书并填具船舶事项表传呈交通部核发船舶国籍证书

第七条 船舶遇所有权移转仍不丧失中国国籍时应另行登记换发国籍

证书遇有抵押或租赁或撤销抵押时应向原登记之领事馆声请备案。

第八条 船舶所有权移转于外国人致丧失中国国籍或船舶因拆卸沉没或其他事故而消灭时原所有人应将国籍证书呈缴原登记之领事馆声请注销登记但船舶失事因而国籍证书连同灭失时得仅向原登记之领事馆申报经过情形免缴国籍证书

第九条 领事馆接到抵押租赁或撤销抵押或注销之声请经查明属实应在船舶登记簿备注栏详细注明事由及年月日

第十条 船舶国籍证书或临时国籍证书遗失时应由原所有人取具保证连同所有权证明文件向原领事馆呈请补发或转请交通部补发经领事馆核实后依第六条之规定办理

第十一条 船舶国籍证书应缴销而不缴销或因第八条但书情形不能缴销或遗失后依前条之规定呈请补发经核实者由当地领事馆公告作废其应缴销而不缴销者并依行政执行法处以罚金

第十二条 声请书登记簿及船舶事项表之格式依附件之规定

第十三条 本办法第六条所规定之船舶事项表应填送二份其一份由交通部保存其另一份由交通部发交该船舶船籍港航政机关登记其事项表所载事项如有变更记载时由交通部随时令饬该航政机关知照

第十四条 领事馆办理船舶登记核发船舶临时国籍证书及抵押租赁备案时按照左列规定收取手续费

一、登记

甲·轮船	三千吨以上者	四百元
	一千吨以上三千吨未满者	二百元
	五百吨以上一千吨未满者	一百元
	二百吨以上五百吨未满者	五十元
	二百吨未满者	二十元
乙·帆船	二十元	

二、船舶临时国籍证书每件二十元补发时亦同

三、抵押租赁备案每次二十元

第十五条 船舶国籍证书每件收印花税五元由领事馆收缴交通部贴用

第十六条 除十四条规定外领事馆不得以其他名义收取任何费用

第十七条 依本办法收取之手续费印花税以中国国币计算按照当日汇价折合外币收取之

第十八条 领事馆所收手续费作为办理船舶登记核发临时国籍证书及抵押租赁备案等各项费用但此项收支款项均应列入各该领事馆年度预算作正报销

第十九条　关于本办法未尽事宜领事馆得视事实需要拟具补充办法呈请交通部核准施行

第二十条　本办法自公布日施行

269

1945 年 3 月 31 日

战时轮船载客逾额处罚办法

（中华民国三十四年三月三十一日交通部令航船渝字第四八七〇号）

第一条　战时轮船载客逾额处罚依本办法之规定

第二条　轮船载客须切实遵照航政局所规定数额装载不得逾额搭载轮船载客数额经航政局规定后应于轮船上显著地方明白标明

第三条　航政局视察员视察各轮船载客情形时如有逾额情事应严加制止不服时报告航政局

第四条　轮船载客逾额人数不及十人者其逾额票价由航政局没收充公十人以上不及二十人者除逾额票价没收外并得处以等于逾额票价半数之罚钱二十人以上者除逾额票价没收外并得处以等于逾额票价之罚钱

第五条　轮船载客逾额除受前条之处罚外船长或正驾驶得由航政局予以收回或撤销执业证书之处分或照船舶法第四十条之规定加处十倍以下之罚钱

第六条　航政局视察员视察各轮船载客情形倘有报告不实情事由航政局惩处之其有收受贿赂情事时经查明属实后送法院依惩治贪污条例处罚之

第七条　经军事检查机关如发现轮船载客逾额时应随时通知航政局轮船乘客对于载客逾额情事得予以检举报告航政局

第八条　本办法自公布日施行

270

1945 年 5 月 28 日

交通部造船督导委员会组织规程

（中华民国三十四年五月二十八日交通部令航字第八
〇三六号）

第一条 交通部为建造船舶特设造船督导委员会（以下简称本会）

第二条 本会之任务如左

一、关于工程计划之审核事项

二、关于主要材料之采购事项

三、关于工款之领拨及稽核事项

四、关于工程进度之查勘事项

五、关于工人之分配事项

六、其他有关督导事项

第三条 本会设委员九人至十一人由本部聘派之

第四条 本会设主任委员一人由交通部部长兼任副主任委员一人由交
通部政务次长兼任

第五条 本会设总干事一人秘书一人工程师二至四人干事六至八人雇
员若干人必要时得分组办事

第六条 本会会议由主任委员视事务之需要召集之

第七条 本会得聘请有关专家及富有资望人员为顾问

第八条 本会委员均为无给职

第九条 本会职员除调用人员酌支交通费外其专任人员得按照中央公
务员待遇办理

第十条 本会经费由建造船舶监理费内支拨之

第十一条 本规程自本部公布日施行

271

1945 年 8 月 31 日

交通部各收复区特派员办公处组织规程

（中华民国三十四年八月三十一日）

第一条　交通部各收复区特派员办公处,直隶于交通部,掌理各该收复区内敌伪所置交通机关及交通事业之接管事宜。

第二条　特派员办公处设特派员一人,承部长之命,督率所属,综理区内一切接管事宜。

第三条　特派员办公处设接收委员若干人,分别办理接管交通各部门机关及事业。

第四条　收复区事务较繁之特派员办公处,设左列各组:

一、总务组,掌文书、出纳、庶务及不属于其他各组事务。

二、路政组,掌铁路、公路机关事业之接管事务。

三、航政组,掌水运、空运机关事业接管事务。

四、邮电组,掌邮电机关事业之接管事务。

收复区事务较简之特派员办公处,设总务、业务两组,业务组之下得设路政、航政、邮电三课,分掌各该项接管事务。

第五条　特派员办公处设专员及技术人员、事务人员,承长官之命,分别处理各组接管事务。其名额视收复区情形,由部分别核定之。

第六条　各组设组长一人,由专员或技术人员分别充任之。

第七条　特派员办公处必要时得聘任顾问。

第八条　特派员办公处办事细则,由处拟定呈部核定。

第九条　特派员办公处于接管完成后,由部指定时期撤销之。

第十条　东北区特派员办公处组织规程,另定之。

第十一条　本规程自公布日施行。

272

1945 年 8 月 31 日

交通部设置收复区特派员暨接收委员办法

（中华民国三十四年八月三十一日交通部公布）

一、本部为接收敌伪所营交通事业,分区设置特派员一人,综持接管事宜,接收委员若干人,执行接管事宜。

二、接管区域范围,由本部指定之。

三、接收委员接管任务,由特派员分配之。

四、接管对象,以当前敌伪经营之交通事业为限,对于抗战前原有该机构之接收,由本部另案办理,不在接管范围之内。

五、接管工作依下列之原则办理,但特派员得以事实之需要,权宜变通。

甲、所有敌伪在收复区之交通机构、路线、工具、器材以及其他资产权益,不论属于国营、公营或民营,均先行接管,再候处置。

关于上项公营民营之交通事业,在接管时得通知战前原经营之公司或机构,派员参加协助。

乙、所有敌伪经营之交通事业中,包括他种事业者,如得主管机关之同意,暂先一并接管,随后由本部与主管机关商洽处置。

丙、所有同盟国或中立国已被敌伪没收或参加经营之交通事业,商同外交部派员先行接管,再候商定处置办法。必要时得通知有关家派员参加协助接收事宜。

丁、所有收复区之交通事业,暂按原有划分之管理区域及机构分别接管,必要时得在不妨碍将来调整之原则下,电部核准,暂行归并,以期管理之便利。

戊、所有在收复区现任之敌伪交通员工,除主管及平日声名恶劣者外,其余均一概留用,照常服务。

己、所有收复区之交通事业,除与敌国本土之联络应立即暂断外,余均应于接管后照常维持,以待改组。

六、接管时遇有重要紧急涉外事件,得商承该区内最高军事长官指示办理。

七、特派员得在当地酌用临时佐理人员。

八、接管完成后,由本部指定时期结束。

九、本办法自核定日施行。

273

1945 年 9 月 12 日

接管敌伪船只办法

(交通部指令 部航字第一三三一五号中华民国三十四年九月十二日)

(一)所有敌伪现在我国内河及沿海之商船,一律由交通部派员,商请各地区接收军事长官派员协助,接收管理。

(二)凡经敌伪军事征用尚未发还之商船,其接收事宜,应洽商各地区军事接收机关办理。

(三)交通部接收之敌伪船只,暂交国营招商局负责营运。

(四)长江敌船集中沙市、宜昌,吃水较深不能上驶者,集中上海。沿海敌船在海口以北,福州及福州以南者,集中广州;在福州以北,连云港及连云港以南者,集中上海;在连云港以北,营口及营口以南者,集中烟台或威海卫,听候接收。

(五)敌方应负责船上主副各机勿使损坏,船中一切应用工具及原存燃料油料,应一并交出。

(六)每轮接管人员视吨位大小而定:

(1)长江船只不满一千吨者,每船派船长一人,电报员一人,宪兵二人。

(2)长江船只一千吨以上者,每船派船长一人,轮机长一人,业务主任一人,电报员一人,宪兵四人。

(3)沿海船只每船派船长一人,轮机长一人,业务主任一人,电报员一人,宪兵六人至十人。

(七)各船原有船员全部留船,在新任船长指挥监督之下,继续工作。如有不服从命令者,按情节轻重,从严惩处。原有船长及轮机长并应负船员哗变或破坏船身或机械之责。

(八)船只开航或停泊,悉由新任船长决定之,原有船员不得擅自开航,否则作抗命论。

(九)接管时本船或各船员如藏有军械及危险品,概由原船长如数交出,并施以严密搜查。如有隐藏不交者,从严处罚。

(十)原有本国船员经考察相当时期,无有嫌疑者,得佩戴本船标志,在规定时间内轮流登陆。敌国船员一律不得在沿江或沿海各坞登陆,敌国船员之收发信件,概须由新任船长检查,发出之信件,更须送交当地检查机关检查后方得付邮。

(十一)接管之新任船长及其他本国船员,对敌国船员如非发现其有不服从命令或其他不法情事之时,应予以平等看待,不得侮辱或虐待。

(十二)国营招商局应视实际需要,在沿江沿海适中地点,设置供应站,大量储备燃料、油料及其他航用物品,以及食米、菜蔬、油、盐等膳食材料,以备各轮就近领用。

274

1945 年 9 月 28 日

引 水 法

（中华民国三十四年九月二十八日国民政府公布）

第一章 总 则

第一条 引领商船出入沿海港口者,为沿海引水人,引领商船行驶内河江湖航道者,为内河引水人

第二条 引水人执行业务时,应遵守本国及国际航海法规与避碰章程

第三条 引水人非领有引水主管机关发给之执业证书,不得执行引水业务

第四条 引水人应于指定的引水区内执行商船航路引领之业务

第五条　引水人在其继续执行业务期间内,每年应受引水主管机关检查视觉,听觉,体格一次,引水主管机关认为有必要时,并得随时随地予以检查

第六条　引水主管机关为交通部

第二章　引水人之资格

第七条　合于左列各款之规定者,得为引水人

一、中华民国人民年满二十五岁者

二、视觉、听觉、体格合于引水主管机关之规定,并经指定的医师检查合格者

三、经引水人考试及格者

第八条　有左列各款情事之一者,不得为引水人

一、褫夺公权者

二、宣告破产者

三、执业证书因受惩戒处分注销者

第九条　学习引水人之资格由交通部定之

第三章　引水人之雇用

第十条　商船载重在五百吨以上者,出入港口,均应雇用引水人,不满五百吨者,引水主管机关认为有必要时,亦得规定应雇用引水人

在内河江湖航行船,经引水主管机关核准,得雇用长期引水人

第十一条　招请引水人之商船,应悬挂国际或本国通用之招请引水人信号,并得由船公司或船长事前通知引水主管机关

第十二条　引水人发现商船悬挂招请引水人信号时,应即前往应招,二艘以上商船同时悬挂招请引水人信号时,引水人应尽可能先应遇险商船之招请

第十三条　引水人二人以上同时应招时,由船长选择备用

第十四条　引水人应招,登船从事航路引领时,船长应将招请引水人信号撤去,并将商船所有人之姓名及商船名称、容量、吃水、载重、速度、船籍港等告知引水人,引水人要求检阅各项证书时,船长不得拒绝

第四章　执行业务

第十五条　引水人执行业务时,应携带执业证书及有关法规或文件,如引水主管机关或船长检验时,引水人不得拒绝

第十六条　引水人执行业务时,其所乘之引水船,应悬挂国际或本国通

用之引水信号,夜间并应悬挂灯号引水人离去引水船时,应将引水信号或灯号撤去

前二项之规定于河内引水人不适用之,内河引水人执行业务时所用之信号或灯号,由引水主管机关定之

第十七条 引水人不得同时引领二艘以上商船,但遇商船因自力不能航行,得视当时航路情形,用绳索拖带之

第十八条 引水人于必要时,得请由船公司或船长备用拖船帮助驾驶

第十九条 引水人引领商船于必要时,得携带有证书之学习引水人一名,如经船长之许可,得携带学习引水人二名

第二十条 引水人引领商船航行或在港内移泊或用绳索拖带商船时,船公司或船长均应分别给予引水费

引水人经应招后,其所引商船无论航行与否,船公司或船长应给予引水费,如遇特殊情形,需引水人停留时,并应给予停留时间内之一切费用

前二项引水费率,由引水主管机关定之

第二十一条 引水人遇有船长不合理之要求,如违反本国或国际航海法规与避碰章程,或有正当理由不能执行业务时,得拒绝引领其商船,但应将此类情表报告引水主管机关

第二十二条 引水人发现左列情事,应用最迅速方法报告有关机关,并应于抵港时,将一切详细情形,用书面报告

一、水道有变要者

二、新障碍物于航行时有妨碍者

三、灯塔、灯船、标杆、浮标及一切有关航行标志之位置变更或应发之灯号,信号,声号失去常态或作用者

四、其他商船有遇险者

五、商船违反规定航行法令规章者

第二十三条 河内引水人,经引水主管机关之核准,得兼任驾驶员职务

第五章 罚 则

第二十四条 船公司或船长不依第十条之规定备用引水人或备用不合格之引水人引领商船者,处以应纳引水费率五倍至十倍之罚金

第二十五条 引水人执行业务时,有左列各款情事之一者,引水主管机关得停止其执行业务三个月至六个月,或注销其执业证书

一、怠于业务或违反规定业务之义务者

二、发现本法第二十二条所列各款情事,隐匿不报者

三、依本法第五条之规定,检查不及格者

四、将执业证书借与他人或将引水船借与非引水人使用者

五、逾越引水区域,引领商船者

第二十六条　引水人因业务上之过失,与商船毁损沉没或致人于死伤者,处七年以下有期徒刑,或拘役,得并科三千元以下罚金,未领有执业证书,而从事引水业务,致商船毁损沉没或致人于死伤者,亦同

第二十七条　引水人或船长有左列各款情事之一者,处五百元以下罚金

一、违反规定第十二条或第十七条者

二、滥收引水费者

三、引水人无正当理由拒绝引水招请,或已应招请无正当理由而不引水者

四、引水人逾越引水区域,执行业务者

五、船长以诈欺为目的,关于其商船之吃水或载重对引水人作虚伪之报告,或变更吃水标志者

六、船长无正当理由拒用引水人,或强迫引水人逾越引水区域执行业务者

七、船长强迫业经注销执业证书或停止执业之引水人,引领商船者

八、使用无登记证书之引水船者

第二十八条　引水人或船长有左列各款情事之一者,处二百元以下罚金

一、违反规定第十一条,第十四条或第十六条之规定者

二、无意招请引水人而悬挂招请引水信号,或悬挂易被承认为招请引水信号者

三、船长拒绝携带引水学习人员者

四、非引水人而悬挂引水旗或易被误认为引水旗帜于船上者,或非引水人而使用法令规定之引水船或易被误认为引水船之船舶者

第六章　附　　则

第二十九条　本法关于船长之规定,于代理船长适用之

第三十条　应事实需要于沿海与外国直接的通航之商港,得暂时雇佣外籍引水人,其管理办法,由行政院定之

第三十一条　第二十六条至第二十八条之罚金数额,在本法施行后一年内,得提高至五十倍

第三十二条　本法施行细则及引水区管理规则,由交通部定之

第三十三条　本法施行日期,以命令定之

275

1945 年 10 月 18 日

轮船业登记规则

（中华民国三十四年十月十八日交通部令航务渝字第
一五二九二号）

第一条 凡申请为轮船业之登记其申请人须先在经济部依法为公司或商业登记后呈由当地主管航政官署转呈交通部核准登记后给执照后始得营业其变更时亦同（原来第一条改为本条）

第二条 轮船业之声请人如下

一、公营者由主办机关呈请或咨请之

二、人民独资或合伙经营者由出资人呈请之

三、无限公司经营者由全体股东呈请之

四、两合公司经营者由全体无限责任股东呈请之

五、股份有限公司经营者由全体董事监察人呈请之

六、股份两合公司经营者由全体无限责任股东及全体监督人呈请之

七、人民与公家合伙经营者依照合伙经营之规定办理

第三条 轮船业声请登记时应叙明左列事项

一、公司或行号名称

二、组织章程

三、本店及支店所在地

四、营业航线（应附图说）

五、营业计划（如购置轮船若干艘航行为定期或不定期或定期与不定期兼营以及拟建栈埠等项）

六、股东名称（或出资机关）

七、创办人员及经理人姓名年龄籍贯住址

八、创办费概算及营业收支概算等

九、其他有关事项

前项书图须一式两份由该管航政官署存档

第四条　凡经经济部核准公司或商业登记之轮船业呈请本部登记如尚未具备前条各项之规定时得先准予筹备唯筹备就绪时仍依照轮船业登记规则其他各条之规定办理（在原来第三条之后补增本条）

第五条　筹备时间以六个月为期如因特殊情形逾期仍未筹备就绪者应将逾期理由呈请主管航政官署转呈交通部核准展期半年展期以一次为限否则得令其停止筹备并转函经济部撤销其登记（增补本条）

第六条　轮船业经营航线及航行为定期或不定期或定期与不定期兼营经核准登记发给执照后非经声请复核不得擅自变更

第七条　轮船业声请登记除缴纳印花税二元外并依左列规定缴纳登记费

一万元以下者十元三十万元以下者二十元五十万元以下者三十元八十万元以下者四十元一百万元以下者五十元超过一百万元者每多一百万元加收五十元不足一百万元以一百万元计算

在本规则施行前已成立之公司行号补请登记时其登记费减免三分之一

公营轮船业登记费减免二分之一

第八条　轮船业变更名称或组织时应声请主管航政官署转呈交通部核准换发执照

第九条　轮船业如遇左列情形之一时应先行呈请主管航政官署转呈交通部核准

一、增加资本或减少资本

二、发行公司债

三、增线或变更航线

第十条　轮船业解散时应将原领执照缴销

第十一条　增加资本结果致原纳登记费不足第五条规定比额时应如数补缴

第十二条　轮船业停止营业时应呈请主管航政官署转呈交通部备案停止营业逾六个月者取消执照但因天灾事变或其他不可抗力导致者不在此限

第十三条　本规则公布施行前已经成立之轮船公司行号应自本规则施行之日起六个月内补请登记

第十四条　轮船业登记核准后应于一年内开始营业如因特殊情形不能如期开业者应呈请主管航政官署转呈交通部核准展期否则交通部得撤销其登记

前项展期以一次为限并不得超过一年

第十五条　本规则自公布日施行

276

1945 年 10 月 24 日

国营招商局各地分局办事处组织规程

（中华民国三十四年十月二十四日交通部令参字第一
五六四八号）

第一条　本规程依照国营招商局组织规程第十九条规定订定之

第二条　分局及办事处之设立或撤销由总经理提请理事会审查通过后
呈请交通部核定

第三条　分局及办事处均隶属于总局其营业管辖区域由总经理拟定提
请理事会通过后呈请交通部核定

第四条　分局及办事处按业务之繁简收入之多寡分左列各等（分等标
准另定之）由总经理提请理事会通过后呈请交通部核定

甲、分局

一等分局

二等分局

乙、办事处

一等办事处

二等办事处

第五条　一等分局设左列各课

一、总务课　掌文书之收发撰拟校卷之保管船用物料之采购庶务出纳
及不属于其他各课事项

二、业务课　掌客货运等业务事项

三、船务课　掌货栈码头及其附属设备之管理暨船舶停泊及启椗时照
料修理船用物料之稽核等事项

第六条　二等分局及一等办事处得视业务情形酌设总务业务船务等三
股二等办事处不分股

第七条　分局及办事处设各职员及名额如左

甲、分局

一等分局　设经理一人课长三人人事室主任或人事管理员一人课员三人至五人办事员八人至十二人助理员五人雇员若干人

二等分局　设经理一人股长三人人事室主任或人事管理员一人办事员三人至五人管理员二人报务员一人助理员四人雇员若干人

乙、办事处

一等办事处　设主任一人股长三人人事室主任或人事管理员一人办事员三人管理员一人报务员一人助理员四人雇员若干人

二等办事处　设主任一人人事管理员一人办事员四人管理员一人报务员一人助理员四人雇员若干人

分局及办事处于必要时得分别各设副经理或副主任一人业务简单之一等办事处不设股长各股事务由办事员秉承主任办理

第八条　经理副经理主任副主任由总经理遴选提请理事会审查通过后呈请交通部派充课长股长由总经理遴请理事会通过后派充课员办事员管理员报务员助理员由分局经理或办事处主任遴选呈局经理事会审查通过后派充均报交通部备案

第九条　甲、国营招商局一等分局设会计课置课长一人二等分局及一等办事处设会计股各置股长一人二等办事处置会计员一人均派任依国民政府主计处设置各机关岁计会计统计人员条例之规定分掌分局或办事处岁计会计事务受经理或主任之指挥并分别受该管上级机关主办会计人员之监督指挥

乙、一等分局会计课置课员一人至二人办事员二人至三人二等分局会计股置办事员一人至二人一等办事处会计股置办事员一人

丙、会计人员由交通部会计处依法呈请主计处任免之

第十条　人事管理人员之任免依照交通部附属事业机关人事管理机构设置规则办理之

第十一条　分局办事处为适应业务需要得指派办事员分驻各重要地点办理客货营运

第十二条　分局办事处重要公务应报局核示其日常事务得径为适当处置每月汇报备案

第十三条　本规程自呈奉交通部核准之日施行

277

1945 年 11 月 6 日

轮机员公会组织须知

（中华民国三十四年十一月六日交通部航船字第一六三五七号令公布）

一　宗旨　以研究轮机学识增进会员技能并补助发展运输业务为宗旨

二　任务　轮机员公会之任务如左

（一）关于轮机技术之研究与刊物出版事项

（二）关于轮机技术教育之提倡与协助事项

（三）关于运输业务之推进事项

（四）关于轮机员品德之砥砺与风纪之整饬事项

（五）关于轮机员共同利益之维护增进事项

（六）关于政府委办或咨询事项

（七）关于轮机员公会章程所规定之其他事项

三　会员资格

以领有交通部所领之船员证书并现在执行本业之轮机员为限

前项轮机员应纳入其服务船舶主事务所所在地之公会

四　组织部区域　依现有之省或院辖市行政区域其重要港场经主管官署会商核准亦得单独组织

五　系统级数　分公会及全国公会联合会二级

六　发起人数　轮机员分会以当地轮机员七人以上全国轮机员公会联合会以三个轮机员公会以上之发起组织之

七　主管官署　为各级社会行政机关其目的事业之主管官署为各地航政机关及交通部

八　适用于法规　非当时期人民团体组织法技师登记法质量登记法施行细则及其他有关人民团体组织法令

278

1945 年 12 月 11 日

引水人员登记办法

（中华民国三十四年十二月十一日行政院平伍字第二
七五四五号训令公布）

第一条 引水人员登记除法令另有规定外依本办法之规定

第二条 具有左列资格之一者得申请沿海各港学习引水人之登记

一 熟悉该引水区内港口情形并在航行本国领海内之轮船充任甲种或乙种船长或甲种大副职务三年以上领有交通部甲种或乙种船长或甲种大副证书并有服务证明文件者

二 领有演习引水执照并在引水区内随船演习二年以上有服务证明文件者

第三条 具有左列资格之一者得申请人沿海各港引水人之登记

一 领有沿海引水人执照曾在该引水区内引领轮船二年以上有服务证明文件者

二 熟悉该引水区内港道情形并在航行本国沿海轮船充任船长职务五年以上领有交通部甲种船长证书及服务证件者

第四条 具有左列资格之一者得申请内河演习引水人之登记

一 曾在有关水道具区内轮船充当演习引水人二年以上有服务证明文件者

二 领有交通部乙种或丙种船长或大副证书曾任航行有关水道内二百吨以上轮船之船长职务一年或大副职务犯罪三年以上者

三 曾在有关水道内航行轮船充当舵工七年有服务证件者

第五条 在引领段内二百吨以上之轮船继续航行二年以上领有一等或二等内河引水人执照并有服务证明文件者得申请人内河各段一等或二等引水之人登记

第六条 引水人体格检查由引水主管机关或各区引水管理办事处指定的医师检验出具证明书如其体格不合左列各款之一者医师不得出具证明书

一 体格健全身心强壮无不良嗜好者

二 视觉须一月另一日具之视力变色视觉正常者

三 听觉须能于六公尺外辨清寻常低声谈话者

第七条 申请人须填具申请人表达同证明文件二寸半身相片三张呈送各区引水管理办事处登记审核合格后发给临时执业证书

第八条 临时执业证书之发给依左列各款之规定

一 申请人资格合于本办法第二条之规定者发给沿海学习引水人临时执业证书

二 申请人资格合于本办法第三条之规定在该引水区内引领三千吨以下轮船者发给海港二等引水临时执业证书在该引水区内引领三千吨以上之轮船者发给一等引水临时执业证书

三 申请人资格合于本办法第四条之规定者发给内河学习引水临时执业证书

四 申请人资格合于本办法第五条之规定者发给内河一等或二等引水临时执业证书

第九条 凡经各区引水管理办事处登记合格之引水人由各该处分别造具名册报请主管核发临时执业证在未奉核发前得由各该处暂发临时合格证明书将来再赁换取临时执业证书

第一○条 申请人登记合格后须填具保证书(保证书格式另定之)方得给予临时合格证明书或临时执业证书并随缴证书成本费二百元

第一一条 临时执业证书在考试院举行引水人考试或检核以前为有效期间自正式考试或检验员举行后此项临时执业证书一律由引水主管机关收回

第一二条 本办法自公布日施行

279

1946 年 1 月 8 日

外国人所有小轮船行驶内河规则

(中华民国三十五年一月八日交通部令航船渝字第三四三号)

第一条 外国人所有小轮船行驶内河,除法律别有规定者外,依本规则之规定。

第二条 外国人所有之小轮船,在内河行驶,不得经营有收益之客运货运业务。

第三条　在内河行驶之外国人所有之小轮船,以未满二十总吨者为限。

第四条　外国人所有之小轮船,在内河行驶,应声请主管航政官署核发通行证书。(附通行证书式样略)

第五条　外国人所有之小轮船在内河行驶,声请核发通行证书时,应由船长向主管航政官署呈验检查证书吨位证书,如所呈证书,业已失效,应由该官署施行检查丈量。

第六条　外国人所有之小轮船,在内河行驶,不得拖带其他驳船。

第七条　通行证书,应载明左列事项。

一、船名。

二、所有人名称及国籍。

三、船长姓名及国籍。

四、总吨数及登记吨数。

五、船行起讫地点。

六、指定停泊地点。

七、船行期间。

八、本船舶国籍证书号数或其他执照号数。

九、附注。

第八条　凡请领或补领换领通行证书,应缴纳证书费二百元,印花费五元。

第九条　通行证书有效期间为六个月,其行驶区域如因军事关系,禁止通航时,应即停止航行。

第十条　通行证书内,未经载明之停泊地点,一律不准停泊。

第十一条　外国人所有之小轮船,在内河行驶之航线,不得超过十五海里。

第十二条　凡已领通行证书之外国人所有之小轮船,应将员工姓名职务填表呈报主管航政官署备查。

第十三条　凡领有通行证书之外国人所有之小轮船停泊各港口时,应服从航政官署海关及军警机关之检查。

第十四条　凡领有通行证书之外国人所有之小轮船,出入各港,应遵守各该港管理规则。

第十五条　凡领有通行证书之外国人所有之小轮船,如因故停航时应将原证书缴销。

第十六条　在内河行驶之外国人所有之小轮船,其驾驶人应遵守本部内河航行章程及其他有关法令规章。

第十七条　违反本规则第二条第六条及第九条至十六条之规定者航政官署得撤销其通行证书。

第十八条　本规则自公布日施行。

280

1946 年 1 月 16 日

河海航行员考试规则

（中华民国三十五年一月十六日考试院公布）

第一条　河海航行员考试除法律别有规定外依本规则之规定行之

第二条　本规则所称河海航行员指左列人员

一、在二百总吨以上轮船服务之驾驶员及轮机员

二、在二十总吨以上未满二百总吨轮船服务之驾驶员及司机

前项所称轮船系指专用的或兼用轮机运转之船舶

第三条　驾驶员除特等船长外分甲乙丙三等

一、甲等驾驶员指在远洋或近海需用天文驾驶之轮船服务之驾驶员

二、乙等驾驶员指在沿海轮船服务之驾驶员

三、丙等驾驶员指在江湖轮船服务之驾驶员

轮机员分甲乙二等

一、甲等轮机员指在气机指示马力或油机锁制马力一千五百匹以上轮机服务之轮机员

二、乙等轮机员指在气机指示马力或油机锁制马力一百八十匹以上未满一千五百匹轮机服务之轮机员

第四条　各等驾驶员轮机员及驾驶员司机分左列各级

一、驾 驶 员　船 长　大 副　二 副　三 副

二、轮机员　轮机长　大管轮　二管轮　三管轮

三、驾　驶

　　　正驾驶　副驾驶

四、司　机

正司机

副司机

第五条 特等船长之考试为特种考试甲等船长甲等大副甲等大管轮及乙等船长之考试为高等考试其余各等各级驾驶员及轮机员之考试为普通考试驾驶员及司机之考试为特种考试

第六条 河海航行员之考试应于考试前举行体格检验不合格者不得应考

前项体格检验除依应考人体格检验员规则之规定办理外对于各等各级驾驶员人员考试应考人应特别注重其视力之检验

第七条 河海航行员之考试方法分左列二种

一、试验

二、检覆

试验以笔试口试及实地考试或择用其中一种或二种行之

检覆除审查证件外必要时并得举行面试

第八条 未在国内外专科以上或高级职业教育学校轮船驾驶员科或轮机科或各该相当科系毕业或未领有驾驶员轮机员证书者必须一度应驾驶员或轮机员试验报告及格方得应其他等级考试应用检覆凡未领有甲等或乙等船长或甲等轮机长证书者必须经甲等或乙等船簪或甲等轮机长考试之试验及格后始可取得各该等等级资格

第九条 领有甲等船长证书后曾任甲等船长一年以上者得应特等船长证书后曾任甲等船长五年以上并对中华民国有勋劳或对航海学术有特殊的贡献有证明文件者得应特等船长之检查

特等船长考试科目及其他河海航行员考试之应试验资格考试科目应检要资格老的依附表之规定曾充海军军官者得比照前项附表之规定资格参加试验或检查

第十条 本规则的附表驾驶员及驾驶各栏所称在舱面服务时间依左列标准计算之

一、在轮船上任驾驶员或驾驶员工作均作舱面服务计算

二、在专科以上学校于船驾驶员科或相当科系演习驾驶员课程作舱面服务计算但习轮船驾驶员科者其演习驾驶员课程在二年以上者只作二年计习水产鱼捞或其他相当科系者演习驾驶员课程在一年以上者只作一年计

三、在轮船上充练习生其练习驾驶工作作舱面服务计算但练习在二年以上者只作二年计

四、引水人之工作作舱面服务计算但服务二年以上者只作二年计十年以上者只作四年计

五、在轮船上任舵工水手工作作舱面服务计算但任舵工工作在二年以上者只作二年计任水手工作一年以上者只作一年计会任两联合计二年以上仍作二年计

在舱内非学习或非从事驾驶员工作及在轮船停航期间服务者均不作舱面服务计算但轮船停在船场修理期间得不作停航论

应驾驶员考试者除有特别规定者外其所服务之轮船必须在二百总吨以上方予计算

第十一条 本规则附有轮机员及司机各栏所称在机舱服务时间依左列标准计算之

一、在轮船上任轮机员或司机工作均作机舱服务计算

二、在专科以上学校学习轮机课程作机舱服务计算但学习轮机课程在二年以上者只作二年计

三、在轮船上充练习生其练习轮机工作作机舱服务计算但练习在二年以上者只作二年计

四、在机械工厂实习轮机制造或修理工作机舱服务计算但实习在二年以上者只作二年计

五、在轮船上任机匠电灯匠铜匠加油夫等工作作机舱服务计算但工作在二年以上者只作二年计在机舱非从事轮机工作及在轮船停航期间服务者均不作机舱服务计算但轮船停在船场修理期间得不作停航论

应甲等或乙等轮机员考试者除有特别规定外其所服务之轮机必须合于本规则的第三条第二项第一款或第二款之规定方予计算

第十二条 本规则的附表所称各等各级证书系指交通部在本规则施行前所发给之船员服务证书商船职员证书及在本规则施行前及施行后所发给之船员证书

第十三条 应船长轮机长大副大管轮考试者年龄须满二十五岁应其他各级河海航行员考试者年龄须满二十岁

第十四条 河海航行员经考试及格者由考试院发给考试及格证书并由交通部发给执业证书

第十五条 河海航行员考试之检查由考选委员会设置河海航行员检核委员会常期办理

第十六条 高等考试河海航行员考试之试验由考试院组织部典试委员会行之前项试验报告得分区举行

第十七条 普通考试河海航行员考试之试验考试院得委托交通部办理

交通部办理前项考试应将及格人员姓名履历及科目分数报由考选委员会转呈备案

第十八条　河海航行员考试工之试验以主要科目各满六十分及总平均分数满六十分为及格

主要科目有三种以下不满六十分总平均分数已满六十分者得于六个月内举行同等同级考试时补考其不满六十分之主要科目

第十九条　本规则自公布日施行

281

1946 年 2 月 16 日

雇佣外籍引水人管理办法

（中华民国三十五年二月十六日行政院节伍字第四五九二号训令公布）

第一条　本办法依照引水法第三十条之规定订定之。

第二条　雇用外籍引水人，由各该海港引水管理机关，与被雇人签订劳动合同，并呈报中央引水主管机关。

第三条　外籍引水人在雇用期间，应遵守中华民国法令及一切引水规章。

第四条　凡被雇用之外籍引水人，须在我国会充指定港口引水工作，并具有证明文件者。

第五条　外籍引水人之雇用，系属临时性质，其雇用期间以三年为限，但必要时得呈准延长之。

第六条　凡被雇用之外籍引水人，应依照各该港口引水管理法规之规定，施行检覆。

第七条　外籍引水人执行引水业务时，应带领我国引水学员一人至二人。

第八条　外籍引水人在雇用期间内服务成绩优良者，得于期满后核给奖状。

第九条　本办法自公布日施行。

282

1946 年 3 月 21 日

战时船舶损害补偿救济办法

（中华民国三十五年三月二十一日行政院指令节四字
第○八六四号）

令交通部

　　三十五年一月二十三日部航渝字第一三一二号呈拟战时船舶损害补偿
救济办法请核示由呈件均悉（一）凡作军事征用充作阻塞工程及应征军公差
而为敌损毁之船舶合于军事征用法之规定者应予赔偿（二）船只吨数及折旧
暨战前币值与钢铁木材之指数如何折算应仍由该部迅拟意见呈核（三）航商
向国外订购船只政府应予以便利（四）航商贷款一节可径洽四联总处办理仰
即知照此令。

院长　宋子文

战时船舶损害补偿救济办法

　　第一条　战时船舶损害之补偿与救济除法律别有规定外依照本办法之
规定
　　第二条　战时受损害之船舶得予补偿或救济者分为下列三种
　　一、为军事征用充作阻塞工程之船舶
　　二、征用军公差为敌损毁之船舶
　　三、在战时受有损害之商营船舶
　　第三条　战时船舶因公受损需求补偿者应由船舶应征人向交通部申请之
前项申请须附具证明文件
　　第四条　船舶应征人如已死亡时得由继承人申请之

第五条　为军事征用充作阻塞工程之船舶依军事征用法之规定以现金补偿之另加利润周息五厘

第六条　前条船舶补偿之标准依军事征用法及军事征用法施行细则之规定以所有人履行船舶登记时所报之船值为法定标准

第七条　补偿金得依前条所称之标准按物价指数及船舶使用年龄折旧等项计算其实值前项补偿金应专作购造船舶之用违者追缴其补偿金

补偿金之计算得由交通部聘请专家组织补偿金评定委员会评定之

第八条　征用船舶无登记船值时由前条所称之评定委员会评定之

第九条　除以现金为补偿方法外政府得以接收敌伪之船舶或以其他船舶作价补偿之

前项作价标准视船舶之吨位船龄机器马力等情形照原船损害时之价格估定之

第十条　征应军公差为敌损毁之船舶无法寻获原物或虽能寻获原物而无法加以利用者得照第五第六第七第八等条之规定由政府补偿之

前项船舶已保兵险或政府代保兵险者不得申请补偿

第十一条　征应军公差为敌损毁之船舶如经捞修可能应用者由政府补偿其捞修费

第十二条　捞修费由交通部视应征船舶损毁情形核给之

第十三条　战时受有损害之商营船舶船舶所有人或代理人得请求政府予以贷款

第十四条　申请贷款之航商应将船舶吨位机器种类吃水马力损毁原因及地点建造年月及厂商捞修工程及材料估值单等呈请当地航政局核请贷款

第十五条　航政局接得贷款申请书后应实地查勘作成审查报告书按月汇报交通部一次

第十六条　交通部对各航政局所呈之贷款申请书及航政局之审查报告书如有疑问得随时派员复勘后呈请行政院转饬四联总处照数贷给

第十七条　申请贷款应由申请人具备必要时之担保品

第十八条　已奉核给贷款之申请人不得将贷给之款项移作其他用途违者追缴其贷款

第十九条　贷款船舶捞修工竣后应即开始还本付息全部贷款还清期间最长不得超过五年

第二十条　贷款捞修之船舶以合乎下列之规定为限

一、总吨在二千吨以上者

二、船龄在二十年以下者

三、在航政官署登记有案者

四、捞修费用不超过本船造价十分之七者

第二十一条 各地航政局为监督贷款船舶工程之进展并稽核其账目得组织贷款捞修船舶督导委员会由贷款航商以贷款之多寡平均其费用

前项督导委员会设委员五人至七人由航政局局长为主任委员其中委员一人为贷款银行之代表并得由受贷航商一人参加

第二十二条 本办法自公布之日施行

283

1946 年 4 月

复员木船运输客运管理办法

（中华民国三十五年四月交通部社会部公布）

第一条 凡经主管航政官署核准作为复员运输之木船其客运部分悉依本办法之规定

第二条 交通部长江区航政局重庆办事处（以下简称航政办事处）社会部重庆社会服务处（以下简称社会服务处）重庆市警察局水上分局（以下简称水警局）为加强并改进木船运输起见共同成立复员木船运输联合办公处办理有关木船航政服务等事宜

第三条 复员运输木船客票运价由航政局办事处拟呈交通部核定并由社会服务处代售公票（代售公票不收任何费用）严禁船户借故需索旅客

第四条 复员客运木船经航政办事处核准后报请联合办公处依其开航先后及乘客定额逐船配载旅客

第五条 复员客运木船开航时由联合办公处派员查验证书及装载情形如有装载不良或逾量情事应立即予以纠正后始准开行

第六条 为便利旅客及查验起见由航政办事处指定长江之朝天门储奇门及嘉陵江之牛角沱三处为客运木船停泊乘载码头

第七条 木船载客不得逾量船主并不得有私自揽客情事如经发觉由航政办事处照章处罚

第八条 木船启行日期一经决定不得任意变更在航行期间非有正当理

由不得中途逗留以免影响航政及增加旅客负担

　　第九条　社会服务处于必要时得派随船服务干事押运其服务办法另定之

　　第十条　所有运输商行自购之木船应即加入民航业同业公会由航政办事处及重庆市社会局饬令切实办理

　　第十一条　关于沿途滩险处之救济由交通部社会部令饬所在地原有机构加强之随船医药服务事宜由社会部卫生署会同办理之

　　第十二条　关于船只航行动态及到达地点应由联合办公处随时稽考

　　第十三条　本办法于复员任务终了时以命令废除之

　　第十四条　本办法如有未尽事宜得随时呈请修正

　　第十五条　本办法经交通部社会部核准公布之日起施行

284

1946 年 6 月 7 日

交通部重庆船舶修配厂组织规程

（中华民国三十五年六月七日交通部令航路字第〇七三四号）

　　第一条　交通部为办理本部及重庆各界船舶修理装配工程设置重庆船舶修配厂

　　第二条　本部于必要时得设工程队其组织规程另定之

　　第三条　本厂设总务、工务、业务、材料、会计各组办理各组应办事务

　　第四条　本厂人事管理事务依照交通部附属各事业机关人事管理机构设置各项规定办理

　　第五条　本厂设厂长一人承交通部之命主持全厂内外事务必要时得设副厂长一人协助厂长主持厂务厂长得以正工程司兼任之

　　第六条　各组织组长一人承长官之命分掌各组事务但工务组长须由副工程司或帮工程司兼任之

　　第七条　本厂设正工程司一人副工程司一人至二人帮工程司二人至三人工务员三人至四人实习生二人至三人组员四人至六人会计员一人至二人会计助理员二人至三人助理员三人至五人练习生二人至四人监工二人至四

人承长官之命分别办理各项事务

第八条　本厂厂长副厂长由部派充组长各级工程司工务员及月薪在一百元以上之员司由厂长遴选呈部核派其月薪不满一百元之员司由厂长派充报部备案

第九条　会计人员之任免由交通部会计长依交通部附属机关会计人员暂行规则之规定办理

第十条　本厂技术人员之叙用除调用人员另有法令规定外应准用公路技术人员铨叙办法办理

第十一条　本规程自公布之日施行

285

1946 年 6 月 7 日

交通部组织法

（中华民国三十五年六月七日国民政府修正公布）

第一条　交通部规划建设管理经营全国国有铁道公路本部电讯邮政航政，并监督公有及民营交通事业。

第二条　交通部对于各地方最高级行政长官执行主管事务，有指示监督之责。

第三条　交通部就主管事务对于各地方最高级行政长官之命令或处分，认为有违背法令或逾越权限者，得提经行政院会议议决后，停止或撤销之。

第四条　交通部设左列各司。

一、路政司。

二、邮电司。

三、航政司。

四、材料司。

五、财务司。

六、总务司。

第五条　交通部因事务之必要，得设铁道公路电信邮政航政航空各局处及各委员会,其组织另以法律规之。

第六条 交通部经行政院会议及立法院之议决,得增置裁并各司及其他机关。

第七条 路政司掌左列事项。

一、关于铁路公路建设之筹划事项。

二、关于铁路公路业务及附属营业之管理事项。

三、关于铁路公路工务机务之管理事项。

四、关于公有及民营铁路公路之监督事项。

五、其他有关铁路公路事项。

第八条 邮电司掌左列事项。

一、关于邮政之规划核议事项。

二、关于邮政储金汇兑及简易人寿保险之规划核议事项。

三、关于电报电话广播及电力交通建设或经营之规划核议事项。

四、关于公有营业及专用电报电话广播及电力交通事业之监督事项。

五、关于邮电经业及其职业之规划策进事项。

六、其他有关邮电事项。

第九条 航政司掌左列事项。

一、关于航业航空之筹划设备及建设事项。

二、关于航业航空之管理经营事项。

三、关于公有及民营航业航空之监督事项。

四、关于海事之处理事项。

五、关于海员及引水人员之管理事项。

六、关于港务之建设管理事项。

七、其他有关航业航空事项。

第十条 材料司掌左列事项。

一、关于材料之采购保管稽核支配转运事项。

二、关于材料之调查检验监制及技术设计事项。

三、关于材料账目之登记及审核事项。

四、关于材料业务之指导事项。

五、其他有关材料事项。

第十一条 财务司掌左列事项。

一、关于本部所属各机关款项之支配保管事项。

二、关于本部所属各机关之债务整理偿还事项。

三、关于交通建设经费扩充之筹款事项。

四、关于财产之处理事项。

五、关于交通建设土地之收买处分事项。

六、关于公有及民营交通事业之财务监督事项。

七、其他有关财务事项。

第十二条 总务司掌左列事项。

一、关于收发分配撰辑保存文件事项。

二、关于部令之公布事项。

三、关于典守印信事项。

四、关于编制报告及刊行出版物事项。

五、关于本部经费之出纳及保管事项。

六、关于本部财产物品之保管事项。

七、关于本部庶务及其他不属于各司事项。

第十三条 交通部部长总理本部事务,监督所属职员及机关。

第十四条 交通部政务会次长、常务次长辅助部长,处理部务。

第十五条 交通部置秘书八人至十人,分掌机要文件及长官交办事务。

第十六条 交通部置参事四人至六人,撰拟审核关于本部法案命令。

第十七条 交通部置司长六人,分掌各司事务。

第十八条 交通部置科长二十六人至二十九人,编审十五人至二十人,督导十五人至二十人,视察十五人至二十人,科员二百人至二百〇六人。助理员十五人至十九人,雇员四十人。

第十九条 交通部部长特任,次长、参事、司长及秘书四个简任,其余秘书,科长,编审,督导、视察荐任,科员、助理员委任。

第二十条 交通部置技监二人,简任,技正四十六人,其中十六人简任,余荐任,技士四十五人,荐任,技佐四十二人,委任,承长官之命,办理技术事务。

第二十一条 交通部设人事处,置处长一人,简任,依人事管理条例之规定,掌理人事管理事务。

人事处置科长四人,荐任,科员二十四人至三十三人,助理员四人至十人,委任,并得视工作之需要,由交通部就第十八条、第二十条及第二十三条所定人员中,派处办事。

第二十二条 交通部设会计处,置会计长一人,统计处置统计长一人,均简任,分掌本部岁计会计统计事务,受交通部部长之指挥,并依国民政府主计处组织法之规定,直接发对主计处负责。

会计处置科长四人,荐任,科员四十人,助理员二人,委任。

统计处置科长三人,荐任,科员十一人,助理员四人,委任。

会计处、统计处并得视工作之需要,由交通部就第十八条、第二十条及第二十三条所定人员中,派处办事。

第二十三条　交通部得聘派顾问八人至十人,专门委员十人至十五人,专员四十人至六十人。

第二十四条　交通部处务规程以命令定之。

第二十五条　本法自公布日施行。

286

1946 年 7 月 24 日

修正拖驳船管理章程第三条条文

（中华民国三十五年七月二十四日交通部令部航字第四四四九号）

第三条　拖驳船非经交通部注册给照不得航行,但在注册执照未领到前得领临时航行证暂先行驶。

287

1946 年 8 月 2 日

修正船舶登记法第六十二条及第六十三条条文

（中华民国三十五年八月二日国民政府令）

兹修正船舶登记法第六十二条及第六十三条条文公布之此令

第六十二条　声请船舶登记时,应依左列各款,分别缴纳登记费。

一、因遗产继承取得所有权者,船舶价值千分之二,但非配偶或直系亲属继承者,千分之三。

二、因赠与及其他无偿名义取得所有权者,船舶价值千分之十,但公益事业因捐助而取得者,千分之二。

三、因前二款以外之原因取得所有权者,船舶价值千分之四。

四、为所有权之保存者或共有船舶之分割者,船舶价值千分之一。

五、取得抵押权者,债权金额千分之二。

六、租赁权存续期间未满十年者,船舶价值千分之一,存续期间十年以上者,船舶价值千分之二,存续期间无定者,船舶价值二千分之一。因租赁权转租而登记者,其已经过之期间应自存续期间中扣除,以其余期间视为存续期间,计算登记费。

七、暂时登记,每件国币六百元。

八、附记登记,每件国币三百元。

九、更正登记,每件国币三百元。

十、注销登记,每件国币三百元。

十一、回复注销之登记,每件国币三百元。

第六三条　声请移转或注销船籍港时,应依左列各款,分别缴纳登记费。

一、转籍　每十吨六十元。

二、销籍　每十吨三十元。

前项吨数依总吨数计算,不足十吨以十吨计。

以担数表示容量者,每百担以十吨计。

288

1946 年 9 月 13 日

修正核发轮船通行证书办法第九条条文

（中华民国三十五年九月十三日交通部令部航字第八九〇四号）

第九条　声请发给定期轮船通行证书或不定期轮船通行证书后在未领到以前轮船得以船舶国籍证书小轮船得以执照或临时航行证暂时代替

之至轮船通行证书领到时为止但轮船在请领国籍证书期间或已为暂时登记而未能请领国籍证书者得以临时通行证书替代航行至领到国籍证书时为止

前项证书不适用于驶往外国港埠之船舶

289

1946 年 9 月 21 日

轮船船员配额表

（中华民国三十五年九月二十一日交通部航字九八一一号令公布）

表一：远洋航线

总吨数	一万吨未满								一万吨以上						
船员名称	船长	大副	二副	三副	轮机长	大管轮	二管轮	三管轮	船长	大副	二副	三副	轮机长	大管轮	二管轮	三管轮
证书等级	甲种船长	甲种大副	甲种二副	甲种三副	甲种轮机长	甲种大管轮	甲种二管轮	甲种三管轮	甲种船长	甲种大副	甲种二副	甲种三副	甲种轮机长	甲种大管轮	甲种二管轮	甲种三管轮
数额	一	一	一	一	一	一	一	二	一	一	一	二	一	一	一	二
备考								其中一名得由候补副充任								其中一名得由候补管轮充任

表二：近海沿海航线

总吨数	五〇吨以上二〇〇吨未满				二〇〇吨以上五〇〇吨未满				五〇〇吨以上一〇〇〇吨未满			
船员名称	船长	大副	轮机长	大管轮	船长	大副	轮机长	大管轮	船长	大副	轮机长	大管轮
证书等级	乙种二副	乙种三副	乙种二管轮	乙种三管轮	乙种大副	乙种三副	乙种大管轮	乙种三管轮	乙种大副	乙种二副	乙种大管轮	乙种二管轮
数额	一	一	一	一	一	一	一	一	一	一	一	一
备考		航线在一天以内者得酌免		航线在一天以内者得酌免								

总吨数	一〇〇〇吨以上三〇〇〇吨未满						三〇〇〇吨以上一〇〇〇〇吨未满								一〇〇〇〇吨以上							
船员名称	船长	大副	二副	轮机长	大管轮	二管轮	船长	大副	二副	三副	轮机长	大管轮	二管轮	三管轮	船长	大副	二副	三副	轮机长	大管轮	二管轮	三管轮
证书等级	乙种船长或甲种大副	乙种大副或甲种二副	乙种二副或甲种三副	乙种轮机长或甲种大管轮	乙种大管轮或甲种二管轮	乙种二管轮或甲种三管轮	乙种船长	乙种大副	乙种二副	乙种三副	乙种轮机长	乙种大管轮	乙种二管轮	乙种三管轮	乙种船长	乙种大副	乙种二副	乙种三副	乙种轮机长	乙种大管轮	乙种二管轮	乙种三管轮
数额	一	一	一	一	一	一	一	一	一	一	一	一	一	二	一	一	一	二	一	一	一	二
备考														其中一名得由候补副充任								其中一名得由候补管轮充任

705

表三：江湖航线

总吨数	二〇〇吨未满				二〇〇吨以上五〇〇吨未满				五〇〇吨以上一〇〇〇吨未满				三〇〇〇吨以上							
船员名称	正驾驶	副驾驶	正司机	副司机	船长	大副	轮机长	大管轮	船长	大副	轮机长	大管轮	船长	大副	二副	三副	轮机长	大管轮	二管轮	三管轮
证书等级	正驾驶	副驾驶	正司机	副司机	丙种大副	丙种三副	乙种大管轮	乙种三管轮	丙种大副	丙种二副	乙种大管轮	乙种二管轮	丙种船长	丙种大副	丙种二副	丙种三副	乙种轮机长	乙种大管轮	乙种二管轮	乙种三管轮
数额	一	一	一	一	一	一	一	一	一	一	一	一	一	一	一	一	一	一	一	一
备考	本表内证书等级一栏并得参照《船员检定章程》第二十八条前段之规定：领有甲种驾驶员证书得充乙种或丙种同级之职务；领有乙种证书者得充丙种同级或甲种低一级之职务；领有丙种证书者得充乙种低一级之职务。																			

290

1946 年 9 月 25 日

长江引水人申请船员检定暂行办法

（中华民国三十五年九月二十五日交通部训令航字第一〇四七九号）

一、长江引水人声请船员检定依本办法规定办理其未规定者适用船员检定章程之规定

二、长江引水人申请船员检定限于丙种船员原级检定

三、原级检定依左列各款之规定

一、充任一等引水满三年并实际协助执行船长在一年以上者得声请船长检定

二、充任一等引水满一年或二等引水满四年并会实际协助执行大副职务在一年以上者得声请二副检定

三、充任二等引水满二年或学习引水满五年并会实际协助执行二副职

务在一年以上者得声请二副检定

四、考验科目如左

一、驾驶学(包括操舵海图罗经)

二、船员职务(包括货物装运船舶管理)

三、引港学(包括避碰章程)

四、船艺(包括轮机常识)

五、前项考试用口试

六、本办法有效期间自施行之日起至民国三十六年十二月三十一日

七、长江引水人声请检定应检同引水执照及各轮船公司于驾驶员组机之团体所出会协助执行各级船员职务成绩优良之证明书暂依船员检定章程应备各种文件呈由上海或长江区航政局及所为各办事处转呈交通部审核后其合格者发交各该局及办事处就近考验认定分数呈送交通部核给证书

八、本办法自公布日施行

291

1946 年 10 月 30 日

交通部首都铁路轮渡段组织规程

(中华民国三十五年十月三十日交通部令路字第一三九九九号)

第一条　交通部为管理首都铁路轮渡设置首都铁路轮渡段

第二条　本段一切行政及会计事项直属于交通部其行车设备及技术等项由交通部委托津浦区铁路管理局代管但轮渡南北岸轨道工程修理事务由京沪区津浦区铁路管理局分别负责办理

第三条　津浦区铁路管理局应督饬轮渡段执行前条一切代管事务

第四条　本段设置员额如左

一、段长一人副段长一人

二、船长二人轮机长二人大副二副三副各二人大管轮二管轮三管轮各二人(南京号浦口号两轮渡)正驾驶二人副驾驶二人(沧平陵平两小轮)

三、工程司(各级工程司)三人工务员三人绘图员一人监工员三人至五人

四、总务主任事务员一人事务员三人至五人司事三人至五人

五、车务主任事务员一人事务员三人至四人司事十人至十二人

六、会计主任一人会计事务员三人至四人司事三人至四人

七、人事管理员一人

前项员司管辖系统于附表(略)中定之

第五条 段长副段长由交通部长派充之承津浦区铁路管理局局长之命办理本段一切事务

第六条 船长轮机长由津浦区铁路管理局遴员呈请交通部部长核准派充直隶于段长管理行驶及轮机事项

大副二副三副大管轮二管轮三管轮由津浦区铁路管理局派充呈部备案分别承船长轮机长之命办理应办事项

第七条 工程司(各级工程司)及工务员由津浦区铁路管理局遴员呈请交通部部长核准派充直隶于段长办理关于栈桥渡轮之工务机械电务检修事项

第八条 主任事务员由津浦区铁路管理局遴员呈请交通部部长核准派充承段长之命分别办理事务总务事项

第九条 南北岸轮渡站站长由京沪区津浦区铁路管理局分别派充对于轮渡站至栈桥间之行车业务轮渡段办理车务之主任事务员有监督指挥之责

第十条 南北岸联运过轨车辆检验事项由京沪区津浦区各派检车监工员会同检验轮渡段办理机械之副工程司或帮工程司及工务员均负有监督指挥之责

第十一条 会计主任及所属会计事务员司事由交通部会计处依照规定派充会计主任承主管司处之命办理关于轮渡一切会计事务

第十二条 轮渡段小轮正驾驶副驾驶绘图员监工员事务员司事均由段长遴员呈局派充报部备案

第十三条 人事管理员由交通部人事处依照规定派充兼受津浦区铁路管理局人事室主任之监督指挥

第十四条 本段各项办事规则另定之

第十五条 本规程自公布之日起施行

292

1946 年 11 月 7 日

修正交通部重庆船舶修配厂组织规程
第七条及第九条条文

（中华民国三十五年十一月七日交通部令航字第五七一一号）

第七条 本厂设正工程司一人副工程司一人至二人帮工程司二人至三人工务员三人至四人实习生二人至三人组员四人至六人助理员三人至五人练习生二人至四人监工二人至四人承长官之命分别办理各项事务

第九条 本厂会计组设组长一人组员一人至二人会计助理员二人至三人由交通部会计处依法呈请主计处任免之

会计组组长依国民政府主计处设置各机关岁计会计统计人员条例之规定掌理本厂岁计会计事物受船舶修配厂厂长之指挥并分别受该管上级机关主办会计人员之监督指挥

293

1946 年 12 月 11 日

修正外国人所有小轮船行驶内河规则

（中华民国三十五年十二月十一日交通部令航字第七
〇三六号）

第一条 外国人所有小轮船行驶内河,除法律别有规定者外,依本规则之规定。

第二条　外国人所有之小轮船,在内河行驶,不得经营有收益之客运货运业务。

第三条　在内河行驶之外国人所有之小轮船,以未满二十总吨者为限。

第四条　外国人所有之小轮船,在内河行驶,应声请主管航政官署核发通行证书。(附通行证书式样)(略)

第五条　外国人所有之小轮船在内河行驶,声请核发通行证书时,应由船长向主管航政官署呈验检查证书吨位证书,如所呈证书,业已失效,应由该官署施行检查丈量。

第六条　外国人所有之小轮船,在内河行驶,不得拖带其他驳船。

第七条　通行证书,应载明左列事项。

一、船名。

二、所有人名称及国籍。

三、船长姓名及国籍。

四、总吨数及登记吨数。

五、船行起讫地点。

六、指定停泊地点。

七、船行期间。

八、本船船舶国籍证书号数或其他执照号数。

九、附注。

第八条　凡请领或补领换领通行证书,应缴纳证书费二百元,印花费五元。

第九条　通行证书有效期间为六个月,其行驶区域如因军事关系,禁止通航时,应即停止航行。

第十条　通行证书内,未经载明停讫之地点,一律不准停泊。

第十一条　外国人所有之小轮船,在内河行驶之航线,不得超过十五海里。

第十二条　凡已领通行证书之外国人所有之小轮船,应将员工姓名职务填表呈报主管航政官署备查。

第十三条　凡领有通行证书之外国人所有之小轮船停泊各港口时,应服从航政官署海关及军警机关之检查。

第十四条　凡领有通行证书之外国人所有之小轮船,出入各港,应遵守各该港管理规则。

第十五条　凡领有通行证书之外国人所有之小轮船,如因故停航时应将原证书缴销。

第十六条　在内河行驶之外国人所有之小轮船,其驾驶人应遵守本部内河航行章程及其他有关法令规章。

第十七条　违反本规则第二条第六条及第九条至十六条之规定者航政官署得撤销其通行证书。

第十八条　外国人所有之小轮船行驶各开放港口仍应受本规则之限制。

第十九条　本规则自公布日施行。

294

1947 年 1 月 17 日

修正船员检定章程第二十一条及未满二百总吨轮船船员检定暂行章程第六条及第十一条条文

（中华民国三十六年一月十七日交通部令航字第七五七八号）

修正船员检定章程

第二十一条　声请检定者应缴证书费五千元印花费五十元（自贴）及左列考验费

船长或轮机长	一万二千元
大副或大管轮	一　万　元
二副或二管轮	八　千　元
三副或三管轮	六　千　元

考验费不论声请者为新领或换领证书应按其等级分别缴纳

修正未满二百总吨轮船船员检定暂行章程

第六条　声请检定者应向船籍港之航政局或航政局办事处呈缴声请检定书履历报告书体格检查表最近二寸半身相片二张证书费五千元检定费三千元印花费五十元（自贴）转呈交通部审核资历

第十一条　船员证书遗失时应即登报声请作废并将遗失实情呈报交通

部审核补发新证书船员证书污损时得将原证书缴销呈请换发新证书补发或换发新证书时应缴证书费印花费

295

1947 年 2 月 12 日

修正船舶无线电台条例第三条条文

（中华民国三十六年二月十二日国民政府令第二七四七号修正公布）

第三条 船舶无线电台之装设，应先呈请交通部核准，并于竣工后，送交通部查验合格，发给证书，方得使用

前项证书，每五年换发一次，第一次缴纳证书费国币一千元，以后每次缴纳国币五百元

296

1947 年 2 月 25 日

上海港务整理委员会组织规程

（中华民国三十五年十一月二十六日行政院第七六七次会议通过 暨三十六年二月二十五日第七七七次会议修正通过）

第一条 上海港务整理委员会（以下简称本会）隶属于交通部。
第二条 本会置委员二十一人，由左列各机关各派代表一人充任之，主任委员一人，副主任委员二人，由交通部就委员中聘任之：
一、交通部

二、财政部

三、内政部

四、水利委员会

五、资源委员会

六、善后救济总署

七、海军总司令部

八、联合后勤总司令部第一补给区司令部

九、上海市政府

十、上海市社会局

十一、上海市警察局

十二、上海市工务局

十三、上海市公用局

十四、上海航政局

十五、上海海港检疫所

十六、江海关

十七、苏浙皖区敌伪产业处理局

十八、浚浦局

十九、国营招商局

二十、全国引水管理委员会

二十一、上海市轮船商业同业公会

第三条 本会设左列各组室,分掌各项事务:

一 仓库码头组 掌理仓库码头之规划,改进、分配、清理、营运、检讨、督导、起卸工作督导等事项。

二 海事组 掌理船舶进口秩序、引水业务、航路、标志、锚地、水鼓规划改进,及分配检讨等事项。

三 工务组 掌理港埠整理计划,及局部改进之审议,航路河床之测绘,疏浚,河道改善,驳岸整理督导等事项。

四 查缉警卫组 掌理水上治安,及码头秩序之维持,防止港内窃盗等事项。

五 视察组 掌理本会决议案实施之视察等事项。

六 秘书组 掌理文书,印信出纳,庶务,及不属其他各组事项。

七 会计室 依照会计法令,掌理本会会计事项。

第四条 本会秘书组,设专任主任秘书兼组长一人,视察组,查缉警卫组各设组长一人,均荐任或简任待遇。其他各组,设组长一人,副组长一人,副组长一人或二人,由主任委员就本规程第二条内所列各机关中,指派兼充之,其余办事人员,除就本规程第二条内所列各机关中,指派兼充外,并得设专任秘书三人,视察四人,专员五人,科长二人,会计主任一人,均荐任,专门委员三人,荐任或简任待遇,课员十人,办事员十三人,均委任,雇员七人,均由主任委员遴员充任之。

第五条　本会决议案,由各主管机关执行。

第六条　本会整理港务期间,以一年为限,期满即行撤销。

第七条　本会应业务需要,得聘用中外专家为顾问,并得列席会议。

第八条　本会办事细则另订之。

第九条　本规程自公布日施行。

(注)本规程第二条所列各参加本会委员之机关,除未能兼任本会委员,及苏浙皖区敌伪产业处理局,因结束撤销外,并加聘中央信托局,行政院物资供应局,暨上海港口司令部等机关,参加为本会委员,均另呈奉行政院核准备案。

297

1947 年 3 月 14 日

修正交通部重庆船舶修配厂组织规程第四条第七条及第九条并另加第十条原第十十一两条依次改为第十一条及第十二条

(中华民国三十六年三月十四日交通部令航字第三五号)

第四条　本厂人事管理事务依照人事管理条例之规定掌理人事管理事项

第七条　本厂设正工程司一人副工程司一人至二人帮工程司二人至三人工务员三人至四人实习生二人至三人主任组员一人至二人组员四人至六人助理员三人至五人练习生二人至四人监工二人至四人承长官之命分别办理各项事务

第九条　本厂会计组设组长一人主任组员一人至二人会计助理员二人

至三人会计组组长依国民政府主计处设置各机关岁计会计统计人员条例之规定掌理本厂岁计会计事物受船舶修配厂厂长之指挥并分别受该管上级机关主办会计人员之监督指挥

第十条　会计人员及人事管理人员之任免另依法办理

第十一条　本厂技术人员之叙用除调用人员另有法令规定外应准用公路技术人员铨叙办法办理

第十二条　本规程自公布之日施行

298

1947 年 3 月 22 日

交通部青岛港工程局组织规程

（中华民国三十六年三月二十二日交通部令参字第八五号）

第一条　本局直隶交通部掌理青岛港工程之修建及其他有关事宜

第二条　本局设左列各室处

一、总工程司室

二、秘书室

三、工务处

四、材料处

五、总务处

六、人事室

七、会计室

第三条　总工程司室掌理全港工程修建计划之审订考核督促工程之实施及建筑材料工具之选择支配登记等事项

第四条　秘书室掌理文稿之综核机要文件之撰译各项规章之审核工作进展之统计及局长副局长交办事项

第五条　工务处设左列各课分掌事务

一、设计课　掌港工设计所需各项资料之搜集防波堤船坞岸壁码头仓库堆栈及其他有关港工之设计制图施工图表之审核及工程规范工程须算之编制审核事项

二、工程课　掌工程招标发包计价考核验收预算之施行决算之审核工程用款用料之审核登记自办工程之施工房屋建筑物之修缮各项工程之统计施工章则之撰拟暨本处工人之调度管理事项

三、机电课　掌港工有关一切机械电气之装置修建等事项

第六条　材料处设左列各课分掌事务

一、采购课　掌材料之招标询价采购订约暨购料预算之编制事项

二、贮运课　掌材料之存贮运转审定验收供应支配登记保管用料预算之编制审核等事项

三、料账课　掌材料账册之编制登记保管及材料数量价值运费之稽核统计事项

第七条　总务处设左列各课分掌事务

一、文书课　掌撰拟文书保管档案典守印信编订章则及收发缮校事项

二、出纳课　掌款项之收支及保管事项

三、事务课　掌公用物品之购置收发登记保管工役之训练管理办公室宿舍之清洁员工之福利保健及其他不属于各处室事项

第八条　本局设乙等人事室依照人事管理条例及公营事业机关人事管理机构设置规则之规定掌理人事管理事务

人事室置主任一人课员四人至六人办事员二人至四人书记若干人

第九条　会计室置主任一人依国民政府主计处设置各机关岁计会计统计人员条例之规定掌理本局岁计会计事务受局长之指挥并分别受该管上级机关主办会计人员之监督指挥

会计室设账务审核两课所有佐理人员名额就本局总员额内商定支配之

第十条　各课视事务之需要得分股办事并得就课员中指定一人为股长

第十一条　本局为实施各项工事得设工所工程队测量队为储藏材料修理机件得设材料厂库修理厂为办理员工卫生保健检验得设诊疗所为警卫工场仓库得设警卫队等附属单位其编制另由本局呈请交通部核定之

第十二条　本局设左列各职员

局长一人

副局长一人

总工程司一人（由局长兼任）

副总工程司二人

秘书三人至四人必要时得指定一人为主任秘书

正工程司十人至十四人

副工程司十四人至十八人

帮工程司十六人至二十四人

工务员四十人至五十人

处长每处一人（工务处处长以副总工程司或正工程司充任）副处长各一人

主任每室一人

课长每课一人

专员四人至六人

课员四十人至五十人

办事员二十人至三十人

绘图员监工员实习生书记等员额视事务之繁简另由本局呈请交交通部核定之

第十三条 局长兼总工程司由交通部部长派充承部长之命综理全局事务副局长由交通部部长派充辅助局长襄理全局事务

副总工程司由交通部部长派充襄助总工程司办理全局工程事务

第十四条 本局各职员之任用除人事会计警务人员之派任另依法令规定外其他各处室主管人员均由交通部部长派充课长及其同等阶级人员由局长遴员呈请交通部核派其余各级职员均由局长派充薪级超过一百元者报部备核余均报部备案

第十五条 本局技术人员资位之核叙准照交通部国营铁路技术员叙用及保障规则之规定办理

第十六条 本局办事细则另定之

第十七条 本规程自公布之日施行

299

1947 年 6 月 7 日

船舶检查登记及船舶国籍证书章程
应行收费或不收费

（中华民国三十六年六月七日交通部令航字第四二七六号）

令所属各航政机关

查本部公布之船舶检查登记及船舶国籍证书等章程内间有办理某种事项应否收费尚无明文规定者曾经本部于二十年九月一日制定应行收费或不

收费事项表及同年十月五日续订办理船舶及检查事项应行收费数目表先后通行有案近以物价波动甚巨凡该项章程内明文规定之各种手续费已于上年十二月七日通令照原订标准加百倍征收其章程内未经明文规定由本部制定之收费数目表自应一律照加兹订于各区收到令文之日起各照原表加百倍征收除分行外合行抄发原表令仰遵照办理具报此令

附应行收费或不收费事项表

办理船舶登记及检查事项应行收费数目表

部长　俞大维

应行收费或不收费事项表

二十年九月一日第二九八五号训令各航政局

甲、关于船舶国籍证书者

项别	收费数目或不收费			备考
船舶国籍证书	不　收　费			已收登记费不收证书费
临时船舶国籍证书	百吨以上五元	百吨以下二元	帆船二元	第七八条
补换发船舶国籍证书				第五条
补换发临时船舶国籍证书				第十二条
变更船舶国籍证书所载事项	一律两元			第四条
变更临船舶国籍证书所载事项时	一律两元			第十二条
变更或添注船舶国籍证书临时船舶国籍证书	不收费			第十五条

乙、关于船舶登记施行细则者

声请证明登记事项并无变更或并无某种事项登记	一律一元	第十一条
登记证明书	不收费	已收登记费不再收费
回复登记	不收费	第二十二三条
阅览登记簿或其附属文件	每次五角	第四十一条
声请给予缮本或节本	每百字五角不满百字者以百字计	第四十四条

718

丙、关于船舶检查章程者

换发乘客定额证书　轮船二元　帆船一元（第四十五条照第五十九条补发乘客定额证书办法）

附续订办理船舶登记及检查事项应行收费数目表（二十年十月五日第三三二八号训令各航政局）

（一）船舶登记法第三十九条船舶经理人选任之登记（有声请书式）应收登记费一元

（二）第四十条第四十三、四十四条船舶经理人变更之登记及经理人姓名住所籍贯变更之登记应照附记登记收登记费五角

（三）第四十五条注销船舶经理人之登记应照注销登记收登记费五角

（四）登记证明书如有灭失或毁损请补发（有声请书式）或换发者应照补发或换发船舶国籍证书收费

300

1947 年 6 月 13 日

打捞沉船办法实施细则

（中华民国三十六年六月十三日交通部代电航字第四三八一号财政部经济部外交部海军总司令部台湾省政府公签）

打捞沉船办法实施细则

第一条　实施打捞沉船办法依本细则之规定办理

第二条　打捞沉船以在抗战时期因战事沉没者为限其非在抗战时期及非因战事沉没之船只不适用本细则之规定

第三条　本国或敌伪所有之沉没军舰由航政局商由海军打捞但海军不愿打捞时准由打捞商申请打捞经公布后无人申请者由航政局招商打捞之

由打捞商申请捞获之军舰枪炮及其他军用品应献与政府由政府付还打

捞费用并酌给奖金但奖金数额不得超过打捞费用百分之二十

由航政局招商捞获之军舰枪炮及其他军用品应交国防部并由政府照前项规定付还打捞费用并酌给奖金

第四条　本国人或盟国人之沉船由航政局通知原所有人于二个月内申请并委托打捞商打捞逾限未申请者准由打捞商申请打捞经公告后无人申请者由航政局招商打捞之

第五条　前条原所有人申请打捞者应提出所有权证明文件如证件遗失应详述事实取得同业二家以上出其保证书方准打捞

第六条　打捞商申请或招商捞获本国人或盟国人所有之船舶关于打捞费用及报酬费之付给由原所有人径洽打捞商办理遇有争执时由航政局核定或由法院定之但原所有人放弃所有权者其打捞之船舶归打捞商所有

第七条　打捞商申请捞获之敌伪船舶归该商人所有

第八条　航政局招商捞获之商用船只应作价交招商局修理使用或标售全部收入解缴国库

航政局拟招商打捞之军舰及商船所需费用均应详细估价呈核以便转请预发周转金打捞费用仍以标价为标准

第九条　打捞商申请打捞应填具申请书沉船概括表工程估计表各二份及保证书一份呈经航政局审核合格并对保无误者始准填发打捞证明书

第十条　沉没船舶准由打捞商打捞者应于航政局公告期内自由申请打捞同一船只有二打捞商以上申请时得准申请在先者打捞之

第十一条　打捞海军要港或江防要塞范围内之沉船应由航政局商得当地海军同意后方可施工

第十二条　战时阻塞航道工程之沉船如勘明无法打捞者航政局应商请海军或有关机关炸除之

第十三条　打捞商呈准打捞后不得将打捞权转让于他人违者取消其打捞权

第十四条　航政局核准打捞沉船后应派员查勘实际工程情形酌于限定完工日期

第十五条　打捞商应于奉准之日起一个月内开工打捞逾期无故不施工或施工后无故停工者取消其打捞权

第十六条　打捞商应于工竣后十日内检具下列各件报请航政局派员查验

一、捞获船只之照片

二、打捞费用计算书及其单据

三、捞获船只及属具之估价单

第十七条　捞获船只应尽量修复不得将该船具一部或全部变卖其不能修复者经航政局核定后始得变卖

第十八条　战时沉船未经航政局发现由人民举报因而捞获应获得该船之所有权者酌给酬劳金但不得超过捞获船只价值百分之五

前项捞获之军舰由政府酌给奖金

第十九条　打捞商应依内河民营打捞业管理规则之规定由经济部核发营业许可执照如准航商兼营打捞船舶事业者应依上述规定呈奉经济部核发营业许可执照呈报交通部备案但在办理立案手续期中为争取时间起见得由航政局酌量准予试办打捞暂以沉船一艘为限一面仍限期责令补办领照手续如延不遵办应不许继续打捞

第二十条　航政局办理打捞事务应随时呈报交通部查核

第二十一条　本细则自公布日施行

301

1947 年 7 月 17 日

长江区航政局川江绞滩总站组织规程

（中华民国三十六年七月十七日交通部令航字第五一一二号）

第一条　长江区航政局为管理川江滩务呈准交通部设立川江绞滩总站办理川江各滩之绞滩事宜

第二条　川江绞滩总站设置地点由本局呈请交通部核定之

第三条　川江绞滩总站分设左列各股

一、工程股

二、管理股

三、总务股

四、会计股

第四条　工程股之职掌如左

一、关于绞滩工程之设计及实施事项

二、关于绞滩工具之装备及检查事项

三、关于绞滩材料之准备及验收事项

四、其他有关工程事项

第五条 管理股之职掌如左

一、关于绞滩站之管理及设置裁并之计议事项

二、关于绞滩站员工之管理训练及监督事项

三、关于滩夫绞滩费之规定事项

四、关于绞滩材料之收发保管事项

五、其他有关管理事项

第六条 总务股之职掌如左

一、关于交书之撰拟收发缮校及档案之整理保管事项

二、关于典守印信事项

三、关于现金之出纳登记保管及庶务事项

四、关于汇编统计表报事项

五、不属其他各股事项

第七条 会计股之职掌如左

一、关于预决算之核编事项

二、关于收支款项之审核制证及报销事项

三、关于账目之处理登记及簿册之保管事项

四、关于库存及银行往来之检查事项

五、其他有关会计事项

第八条 川江绞滩总站设总站长一人总理站务副总站长一人协助总站长处理站务

第九条 川江绞滩总站设技师四人事务员四人司事六人

会计股设股长一人会计事务员二人由长江区航政局会计室层转交通部会计处转呈主计处任免之

第十条 川江绞滩总站设人事管理员一人依人事管理条例及公营事业机关人事管理机构设置规则之规定掌理人事管理事务

第十一条 川江绞滩总站工程管理两股股长由技师兼任总务股股长由事务员兼任

第十二条 川江绞滩站总站长副总站长技师由本局遴员呈请交通部派充事务员司事由本局派充报请交通部备案

第十三条 本局在川江各险滩处分别设置一二三等各级绞滩站归川江绞滩总站监督指挥

第十四条 一等绞滩站设站长轮机员事务员司事各一人二等绞滩站设站长轮机员司事各一人三等绞滩站设站长一人

第十五条　川江绞滩总站暨所属各级绞滩站编制表及员司薪级表另定之
第十六条　川江绞滩总站办事细则另定之
第十七条　本规程自交通部公布之日施行

302

1947 年 7 月 18 日

未满二百总吨轮船引水人登记办法

（中华民国三十六年七月十八日交通部令航字第五七三七号）

第一条　凡沿海港口及内河五十总吨以上未满二百总吨轮船引水人登记按本办法之规定

第二条　本办法所称引水人如左

一、正引水人

二、副引水人

第三条　具有左列资格之一者得申请沿海及内河副引水人之登记

一、曾在引领水道内未满二百总吨轮船继续航行二年以上领有副引水人（或二领江）执照并有服务证明文件者

二、熟悉该引水区域内水道情形并在航行本国海及内河五十总吨以上之轮船充当老大或正驾驶职务五年以上领有手册或正驾驶执照及服务证明文件者

三、曾在该引水区域内五十总吨以上轮船充当老大或正驾驶三年并从事引水实际工作两年以上领有手册或正驾驶或引水执照及服务证明文件者

四、曾在有关水道内五十总吨以上轮船充当正舵工七年并从事引水实际工作三年以上领有舵工手册或引水执照及服务证明文件者

五、曾在该引水区域内充当五十总吨以上轮船引水职务有二年以上经验经考验合格并有服务证明文件者

第四条　具有左列资格之一者得申请沿海及内河正引水人之登记

一、曾在引领水道内未满二百总吨轮船继续航行二年以上领有正引水人（或大领江）执照并有服务证明文件者

723

二、熟悉该引水区域内水道情形并在航行本国沿海及内河五十总吨以上之轮船充当老大或正驾驶职务十年以上领有手册或正驾驶执照及服务证明文件者

三、曾在该引水区域内五十总吨以上轮船充当老大或正驾驶五年并经从事引水实际工作五年以上领有手册或正驾驶或引水执照及服务证明文件者

四、曾在有关水道内五十总吨以上轮船充当正舵工七年并从事引水实际工作五年以上领有舵工手册或引水执照及服务证明文件者

五、曾在该引水区域内充当五十总吨以上轮船引水职务有四年以上之经验经考验合格并有服务证明文件者

第五条 正副引水人体格检查由各区港段引水办事处指定医师检验不合格者不得登记

第六条 申请人须填具申请表连同服务证件原领执照体格检查表保证书二寸半身相片四张呈送各该办事处转呈交通部全国引水管理委员会发给正引水人及副引水人临时执照

第七条 本办法自公布之日施行

303

1947年9月9日

修正未满二百总担帆船丈量检查注册给照办法第二十一条条文及帆船丈量检查注册给照各费收费表

（中华民国三十六年九月九日交通部令航字第七一三二号修正未满二百总担帆船丈量检查注册给照办法第十一条条文）

第十一条 经检查合格之帆船除由县市政府登记帆船名册外应发给检丈单及执照各一纸此项注册及单照均无须另行纳费担遇单照遗失请求补发者每一纸应各纳费二千元

帆船丈量检查注册给照各费收费表

费别＼总担数别	五十担未满	五十担以上一百担未满	一百担以上二百担未满
丈量费	二千元	三千元	四千元
检查费	一千元	二千元	三千元
册照费	二千元	三千元	四千元

304

1947 年 9 月 22 日

引水法施行细则

（中华民国三十六年九月二十二日交通部令航字第七五〇九号）

第一章 总 则

第一条 依引水法之规定商船载重不满五百吨者应照各区引水管理规则之规定行之

第二条 商船或船公司雇用引水人应于事前填写请派引水人申请书呈由当地引水管理机关按照规定指派不得私自雇用（附书式一）（略）

第三条 商船进出口时关于轮船进出报告书内引水事项应于开航前由船公司填写呈经当地引水管理机关查核盖验讫章后以凭结关如引水手续未清或未遵章雇用引水人不得放行（附书式二）（略）

第四条 引水法及本细则施行以前经引水主管机关核准雇用之长期引水人仅限于内河江湖定期航行之客船当地引水管理机关应在其执业证书上注明特准雇用定期航线及客船船名长期引水人等字样船公司不得以其所雇之长期引水人擅自升代高一级职务或调派引领该公司其他行驶海洋及不定期之客货船必要时当地引水管理机关得随时调派之

第五条 学习引水人资格应合左列之规定

1. 中华民国人民满二十三岁者

2. 视觉听觉合于引水主管机关之规定并经指定医师检查合格者

3. 经学习引水检验合格者

第二章　执业证书

第六条　引水人领有引水主管机关发给之执业证书后应由当地引水主管机关编列引水轮值薄分组每日牌示轮值

第七条　轮值引水人应遵照规定按时到达当地引水管理机关当值听候派遣执业

第八条　引水人于编列轮值后应即声请发给引水手册(附书式三)(略)

第九条　引水手册由当地引水管理机关备置依式填发于每次引领终业时逐项填明由船长签注考语后送请当地引水管理机关查核盖章以凭考绩

第十条　前项手册如引水人考试不及格或执业证书因受惩戒注销时应立即缴还当地引水管理机关注销死亡时由保管人缴还之

第三章　引水设备

第十一条　各区引水管理机关应制备各该区港段海图引港法规水位潮汐表志及航海有关各种仪器以备引水人员随时参考及研究

第十二条　各区引水管理机关得就业务需要设置引水船及无线电台呈由引水及电信主管机关统筹分配管理使用

第十三条　各引水区域内如未备置引水船者必要时得呈请设置或租用寻常船只以便引水人执业上下轮船之用但须在租用之船上悬挂引水旗帜(即上白下红之长方形)以资识别

第十四条　引水船应由引水主管机关注册编列号数发给引水船执照并须在船身两旁书明引水船及注册之号数如系帆船除在船身两旁书明外并应于大帆顶端书明以资识别

第十五条　引水船在引水区域内得自由行驶免缴船钞

第十六条　除引水船外其他寻常船只非载有引水人不得悬引水旗帜

第四章　引水人执业时应注意之事项

第十七条　引水人于引领途中如遇沙滩或者河流有变迁情形及灯船浮标有意外情事应立即请由所引船只之船长用无线电报由当地引水管理机关转知该港港务长并于到达时即分别用书面或者口头报告

第十八条　引水人于引领途中对于航路标志上应有招港务巡船之信号KFC应立即请由所引船只之船长将此项消息转传驶入港口之船长如该船装有无线电报告当地引水管理机关转知港务长

第十九条　引水人于引领途中遇航路标志上悬有立待救助之信号 NC 应立即请由所引船只将船驶近该标志从速设法施救并一面用最迅速方法通知港务长派巡船驶往救助

第二十条　船舶在航行中遭遇险变或所引船发生失吉事件时该船引水人应将一切详情用书面呈报当地引水管理机关并于抵埠时面述一切

第二十一条　船舶遇有触礁或搁浅情事该船引水人除照前条之规定办理外并须照所知某种物象注明该船之方位吃水之深浅触礁之缘由及出事时与出事后潮汐时间等

第二十二条　引水人对于所引船只如认为不堪航行与航行安全有碍时得拒绝引领并应立即将其情形报告当地引水管理机关

第二十三条　引水人于所引船只入港时如遇港务巡船驶近该船欲靠登该船时应立即停驶

第二十四条　引水人引领船只出入港口应遵照港口规定之码头或锚位停泊如遇特殊情形应于进口时遵照港务机关指定之处所停泊

第二十五条　引水人对于引水区域内有关国防军事一切秘密应绝对保守不得泄露

第五章　引水费

第二十六条　各区港段之引水费应依照商船总吨数吃水尺数或长度并参酌引水区域内水道险易情形分别厘定费率单位计算之

第二十七条　引水人引领船舶航行除前条规定之引水费外得另规定港内移泊停留等费

第二十八条　各区港段所有引水费应由当地引水管理机关厘定或调整呈请引水主管机关核定征收之

第二十九条　船公司或船长于引水人每次引领终毕时应即将应给之引水费全数缴清不得拖欠

第六章　附　　则

第三十条　引水法及本细则所称商船载重吨位以总吨数为标准

第三十一条　引水区域以命令定之

第三十二条　本细则自公布之日施行

305

1947 年 9 月 29 日

修正船舶登记法第六十二条条文

（中华民国三十六年九月二十九日国民政府修正公布）

第六十二条　声请船舶登记时，应依左列各款，分别缴纳登记费

一、因遗产继承取得所有权者，船舶价值千分之二，但非配偶或直系亲属继承者，千分之三

二、因赠与及其他无偿名义取得所有权者，船舶价值千分之三十，但公益事业因捐助而取得者，千分之二

三、因前二款以外之原因取得所有权者，船舶价值千分之一

五、取得抵押权者，债权金额千分之二

六、租赁权存续期间未满十年者，船舶价值千分之一，存续期间十年以上者，船舶价值千分之二，存续期间无定者，船舶价值千分之一，因租赁权转租而登记者，其已经过之期间，应自存续期间中扣除，以其余期间视为存续期间，计算登记费

七、暂时登记，每件国币六百元

八、附记登记，每件国币三百元

九、更正登记，每件国币三百元

十、注销登记，每件国币三百元

十一、回复注销之登记，每件国币三百元

306

1947 年 10 月 13 日

交通部塘沽新港工程局组织规程

（中华民国三十六年十月十三日交通部令参字第六〇四号）

第一条　本局直隶交通部掌理塘沽新港之建设及其他有关事宜

第二条　本局设左列各室处

一、总工程司室

二、秘书室

三、人事室

四、工务处

五、机务处

六、材料处

七、港务处

八、会计处

九、总务处

第三条　总工程司室掌理左列事项

一、关于全局技术标准规程施工规程及材料规范之审核编订事项

二、关于全局有关技术之设计研究审核调查改善及工作安全事项

第四条　秘书室办理左列事项

一、关于全局文稿之综核事项

二、关于机要文电之撰译保管事项

三、关于各项计划规程章则之审核事项

四、关于会议记录事项

五、关于局长副局长交办事项

第五条　本局设甲等人事室依人事管理条例及公营事业机关人事管理机构设置规则之规定掌理人事管理事务

第六条　工务处设左列各课分掌事务

一、港工课　掌港工设计各项资料之搜集气象水文地层之探测防波堤船坞闸坞闸门岸壁栈桥埝堤码头仓库堆栈之设计监造养护配备浚填工程之设计考验审核等事项

二、市工课　掌本港陆上设备市区计划铁道公路给水工程上下水道车站厂房办公室住宅之设计监造养护等事项

三、考工课　掌工程招标发包计价考核验收预算之施行决定之审核工程用款用料之审核登记自办工程之施工房屋建筑物之修缮各项工程之统计施工章则之撰拟暨本处工程之调度管理事项

第七条　机务处设左列各课分掌事务

一、机电课　掌各种机械电机之设计装修保养输电配电材料之领发保管及所属各厂工料用款之审核成本之计算等事项

二、船舶课　掌本局各种船舶之查验船只工程之设计及机械图说之绘制事项

第八条　材料处设左列各课分掌事务

一、贮运课　掌材料之存贮运转审定验收供应支配登记保管用料预算之编制审核等事项

二、采购课　掌材料之招标询价采购订约暨购料预算之编制事项

三、料账课　掌材料账册之编制登记保管及材料数量价值运费之稽核统计事项

第九条　港务处设左列各课分掌事务

一、港务课　掌船舶之查验出入之许可停泊位置之支配航道标识闸门旗台信号之设计管理气象潮汐之记录码头船舶之管理等事项

二、业务课　掌货物行李之装卸运输存储保管查验码头行商之许可工人之管理仓栈拖轮之租赁淡水之供给费用之征收业务规章之撰拟营业簿册之编制登记保管事项

第十条　会计处设审核账务二课依照国民政府主计处设置各机关岁计会计人员条例之规定承局长及该上级主计机关之监督指挥掌理全局岁计会计事项

第十一条　总务处设左列各课分掌事项

一、公益课　掌全局员工福利保健事项

二、文书课　掌撰拟文书保管档案典守印信编订章则及收发缮校事项

三、出纳课　掌款项之收支及保管事项

四、事务课　掌公用物品之购置收发登记保管工役之训练管理交通车辆之保管支配办公室宿舍之清洁管理及其他不属于各处室事项

第十二条　本局为实施各项工事得设二区工程队测量队为供给船舶及

全港员工用水得设自来水厂为修理船舶机械得设机械工厂修船厂为储藏材料得设材料厂库为办理码头业务及货栈运输装卸得在各码头设立事务所及为办理员工体格卫生保健检验得设医院诊疗所等附属单位其编制另拟呈报交通部核定

　　第十三条　本局为保卫本局及全港水陆治安起见得设警务室（股）其编制另定之

　　第十四条　本局为办理各项统计资料以供施工设计考核之参考起见得设总计课直隶于局

　　第十五条　本局设左列各职员

局长一人

副局长一人

总工程司一人

副总工程司二人

秘书五人（得指定一人为主任秘书）

正工程司十四人

副工程司二十四人

帮工程司二十八人

工务员八十人至一百人

助理工务员二十人至四十人

港务员十人

助理港务员八人

处长副处长每处一人（工务机务处长副处长由正工程司充任材料处处长副处长得以正工程司充任）

人事室主任一人副主任一人其佐理人员由本局员额中调配

课长每课一人（工机两处所属课长由正工程司或副工程司充任）

课员八十人至一百人

会计事务员六人

账务检查员材料点查员各三人至四人

办事员四十人至六十人

专门委员二人至四人

专员十六人至二十人

绘图员监工实习生练习生等员额视事务之繁简另定之并呈报交通部核定

　　第十六条　本局各课必要时得分股办事每股设股长一人

　　第十七条　本局因事务需要得用雇员其名额视需要另定之并呈报交通部核定

第十八条　局长由交通部长派充承部长之命综理全局事务副局长由交通部长派充辅助局长襄理全局事务

第十九条　总工程司由交通部长派充承局长副局长之命综理全局工程事务并协助督导工机材三处工作之推行副总工程司由交通部长派充襄理总工程司办理全局工程事务

第二十条　本局技术人员资位之核叙依照准用交通部国营铁路技术员叙用及保障规划之规定办理

第二十一条　本局各职员之任用除人事会计警务人员之派任另依法令规定外其他各处室主管人员均由交通部长派充课长及其同等阶级人员由局长遴员呈请交通部核派其余人员月薪在一百元以上者由局长呈部核准派充月薪未满一百元者由局长派委报部备案

第二十二条　本局办事细则另定之

第二十三条　本规程由部公布之日施行

局长副局长	总工务司处		会计处		港务处		材料处		机务处		工事处		人事室		秘书室		总程室	
警务室	核对(股)课	事务课	出纳课	文书课	公益课	财务课	审核课	业务课	港务课	料账课	采购课	贮运课	船舶课	机电课	考工课	市工课	港工课	第二课	第一课

307

举办船舶国际证书办法及船舶技术规范设计委员会组织规程

（中华民国三十六年十月十五日交通部训令航字第七五八四号）

令所属各机关

　　查一九二九年国际海上人命安全公约暨一九三〇年国际载重线公约我

国自民国二十二年参加后对于核发轮船安全证书及载重线证书尚未实施现我国海轮必须具备上项国际证书方能行驶外洋亟应制定各项有关规章及船舶技术规范以应需要唯此项工作颇为繁重且关系国际技术信用为邀集国内专家共同研究推行起见本部兹特组织船舶技术规范设计委员会以便办理除公布施行外合行抄发该项国际证书举办办法及委员会组织章程令仰知照并仰随时提供意见为要此令

附发举办船舶国际证书办法及船舶技术规范设计委员会组织规程一份

部长　俞大维

船舶技术规范设计委员会组织规程

第一条　交通部为拟定各项有关船舶技术之规章设置船舶技术规范设计委员会(以下简称本会)

第二条　本会置顾问若干人由本部遴选专家分别聘任派充之并就其中指定三人为常务委员

第三条　本会置顾问若干人由本部遴选专家聘任之备本会之咨询

第四条　本会置专员及办事员若干人就本部及附属机关中调用之

第五条　本会事务由各委员及专家分别承办对于特别繁重工作得委托有关学术团体办理并酌予资助

第六条　本会职员皆为兼任不另支薪但本部以外人员得酌支交通费

第七条　本规程自公布之日施行

关于举办船舶国际证书及拟订有关规章办法

(一)准备事项(以需要急缓为序)

甲、将国际海上人命安全公约及国际载重线公约原文及中文译本各予翻印交各航政机关作填发各该证书时依据并分交参与拟定有关规章人员作为参考

乙、即行拟定施行船舶国际证书章程(有二十五年公布之临时办法可作参考)

丙、即行拟定安全证书无线电信安全证书免验证书国际载线证书外国客船检查证书及有关之表格式样付印

丁、修正船舶载重线法并拟定勘划客船分段载重线办法（将来归并于船舶载重线勘划办法内）

戊、拟定船舶救生防火检定救生艇员法定航海记事簿等各项规范及海员名册旅客名册属具目录格式公布施行（各项规范将来皆归并于经修订后之船舶检查技术规程内）

己、修订船舶检查章程及技术规程船舶检查技术规程应对远洋近海沿海运油江湖船舶及船用机器分别予以规定以求法规之完备

庚、除（丁）项客船分段载重线外并拟定其他各种船舶载重线勘划办法

辛、拟定轮船建造规范

（二）国际证书施行办法

甲、准备事项中俟甲、乙、丙、丁、戊各条办理完竣后各项船舶国际证书之发给即可实施同时继续办理己、庚、辛各条

乙、各项证书由本部印颁交各航政局核发

无线电信器材之检查由当地电信机关指定技术人员办理经检查合格后通知航政局核发无线电信安全证书

国际航线船舶载重线之勘划除客船分段载重线外得暂由经本部认可之船级社代办

丙、船舶国际证书之颁发有关国际信誉航政局技术员应改善名义提高待遇俾能延揽人才（或先就办理国际证书人员酌给津贴）

丁、办理计算载重线人员应审慎选择拟就各航政局会习造船工程学识优良之技术员调集予以短期训练以求技术划一

（三）各项有关规章表格拟定办法

甲、各项证书表格式样之设计船舶载重线法船舶检查章程之修订及亟待施行各项规范之拟定由本部指定专员办理

乙、拟定各项技术规范（包括各种船舶及机器检查细则载重线办法造船标准等）工作繁重拟由本部组织"船舶技术规范设计委员会"除本部派员主办外并延揽部外专家参与办法如下

1. 由部指定或聘请专门人员组织委员会部外委员及专员得酌给交通费

2. 由本部延聘中外学资兼优人士为委员会顾问顾问为名誉职

3. 各项专门工作由各委员分别承办

4. 对较繁杂工作得委托学术团体定期拟具草案由部核定对承办之学术团体酌予贴补

308

1947 年 10 月 15 日

修正船员检定章程第二十一条及第二十二条暨未满二百总吨轮船船员检定暂行章程第六条及第十一条条文

（中华民国三十六年十月十五日交通部令航字第七六一二号）

修正船员检定章程

第二十一条　声请检定者应缴证书费二万元并依照印花税法购贴印花

第二十二条　声请检定而考验不及格者证书费发还

修正未满二百总吨轮船船员检定暂行章程

第六条　声请检定者应向船籍港之航政局或航政局办事处呈缴

声请检定书履历报告书体格检查表最近二寸半身相片二张证书费二万元并依照印花税法购贴印花转呈交通部审核资历

第十一条　船员证书遗失时应登报声明作废并将遗失实情呈报交通部审核补发新证书船员证书污损时将原证书缴销呈请换发新证书补发或换发新证书时应缴证书费二万元印花费照前条办理

309

1947 年 12 月 9 日

日本赔偿及归还物资督运纲要、督运细则暨运输优先程序原则

[中华民国三十六年十二月九日行政院令(三十六)
七法字第五一二五三号]

令赔偿委员会

本年十一月二十八日京(三十六)二督字第三一九三号呈,据督运委员会呈拟日本赔偿及归还物资督运纲要督运细则暨运输优先程序原则,请鉴核备案由。

呈件均悉。准予备案。仰即转行各有关机关知照。此令。

附日本赔偿及归还物资督运纲要、督运细则暨运输优先程序原则各一份。

日本赔偿及归还物资督运纲要

(一)督运阶段。

督运分三阶段,第一阶段自日本各指定港口我国派往接运输船上接收赔偿及归还物资之时起,至运达我国各指定港口船边交货止,第二阶段自我国港口船边交货起,至提卸物资至仓库,以至整理运离仓库之时止,第三阶段自运离仓库之时起,至内运到达设厂地点止。

(二)责任划分。

第一阶段之运输,统由交通部负责,唯国防部接收物资,于必要时得由交通部商洽国防部协助运输,第二及第三阶段之运输卸存业务,统由各接收机关自行负责办理。

（三）督运人员。

本会得酌派督运人员,赴日本港口,负责办理督导工作,我国重要港口,每一港口得由交通部派员办理运输工作,其他港口亦由交通部委托当地适当人员兼任,所有交通部委派各港口人员,得由本会加委,兼办各该港口督运工作。

（四）各机关应供给本会资料。

其重要者,如(1)各机关派驻日本及我国各港口办理接收运输机构名称地点负责人姓名,(2)各机关自日本各港起运交我国港口赔偿物资吨数详表,(3)包装标志式样大小颜色,(4)各机关在我国港口自有或租用码头仓库起重设备概况,(5)各机关接收物资分配内运计划,(6)运输各项费用估计,交通部负自日运到我国港口之责,并应供给运输计划及办法,运价价率及运费估计。

（五）自日本至我国港口船只之调度,由交通部负责,船位分配由本会核定,押运由各接收机关自行负责办理。

（六）日本港口启运时,特别注意包装之牢固,及其标志之完备与显明。

（七）到达我国港口后,各接收机关应以利用自有或租用之码头仓库为原则,在未有此项设备者,则由交通部统筹。

（八）我国港口仓库之储存期间,以十天为限,各接收机关必须于限期内,将接收物资提离港口仓库,卸轮能力必须照本会规定标准办到。

（九）自日本港运到我国港口之轮运价率及运费预算,由交通部拟编送会,呈院核定,拨部转发。

（十）各接收机关及承办运输之交通部,有照本会规定按期送寄报告之义务。

日本赔偿及归还物资督运细则

第一章 总 则

第一条 凡日本赔偿及归还物资迁运回国之督运事宜,悉照本细则之规定办理。

第二条 本细则提经督运委员会通过后,报请赔偿委员会转呈行政院备案,其修正亦同。

第三条 本细则未规定事项,得适用赔偿委员会及督运委员会其他法则及命令办理。

第二章　督运范围

第四条　本会督运责任,自日本各指定港口我国派往接运轮船上接收赔偿及归还物资之时起,至运达各接收机关设厂地点止,为便于督运起见,分三个督运阶段。

(一)第一阶段自日本各指定港口我国派往接运轮船上接收赔偿及归还物资之时起,至运达我国各指定港口船边交货之时止。

(二)第二阶段自我国指定港口船边交货之时起,至提卸进仓整理运离仓库之时止。

(三)第三阶段自运离仓库之时起,至内运到达设厂地点止。

第五条　第一阶段之运输,统由交通部负责,唯于必要时得由交通部洽商国防部协助办理,本会负责督促如期派船接运,分配吨位,规定装运先后,俾赔偿及归还物资得按我国需要尽速运离日本港口。

第六条　第二阶段业务由各接收机关自行负责处理,本会负责督促迅速卸轮整理提运,俾轮船周转迅捷,码头仓库免成拥挤现象。

第七条　第三阶段之运输仍由各接收机关自行负责办理,本会负责督促迅速内运,俾得早日运达设厂地点,完成督运工作。

第三章　督运组织

第八条　本会为督运最高机构,重要事项由督运委员会开会决定之。

第九条　本会得派代表驻日,代表本会办理日本各港口督运工作,并与各有关机关切取联系。

第十条　本会为便利就近督运起见,得委托交通部派驻日本及我国港口负责办理运输人员,兼办各该港口之督运事宜。

第四章　督运前之准备

第十一条　各接收物资机关应供给本会下列资料。

(一)各机关接收赔偿及归还物资自日本港口起运至我国各港口重量吨数及尺码吨数详表。

(二)特重特大物资清单。

(三)各接收机关接收物资包装上标志式样大小颜色。

(四)各接收机关在我国各港口自有或租用码头仓库概况表并附图。

(五)各接收机关在我国各港口自有或租用之起重设备能力概况表。

(六)各接收机关接收赔偿及归还物资分配概况及设厂地点内运计划线路运量。

（七）各接收机关在我国各港口卸轮整理仓储接收赔偿及归还物资费用估计。

（八）各接收机关接收赔偿及归还物资自我国各港口内运至设厂地点运输费用估计。

（九）各接收机关派驻日本及我国各港口负责办理接收赔偿及归还物资机构名称地点负责人姓名表。

第十二条 交通部负责输日本各港口运输事宜，并应供给本会下列资料。

（一）日本赔偿及归还物资运输计划及办法。

（二）运价价率及运费估计。

（三）负责办理运输机构名称地点负责人姓名及派驻日本及我国各港口办理运输负责人姓名及住址。

第十三条 本会为便于督运起见，并应先行搜集下列资料，以供参考。

（一）日本及我国有关港口设备能力规费运输手续。

（二）有关日本赔偿及归还物资内运线路运输设备能力规费运输手续。

（三）调查并洽商可以借用之电信设备。

第十四条 本会为便利日本赔偿及归还物资自日本港口运达我国港口之运输保险，由承运机关交通部斟酌办理，至运达我国港口提卸进后之仓储保险，应由各接收机关自行决定办理，为运输便利起见，本会得先代各机关办妥下列各事项。

（一）日本赔偿及归还物资进口许可证事项。

（二）日本赔偿及归还物资进口免税事项。

第五章 接运船只之调派与连续

第十五条 本会接得派驻日本各港口督运人员报告运达港口物资重量吨数接收机关名称运往我国港口名称后，即通知交通部调派船只。

第十六条 交通部接到本会调派船只通知后，应调派适当轮船，于最短期内开往接运，并将派往接运轮名可装载重量吨数尺码吨数本国起航港口名称启航日期估计到达日本港口日期报告本会。

第十七条 本会接到交通部派定船只通知后，立即分配吨位，通知交通部按照分配吨位派轮接运，并通知有关接收机关派定押运员，同时电告本会驻日代表与驻港督运人员与各接收机关人员切取联系，准备装轮工作。

第十八条 交通部派往日本接运轮船起航后，接运轮船船长应逐日将轮船动态电告本会，抵达装卸港口时，并应会同本会驻港督运人员每日电告装卸数量，以便督催，装卸完毕时，并应拍发一总报告，以便稽考。

第十九条　交通部应于开始派船赴日接运之时起,将船只调配装运数量到达数量运输费收付逐批报告本会备查。

第二十条　交通部派往日本接运轮船,应在国内事先详密检查船壳机件,配齐航行及装卸用具物料,否则到日后一切修理租用购买之交涉事项,统由该部自理。

第六章　日本港口之督运

第二十一条　本会派驻日本港口督运人员应与各接收机关派驻人员切取联系,所有运到港口物资亲往视察,并会同各接收机关人员督促日方应在物资包装上照本会规定日本赔偿物资标志办法切实办到。

第二十二条　赔偿及归还物资应妥予包装,如运达日本港口时已有破损时,本会驻港督运人员应予立即督促日方整修,并应请日方于装轮时酌备整修包装人员,俾装轮时如发现包装不同可立予补救,否则物资散失,到达我国港口时无法整理。

第二十三条　派往日本接运轮船到达日本港口后,本会派驻港口督运人员会同接收机关负责人督促日方立即装轮所有装轮工作及费用,统由日方负责,接收机关负责在船上接收赔偿及归还物资,凡标志及箱号相符包装完整者,均应接收之。

第二十四条　为求交接之使得起见,所有赔偿及归还物资之押运工作,由接收机关自理,装轮卸轮及理货工作,由交通部责成各接运轮船负责办理,船长应于提单及其附件上签字盖章证明,不负短少残损责任,押运人员之责任及押运办法另订之。

第二十五条　派往接运轮船装运何项接收机关物资及其品名吨数,本会驻港督运人员应根据本会通知办理,其因船舶安全或舱位装卸技术关系未能全部照办时,得商同船长斟酌变通之,并报告本会备查。

第二十六条　为求装轮之安全经济起见,同批物资如何配装,应由船长绘制装载图,全权主持。

第二十七条　派往日本接运轮船,统作装运赔偿及归还物资运输之用,各轮公司轮上人员接收机关及其随轮赴日押运人员不得私带客货,本会驻港督运人员有稽查督察之责。

第二十八条　派往日本接运轮船采用船上收货办法,所有轮上人员及接收机关随轮押运人员无在日本登岸之必要,其因业务之需要或另有附带任务必须上岸者,其一切出国及入境手续,概由各该轮公司或接收机关自行办理,本会不负照料之责。

第二十九条　轮船装载完毕后,驻港督运人员除会同船长拍发本会装运情况电报外,并应向各接收机关索取舱单及提单副本及其附件各一份,快邮寄会,以凭汇核。

第三十条　日本各港口之装运能力另行规定,分别通知有关机关照办,唯普通装箱物资,每一舱口每日装轮能力不得低于二百五十吨,驻港督运人员应根据本会规定标准督催装运,其未达标准者,应举办夜工装轮。

第三十一条　派往日本接运轮船停泊候装时间,另表规定通知有关机关,其超逾规定时间者,驻港督运人员应专案报告,申述理由,以便查考。

第七章　我国港口之督运

第三十二条　本会派驻我国港口督运人员应与各接收机关派驻港口接收人员及交通部办理运输人员切取联系。

第三十三条　本会接到接运轮只自日本港口开出电报后,立即通知驻港督运人员及有关接收机关,准备一应接收工作。

第三十四条　凡接收机关在我国各港口自有或租用码头仓库者,到达各该港之装有该接收机关物资之轮只,以停靠各该机关码头利用其自有仓库提存为原则。

第三十五条　凡接收机关在我国各港口未设有码头仓库者,则装运各该机关物资轮只到达港口时,其停靠码头仓库由交通部统筹决定,随时分别通知本会及本会驻港督运人员与各有关机关。

第三十六条　接运轮船到达我国港口前,驻港督运人员应遵照本会指示原则,准备码头仓库,并约同接收机关人员准备装卸工具人员,于轮抵码头时前往办理接收提卸工作。

第三十七条　我国各港口之卸轮能力标准另行规定之,唯普通装箱物资最低每日每一舱口不得低于二百五十吨,驻港人员应依照标准催提,必要时并应举办夜间卸轮工作。

第三十八条　接运轮船在我国港口候卸时间另表规定,其超逾时间者,驻港督运人员应专案报告,申述理由。

第三十九条　特大特重物件之卸轮工作最称困难,本会驻港督运人员应事先调查清楚可利用之卸轮起重设备及方法,呈报本会备查,以便此项运输发生时随时可以运用。

第四十条　所有我国各港口码头附近仓库均为航运仓库,原系进出轮船装卸货物暂时储存之用,为免除码头仓库发生拥挤现象起见,各接收机关堆存仓库物资时间不得超过十天,如逾期限不提,本会得作如下之处理。

(一)暂不启运该接收机关存储日本港口物资。

(二)改变该机关接收物资到达港口,其因此发生额外费用,由该接收机关自理。

（三）经代提存当地其他仓库，其费用由该接收机关自理。

第四十一条　本会驻港督运人员应请接收机关酌配整修包装工人，于卸轮时如发现破损立予整修，并督导接收机关按照标志分类堆存，以利提运。

第四十二条　各机关接收物资其预定配给接运船只到达我国港口之附属机关者，驻港督运人员应督催于规定储存期限内提运出栈，其须转口或内运者，应督促于储存期内洽妥运输工具，即日内运或转口，否则变应先行提存至其他堆存仓库，以免占用航运仓库。

第四十三条　本会驻港督运人员除每日会同船长电告本会卸轮情形外，并应于轮船卸清后向接收机关索取舱单及交接凭证各一份报会备查。

第四十四条　本会驻港督运人员应将每日仓库提存情形报告本会，以便查考。

第八章　内运或转口之督运

第四十五条　到达我国港口物资转口或内运或运离港口码头仓库至设厂地点者，应于启运时逐批报告本会及本会驻港督运人员。

第四十六条　各接收机关物资内运或转口困难时，得商请本会予以协助。

第四十七条　各接收机关物资运达设厂地点时，应逐批报告本会到达时间数量品类，以便查考。

第九章　运输费用与价率

第四十八条　日本赔偿及归还物资运输费用，应照下列四大科目分别编列。

（一）自日本港口运达我国港口运输费用。

（二）我国港口卸轮整理仓储费用。

（三）我国港口内运至设厂地点费用。

（四）押运理货费用。

第四十九条　第一项费用估计由交通部拟编，其余三项费用统一包括于建厂费用内，应由各接收物资机关拟编建厂费用预算时分列科目，送本会汇编呈院核发。

第五十条　所有运输费用，由本会依照各机关预算，查酌实际需要，拟定数目，呈请行政院核定，运发各机关领用。

第五十一条　自日本港口运达我国港口之轮运运价及其延期费率，由交通部拟定,送本会核定,我国港口费用其应由货主负担之码头费卸轮费力资仓租租率以及由我国港口内运至设厂地点之各项运输费用押运理货费用,由各接收机关根据实际情形拟定送会核定,其增订亦同。

第十章　督运报告

第五十二条　本会督运报告分原始报告整理报告及登记簿册三种,原始报告系本会驻港人员及各机关送来之报告,并附寄原始凭证,整理报告系本会就原始报告整理而成者,登记簿册登记上述两种报告之资料。

第五十三条　本会原始报告包括下列各种。

(一)驻日代表拆迁装运报告　报告各拆迁厂拆迁装箱起运情形及数量。

(二)日本各港口驻港督运人员。

一、到达数量报告　报告到达本港物资品名件数标志重量吨尺码吨到达日期存储地点接收机关等。

二、启运数量报告　报告每轮装运物资品名件数标志重量吨尺码吨启运日期到达港名接收机关等。

三、装轮进度报告　报告每轮每日装轮数量。

(三)我国港口驻港督运人员。

一、到达数量报告　报告到达本港轮名到达日期到达物资品名件数标志重量吨尺码吨接收机关存储地点等。

二、仓库提存报告　报告本港各仓库容量存提品名件数重量吨尺码吨接收机关存储提运日期等。

三、内运转口搬运报告　报告每批自码头仓库提出后物资品名件数重量吨尺码吨接收机关提运何处用何工具内运提运日期等。

四、卸轮进度报告　报告每轮每日卸轮数量。

(四)交通部。

一、轮船动态报告　报告接运轮船每日所在地,此项报告亦可由接港轮船船长直接报告本会。

二、运输报告　报告自日本各港运至我国各口港之起运在途到达品名件数重量吨尺码吨接收机关起运到达日期等。

三、运输费用收支报告　报告本会拨付运费收付情形。

(五)接收机关。

一、接收物资动态报告　报告接收物资品名件数编号及其启运到达内运数量。

二、内运转运及押运费用收支报告。

第五十四条　本会根据上述各项报告,整理成下列各种报告。

(一)督运物资动态示意图　表示赔偿及归还物资起运在途到达及各地存储数量。

(二)起运到达在途数量报告。

(三)日本及我国各港口仓库提存报告。

(四)内运情况报告。

(五)运输费用收支报告。

第五十五条　本会为记录上述各项报告资料,得设置各种簿册,分别登记,以便查考。

第五十六条　上述各项报告,得视事实需要,或用电报或用表报,或一日一报或一批一报,随时以命令定之,其格式另定之。

日本赔偿及归还物资运输优先程序原则

一、物资运输优先程序,根据下述二观点以决定之。

(一)就物资使用及本质观点以定运输先后。

(二)就运输经济技术观点以定运输先后。

二、就物资使用及本质观点,规定运输优先程序如后。

(一)国防交通物资优先起运,国营民营厂矿第二,文化教育物资第三。

(二)盟总规定第一级优秀物资先运,第二级物资次之。

(三)补充原有厂矿设备之物资先运,新建厂矿物资次之。

(四)同一接收单位物资已启运一部,其余剩有关部分物资优先起运。

三、就运输经济技术观点,规定运输优先程序如后。

(一)最适于派往接运轮船运输者先运,其余次之。

(二)先到达日本港口之物资先运。

(三)厂矿设在我国港口轮船可以直达者先运,需转运者次之。

(四)到达我国港口后其运离仓库最速之接受机关物资先运。

(五)不满一轮载量时,同一日本港口之存储物资或其附近港口之存储物资而运达我国同一港口之物资先运。

(六)运输上可以使用之起重设备物资先运。

四、盟总规定限期起运物资先运。

五、凡物资同具一条或数条优先运输条件而无法同时同批起运时,由督运委员会斟酌情形决定之。

六、凡督运委员会规定之优先运输物资,接运轮船船长必须遵办,但因轮船安全及装载技术原因,得由船长临时变通办理,唯应逐案报核。

七、本原则经督运委员会通过,呈报赔偿委员会转报行政院备案,其修改亦同。

310

1947 年 12 月 22 日

交通事业人员任用条例

(中华民国三十六年十二月二十二日交通部公布同日施行)

第一条 交通事业人员之任用,除法令另有规定外,依本条例行之

第二条 本条例所称交通事业人员以禁属交通部者为限

第三条 交通事业人员,分左列三类

一、业务类 分管理运输电信邮电储汇等项

二、技术类 分土木机械电机化学号志等项

三、总务类 分文书财务物料庶务等项

第四条 交通事业人员,有左列情事之一者,不得任用

一、背叛中华民国,通缉有案者

二、褫夺公积,尚未复权者

三、因赃私处罚有案者

四、亏空公款者

五、受禁治产之宣告者

第五条 交通事业人员,按其资压位置,分为四等,一等分为六级,二等九级,三等九级,上等六级

前项人员之职称资历位置业等级评分对照表及薪给表,由交通部会同铨叙部拟定,呈行政院及考试院核定

第六条 一二等交通事业人员,应于拟任前,由拟任机关填具资压表,检附最近体格检查表及有关证件,呈由交通部核转铨叙部,依资历位置评分标准及资历位置评分表,叙定资历位置后,由国民政府任命之

三等交通事业人员,应于拟任前,由拟任机关填具资历表,检附最近体格检查表及有关证件,呈由交通部依资历位置评分标准及资历位置评分表,

叙定资历位置后任命,并于每月底送铨部核定备案

四等交通事业人员由各该事业机关依资历位置评分标准及资历位置主分表叙定资格老的后任用,并每月报交通部核转铨叙部登记

前项资历位置评分标准及资历位置评分表资历深的表体格检查表,由交通部会同铨叙部拟定,呈行政院及考试院核定

第七条　一二三等交通事业人员,在任用前,得由拟任机关避派资历位置相当人员代理,但应于三个月内送请核叙

第八条　一二三等交通事业人员,经叙定资历位置者,由交通部发给资历位置证书,并送铨叙部加盖印信

第九条　初任人员,应经实习,实习期间为一年,期满考核成绩合格,经叙定资历位置后任用之

转任非本类职务者,应重行叙定资历位置,先行试用,试用期间为六个月,期满考核成绩合格,再行任用

前项实习及试用期办法,由交通部定之

第十条　交通事业人员,对于叙定之资历位置有异议时,得于通知书到达后二个月内,叙明理由,附具证件,呈请复核,但以一次为限

第十一条　资历位置之核叙,除有左列各款情事之一者外,不得超过三等一级

一、高等考试或相当于高等考试之特种考试及格者

二、国内外专科以上学校毕业者

第十二条　交通事业人员,经叙定资历深的位置者,得转任文官职务,其办法由考试院会同行政院定之

第十三条　交通事业人员,有左列情事之一者,得保留其资历位置

一、因机关裁并或紧缩而停职者

二、辞职照准者

三、调任非本类职务者

四、资高职低沿未调整者

第十四条　本条例施行范围类别及日期,以命令定之

311

1947 年 12 月 30 日

修正未满二百总担帆船丈量检查注册给照办法第十一条条文及帆船丈量检查注册给照各费收费表

（中华民国三十六年十二月三十日交通部航字第一一〇二九号令公布）

修正未满二百总担帆船丈量检查注册给照办法第十一条条文

第十一条 经检查合格之帆船除由县市政府登记帆船名册外应发给检丈单及执照各一纸此项注册及单照均无须另行纳费但遇单照遗失请求补发者每一纸应各纳费一万元

帆船丈量检查注册给照各费收费表

总担数别费别　　五十担未满　　五十担以上一百担未满　　一百担以上二百担未满

	五十担未满	五十担以上一百担未满	一百担以上二百担未满
丈量费	一万元	一万五千元	二万元
检查费	五千元	一万元	一万五千元
册照费	一万元	一万五千元	二万元

312

1948 年 1 月 15 日

交通部塘沽新港工程局八个组织规程

（中华民国三十七年一月十五日交通部令参字第六七一号）

交通部塘沽新港工程局船坞工区组织规程

第一条　交通部塘沽新港工程局依组织规程第十二条之规定于工务处之下设置船坞工区办理船坞工程建筑及其他有关事宜

第二条　本工区设左列二股

一、工务股

二、机务股

第三条　工务股掌理左列事项

一、关于工程测绘及计算事项

二、关于工程施工及保养事项

三、关于工程预算编拟事项

四、关于工程报告之汇编及图表记录之保管事项

第四条　机务股掌理左列事项

一、关于机电工程之设计施工事项

二、关于机电器具之支配保养事项

三、其他有关船坞机电工程事项

第五条　本工区设会计员一人依国民政府主计处设置各机关岁计会计统计人员条例之规定掌理本工区岁计会计事务并设会计助理员一人均依法层请主计处任免之

第六条　本工区设人事管理员一人依人事管理条例及公营事业机关人事管理机构设置规划之规定掌理人事管理事务

人事管理员得就本规程法定员额内指定一人兼办之

第七条　本工区因业务需要得指定帮工程司或工务员一人至二人兼办

材料之领发保管料账之登记用料之报销事项

第八条　本工区置左列各职员

主任一人　（由正工程司兼任）

股长二人　（由副工程司或帮工程司兼任）

正工程司一人

副工程司一人

帮工程司二人

工务员四人

监工员五人

事务员二人

司事一人

本工区技术人员资位之核叙依照交通部国营铁路技术员叙用及保障规则之规定办理

第九条　本工区主任正工程司由局长遴员呈请交通部核派其余人员月薪超过一百元者由主任遴员呈局报部核准派充月薪一百元及以下者由主任派充呈局报部备案

第十条　本工区办事细则另订之

第十一条　本规程自公布之日施行

交通部塘沽新港工程局浚渫工程队组织规程

第一条　交通部塘沽新港工程局依组织规程第十二条之规定于工务处之下设置浚渫工程队办理港区浚渫工程及其有关事宜

第二条　本队设左列各股

一、工务股

二、机料股

三、会计股

第三条　工务股掌理左列事项

一、关于浚渫工具之调度监督及工作之记录报告事项

二、关于浚填工具之装配事项

三、关于填土时之建造土埝及临时堤岸事项

四、关于港内及港口航道水深之测量及制图事项

五、关于航道测量及疏浚标志之建立事项

六、其他有关浚填工程事宜

七、关于浚渫船舶之管理指挥事项

第四条　机料股掌理左列事项

一、关于浚渫机电工具之检验及保养事项

二、关于浚渫工具之制图及设计事项

三、关于浚渫机电工具之零星修理事项

四、关于浚渫船舶所用煤水及必需材料之供应事项

五、关于材料之管理及料账之登录事项

六、关于浚填工程急需零星材料之购置事项

第五条　会计股掌理左列事项

一、关于预算决算之编制报告事项

二、关于款额收支之审核制证记账及造报事项

三、关于挖泥船各种费用之计算报告事项

四、关于员工薪资核发事项

五、其他有关岁计会计事项

第六条　会计股设股长一人会计助理员二至四人均依法层请主计处任免之

第七条　本队设人事管理员依人事管理条例及公营事业机关人事管理机构设置规则之规定掌理人事管理事务

人事管理员一人佐理人员二人至三人

第八条　本队置左列各职员

队长一人（由正工程司兼任）

副队长一人（由正工程司或副工程司兼任）

股长二人（工务机料二股由副工程司或帮工程司充任）

正工程司一人

副工程司二人

帮工程司六人

工务员十人

助理工务员八人

事务员三人

办事员一人

司事一人

本队技术人员资位之核叙依照交通部国营铁路技术员叙用及保障规则之规定办理

第九条　本队队长副队长正工程司由局长遴员呈请交通部核派其余人员月薪超过一百元者由队长遴员呈局报部核准派充月薪一百元及以下者由队长派充呈局报部备案

第十条　本队为工作需要得置实习生或练习生及监工员其名额另定之

第十一条　本规程自公布之日施行

交通部塘沽新港工程局防波堤工区组织规程

第一条　交通部塘沽新港工程局依组织规程第十二条之规定于工务处之下设置防波堤工区防波堤工程实施及其他有关事宜

第二条　本工区设左列各股及分工区

一、工务股

二、会计股

三、事务股

四、南堤分工区

五、北堤分工区

六、石场分工区

第三条　工务股掌理左列事项

一、关于各项工程之规划及费用之计核事项

二、关于工程之统计汇报事项

三、关于材料之请购领用配发退回事项

四、关于船舶之管理支配事项

五、关于以前方块工厂管理及新制空心方块制造及移运事项

第四条　会计股掌理左列事项

一、关于预算决算编报事项

二、关于款项收支之审核制证记账及造报事项

三、关于工程费用审核计算事项

四、关于员工薪资之核发事项

五、其他有关岁计会计事项

第五条　事务股掌理左列事项

一、关于文书之撰拟公文之收发保管等事项

二、关于款项出纳保管及工饷发放等事项

三、不属于其他各股之事务

第六条　本工区设人事管理员依人事管理条例及公营事业机关人事管理机构设置规则之规定掌理人事管理事务

置人事管理员一人佐理员二人至三人

第七条　南堤分工区掌理左列事项

一、关于南防波堤之施工事项

二、关于南防波堤之保养事项

第八条　北堤分工区掌理左列事项

一、关于北防波堤之施工事项

二、关于北防波堤之保养事项

第九条　石场分工区掌理左列事项

一、关于石料之开采事项

二、关于石场至塘沽之石料运送事项

第十条　本工区置左列各职员

主任一人（由正工程司兼）

副主任一人（由正工程司或副工程司兼任）

股长二人（工务股长由副工程司或帮工程司兼任）

正工程司一人

副工程司一人

帮工程司四人

工务员七人

事务员四人（内办理材料二人管理船舶一人）

会计股长一人会计助理员二人均依法请主计处任免之

办事员二人

助理工务员或实习生五人

监工员四人

书记一人

司事一人

本工区技术人员资位之核叙依照交通部国营铁路技术员叙用及保障规则之规定办理

第十一条　本工区主任副主任正工程司由局长遴员呈请交通部核派其余人员月薪超过一百元者由主任遴员呈局报部核准派充月薪一百元及以下者由主任派充呈局报部备案

第十二条　本规程自公布之日施行

交通部塘沽新港工程局机械工厂组织规程

第一条　本厂依据本局组织规程第十二条之规定于机务处之下设置机械工厂办理本港一切船舶机械修造及其他有关事宜

第二条　本厂设左列各股

一、工事股

二、材料股

三、会计股

四、事务股

第三条　工事股掌理左列事项

一、关于工程设计登记报告设施检验及技术研究等事项

二、关于工作之分配督导及统计考核事项

三、关于工价之承包及业务之估价事项

第四条　材料股掌理左列事项

一、关于成品及备用材料之收发保管事项

二、关于备用材料之统计请购及预领事项

三、关于零星材料之购运事项

四、其他有关材料事项

第五条　会计股掌理左列事项

一、关于预算决算编报事项

二、关于款项收支之审核报销事项

三、关于成本账之设计记录及计算事项

四、关于员工薪资之核发事项

五、其他有关岁计会计事项

第六条　事务股掌理左列事项

一、关于文书之撰拟公文之收发保管等事项

二、关于款项出纳工饷发放等事项

三、不属于其他各股之事务

第七条　本厂设丙等人事室依人事管理条例及公营事业机关人事管理机构设置规则之规定掌理人事管理事务

人事室置主任一人佐理人员三人至五人

第八条　本厂为实施工程便利起见设一至五个工作场

第一工作场办理机工船舶原动机等装修工作

第二工作场办理铆接锻铁及电焊工作

第三工作场办理木工工作

第四工作场办理翻铸及模型工作

第五工作场办理内燃机汽车及电机修理及装修外线等事项

第九条　本厂置左列各职员

厂长一人（由正工程司兼任）

股长三人（工事股长由帮工程司充任）

工作场主任五人（由帮工程司充任）

会计股长一人会计助理员二人会计事务员二人司事一人均依法请主计

处任免之

正工程司一人

副工程司二人

帮工程司七人

工务员十六人

助理工务员八人

事务员五人

办事员二人

本厂技术人员资位之核依照交通部国营铁路技术员用及保障规则之规定办理

第十条　本厂厂长正工程司由局长遴员呈请交通部核派其余人员月薪超过一百元者由厂长遴员呈局报部核准派充月薪一百元以下者由厂长派充呈局报部备案

第十一条　本规程自公布之日施行

交通部塘沽新港工程局测算队组织规程

第一条　本队依据本局组织规程第十二条之规定于工务处之下设置测量队办理港区一切工程上之测量及其有关事宜

第二条　本队设三角、导线、水准、地形、内业五组

一、三角组办理三角网测量计算事宜

二、导线组办理导线测量绘制事宜

三、水准组分正副水准办理水准测量事宜

四、地形组分二班办理地形测量绘制事宜

五、内业组办理绘制保管文书及其他各项庶务事宜

第三条　本队置左列各职员

队长一人（由正工程司或副工程司兼任）

副队长一人（由副工程司或帮工程司兼任）

正工程司一人

副工程司一人

帮工程司二人

工务员三人

助理工务员二人

绘图员一人

事务员一人

本队技术人员资位之核叙依照交通部国营铁路技术员叙用及保障规则之规定办理

第四条　本队为办理测量工作得雇用测地夫目及临时测工其名额另定之

第五条　本队队长副队长正工程司由局长遴员呈请交通部核派其余人员月薪超过一百元者由队长遴员呈局报部核准派充月薪一百元及以下者由队长派充呈局报部备案

第六条　本规程自公布之日施行

交通部塘沽新港工程局材料厂组织规程

第一条　本厂依照本局组织规程第十二条之规定于材料处之下设置材料厂办理材料之储运及其有关事宜

第二条　本厂设左列各股

一、储运股

二、计核股

三、会计股

四、事务股

第三条　储运股掌理左列各事

一、关于材料之收发保管提运及登记事项

二、关于材料之整理及材料损失之呈报事项

三、关于储备品之筹划及请购事项

四、关于旧料及废料之考验设计处理利用等事项

第四条　计核股掌理左列各事

一、关于请购材料之审核事项

二、关于领料之审核事项

三、关于旧料废料处理之审核事项

四、关于材料之总登账事项

五、关于各项统计表报等事项

第五条　会计股掌理左列各事

一、关于预算决算编制及报告事项

二、关于款项收支之审核制证及报销事项

三、关于员工薪资之核发事项

四、其他有关岁计会计事项

第六条　事务股掌理左列各事

一、关于文书之撰拟缮校收发及案卷之保管事项

二、关于备用金之收支保管及员工薪资之发放事项

三、其他不属于各股事项

第七条　本厂设人事管理员一人依人事管理条例及公营事业机关人事管理机构设置规则之规定掌理人事管理事务人事管理员得就本规程法定员额内指定一人兼办之

第八条　本厂得分设材料库储运由储运股管理之

第九条　本厂置左列各职员

厂长一人(得由副工程司兼任)

股长三人(储运计核二股长得由帮工程司充任)

会计股长一人会计助理员二人至四人均依法层请主计处任免之

副工程司一人

帮工程局二人

工务员二人

事务员六人

办事员四人

司事四人

书记二人

本厂技术人员资位之核叙依照交通部国营铁路技术员叙用及保障规则之规定办理

第十条　本厂视事务之需要得雇用库守材料夫及木工铁工其名额另定之

第十一条　本厂厂长由局长遴员呈请交通部核派其余人员月薪超过一百元者由厂长遴员呈局报部核准派充月薪一百元及以下者由厂长派充呈局报部备案

第十二条　本规程自公布之日施行

交通部塘沽新港工程局自来水厂组织规程

第一条　本局为供应所属员工及工程轮栈用水起见于工务处之下设置自来水厂(以下简称本厂)

第二条　本厂设左列各股

一、工务股

二、业务股

三、会计股

第三条　工务股掌理左列事项

一、关于给水工程设计及施工事项

二、关于机电之管理及材料之颁发登记保管事项

第四条 业务股掌理左列事项

一、关于供水业务之管理事项

二、关于供水业务之推广事项

第五条 会计股掌理左列事项

一、关于预算决算之编制造报事项

二、关于工程用费及事务用费支付之审核事项

三、关于营业收支款项之登录及审核事项

四、关于供水成本之计算事项

五、关于其他有关岁计会计事项

第六条 本厂设人事管理员一人依人事管理条例及公营事业机关人事管理机构设置规则之规定掌理人事管理事务

人事管理员得就本规程法定员额内指定一人兼办之

第七条 本厂置左列各职员

厂长一人(由副工程司兼任)

副工程司一人

帮工程司二人

股长二人(工务业务二股长由帮工程司或工务员兼任)

会计股长一人会计助理员二人均依法层请主计处任免之

工务员二人

助理工务员三人

事务员二人

司事一人

本厂技术人员资位之核叙依照交通部国营铁路技术员叙用及保障规则之规定办理

第八条 本厂厂长由局长遴员呈请交通部核派其余人员月薪超过一百元者由厂长遴员呈局报部核准派充月薪一百元以下者由厂长派充呈局报部备案

第九条 本厂为供水便利起见得设给所及给水站若干其设置办法另订之

第十条 本厂得在不妨碍厂务原则下承揽局外供水业务

第十一条 本规程自公布之日实行

交通部塘沽新港工程局码头事务所组织规程

第一条 本所依据本局组织规程第十二条之规定于港务处之下设置码

头事务所办理码头船栈货运作业查验及其他有关事宜

第二条　本所设左列各股

一、营业股

二、作业股

三、堆栈股

四、事务股

五、会计股

第三条　营业股办理左列事项

一、关于船位之分配及登记事项

二、关于货物装卸接洽事项

三、关于货物单照之查验事项

四、关于码头界内报运商行之管理登记及转报许可事项

五、关于作业之核准事项

六、关于货物进出口之报关事项

七、关于水陆联运之接洽事项

八、关于码头费及船位费之计算事项

九、其他有关码头营业事项

第四条　作业股办理左列事项

一、关于货物装卸搬运事项

二、关于装卸作业之支配事项

三、关于码头工人之组织管理及支配事项

四、关于装卸作业费率之建议事项

五、其他有关堆栈事项

第六条　会计股办理左列事项

一、关于预算决算编制造报事项

二、关于营业收支之审核检查事项

三、关于账务处理及造报事项

四、其他有关岁计会计事项

第七条　事务股办理左列事项

一、关于文书之撰拟缮校及案卷之保管登记事项

二、关于现金收支出纳保管事项

三、其他不属于各股事项

第八条　本所设人事管理员一人依人事管理条例及公营事业机关人事管理机构设置规则之规定掌理人事管理事务

人事管理员得就本规程法定员额内指定一人兼办之

第九条　本所设左列各职员

主任一人

股长四人

会计股长一人会计助理员二人至四人均依法层请主计处任免之

事务员十人

办事员十人

司事五人

第十条　本所主任由局长遴员呈请交通部核派其余人员月薪超过一百元者由主任遴员呈局报部核准派充月薪一百元及以下者由主任派充呈局报部备案

第十一条　本所视业务之需要得设立分所及招待所其组织另订之

第十二条　本所办事细则另订之

第十三条　本规程自公布之日施行

313

1948 年 1 月 16 日

交通部广州港工程局组织规程

（中华民国三十七年一月十六日交通部令参字第六六八号）

第一条　交通部为掌理广州港之建设及其他有关事宜设广州港工程局（以下简称本局）

第二条　本局设左列各处室

一、总工程司室

二、工务处

三、机务处

四、港务处

五、秘书室

六、人事室

七、会计室

第三条　总工程司室掌理左列事务

一、关于全局技术标准规程施工规程及材料规范之审核编订事项

二、关于全局计划之拟编技术设计之研究审核调查改善及工作安全事项

第四条　工务处设左列各课分掌事务

一、设计课　掌港工设计各项资料之搜集气象水文地层之探测新建工程及养护工程之设计考验审核及编制工程预算等事项

二、工事课　掌工程之招标发包计价监造考核验收预算之施行决算之审查工程用款用料之审核登记自办工程之施工房屋建筑物之修缮各项工程之统计施工章则之撰拟及本处工程之调度管理事项

三、材料课　掌材料之采购存贮运转及账册之编制登记等事项

第五条　机务处设左列各课分掌事务

一、机电课　掌各种机械电机之设计装修保养输电配电材料之领发保管及所属各厂工料用款之审核成本之计算等事项

二、船舶课　掌船只工程之设计监修及本局各种船舶之查验等事项

第六条　港务处设左列各课分掌事务

一、海事课　掌船舶载货之查验船舶出入之许可泊船位置之支配本局修建之码头船舶调配及有关海事事项

二、业务课　掌货物行李之装卸运输存储保管查验各种费用之征收抛轮之租赁码头行商之许可淡水之供给工人之管理业务规章之撰拟进出口货物之统计及不属于本局码头仓库堆栈之监理等事项

三、标志课　掌广州港及广州港附近航路标志之建筑管理保养等事项

四、警务课　掌本局及全港水陆治安之维护得设乙种警察所一至二个其编制照交通部交通警察总局所属水运警察所之编制

第七条　秘书室设左列各课分掌事务

一、第一课　掌理庶务出纳福利及不属其他各科室事宜

二、第二课　掌理文书机要印信编译等事宜

第八条　会计室设主任一人依国民政府主计处设置各机关岁计会计统计人员条例之规定掌理本局岁计会计事务受局长之指挥并分别受该管上级机关主办会计人员之监督指挥

会计室设账务审核两课所有佐理人员名额就本局总员额内商定支配之

第九条　本局设乙等人事室依照人事管理条例及公营事业机关人事管理机构设置规则之规定掌理人事管理事务

人事室置主任一人佐理人员六人至八人在本机关员额内支配之

第十条　本局为实施各项工程得设工区、工程队、测量队为修理船舶机

械得设机械工厂修船厂为储藏材料得设材料厂库为办理员工卫生保健得设诊疗所等附属单位其编制由本局拟定呈报交通部核定之

第十一条 本局设左列职员

职称　名额　职掌　备注

局长　一人　综理全局事务

副局长　一人　襄理全局事务

总工程司　一人　综理全局工程事务并协助工机港三处工作之行

副总工程司　一人　襄理总工程司办理全局工程事务

秘书　四人　承局长副局长命办理机要文件

正工程司　六至九人　办理长官交办工程事件

副工程司　十至十五人

帮工程司　二十至三十人

工务员　十五至二十五人

助理工务员　十至十五人

港务长　一人　综理全局港务技术事项

港务员　十至十五人　办理长官交办港务事件

处长　三人　承局长副局长命办理各处事件　港务处长由港务长兼

副处长　三人　承局长副局长命襄理各处事件

主任　二人　会计室人事室主任各一人

课长　十三人

课员　四十至六十人

会计事务员　四至六人

财务检查员　二至四人　承命办理账务检查事件

材料点查员　二至四人　承命点查局内外材料事件

专门委员　二至四人

专员　五至十人

共计名额　一六五人至二四一人

实习生练习生绘图员监工员司事等员额视事务之繁简另定之并呈报交通部核定

第十二条 本局各课必要时得分股办理每股设股长一人由课员中指定担任之

第十三条 本局因事务需要得用雇员其名额视需要另定之并呈报交通部核定

第十四条 局长由交通部长派充承部长之综理全局事务副局长由交通部长派充辅助局长襄理全局事务

第十五条　总工程司由交通部长派充承局长副主任局长之综理全局工程事务并协助工机港三处工作之推行副总工程司由交通部派充襄理总工程司办理全局工程事务

第十六条　本局技术人员资位之核叙参照交通部国营铁路技术人员叙用及保障规则之规定办理

第十七条　本局各级职员之任用除人事会计人员之派充另依法令规定外其他各处室主管人员均由交通部长充课长及其同等阶级人员由局长遴员呈请交通部核派薪级超过一百元者报部备核余均报部备案

第十八条　本局办事细则另定之

第十九条　本规程自公布日施行

314

1948 年 1 月 28 日

轮船载货逾量处罚办法

（中华民国三十七年一月二十八日交通部令航字第五九七号）

第一条　轮船载货逾量处罚依本办法之规定

第二条　轮船（包括拖轮木驳）装载货物须切实遵照航政局（处）所规定之数量装载不得逾量轮船载货数量经航政局规定后应于轮船上显著地方标明

第三条　轮船装载货物在未启航前应先填报数量请求航政局（处）签证放行

第四条　航政局视察员视察各轮船载货情形时如发现有逾量装载情事应严加制止不服时报告航政局

第五条　轮船载货逾量超过规定载量不及百分之二十者没收其逾量之货物运费超过规定载量百分之二十以上者除没收逾量货物运费外并得处于等于逾量二分之一至一倍以上之罚款或十日以下停航处分

轮船载货逾量除受前项之处罚外船长或正驾驶得由航政局酌予收回职业证书之处分

第六条　航政局视察员视察各轮船载货情形尚有报告不实时由航政局惩处之其有收受贿赂情事时经查明属实后送法院依惩治贪污条例处罚之

第七条　各检查机关如发现轮船载货逾量时应随时通知航政局轮船乘客对于货物逾量情事得报请航政局予以制止。

第八条　本办法自公布日施行

315

1948年3月1日

修正航政局船舶碰撞纠纷处理委员会章程第二条条文

（中华民国三十七年三月一日交通部令航字第一四一七号）

第二条　本会设委员十五人至十七人除航政局局长主管科科长为当然委员外其余委员由航政局长就当地管辖区域内聘请左列专家充任之

一　港务长或同等职务之人员

二　具有资望之船长或引水人

三　具有资望之保险公会会员

四　具有资望之律师公会会员

航政局长得分别在管辖区域内遴聘委员就近处理但案件之审定仍以该局船舶碰撞纠纷处理委员会名义行之

316

1948 年 3 月 15 日

东北运输总局组织规程

（中华民国三十七年三月十五日交通部令参字第三四号）

第一条　东北运输总局直隶于交通部管理东北九省及热河省区铁路特许经营之公路与水道运输业务暨其他附属事业

第二条　东北运输总局置局长一人综理本局事务并指挥监督所属机关及职员副局长二人辅助局长处理事务

第三条　东北运输总局设左列各处室

一、计划室

二、秘书处

三、运务处

四、业务处

五、附业处

六、工务处

七、机务处

八、电务处

九、材料处

十、总务处

第四条　计划室掌左列各事项

一、关于铁路码头仓库建筑保养修理之设计事项

二、关于铁路汽车船舶装配保养修理之设计事项

三、关于全区运输网之计划设施事项

四、关于经济与业务配合发展之计划事项

第五条　秘书处掌左列各项事宜

一、关于机密文件之处理事项

二、关于文件之收发分配撰拟及保管事项

三、关于印信之典收事项

四、关于刊物之编辑翻译事项

五、关于章则之审核制定事项

六、关于各种统计搜集汇编事项

第六条 运务处掌左列各事项

一、关于行车安全事项

二、关于车辆船舶之调度事项

三、关于其他运输事项

第七条 业务处掌左列各项事项

一、关于客货运价之拟定事项

二、关于客货运章则之审定解释事项

三、关于营业计划与运输合约之洽订事项

四、关于业务及交通线之经济调查事项

第八条 附业处掌左列各事项

一、关于工业生产管理事项

二、关于农林培植生产事项

三、关于渔牧生产管理事项

四、关于矿业生产管理事项

五、关于工业农业渔牧矿业产品之营业事项

第九条 工务处掌左列各事项

一、关于铁路码头仓库之建设事项

二、关于铁路码头仓库之保养事项

三、关于工务器材之支配调整事项

第十条 机务处掌左列各事项

一、关于机务广场之设计事项

二、关于车辆之检验事项

三、关于车辆船舶之修理保养事项

四、关于机械工程之考核事项

五、关于机务器材之支配调拨事项

第十一条 电务处掌左列各事项

一、关于所属专用电话电报之设备装修检验调度事项

二、关于所属专用电讯工程之筹备设计事项

三、关于所属铁路号志之设计装置管理事项

四、关于电务器材之支配调整事项

五、关于电力之供应与分配事项

第十二条　材料处掌左列各事项

一、关于料账之稽核登记统计报销事项

二、关于材料之调查询价招标事项

三、关于材料之采购筹集保管储备转运检验事项

四、关于材料仓库之设备管理事项

五、关于废旧材料之利用设计事项

六、关于材料之制造配修事项

第十三条　总务处掌左列各事项

一、关于经费出纳及保管事项

二、关于财产物品之保管事项

三、关于税务及其他不属于各处事项

第十四条　东北运输总局置处长七人至九人秘书五人至九人主任一人科长二十五人至三十五人视察三人至五人科员二百人至二百五十人办事员七十人至一百人账务检查员四人至六人材料点查员二人至四人

第十五条　东北运输总局置土木总工程司机械总工程师各一人得分别兼任工务处及机务处处长土木副总工程师机械副总工程师各一人正工程师二十人至二十五人副工程师二十五人至三十五人帮工程师四十人至五十人工务员六十人至八十人前项技术人员资位之核叙依照交通事业人员任用条例之规定办理

第十六条　东北运输总局设会计处置处长一人依国民政府主计处设置各机关岁计会计统计人员条例之规定掌理本局岁计会计事务受所在机关长官之指挥并受该管上级机关主办会计人员之监督指挥其佐理人员就本局员额中调用之

第十七条　东北运输总局设人事处置处长一人佐理员若干人依人事管理条例及公营事业机关人事管理机关设置规则之规定掌理人事管理事务人事佐理人员就本局员额内调用之

第十八条　东北运输总局得聘派顾问若干人专门委员七人至十人专员二十人至二十五人

第十九条　东北运输总局因业务需要得就东北区内设置铁路管理局及公路水道运输等机关

第二十条　本规程自公布日施行

317

1948 年 4 月 14 日

交通部长江区航政局公用码头
管理所组织规程

（中华民国三十七年四月十四日交通部令航字第一四八二号）

第一条　长江区航政局为管理长江流域各埠公用码头事宜设置公用码头管理所

第二条　本所所址设于长江区航政局所在地

第三条　本所设左列各股

一、业务股

二、事务股

三、会计股

第四条　业务股办理左列事项

一、关于船位之分配及登记事项

二、关于货物装卸接洽事项

三、关于货物单照之查验事项

四、关于货物进出口之报关事项

五、关于水陆联运之接洽事项

六、关于码头费及船位费之计算事项

七、关于货物装卸搬运事项

八、其他有关码头业务事项

第五条　事务股办理左侧事项

一、关于文书之撰拟缮校及案卷之保管登记事项

二、关于现金收支出纳保管事项

三、关于码头之保养事宜

四、关于码头工人之组织管理及支配事项

第六条　会计股办理左侧事项

一、关于预决算汇编造报事项

二、关于业务收支之审核查验事项

三、关于账务处理及造报事项

四、其他有关岁计会计事项

第七条　本所置所长一人副所长一人股长三人会计助理员二人业务员四人技术员二人理货员二人并得用雇员二人

第八条　本所置人事管理员一人依人事管理条例及公营事业机关人事管理机构设置规则之规定掌理人事管理事务

第九条　本所各级人员之任用铨叙依照交通事业人员任用条例办理

第十条　本所所长由长江区航政局局长兼任副所长由长江区航政局遴选资历位置相当人员呈部派充股长由本所遴选资质位置相当人员呈局派充报部备案其余人员由本所遴选资质位置相当人员派充呈局报部备案会计人员另依法令办理

第十一条　本所得于辖区内各埠设立分所其设置地点由长江区航政局报部核定

前项分所之组织另订之

第十二条　本规程自公布之日施行

318

1948 年 5 月 27 日

国营招商局机器造船厂组织规程

（中华民国三十七年五月二十七日交通部令航字第三三六八号）

第一条　国营招商局设机器造船厂（以下简称本厂）专司船舶修造及各种器材之配制暨对外营业事项

第二条　本厂经营业务完全按照商业性质办理

第三条　本厂设左列各组

（一）总务组

（二）工务组

（三）业务组

（四）材料组

（五）会计组

第四条 总务组之职掌如左

一、关于印信之典守事项

二、关于文书之撰拟收发表册之编制及档案之保管事项

三、关于房屋之管理修缮事项

四、关于普通用品之采购收发及保管事项

五、关于现金之收支事项

六、关于庶务及不属本厂其他各组事项

第五条 工务组之职掌如左

一、关于船舶及机器修造工作之设计绘图事项

二、关于修造工程图样表报之绘制及保管事项

三、关于工作之支配准备及统计事项

四、关于船舶修造工程之估价事项

五、关于修造工程之审核及成品之检验事项

六、关于工作机械及工具之使用支配及保管事项

七、关于各工场机器间之联系事项

八、关于技工之管理及训练事项

九、关于本厂动力之供应及管理事项

十、关于各项工程领料审核事项

十一、其他有关工务事项

第六条 业务组之职掌如左

一、关于本厂业务之规划及推进事项

二、关于业务之承揽及各项修制品之销售事项

三、关于业务合同之拟定及保管事项

四、关于材料之采办事项

五、关于修制品之装置运输及存卸点交事项

六、关于营业广告报表之编制事项

七、关于其他有关业务事项

第七条 材料组之职掌如左

一、关于材料之收发事项

二、关于材料之保管事项

三、关于材料之运输及起卸事项

四、关于材料账册之登记事项

五、关于材料之分析及统计事项

六、关于其他有关材料事项

第八条 会计组之职掌如左

一、关于预算决算之编制事项

二、关于会计表报之编造事项

三、关于账册之登记及传票之核制事项

四、关于成本之核算事项

五、关于票据之审核保管事项

六、关于财物进出之审核事项

七、其他有关会计事项

第九条 各组因业务上之需要得分股办事

第十条 本厂工作部分设各工场机器间及船坞其设备视业务之需要定之

第十一条 本厂设厂长一人综理全厂事务副厂长一人襄助厂长处理全厂事务

第十二条 本厂各组各设主任一人得由工程司兼任之并视业务之繁简酌设正工程司一人至二人副工程司二人至三人帮工程司二人至三人工务员或助理工务员八人至十四人办事员十人至十二人雇员及练习生各若干人分别办理各单位事务

第十三条 （一）本厂各组人员之作用铨叙依交通事业人员作用条例办理

（二）本厂厂长副厂长由国营招商局遴选资历位置相当人员呈请交通部派充组主任各级工程司由本厂遴选资历位置相当人员呈请国营招商局派充报部备案其余人员由本厂遴选资历位置相当人员派充呈局报部备案

第十四条 本厂设人事管理员一人依人事管理条例及公营事业机关人事管理机构设置规则之规定掌理人事管理事务

第十五条 会计组设主任一人依国民政府主计处设置各机关岁计会计统计人员条例之规定掌理本厂岁计会计事务受厂长之指挥并分别受该管上级机关主办会计人员之监督指挥

会计组各级佐理人员由本厂总员额中调配均依法层请主计处任免之

第十六条 本规程自公布之日施行

319

1948 年 5 月 28 日

修正船员检定章程第二十一条及第二十二条暨未满二百总吨轮船船员检定暂行章程第六条及第十一条条文

（中华民国三十七年五月二十八日交通部令航字第四一一一号）

修正船员检定章程

第二十一条 声请检定者应缴证书费二十万元检定费四十万元并依照印花税法购贴印花

第二十二条 声请检定而考验不及格者证书费发还

修正未满二百总吨轮船船员检定暂行章程

第六条 声请检定者应向船籍港之航政局或航政局办事处呈缴声请检定书履历报告书体格检查表最近二寸半身相片三张证书费二十万元检定费四十万元并依照印花税法购贴印花转呈交通部审核资历

第十一条 船员证书遗失时应登报声明作废并将遗失实情呈报交通部审核补发新证书船员证书污损时得将原证书缴销呈请换发新证书补发或换发新证书时应缴证书费二十万元并依照印花税法购贴印花

320

1948 年 6 月 1 日

修正未满二百总担帆船丈量检查注册给照办法第十一条条文及帆船丈量检查注册给照各费收费表

（中华民国三十七年六月一日交通部令航字第四三三七号）

修正未满二百总担帆船丈量检查注册
给照办法条文及收费表

第十一条 经检查合格之帆船除由县市政府登记帆船名册外应发给检丈单及执照各一纸此项注册及单照均无须另行纳费但遇单照遗失请求补发者每一纸应各纳费五万元

帆船丈量检查注册给照各费收费表

总担数别 费别	丈量费	检查费	册照费
五十担未满	五万元	二万五千元	五万元
五十担以上一百担未满	七万五千元	五万元	七万五千元
一百担以上二百担未满	十万元	七万五千元	十万元

321

1948 年 6 月 3 日

淞汉区引水结关暂行办法

（中华民国三十七年六月三日交通部指令航字第四六八二号）

一、本办法依引水法施行细则第三条之规定订定之

二、本办法所称引水区域自吴淞灯塔起至汉口襄河口止

三、本办法所称之船舶如左

1. 轮船（包括江海定期不定期军运各轮）

2. 拖船及机帆船

四、凡行驶本区域内二百总吨以上之船舶均应依法雇用引水人其申请结关手续照本办法行之

五、每轮应雇用领有引水执业证书之引水人二名其中至少须有一名为领有一等引水证书者始准结关

六、除前条之规定外遇有左列情形之一者每轮应增雇学习引水一名违者不准结关

1. 枯水季节（十一月至二月）总吨位在六百吨以下二百吨以上或吃水十尺以下者

2. 中水季节（三月至六月）总吨数位在八百吨以下二百吨以上或吃水十二尺以下者

3. 洪水季节（七月至十月）总吨数位在一千吨以下二百吨以上或吃水十五尺以下者

七、船公司或船长雇用引水人应向淞汉区引水公会申请由该会按照规定指派不得私自雇用

八、船公司在引水法及引水法施行细则公布以前所雇用之引水人仅能引领专驶淞汉间而有固定班期载客之江轮自本办法施行日起应即依照左列事项呈报上海航政局核准后暂予雇用违者不准结关

1. 船名

2. 引水人姓名

　　甲、执业证书　　　引水手册

　　乙、号数　　号数

3. 公司或行号名称

4. 总吨位

5. 最大吃水

6. 航线起讫地点

7. 沿线停泊埠头

8. 航行日期及班次

9. 载客人数

10. 附注

九、轮船进口出口办理引水结关时应即由船公司或雇主填写船员引水姓名报告书及轮船进出口报告书两种报请该管引水机关查验但引水人姓名一栏必须经所雇之引水人亲自盖章该引水人并应同时亲执手册一并呈验登录引水结关簿盖验讫章后始得效行

前项手续如船舶在中途各地及进出汉口时即向所在地航政机关同样办理并应受各地航政机关或海关之依法查验违者不予放行

十、引水人于船舶结关完毕上船时必须再由船长查验引水手册如发觉本人与手册上相片不符时应立即拒雇并报告航政局不得隐瞒或在手册上作有虚伪之签证如查出有隐瞒或虚伪签证情事除该船长应照章惩处该所有引人手册之引水人得由上海航政局撤销其引水人执照并依法惩处

十一、船公司或船长如不遵本办法第三条之规定而私自开行者依引水法第二十四条之规定处罚之

十二、本办法自淞汉区引水管理规则公布日起即行废止

十三、本办法呈奉交通部核准后施行

322

1948 年 6 月 8 日

广州区引水业务辅导委员会组织规程广州区引水业务辅导委员会各港业务所组织规程

（中华民国三十七年六月八日交通部令航字第四六八五号）

广州区引水业务辅导委员会组织规程

第一条 交通部广州航政局为辅导辖区（粤桂闽）内各港引水人办理引水业务组织广州区引水业务辅导委员会（以下简称本会）

第二条 本会设主任委员一人由广州航政局局长兼任委员四人由海军及招商局各遴选一人引水人推举二人均由广州航政局聘任云

第三条 本会设秘书一人秉承主任委员之命综理会务干事二人至三人襄助办理会务均由本会派用之

第四条 主任委员及委员为义务职不支薪金但得按事实需要酌支交通费职员参照公务员待遇办理

第五条 本会办理左列事项

甲、关于指导及改善办理引水业务事项

乙、关于指导及改善引水设备事项

丙、关于业务收支及其分配之审核事项

丁、关于引水人之训练及办理引水人福利之建议事项

第六条 广州航政局辖区内各港引水业务由本会统筹办理并得因应各地实情酌量分别协同行水人设立引水业务所办理引水业务其组织规程另定之

第七条 本会经费就所辖各港引水业务收入总额内提拨百分之六充之

第八条 各港业务所之需费用就各港业务情形在收入总额内提拨其分配额分别另定之

第九条　本规程自公布之日施行

广州区引水业务辅导委员会各港业务所组织规程

第一条　本规程依广州区引水业务辅导委员会组织规程第六条制定之

第二条　各港引水业务所名称应冠以所在港名称为广州区引水业务辅导委员会××港引水业务所简称为广州区××港引水业务所

第三条　各所得设主任副主任各一人组长二人干事二人至六人但正副主任或组长至少必须有引水人二人充任

第四条　各所正副主任组长由本区引水业务辅导委员会选派之并得由各地引水人共同推举请会派用各所干事由主任提请辅导委员会派用

第五条　各所正副主任秉承本区辅导委员会之命综理所务组长干事秉承各所正副主任之命助理所务

第六条　各所办理左列事项

甲、关于应各轮船招雇引水及派遣引领事项

乙、关于业务改善建议事项

丙、关于稽查商船有无依法雇用引水事项

丁、关于引水人职责有关之报告事项

戊、关于引水设备之修建供应事项

己、关于业务收支会计出纳文书等事项

庚、关于调解引水人争议事项

第七条　各所收取引水费应遵奉核准各港之引水费率负责收纳

第八条　各所之业务收入按左列原则分配之

甲、提供本区引水业务辅导委员会之费用应占收入总额百分之六

乙、引水人所得不得低于收入总额之百分之六十

丙、引水设备费及业务所经费不得超过收入总额之百分之三十四

前项乙丙两款之实际分配额由各业务所各就事实需要于前项所定范围内另行议订报会核定

第九条　各所职员待遇参照公务员待遇办理办公费及业务所需费用就分配额核实支付

第十条　各所收支数目每月终列表送本区引水业务辅导委员会审查

第十一条　本规程自各所成立之日起施行

323

1948 年 7 月 16 日

修正淞汉区引水结关暂行办法第六条条文

（中国民国三十七年七月十六日交通部指令航字第六
○九○号）

第六条　除前条之规定外遇有左列情形之一者每轮得雇用二等引水二名或二等引水及学习引水各一名但学习引水须为曾经核准代理二等者否则不准结关

（原订本条一、二、三款仍照旧）

324

1948 年 11 月 26 日

行政院军用运输护照规则

［中华民国三十七年十一月二十六日行政院（三十七）四防字第五三○二七号］

第一条　凡运输军用物料，应按照本规则规定，领用本院护照

第二条　前项护照由本院指定用印，交由国防部核发，每三月后，由国防部造具统计表，连同照费汇解财政部，并将存根呈报本院备查

第三条　本规则所称军用物资类别如左

（一）军械弹药及用以制造械弹之机器材料

（二）军用器材

（三）军用物品于用以制造军需物品之机器材料及军用禽兽（包括种马种驴及骆驼等）

（四）军用卫生医药及教育器材（非军用时不在此列）

（五）军用化学原料

（六）各种军用油料及燃料

第四条 军事机关及军队或行政机关请领护照，应由直属之最高长官具名，分别报请国防部核发，地方法团及公司商号等领护照，应呈由地方最高官署（或主管部如工商部等）转请发给

第五条 军事机关及公共团体请领护照，应备具运输说明书，以便查考（书式附后）（略），公司商号并须令具请求书保证书，连同运输说明书一并呈送，以示慎重（书式附后）（略）

第六条 请领护照者，应按照施行细则规定缴纳照费，但军事机关及军队因公调遣或运输军品与经理物品时，得酌免缴纳

第七条 持有运输护照，照章应行减免或应缴纳各税，经过开局时，其报运手续以及车船运费，均仍照向例办理

第八条 凡运输军用物料而无本院护照，或所运物料种类数量与护照所列不符，或护照已逾期限者，应即由军运机器国境进出口货物之查验责任均由海关负之

第九条 违反本规则第七条之规定者，应即由所经过之关局扣留，报请核办

第十条 国防部核发由国外运械来华之护照时，随时即将护照所列事项通知外交部转知驻在发运国之本国使馆以凭验证

第十一条 前条之运输护照有效期限，自填发之日起，在日本为二个月，在欧美各国为六个月，逾限呈请换发

第十二条 本规则施行细则另定之

第十三条 本规则自公布日起施行

第四编
伪满洲国

1

1932 年 3 月 9 日

国务院各部官制

（一九三二年三月九日）

第一章　通　则

第一条　国务院各部总长承国务总理指挥监督掌理其主管事务

主管不明了之事务或涉于二部以上之事务提出国务院会议定其主管

第二条　国务院各部总长关于其主管事务认为有法律教令军令及院令制定废止或改正之必要时须具案提呈国务总理

第三条　国务院各部总长关于其主管事务得要求国务院会议

第四条　国务院各部总长关于其主管事务得依其职权或特别委任发部令

第五条　国务院各部总长关于其主管事务得对各省长（除兴安各分省长）首都警察厅长发指令或训令

第六条　国务院各部总长关于其主管事务指挥监督各省长（除兴安各分省长）首都警察厅长认为其处分或命令有达成危害公益之虞时得停止或取消之但重要事项须呈请国务总理指挥

第七条　国务院各部总长指挥监督部下官吏关于其进退及赏罚须转由国务总理呈请执政其委任官以下专行之

第八条　国务院各部得置次长（简任）一人

次长辅佐总长总长若有故障时行其职务

第九条　国务院各部置司

司置司长以理事官或技正充之

各司之分科规程由总长定之

第二章　民政部

第十条　民政部总长掌理关于地方行政警察土木卫生及文教之事项监

督省长(除兴安各分省长)首都警察厅长

第十一条 民政部置左开六司

总务司

地方司

警备司

土木司

卫生司

文教司

第十二条 总务司掌管左开事项

一 属于机密事项

二 关于管守官印及文书事项

三 关于人事事项

四 关于会计及庶务事项

第十三条 地方司掌管左开事项

一 关于地方行政事项

二 关于自治行政事项

三 关于公共组合事项

第十四条 警务司掌管左开事项

一 关于治安警察事项

二 关于行政警察事项

第十五条 土木司掌管左开事项

一 关于部直辖土木工事施行事项

二 关于地方及公共土木工事监督及补助事项

三 关于土地收用事项

第十六条 卫生司掌管左开事项

一 关于防疫种痘及公众卫生事项

二 关于保健及医政事项

第十七条 文教司掌管左开事项

一 关于教育事项

二 关于学艺事项

三 关于宗教事项

四 关于礼俗事项

第十八条 民政部置左开职员

秘书官 简任或荐任

理事官 简任

督学官　荐任

技正　　简任或荐任

事务官　荐任

属官　　委任

第十九条　秘书官承总长命掌机密事项及承特命事项

理事官承总长命掌事务

督学官承总长命掌关于监督学校教育事项

技正承上司命掌技术

事务官承上司命掌事务

属官承上司指挥办理事务

第三章　外交部

第二十条　外交部总长指挥监督在外使节及领事掌理关于国际交涉通商及保护在外侨民之事务

第二十一条　外交部置左开三司

总务司

通商司

政务司

第二十二条　总务司掌管左开事项

一　属于机密事项

二　关于管守官印及文书事项

三　关于人事事项

四　关于会计及庶务事项

第二十三条　通商司掌管左开事项

一　关于通商事项

二　关于外国经济事情调查事项

三　关于保护侨民事项

四　关于领事事项

第二十四条　政务司掌管左开事项

一　关于条约事项

二　关于国际会议事项

三　关于情报事项

四　关于在外使节事项

第二十五条　外交部置左开职员

秘书官　简任或荐任

理事官　简任

翻译官　荐任

事务官　荐任

属官　　委任

第二十六条　秘书官承总长命掌机密事项及承特命事项

理事官承总长命掌事务

翻译官承总长命掌翻译

事务官承上司命掌事务

属官承上司指挥办理事务

第四章　军政部

第二十七条　军政部总长管理军政掌理关于国防及用兵事项

第二十八条　军政部置左开二司

参谋司

军需司

第二十九条　参谋司掌管左开事项

一　关于总务事项

二　关于用兵事项

三　关于军之训练事项

四　关于军之编成及征募事项

五　关于医务事项

六　关于法务事项

第三十条　军需司掌管左开事项

一　关于兵器事项

二　关于军需品事项

第三十一条　军政部应设之职员另定之

第五章　财政部

第三十二条　财政部总长掌理关于税务专卖货币金融统制及国有财产事项

第三十三条　财政部置左开三司

总务司

税务司

理财司

第三十四条　总务司掌管左开事项

一　关于机密事项

二　关于管守官印及文书事项

三　关于人事事项

四　关于会计及庶务事项

第三十五条　税务司掌管左开事项

一　关于国税赋课征收事项

二　关于税务行政事项

三　关于关税赋课征收事项

四　关于关税行政事项

第三十六条　理财司掌管左开事项

一　关于货币事项

二　关于金融统制事项

三　关于监督金融机关事项

四　关于管理国有财产事项

第三十七条　财政部置左开职员

秘书官　简任或荐任

理事官　简任

技正　　简任或荐任

事务官　荐任

属官　　委任

第三十八条　秘书官承总长命掌机密事项及承特命事项

理事官承总长命掌事务

技正承总长命掌技术

事务官承上司命掌事务

属官承上司指挥办理事务

第六章　实业部

第三十九条　实业部总长掌理关于农业林业畜产业矿业商业工业其他
一般实业事项

第四十条　实业部置左开三司

总务司

农矿司

工商司

第四十一条　总务司掌管左开事项

一　属于机密事项

二　关于管守官印及文书事项

三　关于人事事项

四　关于会计及庶务事项

第四十二条　农矿司掌管左开事项

一　关于农业及副业事项

二　关于林业及造林事项

三　关于畜产事项

四　关于水产事项

五　关于矿山及地质事项

第四十三条　工商司掌管左开事项

一　关于商事及贸易事项

二　关于工业事项

三　关于度量衡事项

第四十四条　实业部置左开职员

秘书官　　简任或荐任

理事官　　简任

技正　　　简任或荐任

事务官　　荐任

属官　　　委任

第四十五条　秘书官承总长命掌机密事项及承特命事项

理事官承总长命掌事务

技正承总长命掌技术

事务官承上司命掌事务

属官承上司指挥办理事务

第七章　交通部

第四十六条　交通部总长掌理关于铁路邮便电信电话航空水运及其他一般交通事项

和四十七条　交通部置左开四司

总务司

铁道司

邮务司

水运司

第四十八条　总务司掌管左开事项

一　属于机密事项

二　关于管守官印及文书事项

三　关于人事事项

四　关于取缔航空事项

五　关于会计及庶务事项

第四十九条　铁道司掌管左开事项

一　关于管理铁道及其附带业务事项

二　关于监督陆运事项

第五十条　邮务司掌管左开事项

一　关于邮便事项

二　关于电信及电话事项

第五十一条　水运司掌管左开事项

一　关于水运事项

二　关于航路标识事项

三　关于监督船舶及船员事项

第五十二条　交通部置左开职员

秘书官　　简任或荐任

理事官　　简任

技正　　　简任或荐任

事务官　　荐任

属官　　　委任

第五十三条　秘书官承总长命掌机密事项及承特命事项

理事官承总长命掌事务

技正承总长命掌技术

事务官承上司命掌事务

属官承上司指挥办理事务

第八章　司法部

第五十四条　司法部总长监督法院及检察厅掌理关于民事刑事非讼事件及其他司法行政事项

第五十五条　司法部置左开三司

总务司

法务司

行刑司

第五十六条　总务司掌管左开事项

一　属于机密事项

二　关于管守官印及文书事项

三　关于人事事项

四　关于会计及庶务事项

第五十七条　法务司掌管左开事项

一　关于法院设置废止及管辖区域事项

二　关于民事刑事非讼事件及裁判事务事项

三　关于检察事务事项

四　关于户籍登记供托调停及公证事项

第五十八条　行刑司掌管左开事项

一　关于刑执行事项

二　关于监狱事项

三　关于少年矫正及免囚保护事项

四　关于恩赦事项

第五十九条　司法部置左开职员

秘书官　　简任或荐任

理事官　　简任

事务官　　荐任

属官　　　委任

第六十条　秘书官承总长命掌机密事项及承特命事项

理事官承总长命掌事务

事务官承上司命掌事务

属官承上司指挥办理事务

附　　则

第六十一条　本官制自大同元年三月九日施行

2

1932 年 5 月 14 日

交通部分科规程

（一九三二年五月十四日）

第一章　总务司

第一条　总务司置六科如左

一　秘书科

二　人事科

三　文书科

四　航空科

五　会计科

六　调查科

第二条　秘书科所掌事项如左

一　属于机密事项

二　涉及外事及关于交涉事项

三　特别令知事项

四　关于官舍及值日事项

第三条　人事科所掌事项如左

一　关于职员纪律事项

二　关于职员任免赏罚事项

三　关于职员给予及待遇事项

四　关于职员养成事项

第四条　文书科所掌事项如左

一　关于总长小官印及部印保管事项

二　关于呈送总长文书及画行事项

三　关于审议重要规定案合同案及成文案事项

四　关于文书收发及保管事项

五　关于会议事项

六　关于政府公报及一切通知事项

七　不属于各司科主管事项

第五条　航空科所掌事项如左

一　关于航空取缔事项

第六条　会计科所掌事项如左

一　关于本部所管之预算及决算事项

二　关于收支事项

三　关于管理财产事项

四　关于用度及营缮事项

第七条　调查科所掌事项如左

一　关于搜集统计及情报并通报事项

二　关于本部所管事项之调查及研究事项

三　关于图书及刊行物事项

第二章　铁道司

第八条　铁道司置八科如左

一　庶务科

二　第一科

三　第二科

四　第三科

五　第四科

六　第五科

七　经理科

八　路工科

第九条　庶务科所掌事项如左

一　关于文书及人事事项

二　关于变故事项

三　关于监督地方铁道事项

四　不属各科主管事项

第十条　第一科第二科第三科第四科第五科在另定区域内所掌事项
如左

一　关于铁道营业事项

二　关于附带营业事项

三　关于联络运输事项

四　关于列车及车辆事项

第十一条　经理科所掌事项如左

一　关于经理事项

二　关于工事包办合同事项

第十二条　路工科所掌事项如左

一　关于铁道及其附属施设之建设改良及保存事项

二　关于新线建设事项

第三章　邮务司

第十三条　邮务司置六科如左

一　庶务科

二　邮务科

三　电务科

四　贮金科

五　工务科

六　经理科

第十四条　庶务科所掌事项如左

一　关于机密事项

二　关于文书及人事事项

三　不属各科主管事项

第十五条　邮务科所掌事项如左

一　关于邮便事项

二　关于小包邮便事项

第十六条　电务科所掌事项如左

一　关于有线无线电信事项

二　关于有线及无线电话事项

三　关于放送事项

第十七条　贮金科所掌事项如左

一　关于邮便汇兑事项

二　关于邮便存款事项

第十八条　工务科所掌事项如左

一　关于电信技术事项

二　关于电话技术事项

第十九条　经理科所掌事项如左

一　关于经理事项

二　关于工事包办合同事项

<h2 style="text-align:center">第四章　水运司</h2>

第二十条　水运司置四科如左

一　庶务科

二　港湾科

三　河川科

四　管船科

第二十一条　庶务科所掌事项如左

一　关于文书及人事事项

二　关于经理事项

三　关于工事包办合同事项

四　不属于各科主管事项

第二十二条　港湾科所掌事项如左

一　关于港湾营业事项

二　关于港湾设施及修筑事项

第二十三条　河川科所掌事项如左

一　关于河川营业事项

二　关于河川设施及浚渫业事项

第二十四条　管船科所掌事项如左

一　关于船舶管理及取缔事项

二　关于船员取缔事项

三　关于航政标识事项

<h2 style="text-align:center">附　　则</h2>

本规程自大同元年五月十四日施行

3

1932 年 5 月 25 日

船舶检查暂行规程

（一九三二年五月二十五日）

一　现在满洲国内所有中华民国船籍之船舶今后须挂满洲国旗

二　满洲国船舶（在国内制度完成以前仍照旧办法）须经日本帝国海事协会船舶检查凡受过右项检查持有检验证书方付与满洲国国籍证书已受过本年度该协会检查者立可交付国际证书

三　但北满河川（松花江黑龙江）航行各船舶不适用第二条

4

1933 年 4 月 12 日

船舶检查委员会章程

（一九三三年四月十二日）

第一条　联合会为确定加入船舶实际能力起见设置船舶检查委员会

第二条　联合会依理事监事联席会议之决议指定人员组织船舶检查委员会

本委员会检查加入船舶之叙行能力决定评定价格

第三条　本委员会以船舶技术员及专门委员组织之船东不得参加

第四条　船东对于本委员会所决定之各船能力不得抗议但船东得以相

当理由要求再行检查

  第五条 联合会对于加入船舶关于总章程第三十二条及第三十三条发生争执时应依本委员会检查制定之

  第六条 因航政局检查不合格之船舶得由各船东完全修理委员会检查许可后加入本会但有特别事情者船东会决议后由本委员会再决定其成分

  第七条 本委员会之船舶检查规则另定之

5

1933 年 4 月 12 日

哈尔滨航业联合会总章程

（一九三三年四月十二日）

第一章 总 则

  第一条 本会称为哈尔滨航业联合会由汽船及（来他）之官民全体航业者组织之

  第二条 本会以第一条航业者之船舶在松围乌嫩额各河川航运并统制办理交通部许可之附属事业为目的

  凡加入本会之船舶及其附属物品应属本会之支船东出售或出租船舶时对于购买承租人应以继续加入本会为条件

  第三条 加入本会船舶之资格以航政局检查合格者为原则船舶于对江之时应以开航时之原状还扫船东但因自然之消捐及船舶不体缺陷所生损害不在此限

  第四条 本会试办期间为一年（自大同二年三月起至大同三年三月止）

  第五条 本会总机关称为哈尔滨航业联合总局设于哈尔滨依据船东会之决议得于要地设置分机关

第二章 船东会

  第六条 本会以加入船东组织船东会

第七条　加入船东按其船舶之评定价格作为成分以评定价格一万元为一股但零数不满一万元者亦为一股

第八条　加入船舶成分暂由民国二十年联合局所定分配利益之成分定之但成分之定者另依船舶检查委员会评定之

第九条　船东会之决议以成分之一股为一权超过百股者其超过数每十股为一权但不满十股之超过数以一权论

第十条　船东会应决议事项如左

一　重要章程之制定及改废

二　本会之预算及决算

三　营业期间

四　关于股之增减及船东之亦更事项

五　损益之处分及员工酬劳金

六　理事会及监事会之商议事项

第十一条　船东会之定期会议每月举行一次临时会议依理事会或有决议权三分之一以上之船东请求由理事长召集之

第十二条　船东会置议长及副议长各一名议长由交通部总长指定之副议长由商方船东五选

第十三条　会议以有决议权三分之二以上之船东出席为要其决议亦以出席决议权三分之二以上者赞同表决赞否同数时由议长决之

第十四条　船东不能出席会议时得提出书面使自己手下负责者代理之

第三章　理事监事及经理

第十五条　本会置理事监事经理如左

理事长　一名　理事　十一名　监事长　一名　监事　十一名　总经理　一名　总理　三名

第十六条　理事长及理事五名监事长及监事三名总经理及经理一名由交通部总长指定之此外由商方船东在船东会互选

第十七条　理事长代表本会总理会务

第十八条　以理事长及理事组织理事会根据船东会之决议关于业务之重要事项审议之

五事会议长之职务由理事长执行之

第十九条　由理事中互选四名常务理事辅助理事长理事长有事故时常务理事轮流代理之

第二十条　监事长监查本会业务报告船东会

第二十一条　以监事长及监事组织监事会关于业务监查之重要事项审

议之监事会之长职务由监事长执行之

第二十二条　由监事中互选四名常务监事辅助监事长监事长有事故时常务监事轮流代理之

第二十三条　总经理根据理事长交下之船东会及理事会之决议执行本会之业务

第二十四条　经理辅助总经理分担业务各负其责

第二十五条　总经理及总理之报酬另定之

第二十六条　理事监事及经理之任期为一年如有缺员时依第十六条补充之补充人员之任期以前任者残余期间为限

第二十七条　本会之理事会监事会之规则另定之

第四章　会　　计

第二十八条　本会以大同三年三月三十一日为决算期依决算报告决定左列事项

一　损益之处分办法

二　理事监事经理及员工之酬劳金

第二十九条　本会之损益按第七条第八条所规定之舰数分配各船车但第七条一项之成分按其此率分配之

第三十条　经理以每月本之结算报告船东会在前项结算有剩余金时其一部公积之此外残余部分配各船东第二项之公积金迄至年度末决算期保留之

第三十一条　在营业期间内本会员工之薪水及其他一切经费均为加入船东分担由本会支给之

在封江后之船舶及其他经费除本会事务办理所需者外余由加入船东负担之

第三十二条　本会加入船舶因不可抗力或船舶本身缺陷所发生之损害由船东负担之

第三十三条　本会加入船舶因船舶本身缺陷接连停航三日以上者达航行期间十分之一以上日数时按戒接连停航之日数比率减少剩余金之分

第三十四条　关于前二条之损害发生争执时另由所定船舶检查委员会判定之

第三十五条　本会关于加入船东之对外债权债务及其他一切之纠纷概不负责

第三十六条　本会合同均用本会名义理事长及总经理署名之

第三十七条　本会非经理事监事职席会议决议者不得为金额或价格一万元以上之贷借

第三十八条 本会之理事监事经理以及员工等为自己或他人之债务均不得使用本会之名义及联名

附　　则

第三十九条 本章程继船东会决议呈请交通部总长批准后施行之

6

1933 年 6 月 21 日

河川航运业法

（一九三三年六月二十一日）

第一条 本法所称河川航运业系指以总吨数二十吨或积量二百担以上之船舶不以橹棹为其主要运转之方法而经营左列各业之一者而言

一　在河川及湖沼经营一般旅客或一般货物之运送业

二　对于前款运送业者出赁船舶业

三　在河川及湖沼经营曳船业

第二条 河川航运业除政府所办或满洲国人民经主管总长许可者外不得行之

政府对于其指定者得委托河川航运业之经营

第三条 欲经营河川航运业者须按照左列各款缮具声请书呈请主管总长许可

一　姓名、住所如系公司则用其公司之名称及本店所在地

二　担任业务者之姓名及住所

三　分店所在地

四　河川航运业之种类（运送业、出赁船舶业、曳船业或运送及出赁船舶业等）

五　经营航路

六　河川航运业所使用之船舶名称、种类、号数、船籍港、总吨数或积量、旅客定额及设有汽机者其汽机之马力数

七　码头、卸货场及其他河川航运业所使用之设备构造及位置

曾经前项许可之河川航运业者或担任业务者拟变更前项第一款所载住所或本店所在地或第三款乃至第五款所载之事项时须经主管总长许可

第一项各款之事项中除第二项所载事项外如有变更时须于二十日以内将其情形呈报主管总长

第四条　主管总长得指定地域令在该地域内设有本店或分店之河川航运业者组织公会

主管总长得对于依第二条第二项委托河川航运业者令其加入前项航业公会

第五条　河川航运业者欲实行左列各款之一时须经主管总长许可

一　河川航运业之合并

二　河川航运业之让与或受让

三　河川航运业设备之重要部分其让与或受让

第六条　河川航运业者不得使他人假借自己名义

第七条　主管总长为公益起见得于必要时使用河川航运业者所属之船舶及其事业所用之设备

依前项之规定使用船舶及他项设备时须酌给其所认为相当之赔偿金

第八条　主管总长得令该管官吏调查河川航运业者之业务状况并会计及财产

河川航运业者因该管官吏之要求须答其质问并提出金柜账簿及其他文件

第九条　凡以使用于河川航运业之目的欲建造船舶或采购船舶者又为经营河川航运业起见欲建立码头及他项设备者均须经主管总长许可本法施行之际正在建造或营造者得经主管总长许可完成之

第十条　未经许可即行经营河川航运业者或河川航运业者在未经许可之河川湖沼经营河川航运业者或违背第九条之规定者处以二年以下之有期徒刑或三千元以下之罚金

第十一条　河川航运业者对于依据第八条第二项规定所发之命令不遵从时处以一千元以下之罚金

第十二条　河川航运业者违背本法各条之规定时主管总长得停止其业务之全部或一部或取消其河川航运业之许可

第十三条　本法施行上所必要之规定以部令定之

第十四条　凡以第一条所定船舶以外之船舶经营该条各款之业者得以部令另行规定

附　则

第十五条　本法自大同二年七月一日施行

7

1934 年 1 月 25 日

度量衡法

（一九三四年一月二十五日）

第一条 为交易或证明标示度量衡时应依尺斤法或米法但本法或实业部令另有规定者不在此限

第二条 尺斤法系指以左列单位标示度量衡者而言

一 度

长度

毫（尺之万分之一）

厘（尺之千分之一）

分（尺之百分之一）

寸（尺之十分之一）

尺

丈（十尺）

引（一百尺）

里（一千五百尺）

面积

弓（二十五平方尺）

毫（亩之千分之一）

厘（亩之百分之一）

分（亩之十分之一）

亩

天（十亩）

顷（一百亩）

本款所列长度单位之平方

二 量

撮（升之千分之一）

勺（升之百分之一）

合（升之十分之一）

升

斗（十升）

石（一百升）

第一款所列长度单位之立方

三　衡

丝（斤之百万分之一）

毫（斤之十万分之一）

厘（斤之万分之一）

分（斤之千分之一）

钱（斤之百分之一）

两（斤之十分之一）

斤

担（一百斤）

第三条　尺为纯水永当溶解之温度时在国际米突原器所示长度三分之一

亩为九千平方尺平方尺为尺之平方面积

升为二十七立方寸立方寸为寸之立方体积

斤为国际启维克兰母原器质量二分之一

第四条　米突法系指以左列单位标示度量衡者而言

一　度

机（密克龙）（米之百万分之一）

耗（密理米突）（米之千分之一）

厘（生的米突）（米之百分之一）

粉（特粟突）（米之十分之一）

米（米突）

千米（启维米突）（一千米）

海里（一千八百五十二米）

面积

平方耗（平方密理米突）（平方米之百万分之一）

平方厘（平方生的米突）（平方米之万分之一）

平方粉（平方特西米突）（平方米之百分之一）

平方米（平方米突）

平方杆（平方启维米突）（一百万平方米）

阿(阿尔)(一百平方米)

陌(海克脱阿尔)(一万平方米)

二　量

立方厘(立方生的米突)(立方米之百万分之一)

立方粉(立方特西米突)(立方米之千分之一)

立方米(立方米突)

毛(密理立脱尔)(立之千分之一)

分(特西立脱尔)(立之十分之一)

立(立脱尔)

百(海克脱立脱尔)(一百立)

千(启维立脱尔)(一千立)

须(一千立方米之三百五十三分之一)

三　衡

瓦(密理克兰姆)(瓦之百万分之一)

瓦(克兰姆)(瓦之千分之一)

千(启维克兰姆)

瓦(吨)千吨

嘎喇(千瓦之五千分之一)

第五条　米为纯水永当溶解之温度时在国际米突原器所示之长度

平方米为米之平方面积

立方米为米之立方体积

立为立方粉

千瓦为国际启维克兰姆原器之质量

第六条　海里标示水面之长度、阿及陌标示土地或水面之面积、毛、分、立、百及恤标示液体气体粒状物及粉状物之量、吨标示船舶之积量、嘎喇、标示宝石之重量其外不得用之

第七条　米依米突原器千瓦依启维克兰姆原器现示之

前项原器由实业部总长制造保管之

第八条　本法所称度量衡器系指以使用于度量衡计量之目的而制造之器械或器物而言

第九条　实业部总长为检定及检查度量衡器得依第七条原器制造副原器各二个使用或令使用之副原器之保管依实业部总长所定

第十条　为交易或证明所使用度量衡之计量非以具备实业部令所定条件之度量衡器不得为之

第十一条　度量衡器非具各实业部令所定之条件下不得贩卖之

第十二条　度量衡器之制造、修理、贩卖及输入除实业部令另有规定外非经实业部总长许可者不得为之

第十三条　将为交易或证明所使用或为贩卖标的之度量衡器制造、输入或修理时应依实业部令所定受检定

第十四条　取缔度量衡官吏关于度量衡计量或度量衡器之取缔有必要时得至该店铺、工厂及其他处所莅场检查

取缔度量衡官吏依前项之规定莅场检查时认为关于度量衡之计量或度量衡器有犯罪情形者得依实业部令所定侦查犯人及证据或查封、扣押足认为犯罪证据之物件

第十五条　为交易或证明所使用或为贩卖标的之度量衡器不具备所定之条件时取缔度量衡官吏得为消除该度量衡器之检定证印及其他禁遏其使用有必要之处分

第十六条　凡经依第十二条规定之许可者违背本法或根据本法所发命令之规定或不遵实业部总长之命令时实业部总长得撤销其许可或令其停止营业

第十七条　有左开各款之一者处以二年以下之有期徒刑拘役或一千元以下之罚金

一　违背第十一条之规定者

二　违背第十二条之规定者

三　意图用度量衡之计量作伪以不正之方法使用度量衡器者

四　依第十六条之规定受停止营业而在尚未届满其期限以前经营其业者

第十八条　有左列各款之一者处以一百元以下之罚金

一　违背第一条之规定者

二　违背第六条之规定者

三　违背第十条之规定者

四　对于取缔度量衡官吏之讯问以虚伪答复或对其执行职务予以拒绝、回避或致生障碍者

第十九条　经营左列各款之一营业者其营业主人之代理人或营业使用人关于其业务违背本法或根据本法所发命令之规定时其罚则对于营业主人或违背人适用之

一　度量衡器制造、修理、贩卖或输入之营业

二　使用度量衡器所为之营业

第二十条　经营前条各款之一营业之未成年人或禁治产人违背本法或根据本法所发命令之规定理其罚则对于法定代理人适用之但关于前条各款之一之营业有行为能力之未成年人不在此限

第二十一条　依第十九条之规定对于营业主人适用罚则时该条所定违

背人之行为不出于营业主人之指挥及依前条之规定对于营业主人之法定代理人适用罚则者适用该罚则中关于罚金刑之规定

第二十二条 关于法人之业务法人之业务代表人违背本法或根据本法所发命令之规定时其罚金对于法人或违背人适用之法人之职员及其他使用从违背者时对于违背者人、法人或其代表人（代表人有数人时则对于该业务有直接关系之代表人）适用之

依前项规定对于法人适用罚则时若规定应处以罚金刑以外之刑者皆处以一千元以下之罚金

第二十三条 刑法规定中第二百十八条乃至第二百二十三条不援用之

第二十四条 关于本法之施行有必要之规定由实业部总长定之

附　则

第二十五条 本法施行之日期由实业部总长定之

第二十六条 本法施行后五年以内关于度量衡之标示得不拘第一条之规定依从前之例

在前项之期限届满以前文书内所使用或附于商品及其他物件之度量衡标示不依本法规定者虽满期后对于该文件书或物件毋庸变更之

第二十七条 从前经营度量衡器之制造、修理、贩卖或输入业者以本法施行后一年以内得不拘第十二条之规定仍照经营从前所惯用度量衡器之制造、修理、贩卖或输入业

第二十八条 从前所惯用之度量衡器在本法施行后五年以内得不拘第十条之规定仍使用于为交易或证明所用度量衡之计量

8

1934 年 3 月 5 日

航业公会章程

（一九三四年三月五日）

第一条 航业公会以谋航运业之改良发达为目的

第二条 航业公会执行左列事业

一　关于航运业之安全秩序之维持

二　关于会员营业之统制

三　关于航运业之介绍保证及斡旋

四　关于航运业之调停或公断

五　关于航运业之调查统计编纂

六　关于航运业按各事项向主管官署建议

七　关于主管官署对航运业之调查及咨询所有答复

八　其他谋航运业之改善发达九要事项

第三条　航业公会在左列地域设立

一　第一松花江及其支流之流域

二　第二松花江及其支流之流域

三　鸭绿江及其支流之流域

四　辽河及其支流之流域

第四条　航业公会以在前条各号地或之一有住址或营业所经营左列各号者组织之

一　经营航运业者

二　经营船舶转运业或造船业者

三　从事第一与或第二号业务中重要职务或经过该职务者

第五条　拟设航业公会之时由有会员资格者十人以上为发起人有二分之一以上之同意可开创立总会规定会章并其他必要事项呈经所管航政局请交通部大臣批准

创立总会之议决以设立同意者三分之二以上行之

第六条　航业公会前条批准设立后成立之

第七条　航业公会会章就态左列事项

一　目的

二　名称、地域及事务所所在地

三　关于会员之规定

四　关于职员之定数权利义务及选任之规定

五　关于会议之规定

六　关于事业及其执行之规定

七　关于庶务及会计之规定

八　规定存立之时期或解散之事由时应记入该时期及事由

第八条　为预防或矫正营业上之弊害有认为必要时交通部大臣对于航业公会会员或非会员凡在公会地域内有公会员之资格者得命听从公会之统制

第九条　航业公会依所定之会章对于违反会章者得课以过怠金

第十条　航业公会置左列职员

会长

副会长

评议员

会长代表航业公会综理会务

副会长辅佐会长会长有事故时代理其职务

评议员承会长之咨问并监查会务之执行及财产之状况

第十一条　职员于会员总会由会员中选任之

航业公会将被选之职员履历书及会员名簿应经所管航政局呈送交通部大臣核准

第十二条　会员总会分定期总会及临时总会由会长召集之

第十三条　左列事项由会员总会议决后应经所管航政局呈送交通部大臣认可

一　会章之变更

二　经费之预算及赋课征收方法

三　事业报告及收支决算之承认

四　职员之解任

五　其他重要事项

第十四条　航业公会对会员得按所定会章课以经费

第十五条　凡有会员之资格者拟加入本公会时本公会不得无正当之理由附加困难条件或加以拒绝

第十六条　会员依所定会章在一定之期间前豫行通知得公会承诺者即可脱退

本公会无正当之理由不得拒绝前项之脱退

第十七条　交通部大臣认为必要时得令所管航政局监查该航业公会之会务情形会计及财产之实况

有前项之要求时航业公会应按其质问将金柜账簿及书类交出以供检阅

第十八条　关于航业公会之解散及清算按会章规定办法应经交通部大臣认可

第十九条　航业公会之议决或职员及清算人之行为违反法令或会章或认为有害公益时交通部大臣得行左列之处分

一　职员或清算人之解任

二　航业公会之议决取消

三　航业公会之事业停止

四　航业公会之解散

第二十条 航业公会依帆船成立之航业公会与依其他舶成立之航业公会得分别组织之

附　　则

第二十一条 本令自公布日施行

第二十二条 本令施行前现在之航业公会或其他类似之公会应依照本令改组之

9

1934 年 4 月 13 日

船舶输入许可规程

（一九三四年四月十三日）

第一条 船舶拟行输入者应按该船舶将左列事项缮具呈请书呈请交通部大臣核准

一　种类及名称

二　国籍及所有者

三　总吨数

四　机关之种类

五　速力

六　制造年月

七　制造者姓名或名称

八　使用之目的

九　预料购入价格

十　预定输入日期

十一　船舶所在地

第二条 交通部大臣当前条批准时可附以条件

第三条 业经第一条批准输入船舶之时应速行抄同买卖契约将输入年月日呈报交通部大臣

第四条 有左列各款之一者处以六月以下之有期徒刑或三百元以下之罚金

一 未经第一条核准输入船舶者

二 第一条呈请书有捏造情形者

三 第二条批准条件违背者

四 不按第三条呈报或捏造呈报者

附 则

本令自公布日施行之

10

1934 年 4 月 18 日

哈尔滨航业联合会总章程

（一九三四年四月十八日）

第一章 总 则

第一条 本会称为哈尔滨航业联合会由有船舶与拖船之官民全体航业者组织之

第二条 本会以第一条航业者所有之船舶在松黑乌嫩额纳各河川统制经营航运开办理附属事业为目的

第三条 加入本会船舶之资格以航政局检查合格者为原则

第四条 凡加入本会之船舶及其附属物品应由本会支配之

凡加入本会之船东若将其所有船舶出售或出租时对于购买人或承租人应以继续加入本会为条件

第五条 加入本会各船东根据其船舶成分以为各船东所有份额对于本会应有之权利义务即按各所有份额为标准船舶之成分根据船舶检查委员会之评定经船东议决之

第六条 本会设船东会理事会监事会

807

第七条　本会在哈尔滨设哈尔滨航业联合局如有必要时得于各地设置分机关

第二章　船东会

第八条　船东会依前章第六条以加入本会船东组织之

第九条　船东会应议决事项如左

一　重要章程之制定及改废

二　本会之预算及决算

三　关于成分之决定及增减

四　损益之处分及理监经理之酬劳金

五　员工之奖励金

六　理事会及监事会之提议事项

七　关于本会之存续事项

第十条　船东会之议决权以成分一万元为一股但零数不满一万元者亦为一股以成分一股为一权超过百股者其超过数每十股为一权但不满十股之超过数亦以一权论

第十一条　船东会以理事会监事会或有决议权三分之一以上之船东请求由理事长召集之

第十二条　船东会置议长及副议长各一名议长由交通部大臣指定之副议长由商方船东互选之议长有事故时副议长代理之如议长副议长同有事故时由船东中另选临时议长以处理会议

第十三条　会议以有议决权三分之二以上之船东出席为要其议决亦以出席议决权二分之一以上者之赞成为表决定赞否同数时由议长决定之

第十四条　船东不能出席会议时得提出书面委任他船东代理

第三章　理事监事及经理

第十五条　本会置理事监事经理如左

理事长　一名

理事　　九名

监事长　一名

监事　　九名

总经理　一名

经理　　三名

第十六条　理事长及理事四名监事三名总经理及经理一名由交通部大臣指定之此外由商方各船东会互选之

第十七条　理事长代表本会综理会务

第十八条　以理事长及理事组织理事会

理事会之规则另定之

第十九条　由理事中互选常务理事四人以辅助理事长

理事长有事故时按理事长之指名以常务理事中一人代行其事务

第二十条　监事长监查本会业务报告船东会

第二十一条　以监事长及监事组织监事会

监事会之规则另定之

第二十二条　由监事中选常务监事四名以辅助监事长

监事长有事故时按监事长指名以常务监事中一人代行其事务

第二十三条　总经理根据船东会及理事会之决议执行本会之业务

第二十四条　经理辅助总经理分担业务各负其责

第二十五条　理事长理事监事长监事任期为二年如有缺员时依第十六条补充之补充人员之任期以前任者残余期间为限

第四章　会　　计

第二十六条　本会会计年度自四月一日起至来年三月三十一日止

第二十七条　本会之损益按第五条所规定之分利成分分配各船东

第二十八条　本会于每月末必行结算如有剩余款时提其一部公积外余者得分配各船东并开会报告营业状况于年度决算时预提出利益金百分之五以上公积之

第二十九条　关于前条之公积金除于年度决算时填补损失外不得处分之

第三十条　加入船舶之船长船员之任免由船东委任本会行之船长及船员之薪金津贴本会负担之

第三十一条　在封江时各船舶之避冻及修理由各船东自理之

第三十二条　加入本会船舶如因船员之过失及不可抗力事故而受损害时由本会负担之

但因火灾而发生之损害其原因无论如何悉由船东负担之

第三十三条　加入船舶如因本船自体之缺陷发生损害时由船东负担之

因修理耽误航行时应照耽误日期按成分扣提其利益

第三十四条　关于前第三十二条第三十三条之损害发生争执时由船舶检查委员会判定之

第三十五条　本会关于加入船东之对外债权债务及其他一切之纷纠概不负责

第三十六条　本会合同均用本会名义由理事长署名之

第三十七条　本会非经常务理事及常务监事之认可不得为金额或价格一万元以上之贷借及物品之购入

第三十八条　本会之理事监事经理以及员工等为自己或他人之债务不得使用本会之名义或职名

11

1935 年 5 月 27 日

黑龙江额尔古讷河乌苏里河松阿察河及兴凯湖之航行章程

（一九三五年五月二十七日）

航行章程为在黑龙江额尔古讷松阿察诸河流及兴凯湖各国境部分之安全起见凡船只与木排以及其中人员水手等驾驶于该江湖时应遵守左列各项章程

第一章　船只及木排等之航道

第一节　总　　章

第一条　凡船只及木排驾驶于黑龙江乌苏里松阿察额尔古讷诸河流及兴凯湖者应将此章程之刊本安置于相当方便之处

第二条　凡船只应照国家法律悬挂国旗其下亦准添挂一明显旗帜表明该船属于何公司或商号唯只准悬挂于船之前桅或船头所竖之旗杆上而船名则应书在船之两旁显明之处

凡木排应当于其中央部竖立木棒其上置一木板详志排主姓名发排之江名及排号于其上

第二节　航路标识

第三条　各航道两旁均竖有标杆灯照标识及浮标以指示应遵之航路其灯照标志之式样则在左岸为白色右岸为红色

夜间在左右两岸树立之横渡标志灯灯火应为白色但右岸之灯于向江之灯面须安红色玻璃一块使船只经过横渡标志时易于识别直行标志亦须燃灯

第四条　凡有险石浅滩之处则置有灯照及浮标红色则指江道右岸可以航行白色则反是若有险处而仅两旁能航行者则在昼间置有灯照或标志其上有红白相间之记号于夜间则燃点灯照或红或白或白灯在红灯之上以各情形而定之

第五条　凡水浅及有沙滩等处而于船只及木排等之航行有危险者则设立灯照管理站或通航信号所

第六条　管理浅滩之夫役应认真测量水道之深浅并悬挂标志于桅上指示按生的米突测量所得水道深浅之尺数如下

一　凡悬挂长形之标志系表示水深一百生的米突

二　如加悬一大球则表示水道加深二十生的米突加一小球则加深五生的米突

第七条　狭窄处管理站在之标杆对于船只及木排通行之信号昼间悬挂黑筒夜间悬挂绿灯禁止通行之信号昼间悬挂红色三角木钟其底向下而在夜间悬一红灯

标杆上面横杆之一端须同时悬挂上下二种标志相距一米突上面之标志指示下驶船只可否航行而下面之标志指示逆流上驶船只可否行驶

在河湾曲之处无船只及木排通过时不能在信号标杆上悬挂任何标志同时在信号标杆上无标志时任何船只无权通过此设有信号标杆处

凡汽轮船驶行信号标杆站附近必须放长声不断之汽笛各式非轮机船只及木排驶近信号标杆站须敲钟声响器或鸣号

在得到信号必须遵行如左列办法

（甲）昼间在杆之上方悬挂黑筒下方悬挂三角木钟夜间上方悬挂绿灯下方悬挂红灯得此信号顺流下驶之船只及木排准许通行而上驶船只则无权通过此建有信号标杆站之河流狭窄处须停避在相当地点让来船或木排通过

（乙）在昼间上方悬挂三角木钟而下方悬挂黑筒在夜间上方悬挂红灯而下方悬挂绿灯得此信号逆流而上（上驶）之船只及木排允许通行而顺流下驶之船只及木排应立即停止如（甲）条之规定

（丙）在昼间悬挂二只三角形木钟一上一下在夜间悬挂二盏红灯一上一下则禁止上下驶船只通过信号标杆站

第二章　船只及木排等之配置

第一节　行船之信号

第八条　为传达信号起见各式船只及木排等须置备下列各件

（甲）信号灯

（乙）铜钟一个重量最轻亦须在四启罗格兰姆妨或铜钟一枚或号角喇叭一个

（丙）白方旗一面长短须在七十生的米突以备昼间指挥信号之用

（丁）白光灯一盏只须一面安置玻璃以便夜间指挥信号之用

（戊）如汽轮船则除备上列各物外须置备完善之汽笛二枚汽油船则须置备汽雷或汽角一个

第二节　锚探水坠及小船

第九条　凡各式汽轮船在六十马力以上者或拖船及帆船在五十吨以上者应置备舢板小船

第十条　各式船只及木排等之锚及探水坠应作特别记号志明重量及船主名姓与船只或木排名称

第十一条　所有各船之锚均应有一红白二色相间之浮标其大小则应以能浮出水面为宜如将锚抛下水道以后则抛锚处之上面应置带灯之舢板小船一只抛锚用绳之长短以水之深浅为定夺

第三章　各式船只燃点之灯

第一节　总　章

第十二条　凡各式船只及木排等燃点之灯应以电灯植物油灯或由植物油制成之油灯及蜡烛等为宜非有不得已之情形不可燃点煤油灯如燃点煤油灯时必须特别注意

第十三条　凡各燃点电灯之船只须预备充足之提灯及挂灯以便于电灯损坏时替换之

第二节　探远灯之使用

第十四条　凡各式船只及挖江机船非遇下列各事件于夜间不得使用探远灯

（甲）凡在行驶之际欲分析水道及两岸灯照标志时则用之

（乙）凡欲傍岸之际因停泊各船只所抛之锚而难傍岸时则用之

如与他船相遇之际应立即停止探远灯光之射照

第四章　各船只木排及挖江机船之航行

第一节　总　章

第十五条　各式船只之船长及发木排之人对于船只木排等之航行应当特别注意以免船只木排等发生危险而保乘额货物等之安全并不得妨碍其他

船只木排等之航行而对于航路安设各物如码头桥梁灯照标志等亦均应加以保护不得有损坏情事

第十六条 凡各式船只木排等如无下列各件概不准航行

（甲）锚及相当之锚练

（乙）传达信号应用各物件

（丙）无充足之船员及水手

（丁）汽轮船在六十马力以上或帆船及拖船在五十吨以上而无完善之舢板小船者

第十七条 凡各式船只及木排等于抛锚及开行之际不得有损坏或挖掘堤岸及斜板等事

第十八条 船长乃船中唯一之负责任人员应管理船只之航行指挥全船职员之工作维持船员之秩序

如船长离职时对于违犯航行章程及因此所遇危险之事亦须负完全责任

第十九条 凡数船只同时向同一方向行驶时则后驶之船应距离前船之尾部稍远以避免危险

第二十条 凡各船只船长于船只傍岸或拔锚开行时须留意试演轮机以免阻碍他船之行驶并避免发生危险

第二十一条 凡无拖船之汽轮船于行近码头挖江机船或船只起卸货物等处须开慢车庶使浪小以免有损他船之处

第二节 雾天雨天及雪天时之航行

第二十二条 在降大雾大雨或大雪之时江中对面不能相辨之际只准未带拖船之上驶汽轮船行驶其他船只应即时停泊于水道以外地方或傍自己江岸其停泊之船只须随时发出传达声音之信号而行驶之船则应随时鸣发长声汽笛

第二十三条 如所降之雾雨雪甚轻唯视觉仍不清晰各式船只或木排等须慢慢行驶谨慎从事并时时鸣吹各种传达声音信号之器具

第二十四条 在降大雾大雨大雪之时各式非汽轮船只及木排等概不准航行应停泊于自己江岸或水道之外而随时敲打各种传达响声信号器具

第三节 各式船只木排及挖江机船相遇及追赶时章程

第二十五条 凡船只彼此相遇时其选择行驶之权应操之于下驶之船即下驶之船有先发挥信号之权指挥上驶之船

第二十六条 凡汽轮船与帆船或木排等相遇时则选择行驶及发挥信号指挥之权不论上驶与下驶均属之于汽轮船帆船及木排等应服从汽轮船所指示之路途而行驶

第二十七条　凡数船只鱼贯而行与他船相遇时应按船发挥信号

其第一船应按信号行驶其余之船则追随第一船之后行驶如下驶之船欲驶过上驶之船则上驶之船须开慢车停航于侧面俟所遇之船通过后方可开行

第二十八条　为避免船只相碰起见凡船只返驶之除不得在他船之前面转弯行驶只准于他船之后面转弯行驶

第二十九条　凡后驶之船意欲追过前行之船时前行之船不得设法阻碍后行之船之驶过只可慢慢行驶以让后船驶过

如在江中危险之处管理航路之巡江员吏得以禁止各船只之彼此迫赶但须预发布告通告之

第三十条　凡各种小船不得在汽轮船前面横渡或驶近汽轮船及向汽轮船行驶以免妨害汽轮船之行动

第四节　各式船只及木排等航行浅滩之章程

第三十一条　凡各式船只及木排等于经过浅滩时其所吃之水量应较水道之深度为小在黑龙江上游应留出六英寸或十五生的米突水量之余地在中段应留出八英寸或二十生的米突之水量余地各式装运爆裂物品之船只所吃之水量应较在船底留出水之深度为小即在黑龙江上游应留出二十五生的米突在中段则应留出三十生的米突

第三十二条　为便于管理航路之巡江员吏稽查各船只所吃之水量起见凡各式船只均应于船只之前部两旁明显之处中部并尾部作出记号写明吃水重量之英尺数目或生的米突

第三十三条　凡船只及木排等驶近浅滩时应立即测量水道之深浅如所留吃水之余量不足时应即时停泊或卸货以便易于通过

第五节　船只及木排在兴凯湖及松阿察河之航行

第三十四条　出入兴凯湖船只及木排照本章之指示认为由兴凯湖驶向松阿察江之船只及木排为下航由松阿察驶入兴凯湖为上航

第三十五条　船只进入到兴凯湖中以松阿察江汇流点至西岸交界点之水路线为分界应向北面航行

第五章　各式船只及木排等停泊

第一节　总　章

第三十六条　凡各式船只及木排等无论马力或吨数之大小概不准停泊于水道之中

第三十七条　如江岸竖有标杆写明江底有电报电话之水线等物此等处所各式船只或木排概不准抛锚停泊又船只停泊之际不准拴缚绳索于电话或

电报等柱上或灯照标志之上

第三十八条　凡各式船只及木排等概不准停泊于浅滩及狭窄等处或距水道相近之江岸江流紧急之处

第三十九条　凡各式船只于停泊之际均应将绳索拴缚坚固

第六章　法定之灯

第一节　总　　章

第四十条　凡各式船只及木排等无论何种天气于每日由日落起至次日日出止废常备法定之航行灯以备燃点如无此等法定之灯不准航行

第四十一条　凡各式船只装运危险物品及易于燃烧等物除备上列之法定灯外于夜间应燃点特别灯昼间则备特别信号器具

第二节　停泊时燃点之灯

第四十二条　凡各式船只及木排等停泊时燃点之灯须用五金质所制者燃点时须发出常明不断之白光照射四面远达一启罗米突半

第四十三条　凡各式船只或木排等搁浅时如至夜间尚不能出浅则出桅上所挂之法定航行灯外再备一法定色之灯向可以自由行船之水道处挂之以便使他船航行

第三节　驶行时燃点之灯

第四十四条　凡各式船只或木排等于行驶之际应备下列各种五金质法定灯

（甲）凡各汽轮船应备白光灯一盏挂于前桅或旗杆之上务使其光常明不断射照在地平圆二百二十度面在昏暗无雾之夜间须能照射远达八启罗米突

（乙）凡各帆船及木排等应备白光灯盏挂在前桅之上务使其光常明不断射照在地平圆三百六十度远达最少须在一启罗米突半

（丙）船之两旁应备之法定边灯如左

船之右边应挂绿光灯一盏左边则挂红光灯一盏务使其光明亮不断每灯射照线由船头起至船腰止即地平圆四分之一再向后过二十度每灯其射照地平圆一百一十度务使其光于昏暗之夜亦得射照远达四启罗米突边灯应设在船之两旁每灯里傍应竖立一木板长短须以一米突以免一边之灯光射在第二边

（丁）船尾应设白光灯一盏其安置之法不得使灯光射照船之前部

第四十五条　凡两船彼此相遇欲传达信号指挥船只行驶之方向时应用发挥信号使用之灯发挥信号之灯只准一面设置玻璃使之发光其余三方面则用暗板以便由外转里之际使灯光不得外射发挥信号灯射照光力之度数如左

凡各汽轮船所用发挥信号灯射照光力之远近须与前桅所挂之灯光相同

即四启罗米突

凡各帆船及木排等所用之发挥信号灯射照光力之远近须与船首所挂之灯光相同即一启罗米突半

第四节　各式船只或木排等装置及使用法定灯及号灯章程

甲　各式汽轮船所使用之法定号灯

第四十六条　汽轮船应备之灯

（甲）停泊之际在船前桅或旗杆上应挂白光明灯一盏悬挂之处最少须在六米突高以上

（乙）凡无拖带拖船之汽轮船于行驶时应挂白光明灯一盏于前桅上悬挂之处最少须在六米突高以上并应悬红光及绿光边灯各一盏

（丙）凡拖带拖船之汽轮船于行驶时除船之两旁所挂红绿色这边灯外在前桅上尚须垂直悬挂白光明灯二盏悬挂之处最少须在六米突高以上两灯上下之距离最少须一米突而所带之拖船则每只悬挂白光明灯一盏悬挂之处须在六米突高以上

第四十七条　凡数汽轮船鱼贯驶行而均系拖带拖船者此等船只均应按照第四十六条各自燃灯若遇前来或追赶船只亦应各自发挥同样之信号

第四十八条　当汽轮船帮助其他带拖船之汽轮船因而联结并行时在两轮桅上须各悬挂两盏灯同时两轮之边灯则一轮为红灯（在左者）一轮为绿灯（在右者）

此时拖船行动则由拖轮船摇摆信号或其他声音指挥而此种指挥视其所需由左右任何一轮发送

第四十九条　凡汽轮船帮助其他带拖船之汽轮船而联在拖船之旁者仅燃一灯六米突高之桅灯

第五十条　汽轮船在二只以上带拖船时则一切号令指挥部归最前方汽轮上船长负责

第五十一条　凡长不过十米突半之汽轮船无舵楼者须备下列之信号标志印须悬挂白色桅灯及边灯而桅灯应须高于甲板二米突以上及边灯至少不得低于桅灯一米突半

乙　拖船所用之法定号灯

第五十二条　拖船应备之灯

（甲）停泊之际应挂白光明灯一盏悬挂之处最少须离甲板六米突高以上但凡拖船不逾三十米突长者所挂之灯可以稍低唯悬挂之处由甲板起最少亦在二米突高以上

（乙）拖船驶行时应挂之灯

（一）凡被汽轮船拖带之拖船在行驶之时所挂之灯应与本条（甲）段情形相同

（二）凡非汽轮船拖带之拖船在下驶之时应挂白光明灯二盏一在船头一在船尾

丙　帆船所用之法定号灯

第五十三条　帆船应备之灯

（甲）凡帆船在三十米突长或逾此数者于停泊之际应挂白光明灯一盏悬挂之处最少须离甲板六米突高以上其长短不逾此数者可将灯悬挂于二米突高之处

（乙）凡帆船在行驶时应直挂白光明灯二盏于桅杆之上务使其光常明不断悬挂之处最少须在六米突高以上而两灯上下之距离最少须一米突

（丙）使帆之汽船当其航行只用帆时必须遵守帆船航行之章程而用汽力或同时并用帆时则必须悬挂汽轮船所应悬挂之号灯

丁　捕鱼之船及小船所用之法定号灯

第五十四条　在夜间渔船或小船当其停船或行驶时均须在桅上悬挂规定之白色标灯并不得低于二米突渔船或小船当其停泊已下网时正在下网或已收网而顺流行驶时于杆上须悬挂左列号灯

（甲）在顺流之右岸方工作时上下挂二红灯于桅上而在左岸工作时则上下挂二白色灯

（乙）昼间工作对来往船只应给以下信号在顺流右岸下网时应摇摆小红旗在左岸边下网时摇摆白旗

戊　木排所用之法定号灯

第五十五条　木排于行驶或停泊之际应备之灯

（甲）木排不逾五十米突长者应在中央挂白光明灯一盏

（乙）木排已逾五十米突长而不过一百米突者应于排之前后两端各挂白光明灯一盏

（丙）木排已逾一百米突长者除两端各挂白光明灯一盏外应于排之中央再添挂白光明灯一盏已使桨小船所用之法定号灯

第五十六条　凡使用木桨小船行驶于水道或由一岸而抽他岸行驶之时应在船头挂白光明灯一盏

庚　挖江机船所用之法定号灯

第五十七条　于行驶或停泊之际应备之灯

（甲）挖江机船与居住工作人役等之拖船并运送所挖出泥沙等物之拖船于抛锚停泊之时或拖带拖船行驶之际应各挂白光明灯一盏悬挂之处须在六米突高以上

（乙）挖江机船于工作之际应在桅杆上悬挂绿光灯一盏高低须在六米以上

注解　凡挖江机船停泊于水道上无论工作与否路过此等处所之汽轮船应特别加以注意并于必要时须开慢车

如挖江机船不需汽轮船帮助而自具发动机航行时应悬挂第四十三条所规定之汽轮船之号灯

辛　装运煤油暨爆裂物品或晚于燃烧之各货物之船只所用之号灯

第五十八条

（甲）凡船只装运石瑙油或煤油或由此等油所制成之各物品爆裂性在摄氏温度二十八度者除所挂各式法定号灯外于定间应在桅杆上再加挂红光灯一盏昼间则换挂一·七五平方米红旗一面高低须在六米突高以上

（乙）凡船只装运爆裂物品或其他危险物品或石瑙油所制成之各项物品爆裂性在摄氏温度二十八度或以下者于夜间应在前桅上上下直挂红光灯二盏两灯上下之距离须一米突昼间则代以红旗二面其悬挂之高低并旗之尺寸与本条甲段相同

第五十九条　凡船只拖带装运爆裂物品或由石瑙油制成之物品爆裂性在摄氏温度二十八度或以下者之拖船且本船亦运有此等物品者应在桅杆上共挂号灯三盏即白光者二盏红光者一盏

第五节　应备特别法定之号灯

第六十条　凡拖船在汽轮船两旁拖带者除桅杆上悬挂之法定号灯外拖船之外甲板上应再挂白光灯一盏向傍面之江中射照

第六十一条　凡汽轮船如发觉所载之客人中有患霍乱病症或传染病者即经过水道布告中所指之患病地方除所备之各项信号标志外于夜间应在桅杆所挂之白光明灯以上七十五生的米突地方再挂绿光及红光灯各一盏而昼间则在船头之桅杆上挂一·七五平方米黄色方旗一面

第七章　船只相遇时及追赶时所用之信号

第一节　总　章

第六十二条　凡各式船只及木排等于相遇或追赶之际无论昼夜彼此均应预先传达法定之各项信号或标志虽在水道宽阔之地易于分析航路方向之处亦应照办以避免相碰之处

第六十三条　传达信号所使用之各项器具或标志应预备整齐以便随时使用

第六十四条　凡各式船只或木排等传达信号之时应向无阻碍之航路方

面发挥之以便使相遇志追赶之船只由所指之水道通过之

凡汽轮船传达信号时应由船之两旁所置之边灯上面传达或发挥之

第六十五条 凡汽轮船未传达信号以前应先长鸣汽笛一声而他类船只或木排等可鸣响器以代之随即须在船过或木排之傍处传达发挥信号若由舵楼内或船之中部或木排中间等传达信号则在禁例

第六十六条 昼间如遇他船而欲经过时须用白旗传达信号夜间则以白光灯代之

其传达信号灯时间之长短则以接到相遇或追赶之船同答之信号为止

第六十七条 凡所遇或追赶之船只如认可而接受他船所发之信号时则应答复以长时间之汽笛一声或使用各种传达信号使用之响音器具作长时间之声音并昼间挥白旗而夜间以白号灯向发信号之船答复之

凡不认可或不愿接受他船所发之信号时则应按照本章程之第七十一及七十二两条内所列各信号答复之

第六十八条 凡汽轮船之汽笛只准作为传达信号之用其作他项使用如两船相遇彼此鸣汽笛以致敬礼或鸣汽笛以作集合船员水手等则在禁止之例

第二节 各式船只及木排等相遇时所用之信号

第六十九条 下驶汽轮船或木排等路途中如遇他船或木排在相距尚有一启罗米突时应鸣汽笛一长声或响器代之随即使用传达信号以便指挥上行船或木排须在何边让道行驶而上驶汽轮船或木排应立即答复信号如轮船欲开倒车则在未发挥信号前须鸣长时间汽笛二声以代一声

第七十条 如有危险之处先由上驶船只或木排发觉而下驶船只尚未发觉者则上驶汽轮船应鸣短汽笛数声（须三声以上）以警示下驶船只或木排而免发生危险

第七十一条 凡上驶之汽轮船或木排如发觉于本船及下驶之汽轮船并无何等危险之处而上驶之汽轮船或木排不欲遵照下驶之汽轮船所发之信号而行驶时则应即时鸣短时间之汽笛二声并答以欲向何方行驶之信号唯于发挥答复信号灯之前上驶之汽轮船如拖带拖船者则应开慢车以便慢行如上驶之汽轮船无拖船拖带者则应开慢车以便勿再前行或开倒车以便距离稍远

第七十二条 凡下驶船只或木排等接到不能遵守信号之答复后应遵守下列各条

（甲）如下驶之汽轮船承认上驶汽轮船所答之信号而能照所指路途行驶时则应鸣长时间之汽笛一声以示认可

（乙）如下驶之汽轮船不能遵照上驶之汽轮船所指示之途径行驶时则应

即时连鸣短时间继续不断之警报汽笛或别种信号如系非拖带拖船之汽轮船则即开倒车如系拖带拖船之汽轮船则应将拖船船尾之锚抛下设因故而不能照办时则应设法以避相碰

第七十三条　凡各式船只相遇距离已近而信号尚未发挥或未答复时或所发之信号不甚明了时则上驶之船应即停驶以俟下驶之船发挥信号指示路途各式船只或木排等相遇时必须俟两方交换信号灯妥协后方可继续行驶

第七十四条　凡汽轮船与其他各船只或木排等相遇时其选择行驶之路途属之于汽轮船此等船只木排等间应按照轮船所发信号中所指之路途驶行之

第七十五条　下驶汽轮船当其因河流之曲折或船只过多或因其他原因是而不便选择何方让对方所来汽轮船通过时则应鸣长声汽笛二次不需摇摆信号此时则由上驶汽轮船选择何方行驶而指挥下驶汽轮船但此时上驶汽轮船应鸣长声汽笛二次并向选定之一方摇摆信号灯而下驶汽轮船回答以当上驶汽轮船不能让道给下驶汽轮船时则上驶汽轮船应在短时继续不断之鸣警报汽笛后再决定航行

第七十六条　当大型船只及载重木排不能执行汽轮船之指挥时则应敲钟或铁板等响器若在另一边能让汽轮船通过时则除响器外并应向能让汽轮船通过之一边摇摆信号

第三节　各式船只及木排等追赶时所用之信号

第七十七条　凡汽轮船或拖带拖船之汽轮船意欲追赶前行之汽轮船或各式船只或木排时应于驶行相近在四百米突之处先鸣短时间之汽笛三声继之以发挥信号指示所欲通过之路途以便使被赶之汽轮船或各式船只并木排等让路

如被追赶之各式船只或木排等接到追赶汽轮船所发之信号后则应即遵照下列各条办理之

（甲）如能遵照追赶汽轮船所指示之路途行驶时则应鸣长时间之汽笛一声或敲钟及铜钟并随即按照定章发挥信号

（乙）如不能遵照追赶汽轮船所指示之路途行驶时则应答短鸣时间之汽笛二声及敲钟或铜钟或号角喇叭并发挥信号指示可以通过之路途

第七十八条　凡被追赶各式船只或木排因特别情形而不能遵照追赶汽轮船所指示路途之行驶时则应立即连鸣继续不断之短时间警报之汽笛或代之以传达信号之警器而追赶之船只接到此项信号后应立即等候相当之时间或地方再行前驶

第七十九条　如被追赶之木排不能让追赶船只通过时则应立即警响器数下并在昼间应于木排中心上下摇旗而夜间则应于木排中心上下摇灯此时

则追赶之船只或木排应待适当之处然后通过

第四节　船只通过狭窄处所用之信号

第八十条　凡汽轮船驶近江道湾曲之处或壁崖直立及狭窄等处而不能与对面所遇船只相见者则应鸣长时间之汽笛一声如无答复之信号应再鸣长时间之汽笛二声然后方可前进帆船或木排等航行此等处所则代以各种响音器具之信号

第八十一条　上驶汽轮船驶近弯曲及狭窄等处如接到下驶汽轮船所发之信号后应遵守下列各条

（甲）如尚未驶入弯曲及狭窄等处时则应停止进行俟下驶之汽轮船通过后再行前驶

（乙）如已驶入此等处所则应开慢车等候下驶汽轮船之第二次信号而下驶轮船亦应立开慢车以不失掌驾之能力为度驶行唯愈慢愈妙

（丙）如上驶及下驶带拖船之汽轮船虽会发信号而结果相遇于狭窄处两汽轮船同时不能驶过时则双方拖船都应同时停泊然后依次运出狭窄处

第五节　船只经过挖江机船停泊工作之地方所用之信号

第八十二条　凡各式船只或木排等驶近工作于水道之挖江机船时如欲由旁边驶过须在距离四百米突以外地方发挥各种响器之信号即汽轮船鸣长时间表之汽笛一声而其他船只则代之以敲钟或打铜钟及吹号角喇叭

第八十三条　如停泊之挖江机船傍之水道无何阻碍可使驶近船只通过时则挖江机船于接到信号之际应答鸣长时间之汽笛一声以示认可如汽笛损坏则用其他相当之响器信号以代之

昼间用白旗挥之而夜间则用挥发信号用之白光灯挥之以指示驶近船只及木排等通过之路途

第八十四条　如停泊挖江机船傍之水道有何阻碍不能使驶近船只通过时则挖江机船应连鸣短时继续不断之警报汽笛以作警告驶近各船只或木排等于接到此项信号后应即时停驶俟接挖江机船再鸣长时间之汽笛一声及用发挥信号灯所用之旗或灯续发信号时方可再向前驶行

第六节　所用求救之信号

第八十五条　凡各船只遇火灾或碰毁及遇不测等事时应发下列各项信号以便求救协助之用

（甲）如系汽轮船昼间则除用长时间之汽笛频鸣不停外并将前桅所挂之旗降至桅杆中部而夜则除频鸣长时间之汽笛外并将前桅上所挂之白光灯降至中部频降频异以示警报

（乙）如其他船只或木排等则代之以传达信号用之各种警器以示警报

（丙）在出险处相近之各式船只亦应发相当之信号以示警报

第七节　呼叫小船用之信号

第八十六条　凡欲向江岸呼叫小船时应鸣长时间之汽笛二声及短时间之汽笛一声

第八十七条　凡欲向水道灯照管理站呼叫小船时应鸣长时间之汽笛一声及短时间之汽笛一声

第八节　驶入码头或驶出码头所用之信号

第八十八条　凡汽轮船驶入码头之际应鸣长时间之汽笛一声

第八十九条　凡汽轮船于开行前应先鸣长时间之汽笛一声及短时间之汽笛一声继之以鸣长时间之汽笛一声及短时间之汽笛二声最后鸣长时间之汽笛一声及短时间之汽笛三声然后船方可行驶离开码头

第八章　各式船只关于航行发生阻碍各事应守各条

第一节　在水道及浅狭之处发生阻碍各事

第九十条　凡各式船只及木排等不得向江中及冰上抛掷及堆积沙石或灰炭及建筑遗弃等物以免有碍航路

第九十一条　凡各式船只或木排等如遗失铁锚或其他物件于江中而有妨碍于航行者船主或木排主应立即设法寻捞或除去如遗失之物品无法取出则船主或木排主等应在该遗失物之水面设置浮标之特别标志如不能安置于水面时可在江岸相对该遗失物之处设置一特别标志除将设置标志及遗失物品等情向左近岸上之灯照管理站报告外并应向本国之水道机关报告之

第九十二条　凡船只或货物沉于江底者则该处水面上应置一特别标志同时船长或木排主速即报告左近之灯照管理站并本国之水道机关

第九十三条　凡因遇险而沉江底之船只木排或货物等如本章程第九十一条内所列举者应由原主在本国之水道机关所限定之时间内除去如逾期未曾除去则由本国之水道机关代为除去其各项费用则由原主担负之

第九十四条　凡各式船只或木排等如因浅滩搁浅船身损坏并碰毁及因所载太重水浅不能前进者或因万不得已必须靠岸卸货者得准其靠岸而卸下一部分或全部分之货物唯船主或木排主应立即报告左近之水道机关以便前来考查一切或施以相当办法同时该船主或木排主应服从及遵守该处之各项章程及法律

第九十五条　凡于航路有阻碍各件或水道不确与不完善或缺少灯照标志等情如经船主或木排主发觉者应即时报告于左近之灯照管理站及水道机关

第九章　遇不测之事时应遵守之章程

第一节　总　章

第九十六条　凡各船主或木排主等如遇意外不测之事而与货物或船客有生命危险者应即速报告于左近之本国管理航路之巡江员吏

第九十七条　凡各船只木排货物或船客发生不幸而罹危险时或于水道航行有妨碍其路过此等处所或在此等处所左近之各国船只应立即加以相当之援助无论其遇险船只所挂为何国旗帜均应立即设法营救

第九十八条　凡各式船只如遇意外不测而罹难时船主人等应以救护各人之生命为前提然后方可援救所载之货物

第九十九条　凡各式船只于出事后既经采取应有之步骤其管理货物之人应将出事前后确实情形无分巨细作一详细报告由其本人及见证多人负责签字如该项意外之事波及船只本身其船主应作一同样之报告由其本人及负责之水手二人并见证多人签字如所作之报告疏而不详或所陈者与当时事实不符该证人可发表个人之意见以作参考该报告书应即时呈交本国最近之管理航路之巡江员吏

第一百条　在报告书上签字之证人应将本人之名姓籍贯职业及其营业或工作地点注明

如于备立报告书时所有在船应签字各人如有不识字者或彼此言语不通者应由遇事之船主向左近之本国水道机关报告由该机关员吏询问一切以便预备应作之报告书

第百一条　报告书中应注明下列各事

（甲）遇事之时期

（乙）遇事之详情并遇事之地点

（丙）遇事前后或遇事时船长或二副所发之号令

（丁）货物体积损失之详细数目及预算船只应损失之数目

（戊）遇事前是否极力设法避免发生不测或是否遵照本航行章程办理

（己）船客业无死伤者

（庚）遇事时之草图表明出事地点及如何发生不测及出事后船只之行动

（辛）备立报告书者之姓名及籍贯

第百二条　凡船只或木排彼此相碰时该船只应即时停驶以便彼此相救并共同一报告书由证人签字如彼此意见不同时可各自备立一报告书唯所备立之报告书由证人签字后应各出收报将副本彼此交换无论两船只航行时所挂为何种旗帜

第百三条　凡因防范不严或由巡视不通既不经心而遇意外不测之事船

主船长及船员等皆不得卸其责任则对于此节各船用人只可选择历练素著者为宜

附　则

本令自公布日施行

12

1936 年 3 月 19 日

火药类船舶运送及贮藏规则

（一九三六年三月十九日）

第一条　关于船舶运送火药类或船舶贮藏常用之火药应依本令所定各款办理之

第二条　本令所谓火药类指火药类取缔法第一条所规定者而言

第三条　火药类发送人关于火药类之容器及包装需照火药类取缔法施行规则办理之

第四条　火药类装运人于火药类之容器或包装外面易见处所须用红色记明火药爆药或火工品等字样或紧以红笔所书之纸条并须注明办理上注意事项

第五条　关于火药类之容器包装及内容等之表示如不按前二条规定办理时船舶不得载货

火药类之装送人应依火药类取缔法施行规则办理之如须领取该官厅运搬许可证时未经船长检阅许可证后不得装货

第六条　在湖川港内装卸火药类之积载战或卸载之船舶或积藏火药类之船舶拟在湖川港内停泊或系留时应向载货地卸货地停泊地系留地各该地航政局及警察官署呈报品名数量存积地点并日时地址如该处无上项局署时应向该地附近航政局及警察官署呈报之

前项之规定关于船舶常用之火药类不适用之

第七条　火药类取缔法施行规则第十四条第一项各款所记载以外之火药类除经该处警察官署许可者外由日没至日出之间不得装载卸载捣载

第八条　无甲板之船舶搭载旅客时不得装载火药类

虽有甲板之船舶搭载旅客时如雷酸盐及其他易起爆炸材料或爆药等所装填之火工品不得装载

第九条　旅客乘降船时不得同时装载卸载或捣载火药类

第十条　依火药类取缔法施行规则第四十四条之规定应贮藏别处火药类贮藏所之火药类不得装载同一之船舶

前项火药类在无甲板之船舶不得载入同一之船舶内

第十一条　火药类不得与易于燃烧或有引诱爆炸之虞之物品接近或放置于其他货物之下

第十二条　火药类装载卸载捣载之时不可掷下或挤撞

第十三条　火药类不得接近机关室蓄电池发电机石炭库厨房油库及其他有热气之处装载

第十四条　火药类不得装载于旅客室船员室或与该室接近之处但旅客室不运送旅客时不在此限

第十五条　装载火药类之处如有螺钉或螺具时应覆以木板皮革篷布或毛毯等

第十六条　火药类之装载或卸载或在积藏该物之处除安全灯或电棒外不得使用其他灯火

前项之各处不得穿线钉鞋或携带洋火及其他易于发火之物品或吸烟

第十七条　在开始办理火药类前及办理终了后即时须将该处尘芥扫除之

第十八条　依火药类取缔法施行规则第四十三条之规定如装载火药类超过仓库贮藏数量之船舶在港内航行停泊或系留之时昼间用红旗夜间用红灯一个揭于樯头及其他易见之处但属于船舶常用之火药类及第二十一条所揭载之火药类积藏时不在此限

第十九条　船舶不得贮藏其常用外之火药但依火药类取缔法施行规则之规定贮藏系留船或仓库船时不在此限

所谓船舶常用火药系指爆发性之物件如船舶所备之大炮每尊火药五十发门管或爆管七十个快枪每支一百发雷管一百五十个及信号川之榴弹火箭烟管及救命烟而言

但超过前项数量时如经该管航政局长之许可时亦视为常用火药类

第二十条　旅客不得携带火药类乘船但得船长之许可携带火药类取缔法施行规则第十四条第一项所定数量以内之打猎用火药类烟火爆竹及绥燃导火线之时线不在此限

第二十一条　枪用实包枪用空包未装填火药类附有雷管或爆管之药雷

管信管爆管门管缓燃导火线电气导火线导爆线漏药（将箱内火药或爆药使无爆发之危险十分湿润并密封该箱又于该箱表面记明漏药品字样）芳香族之硝化物或以此为主要成分混合物而附有起爆剂者以硝酸亚或以过盐素酸亚为主要之爆药中未含有硝基甘油或绵药未附有起爆剂者以硝酸亚为主要之爆药中虽含有硝基甘油或绵药然其含有总量为百分之四以下且未附有起爆剂者烟火信号烟管发雷信号发星火之榴弹（十二筒以下收纳于木制容器为预防其摩擦动摇或冲突于各个之中间填入麻屑纸屑之类者）火箭（六个以下收纳于木制容器预防其摩擦动摇或冲撞于各个之中间填以麻屑纸屑者）第八条第九条第十四条第十五条及第十七条之规定不适用之

第二十二条　船长认为船舶积载之货物有违反本令之规定之疑时无论何时得使证人眼同开检之

第二十三条　航政局或警察官署关于火药之运送及贮藏认为有必要时无论何时可派该管官吏临时检查且为预防危险品起见得以随机处分之

第二十四条　违反第五条乃至第十一条第十三条乃至第十五条及第十七条乃至第十九条第一项之规定时处船长一百元以下罚金

第二十五条　违反第三条第四条第十二条第十六条及第二十条之规定者处一百元以下之罚金

附　　则

本令自公布日施行

13

1936 年 9 月 19 日

内河航行规则

（一九三六年九月十九日）

第一章　总　　则

凡关于船只及木排于内河航行者除法令另有规定者外应遵守本令

本令所称内河者即指松花江及其支流、国境河川之国内支流而言

本令中所称轮船如以帆运转而不用机力时视为帆船用机力时不分用帆与否应视为轮船

本令中所称为轮船者乃指凡用机力运转之船舶而言

本令中所称船舶航行中者乃指非停泊系留或搁浅而言

船舶之航路于两岸设置接航标、导标及浮标以指示之

第二章　船　灯

本令中关于船灯所谓得以望见者乃指于天气晴朗之昏夜得以望见者而言

本令所谓手挥信号灯凡在轮船得由距离四启罗米突之处其他船舶及木排得由二启罗米突之处望见为要但在未满四十吨之轮船得由距离二启罗米突之处望见为要

第一条　关于船灯之规定不论天气如何自日没至日出止必须遵守此时间中除本令所定之船灯外不可挂易招纷杂之灯

第二条　轮船航行中应挂左列之灯

一　前樯或旗杆如无前桅时在该船之前边离船体上不下六米突之处应挂出一盏明亮白光灯该灯应设备当发不同之光能照射针盘二百二十五度（二十点）并照射左右舷外各一百十二度半（十点）即由船头向各船腰后部二十二度半（二点）照射且由距离至少八启罗米突之处望见为要

二　船之右舷应挂绿灯一盏务使该灯常发不同之光能照射针盘一百十二度半（十点）之处其装置适于光线由船头至右舷腰后部二十二度半（二点）且由距离至少四启罗米突之处得以望见为要

三　船之左舷应挂红灯一盏务使该灯常发不同之光能照射针盘一百十二度半（十点）之处其装置适于光线由船头至左舷腰后部二十二度半（二点）且由距离至少四启罗米突之处得以望见为要

四　本条第二项第三项之舷灯每灯里旁须设置前方至少一米突长之木板左方之船不得望见右舷之绿灯右方之船不能望见左舷之红灯光

五　船尾烟筒或于后桅之后面应揭白光灯一盏其装置以由船腰前方不易见处为要务使与舷灯同样高度

第三条　凡轮船拖带其他船只航行之时除揭两舷灯外并揭在白光灯二盏最少须隔一米突上下连挂之该白灯与第二条第一项之白灯同样设备灯质亦同并须挂在同样位置

第四条　于航路或其附近搁浅之船舶在夜间按第二条第一项规定之白灯位置悬挂红灯二盏其上下之距离至少须隔一米突连挂之但该灯由距离至少二启罗米突之处得以望见为要又在昼间于最易见处悬挂直径六五厘米以

上之黑球二个至少上下须隔一米突连挂之

其他船舶或木排之流来时于能通航之船舷昼间以白色信号旗夜间须以白色手挥信号灯表示之

第五条 凡总积量未满四十吨之轮船航行中不必挂第二条第一项第二项第三项所规定之灯然如不挂灯时须照左开规定

一 于船之前部或烟筒或其前面舷缘上高三米突以上最易见之处按第二条第一项所规定之构造装置揭白灯一个且至少由四启罗米突之处得以望见为要

按第二条第二项第三项所规定之构造装置须揭绿色二舷灯至少由二启罗米突之处得以望见为要或由船头至各船腰后部二十二度半（二点）止右舷绿色左舷红色照射之两色灯一盏

二 未满二十吨之轮船或汽艇得将第一项第一号之白灯于舷缘上三米突之下方悬挂然其白灯须比同项第二号之两色灯高悬之

第六条 船舶及木排在停泊中须在自前方最易看见之船体上高六米突以上之处挂一白灯该灯须发常发不同之亮光由周围二启罗米之处容易望见者为要

第七条 帆船拖船及木排在航行中须依左列规定

一 轮船所曳拖船或帆船或木排须在自前方最易看见之船体上如系木排则由水面上高六米突之处挂白灯一盏该灯须发不同之亮光以至少由周围四启罗米突之处可以望见者为要

二 拖船或木排不由曳船航行之时在船首按前项规定挂白灯一盏外船尾亦挂白灯一盏

三 帆船应在前方最易望见之船体上高六米突以上之处挂白灯一盏该灯至少须由周围四启罗米突之处可以望见者为要

第八条 被他船曳航之轮船应按第二项第三项仅挂舷灯

第九条 以橹桨运转之船在夜间无论航行或停泊必须在最易看见之处挂一周围易于望见之白灯一盏渔船正在捕鱼中按本条所定白灯外须酌定他船靠近我船或我船去靠他船十分预防碰撞之时间以手挥白色信号灯表示不施放渔纲及其他渔具他船可以航行之方面昼间则以白色信号旗表示之

第十条 浚渫、设置航路标识测量及其他从事作业中之作业船须按第二条第一项规定之位置（轮船则代白灯）上下连挂三灯至少须有一米突之间隔但该三灯中上下二盏为红色中央一盏为绿色周围至少由四启罗米突之处可以望见者为要又昼间须于最易望见之处挂一红色菱形

本条船舶如在不航行之时不可挂舷灯然航行时必须挂揭若在停泊中除本条所定之灯外尚须挂一停泊灯

第十一条　各船为唤起他船注意起见认为必要时得于本令规定船灯外再发闪火

第十二条　本令船灯之规定如在二艘以上之军舰或为军舰护卫之船舶关于添挂列位灯及信号灯不妨施行特行制定之规则

第十三条　船舶除左记各项外在夜间禁止滥用挥照灯

一　在航行中欲辨识航路及江岸标识之时

二　停泊或暂留时

三　作业船从事作业时

四　其他按法令所定者

但他船向我船靠近之时应立即熄灯

第三章　航　　方

船舶及木排之相逢横断或越过之时无论昼夜须按照规定航行虽在水路广阔或针路明确之时亦应遵守规定注意免发碰撞之虞

本令所谓长声指四秒乃至六秒间一吹声而言、所谓短声指约一秒间之一吹声而言

第十四条　船舶及木排除左列各项情形外不得在航路线停泊或系留

一　欲避碰撞或其他急迫之危险时

二　运航不自由时

三　从事救助人命或船舶之时

四　从事航路标识之工事、水路之测量或浚渫作业之时

五　得航政官厅之许可打捞遭难物及沉没物或其他从事河中工事之时

前项第二款第三款之船舶在昼间停泊航路线时须于最易望见之处挂黑球或黑色形象一个

第一项第五款之船舶在昼间停泊航路线时须于最易望见之处揭挂红色方旗

其他船舶或木排靠近之时在其通航可能之舷侧昼间以白色信号旗夜间以白色信号灯表示之

第十五条　下航轮船与上航轮船相逢通过或横断有关突之虞时下航船须指示通航水路上航船在下航船指示之侧面航行

各船舶欲互相航之时须尽量减去速力以不致危害他船为要

第十六条　前条所定指示通航水路之轮船在距他船一启罗米突以上之处于使他船通行之舷侧昼间以白色信号旗夜间以白色手挥信号灯表示之并作对舷信号如下

一　左舷对左舷欲航过之时须吹汽笛一短声

二 右舷对右舷欲航过之时须吹汽笛二短声

经指示之船舶欲按指示水路通航时应立即按前项所定行同样信号应答之

所作指示信号至应答为止须继续行之

第十七条 二艘轮船上航或下航互相横断有冲突之虞时右舷见他船之船应因时制宜减少速力或运转停止或后退以待他船安全航过再为进行

第十八条 轮船与帆船拖船或木排正面相遇或横断有冲突之虞时轮船须避帆船拖船或木排之针路

但帆船拖船或木排不得妨碍轮船航路

轮船于帆船拖船或木排可通航之舷旁在昼间以白色信号旗夜间以白色手挥信号灯表示之

第十九条 依本令航行方法因天气密蒙其他事故应受指示之船舶未接到应发指示船舶之信号时或信号不明了之时或不能按照指示信号航行时接连吹短声汽笛适宜减其速力或停止运转或倒退应临机采取避免碰撞至善之处置

接到前项信号之船舶如认两船接近仅待他船之行动不能避免碰撞时自己亦应取临机避免碰撞至善之处置

第二十条 凡数船舶鱼贯而行与他船舶相遇时各船交换信号

通航指示信号务应依效先航船舶

第二十一条 船舶除非有安全航过之余地时不得追过其他船舶

第二十二条 轮船意欲追过其他船舶时发三长声汽笛于意欲通过之舷旁应揭出指示信号

第二十三条 被追过船受追过船之追过信号时应按左列之规定

一 依追过船之指示信号时发一长声汽笛或敲钟、属于指示之舷旁昼间应以白色信号旗夜间以白色手挥灯表示之

迄至追过船安全追过时适宜减其速力注意航行

二 不能依追过船之指示信号时接连发短声汽笛或敲钟、属于可以追过之舷旁应挂所定之指示信号

三 被追过船不能使追过船通过时接连发短声汽笛在昼间于船上中央接连左右挥动红色信号旗在夜间上下摇动红灯以警告追过船

第二十四条 航路弯曲看不透彻前方时轮船发一长声汽笛应注意前行

如帆船及木排应以各种音响器为信号

第二十五条 船舶及木排欲由在航路或其附近作业中之作业船近旁时由相当距离在轮船发一长声汽笛其他船舶及木排以钟、锣或以号角表示信号减其速力待由作业船发一长声汽笛或敲钟、锣于应通过之舷旁有指示信

号后始得通过之

如航路通过有碍时作业船接连发短声汽笛向航行之船舶及木排启报受此信号之各船及木排立即停止进行待由该作业船发一长声汽笛有所定之指示信号后应依该指示向前进行

第二十六条　二只帆船互相接近有碰撞之虞时由其一船应避他船之航路如左

一　上航船与下航船互相接近时上航船应按下航船之指示信号向前进行

二　二只船均系上航或下航互相接近时上风船应按下风船之指示信号向前进行

第二十七条　当履行本令之时关于航运及碰撞等应注意诸般之危险自不待言如于危险迫切碍难履行本令之特殊情形时为避危险起见应为临时之处置

第四章　雾中信号及速力

航行中之船舶及木排行本条所规定之信号者应使用左记信号器

轮船则汽笛或汽角

帆船或拖船及木排则雾中号角、钟、锣

第二十八条　雾、蒙气降雪或暴雨中不分昼夜应按左记各项为所定之信号

一　轮船航行中每二分时内应发一长声汽笛

二　拖带船舶航行之轮船每二分时内发一长声汽笛后即时应发二短声汽笛

被他船拖曳之船舶不妨为此信号然不得为他信号

三　帆船、渔船及木排航行中每二分时内应敲鸣钟、锣、号角为信号

四　船舶及木排停泊中每一分时内约五秒间应激烈敲号钟

第二十九条　雾、蒙气降雪或暴雨中一切之船舶及木排应慎重注意当时情形及条件减其速力或停止运转或于航路外投锚等应取适宜处置

第五章　遭难船信号

第三十条　凡因火灾、碰撞及罹其他之危难须他船或陆地之救助之船舶应为左记信号

一　轮船除接连发长声汽笛外昼间应将前桅旗夜间应以红灯接连上下

二　帆船、拖船及木排以各种发声信号器连续警报外昼间挥红旗夜间挥灯火

三　在遭难船附近之船舶亦应接连为前二号所规定之警报信号响应之

望见第一项各款之信号者除有不得已情形外应即前往救助

第六章　懈怠之责

第三十一条　本令之规定揭挂灯火或信号之懈怠、为适当看守之懈怠、或船员普通之经验或按特殊之情形应为警戒之懈怠之结果船舶或其所有者船长或船员不能避免其责任

附　　则

本令自康德四年一月一日施行

采用中之内河航行章程自本令施行日起废止之

14

1937 年 6 月 5 日

国务院各部官制

（一九三七年六月五日）

第一章　通　　则

第一条　各部大臣承国务总理大臣之统督掌理主管事务任其责

关于主管不明了之事务或涉于二部以上之事务应呈请国务总理大臣受其裁定

第二条　各部大臣关于其主管事务认为有制定、废止或修正法律或敕令之必要时应具案提出于国务总理大臣

第三条　各部大臣关于其主管事务得要求国务院会议

第四条　各部大臣关于其主管事务得依其职权或特别委任发部令

第五条　各部大臣关于其主管事务指挥监督省长特别市长及警察总监认为其命令或处分有违反成规妨害公益时得停止或取消之但关于重要事项

须承国务总理大臣之指挥

第六条 各部大臣指挥监督所属官吏关于其进退及赏罚呈请国务总理大臣其委任官以下专行之

第七条 各部置次长一人为简任

次长辅佐大臣监督官房及各司局之事务大臣有事故时代理其职务

第八条 各部置大臣官房及分掌部务之司

第九条 官房掌管左列事项但特使属于司之所管者不在此限

一 属于机密事项

二 关于重要部务之联络调整事项

三 关于考查行政事项

四 关于总动员计划事项

五 关于官吏之进退、赏罚及身份事项

六 关于管守官印事项

七 关于公文书之收受、递达、发送及编纂保管事项

八 关于会计及用度事项

九 关于搜集资料事项

十 关于调制统计报告及发行刊行物事项

十一 关于其他庶务事项

第十条 各部之官房及司之分科规程由各部大臣经国务总理大臣认可定之

第二章 治安部

第十一条 治安部大臣掌理关于国防、用兵、军政、警察及其他治安事项并关于测量陆地及水路事项

第十二条 治安部于另定之职员外置左列职员

警备局长		简任
理事官	六人	荐任
督察官	三人	荐任
事务官	十六人	荐任
技佐	一人	荐任
属官	七十六人	委任
技士	四人	委任

第十三条 警务司长承大臣之命掌理司务

理事官及事务官承务官承上司之命掌事务

督察官承上司之命掌督察

技佐承上司之命掌技术

属官承上司之指挥办理事务

技士承上司之指挥从事技术

第十四条 治安部大臣以武官任之

治安部次长及警务司长以文官任之

治安部次长之职务不及于关于军之统率事项

治安部大臣有事故时关于军之统率事项由陆军将官中一人承特命代理其职务

第十五条 治安部置左列三司

参谋司

军政司

警务司

第十六条 参谋司掌管左列事项

一　关于用兵作战事项

二　关于军之编制及训练事项

三　关于军警协力事项

四　关于测量陆地及水路事项

第十七条 军政司掌管左列事项

一　关于军之人事及征募事项

二　关于兵器及军需品事项

三　关于军之经理事项

四　关于军之法务、医务及兽医务事项

第十八条 参谋司及军政司之分科依另所定

第十九条 警备司掌管左列事项

一　关于治安警察事项

二　关于行政警察事项

第三章　民生部

第二十条 民生部大臣掌理关于教育、礼教、社会、保健其他民心振作及民生安定事项

第二十一条 民生部置左列职员

司长	三人	简任
参事官	四人	荐任（其中一人得为简任）
理事官	十二人	荐任
编审官	五人	荐任（其中一人得为简任）

督学官	四人	荐任
技正	三人	荐任（其中一人得为简任）
秘书官	三人	荐任
事务官	二十人	荐任
技佐	五人	荐任
属官	一百十六人	委任
技士	五人	委任

第二十二条 司长承大臣之命掌理司务

参事官参需部务及掌承特命事项

理事官及事务官承上司之命掌事务

编审官承上司之命掌学校用教科图书之编纂、审查及检查

督学官承上司之命掌学校教育之指挥监督

技正及技佐承上司之命掌技术

秘书官承大臣之命掌机密事项

属官承上司之指挥办理事项

技士承上司之指挥从事技术

第二十三条 民生部置左列三司

教育司

社会司

保健司

第二十四条 教育司掌管左列事项

一　关于学校教育事项

二　关于学艺事项

三　关于教科书之编纂及审查事项

第二十五条 社会司掌管左列事项

一　关于国民思想事项

二　关于社会教育事项

三　关于改善民生事项

四　关于劳动事项

五　关于宗教及礼俗事项

六　关于赈恤、救济及免囚保护事项

第二十六 保健司掌管左列事项

一　关于国民之体育及健康增进事项

二　关于防疫及公众卫生事项

三　关于医药行政事项

第四章　司法部

第二十七条　司法部大臣监督法院、检察厅及监狱掌理关于民事、刑事、行刑、非讼事件、民籍、地籍及其他司法行政和事项

第二十八条　司法部置左列职员

司长	三人	荐任
参事官	二人	荐任（其中一人得为简任）
理事官	十一人	荐任
秘书官	一人	荐任
事务官	十五人	荐任
技佐	二人	荐任
属官	八十二人	委任
技士	一人	委任

第二十九条　司长承大臣之命掌理司务

参事官参划部务及掌承特命事项

理事官及事务官承上司之命掌事务

秘书官承大臣之命掌机密事项

技佐承上司之命掌技术

属官承上司之指挥办理事务

技士承上司之指挥从事技术

第三十条　司法部置左列三司

民事司

刑事司

行刑司

第三十一条　民事司掌管左列事项

一　关于民事及非讼事件事项

二　关于民事及非讼事件之裁判事务事项

三　关于提存、调停及公证事项

四　关于民籍、地籍及登记事项

第三十二条　刑事司掌管左列事项

一　关于刑事事项

二　关于刑事之裁判事务及检察事务事项

三　关于恩赦事项

四　关于引渡犯罪人事项

第三十三条　行刑司掌管左列事项

一　关于刑之执行事项

二　关于监狱事项

三　关于监狱作业事项

四　关于矫正少年事项

第五章　产业部

第三十四条　产业部大臣掌理关于农、林、畜产、水产、矿、工、开拓、植民及其他资源之利用、开发及保有事项

第三十五条　产业部置左列职员

司长	四人	荐任
参事官	四人	荐任（其中一人得为简任）
理事官	十六人	荐任
技正	六人	荐任（其中三人得为简任）
秘书官	一人	荐任
事务官	三十四人	荐任
技佐	二十一人	荐任
属官	一百十二人	委任
技士	六十三人	委任

第三十六条　司长承大臣之命掌理司务

参事官参划部务及掌承特命事项

理事官及事务官承上司之命掌事务

技正及技佐承上司之命掌技术

秘书官承大臣之命掌机密事项

属官承上司之指挥办理事务

技士承上司之指挥从事技术

第三十七条　产业部置左列四司

农务司

矿工司

建设司

拓政司

第三十八条　农务司掌管左列事项

一　关于农事事项

二　关于农地事项

三　关于水产事项

第三十九条　矿工司掌管左列事项

一　关于矿业及地质事项

二　关于工业事项

三　关于电气事业及瓦斯事业事项

第四十条　建设司掌管左列事项

一　关于利水事项

二　关于开垦事项

三　关于开拓及填地事项

第四十一条　拓政司掌管左列事项

一　关于移植民事项

二　关于移植民地事项

第六章　经济部

第四十二条　经济部大臣掌理关于货币、金融、国债、投资、商事、贸易、权度、租税、专卖及国有财产事项

第四十三条　经济部置左列职员

司长	三人	简任
参事官	四人	荐任（其中一人得为简任）
理事官	十二人	荐任
技正	一人	简任或荐任
秘书官	一人	荐任
事务官	二十二人	荐任
技佐	二人	荐任
属官	一百一十二人	委任
技士	九人	委任

第四十四条　司长承大臣之命掌理司务

参事官参划部务及掌承特命事项

理事官及事务官承上司之命掌事务

技正及技佐承上司之命掌技术

秘书官承大臣之命掌机密事项

属官承上司之指挥办理事务

技士承上司之指挥从事技术

第四十五条　经济部置左列三司

金融司

商务司

税务司

第四十六条　金融司掌管左列事项

一　关于货币事项

二　关于金融事项

三　关于外国汇兑事项

四　关于监督金融机关事项

五　关于国债之事务及地方债之监督事项

六　关于投资事项

七　关于管理国有财产事项

第四十七条　商务司掌管左列事项

一　关于商业及交易事项

二　关于贸易事项

三　关于保险事项

四　关于仓库事项

第四十八条　税务司掌管左列事项

一　关于内国税之赋课征收事项

二　关于税务行政事项

三　关于关税及顿税之赋课征收事项

四　关于关税及顿税行政事项

五　关于调整公租公课事项

六　关于租税外诸收入事项

第七章　交通部

第四十九条　交通部大臣掌理关于铁道、道路、河川、港湾、公有水面、水运、航空、邮务、电信、电话其他交通及通信事项

第五十条　交通部置左列职员

司长	三人	简任
参事官	四人	荐任（其中一人得为简任）
理事官	八人	荐任
技正	五人	荐任（其中一人得为简任）
秘书官	一人	荐任
事务官	十二人	荐任
技佐	十人	荐任
属官	六十二人	委任
技士	二十六人	委任

第五十一条　司长承大臣之命掌理司务

参事官参划部务及掌承特命事项

理事官及事务官承上司之命掌事务

技正及技佐承上司之命掌技术

秘书官承大臣之命掌机密事项

属官承上司之指挥办理事务

技士承上司指挥从事技术

第五十二条 交通部得置技监一人为简任

技监承大臣之命总监技术

第五十三条 交通部置左列三司

铁路司

道路司

航路司

第五十四条 铁路司掌管左列事项

一 关于铁道事项

二 关于自动车运输事项

第五十五条 道路司掌管左列事项

一 关于道路之建设、改良及维持事项

二 关于道路行政事项

第五十六条 航路司掌管左列事项

一 关于河川及公有水面事项

二 关于港湾事项

三 关于水运、船舶及船员事项

四 关于航空事项

附　则

本令自康德四年七月一日施行

15

1937 年 6 月 24 日

海 商 法

（一九三七年六月二十四日）

第一章　船舶及船舶所有人

第一条　本法所称船舶谓供航海之用者

本法于官署或公署之所有船舶而为非营利事业所使用者不适用之就舢板其他仅以橹棹运转或主以橹棹运转之舟亦同

第二条　记载于船舶之属具目录之物推定为其从物

第三条　总吨数二十吨以上之船舶须登记之

第四条　民法第一百七十七条至第一百八十条之规定于已登记之船舶准用之

第五条　让渡在航海中之船舶而无特约者因其航海所生之损益为应归让受人

第六条　因社员持份之移转属于会社所有之船舶应丧失满洲国国籍者在合名会社他社员、在合资会社他无限责任社员得以相当之代价购买其持份

第七条　扣押或假扣押对于终了发航准备之船舶不得为之但就为其航海所生之债务不在此限

第八条　就本法之适用船舶于左列情形视为至不能修缮

一　船舶在其现在地不能受修缮且不能到为其修缮之地者

二　修缮费超过船舶价额四分之三者

前项第二款之价额船舶在航海中毁损者为其发航之时之价额于其他之情形为其毁损前所有之价额

第九条　船舶所有人任赔偿船长其他之海员或引水人就行其职务因故意或过失所加于他人损害之责

第十条　船舶所有人就因船长于其法定权限内所为之行为而生之债务或前条所定之债务得于航海之终将船舶、运送费及船舶所有人就其船舶所有之损害赔偿或报酬之请求权委付于债权人于此情形船舶所有人负仅以其所委付之财产为清偿之义务前项规定就因海员之雇用于船舶所有人所生之债务不适用之

第十一条　船舶所有人于左列情形无前条第一项之委付权

一　船舶所有人有故意或过失者

二　船舶所有人对于船长之行为特与权限或为追认者

第十二条　委付已登记之船舶者须为其登记

除前项情形外委付以对于债权人之一表示其意思为足

第十三条　船舶所有人未经债权人之同意更使为航海者不得行驶第十条第一项之权利

第十四条　在船舶共有人间关于船舶利用之事项从各共有人持份之价格以其过半数决之

第十五条　船舶共有人须按其持份之价格负担关于船舶利用之费用

第十六条　船舶共有人决议新为航海或为船舶之大修缮者对于其决议有异议之人得对于他共有人请求以相当之代价购买自己之持份

前项请求就参加决议之人须自决议之日起、就不参加决议之人须自受其决议之通知之日起于三日以内对于他共有人或船舶管理人发其通知为之

第十七条　船舶共有人按其持份之价格任清偿就船舶之利用所生债务之责

第十八条　损益之分配于每航海之终按船舶共有人持份之价格为之

第十九条　船舶共有人间虽有组合关系者各共有人亦得不经他共有人之承诺将其持份之全部或一部让渡他人但船舶管理人不在此限

第二十条　船舶共有人须选任船舶管理人

以非船舶共有人之人为船舶管理人者须有共有人全员之同意

船舶管理人之选任及其代理权之消灭须登记之

第二十一条　船舶管理人除左列行为外有代船舶共有人为关于船舶利用之一切裁判上或裁判外之行为之权限

一　货贷船舶

二　抵押船舶

三　船舶付保险

四　新为航海

五　为船舶之大修缮

六　为借财

于船舶管理人之代理权所加之限制不得以之对抗善意第三人

船舶管理人之代理权不因船舶共有人之死亡而消灭

第二十二条　船舶管理人须特备账簿记载关于船舶利用之一切事项

船舶管理人须于每航海之终速为关于其航海之计算求各船舶共有人之承认

第二十三条　因船舶共有人持份之移转或其国籍丧失而船舶应丧失满洲国国籍者他共有人得以相当之代价购买其持份或向法院请求其拍卖

第二十四条　有船舶之赁借者赁借人限于无特约得就为其赁贷借之登记请求赁贷人协力

船舶之赁贷借经登记者对于嗣后就其船舶取得物权之人亦生其效力

第二十五条　以不属于自己所有之船舶供航海用之人就关于其船舶利用之事项对于第三人有与船舶所有人同一之权利义务

于前项情形就船舶之利用所生船舶债权人之质权船舶所有人不得否认之但船舶债权人知其利用系违法或因重大之过失不知之者不在此限

第二章　船　长

第二十六条　船长非证明就行其职务未怠注意对于船舶所有人、佣船人、托运人其他之利害关系人不得免损害赔偿之责

船长虽从船舶所有人之指示者对于船舶所有人以外之人亦不得免前项所定之责任

第二十七条　船长因不得已之事由自不能指挥船舶者得选任他人使行自己之职务于此情形船长就其选任对于船舶所有人任其责

第二十八条　船长于发航前须检查船舶之航海有无障碍其他航海所必要之准备整顿与否

第二十九条　船长须在船中备至左列书类

一　船舶国籍证书

二　海员名簿

三　属具目录

四　航海日志

五　旅客名簿

六　关于运送契约及积货之书类

七　由税关交付之书类

前项第三款至第五款所揭之书类以不航行外国之船舶为限得以命令定无须备之

第三十条　船长非向代自己指挥船舶之人委任其职务后自货物之装载

及旅客之乘坐之时起至货物之卸载及旅客之上陆之时止不得离去其所指挥之船舶但有不得已之事由者不在此限

第三十一条　船长于航海之准备终了者须速为发航且除有必要者外不变更预定之航路而航行至到达港

第三十二条　船长须速将关于航海之重要事项报告船航所有人

船长须于每航海之终速为关于其航海之计算求船舶所有人之承认又有船舶所有人之请求者不论何时须为计算之报告

第三十三条　船长于航海中须依最适于利害关系人利益之方法为积货之处分

利害关系人为因船长行为就其积货所生之债务得委付于债权人但利害关系人有过失者不在此限

第三十四条　在船籍港外船长有为航海所必要之一切裁判上或裁判外之行为之权限

在船籍港船长除特经授予权限者外仅有为船员或引水人之雇用及停止雇用之权限

第三十五条　于船长之代理权所加之限制不得以之对抗善意第三人

船长之代理权不因船舶所有人之死亡而消灭

第三十六条　船长非因支用船舶之修缮费、救助费其他继续航海所必要之费用不得为借财或抵押船舶

第三十七条　在船籍港外船舶至不能修缮者船长得经管海关厅之认可拍卖之

第三十八条　船长为支用船舶之修缮费、救助费其他继续航海所必要之费用得将积货之全部或一部变卖或出质

于前项情形之损害赔偿额依其积货应到达之时之卸载港之价格定之但须扣除无须支付之费用

依积货之变卖所得之金额超过前项金额者须赔偿其所得之实额

第三十九条　船长为继续航海有必要者得将积货供航海之用于此情形准用前条第二项之规定

第四十条　船长未特受委任而为航海支出费用或负担债务者船舶所有人得对于船长行第十条所定之权利

第四十一条　船舶所有人不论何时得解任船长但无正当事由而解任之者船长得对于船舶所有人请求因解任所生损害之赔偿

船长系船舶共有人而反于其意被解任者得对于他共有人请求以相当之代价购买自己之持份前项请求于解任后须速对于他共有人或船舶管理人发其通知为之

第四十二条　船长对于船舶所有人之债权之时效期间为二年

第三章　运　　送

第一节　物品运送

第一目　总　　则

第四十三条　以船舶之全部或一部为运送契约之标的者各当事人因对方之请求须交付佣船契约书

第四十四条　违反法令或不依契约而装载之运送品得由海上运送人不论何时卸载之、如有及危害于船舶或积债货之虞者得放弃之

运送不依契约而装载之运送品者海上运送人得请求于其装载之地及时之同种运送品之最高运送费

第四十五条　有燃烧性、爆发性其他之危险性之运送品不知其性质而装载者海上运送人不论何时得卸载之、如有及危害于船舶或积货之虞者得放弃之

虽海上运送人知其性质承诺装载而其运送品至有及危害于船舶或积货之虞者海上运送人亦得为前项所定之处分

第四十六条　前二条之规定不妨海上运送人其意之利害关系人对于装载运送品之人为损害赔偿之请求

第四十七条　佣船人或托运人任赔偿因向海上运送人所通知运送品之种类、重量、容积、个数或记号不正确而于海上运送人所生损害之责

第四十八条　以船舶之全部为运送契约之标的而装载运送品所必要之准备整顿者海上运送人须速对于佣船人发其通知

定有佣船人装载运送品之期间者其期间自发前项通知日之翌日起算之其期间经过后装载运送品者海上运送人虽无特约亦得请求相当之报酬

于前项期间中不算入因不可抗力不能为装载之日

第四十九条　海上运送人应由第三人领受运送品而不能确知其人或其人不装载运送品者海上运送人须即对于佣船人发其通知于此情形佣船人得装载运送品

第五十条　佣船人虽不装载运送品之全部者亦得对于海上运送人为发航之请求

佣船人为前项请求者于运送费全额及碇泊费之外负支付因不装载运送品全部所生费用之义务

依第一项规定为发航请求之佣船人因海上运送人之请求须供相当之担保

第五十一条　海上运送人于装载期间经过后虽佣船人不装载运送品之全部者亦得即为发航

前条第二项及第三项之规定于前项情形准用之

第五十二条　佣船人不论何时得为解约之声明

储船人于发航前为解约之声明者须支付运送费之半额

应为往复航海而佣船人于其归航之发航前为解约之声明者须支付运送费三分之二应由他港向装载港航行而佣船人于出其装载港前为解约之声明者亦同

装载运送品之全部或一部后从前二项之规定为解约之声明者其装载及卸载之费用由佣船人负担之

佣船人于装载期间内未为运送品之装载者视为解约之声明

第五十三条　佣船人于发航后为解约之声明者负支付运送费之全额及第五十九条所定之金额且赔偿为卸载所生损害之义务

于前项情形佣船人因海上运送人之请求须供相当之担保

第五十四条　以船舶之一部为运送契约之标的而佣船人不与他佣船人及托运人共同于发航前为解约之声明者须支付运送费之全额但海上运送人由他运送品所得之运送费扣除之

虽发航前佣船人已装载运送品之全部或一部者亦非经他佣船人及托运人之同意不得为解约之声明

前六条之规定于以船舶之一部为运送契约之标的者准用之

第五十五条　以个个之运送品为运送契约之标的者托运人须从船长之指示速装载运送品

托运人不为运送品之装载者海上运送人得即为发航于此情形托运人须支付运送费之全额但海上运送人由他运送品所得之运送费扣除之

第五十六条　第五十四条之规定于托运人为解约之声明者准用之

第五十七条　佣船人或托运人须于装载期间内将运送所必要之书类交付船长

第五十八条　以船舶之全部或一部为运送契约之标的而卸载运送品所必要之准备整顿者海上运送人须速对于受贷人发其通知

定有卸载运送品之期间者其期间自发前项通知日之翌日起算之其期间经过后卸载运送品者海上运送人虽无特约亦得请求相当之报酬

于前项期间中不算入因不可抗力不能为卸载之日

以个个之运送品为运送契约之标者受贷人须从船长之指示速卸载运送品

第五十九条　受贷人领受运送品者负支付运送费附随之费用垫款及碰

泊费之义务

海上运送人非于前项所定之金额并共同海损分担额及救助费之支付互换无须移交运送品

第六十条　不能确知受货人者海上运送人对于佣船人或托运人定相当期间催告就运送品之处分为指示于其期间内于无指示者得拍卖运送品

第六十一条　前条规定于受贷人拒绝领受或不能领受运送品者准用之但海上运送人须先于对用船人或托运人之催告对于受贷人定相当期间催告运送品之领受

第六十二条　不能确知佣船人或托运人及受货人者海上运送人对于权利人公告应于一定期间内声报权利于其期间内无声报权利之人者得拍卖运送品

前项期间不得少于六月

第六十三条　运送品有损败之虞者得不经催告或公告拍卖之

第六十四条　拍卖运送品者海上运送人须速对于已知之佣船人、托运人及受贷人发其通知

第六十五条　拍卖运送品者海上运送人须提存其代价但不妨以其全部或一部充当第五十九条所定之金额

第六十六条　海上运送人任赔偿因船舶于发航当时无堪为安全航海之能力所生损害之责但证明自己或关于运送所使用之人未怠注意者不在此限

海上运送人虽为特约者亦不得免前项责任

第六十七条　海上运送人非证明自己或关于运送所使用之人关于运送品之领受、移交、保管及运送未怠注意不得就运送品之灭失、毁损或迟到免损害赔偿之责

第六十八条　海上运送人虽为特约者亦不得免赔偿因自己之过失或关于运送所使用人之故意或重大之过失所生损害之责

第六十九条　就货币、有价证券其他之商价品海上运送人当受运送之委托非经明告其种类及价额不任损害赔偿之责

第七十条　数人之海上运送人相继承受运送者各海上运送人就运送品之灭失、毁损或迟到连带任损害赔偿之责

第七十一条　于前条情形数人之海上运送人中何人使生损害不明者各海上运送人按其运送费之比例分担损害但证明自己或关于运送所使用之人未怠注意者不在此限

第七十二条　运送品之全部灭失者其损害赔偿额依其应移交日之卸载港之价格定之

运送品之一部灭失或毁损者其损害赔偿额依其移交日之卸载港之价格

定之但迟到者准用前项规定

因运送品之灭失或毁损无须支付之运送费其他之费用由前二项之赔偿额扣除之

第七十三条 前条规定于运送品因海上运送人或关于其运送所使用人之故意或重大之过失灭失或毁损者不适用

第七十四条 海上运送人之责任受货人不为保留而领受运送品且支付第五十九条第一项之金额者消灭但运送品有不能即发见之毁损或一部灭失而受货人自移交之日起于二星期以内对于海上运送人发其通知者不在此限

第七十五条 因运送品之灭失、毁损或迟到所生对于海上运送人之损害赔偿请求权之时效期间为二年

前项期间运送品之全部灭失者自其应移交之日起、于其他之情形自受货人领受运送品之日起算之

第七十六条 前二条之规定于损害因海上运送人或关于其运送所使用人之故意或重大之过失所生者不适用之

第七十七条 运送品之全部或一部因不可抗力灭失者海上运送人不得请求运送费之全部或一部如海上运送人已领受其运送费之全部或一部者须返还之

运送品之全部或一部因其性质或瑕疵或应归责于佣船人或托运人之事由而灭失者海上运送人得请求运送费之全部

第七十八条 以运送品之重量或容积定运送费者其额依运送品移交当时之重量或容积定之

第七十九条 以期间定运送费者其期间依自发第四十八条第一项之通知日之翌日起至运送品卸载终了日止之期间定之但应由他港向装载港航行者自发航之日起算之

船舶因不可抗力在发航港或航海之途中为碇泊或在航海之途中修缮船舶者其期间不算入于前项期间中于第四十八条第二项或第五十八条第二项之情形装载期间或卸载期间经过后为运送品之装载或卸载之日数亦同

第八十条 海上运送人于左列情形得请求运送费之全额

一 船长从第三十八条第一项之规定变卖或出质积货者

二 船长从第三十九条之规定将积货供航海之用者

三 船长从第一百二十条之规定处分积货者

第八十一条 海上运送人就第五十九条第一项所定之请求权于其占有之运送品上有质权

海上运送人虽向受货人移交运送品后亦得行驶前项质权但自移交之日起经过二星期或其移交后第三人取得其占有者不在此限

第八十二条　前条质权互相竞合时后生者优先于前生者

前条质权于他质权竞合者以法律另无规定为限前条质权优先于他质权

第八十三条　海上运送人不行使第八十一条所定之权利者海上运送人于依第五十九条第一项之规定对于受货人所有请求权之范围丧失对于佣船人或托运人之请求权但储船人或托运人须于其所受利益之限度为偿还

第八十四条　有数人之海上运送人者最后之海上运送人负代前手行使其权利之义务

于前项情形后手向前手为清偿者取得前手之权利

第八十五条　以船舶之全部为运送契约之标的者其契约因左列事由终了

一　船舶沉没

二　船舶至不能修缮

三　船舶被捕获

四　运送品因不可抗力灭失

前项第一款至第三款所揭之事由在航海中发生者佣船人须按运送之比例于不超过运送品价格之限度支付运送费

第八十六条　航海或运送至违反法令其他因不可抗力至不能达契约之目的者各当事人得为解约之声明

前项所揭之事由于发航后发生而有解约者佣船人须按运送之比例支付运送费

第八十七条　第八十五条第一项第四款或前条第一项所揭之事由就运送之一部所生者佣船人得于不加重海上运送人负担之范围内装载他运送品

佣船人欲行前项所定之权利者须速为运送品之卸载或装载如怠为其卸载或装载者须支付运送费之全额

第八十八条　第八十五条及第八十六条之规定于以船舶之一部或个个之运送品为运送契约之标的者准用之

第八十五十条第一项第四款或第八十六条第一项所揭之事由虽就运送品之一部所生者佣船人或托运人亦得为解约之声明但须支付运送费之全额

第八十九条　海上运送人对于佣船人、托运人或受货人之债权之时效期间为二年

第九十条　以船舶之全部或一部为运送契约之标的而佣船人更与第三人为运送契约者于其契约之履行属于船长职务之范围内仅船舶所有人对于其第三人任履行之责但不妨行使第十条所定之权利

第二目　载货证券

第九十一条　佣船人或托运人于运送品之装载后请求一通或数通之载货证券之交付者海上运送人须速交付之虽于运送品之装载前有运送品之移交后请求载货证券之交付者亦同

第九十二条　船长为船舶所有人发行载货政权之权限

第九十三条　载货证券应记载左列事项

一　船舶之名称及国籍

二　船长不作载货证券者船长之姓名

三　运送品之种类、重量或容积并其包装之种类、个数及记号

四　佣船人或托运人之姓名或商号及住所

五　受货人之姓名或商号及住所

六　装载港

七　卸载港但于发航后指定卸载者其指定之港

八　运送费

九　作成数通之载货证券者其数

十　载货证券之作成地及其作成之年月日

载货证券须由作成人署名

第九十四条　海上运送人因佣船人或托运人之请求须于载货证券记载受货人之姓名或商号并应向其证券所持人移交运送品之旨

第九十五条　佣船人或托运人因海上运送人之请求须于载货证券之誊本署名而交付之

第九十六条　发行载人货证券者关于运送之事项于海上运送人与所持人间依载货证券之所定

第九十七条　发行载货证券者关于运送品之处分非以载货证券不得为之

第九十八条　载货证券虽系记名式亦得依背书让渡之但载货证券记载禁止背书者不在此限

第九十九条　向得依载货证券领受运送品之人移交载货证券者其移交就运送品上所行使权利之取得有与运送品之移交同一之效力

第一百条　发行载货证券者非与之互换不得请求运送品之移交

第一百零一条　在装载港海上运送人虽数通之载货证券中一通之所持人请求运送品之移交者亦不得拒绝其移交

第一百零二条　二人以上之载货证券所持人请求运送品之移交者海上运送人须速提存运送品且对于为请求之各所持人发其通知海上运送人依前

条规定移交运送品之一部后他所持人请求运送品之移交者就其残部亦同

第一百零三条 有二人以上之载货证券所持人而其一人先于他所持人由海上运送人受运送品之移交者他所持人之载货证券失其效力

第一百零四条 有二人以上之载货证券所持人而海上运送人未为运送品之移交者持有原所持人最先发送或移交之证券之人先于他所持人行其权利

第一百零五条 在卸载港外海上运送人非受载货证券各通之返还不得移交运送品

第二节　旅客运送

第一百零六条 旅客运送契约指名旅客者旅客不得将使为运送之权利让渡他人

第一百零七条 海上运关人非证明自己或关于运送所使用之人未怠注意不得免赔偿旅客因运送所受损害之责

第一百零八条 就旅客依契约得携带于船中之行李海上运送人非有特约不得另请求运送费

第一百零九条 海上运送人就由旅客受移交之行李负与承受物品运送之海上运送人同一之责任

第一百十条 海上运送人就未由旅客受移交之行李之灭失或毁损除自己或关于运送所使用之人有故意或过失者外不在任损害赔偿之责

第一百十一条 旅客至乘船时期止不乘坐者船长得为发航或继续航海于此情形旅客须支付运送费之全额

第一百十二条 航海之途中修缮船舶者海上运送人于其修缮中须向旅客供相当之住居及食料但于不害旅客权利之范围内提供以他船舶运送旅客至上陆港者不在此限

第一百十三条 旅客不论何时得为旅客运送契约解约之声明

旅客列车于发航前为解约之声明者须支付运送费之半额、于发航后为解约之声明者须支付运送费之全额

第一百十四条 旅客于发航前因死亡、疾病其他关于一身之不可抗力致不能为航海者海上运送人得请求运送费四分之一

前项所揭之事由于航海后发生者海上运送人得从其选择请求运送费四分之一或按运送之比例请求运送费

第一百十五条 旅客运送契约因第八十五条第一项第一款至第三款所揭之事由终了但其事由于航海中发生者旅客须按运送之比例支付运送费

第一百十六条 旅客死亡者船长须依最适于其继承人利益之方法为在

其船中之行李之处分

第一百十七条　海上运送人就旅客之运送费在其船中之行李上有质权

第八十二条件之规定于前项质权准用之

第一百十八条　第六十六条、第六十八条、第八十六条及第八十九条之规定于旅客运送准用之

第四十四条至第四十七条及第八十条之规定于旅客之行李准用之

第一百十九条　为旅客运送以船舶之全部或一部为运送契约之标的者就海上运送人与佣船人之关系准用前节第一目之规定

第四章　共同海损

第一百二十条　因船长为使船舶及积货免共同之危险所为之处分而生之损害及费用为共同海损

第一百二十一条　共同海损按被保存之船舶或积货之价格与运送费之半额与为共同海损之损害额之比例各利害关系人分担之

第一百二十二条　前二条之规定于危险因过失而生之情形不妨利害关系人请求损害赔偿

于前项情形就过失应任责之人不得就于自己所生之损害或费用请求分担

第一百二十三条　左列之损害利害关系人无须分担

一　加于甲板上装载之货物之损害但在沿岸之小航海不在此限

二　加于属具目录未记载之属具之损害

三　加于无船长之承诺而被装载之积货之损害

四　加于当为装载不向船长告明其种类及性质而被装载之货币、有价证券其他之商价品之损害

虽前项所揭物品之利害关系人亦不得免分担共同海损之责

第一百二十四条　为共同海损之损害额依到达之地及时之船舶价格或卸载之地及时之积货价格定之但就积货须扣除因其灭失或毁损无须支付之一切费用

第一百二十五条　装载之际故意申告低于积货实价之价额者加于其积货之损害额依被申告之价额定之

前项规定于就及影响于积货价格之事项为虚伪之申告准用之

第一百二十六条　对于为共同海损之费用须加算自其支出之日起、就船舶所生之损害自到达之日起、就积货所生之损害自卸载之日起、至其同海损计算终了之日止之法定利息

第一百二十七条　就定共同海损之分担额船舶价格为到达之地及时之

价格但于船舶加工作或为修缮者须扣除因此所增加之价额

第一百二十八条　就定共同海损之分担额积货之价格为卸载之地及时之价格但须由其价格中扣除灭失时无须支付之运送费其他之费用

第一百二十九条　装载之际故意申告高于积货实价之价额者其积货之利害关系人按其申告之价额分担共同海损

前项规定于就及影响于积货价格之事项为虚伪之申告者准用之

第一百三十条　备置于船舶之武器、海员之薪金、旅客之行李、海员及旅客之食料及衣类就共同海损之分担不算入

其价额但加于此等之物之损害他利害关第人分担之

第一百三十一条　应分担共同海损之人仅于船舶到达或积货移交之时现存价额之限度任其责

第一百三十二条　受货人领受运送品者负支付共同海损分担额之义务

第一百三十三条　有因共同海损所生债权之人于积货上有质权

前项质权对于积货移交后以善意取得之人不得行使之

第八十二条件之规定于第一项之质权准用之

第一百三十四条　海上运送人为前条第一项之债权人有行使其所有质权之权利负义务

第一百三十五条　船舶所有人须于航海终了后速为共同海损之计算

第一百三十六条　因共同海损所生债权之时效期间自其计算终了之日起为二年

第一百三十七条　本章之规定于船舶因不可抗力在发航港或航海之途中为碇泊所需之费用准用之

第五章　船舶之冲突

第一百三十八条　船舶之冲突因不可避之事故或不可抗力而生或冲突之原因不明者不得请求赔偿因冲突生于船舶或在船舶内之人或物之损害

第一百三十九条　船舶之冲突因一方船舶海员之过失而生者其船舶所有人任赔偿因此所生损害之责

第一百四十条　船舶之冲突因双方船舶海员之过失而生者各船舶所有人按过失之轻重负赔偿生于船舶或在船舶内之物之损害之责

于前项情形不能判定过失之轻重或认过失之程度为同等者各船舶所有人之责任为平等

第一百四十一条　因前条第一项所定船舶之冲突致船舶内之人死伤者其损害各船舶所有人连带任赔偿之责

前条规定就前项情形之船舶所有人间之负担部分准用之

第一百四十二条　引水人就本章规定之适用视为海员虽强制引水人亦同

第一百四十三条　因船舶之冲突所生损害赔偿请求权之时效期间自冲突之日起为二年

第一百四十一条　第一项所定连带债务人间之求偿权之时效期间自己求偿权人得共同免责之日起为一年

第一百四十四条　前六条之规定于因船舶运用上之作为或不作为或法令之违反致他船舶或在其船舶内之人或物生损害者准用之

第一百四十五条　本章之规定于船舶与供湖川或港湾之航行用之船舶间生事故者准用之

第六章　海难救助

第一百四十六条　船舶或船舶内之物遭遇海难者无义务而救助之人得请求相当之救助费船舶救助供湖川或港湾之航行用之船舶或其船舶内之物者亦同

第一百四十七条　救助费非得救助之结果者不得请求之

第一百四十八条　不拘船长显然拒绝救助而从事之人不得请求救助费但其拒绝不因正当之事由者不在此限

第一百四十九条　拖船非服不得认为属于履行拖船契约之特别劳务不得就被拖船或在其船舶内之物之救助请求救助费

第一百五十条　救助费虽属于同一所有人之船舶间有救助者亦得请求之

第一百五十一条　就救助费之额无特约者斟酌一切情事由法院定之

数人共同为救助者之救助费之分配亦与前项同

第一百五十二条　就决定救助费之额特斟酌救助之结果,救助人之劳力、被救助之船舶及在其船舶内之人或物所遭遇之危险当救助之人及船舶所遭遇之危险,为救助所需之时间、费用及因此所生之损害、救助人所占责任负担之危险及其他之危险、救助人所使用之物之价额并救助船有特别之设备者其情事

于前项所揭之情事外尚斟酌被救助之物之价额及被保存之运送费之额

前二项之规定于依前条第二项之规定分配救助费者准用之

第一百五十三条　救助费之额无特约者不得超过被救助物之价额

第一百五十四条　救助契约当海难于其影响之下所为且其内容不冲平者法院得因当事人之声明为无效或变更其内容

因诈欺为救助契约或救助费较救助之劳务甚不相当者亦与前项同

第一百五十五条　救助人因其过失使救助为必要或盗取或隐匿所救助之物其他救助人有不正之行为者法院得将救助费减额或不许其请求

第一百五十六条　船舶从事救助者须由救助费中赔偿船舶因救助所受之损害及费用其残额依左列方法分配之

一　从事救助之船舶系轮船者三分之二、系帆船者二之分一分配于船舶所有人

二　扣除前款金额之残额折平分配于船长及船员

就对于船员之救助费之分配斟酌其劳务其他一切情事由船长决定之违反前二项规定之契约为无效

第一百五十七条　船长依前条第二项之规定为救助费之分配须于终了航海前作分配案向船员告示之

第一百五十八条　船员对于前条分配案拟为异议之声明者须于有其告示后向得声明异议之最初之港之管海官厅为之

管海官厅以异议为有理由者得更正分配案

船长于异议之落著前不得为救助费之支付

第一百五十九条　船长怠为分配案之作成者管海官厅因船员之请求得对于船长命分配案之作成

船长不从前项命令者管海官厅得作分配案

第一百六十条　前四条之规定于为救助之船舶以救助为目的者不适用之

第一百六十一条　被救助生命之人无支付救助之义务

于有救助之海难之际从事人命救助之人得就向救助船舶或船舶内之物之人所与之救助费受相当之分配

第一百六十二条　受货人领受被救助之运送品者负支付救助费之义务

第一百六十三条　救助人就其债权于救助之积货其他在船舶内之物上有质权

前项质权于其标的物移交善意之第三取得人后不得行使之

第八十二条之规定于第一项之质权准用之

第一百六十四条　第八十一条第一项、第一百三十三条第一项及前条第一项之质权于同一物品上竞合者第八十一条第一项之质权后于他质权在第一百三十三条第一项及前条第一项之质权间后生者优先于前生者

同一顺位之质权人按其债权额之比例受清偿

第一百六十五条　海上运送人于有救助费之支付前不得为货物之移交

第一百六十六条　救助费债务人仅以被救助之物负支付救助费之义务

第一百六十七条　船长有代船舶所有人为关于救助请求之一切裁判上

或裁判外之行为之权限

第一百六十八条　船长有代救助费债务人为关于其支付之一切裁判上或裁判外之行为之权限

第一百六十九条　关于救助费之诉船长得自为原告或被告于此情形所宣告之裁判对于前二条所定之本人亦有其效力

第一百七十条　救助费请求权之时效期间自救助终了之日起为二年

第七章　船舶债权及船舶抵押权

第一百七十一条　有左列债权之人为船舶债权人

一　关于拍卖船舶及其属具之费用并拍卖手续开始后之保存费

二　在最后港之船舶及其属具之保存费

三　关于航海所课船舶之诸税

四　因雇用契约所生船长其他之海员之债权

五　引水费及拖船费

六　救助费及属于船舶负担之共同海损

七　因航海继续之必要所生之债权

八　船舶于其买卖或制造后未为航海者因其买卖或制造及舣装所生之债权并关于为最后之航海所为船舶之舣装、食料及燃料之债权

九　除第二款及第五款至前款所揭者外依第十条之规定许委付之债权

第一百七十二条　船舶债权人于船舶、其属具及未领受之运送费之上有质权

第一百七十三条　船舶债权人之质权就运送费仅于其质权所生航海之运送上存在

有第一百七十一条第四款债权之人之质权不拘前项规定于同一雇用契约之继续中所为一切航海之运送费上存在

第一百七十四条　船舶债权人虽债务人将船舶移交于第三取得人后亦得就其船舶行质权

第一百七十五条　就同一航海所生之船舶债权互相竞合者其优先权之顺位从第一百七十一条所揭之顺序但在同条第五款至第七款所揭之债权间后生者优先于前生者

同一顺位之债权人有数人者各按其债权额之比例受清偿但第一百七十一条第五款至第七款之债权非同时所生者后生者优先于前生者

第一百七十六条　船舶债权就数回之航海所生时就后之航海所生者有优先于就前之航海所生者但因跨于数回航海之同一雇用契约所生船长其他之海员之船舶债权视为就最后之航海所生者

第一百七十七条　船舶债权人之质权与他质权竞合者船舶债权人之质权优先于他质权

第一百七十八条　让受船舶之人须于登记其让受后对于船舶债权人公告应于一定期间内为其债权之声报但其期间不得少于一月

前项公告须以于管辖船舶之船籍港之法院所为登记事项之公告同一之方法为之

船舶债权人于第一项期间内为其债权之声报者对于船舶及其属具之质权消灭

第一百七十九条　船舶债权人之质权于其发生后经过一年者消灭

第一百七十一条第八款之船舶债权人之质权因船舶之发航消灭

第一百八十条　已登记之航舶得为抵押权之标的

船舶之抵押权及于其属具

船舶之抵押权准用关于不动产抵押权之规定

第一百八十一条　船舶债权人之质权得先于抵押权行之

第一百八十二条　已登记之船舶不得设定质权

第一百八十三条　本章之规定于制造中之船舶准用之

附　　则

本法施行之期日以敕令定之

16

1937 年 11 月 25 日

海商法施行法

（一九三十七年十一月二十五日）

第一条　海商除本法另有规定者外于其施行前所生之事项亦适用之但不妨依从前规定所生之效力

第二条　就海商法施行前开始进行之时效期间仍依从前之规定就权利之消灭期间亦同

第三条　船舶所有人应负责任之事由生于海商法施行前者就其责任仍依从前之规定

第四条　海商法第二十九条第一项第二款至第五款所揭书类之书式由交通部大臣定之

第五条　海商法第四十条之规定于海商施行前船长支出费用或负担债务者不适用之

第六条　就海商法施行前发行之载货证券仍依从前之规定

第七条　海商法第四十七条之规定于海商法施行前有佣船人或托运人之通知者不适用之

第八条　佣船人应装载运送品之期间起算日于海商法施行前发装载运送品所必要之准备已整顿之通知者仍依从前之规定

第九条　海商法第六十二条所定公告之方法由司法部大臣定之

第十条　海商法第六十六条第二项及第六十八条之规定于海商法施行前所为之运送契约不适用之

第十一条　海商法第六十九条之规定于海商法施行前海上运送人受运送之委托者不适用之

第十二条　海商法第七十四条但书所定之期间于海商法施行前受货人不为保留而领受运送品且支付海商法第五十九条第一项之金额者自海商法施行之日起算之

第十三条　海商法第九十条之规定于海商法施行前第三人与储船人为运送契约者不适用之

第十四条　就海商法施行前所生之共同海损仍依从前之规定

第十五条　沿岸小航海之范围由交通部大臣定之

第十六条　就海商法施行前所为之海上保险契约仍依从前之规定

第十七条　海商法所谓署名者包含记名盖章

附　则

本法自海商(法)施行之日施行

17

1937 年 11 月 29 日

船　舶　法

（一九三七年十一月二十九日）

第一条　以左列船舶为满洲国船舶

一　属于满洲国或满洲国之公共团体所有之船舶

二　属于满洲国人民所有之船舶

三　属于依满洲国法律设立之会社于株式会社其董事之三分之二以上及有株式总数三分之二以上之株主、于合名会社其社员之全员、于合资会社其无限责任社员之全员为满洲国人者所有之船舶

四　属于前款会社以外之法人而依满洲国法律设立其代表人之全员为满洲国人民者所有之船舶

五　除前各款所列者外属于交通部大臣特别指定者所有之船舶

第二条　非满洲国船舶不得悬挂满洲国国旗

第三条　非满洲国船舶不得寄港于未开港场或于满洲国各港间运送货物或旅客但于法律或条约另有规定、欲避免海难或捕获获得交通部大臣之特许时不在此限

第四条　满洲国船舶之所有人应在满洲国定船籍港并向管辖其船籍港之监督官厅声请船舶积量之测度

第五条　满洲国船舶所有人应请登录船籍于管辖船籍港之监督官厅所备之船舶原簿

关于船籍登录事项以命令定之

监督官厅于船舶原簿登录船籍时应向船舶所有人交付船舶国籍证书

第六条　满洲国船舶除法令另有规定者外非备有船舶国籍证书或临时船舶国籍证书不得悬挂满洲国国旗或使其航行

第七条　满洲船舶应遵照法令之所定悬挂满洲国国旗并标示其名称、船港籍、号数、积量、吃水尺度其他之事项

第八条　船舶名称不得用有与该船舶船籍港有船籍之他船舶名称相混同之处者

船舶名称非经管辖船籍港之监督厅许可不得变更之

第九条　船舶所有人对于船舶之积量认有发生变更时应速向管辖船籍港之监督官厅声请其船舶积量之改测

第十条　业经登录之事项发生变更时船舶所有人应自知事实日起于一月以内向管辖船籍港之监督官厅声请变更之登录

第十一条　船舶国籍证书记载之事项发生变更时船舶所有人应自知事实日起于一月以内向管辖船籍港之监督官厅声请换发之船舶国籍证书毁损时亦同

第十二条　船舶国籍证书丧失时船舶所有人应自知事实日起于一月以内向管辖船籍港之监督官厅声请补发之

第十三条　于国外发生前二条所定事实时船长得向就近监督官厅声请交付临时船舶国籍证书

第十四条　依第十一条之规定声请换发船舶国籍证书而受其交付时应速返还旧证书

依船舶国籍证书记载事项之变更或船舶国籍证书之毁损为前条之声请而受临时船舶国籍证书之交付时应速返还船舶国籍证书

第十五条　满洲国船舶如遇灭失、沉没、解撤、丧失满洲国国籍或变为第二十二条所载之船舶时船舶所有人应自知事实日起于一月以内向管辖船籍港之监督官厅声请船籍抹消之登录且应速返还船舶国籍证书船舶之存否经六个月尚不分明时亦同

于前项情形船舶所有人不声请船籍抹消之登录时监督官厅得以职权为其登录

第十六条　于满洲国取得船舶者不于管辖其取得地之监督官厅管辖区域内定船籍港时得在其监督官厅所在地声请交付临时船舶国籍证书

第十七条　于国外取得船舶者得向就近监督官厅声请交付临时船舶国籍证书

第十八条　临时船舶国籍证书之有效期间在国外交付者不得超过一年在国内交付者不得超过六月之期间

虽超过前项期间如有不得已之事由时得更声请交付临时船舶国籍证书

第十九条　船舶到达船籍港时临时船舶国籍证书虽在有效期间未满前失其效力

第二十条　第十一条至第十四条之规定于临时船舶国籍证书准用之

第二十一条　临时船舶国籍证书于失其效力、受船舶国籍证书之交付

或发生第十五条第一项所载之事实时应速返于就近监督官厅

第二十二条　前十八条之规定对于总吨数未满二十吨之船舶及端舟其他仅以橹棹而运转或主以橹棹而运转之舟不适用之

关于前项所载船舶之船籍及积量之测度事项以命令定之

第二十三条　监督官厅于关于本法施行之取缔上认为有必要时得使该管官吏临检船舶或询问关系人

于前项情形该管官吏应携带证明其身份之证票监督官厅认为有违反本法或基于本法命令之事实时得命停止船舶航行或为其他必要之处分

第二十四条　非满洲国船舶而希图假冒国籍悬挂满洲国国旗时处船长千元以下之罚金

于前项情形情状较重者得没收其船舶

前二项之规定对于希图避免捕获悬挂满洲国国旗者不适用之

满洲国船舶希图假冒国籍而悬挂非满洲国国籍之旗章时亦与前三项同

第二十五条　违反第三条之规定时处船长二千元以下之罚金

于前项情形情状况较重者得没收其船舶及积载货物

第二十六条　违反第五条第一项之规定者处千元以下之罚金

第二十七条　违反第六条之规定时处船长千元以下之罚金

第二十八条　不遵照第七条之规定悬挂满洲国国旗时处船长五百元以下之罚金

第二十九条　第七条所载事项不标志于船舶时或违反第八条第二项、第九条至第十二条或第十五条第一项规定时处船舶所有人五百元以下之罚金违反依第二十条规定准用之第十一条及第十二条规定时亦同

第三十条　船舶国籍证书或临时船舶国籍证书返还者无正当理由怠其义务时处船舶所有人或船长百元以下之罚金或科科

第三十一条　无正当之理由而阻碍该管官吏之临检或对其寻问不为答辩或为虚伪之陈述者处三百元以下之罚金船舶所有人或船长违反第二十三条第三项所规定之停止航行之命令或其他之处分者亦于前项同

第三十二条　依本法及根据本法之命令应适用于船舶所有人之罚则其人如系法人时对于理事、董事其他之执行法人业务之职员、如系心神丧失人或关于营业未具有与成年人同一能力之未成年人时对于其法定代理人适用之

第三十三条　本法中关于船舶所有人之规定于共有船舶之情形设置船舶管理人时对船舶管理人适用之

本法中关于船长之规定对于代船长行其职务者适用之

第三十四条　本法所称之监督官厅在国内为航务局长在国外为满洲国领事

861

第三十五条　海商法中关于船舶登记、船舶冲突及船舶抵押权之规定于供航海以外之用之船舶准用之但对于第二十二条第一项所规定之船舶不在此限

<h2 style="text-align:center">附　则</h2>

第三十六条　本法自康德四年十二月一日施行

第三十七条　当本法施行之时现在满洲国有船籍之船舶虽非第一条各款所载者视为满洲国船舶

第三十八条　依从前之规定已受交付船舶国籍书之船舶所有人应依命令之所定声请登录且应受交付依本法之船舶国籍证书

依前项之规定受交付船舶国籍证书以前旧证书视为本法之船舶国籍证书

第三十九条　依从前之规定已受交付之临时船舶国籍证书于有效期间届满以前仍有其效力

第四十条　船舶所有人依第三十八条之规定受交付船舶国籍证书时应速返还依从前规定受交付之船舶国籍证书或临时船舶国籍证书

依前条之规定临时船舶国籍证书有效期间届满时应速返还之

第四十一条　船舶所有人未为第三十八条第一项所规定之登录以前发生第十五条第一项所载之事实时应速呈报于就近监督官厅

18

1937 年 11 月 30 日

船舶登记法施行规则

（一九三七年十一月三十日）

第一条　登记处于登记簿、索隐簿及收件账之外应备至左列账簿

一　印鉴簿

二　印鉴簿索引簿

三　共有人名簿编订账

四　废除共有人名簿编订账

五　共同担保目录编订账

六　抹消共同担保目录编订账

七　声请书类编订账

八　裁定原本编订账

九　抗告书类编订账

十　登录税关系书类编订账

十一　印鉴证明书编订账

十二　登记证书给予簿

十三　本登记讫证给予簿

十四　船舶登记讫通知簿

十五　誊本节本给予簿

十六　通知簿

十七　受领证存根簿

十八　缴还受领证编订账

前项第四款至第十八号之账簿应每一年为别册但不妨为分册

第二条　船舶登记簿应依附录第一号格式作制之

第三条　船舶临时登记簿、船舶假设登记簿及船舶特别登记簿应准于附录第一号格式作制之

第四条　船舶登记索隐簿应依附录第二号格式作制之

第五条　船舶登记索隐簿应依船名首字笔画之多寡预为区分于每登记用纸记载登记号数记人船舶之名称、登记簿之册数、页数及登记号数

第六条　收件账应依附录第三号格式每年作制之

第七条　登记证书应以与登记簿用纸大小同一且同质之纸依附录第四号格式作之

第八条　印鉴应依附录第五号格式作制之

第九条　共有人名簿编订账分为共有人名簿编订账、假设登记共有人名簿编订账及特别登记共有人名簿编订账三种

共有人名簿编订账依分设登记簿之区划为别册但依便宜得合订之

合订共有人名簿编订账者应于每分设登记簿之区划附索引

第十条　共有人名簿应依附录第六号格式以与登记簿纸大小同一且同质之纸作制之

第十一条　假设登记共有人名簿及特别登记共有人名簿应准于附录第六号格式以与登记簿用纸大小同一且同质之纸作制之

第十二条　共同担保目录应依附录第七号格式以与登记簿用纸大小同一且同质之纸作制之

第十三条　声请人应于共同担保目录之表纸记载为船舶共同担保目录

署名盖章

声请人应于共同担保目录之各用纸记入其页数且于每页之连缀处盖印

于前二项之情形登记权利人或登记义务人系多数者以各一人之署名盖章及契印为足

第十四条 登记簿誊本或节本之交付或登记簿或其附属书类之阅览之声请书记载左列事项由声请人署名盖章

一　船舶之种类及名称

二　船籍港

三　手数科之金额

四　登记处之表示

五　年月日

登记簿节本之交付之请书亦应记载请求交付节本之部分

第十五条 登记簿之誊本以与登记簿同一样式之用纸作之于其末尾添附记载左列之认证文而为契印由登记官吏记载年月日署名盖章且盖登记处之印

此誊本依某船籍港之登记簿作成之兹认证与登记簿无异

前项规定于登记簿之节本准用之但节本用纸应用半纸封纸

第十六条 印鉴簿及印鉴簿索隐簿应永远保存之

收件账应十年间保存之

裁定原本编订账、抗告书类编订账、登录税关系书类编订账及印鉴证明书编订账应五年间保存之

登记证书给予簿、本登记讫证给予簿、船舶登记讫通知簿、誊本节本给予簿、通知簿、受领证存根簿及缴还受领证编订账应三年间保存之

前三项账簿之保存期间自该年度之翌年起算之

第十七条 法人或外国营利法人在满洲国代表人声请关于船舶之登记而其登记处与为其法人或外国营利法人之登记之登记处为同一者无须于声请书添附证其代表人之权限或资格之书面

第十八条 于表示栏为登记者应于表示栏数栏及表示栏画纵线于事项栏为登记者应于顺位栏数栏及事项栏画纵线而于除白分界

为假登记及告知登记者应于事项栏画纵线于其左侧留有得为本登记相当之余白且于顺位栏数栏及事项栏画纵线

第十九条 闭锁登记用纸应于表示栏记载闭锁之事由及年月日由登记官吏盖章以朱笔抹消船舶之表示、表示栏数及登记号数

第二十条 依船舶登记法第四十八条之规定于假设登记簿为登记或于船舶特别登记簿为登记者应于其登记讫证记载于假设登记簿或特别登记簿为登记之旨

第二十一条　于船舶登记法第三十九条第一项之情形应仅移载不系抹消之登记

第二十二条　为关于管辖登记处不同之数个船舶之登记而向最初之登记处缴纳登录税之金额者登记官吏应按应声请登记之登记处之数将登录税之受领证交付声请人但交付二通以上之受领证者各通应附号数

声请人向他登记处声请登记者应于声请书添附前项受领证

第二十三条　关于数个船舶依不动产登录税法第七条之规定征收登录税者，登记官吏应按以后应声请登记之登记处之数将记载课税标准之登录税之受领证交付声请人但交付二通以上之受领证者各通应附号数关于船舶及他之权利征收登录税者亦于前项同前条第二项之规定于前项情形准用之

第二十四条　依船舶登记法第二十五条第一项之规定声请交付登记证书者应于声请书添附裁判之誊本

第二十五条　交付登记证书者应于登记证书给予簿记载登记号数、船舶之种类、名称及船舶港、交付之年月日并声请人之姓名与登记证书为契印

第二十六条　船舶登记法第五条之通知应记载船舶之种类、名称、容量、船籍港、声请书收件之年月日、登记之标的及声请人之姓名、住所

第二十七条　船舶登记法第六十二条第一项之通知应记载完了登记之事件之表示及其登记有合于船舶登记法第二十三条第一款、第二款或第九款之事由

第二十八条　前条通知于不动产登录法第五十九条之情形亦应向债权人为之

第二十九条　依船舶登记法第六十四条之规定为抹消之登记者亦应记载其事由及登记之年月日

第三十条　不动产登录法施行规则第六条、第十一条、第十三条、第十四条、第十七条、第十九条至第二十三条、第二十六条、第二十九条至第三十二条、第三十五条、第三十六条、第三十八条至四十一条、第四十四条、第四十五条、第四十八至第五十一条、第五十六条、第五十九条、第六十条、第六十三至第六十五条、第六十七条、第六十八条、第七十条至第七十四条、第七十七条至第八十条、第九十六条至第一百零九条、第一百十一条、第一百十六条、第一百十七条、第一百二十条至第一百二十二条、第一百二十四条至第一百二十六条并商业登记法施行规则第二条、第十条至第十二条及第十七条之规定于船舶之登记准用之

附　　则

第三十一条　本令自船舶登记法施行之日施行

第三十二条　船舶登记法第六十二条第一项及第七十二条第一项之通知应以双挂号邮便为之

第三十三条　为前条通知者应于通知簿记入通知事项、受通知之人、发通知之年月日于备考栏记入其期间

第三十四条　登记号数应自船舶登记法施行之日起更附新号数

第三十五条　依船舶登记法第七十七条之规定由旧登记簿移载登记者应于表示栏及事项栏所移载之登记之末尾记载由某登记簿第几册第几页移载及年月日由登记官吏盖章

为前项手续者应于登记簿之用纸中备考栏记载于新登记簿第几册第几页移载及年月日由登记官吏盖章

第三十六条　因将关于同一抵押权标的之数个船舶中之一个船舶之登记移载于新登记簿于其登记号数生变更者应按变更他之船舶登记用纸中留有之其船舶之登记号数

于前项情形提出共同担保目录者以变更其目录内之登记簿之册数、登记号数及栏数为已足

不动产登录法第一百七十三条第二项之规定第一项之情形准用之

第三十七条　就船舶登记法施行前所登记之船舶声请灭失或抹消权利之登记者应于旧登记簿为其登记后为船舶登记法第七十七条之手续

第三十八条　收件号数限于康德四年分应自十二月一日起更新之至十二月三十一日为止

第三十九条　依从前规定之登记簿之誊本应以依从前规定之誊本用纸作成之

19

1937 年 12 月 1 日

船舶登记补偿审查委员会官制

（一九三七年十二月一日）

第一条　船舶登记补偿审查委员会属于国务总理大臣之管理就依船舶登记法第一条规定之损害补偿请求之当否为裁决

第二条　船舶登记补偿审查委员会以委员长及委员六人组织之委员长以司法部大臣充之

委员由国务总理大臣就国务院高等官中命之

第三条　委员长综理会务为会议之议长委员长有事故者由委员长指定之委员一人行其职务

第四条　船舶登记补偿审查委员会之会议非有委员五人以上出席不得开之

船舶登记补偿审查委员之议事以出席委员过半数之意见决之可否同数者由委员长决之

第五条　船舶登记补偿审查委员会置干事若干人干事由国务总理大臣就国务院高等官中命之

干事承委员长之命掌庶务

附　则

本令自船舶登记法施行之日施行

20

1940 年 6 月 6 日

船舶积量测度法

（一九四〇年六月六日）

第一条　船舶之积量以测度船舶之内径容积定之容积之单位为立方米

第二条　在装备甲板一层或二层之船舶以上甲板、在装备三层以上之船舶由最下层甲板起以第二层甲板为测度甲板

第三条　在装备甲板一层或二层之船舶以测度甲板下之积量加测度甲板上所围蔽场所之积量者、在装备甲板三层以上之船舶以测度甲板下之积量加测度甲板上各甲板间之积量及上甲板上所围蔽场所之积量者为总积量但左列场所在上甲板上者之积量不算入总积量

一　对于操舵机具、繁船机具、扬锚机具及与主机关不联结之副汽罐副

汽机所供用之场所

二　机关室、操舵室、厨房及出入口室

三　采光通风所需之场所及厕所

四　交通部大臣认为于船舶之安全、卫生或利用上应准前列各款所揭者之场所

前项所揭机关室之积量有船舶所有人之声请而由交通部大臣认为相当时得将其全部或一部算入总积量

在未装备甲板之船舶以舷端以下之积量加舷端以上所围蔽场所之积量者为总积量

第四条　由总积量扣除左列场所之积量者为纯积量但不算入总积量之场所之积量不扣除之

一　船员常用室及海图室

二　压载水舱

三　机关室

四　对于操舵机具、繁船机具、扬锚机具及与主唧筒联结之副汽缸副汽机所供用之场所

五　水夫长仓库

六　帆船之帆库

七　交通部大臣认为于船舶之安全、卫生或利用上应准前列各款所揭者之场所

第五条　前两条所揭场所之限域依交通部大臣之所定

第六条　于纯积量之算定上作为机关室之积量而由总积量应扣除之积量依左列比率定之

一　在装备螺旋推进器之船舶其机关室之积量超过总积量百分之十三而未满百分之二十者，为总积量之百分之三十二、在装备外输之船舶其机关室之积量超过总积量百分之二十而未满百分之三十者为总积量百分之三十七

二　不合前款者在装备螺旋推进器之船舶为其机关室之积量加其四分之三者、在装备外输之船舶为其机关室之总量加其二分之一者但有船舶所有人之声请而由交通部大臣认为相当时得依前款之比率

依前项规定所算定之积量超过由总积量减去纯积量之算定上由总积量应扣除之机关室以外场所之积量所余之积量百分之五十五者即止于百分之五十五

第七条　于纯积量之算定上由总积量应扣除帆库之积量超过总积量千分之二十五者即止于千分之二十五

第八条　总积量或纯积量以吨(三百五十三分之千立方米)表示者各为

总吨数或纯吨数

第九条　积量测度之方法由交通部大臣定之

第十条　交通部大臣对于长未满二十米之船舶积量之测度得不拘第二条至第七条之规定另定之

附　则

第十一条　本法施行之期日以敕令定之

第十二条　对于依从前规定已受积量测度之船舶依交通部大臣之所定改测其积量

第十三条　依从前规定已测度之船舶积量于依本法之测度方法改测以前视为依本法已测度者

第十四条　对于所有权船舶管理人以外之事项有登记之船舶因本法施行之结果虽为无须登记之船舶而对其事项存有登记之间仍须为关于其事项之登记及关于所有权之登记

于船舶上设定之质权于该船舶因本法施行之结果为必须登记之船舶而为登记时自其登记之日以之为抵押权

前项抵押权之顺位依质权设定之前后

第二项抵押权于船舶登记后三月以内未为登记时则消减

第二项抵押权之设定登记得谨由登记权利人声请之

21

1940 年 11 月 2 日

船舶积量测度规程

（一九四〇年十一月二日）

第一章　总　则

第一条　关于长二十米以上之船舶积量测度依本法规程之所定

前项之长在备有甲板之船舶于上甲板梁上、在未备有甲板船舶于舷侧

外板之上面有船首材之前面至船尾材之后面水平距离

第二条　测定长、宽、深、高及厚以米为单位下以二位为止第三位则四舍五入

算定分长点或分深点之间隔及其三分之一并面积、容积及积量时单位下以三位为止第四位则四位舍五入算完总吨数及纯吨数时单位以下二位为止第三位则四舍五入

第三条　所谓测度甲板之长系指左列各款所载者而言

一　备有甲板之船舶于中心线沿测度甲板上测量由船首内张板之内而至船尾内张板内面之距离由此于船首时按甲板之厚减去对船首材倾斜甲板之长如于船尾时按于甲板之厚加终尾船梁梁矢之三分之一减去对船尾肋骨倾斜甲板之长

二　未备有甲板之船舶于舷侧外板上面以中心线由船首内张板之内面至船尾内张板内面之距离

第四条　所谓分长点系指将测度甲板之长依左表等分之点及首尾两端之点而言

测度甲板之长	等分数
三十七米以下	六
超过三十七米五十五米以下	八
超过五十五米六十九米以下	十
超过六十九米者	十二

第五条　所谓分长点之演化系指左列各款所载者而言

一　备有甲板之船舶于中心线测量由测度甲板之下面至二重底内底

板、肋板或肋根材上面之深由此减去船底内张板平均之厚及梁矢之三分之一者

　　二　前款船舶之二重底内底板如系凸面时于中心线测量由测度甲板下面至内底板与橡板之上面平均之深由此减去船底内张板平均之厚及梁矢之三分之一者

　　三　未备有甲板之船舶测量由舷侧外板之上面至肋板或肋根材上面之深由此减去底内张板平均之厚者

　　第六条　所谓分深点系指根据测度甲板长之中央分长点之深依左表等分各分长点之深之点及上下两端之点而言

于测度甲板长之中央分长点之深	等分数			
		二重底内底板系凹面时		其他时
五米以下		五		四
超过五米者	一六三	七		六

　　所谓副分深点系指于二重底内底板为凹面时四等分最下之分深点间隔之点而言

　　第七条　所谓分深点及副分深点之宽系指由于各点之船侧内张板之内面至面之水平距离而言船侧内张板之厚有差异时以其平均厚之处视为船侧

内张板之内面

第八条　所谓遮浪甲板系指有未备常设闭锁装置之甲板口之全通船楼甲板而言

遮浪甲板不计入于船舶积量测度法第二条所载甲板之层数内

第九条　船舶积量测度法第三条及第四条所载场所之限域除有特别规定者外依检查官吏认为相当者

第十条　算定形状正整场所之积量时不拘第三章至第五章之规定应将其内面平均之长、宽及高或深相乘之

第十一条　第三章至第五章之规定于应作为一区分算定容积之场所而形状复杂者检查官吏于计算上限于认为可得精密之结果时得区分之为二个以上于每区分各适用该规定算定其容积

第十二条　对于因有特殊构造或特别事由难依本令测度方法之船舶则依交通部大臣认为相当之测度方法

第二章　测度甲板下之积量及舷端以下之积量

第十三条　算定分长点之横截面积依左列之规定

一　将分长点之深四等分或六等分时将分深点由上端起数遇偶数时将宽四倍之上下二端除遇奇数时将宽二倍之于其和数加上下两端之宽对此应乘分深点间隔之三分之一

二　将分长点之深五等分时将分深点由上端起数对于第五分深点以上之部分则适应前款之规定对于最下分深点间隔之部分则将第五分深点及第六分深点之宽之四分之一与副分深点由上端起数加其第一及第三之宽与第二之宽之二分之一再乘分深点间隔之三分之一并加其他各部分

三　将分长点之深七等分时将分深点由上端起数对于第七分深点以上之部分适用第一款之规定对于最下分深点间隔之部分准用前款之规定并加其他各部分

第十四条　算定测度甲板之下之积量时除有特别规定者外将在分长点之横截面积由船首起数,遇偶数之面积则四倍之除首尾两端奇数之面积则二倍之于其和为数加入首尾两端之面积并应乘以分长点间隔之三分之一

第十五条　算定除船首尾舱外于二重底内底板或肋板之高有阶梯船舶之测度甲板下之积量时按各阶梯将船体区分之按每区分各测量测度甲板之长以之充第四条测度甲板之长而定分长点以依第六条之规定所定之分深点之等分数定各区分之分深点适用前条之规定算定各容积相加之但按各区分所测量之测度甲板长超过九米至十五米以下时四等分之在九米以下时二等分之定其分长点

第十六条　算定有锄链沟之浚渠船测度甲板下之积量时应以锄链沟之末端隔壁为境界将船体区分后分别依前二条规定之方法所算定之各容积相加之

第十七条　算定舷端以下之积量时应准用算定测度甲板下积量之方法

第三章　测度甲板上之积量及航端以上之积量

第十八条　算定测度甲板上各甲板间之积量时于甲板间之高之中央以中心线测量由船首内长板之内面至船尾内面至船尾内张板内面之长以测度甲板之长之等分数等分之于各分长点之高之中央测量内面之宽将此由船首起数遇偶数之宽则四倍之除首尾两端遇奇数之宽则二倍之将首尾两端之宽加于其和数现应以分长点间隔之三分之一及甲板间平均之高乘之

第十九条　算定上甲板上及舷端以上所围蔽场所之积量时依左列之规定

一　于有测度甲板之长之二分之一以下之船楼、甲板室及其他所围蔽之场所应以高之中央测量前后及中央内面之宽于中央之宽之四倍加前后之宽乘以平均之长之六分之一与平均之高

二　于有超过测度甲板长之二分之一之船楼、甲板室及其他所围蔽之场所应将其长四等分之并准用前条所规定之方法

第二十条　依船舶积量测度法第三条第二项之规定经船舶所有人呈请将上甲板上机关室积量之全部或一部算入总积量时以发生有减少纯积量之结果时为限

前项机关室之积量包含在上甲板上所有之机关室围壁及其附属围蔽场所之积量第一项之机关室积量之一部系指机关室之一部而依甲板或甲板之延长面及围壁所区划之场所之积量而言

第四章　不算入总积量之上甲板上之场所

第二十一条　船楼、甲板室及其他之场所或其一部其侧壁或端壁有宽九十一厘米以上高一百二十二厘米于以上（附有缘材时其高在六十一厘以下）一个以上之出入口而未备有扉或准此之常设闭锁装置时不将其积量算入总积量但供旅客使用时或仅有一个出入口之船楼而于其两舷侧未设有适当之排水口及排水孔时不在此限

第二十二条　遮浪甲板与上甲板间之场所而合于左列规定部分之积量不算入总积量但供旅客使用时不在此限

一　在遮浪甲板上有未备有长一百二十二厘米以上宽不小于同甲板后部正枪口之宽之常设闭锁装置之甲板口并于该口之下两舷侧须备有直径十

三厘以上能由遮浪甲板上操作之有螺旋缔装置之自动开闭器

二　前款之甲板口设于船尾时其后端须在自船尾材后起不小于船长二十分之一之距离、设于船首时其前段端须在自船首材前面起不小于船长五分之一之距离设置之

前项之船长系指于测度甲板上由船首材之前面至船尾材后面之水平距离而言

三　第一款之甲板口设于船尾时须于其直下之甲板间由该口向船尾首之横通隔壁依前条之规定设二个以上之出入口

四　第一款甲板口之缘材之高须不超过甲板上平均三十厘在该口之周围不得以水密闭锁应设栏杆

第二十三条　所谓贿室系指厨室及烤面包室而言

第二十四条　舱口之积量在应算入总积量之舱口以外场所之积量之千分之五以下时则不算入总积量

舱口之积量如超过应算入总积量之舱口以外场所之积量之千分之五时限于其超过之积量算入总极量

第二十五条　供饮料水蒸馏机、消防消毒用瓦斯发生机、〔沙－毛唐克〕探海灯及灯塔使用之场所之积量不算入总积量交通部大臣于前项所载场所之外依船舶积量测度法第三条第一项第四款之规定有时指定认为应准于同项第一款至第三款所载者之场所

第五章　对于纯积量之算定应由总积量内扣除场所之积量

第二十六条　对于纯积量之算定关于应由总积量内扣除场所之积量算定除有特别规定者外准用第十九条之规定

第二十七条　所谓船员常用室系指船长之专用诸室、船员之专用寝室、食堂、食器室、饮食料仓库、洗面室、浴室、病室、药局、厨室、烤面包室及厕所并以上各室专属之通路及采光通风所要之场所而言

第二十八条　所谓海图室系指供海图、信号器具及其他航海用器具使用之场所而言

第二十九条　所谓押载水舱系指除二重底水舱外仅设有入孔而不适于装载货物、仓库品及燃料等构造之水舱而言

第三十条　算定押载水舱之积量时应测量水舱顶板之长其长在九米以下时则二等分之超过九米至十五米以下时则四等分之超过十五米时则以之充第三条测度甲板之长而等分之再测量近于船之中央之分长点之深其在五米以下时则二等分之超过五米时则四等分之并准用第十三条及第十四条之规定

第三十一条　所谓机关室之积量系指加机关室冠顶下之场所、冠顶于

上甲板间之场所及车轴隧道之积量者而言

依船舶所有人之呈请将上甲板上机关室之积量之全部或一部算入总积量时则不再将此算入机关室之积量

机关室之积量中有与船舶之推进无关系之场所时应将其积量机关室之积量内除去之

第三十二条　算定机关室顶下之场所、冠顶与关室冠顶下之场所冠顶与上甲板间之场所上甲板上之场所及车轴隧道之积量时应以平均之长、宽及高或深相乘之

第三十三条　于有螺旋推进器而未设车轴隧道之船舶算定供车轴使用之场所之积量时应以中间轴之径之三倍自乘之再乘以由机关室后端隔壁室至船尾管前端之长

第三十四条　算定机关室内与船舶之推进无关系场所积量时应以其平均之长、宽及高或深相乘之

第三十五条　依船舶极量测度法第六条第一项第二款但书之规定经船舶所有人呈请而适用同项第一款之规定时以机关室之积量在备有螺旋推进器之船舶为总积量之百分之十三以下、在备有外车之船舶为总积量之百分之二十以下且有特别事由时为限

第三十六条　所谓水夫长仓库系指甲板用诸器具、覆布、滑车类、端艇用附属具、救命具及藏置索类之场所而言

第三十七条　对于纯积量之算定应由总积量扣除之水夫长仓库之积量按总积量超过左表所载之扣除积量时则止于该积量但不得超过二百一十三立方米

总积量	扣除积量
未满四百立方米	八立方米
四百立方米以上未满一千四百立方米	总积量之百分之二
一千四百立方米以上未满二千八百立方米	二十八立方米
二千八百立方米以上	总积量之百分之一

第三十八条　供无线电气机具、其从事员室、饮料水蒸馏水、消防消毒用瓦斯发生机"沙－毛唐克"及"口佛阿－达母"使用之场所之积量对于纯积量之算定应由总积量扣除之

交通部大臣于前项所载场所之外依船舶积量测度法第四条第七款之规定有时指定认为应准于同第一款至第六款所载者之场所

附　则

本令自船舶积量测度法施行之日施行

22

1940 年 11 月 2 日

船舶积量改测规则

（一九四〇年十一月二日）

第一条　本令依船舶积量测度法第十二条之规定施行船舶积量之改测时适用之

第二条　船舶积量之改测依左列顺序行之

一　自本令施行之日起至康德九年六月三十日止之期间

总吨数五百吨以上之汽船、总吨数三百吨以上之拖船及总吨数八十吨以上之帆船

二　自康德九年七月一日起至康德十年十二月三十一日止之期间

总吨数百吨以上未满五百吨之汽船、总吨数百吨以上未满三百吨之拖船及总吨数四十吨以上未满八十吨之帆船

三　自康德十一年一月一日起至康德十一年十二月三十日止之期间

总吨数未满百吨之汽船、拖船及总吨数未满四十吨之帆船

四　康德十二年一月一日以后

前列各款之期间内改测未竣之船舶及前列各款未揭载之船舶

对于船舶之改测时期依船舶所有人之呈请由监督官厅指定

船舶所有人具有特别事由呈请时监督官厅认为相当者得不拘前二项之规定施行改测

第三条　应受改测之船舶所有人应于前条第一项各款之期间内向拟受改测之监督官厅提出改测呈请书

前项之呈请书应记载船舶之号数、种类、船名、船籍港、总吨数因改测拟受检查官吏监检之地点及依船舶积量测度法第十二条之规定呈请改测之意旨

前二项之规定对前条第三项之呈请准用之

第四条　非管辖船籍港之监督官厅施行改测时应速将关系文件送交管辖船籍港之监督官厅

于第二条第一项各款所定期间内未能送交前项关系文件时该管官厅应预将其旨通知管辖船籍港之监督官厅

第五条 对于船舶所有人未为第三条呈请之船舶管辖船籍港之监督官厅应依职权于适宜之时期施行改测

依前项规定施行改测时应予将其旨通知船舶所有人

第六条 前四条之规定对于总吨数未满二十吨之船舶不适用之

第七条 对于前条之船舶管辖船籍港之监督官厅依其所定于本令施行后五年以内改测其积量

第八条 改测之结果为应受有船牌照之船舶时监督官厅应对船舶所有人交付船牌照

第九条 改测之结果有需要登记之船舶时管辖船籍港之监督官厅从速将左列事项揭载政府公报且依认为适当之方法公告之

一 船舶种类、名称、改测前之总吨数及船籍港

二 船舶所有人之住所姓名或名称

三 因依船舶积量测度法之改测为需要登记之船舶

四 对第一款之船舶受质权之设定者,由该船舶所有权登记之日起于三个月以内非为抵押权之登记应丧失其权利

第十条 改测之结果有不需要登记之船舶时管辖船籍之监督官厅应对管辖登记处添具船舶原簿之誊本通知其旨

附 则

本令自船舶积量测度法施行之日施行

23

1941年8月18日

临时船舶管理法

（一九四一年八月十八日）

第一条 本法以关联现下时局调整一般海上交通运输而谋海上运输送力之加强为目的

第二条　本法所称船舶系指总额数二十额以上而供航海之用者而言

本法所称航运业者系指帝国人民或帝国法人而经营于海上运送人或物之事业者而言

第三条　拟将满洲国船舶让渡、贷与（包含期间备船）、供为担保或移交时应受交通部大臣之许可但对于得所有满洲国船舶者为之时不在此限

前项之规定对于建造中之船舶准用之

第四条　交通部大臣对于船舶所有者或航运业者得命为船舶之贷借（包含期间备船）或航运之委托

有前项之命令时关于赁贷费（包含期间备船费以下同）、运航手数料或其他事项应于当事人问协议之协议不谐或不能为协议时应依交通部大臣之裁定

第五条　交通部大臣对于航运业者得禁止或限制外国诸港间之运送

第六条　交通部大臣对于航运业者得指定航路、就航区域或应运送之人或物而命航海

第七条　交通部大臣得指定航路或区域或一般的指定船舶而禁止或限制航海或一般的指定人或物而禁止或限制其运送

第八条　得所有满洲国船舶者拟取得非满洲国船舶之船舶时应受交通部大臣之许可前项之许可得附条件

第九条　帝国人民或帝国法人拟借用非满洲国船舶之船舶（包含期间备船）或受其运航之委托者应受交通部大臣之许可

第十条　拟建造船舶者及拟在外国订造船舶者关于各该船舶之建造应依交通部大臣之所定受其许可

第十一条　交通部大臣对于造船业者得为关于船舶建造顺位之变更或其他船舶之建造所必要之命令

第十二条　交通部大臣对于船舶所有者或造船业者得为关于船舶之修缮范围之限制或修缮期间之缩短所必要之命令

第十三条　拟新设、变更或废止船舶之建一造施设或修理施设者应受交通部大臣之许可

第十四条　交通部大臣对于航运业者、船舶所有者或造船业者得为关于运费、船舶之赁贷费或其建造或买卖之价格所必要之命令

第十五条　交通部大臣对于航运业者或者船舶所有者得为关于船舶之施设或船员之保护或整备所必要之命令

第十六条　交通部大臣得令航运业者、船舶所有者或造船业者关于其业务状况为必要之报告或派该管官吏临检船舶、事业场、事务所、仓库或其他场所检查账簿或其他文书物件

前项之官吏执行其职务时应携带证明其身份之证票如有受处分者之要

求时应提示之

第十七条 合于左列各款之一者处三年以下之徒刑或五千元以下之罚金

一 违反第三条、第十条或第十三条之规定者

二 不从依第四条、第六条、第十二条或第十四条之规定之处分者

三 违反依第五条或第七条规定之禁止或限制者

第十八条 合于左列各款之一者处一年以下之徒刑或二千元以下之罚金

一 违反第八条第一项或第九条之规定者

二 违反依第八条第二项规定所附之条件者

三 不从依第十一条或第十五条规定之处分者

第十九条 不为依第十六条规定之报告或为虚伪之报告或阻碍该管官吏之临检或检查者处五百元以下之罚金

第二十条 关于前三条规定之适用依康德五年敕令第二百二十五号关于适用行政法规罚则之件

第二十一条 本法之罚则对于在帝国领域内有本店或主事务所之法人之代珍者、代理人、使用人或其从业人在帝国领域外所为之行为亦适用之在帝国领域内有住所之人或其代理人、使用人或其他从业人在帝国领域外所为之行为亦同

第二十二条 本法中关于船舶所有者之规定于船舶系共有而置船舶管理人时对于船舶管理人适用之

附　　则

本法自公布日施行

24

1941 年 8 月 18 日

临时船舶管理法施行规则

（一九四一年八月十八日）

第一条 依临时船舶管理法（以下称法）第三条之规定拟受许可者须于具其事由之许可呈请书添附记载左列事项之书面提出于交通部大臣

一　船舶之种类及名称

二　接兑、承租（包含期间佣船）取得抵押权或拟受移交者之国籍、住所及姓名或名称

对于建造中之船舶前项第一款之事项为船舶之种类及资格、机关之种类、计划总吨数、计划马力、计划速力并竣工预定年月日

第二条　依法第四条第一项之规定所为之命令对当事者双方发出记载对方姓名或名称及住所、船舶号数、船舶之名称及所在、贷借或委托之期间及其他必要事项之命令书为之

第三条　法第四条第二项规定之协议妥谐时当事者连署后须添附契约书誊本将其意旨呈报于交通部大臣

第四条　依法第四条第二项之规定拟受载定时须将记载左列事项之呈请书添附副本提出于交通部大臣

一　呈请人及对方之姓名或名称及住所

二　呈请之目的及事由

交通部大臣受理前项之呈请时应将副本送交对方令其于指定期间内提出答辩书

前项之期间内如不提出答辩书时交通部大臣得只依申请书而行裁定

第五条　交通部大臣依法第四条第二项之规定为裁定时须于裁定书附以理由送交当事者双方

第六条　依法第七条之规定所为之禁止或限制以告示为之

第七条　拟受法第八条之许可者应将记载左列事项之许可呈请书提出于交通部大臣

一　船舶之种类、名称、国籍及所有者

二　船舶之总吨数、航海速力、机关之种类及数、进水年月、建造者之姓名或名称

三　使用之目的

四　购入预计价格及其他取得之条件

五　取得之预定日期

六　船舶之所在地

受前项许可者取得船舶时须速将其契约书及其他关于取得船舶之书类抄件取得年月日呈报于交通部大臣

第八条　对于受有依法第八条规定许可之船舶毋庸依船舶输入许可规程请受许可

第九条　拟受法第九条之许可者应将记载左列事项之许可呈请书提出于交通部大臣

一　船舶之种类、用途、名称、国籍及贷主或委托者

二　船舶之总吨数、重量吨数、航海速力、机关之种类及数、进水年月

三　拟承租时租价及其支付方法、拟受托时运航手续费或费用之分担及收益之分配方法

四　拟承租或委托之期间

五　预定之航路或就航区域

第十条　对于由国订造之船舶毋庸受法第十条之许可

第十一条　欲建造船舶者拟受法第十条之许可时与订造者连署后应将记载左列事项之许可呈请书提出于交通部大臣但不能得订造者之连署时应附其事由添附由订造者所发之订造书

一　船舶之种类及用途

二　船舶之长度

三　机关之种类及其数

四　竣工预定日期

前项之许可呈请书应添附左列书类

一　记载所需资材之种类别数量之书类

二　记载预定建造价格及其细目之书类

三　其他可资参考书类

第十二条　欲向外国订造船舶者拟受法第十条之许可时除前条第一项各款之事项外应于记载建造者之国籍、住所、姓名或名称之许可呈请书添附同条第二项第二款及第三款之书类提出于交通部大臣

第十三条　受法第十条之许可后于该船舶之竣工前拟变更许可呈请书所揭之事项时应将具其事由之许可呈请书提出于交通部大臣受其许可

第十四条　依法第十三条之规定拟受船舶之建造设施或修理设施之新设许可者应将记载左列事项之许可呈请书提出于交通部大臣

一　呈请人之姓名或名称及住所

二　设施之所在地

三　设施之种类

四　设备之概要(应添附图面)

五　工程之起工及竣工之预定日期并事业开始之预定日期

六　所需资金及资金筹措方法

七　事业年度及收支概算

八　关于技术者及职工之雇用及养成之计划

九　兼营船舶之建造或修理以外之事业时其意旨并兼营事业之概要

前项之许可呈请书在呈请人为法人之发起人时应添附定款、在法人时

应添附定款、借贷对照表及财产目录

第十五条　依法第十三条之规定拟受船舶之建造设施或修理设施之变更许可者除前条第一项第一款至第四款及第六款之事项外应将记载设施变更之事由并其工程之起工及竣工预定日期之许可呈请书提出于交通部大臣

第十六条　依前二条之规定至呈请许可者其所受许可之工程竣工时应速将竣工年月日呈报交通部大臣

第十七条　依法第十三条之规定拟受船舶之建造设施或修理设施之废止许可者除第十四条第一款至第三款之事项外应将记载废止事由及预定日期之许可呈请书提出于交通部大臣

第十八条　航运业者对于定期航路使用之船舶每于往航或复航应于该往航或复航终了后速将第一号样式之定期船运航报告书提出于交通部大臣

第十九条　航运业者对于不定期航海使用之船舶应于次月十日前将第二号样式之每月之不定期船运航报告书提出于交通部大臣

第二十条　航运业者拟设定关于定期航路之运费率表时应添附该运费率表预行呈报交通部大臣拟变更运费率表时亦同

第二十一条　第十八条及第十九条之规定对于以平水区域或沿海区域为航行区域之总吨数未满二百吨之船舶不适用之

前条之规定对于以平水区域或沿海区域为航行区域只使用总吨数未满二百吨之船舶之航路不适用之

第二十二条　航运业者承租船舶(包含期间佣船以下同)时受船舶之航运委托时契约成立后应速添附其契约书之抄件报告于交通部大臣

第二十三条　船舶所有者将其所有船舶卖却时于契约成立后应速将买卖契约书之抄件提出于交通部大臣

第二十四条　航运业者或船舶所有者关于以沿海区域、近海区域或远洋区域为航行区域之船舶乘组员对于左揭事项而为规定时应速呈报交通部大臣变更时亦同

一　乘组员从事危险之航海时其特别之津贴及对于伤病或死亡之扶助

二　乘组员被征集为兵役或被同盟国召集为兵役时之给予

三　乘组员之休假或教习及休假或教习期间中之给予

依前项规定之呈报于航运业者或船舶所有者之团体得代航运业者或船舶所有者为之

第二十五条　法第十六条第二项之证票依另记样式由交通部发给之

第二十六条　依本令应向交通部大臣提出之呈请书、呈报书及报告书须经该管航务局

附　则

第二十七条　本令自临时船舶管理法施行之日起施行

第二十八条　本令施行之际现设定关于定期航路运费率表之航运业者应速提出于交通部大臣

第二十一条第二项之规定于前项时准用之

第二十九条　本令施行之际现承租船舶或受委托运航之航运业者应速将其契约书之抄件提出于交通部大臣

第三十条　本令施行之际现对第二十四条第一项各款所揭事项有规定时航运业者或船舶所有者应速呈报交通部大臣

第二十四条第二项之规定于前项时准用之

第五编

汪伪政权

1

1939 年 3 月 20 日

交通部航政局管理船舶暂行章程

（一九三九年三月二十日）

第一章 总 则

第一条 交通部航政局对于处理船舶事项依本章程行之

第二条 船舶除应遵守其他有关之法令外并应遵守本章程之规定

第三条 本章程所称船舶以总吨数二十吨以上之轮船及二百担以上之帆船为准则

第四条 取得中华民国国籍船舶不得悬挂外国国旗非中华民国船舶亦不得悬挂中国国旗

第五条 除有左列各款情形之一者外非中国船舶不得在中华民国港湾口岸停泊

一、法律有特别规定者

二、经中华民国政府许可者

三、为避难者

第六条 船舶非领有国籍证书或船舶临时国籍证书不得航行但遇左列各款情事之一经航政局许可者不在此限

一、试航时

二、丈量吨位时

三、有正当事由时

第七条 船舶未经领有船舶国籍证书或船舶临时国籍证书前不得悬挂中华民国国旗但遇左列各款情事之一时不在此限

一、中华民国国庆日或纪念日

二、停泊外国港口时遇该国国庆日

三、除前两款外应表示庆祝或敬意时

四、举行进水仪式时

五、依前条之规定准其航行时

第八条 船舶应备具左列各款标识

一、船名

二、船籍港名

三、船舶登记吨数

四、船舶登记号数

五、吃水尺度

前项标识不得毁坏涂抹但为避免捕获起见者不在此限

标识事项因登记事项之变更而发生变更时应即行改正

第九条 船舶应备具左列各款文书

一、船舶国籍证书

二、船舶登记证书

三、船舶检查证书

四、船舶吨位证书

五、海员证书

六、海员名册

七、旅客名册

八、运送契约及关于装载货物之书类

九、属具目录

十、航海记事簿

第十条 船名由船舶所有人自定但不得与同一船籍港之他船名相同或字音相混

第二章 船舶检查

第十一条 船舶应于初次航行未开始时航行期间届满时及航行期间内遇必要时施行检查

初次航行未开始时及航行期间届满时之检查由船舶所有人声请航政局施行之航行期间内之检查由航政局依职权施行之

第十二条 已受检查之船舶航行期间以三个月以上一年以内为限帆船以六个月以上三年以内为限逾限非重轻检查合格不得航行其在航程中限满者应于限满后最初到达之港声请该港之航政局或航政局办事处施行检查

第十三条 船舶检查应在航政局或航政局办事处所在地施行之但经声请人声叙事由不能在该地施行时由航政局委派检查员于船舶所在地施行之

第十四条 检查员照章施行检查后认为合格时应将指定航路搭载人额

气压限制及航行期间分别开列呈请航政局给予船舶检查证书

第十五条　航政局得随时委派检查员到船查验如认为有不合格法令规定情形或航行上易生危险或障碍亟须检查时得令其暂时停止航行

第十六条　船长发现船舶之船身不固或属具不完备时或其他事由足致航行上易生危险或障碍时应声请航政局施行检查其在航行中发现者应于到港后为前项之声请

第十七条　船舶所有人对检查之结果如有不服时得声叙事由呈请交通部特派检查员施行再检查在再检查未决定以前不得变更船舶之原状

第十八条　中国船舶除专用于公务之船舶外依本章程之规定施行检查

第十九条　左列外国船舶除法令有特别规定者外依本章程之规定施行检查

一　中国人民所租用在中国各港间或中国于外国间航行之外国船舶

二　依法律或政府之许可在中国港湾口岸间航行之外国船舶

三　自中国港载客货出发之外国船舶应由船长向航政局呈验该船舶检查证书如经验明该证书业已届满时应由航政局施行检查

第二十条　前二条所定之船舶经检查合格发给证书后方得航行

第三章　船舶丈量

第二十一条　船舶应于请领国籍证书前由船舶所有人向航政局声请丈量

第二十二条　船舶如系在外国制造或取得者应于最初到达中国港之时依前条之规定声请丈量

第二十三条　业经登记之船舶遇船身式样或容积有变更或察觉吨位计算有错误时船舶所有人应于变更完毕或发觉之日起一个月以内依第二十一条之规定重行声请丈量其由航政局发觉者应由航政局依职权重行丈量

第二十四条　外国船舶由中国港载运客货出发者应由船长向该港航政局或航政局办事处呈验该船舶之吨位证书除该国丈量程式与中国丈量程式相同或互相承认者外应由航政局施行丈量

第二十五条　船舶丈量后应由航政局发给或换给船舶吨位证书

第四章　船舶国籍证书

第二十六条　船舶所有人应于领得船舶检查证书及船舶吨位证书后自行认定船籍港依船舶登记章程之规定为所有权之登记

第二十七条　船舶依前条之规定登记后航政局除依船舶登记章程发给登记证书外应呈请交通部发给船舶国籍证书

第二十八条　船舶国籍证书如遇遗失破损或登记事项变更时船舶所有

人应自发觉之日起三十日内向航政局声请补发或换发

第二十九条　船舶在船籍港以外之中国港或外国港停泊中发生前条情事时该船舶之船长应向该港之航政局或主管航政官署或中国领事馆声请发给船舶临时国籍证书

在航行中发生前条情事时该船舶之船长应向到达港之航政局或主管航政官署或中国领事馆为前项之声请

第三十条　遇前条情事船舶所有人应于该船舶到达船籍港后十日内向航政局缴销船舶临时国籍证书换领船舶国籍证书

第三十一条　业经登记之船舶如遇灭失沉没或被捕获丧失国籍时船舶所有人应自发觉之日起三十日内向航政局声请注销登记除船舶国籍证书确经遗失者外并应缴还证书船舶失踪经六个月尚无着落者亦同

遇有前项情事逾期不声请注销登记及缴还证书者航政局得定一个月以内之期限催令注销及缴还逾期仍不遵照办理而无正当理由者得依职权注销之并注销其证书

第三十二条　在中国甲港或外国港取得船舶而认定中国乙港为船籍港者应向船舶所在港之航政局或主管航政官署或中国领事馆声请发给船舶临时国籍证书俟到达船籍港后依第二十六条之规定声请登记并缴销船舶临时国籍证书

第三十三条　船舶临时国籍证书之有效期间在国外发给者不得超过一年在国内发给者不得超过六个月但遇有不得已事故时限满得声请展限

第三十四条　船舶临时国籍证书之有效期间无论已否届满一经到达船籍港即失其效力

第五章　罚　　则

第三十五条　违反第五条之规定者处船长二千元以下罚金其情节重大者并得没收其船舶及所载货物

第三十六条　希图假冒国籍违反第四条之规定者处船长一千元以下之罚金其情节重大者并得没收其船舶

第三十七条　以虚伪事实声请登记检查或丈量因而取得船舶国籍证书船舶登记证书船舶审查证书或船舶吨位证书者处一年以下有期徒刑或一千元以下之罚金

第三十八条　违反第六条或第七条之规定者处船长五百元以下之罚金

第三十九条　违反第八条之规定者处船舶所有人五百元以下之罚金

第四十条　违反第二十八条或二十九条之规定者处五百元以下之罚金

第四十一条　有左列各款行为之一者处船长一千元以下之罚金

一、船舶未经领有船舶检查证书而航行者

二、无故不遵守指定之航路或航行期间或超过气压限制者

三、拒绝检查员之临时查验或违背停止航行之命令者

四、违反第二十条之规定者

第四十二条 有左列各款行为之一者处船长五百元以下之罚金

一、违反第九条之规定者

二、船舶未将属具整备完妥而航行者

三、所载旅客超过限定人额者

第四十三条 本章程关于船长之罚则于代理船长或执行船长职务者准用之

第六章 附 则

第四十四条 船舶检查章程船舶丈量章程船舶登记章程船舶国籍证书章程及其他有关管理船舶各章程另定之

前项所列各章程在未经重新制定公布以前得援用从前颁行之章程施行之但以不抵触现行法令者为限

第四十五条 本章程所规定如有未尽事宜得随时修改之

第四十六条 本章程自公布之日施行

2

1939 年 3 月 20 日

交通部航政局船舶登记暂行章程

(一九三九年三月二十日)

第一条 本章程依交通部航政局管理船舶暂行章程第四十四条之规定制定之

第二条 本章程所称船舶依交通部航政局管理船舶暂行章程第三条之规定为准则

第三条 船舶登记事项如左

一、所有权

二、抵押权

三、租赁权

前列各项权利于取得及消灭或变更时均应登记

第四条　声请登记应呈送左列文件

一、声请书

二、登记事项之证明文件

三、曾经登记者其原有之登记证明书

四、登记原因与第三人有关系者其证明文件

五、登记义务人之权利登记证明文件

证明登记原因之文件如系有执行力之判决时无须提出前项第四款及第五款之文件

第五条　登记声请书应开具左列事项由声请人签名盖章

一、船舶种类名称及总吨数或担数

二、船籍港

三、登记种类

四、证明文件之件数

五、登记费之数额

六、声请登记之年月日

七、声请人之姓名年龄籍贯职业住所

八、声请人如为法人时其名称及事务所

九、有船舶经理人时其经理人之姓名年龄籍贯住所

十、由代理人声请时其代理人之姓名年龄籍贯住所

第六条　登记所有权者应取具证明其为所有人之文据及船舶吨位证书船舶检查证书

第七条　新造船舶或向外国购买船舶初次声请登记所有权者声请书内除照第五条规定各款开列外并须载明船质及进水年月日汽机种类及其数目推进器种类及其数目如系帆船则载明帆樯数目

第八条　登记抵押权者声请书内除照第五条规定各款开列外并须载明债权数额清偿时期及条件利息等项非金钱债权时应声明债权之估价

第九条　登记制造中之船舶抵押权者声请书内除照第五条及第八条规定各款开列外并须载明船舶龙骨长度及构造计划等项并附呈造船者所给之凭证

第十条　登记租赁权者声请书内除照第五条之规定各款开列外并须载明租金数额存续期间及其他契约暨付租时期等项如声请转租登记时并应加具原出租人之承诺字据

第十一条　数船舶同时登记其登记事项均属相同者得与同一声请书内

声请登记

第十二条 航政局登记完毕应即发给登记证明书予声请人登记证明书应载左列各款及登记完毕并另用航政局印信由航政局长签名盖章

一、船名

二、船籍港

三、船舶所有人姓名年龄籍贯住所如为法人时其名称及事务所

四、声请登记人姓名年龄籍贯住所如为法人时其名称及事务所

五、声请登记日期

六、登记种类

七、登记号数及发给登记证明书日期

八、其他有关系各事项

第十三条 登记证明书应由航政局依定式印刷发行

第十四条 航政局于登记完毕后如发现有错误或遗漏时应及通知登记权利人及其关系人更正

第十五条 因左列情形之一未能正式登记者得为临时登记

一、未具备声请登记程序上之必要条件时

二、预为保留船舶权利之请求时

临时登记不给正式登记证明书但必要时得暂给一种临时登记证

第十六条 登记人之姓名籍贯名称住所有变更时应取具证明文件连同声请书声请附记登记

第十七条 航政局受理船舶抵押权租赁权或权利变更之声请时除分别登记外并应于登记证明书上注明之

第十八条 已经登记之船舶如遇有左列各款情事之一时所有权之登记人应声明事由检具证明文件声请注销登记

一、船舶灭失或沉没时

二、船身拆散时

三、船舶踪迹不明经过六个月时

四、船舶丧失中华民国国籍时

第十九条 声请船舶登记时应依左列各款分别缴纳登记费

一、为所有权之保存者船舶价值千分之一

二、取得抵押权者债权金额千分之二

三、租赁权存续期间未满十年者船舶价值千分之一

存续期间十年以上者船舶价值千分之二

存续期间无定者船舶价值千分之一

因租赁权转租而登记者其已经过之期间应自存续期间中扣除以其余期

视为存续期间计算登记费

四、因遗产继承取得所有权者船舶价值千分之二但非配偶或直系亲属继承者千分之三

五、因赠予及其他无偿名义取得所有权者船舶价值千分之十但公益事业因捐助而取得者千分之二

六、目前二款以外之原因取得所有权者船舶价值千分之四

七、临时登记每件一元

八、附记登记每件五角

九、更正登记每件五角

十、注销登记每件五角

第二十条　声请移转或注销船籍港时应依左列各款分别缴纳登记费

一、转籍每十吨一角

二、销籍每十吨五分

前项吨数依总吨数计算不足十吨以十吨计

以担数表示容量者每百担以十吨计

第二十一条　声请给予登记簿誊本或节本者应缴纳抄录费每千字五角不足千字者以千字计声请阅览登记簿或附属文件者应缴纳阅览费每次五角

第二十二条　声请人或利害关系人对于航政局处理登记事项认为有违背本章程之规定时得呈请交通部查核办理

第二十三条　本章程所规定如有未尽事宜得随时修改之

第二十四条　本章程自公布之日施行

3

1940 年 5 月 21 日

交通部组织法

（一九四〇年五月二十一日）

第一条　交通部管理经营全国电政邮政航政除法律别有规定外并监督民营交通事业

第二条　　交通部对于各地方最高级行政长官执行本部主管事务有指示监督之责

第三条　　交通部就主管事务对于各地方最高级行政长官之命令或处分认为有违背法令或逾越权限者得提经行政院会议议决后停止或撤销之

第四条　　交通部置左列各司

一　　总务司

二　　电政局

三　　邮政局

四　　航政司

第五条　　交通部经行政院会议及立法院之议决得增置裁并各司及其他机关

第六条　　交通部得置邮政总局无线电管理局邮运航空处及各航政局其组织另定之

交通部于事务上必要时经行政院会议议决得置各委员会

第七条　　总务司掌左列事项

一　　关于收发分配撰拟保管文件事项

二　　关于公布部令事项

三　　关于典守印信事项

四　　关于本部及所属各机关职员任免奖惩之记录事项

五　　关于编制报告及刊行出版物事项

六　　关于电邮航行政及技术人员之训练及教育事项

七　　关于本部经费之出纳事项

八　　关于本部庶务及其他不属于各司事项

第八条　　电政局掌左列事项

一　　关于管理全国电报电话等事项

二　　关于发展及改良电报电话等事项

三　　关于监督民营电气交通事业事项

四　　关于改善电务职工待遇事项

第九条　　邮政司掌左列事项

一　　关于监督考核全国邮政事项

二　　关于监督邮政储金及汇兑事项

三　　关于管理经营国营邮政航空事项

四　　关于监督民营航空承运邮件事项

五　　关于改善邮务职工待遇事项

第十条　　航政司掌左列事项

一　关于管理航路及航行标识事项

二　关于管理经营国营航业事项

三　关于国营航空及监督民营航空事项

四　关于监督民营航业事项

五　关于船舶发照登记事项

六　关于计划筑港及疏浚航路事项

七　关于管理及监督船员船舶造船事项

八　关于改善船员待遇事项

九　其他航政事项

第十一条　交通部部长综理本部事务监督所属职员及各机关

第十二条　交通部设政务次长常务次长各一人辅助部长处理部务

第十三条　交通部设秘书四人至八人分掌部务会议及长官交办事务

第十四条　交通部设参事四人至六人撰拟审核关于本部之法案命令

第十五条　交通部设司长四人分掌各司事项

第十六条　交通部设科长科员若干人承长官之命办理各科事项

第十七条　交通部部长特任次长参事司长及秘书二人简任其余秘书及科长荐任科员委任或荐任

第十八条　交通部设技监一人简任技正八人其中二人简任余荐任技士八人至十二人其中四人荐任余委任技佐六人至八人委任承长官之命办理技术事项

第十九条　交通部设会计长一人统计主任一人办理岁计会计统计事项受交通部部长之指挥监督并依国民政府主计处组织法之规定直接对主计处负责

会计处及统计室需用佐理人员由交通部及主计处就本法所定荐任委任人员及雇员中会同决定之

第二十条　交通部经行政院会议议决得聘用专门技术人员

第二十一条　交通部因事务上之必要得酌用雇员

第二十二条　交通部处务规程以部令定之

第二十三条　本法自公布日施行

4

1940 年 9 月 24 日

水路测量局士官技术养成所组织章程

（一九四〇年九月二十四日）

第一条 水路测量局士官技术养成所（以下简称养成所）以养成测量航路图志各科技术人才俾能胜任水路事业为宗旨

第二条 养成所直隶于水路测量局

第三条 养成所设所长一人教务主任事务主任各一人专科教官八人教官四人助理教官四人文书会计各一人事务员四人司书四人

第四条 养成所职员之职责如左

一　所长承局长之命统辖全所教职员综理所内一切事宜

二　教务主任承所长之命督率各教官助理教官按照教育计划实施本所教育事宜

三　教官承教务主任之命担任学术教授精神训练事项

四　事务主任承所长之命督率文书会计事务员及司书办理本所一切文书出纳庶务缮校等事项

五　文书会计事务员司书承事务主任之命分掌文书出纳庶务缮校等一应事项

第五条 养成所分下列三班

一　测量班

二　航路班

三　图志班

第六条 各班学员须有高级中学毕业或同等程度年龄在二十五岁以下思想纯正身体强健经考试合格后录取之

第七条 学员名额暂定五十名

第八条 养成所按测量业务之需要得附设测量标识兵训练班其名额暂定三十名

第九条 测量标识兵由海军士兵出身人员之中选其学力优秀思想纯正

身体强健年龄在二十岁以下者调训之

第十条　学员训练期间以一年为限测量标识兵训练期间以三个月为限

第十一条　学员毕业后得按其成绩优劣分别呈请以上中下士及一等二等测量标志兵录用

第十二条　养成所服务规程教育计划另定之

第十三条　本章程如有未尽事宜得呈请修正之

第十四条　本章程自呈请海军部核准备案之日施行

海军部水路测量局士官技术养成所编制表

职别	阶级	人数	备考
所长	上校	一	局长兼
教务主任	中校	一	
事务主任	同上	一	
专科教官	聘任	八	
教官	中校少校	四	
助理教官	少校上尉	四	
文书	上尉	一	
会计	中尉	一	
事务员	少尉准尉	四	
司书	准尉	四	
工役		若干人	

说明　本表所列阶级以军官充任者照军官阶级名称以人官充任者则依此阶级称为同等官

5

1940 年 9 月 24 日

水路测量局组织条例

（一九四〇年九月二十四日）

第一条　水路测量局直隶于海军部掌理全国水路业务
负全国海洋及江河通航安全责任

第二条　水路测量局置左列各课

总务课

测量课

航路课

制图课

推算课

第三条 总务课掌左列事项

一 关于公文函件之撰拟保管及典守印信事项

二 关于汇编统计及报告事项

三 关于局内并测量舰艇军纪风纪及员兵考勤事项

四 关于会计医务庶务各事项

五 关于国际测量公会协定事项

六 其他不属于各课事项

第四条 测量课掌左列事项

一 关于计划指挥及考查测量实施事项

二 关于测量仪器保管修缮检验事项

三 关于供给测量工具料件事项

四 关于潮汛海洋气象之观测与调查事项

五 关于测量技术之教育及审定测量法规事项

六 关于测量舰艇通信及工作报告统计事项

第五条 航路课掌左列事项

一 关于航路协助事项

二 关于航路布告灯志信号水路志海事书籍及港口大全等之汇集编纂发布事项

三 关于航路标识之管理设置及标识器材之检验事项

四 关于航路之疏浚及管理事项

五 关于审查及登记沉船位置及船只遇险事项

六 关于本局属舰艇之检验及管理事项

第六条 制图课掌左列事项

一 关于绘制修正海图事项

二 关于制版摄影及印刷事项

三 关于保管图志并各种图卷事项

四 关乎图志之颁布及管理事项

五 关于训练绘图员生制版摄影及印刷各项技术事项

第七条 推算课掌左列事项

一 关于推算大地测量各标点事项

二 关于推算天文观测各标点事项

三 关于编纂天文历书航海年表事项

四　关于编纂潮汛表事项

五　关于审定及推算潮汛各项基数事项

六　关于编绘潮流图事项

第八条　水路测量局设局长一人由海军部遴选海军军官呈请国民政府任命之

第九条　局长承海军部部长之命综理局务并指挥所属测量舰艇

第十条　水路测量局设副局长一人辅助局长处理局务

第十一条　水路测量局设秘书二人承局长之命办理文件机要事宜

第十二条　水路测量局设课长五人承局长之命分掌各课事宜

第十三条　水路测量局设技正二人至六人承局长之命撰拟技术计划事宜

第十四条　水路测量局设技士四十人至八十人承主管长官之命办理各项技术事宜

第十五条　水路测量局设课员二十人至四十人承课长之命办理各课事宜

第十六条　水路测量局设医官二人处理医务及卫生事宜

第十七条　水路测量局得酌用事务员及雇员承主管长官之命办理各项事宜

第十八条　水路测量局为培养技术人才得设置士官技术养成所其组织章程另定之

第十九条　水路测量局办理细则另定之

第二十条　本条例如有未尽事宜得呈请海军部修正之

第二十一条　本条例自公布日施行

6

1941 年 7 月 30 日

清乡委员会清乡地区船舶、车辆登记暂行规则

（一九四一年七月三十日）

第一条　凡属清乡地区船舶车辆之登记事项依本规则施行之

第二条　凡在清乡地区内之船舶车辆均需登记

第三条　凡属船舶在五十吨以上者在特别区公署登记五十吨以下至五吨止者在区公所登记其在五吨以下则由乡镇公所登记之

第四条　汽车侧车自动脚踏车由特别区公署登记之

第五条　马车货车三轮车人力车脚踏车由乡镇公所登记之

第六条　凡登记之船舶车辆其登记号码应挂于显明之处

第七条　所登记之物层报上级官署

专员公署基于该项报告应于清乡地区内交通之状况加以整理

第八条　关于船舶之登记为明了水上生活者之状况起见亦须详细登记之同时对于在陆地上无定位之水上生活者亦应发给良民证

第九条　未登记之船舶车辆一律禁止通行设有违反时给予扣留没收之

第十条　为军用而征发之船舶车辆须将军用之事详细申明至征用解除后之船舶亦须登记之

第十一条　本规则应于指定清乡地区适用之

第十二条　本规则自公布之日施行如有未尽事宜得随时修正之

7

1941 年 10 月 9 日

交通部组织法

（一九四一年十月九日）

第一条　交通部规划建设管理经营全国铁道公路电政邮政航政及监督民营交通事业

第二条　交通部对于各地方最高级行政长官执行本部主管事务有指示监督之责

第三条　交通部就主管事务对于各地方最高级行政长官之命令或处分认为有违背法令或逾越权限者得提经行政院会议议决后停止或撤销之

第四条　交通部置左列各署司

一　铁道署

二　公路署

三　总务司

四　电政司

五　邮政司

六　航政司

第五条　交通部经行政院会议及立法院之议决得增置裁并所属各署司及其他机关

第六条　交通部得置邮政总局电政总局及各铁路管理局航政局其组织另定之

交通部于事务上必要时经行政院会议议决得置各委员会

第七条　铁道署及公路署组织法另定之

第八条　总务司掌左列事项

一　关于收发分配撰拟及保管文件事项

二　关于公布部令事项

三　关于典守印信事项

四　关于本部及所属各机关职员任免奖惩之记录事项

五　关于编制报告及刊行出版物事项

六　关于本部经费之出纳事项

七　关于本部庶务及其他不属各署司事项

第九条　电政司掌左列事项

一　关于管理全国电报电话等事项

二　关于发展及改良电报电话等事项

三　关于监督民营电气交通事业事项

四　关于改善电务职工待遇事项

第十条　邮政司掌左列事项

一　关于监督考核全国邮政事项

二　关于监督邮政储金及汇兑事项

三　关于管理经营国营邮政航空事项

四　关于监督民营航空承运邮件事项

五　关于改善邮务职工待遇事项

第十一条　航政司掌左列事项

一　关于管理航路及航行标识事项

二　关于管理经营国营航业及监督民营航业事项

三　关于国营航空及监督民营航空事项

四　关于船舶发照登记事项

五　关于计划筑港及疏浚航路事项

六　关于管理及监督船员船舶造船事项

七　关于改善船员待遇事项

八　其他航政事项

第十二条　交通部长综理部务监督所属职员及各机关

第十三条　交通部设政务次长常务次长各一人辅佐部长处理部务

第十四条　交通部设参事六人至十人撰拟审核关于本部之法案命令

第十五条　交通部设秘书八人至十人分掌部务会议及长官交办事项

第十六条　交通部除各署另有规定外设司长四人分掌各司事务

第十七条　交通部设科长科员各若干人承长官之命办理各科事务

第十八条　交通部设专员若干人承长官之命办理指定事务

第十九条　交通部部长特任次长参事司长及秘书二人专员十人简任其余秘书科长专员荐任科员委任或荐任

第二十条　交通部设技监一人简任技正二十四人其中十人简任余荐任技士若干人其中十人荐任余委任技佐若干人委任办理技术事务

第二十一条　交通部设会计长一人统计主任一人办理岁计会计统计事务受本部部长指挥监督并依国民政府主计处组织法之规定直接对主计处负责

会计处及统计室需用佐理人员由本部及主计处就本法所定荐任委任人员及雇员中会同决定之

第二十二条　交通部因事务上之必要得聘用顾问及专门委员

第二十三条　交通部因事务上之必要得设办事员并得酌用雇员

第二十四条　交通部处务规程以部令定之

第二十五条　本法自公布日施行

8

1941 年 12 月 13 日

修正交通部组织法第十七条第十九条条文

（一九四一年十二月十三日）

第十七条　交通部设科长二十人至二十四人科员一百六十人至一百九十人承长官之命分掌各科事务

第十九条　交通部部长特任次长司长参事及秘书二人专员十人简任其余秘书科长专员及科员三十人至四十人荐任其余科员委任

9

1942 年 4 月 9 日

实业部水产管理局组织条例

（一九四二年四月九日）

第一条　实业部水产管理局掌理全国水产行政事务

第二条　水产管理局置左列各科

一、总务科

二、渔业科

三、保安科

第三条　总务科掌左列事项

一、关于收发分配撰拟及保管文件事项

二、关于典守印信事项

三、关于本局职员任免奖惩之记录事项

四、关于统计编辑事项

五、关于本局经费之出纳事项

六、关于官产官物之采购保管事项

七、关于庶务及不属其他各科事项

第四条　渔业科掌左列事项

一、关于水产物供给之调节事项

二、关于水产机关及水产业团体之监督救济事项

三、关于禁渔区域之规定事项

四、关于水产行政上之设施事项

五、关于渔业权入渔权渔轮渔船鱼市场鱼行养殖场所之登记注册事项

六、关于水产从业员及经营其他水产业之登记注册事项

七、关于水产物及鱼业上之各种调查事项

八、关于渔业区域之划分事项

九、关于渔业纠纷之调处事项

十、其他关于水产事业调查研究事项

第五条 保安科掌左列事项

一、关于护渔船舰之监督设计保管修缮事项

二、关于渔船牌号之编发事项

三、关于渔船渔民之保护事项

四、关于护渔舰队之编练指挥及装械之配备事项

五、关于渔业警察之联络调遣事项

六、关于渔民自卫团之组织指导事项

七、关于海洋渔业公安之夜维持规划事项

八、关于稽查侵渔事项

九、关于护渔费之征收事项

第六条 水产管理局设局长一人承实业部部长之命综理局务并监督所属职员

第七条 水产管理局设秘书一人承局长之命总核文稿并办理局长交办事项科长一人科员二十人至二十四人承长官之命分掌各科事务技正二人技士四人至八人技佐六人至十人承长官之命办理技术事务

第八条 水产管理局局长简任秘书科长技正荐任科员技正技佐委任

第九条 水产管理局得酌用雇员

第十条 水产管理局因事务上之必要得呈准实业部于水产物主要集散地设立分局或办事处其组织另定之

第十一条 水产管理局遇有渔业上之重大纠纷事件得组织渔业纠纷调解委员会处理之其组织另定之

第十二条 水产管理局办事细则另定之

第十三条 本条例自公布日施行

10

1943 年 5 月 20 日

修正船员检定章程

（一九四三年五月二十日）

第二十一条　声请检定者应缴证书费五十元印花费二元及左列考验费

船长或轮机长　　　五十元

大副或大管轮　　　四十元

二副或二管轮　　　三十元

三副或三管轮　　　二十元

考验费不论声请者为新领或换领证书应按其等级分别缴纳。

11

1943 年 11 月 2 日

修正船舶登记法第六十二条
第六十三条条文

（一九四三年十一月二日）

第五章　登记费

第六十二条　声请船舶登记时应依左列各款分别缴纳登记费

一、因遗产继承取得所有权者船舶价值千分之六但非配偶或直系亲属继承者千分之九

二、因赠予及其他无偿名义取得所有权者船舶价值千分之三十但公益事业因捐助而取得者千分之六

三、因前二款以外之原因取得所有权者船舶价值千分之十二

四、为所有权之保存者或共有船舶之分割者船舶价值十分之三

五、取得抵押权者债权金额千分之六

六、租赁权存续期间未满十年者船舶价值千分之三存续期间十年以上者船舶价值千分之六存续期间无定者船舶价值行千分之三因租赁权转租而登记者其已经过之期间应自存续期间中扣除以其余期视为存续期间计算登记费

七、暂时登记每件国币三元

八、附记登记每件国币一元五角

九、更正登记每件国币一元五角

十、注销登记每件国币一元五角

十一、回复注销之登记每件国币一元五角

第六十三条　声请移转或注销船籍港时应依左列各款分别缴纳登记费

一、转籍每十吨三角

二、销籍每十吨一角五分

前项吨数依总吨数计算不足十吨以十吨计以担数表示容量者每百担以十吨计

12

1943 年 11 月 27 日

修正小轮船丈量检查及注册给照章程
第二三二十五二十九三十三三十四三十五四十三四十四四十五四十九条条文

（一九四三年十一月二十七日）

　　第二条　小轮船丈量检查事项建设部得委托当地航政官署或地方官署或专员办理

第三条　小轮船非经呈请建设部注册给照不得航行但已领有临时航行证者不在此限

第二十五条　小轮船注册给照应由所有人向建设部直接呈请或呈由当地航政官署或地方官署转呈请领

第二十九条　呈报内河航线每船不得过三条并应以同一处所为起点其经过地点须依次顺列不得绕越凌乱

内河航线遇有特别故障或轮班拥挤时应由当地航政官署或地方官署查明呈报建设部停发该航线内之轮船执照

第三十三条　已领执照之小轮船如有违反规章或滥载竞争情事当地航政官署或地方官署应查明制止或呈报建设部吊销执照

第三十四条　小轮船遇第二十六条第一款至第十款所载事项有变更时应呈报建设部换给执照如将该船租赁他人时应申请该管官署备案并于执照上注明加盖区章证明

第三十五条　小轮船遇有左列情事之一时应呈报建设部缴销执照

（一）船身毁损不能航行时

（二）自行停业或经官署以职权令其停业时

（三）转售赠予时

（四）因吨数增加依船舶法之规定应领取国籍证书时

第四十三条　依第二十条之规定声请重行缄封或依第二十四条之规定声请更正盖章时应各缴手续费五元但因有临时检查之必要已缴检查费者无须另行缴费

第四十四条　小轮船经丈量检查后发给丈量吨位证书复量单或检查簿检查证书临时检查证书时均无须另行缴费

但此项书据如有遗失毁损声请原发官署补发或换发者各应缴手续费五元

第四十五条　小轮船执照如因遗失毁损或所载事项变更呈请建设部补发或换发者应照定额二分之一缴费

呈请发给补发或换发执照者均应附缴印花税二元

第四十九条　办理丈量检查注册之公务人员如有违章需索或故意留难情事小轮船所有人租赁人或管船员得向建设部或当地法官署据实呈诉

13

1943 年 11 月 27 日

修正拖驳船管理章程第三四十九二十五二十六三十三三十四三十九四○四一条条文

（一九四三年十一月二十七日）

第三条　拖驳船非经建设部注册给照不得航行

第四条　拖驳船丈量检查事项由建设部委任该管航政局办理

第十九条　拖驳船注册给照应由所有人向建设部呈请或呈由该管航政局转呈请领

第二十五条　已经注册给照之拖驳船有违反现章滥载情事该管航政局或地方官署得查明制止或呈报建设部注销执照

第二十六条　已经领照之拖驳船遇第二十条第一款至第六款所载事项有变更时应呈报建设部换给执照

第二十八条　拖驳船遇左列情形之一时应呈报建设部并缴销执照

一　船身损毁不能航行时

二　自行停业或经官署以职权令其停业时

三　转售或赠予时

第三十三条　拖驳船经丈量检查后发给丈量吨位证书复量单或检查簿查证书临时检查证书无须另行缴费但此项书据如有遗失毁损声请补发者各应缴手续费五元

第三十四条　依第十八条为各项检查书更正盖章之声请时应各缴手续费五元但因有临时检查之必要已缴检查费者经须另缴手续费

第三十九条　前两条之科罚由该管航政局执行但须呈报建设部备案

第四十条　办理丈量检查注册给照人员如有违章需索或故意留难情事该船所有人得向建设部据实呈诉

第四十一条　本章程施行前已在航政局登记领有船舶国籍证书之拖驳船应依本章程第十九条第二十条之规定检同证书呈请建设部注册换给执照

但无须缴纳册照费

依前项规定呈请换照者在未领到执照以前该船舶得照常航行

14

1943 年 11 月 27 日

修正船舶检查章程第四一八二三二四六〇六一六二六四条条文

（一九四三年十一月二十七日）

第四条　船舶检查由建设部航政局施行之但在未设航政局之港埠得由建设部指挥定之机关或专员施行之

第一八条　检查船舶应在航政局或建设部指定机关之所在地施行之但经声请人声叙事由不能在该地施行时得在其他处所施行之

第二三条　依船舶法第十五条之规定声请再检查时应由船舶所有人船舶经理人或船舶租用人开具不服事项声叙理由呈由该管航政局转呈建设部核办

第二四条　建设部对于前条之声请认为理由不充分或船舶变更原状时应令航政局仍依原检查员之报告为准

第六〇条　发给补发或换发船舶检查证书及乘客定额证书时又发给通航证书及临时乘客定额证书时均应各缴证书费五元

第六一条　请领英文译本证书时轮船每份应缴费十元帆船六元

第六二条　补发船舶检查簿时总数一百吨以上之轮船应缴费二十五元未满一百吨之轮船二十元帆船十五元

第六四条　船舶在航政局或建设部指定机关所在地以外处所受检查时检查声请人除照五十八条之规定缴费外并应缴纳检查员照章应领之旅费

前项旅费如遇数船同在一地同时施行检查时旅费总额与一船同其船数不属一人所有者应各按其检查费用之多寡比例分担之

15

1943 年 11 月 27 日

修正船舶丈量章程第四十三十一条条文

（一九四三年十一月二十七日）

第四条　船舶丈量由建设部航政局或建设部指定之机关或专员施行之

第十条　船舶丈量应于航政局或建设部指定机关之所在地施行之但船舶如不能驶赴该地时得于声请时叙明事由就船舶所在地施行之

第三十一条　依第二十二条声请换发或补发丈量文据者每件应缴费五元

轮船丈量手续费表

总吨数	丈量费
二十吨以上五十吨未满	六十元
五十吨以上百吨未满	九十元
百吨以上三百吨未满	一百二十元
三百吨以上五百吨未满	一百五十元
五百吨以上千吨未满	一百八十元
千吨以上二千吨未满	二百四十元
二千吨以上三千吨未满	三百元
三千吨以上四千吨未满	三百六十元
四千吨以上六千吨未满	四百二十元
六千吨以上八千吨未满	四百八十元
八千吨以上一万吨未满	五百四十元

一万吨以上每二千吨加六十元其尾数未满一千吨者以二千吨计以担数表示容量之船舶以十担作为一吨计算

帆船丈量手续费表

担数	丈量费
二百担以上五百担未满	三十元

五百担以上千担未满	四十五元
千担以上三千担未满	六十元
三千以上五千担未满	七十五元
五千担以上万担未满	九十元
万担以上	一百二十元

16

1943 年 11 月 27 日

修正码头船注册给照章程

（一九十三十九二十四二十五条条文　一九四三年十一月二十七日建设部公布）

第一条　以营利为目的之码头船不论为官署或商民所有应依本章程之规定呈请建设部注册给照始得营业

第九条　在本章程公布时已向建设部领用执照之码头船如未经丈量或核查者应补行丈量及检查

第十三条　码头船注册给照由该管航政局丈量或检查完毕发给证书后转呈建设部核办

第十九条　码头经丈量检查发给证书时已闻另缴证书费但此项证书如有遗失毁损声请补发者每件应缴手续费五元

第二十四条　前两条之科罚由该管航政局执行但须呈报建设部备案

第二十五条　在本章程公布前已领有建设部执照之码头船应将本章程第五条所列各款依式填明呈由该管航政局转请更换执照

17

1943 年 12 月 29 日

中国海员总工会组织规程

（一九四三年十二月二十九日建设部公布）

第一章　会　员

第一条　凡服务于以机器转运在海上航行或与海相通之航行商船及与轮船有联系之拖驳船趸船装卸码头栈房员工年满十六岁以上不分性别均应加入工会为会员

第二章　系　统

第二条　中国海员总工会（以下简称总会）之系统如次

甲、小组　为海员工会之基本组织

乙、支部　为海员工会之第三级组织以每一轮埠或同一航行线设立之

丙、分会　为海员工会之第二级组织在每一通航繁盛之港埠设立之

丁、总会　为海员工会之最高组织

第三条　工会会员在同一处所服务者集合五人以上得组成一小组每组设正副组长各一人综理该组组务

第四条　在组成三个小组以上得成立支部其各小组不分部别依照第二条乙项之规定组成但量该地情形或由总会组直属支部

第五条　支部设干事三人至五人候补干事二人互推事务组织宣传训练干事各一人处理日常事务

第六条　支部之组织筹备成立等程序暨改组改选等事项均应呈请当地分会转呈总会备案

第七条　凡通航繁盛之港埠应设一海员分会其称名为"中国海员总工会□□（埠名）分会"设委员五人至九人候补委员二人至四人至推常务委员一人至三人（或主任委员一人）秘书一人总务组织宣传调查各股每股设股长

一人其设立整理改组改选成立等事项均由总会主持之

第八条　总会设执行委员七人至九人候补委员二人至三人主任委员一人秘书一人总务组织宣传训练四科各科长一人除主任委员由执行委员互推外其余秘书科长得由委员分别兼任或由主任委员委派之至因工作需要时经主任委员之决定并得呈请设立特种委员会

第三章　组织训练指导监督

第九条　总会之训练指导机关为中央党部其组织监督指导机关为行政院建设部

第十条　分会暨支部之组织指导训练机关为总会而单独指导训练为各地海员区党部其监督机关为各该地之航政局或其他代办处

第十一条　工会凡涉及业务方面之事项均应受建设部之使命

第四章　职　责

第十二条　工会应注意之事项如左

一　海员航海智识技能之增进

二　海员航海危害之预防及救济

三　海员生活之改善保险之促进

四　劳资契约之维护

五　旅客待遇之改善

六　客货保管妥善载运之便捷

七　其他关于航政航业之建设等

第十三条　商船航经各埠时各地分会应竭力维护其海员亦应受各该地分会之指导

第十四条　商船经军事机关征调应用时工会应力为协助所有海员亦应绝对服从军事指挥

第十五条　工会各级主管人员及会员不得有左列各项行动

一　封锁或扣留船舶

二　擅取或毁损船舶货物或用具

三　加害于船舶业主或旅客

四　帮别斗争或勒索等情弊

第五章　附　则

第十六条　总会办事细则及各地分会与办事处组织规则一切章程另订之

第十七条　工会非经行政院建设部之特许不得参与其他任何组织

第十八条　本规则自公布日施行

18

1943 年 12 月 30 日

建设部航政局暂行章程

（一九四三年十二月三十日建设部公布）

第一条　建设部为处理航政事宜设置航政局

第二条　航政局直隶于建设部

第三条　航政局设左列二科

一　第一科

二　第二科

第四条　航政局第一科之职掌如左

一　关于机要及考绩事项

二　关于收发文件及保管案卷事项

三　关于公布局令事项

四　关于典守印信事项

五　关于本局及办事处经费之预算决算及出纳事项

六　关于编制统计报告事项

七　关于本局庶务事项

八　其他不属于第二科事项

第五条　航政局第二科之职掌如左

一　关于船舶之检验及丈量事项

二　关于载线标识事项

三　关于船舶之登记及发给牌照事项

四　关于船员及引水人之考核监督事项

五　关于造船之审查检定事项

六　关于码头之设置及监督事项

七　关于船舶出入查验证之核发事项

八　关于航路之疏浚事项

九　关于航路标识之监督事项

第六条　航政局设局长一人简任或荐任承建设部之命督率所属职员处理局务

第七条　航政局设科长二人荐任或委任承局长之命督率所属职员分

19

1944 年 1 月 15 日

建设部组织法

（一九四四年一月十五日）

第一条　建设部管理全国建设行政事宜

第二条　建设部对于各地方最高级行政长官执行本部主管事务有指示监督之责

第三条　建设部就主管事务对于各地方最高级行政长官之命令或处分认为有违背法令或逾越权限者得提经行政院会议议决后停止或撤销之

第四条　建设部置左列各署司

一　路政署

二　水利署

三　总务司

四　邮电司

五　航政司

六　都市建设司

第五条　建设部经行政院会议及立法院之议决得增置裁并所属各署司及其他机关

第六条　建设部得置邮政总局电政总局各航政局各铁道及公路管理局铁道公路水利都市建设各项工程局处其组织另定之建设部为研究建设器材之制造得设立各种有关实验厂所建设部于事务上有必要时经行政院会议议

决得置各委员会

第七条 路政署水利署组织法另定之

第八条 总务司掌左列事项

一 关于收发分配撰拟保管文件事项

二 关于公布部令事项

三 关于典守印信事项

四 关于本部及所属各机关职员任免奖惩之记录事项

五 关于编制报告及刊行出版物事项

六 关于本部官产管物之保管事项

七 关于本部经费之出纳事项

八 关于本部庶务及其他不属各署司事项

第九条 邮电司掌左列事项

一 关于监督考核全国邮政事项

二 关于监督邮政储金及汇兑事项

三 关于管理经营国营邮政航空事项

四 关于管理全国电报电话事项

五 关于发展及改良电报电话事项

六 关于监督省营市营民营电气通信事业事项

七 关于改善邮务职工待遇事项

八 其他邮电事项

第十条 航政司掌左列事项

一 关于管理航路及航行标识事项

二 关于管理经营国营航业及监督民营航业事项

三 关于管理经营国营航空及监督民营航空事项

四 关于船舶登记发照事项

五 关于计划筑港事项

六 关于管理监督船员及造船事项

七 关于改善船员待遇事项

八 其他航政事项

第十一条 都市建设司掌左列事项

一 关于规划实施督导都市建设事项

二 关于经营管理督导都市水电事业事项

三 关于经营督导市内交通事项

四 关于都市建设征用民地及建筑物设计事项

五 其他都市建设事项

第十二条　建设部部长综理部务监督所属职员及各机关

第十三条　建设部设次长一人辅佐部长处理部务

第十四条　建设部得设咨询委员三人至五人以备咨询及建议

第十五条　建设部设参事六人撰拟审核关于本部法案命令

第十六条　建设部设秘书八人分掌部务会议及长官交办事项

第十七条　建设部除各署另有规定外设司长四人分掌各司事务

第十八条　建设部科长二十人科员一百二十人承长官之命办理各科事务

第十九条　建设部设专员二十人承长官之命办理指定事务

第二十条　建设部部长特任次长咨询委员参事司长及秘书二人专员六人简任其余秘书科长专员及科员四十人荐任其余科员委任

第二十一条　建设部设技监一人简任技正二十四人其中十二人简任余荐任技士三十五人其中十人荐任其余技士及技佐三十五人委任办理技术事务

第二十二条　建设部设会计长一人统计主任一人办理岁计会计统计事务受本部部长指挥监督并国民政府主计处组织法之规定直接对主计处负责

会计处及统计室需用佐理人员由本部及主计处就本法所定荐任委任人员及雇员中会同决定之

第二十三条　建设部因事务之上必要得聘用顾问及专门委员并酌用雇员

第二十四条　建设部处务规程以部令定之

第二十五条　本法自公布日施行

20

1944 年 2 月 18 日

修正轮船业监督章程第五六七八九十二十六十七十八十九二十二二十一二十二二十四条条文

（一九四四年二月十八日建设部修正公布）

第五条　轮船业非依轮船业登记规则之规定声请建设部核准登记不得开始营业

第六条　各航线内行驶之轮船如遇供过于求或特殊情形时建设部得依据第七条之报告暂时加以限制

第七条　各航线应需轮船数量吨位多寡由主管航政官署随时切实调查统计并交航线调查委员会审查后制成报告呈请建设部核办

航线调查委员会章程另定之

第八条　定期轮船应由业主或其他代理人开列行驶航线起讫及沿线停泊埠名声请主管航政官署转呈建设部核准发给定期轮船通行证书始得航行

前项核准行驶之航线不得转移或租赁于他人如欲变更或停航时仍须呈经核准

第九条　不定期轮船应由业主或其他代理人声请主管航政官署转呈建设部核发不定期轮船通行证书

第十二条　定期轮船改为不定期轮船或不定期轮船改为定期轮船或不定期轮船时应声请主管航政官署核准并呈报建设部备案

第十六条　轮船业如需增加轮船应先行缮具声请书并附图说呈由主管航政官署转呈建设部核准

第十七条　增加轮船应以新造者为原则如系现存轮船除在建设部登记有效者外客船船龄以未满十五年货船船龄以未满二十年为限

第十八条　受限制之航线如遇原有定期轮船供不应求时建设部得酌定期限令该航管航政官署转饬该航线内之轮船业依限增加轮船

第十九条　遇前条情形如需增加之轮船艘数吨数不能平均分配于该航线内之各轮船业时建设部得令互相协商共购或共租轮船经营尚协商不成立时得择能增加较优轮船之轮船业核准经营之

第二十条　遇前两条情形该航线内之原有轮船业不依照规定时建设部得令该管航官署转饬其他轮船业加入该线营业

第二十一条　轮船业应由同一航线之全体同业体察地方客化情形经济状况参酌运输成本规定票价运费最高标准每年一次呈请主管航政官署转呈建设部核准所以该航线各轮船业之票价运费不得超过是项最高标准

第二十二条　轮船业如欲联合营业或公摊水脚时应呈经建设部核准

第二十四条　轮船业应于每年营业年度终了后两个月内造具左列各表册呈请主管航政官署转呈建设部备查其表册式样令定之

一　职工名册及薪给表

二　客货运输价目表

三　客货运输统计表

四　船舶报告

五　其他业务报告

六　资产负债表及损益计算书并说明

七　轮船经航各地物产产销调查表

21

1944 年 3 月 1 日

上海舟山间往复船舶征收通行税办法

（一九四四年三月一日）

一、航行于上海舟山（定海县）间往复之船舶乘客通行税均由东亚海运株式会社或中华轮船公司等代征此项中央税款

二、自舟山回程所征收之通行税款部分暂时作为国民国府交付定海县政府之补助金由代征之船舶运输业者每月直接付与定海县政府核收并呈报财政部备查

三、关于前项由舟山回程之通行税款如系在上海出航时一同代征者则不交付于定海县政府而照普通解款手续解缴国库并报告于财政部

四、本办法自三十三年三月一日起实施

22

1944 年 3 月 8 日

修正商办造船厂注册规则
第一五六八条条文

（一九四四年三月八日建设部修正公布）

第一条　凡商办造船厂均应依照本规则之规定声请主管航政局查核后

转呈建设部注册发给执照但无机器设备者不在此限

　　第五条　已经领照之商办造船厂如停止业务或变更地址或扩充营业时应分别情形声请主管航政局查核后转呈建设部备案并撤销或换给执照

　　第六条　主管航政局如发现造船厂之船坞机器设备或工程师资格与原声请书或所载不符经查实时得呈请建设部撤销其执照

　　第八条　请领执照应依左列之规定缴纳执照费

　　一、能造一千吨以上之船舶者一百二十元

　　二、能造百吨以上之船舶者六十元

　　三、能造百吨以下船舶者三十元

　　换领或补领执照，依上列规则定减半缴费

　　请领换领或补领执照均应缴纳印花费二元

　　换

　　商办造船厂请发执照声请书

　　补

　　为声请事窃　　　所有　　　造船厂

　　兹因　　　依照

　　建设部商办造船注册规则请予　　　发执照理合开具左列事项敬请

　　鉴核辅呈建设部发执照以资遵守实为公便谨呈

　　航政局

　　　　　　　　　　　　　　　　　　　　　　　具声请书人

　　　　　　　　　　　　　　　　　　　　　　　住址

　　　　　　　　　　　　　　　　　　　　　　　证明人

　　　　　　　　　　　　　　　　　　　　　　　住址

　　　　　　中华民国　　　年　　月　　　日

　　计开　船厂名称

　　地址

　　资本数额

　　船厂所有人

　　技师名额及资格

　　船坞设备

　　机器厂设备

　　能造船舶吨位

　　声请事由

　　附呈文件

　　执照费

如有船架起重机等设备应列入船坞设备栏内

如系外国人所办应于厂主栏内注明国籍

23

1944 年 3 月 8 日

修正造船技师呈报开业规则第八条条文

（一九四四年三月八日建设部修正公布）

原文第八条　请领或补领开业证书者均应缴费二元

修正理由　所称均应缴费二元究系何种费用未加注明证书之须贴印花于印花税法亦有规定自不可少再目下印刷昂贵证书费似应酌予增收资弥补

修正条文　第八条　请领或补领开业证书者均应缴纳证书费二十元印花费二元

24

1944 年 5 月 29 日

修正水路测量局暂行编制表

（一九四四年五月二十九日）

三十三年五月

二十二日军委会备案

二十九日海军部公布

职别	阶级	人数	附记

局长	少将	一人
秘书	同上（中）校	一人
	同少校	一人
技正	中校同等	一人至三人
	少校同等	一人至三人
技正	上尉同等	十人至二十人
	中尉同等	十人至二十人
	少尉同等	十人至二十人
	准尉同等	十人至二十人
技生		若干人
雇员		若干人
总务课：		
科长	上（中）校	一人
科员	中校	一人
	少校	一人至三人
	上尉	一人至四人
	中尉	一人至四人
	少尉	二人至八人
医官	少校	一人
	上尉	一人
看护士	上士	一人
	中士	一人
	下士	一人
测量课：		
课长	上（中）校	一人
课员	中校	一人
	少校	一人至三人
	上尉	一人至三人
	中尉	一人至三人
	少尉	二人至六人
航制课：		
科长	上（中）校	一人
科员	中校	一人
	少校	一人至二人
	上尉	一人至三人

	中尉	一人至三人
	少尉	二人至六人

制图课：

课长	上（中）校	一人
课员	中校	一人
	少校	一人至三人
	上尉	一人至三人
	中尉	一人至三人
	少尉	二人至六人

推算课：

课长	上（中）校	一人
课员	中（少）校	一人至四人
	上尉	一人至三人
	中尉	一人至三人
	少尉	二人至六人

技术养成课：

课长	上（中）校	一人
课员	中校	一人
	少校	一人至二人
	上尉	一人至三人
	中尉	一人至三人
	少尉	二人至六人

无线电台：

台长	少（上尉）校	一人
电官	中（少）尉	三人
电机	上士	三人
电机	下士	三人
一等电信兵		二人
二等电信兵		二人
勤务兵		五十人